民事诉讼证明妨碍研究

民事诉讼证明妨碍研究

毕玉谦 著

Research on Spoliation of Evidence in Civil Litigation

北京大学出版社
PEKING UNIVERSITY PRESS

图书在版编目(CIP)数据

民事诉讼证明妨碍研究/毕玉谦著. —北京:北京大学出版社,2010.10
ISBN 978 - 7 - 301 - 17757 - 0

Ⅰ.①民…　Ⅱ.①毕…　Ⅲ.①民事诉讼 - 证据 - 研究　Ⅳ.①D915.213.04

中国版本图书馆 CIP 数据核字(2010)第 176306 号

书　　　名:民事诉讼证明妨碍研究
著作责任者:毕玉谦　著
责 任 编 辑:王建君
标 准 书 号:ISBN 978 - 7 - 301 - 17757 - 0/D · 2681
出 版 发 行:北京大学出版社
地　　　址:北京市海淀区成府路 205 号　100871
网　　　址:http://www.yandayuanzhao.com
电　　　话:邮购部 62752015　发行部 62750672　编辑部 62117788
出版部 62754962
电 子 邮 箱:law@pup.pku.edu.cn
印　刷　者:北京宏伟双华印刷有限公司
经　销　者:新华书店
965mm × 1300mm　16 开本　40 印张　605 千字
2010 年 10 月第 1 版　2010 年 10 月第 1 次印刷
定　　　价:59.00 元

序言

传统意义上的证明责任分配法则仅有助于解决当事人的主张责任与证明责任之间的相互协调问题，从而塑造出“谁主张，谁举证”的基本诉讼证明架构。对案件待证事实的证明及证明责任的分配，是民事诉讼当中的一个基本问题，且属于调整、评断当事人诉讼行为的一个具有核心性质的议题。与职权探知主义建构下所涉及的人身关系案件证明模式所展现的法院职权干预相比较，辩论主义建构下所涉及的财产关系案件的证明模式，强调当事人的证明行为具有高度的自治性，并且尽可能地与法院的职权干预主义划清界限。在这种前提条件拘束下，迫使当事人不得不面对其在诉讼上的主张而成为提供证据的唯一主体，并直接担当和忍受来自客观外在世界的压力。这一程序设计体现的是自近代以来立法和法理对诉讼正义的理解与诠释。也就是说，在诉讼上，一方当事人提出何种诉讼请求以及依据何种事实主张，完全是该方当事人的诉讼权利，他人不得干预，并且，该方当事人应当对其事实主张负担证明责任。在该方当事人经法院判定无法有效履行其证明责任时，将承担不利的诉讼效果。但是，当一方当事人在证明行为上所面临的危机与风险并非来自客观外在世界，而是来自对方当事人的故意或过失行为所致或者诉讼外第三人的这类行为所致时，应当如何看待这些行为对法院裁判的公正性所造成的影响，立法者以及司法者应当如何回应这种局面，同时，学者又应当如何将它作为一种全新的社会问题和法律问题加以诠释，这些问题对人类原有的诉讼正义观念形成了冲击与挑战，同时又为推动人类社会对于诉讼正义的发展与进化带来了历史性机遇。

在实务上，鉴于有关事实及证据材料因构造上的分布极不均匀，导致在个案当中常常出现事实和证据材料偏在于并非举证人一方支配领域并使其沦为证明妨碍人的情形，妨碍人往往采用不当手段为举证人利用证据实现其合法权益制造障碍，这种恶意或重大过失行为不仅仅侵犯了相对一方当事人的诉讼权利与合法利益，而且还严重限缩和制约了法院通过司法程序发现事实真相的能动性。在当今社会飞速发展的历史条件下，各种社会矛盾层出不穷，通过司法救济方式来解决社会冲突，成为社会动用国家的公权力用于定纷止争的最后一道防线，但是，肇因于证明责任分配法则内在机制的疏漏，导致证明妨碍情形无时不有、无所不在。因此，仅仅依靠证明责任分配法则并不能从根本上解决司法裁判的公平与正义问题。鉴此，近几十年来，一些先进的法治国家通过对传统辩论主义的改造，在借鉴早期经验的基础上，相继创设了现代意义上的证明妨碍制度，在相当程度上弥补了证明责任分配法则的内在缺失。证明妨碍制度的创建属于一项系统工程，对此，我国无论在立法、司法还是学理方面，基本上属于空白状态。

在我国审判实践中，证明妨碍行为早已普遍存在并有持续性蔓延的趋势，终因我国理论界对此现象未加应有的重视，才导致立法上严重滞后且出现大量空白，实务界对此也缺乏必要的理性认识，通常未能从对举证妨碍人产生相应不利法律后果上来实现程序上的公平与正义，使受妨碍人不能得到应有的救济。另外，为了填补立法上的空白，我国最高人民法院《关于民事诉讼证据的若干规定》第 75 条设定了证明妨碍制度，尽管如此，实务界对证明妨碍行为的构成要件颇为陌生，严重影响了对该项制度的认知与应用，故有必要从法理上对证明妨碍作为一种法律上特有的现象或者行为，并且在立法及司法上如何应对这一重大、复杂问题，加以全面、系统、深入的研讨。

在人类的编年史上，当人类文明的曙光穿越漫长而朦胧的时光隧道将要投向近代史篇章之前，“证明妨碍”这一概念就已被先哲们所识别与定义，迄今为止至少已经延续了 280 年之久。证明妨碍制度的创设、完善与改进，源自特定历史背景条件下的法律思想与价值观念。随着时代的变迁及社会的永续发展，作为形成、完善其制度基础的法律思想、价值观念，与主流社会的思想意识、思维方式会不断发生撞击，且迸发出新的思想活力，势必对民事诉讼证明妨碍制度的发展轨迹产生直接或间接影响力。从制定法的角度来观察，对当事人的主张责任与证明责任的划分，是产生证明妨碍制度性设计的基础与前提条件，在此过程中所体现的制定法的变迁与进化，也十分清晰地彰显出证明妨碍制度具有先天的滞后性特征。

鉴于证明妨碍现象的出现属于传统证明责任法则所产生的副产品，因此，今后在对证明责任法则进行设计与改造时，应当充分考虑这一因素对证明责任分配法则的内在机制所造成的消极影响，通过对这一法则内在机制及其规则层面的调整与改善，使其能够更加适应在新的社会条件下社会公众对于司法正义的需求。

从历史发展的眼光观察，将经验法则作为证明妨碍制度的法理基础，是从最初的观念延续的反映，它只是从一个侧面论证了作为构成证明妨碍制度合理性的一种基本元素。通过这个基本侧面，随着社会的不断发展，为了增强证明妨碍制度创设功能的多元化以及为应对社会发展而出现新问题的因应性，使证明妨碍制度的法理基础注入新的价值观念与诠释根据已渐成大势所趋，并以此为基础，更进一步发展为对其他法理基础的深层次探求。

从现代社会的发展要求来看，程序救济、法律制裁与积极预防应作为体现设置证明妨碍适用法律效果的核心价值与应用功能。这样一种三位一体的价值目标所承载的具体功能表现在：作为程序上的救济，在个案当中选用何种法律适用效果的最基本功能应在于，立足使双方当事人对于证据的利用恢复至被妨碍前的状态，即在诉讼上和证据上使双方当事人能够在公平对决的状态下实现司法的正义；在个案当中选用何种法律适用效果的辅助性功能应在于，使妨碍人感到具有某种惩罚性。换言之，要使妨碍人因其在主观上具有可归责性而导致的证明妨碍行为付出相应的成本与代价，必须要使其在权衡利弊后感到得不偿失。因此，制裁与预防可以被理解为设计证明妨碍法律适用效果的技术性功能与策略性功能。

本书以民事诉讼证明妨碍制度建构为主轴，通过对诸多法理学说、有关国家或地区的立法例及司法判例的介绍、论证、阐释，较为全面、系统、深入地探讨了证明妨碍制度的基本法意及法理基础，当事人的证明协力义务的基本界定、法理基础及基本范畴，证明妨碍的构成要件，免于构成证明妨碍的例外事由，适用证明妨碍的法律效果等。鉴于目前审判实务上在有关亲子关系纠纷案件中，对有关当事人是否应当负担证明协力义务以及如何界定这种协力义务争议颇大，本书为此设专章加以深入、系统研究，以彰显证明妨碍制度在身份关系案件当中的个性。

应当指出的是，本书是本人2007年在法律出版社出版的《民事证明责任研究》一书的姊妹篇，二者之间具有一种天然、内在的联系，同时，二者之间也具有较强的个性差异。当初，我曾有心将民事诉讼证明妨碍问题作为《民事证明责任研究》的一部分进行研讨，终因发现对民事诉讼证明妨碍的研究将涉及较大篇幅，故此决定再以另一部专著的形式进行研讨与写作。在2007年7月初将《民事证明责任研究》一书的书稿交给出版社的同时，甚至在此之前，我已经开始了本书的写作，由此计算，本书的写作用了整整3年时间。因本书所触及议题具有相当的理论深度要求与来自实务层面的强烈挑战，加之本人在研究水平上囿于某种局限性，书中对一些观点的论述及阐释难免有偏颇之处，敬请学术同仁及有关读者提出批评意见。

1997年，我在出版《民事证据法及其程序功能》一书时，就曾受到当时在法律出版社工作的蒋浩先生的鼎力协助。十多年来，我因出版事宜与他多次沟通，他对出版事业的挚爱、热忱及奉献精神，令人赞叹不已。将本书的书稿托付予他，特别令人放心。在此，谨向蒋浩先生表达由衷的谢意。另外，在本书的编辑、校稿过程中，北京大学出版社的王建君女士投入了巨大的心力，在本书即将付梓之际，一并表示衷心的感谢。

毕玉谦

2010年5月25日

于北京通州国家法官学院

目　　录

第一章　设定证明妨碍制度的基本法意

第一节　证明妨碍制度的基本概述

一、关于证明妨碍在法理上的界定

所谓证明妨碍(spoliation of evidence)是指,一方当事人在诉讼前或者诉讼过程中通过其特定行为故意或过失地使另一方当事人不能公平地利用证据,而导致对该另一方当事人产生不利裁判后果的情形。因此,在法理上,证明妨碍既是一种特定的行为,又是一种因该行为所产生的法律后果。

在理论上,基于对证明妨碍行为或者情事的认识是一个较为复杂的历史过程和逻辑思维体系,不同国家的学者或实务界人士受传统观念、思维方式等因素的影响,基于不同的出发点或侧重点,在对“证明妨碍”进行界定或者表述上有着千差万别。我们欲了解和斟酌其中的差异,将不乏理论趣旨。

在英美法上,对证明妨碍进行的界定显得较为零散,这与其所具有的悠久的判例法历史不无关系。就总体而言,将证明妨碍定义为使有关现已系属或未来将要系属于诉讼案件的证据加以毁弃(destruction)、变造(alteration)、隐匿(concealment)或者采用其他未予保存(non-preservation)的行为。鉴于这些行为不仅妨碍了当事人对证据的公平利用,也影响了法院对真实的发现,故被视为系严重干扰司法权公正行使的情事,在系统性的法规范中,对于这类行为均表达了否定性的评价。但是,在具体的表述上各有不同的切入点,主要表现在以下几种情形:

1. 有的以特定的证据种类为侧重

例如,《布莱克法律词典》将证明妨碍定义为系“毁损或者对某一文书或者对象(instrument)进行重大和具有实质性的(significant and meaningful)变造"[①]。并且将毁损证据定义为"证明妨碍,即它构成了对于实现公正的妨碍"[②]。有的法院将"证明妨碍"这一术语限定为"未能妥善保存另一方当事人在正在进行或者将要进行的诉讼活动中作为证据使用的物品(property)"[③]。

2. 有的以行为人的主观状态为重心

例如,一种观点认为,证明妨碍可以表现为在主观上具有故意或者非故意,并且证明妨碍行为可由一当事人或者由一非当事人就某一诉讼案件来实施。[④] 另有一种观点认为,证明妨碍行为可以对诉讼后果产生举足轻重的影响(a minimal effect);它可以表现为并非故意对证据进行毁损或者变造,因此并不对审理后果产生何种影响。相反的是,证明妨碍可以对某一案件诉讼后果产生决定性影响(a dramatic effect);某一故意妨碍行为或者对证据进行变造将会对整个案件事实带来冲击。[⑤] 还有一种观点认为,证明妨碍是指"故意毁损证据或者对书证(document)或者物证(instrument)进行实质性和具有影响力的变造(alteration)"[⑥]。

3. 有的侧重于强调对诉讼结果所造成的影响以及对审判公正造成的损害

例如,有一种观点指出,证据的丢失或者毁损所造成的证明妨碍使得在预期或者正在进行的诉讼活动中需要利用的证据受到影响和妨碍。[⑦] 另有一种观点认为,证明妨碍行为使得原告和被告双方当事人所进行的诉讼行为都会受到相应的阻碍。在所有的民事诉讼活动

---

① *Black's Law Dictionary* 1401 (6th ed. 1990).

② *Black's Law Dictionary* 1401 (6[su'th'] ed. 1990).

③ *Solano v. Delancy*, 264 *Cal. Rptr.* 721, 724 n.4 (*Cal. Ct. App.* 1989).

④ See Nancy Melgaard, Note, Spoliation of Evidence-An Independent Tort?, 67 *N. D. L. Rev.* 501, 502 (1991).

⑤ See Steven W. Huang & Robert H. Muriel, Spoliation of Evidence: Defining the Ethical Boundaries of Destroying Evidence, 22 *Am. J. Trial Advoc.* 191 (1998).

⑥ *Black's Law Dictionary* 1401 (6th ed. 1990). Terry R. Spencer, Do Not Fold Spindle or Mutilate: The Trend Towards Recognition of Spoliation as a Separate Tort, 30 *Idaho L. Rev.* 37, 39 (1993-94).

⑦ See John K. Stipancich, Comment, The Negligent Spoliation of Evidence: An Independent Tort Action May Be the Only Acceptable Alternative, 53 *Ohio State L. J.* 1135, 1135 (1992) (defining evidence spoliation generally).

中，尤其是在产品质量责任和医疗过失诉讼上，一旦缺失关键性的证据，将对竭力证明其事实主张或者抗辩主张的一方当事人造成毁灭性的打击。[①] 还有一种观点认为，美国的民事诉讼制度依赖于当事人个体寻求调查收集和发现证据的契机，以便推进其诉讼程序，而恶意地毁损相关证据将与当事人得以自由开展证据发现活动的精神相背离。[②]

在大陆法上，有关学说主要从主张责任与证明责任的角度就证明妨碍对诉讼程序所造成的影响进行阐释。例如，在德国，有一种观点认为，证明妨碍制度（beweisvereitelung）是一项极为重要的制度，尤其在实务上担负着一个重要角色。所谓证明妨碍，是指不负证明责任一方当事人的作为或者不作为，如果无该作为或者不作为，则事实的澄清原应属可能。[③] 还有一种观点指出，当一方当事人通过其行为使得对方的举证成为不可能时，则被称之为证明妨碍行为。例如，隐瞒证人的地址、毁损文书、拒绝法院或者鉴定人进入自己的地产勘验，或者拒绝解除有关医生或者银行的沉默义务。这种证明妨碍行为既可以在诉讼过程中发生，也可以在此之前发生。[④]

另外，我国台湾学者骆永家教授将证明妨碍的法理界定为："不负举证责任之当事人，在具备一定的主观归责要件（如故意、过失），将证明方法毁灭、隐匿或妨害其利用，使举证责任之当事人因无法利用该证据而无法尽其举证责任，此时如依原来举证责任分配的原则，使该

---

① See generally David H. Canter, The Missing or Altered Product: Nightmare or Dream?, 27-WTR Brief 12, 13 (1998); see also Anthony C. Cassamossima, Spoliation of Evidence and Medical Malpractice, 14 *Pace L. Rev.* 235, 236-38 (1994); Edward A. Hannan, Using Quasi-In-Rem Jurisdiction To Prevent Pre-Suit Loss or Alteration of Evidence, 65 *Def. Couns. J.* 247, 247 (1998); Maria A. Losavio, Synthesis of Louisiana Law on Spoliation of Evidence—Compared to the Rest of the Country, Did We Handle It Correctly?, 58 *La. L. Rev.* 837, 837 (1998).

② See *Petrik*, 501 *N. E.* 2d at 1319; see also Bart S. Wilhoit, Comment, Spoliation of Evidence: The Viability of Four Emerging Torts, 46 *UCLA L. Rev.* 631, 653 (1998).

③ Vgl. BGH VersR 1960,844,846. 转引自姜世明：《新民事证据法论》，台北学林文化出版事业有限公司 2003 年版，第 281 页。

④ 参见〔德〕汉斯-约阿希姆·穆泽拉克：《德国民事诉讼法基础教程》，周翠译，中国政法大学出版社 2005 年版，第 273 页。

负证明责任之当事人承受败诉的判决，将产生不公平之结果，从而在事实之认定上，就负举证责任人之事实主张，作对其有利之调整。"[①]从这一定义来看，证明妨碍问题与证明责任的概念紧密相连，而且规范的主体针对的是未负证明责任的一方当事人。从这一证明妨碍概念的界定来看，台湾地区有关证明妨碍的法理基础已从根据相关的毁灭、隐匿有关证据的行为本身而导致对该行为人不利的经验法则的理解，更进一步发展为对其他法理基础的深层次探求。

在我国台湾地区，在证明妨碍问题上，原来仅对非负证明责任一方当事人的证明妨碍行为加以控制，但近年来，有学者也将应负证明责任一方当事人纳入了规制范围，对此，学者间有不同的见解。

二、关于证明妨碍制度的历史渊源

从历史发展的轨迹来看，证明妨碍的问题起源于证据法。[②] 在普通法系国家，法院遭遇因证据灭失所带来的问题最早可以追溯到1617年。[③] 几个世纪以来，证明妨碍已成为法院所关注的焦点问题。[④] 王座法庭于1722年通过对 *Armory v. Delamirie* 一案的裁判就证明妨碍的救济创立了法律先例。[⑤] 在该案中，原告为一名清扫烟囱的工人，他将在清扫作业中拣到的宝石戒指交由一珠宝商人，即被告，鉴定其价值，珠宝商人的徒弟摘取了上面镶嵌的宝石，仅按戒指本身所值折价返还，原告拒绝接受这一小笔金钱，索要被摘取的宝石。但是，珠宝商人拒绝归还宝石，仅仅归还了镶嵌宝石的空座（the empty socket）。原告向法院起诉要求按照宝石的价值让被告予以返还。然而，临近庭审之时，该宝石却已不知去向。法院随即指示陪审团，为了确认这种损害的后果，陪审团应当根据镶嵌底座的珍贵程度，进而根据与之相适应的宝石的最高等级确认该件宝石的价值。由此便诞生了证明妨碍

---

① 参见骆永家：《证明妨碍》，载《月旦法学教室》2001年第69期，第12页。

② 参见黄国昌：《民事诉讼理论之新开展》，北京大学出版社2008年版，第223页。

③ See *Rex v. Arundel*, *80 Eng. Rep.* 258, 258 (K. B. 1617) (dealing with spoliation of property deed).

④ Bart S. Wilhoit, Comment, Spoliation of Evidence: The Viability of Four Emerging Torts, 46 *U. C. L. A. L. Rev.* 638 (1998).

⑤ 93 *Eng. Rep.* 664 (K. B. 1722).

的推定规则。[①] 该判例里程碑式地确立了这样一种法律原则,即“所有的事物应被推定为不利于过错人(*omnia praesumuntur contra spoliatorem* 或者 all things are presumed against a wrongdoer)”[②],从而为当今民事诉讼法上确立“证明妨碍”这一观念奠定了基础。随后,在英国和美国所发生的一系列判例,凡涉及对证明妨碍行为予以处罚问题时,均源自考虑对这样一种法律原则的遵循。

时至今日,美国的绝大多数州认为,一方或者多方当事人因证据灭失导致其诉讼利益受到严重损害时,法院有责任对衡量公平正义的尺度重新加以调整。[③] 但是,尽管如此,州与州之间在选择如何更加公正和有效地对此种情形加以救济的态度千差万别。[④] 尽管法院应当对证明妨碍人予以处罚的观念已经践行了至少两个世纪之久,但是,对于证明妨碍人所采取的处罚应当通过独立的侵权之诉的观念的确属于新生事物。[⑤] 有学者认为,证明妨碍的观念被引入现代法律原则始于 1959 年。[⑥] 由于加利福尼亚法院对证明妨碍的原则加以调整,使该项原则于 1973 年得以进一步发展。现代证明妨碍的基本原则立足于保障司法制度的两个重要目标——真实的发现与公平的实现。[⑦]

---

① 有句著名的法谚称:*the maxim contra spoliatorem omnia praesumuntur*, or “everything most to his disadvantage is to be presumed against the destroyer.” “所有的事物应被推定不利于证明妨碍人”。Black's Law Dictionary 1401 (6th ed. 1990).

② See, *eg.*, Lawrence Solum & Stephen Marzen, Truth and Uncertainty: Legal Control of the Destruction of Evidence, 36 *EMORY L. J.* 1085, 1087 n.4 (1987).

③ See *Welsh v. United States*, 844 F. 2d 1239, 1246 (6th Cir. 1988) (discussing general acceptance of “venerable” Armory principle).

④ Cecilia Hallinan, Balancing The Scales After Evidenceis Spoiled: Does Pennsylvania's Approach Sufficiently Protect The Injured Party? 44 *Vill. L. Rev.* 949 (1999).

⑤ Nancy Melgaard, Spoliation of Evidence - An Independent Tort?, 67 *N. D. L. Rev.* 501, 502 (1991).

⑥ Bart S. Wilhoit, Comment, Spoliation of Evidence: The Viability of Four Emerging Torts, 46 *UCLA L. REV.* 638(1998) [citing *Agnew v. Parks*, 343 P. 2d 118, 124 (*Cal. Dist. Ct. App.* 1959) (declining to recognize a spoliation cause of action based on a criminal code violation)].

⑦ Kevin Eng, Spoliation of Electronic Evidence, 5 *B. U. J. SCI. & TECH. L.* 13(Spring, 1999).

证明妨碍的法理来源于人类最原始的经验法则，在历经280多年的发展进化之后，在当今已深化其法律基础转而朝着公平与制裁两大政策考虑之上。尽管如此，因现实上面临无从精确获知系争被妨碍证据的证据内容的本质困难，致使学者们必须绞尽脑汁地试图借由其他外在因素，不断地追求选择证明妨碍法效的判定基准。[①] 特别是进入现代社会以来，社会发展异常迅速，导致社会冲突与矛盾纠纷的发生始终处于高位运行，任何一种社会问题都可转化为诉讼上的法律问题，促使解决矛盾的方式以及手段面临一次新的社会转型，因此，早期根植于人们日常生活中的经验法则基础上所产生的证明妨碍法理已远远不足以解释现实社会条件下所出现的证明妨碍情事。

近几十年来，证明妨碍在民事诉讼上的蔓延趋势令人触目惊心。1991年，美国的一个研究报告显示，参与过诉讼的50%的人认为，证明妨碍行为已经成为日常发生或者经常出现的情形。[②] 在此近十年之后，美国律师学会侵权与保险业分会首次以出版物的形式全力推进涉及证明妨碍法律的出台。在这本书中，作者们将证明妨碍行为描绘成“当代民事诉讼的现实悲哀（unfortunate reality of modern-day civil litigation）”[③]；还有一些作者指出，“那种蓄意干扰他人的证明妨碍行为如今已经变得司空见惯（deliberate obstructionism is commonplace）”[④]；还有的称“无论如何强调证明妨碍行为这种现象，无时不有及无处不在都显得毫不夸张”[⑤]。

在美国，作为对证明妨碍情形在全国范围内不断攀升与蔓延的反

---

① 参见黄国昌：《民事诉讼理论之新开展》，北京大学出版社2008年版，第259—260页。

② See Charles R. Nesson, Incentives to Spoliate Evidence in Civil Litigation: The Need for Vigorous Judicial Action, 13 *Cardozo L. Rev.* 793 (1991).

③ Drew D. Dropkin, Linking The Culpability And Circumstantial Evidence Reqirements for the Spoliation Inference. 51 *Duke L. J.* 1807 (April, 2002).

④ Edward J. Imwinkelried, A New Antidote for an Opponent's Pretrial Discovery Misconduct: Treating the Misconduct at Trial as an Admission by Conduct of the Weakness of the Opponent's Case, 1993 *BYU L. Rev.* 793, 794.

⑤ Wayne D. Brazil, Civil Discovery: Lawyers' Views of Its Effectiveness, Its Principal Problems and Abuses, 1980 *Am. B. Found. Res. J.* 787, 829.

映，许多法院已经将证明妨碍现象作为密切观察的对象。[①] 其中一个法院指出，毁灭或者丢失潜在的、具有关联性的证据在实践中已是长期存在的问题，在过去的几十年，这一问题已越来越引起人们的关注。[②] 并且这种关注有助于更快地促进涉及证明妨碍法律的生成。在美国各个司法区域内，基于法院之间对于选择何种法律原则来对证明妨碍情形的领域范围加以界定难以取得共识，使得不同的法院对于证明妨碍行为有着截然不同的态度，而各个法院在不同的境遇下所遇到的具体问题又存在着千差万别的状态，但是，尽管如此，近年来，有关法院作出的司法判决预示着“在全国范围内正在形成的共同遏制证明妨碍行为的潮流已初见端倪”[③]。

有必要指出的是，虽然上述史料是从英美法系国家的角度阐释证明妨碍制度的历史渊源，但是，由于人类进入现代社会以来全球化趋势的不断加剧，即使在大陆法系国家，证明妨碍现象以及有关问题也是层出不穷，并且在司法领域呈不断蔓延的趋势，近年来，这已引起有关大陆法系国家的立法者、司法界及学术界的广泛注意，并且相继在有关成文法、司法判例及学术成果上发生强烈的回应。

三、有关证明妨碍制度的立法例模式与评析

从制定法的角度来观察，对当事人的主张责任与证明责任的划分，是产生证明妨碍制度性设计的基础与前提条件，在此过程中所体现的制定法的变迁与进化，也十分清晰地彰显出证明妨碍制度具有先天的滞后性特征。

举例而言，《德国民事诉讼法》是近代历史的产物，如果采用系统论的观念审视，有关证明妨碍制度的规范显得较为零散，缺乏必要的整合和一般性的规定。其主题轮廓与内容散见于有关条文当中。例如，《德国民事诉讼法》第 427 条是关于非负证明责任一方当事人拒不

---

① David A. Bell, Margaret M. Koesel & Tracey L. Turnbull, Let's Level the Playing Field: A New Proposal for Analysis of Spoliation of Evidence Claims in Pending Litigation, 29 *Ariz. St. L. J.* 771 (1997).

② *Henderson v. Tyrrell*, 910 P.2d 522, 531 (*Wash. Ct. App.* 1996).

③ Sam LaManna, Courts Take a Harder Line on Spoliation, *Nat'l L. J.*, July 26, 1993, at 17.

服从法院发布的提交书证命令而产生相应法律适用效果的规定；该法第441条第3项是关于非负证明责任一方当事人不服从法院所发布的核对笔迹的命令而产生相应法律适用效果的规定；该法第444条是关于一方当事人故意妨碍对方当事人利用书证证明其事实主张所产生相应法律适用效果的规定；该法第446条是关于有关当事人拒不接受对其进行的讯问或者对法院的要求不作表示所可能产生法律适用效果的规定；以及该法第453条第2项、第454条第1项的规定。其中，第444条具有一般化规定的特征，但仅限于一方当事人妨碍对方利用书证证明其事实主张的情形。根据该规定，如果文书为一方当事人基于使对方不能使用的意图，而被排除或导致其不堪利用，则对方就文书性质（状况）及内容的主张，可被视为已经证明。应当注意的是，有德国学者指出，在学理及实务运作经验上，证明妨碍理论在德国已有高度的发展，其内容也不受上述规定的限制。在德国就证明妨碍法理的探究，一般并不局限于《德国民事诉讼法》第444条的规定，反而借助于经验法则、协力义务及制裁思想等，其中求助于第138条第1项的真实义务、当事人讯问制度以及第372条之一的血缘厘清的协力义务等法理，而认为民事诉讼法承认当事人的一般协力收集资料的义务，并将该义务与证明妨碍制度相联系。[①] 由于德国法官的整体素质较高及德国法院在社会中拥有崇高的司法公信力，因此，司法判例可以采认法理学说弥补立法上的缺陷与漏洞，以此来加深法官对于证明妨碍制度的核心价值在制定法上的有机性认识。

我国台湾地区"民事诉讼法"第282条之一第1项规定："当事人因妨碍他造使用，故意将证据灭失、隐匿或致碍难使用者，法院得审酌情形认他造关于该证据之主张或依该证据应证之事实为真实。"其立法理由为：当事人以不正当手段妨碍他方的证明活动，例如故意将证据灭失、隐匿或有其他导致难以使用的情事，显然违反诚信原则。为防止当事人利用这些不正当手段以取得有利的诉讼结果，并兼顾当事人之间的公平，故增订该条，在第1项中规定，当事人有妨碍对方举证行为的，法院可审酌情形认为对方关于该证据的主张或依该证据应证

① Peters, Beweisvereitelung und Mitwirkungspflicht des Beweisgegners, ZZP 82 (1969), 200(208). 转引自姜世明：《举证责任与真实义务》，台北新学林出版股份有限公司2006年版，第130页。

的事实为真实；也就是说，法院可审酌当事人妨碍对方举证的态样、所妨碍证据的重要性等情形，根据自由心证认定对方关于该证据的主张或依该证据应证的事实为真实，以示制裁。台湾地区新修订的“民事诉讼法”第 282 条之一规定，是对原先那种潜移默化照搬德国立法模式加以明文化规定的体现，是对德国法的一种历史性超越，它凝聚了多年来我国台湾地区有关理论界与实务界不懈努力、勇于探索所取得的成果，是对司法判例的有益总结与经验积累的结晶。

在英美法系，除了多年来所积累的司法判例为证明妨碍制度提供了相关的法律原则、判案标准与制裁措施之外，近年来，英美法系国家还通过制定法对证明妨碍制度进行设计与创建，并取得了一些积极成果。例如，对于在诉讼上的证明妨碍行为，因其本质上属于违反证据开示义务的情节，美国联邦法院可直接依据《联邦民事诉讼规则》第 37 条的规定，对该种行为课予相应的法律效果；对于诉讼外的证明妨碍行为，其虽非该规则第 37 条的涉及范围，但联邦法院均认为，这本属于其固有的权限，也可对此行为在证据法上及程序法上课予不利益的法律效果。[①]

根据现行《中华人民共和国民事诉讼法》（以下简称《民事诉讼法》）第 102 条的规定，凡诉讼参与人或者其他人伪造、毁灭重要证据，妨碍人民法院审理案件的，以及以暴力、威胁、贿买方法阻止证人作证或者指使、贿买、胁迫他人作伪证的，人民法院可以根据情节轻重予以罚款、拘留；构成犯罪的，依法追究刑事责任。这一规定是从诉讼参与人和其他人对民事诉讼造成妨碍而采取强制措施，甚至采取刑罚手段对民事诉讼中的证明妨碍行为进行处罚的体现。但是，多年来，在审判实务上，尽管上述妨害情事多有出现，但最终由法院采取有关强制措施的却较为少见，而对有关行为人追究其刑事责任的更为鲜见。该法第 102 条的规定，主要是从公法立场上以维护司法秩序为主要目的对有关证明妨碍行为进行规制，而并未从妨碍对方当事人举证的角度作出相应的制度性设计与机制性安排，因这种立法模式未能与当事人的证明责任分配法则及事实认定相联系，加之在现实社会条件下，法院面对繁纷复杂的社会矛盾缺乏必要的司法权威与司法公信力，使得

---

① 参见黄国昌：《民事诉讼理论之新开展》，北京大学出版社 2008 年版，第 227 页。

法院对于即便出现《民事诉讼法》第102条所出现的妨碍民事诉讼的情事，而在考虑采用相关强制措施上通常会显得顾虑重重、步履维艰。为了适应审判实务上的迫切要求以及填补有关立法空白的需要，最高人民法院于1998年7月11日施行的《关于民事经济审判方式改革问题的若干规定》第30条规定："有证据证明持有证据的一方当事人无正当理由拒不提供，如果对方当事人主张该证据的内容不利于证据持有人，可以推定该主张成立。"在此基础上，2002年4月1日起施行的最高人民法院《关于民事诉讼证据的若干规定》第75条规定："有证据证明一方当事人持有证据无正当理由拒不提供，如果对方当事人主张该证据的内容不利于证据持有人，可以推定该主张成立。"上述两个司法解释的相关内容是有关证明妨碍制度的原则性规定，可适用于非负证明责任一方当事人从事证明妨碍行为的情形。

第二节　证明妨碍制度法理基础的基本建构

一、设定证明妨碍制度法理基础的价值判断与定位导向

对案件待证事实的证明及证明责任的分配，是民事诉讼当中的一个基本问题，且属于调整、评断当事人诉讼行为的一个具有核心性质的议题。与职权探知主义建构下所涉及的人身关系案件证明模式所展现的法院职权干预相比较，辩论主义建构下所涉及的财产关系案件的证明模式，强调当事人的证明行为具有高度的自治性，并且尽可能地与法院的职权干预主义划清界限。在这种前提条件的拘束下，迫使当事人不得不面对其在诉讼上的主张而成为提供证据的唯一主体，并直接担当和忍受来自客观外在世界的压力。这一程序设计体现的是自近代以来立法和法理对诉讼正义的理解与诠释。也就是说，在诉讼上，一方当事人提出何种诉讼请求以及依据何种事实主张，完全是该方当事人的诉讼权利，他人不得干预，并且，该方当事人应当对其事实主张负担证明责任。在该方当事人经法院判定无法有效履行其证明责任时，将承担不利益的诉讼效果。但是，当一方当事人在证明行为上所面临的危机与风险并非来自客观外在世界，而是来自对方当事人的故意或过失行为所致或者诉讼外第三人的这类行为所致时，应当如

何看待这些行为对法院裁判的公正性所造成的影响，立法者以及司法者应当如何回应这种局面，同时，学者又应当如何将它作为一种全新的社会问题和法律问题加以诠释，这些问题给人类原有的诉讼正义观念形成了冲击与挑战，同时又为推动人类社会对于诉讼正义的发展与进化带来了历史性机遇。

长期以来，在西方国家看来，通过诉讼解决社会矛盾是社会生活的一个重要组成部分。其中，美国人以好诉而著称。根据美国学者所作调查发现，当今，凡参加过诉讼的人(litigators)，有一半抱怨证明妨碍是困扰诉讼的一个经常性问题。① 从"歹人(bad man)"的角度观察这一问题，奥利弗·温德尔·霍姆斯(Oliver Wendell Holmes)大法官曾经写道：作为个体人，实际上都存有证明妨碍的动机。② 鉴于"歹人"并不考虑他本人的行为应当受到何种道德规范或伦理的约束，因此他并不受阻于良心的责难，故他所作出的决定纯粹以利益上的得与失之间的衡量为基础。一个人因隐匿证据所能取得的巨大获益，往往大大超出因此受到法律追究可能遭受损益的几率(greatly outweigh the slim chance of being caught)。传统的救济方式给证明妨碍人脱逃(slip by)留下巨大空间，要么使他就其证明妨碍行为不能受到何种不利的影响，要么所遭受的处罚与其行为相比较显得微不足道。传统的救济手段仅涉及诉讼中的有关当事人而并不涉及第三人所从事的证明妨碍行为。经常发生的事实是，控制某一特定证据的人，并非是诉讼中的一方当事人，因此并不为其隐匿或者变造证据而遭受何种不利后果。在许多情形下，直到作出最终判决之后证明妨碍行为才被发现。③ 这就说明，证明妨碍问题对司法公正所造成的危害日益显现，妨碍人是借助证明责任法则的内在机制损害举证人或者对方当事人利益的，鉴于民事诉讼程序属于公法范畴，因此，证明妨碍行为不仅侵害一方当事人的合法权益，同时也损害了法律的公正与司法的权威性，是对司法秩序的公然挑衅，对此，无论是立法者还是司法者不能坐视不管、

---

① See Jay E. Rivlin, Note, Recognizing an Independent Tort Action Will Spoil a Spoliator's Splendor, 26 *Hofstra L. Rev.* 1013 (1998).

② Oliver Wendell Holmes, The Path of the Law, 10 *Harv. L. Rev.* 457, 459 (1897).

③ See Jay E. Rivlin, Note, Recognizing an Independent Tort Action Will Spoil a Spoliator's Splendor, 26 *Hofstra L. Rev.* 1013,1014 (1998).

听之任之。与此同时，另一种现象也值得引起高度关注，也就是，许多从业人士认为，对于证明妨碍行为不值得深究，因为许多法官就这些指控并不严肃对待，对待证明妨碍人也很少采取具有实质性的制裁措施。[①] 对此现象，笔者认为，对待证明妨碍的行为如果不加以有效制裁，无异于鼓励妨碍人利用不法手段来获取合法利益，对社会的公平与正义将造成的实质性损害，并且无助于维护司法的权威。当然，对这些从业人员的说法也应当具体问题具体分析。

在人类的编年史上，当人类文明的曙光穿越漫长而朦胧的时光隧道将要投向近代史篇章之前，"证明妨碍"这一概念就已被先哲们所识别与定义，迄今为止，至少已经延续了 280 年之久。证明妨碍制度的创设、完善与改进，源自于特定历史背景条件下的法律思想与价值观念。随着时代的变迁及社会的永续发展，作为形成、完就其制度基础的法律思想、价值观念，与主流社会的思想意识、思维方式会不断发生撞击，且迸发出新的思想活力，势必对证明妨碍制度的构成要件、适用效果产生直接或间接影响力。

早期，证明妨碍推定的正当性基础是由经验法则阐明的，也就是当某人伪造、隐匿证据的行为足以显示该证据不利于该行为人时，导致证明责任妨碍原理的适用往往被限定于故意的情形，而过失的情形则无法在妨碍行为与该证据内容系不利于行为人之间发生何种符合逻辑的联结关系。[②] 但是，随着证明妨碍的法理基础朝着"救济"、"惩罚"及"预防"三大政策目标的转型，这种推定在实务上仅用来适用于故意证明妨碍行为的设想也逐步遭受扬弃。同时，在通常情况下，这种推定仅系事实上的任意推定（permissive inference），也就是陪审团"可以"而并非"应当"推定该证据对妨碍人不利。[③] 在美国，法院对发生证明妨碍行为所应采取的处罚措施享有广泛的裁量权。这是因为，证明妨碍行为明显地践踏设定证据开示制度的法律精神，根据《美国

---

① Randall C. Ogg & Matthew P. Maloney, Aggressive Pursuit of Spoliation Reaps Rewards, *Prod. Liab. L. & Strategy*, Jan. 1997, at 4.

② John MacArthur Maguire and Robert C. Vincent, Admissions Implied from Spoliation or Related Conduct 45 *Yale* L. J. 226-259(1935). 转引自黄国昌:《民事诉讼理论之新开展》,北京大学出版社 2008 年版,第 237—238 页。

③ 参见黄国昌:《民事诉讼理论之新开展》,北京大学出版社 2008 年版,第 238 页。

联邦民事诉讼规则》所适用的惩罚措施是广泛的，其中包括驳回诉讼请求、作出缺席判决、排除证据以及证人证言，采用金钱处罚措施。从典型意义上讲，《美国联邦民事诉讼规则》第37条规定了相应的处罚措施。但是，法院不能仅限于该第37条的规定，还可根据其应有的司法裁判权，采取不仅限于被妨碍证据以外的方式和手段。[①] 法院应当采取它所认为可以采取的一切必要措施对证明妨碍行为进行惩罚，除非法院有滥用裁量权的表现，否则法院的判定将不允许被推翻。[②] 可见，在对抗性较强的诉讼模式之下，证明妨碍的危害性更大，与此相适应的是，有关立法和司法所能够采取的制裁措施也就显得更加严厉。

随着时代的变迁，早期有关证明妨碍制度所发挥的回复公平这种单一的功能已经进化为多元化的体系。这种政策性的目标主要表现在，当出现证明妨碍情形时，法院通常会基于补救（remediation）、处罚以及防阻（deterrence）三个目标来作为适用的救济措施。[③] 采用补救的目标，在于回复对抗状态上的均衡，也就是使得被妨碍人与证明妨碍人之间就现已进行的诉讼程序上"保持平等的对抗局面（level the playing field）"。设置制裁的目标，体现了应当对那些就公正以及公平地实现正义构成威胁的行为加以制裁的司法意愿。作为第三个目标的防阻，也就是，应当对未来可能发生的证明妨碍行为加以遏制，促进这一目标的实现，主要应当间接地采用一些处罚措施对证明妨碍人加以惩处。为了实现这些目标，法院可以采取两种完全不同的方略应对因证明妨碍行为所造成的严重后果。[④] 另有学者认为，这些原则都有

---

① Lawrence Solum & Steven Marzen, Truth & Uncertainty: Legal Control of the Destruction of Evidence, 36 *Emory L. J.* 1086, 1096 n. 50 (1987) (summarizing cases applying the "inherent power" doctrine in the spoliation context). See also *Patton v. Newmar Corp.*, 538 *N. W.* 2d 116, 119 (Minn. 1995) (noting that Minnesota courts may exercise their "inherent power" in spoliation cases).

② *Patton*, 538 *N. W.* 2d at 119 [quoting *Marrocco v. Gen. Motors Corp.*, 966 F. 2d 220, 223 (7th Cir. 1992)].

③ See, e. g., *Shaffer v. RWP Group, Inc.*, 169 *F. R. D.* 19, 25 (*E. D. N. Y.* 1996) ("An adverse inference charge serves the dual purposes of remediation and punishment."); *Turner v. Hudson Transit Lines, Inc.*, 142 *F. R. D.* 68, 75 n. 3 (*S. D. N. Y.* 1991).

④ Drew D. Dropkin, Linking The Culpability And Circumstantial Evidence Reqirements for the Spoliation Inference. 51 *Duke L. J.* 1810 (April, 2002).

其不同的制度性目标：(1) 惩罚性功能，即对证明妨碍人进行惩罚以阻止未来有可能发生证明妨碍行为所波及的范围；(2) 中立性功能(a neutral function)，确保证据发现程序的准确性；(3) 补偿功能，使受到损害的一方当事人重新回复到发生证明妨碍行为之前所享有的境遇。[①] 不同类型的惩罚措施取决于上述每个不同功能所遇到的具体情节。[②] 对此，笔者认为，为了有效地防止证明妨碍行为的发生以及这种现象的蔓延，针对个案情形，应当建立一整套多元化系统功能模式，其中回复公平状态所采用的补救措施在证明妨碍行为无所不在、无所不用其极的社会状态下显得消极、被动，只能限于针对那些处于一般主观过失状态所支配的轻微证明妨碍行为，而对待那些在主观故意状态支配下发生的证明妨碍行为，带有公然挑衅司法权威之意，应当施之以惩罚或制裁的措施，使妨碍人所遭受的法律不利后果在严重性上远远超过其通过妨碍行为所可能获得的利益，以使其达到再也不敢以身试法的程度，这样才能达到以儆效尤，使任何潜在的妨碍人受到震慑，唯有如此，才能实现证明妨碍制度的预防性功能，阻却诉讼活动中证明妨碍现象滋生与蔓延的态势。另外，鉴于证明妨碍现象的出现属于传统证明责任法则所产生的副产品，因此，今后在对证明责任法则进行设计与改造时，应当充分考虑这一因素对证明责任分配法则的内在机制所造成的消极影响，通过对这一法则内在机制及其规则层面的调整与改善，使其能够更加适应新的社会条件下社会公众对于司法正义的需求。

有学者指出，在证据法领域内，其主要任务应致力于当事人间公平的回复，而将判断的重心置于对被妨碍人不公平的程度，而并非妨碍人主观归责性的高低。[③] 对此，笔者认为，在证明妨碍制度建构下，回复当事人之间的公平，主要体现在回复原本在当事人之间因妨碍人行为所造成的诉讼对抗上武器失衡状态。如果双方当事人在诉讼上

---

① Jay E. Rivlin, Note, Recognizing an Independent Tort Action Will Spoil a Spoliator's Splendor, 26 *Hofstra L. Rev.* 1003, 1031 (1998).

② Cecilia Hallinan, Balancing The Scales After Evidence is Spoiled: Does Pennsylvania's Approach Sufficiently Protect The Injured Party? 44 *Vill. L. Rev.* 951 (1999).

③ 参见黄国昌:《民事诉讼理论之新开展》,北京大学出版社 2008 年版,第 250 页。

能够自觉地贯彻诚信原则，本不应该发生这种事态，事实上，并非每一起诉讼事件都必然发生这种事态。但当某一起诉讼事件发生这种事态时，采用惩罚性措施来达到适用相应法律效果，也不过是为了实现设置证明妨碍制度本旨的一种方式或手段，其目的在于维护一种在当事人通过武器平等、公平对抗借以发现事实真相的诉讼秩序。其中，在个案当中，具体分析和甄别妨碍人在主观上归责性的高低，也不过是借以划分和判断妨碍人的过错程度，以便采用相应的法律适用效果，使制裁措施的实施具有合理性与妥当性。因为，从证明妨碍制度所体现的公平性而言，当法院认定妨碍人实施了某一具体证明妨碍行为时，综合考量个案的诸种情形，对被妨碍人在证明标准、证明方式上加以适度调整，将成为不可避免的程序性选择，而在如何作出选择和判断问题上，则主要取决于妨碍人在主观上的可归责性，同时也取决于妨碍行为所针对的有关证据材料或证据方式的重要程度以及是否具有可替代性，也就是说，法院在这种情形下要充分考虑妨碍人的妨碍行为在个案当中所造成不公平状态情形，采取适当的制裁措施。当然，应当面对这样一种现实，即在某种程度上，妨碍人在主观上的可归责性决定了有关证明妨碍行为在性质上的不同，以及对审判秩序与司法公信力危害的程度不同，因此，采取有关制裁措施应当具有相应的惩罚性，这种惩罚性所导致的结果不仅仅使双方当事人之间能够回复至妨碍前的一种公平对抗的状态为止，尤其是针对那些主观故意或者重大过失情形下的证明妨碍。这是因为：(1) 在实务上往往难以妥当把握这种尺度。(2) 如果不顾及具体情形，而一味地追求使得因采取有关制裁措施所导致的结果仅仅回复至妨碍前的状态为止，就不能称之为对妨碍人的制裁，而仅仅能算得上对被妨碍人的救济或补偿。在这种情形下，相关的证明妨碍制度就不能够发挥应有的预防性功能，因为妨碍人并不会由此产生痛改前非的意识，反而会认为证明妨碍制度的惩罚力度不过如此，甚至在今后仍可能产生侥幸心理。(3) 当事人借助诉讼采取的是一种公力救济，公力救济与私力救济的最大不同就在于，公力救济是凭借国家的力量与司法的权威，因此，妨碍人采用不当手段为举证人利用证据实现其合法权益制造障碍，看似侵害了举证人的合法权益，但实质上是损害了国家法律的尊严，妨碍了司法正义的实现，是对公法秩序的侵犯。对那种实属恶意行为的制裁乃是社会正义的体现，而并非仅仅是顾及对一方当事人的救济。因此，如果仅将证明妨碍制度的功能限于在回复其均衡状态这一范畴加以理解，将会产生一种残缺的诠释，也就无法实现证明妨碍制度机能转型上的突破。

二、对经验法则作为证明妨碍制度法理基础的考察

作为构成证明妨碍的法理思想，最初源自人类对最原始的经验法则的理解与解读。因为它符合逻辑上的一种事物发展的常态模式，即在一般常人看来，一方当事人隐匿、销毁或者损坏对证明另一方有利事实主张的证据材料，或者拒不履行法院要求其接受证据调查所采取的证明方式（如拒绝抽血或接受医师验证），则意味着该证据材料或证明方法所具有的证明价值或分量，在实施证明妨碍的行为人看来，足以对其产生显著的不利益或者造成消极的诉讼效果。在法律上，假如对这种行为通过拟制一种法律效果，对于实施此类证明妨碍的行为人产生某种不利益，则具有经验上的合理性。因为它符合经验法则所确定的事物发展的基本轨迹，属于符合事物发展方向的常态现象。对此，德国学者罗森贝克认为，证明妨碍涉及有关经验法则，也就是说，如果事实对于不利于相对人而言并非真实，则相对人应不至于妨碍举证的进行，而是予以支持。如果他破坏证据调查，就表明他担心对其不利结果的出现。[①] 另外，德国学者 Musielak 亦指出，根据经验法则显示，假如就某对象而言，对某人将来可能发生的诉讼对其具有利益的，其理应谨慎保存。[②] 在诉讼上，鉴于一方当事人实施证明妨碍行为，针对的是相对一方当事人就特定事实主张所负担的证明责任，在个案当中，当出现一方当事人的行为足以导致妨碍另一方当事人履行其证明责任时，则由法院根据经验法则判定这种行为在产生何种法律适用效果上所具有的逻辑属性。因此，当人们将经验法则作为建构证明妨碍制度的法理基础时，实际上采用的是一种逻辑演绎的求证方法。

当我们将生活上的经验法则作为诠释证明妨碍制度的法理基础

---

① Rosenberg, Die Beweislast, 5. Aufl., 1965, S. 191. 转引自姜世明：《新民事证据法论》，台北学林文化出版事业有限公司 2003 年版，第 285 页。

② Musielak, Die Grundlagen der Beweislast im Zivilprozeβ. 1975, S. 140; Musielak/ Stadler, Grundfragen des Beweisrechts, 1984, Rdnr. 189. 转引自姜世明：《新民事证据法论》，台北学林文化出版事业有限公司 2003 年版，第 285 页。

时，在逻辑演绎上，它是通过客观外在的行为判断证明妨碍人的主观心理状态，由此而决定法律的适用效果。例如，《德国民事诉讼法》第444条规定：一方当事人意图妨害对方当事人使用证书而毁损证书或致使证书不堪使用时，对方当事人关于证书的性质和内容的主张，视为已得到证明。根据该法条所表达的旨意，在实务上，当一方当事人销毁某一书证这一客观外在的行为被确认时，正是因为这一行为本身所导致对方当事人关于该书证的性质和内容的主张无法得到证明，在此情形下，根据经验法则，法院即可认定该方当事人这一行为系受主观故意的意图所支配。由此而产生的法律适用效果是，拟制对方当事人关于该书证的性质和内容的主张为已经得到证明。也就是根据经验性的逻辑，以成就证明责任的效果来满足有关当事人的主张责任。

在个案中，应当将这种经验法则的适用与当事人的主观意图相联系，因为，创设某种证明妨碍的法律适用效果，不能不考虑证明妨碍行为人的主观归责性。按照不同的表现形态，证明妨碍行为的主观归责性取决于其是否存在过错，而过错作为一种主观形态大致可分为故意与过失，同时，过失又可分为重大过失和一般过失。主观上的故意表现为，行为人的内心世界是在创造条件，积极追求一种客观状态的形成，即给相对一方当事人证明其事实主张造成实际妨害，且面临不利的诉讼境地。在实务上，在许多情形下，能够明确认定一方当事人主观上存有故意而实施证明妨碍行为会存在许多障碍。这是因为，在立法上所确立的故意而构成的要件通常比过失需要有更高的证明标准，这往往需要法院通过客观表现形态和具体的环境因素综合加以判定，因为，所谓故意，毕竟涉及内心动机，它属于一种内界事实，外人难以采用感觉器官直接触摸，而只能采取逻辑推理认定。例如，一方当事人声称对另一方当事人出示的原始借据上的签名存在争议，便借辨认的机会，将该借据撕毁或吞入口中，导致无法通过鉴定来核实该份借据上字迹的真伪，自可从这一客观表现形态认定对方当事人在实施证明妨碍行为上存在主观上的故意。事实上，所谓发生某一证明妨碍行为，通常表现为有关证据在持有证据的一方当事人控制之下，这些证据材料遭受毁损或者发生灭失是否涉及该方当事人的主观可归责性，在客观上缺乏明确的判断标准。有关当事人为了避免遭受不利的判断后果，往往强调客观上的障碍或原因，以便开脱其主观上的可归责性。在实务层面上，能够认定一方当事人构成故意存在妨碍证明行为的情形，主要限于一方当事人拒不履行法院的相关指令、有关公共机关或职能部门在从事职权活动上发现一方当事人故意毁损文书、物证的情形等。

从历史发展的眼光来观察，将经验法则作为证明妨碍制度的法理基础，是从最初的观念延续的反映，它只是从一个侧面论证了作为构成证明妨碍制度合理性的一种基本元素。通过这个基本侧面，随着社会的不断发展，为了增强证明妨碍制度创设功能的多元化以及为应对社会发展而出现新问题的因应性，使证明妨碍制度的法理基础注入新的价值观念与诠释根据已渐成大势所趋，并以此为基础，更进一步发展为对其他法理基础的深层次探求。

值得注意的是，现行有关立法例很少就证明妨碍制度作出原则性或者概括性的规定，而仅就一些特别的情形或者一方当事人的行为所产生的证明妨碍及其适应效果作出特别规定，并且有关立法例所涉及的情形均可诠释为根据经验法则以故意的心理状态为依归，而将那些能够被认定为受过失的心理状态所支配而出现的证明妨碍行为及其效果交由法院作出认定和判断。所谓以故意实施证明妨碍行为是指，行为人事先已经预见或者明知其行为后果将对有关当事人所提出的事实主张在证明上造成严重障碍，以至于使其举证不能并且妨碍法院的证据调查，而依然希望或者放任这种结果的发生。例如，《德国民事诉讼法》第 427 条有关当事人拒不服从提出证书的命令的情形以及由此而产生的法律适用效果，同法第 441 条有关当事人拒不服从核对笔迹命令的情形以及由此而产生的法律适用效果，同法第 444 条有关当事人毁损证书的情形以及由此而产生的法律适用效果，同法第 453 条第 2 项有关当事人拒绝陈述或者拒绝宣誓时的情形及其所产生的法律适用效果等。这些规定所涉及的当事人行为均可依据经验法则认定其在主观归责上具有故意的属性。① 因为，上述情形均表明，在并无客观障碍的条件下，行为人明知其行为的后果将对有关当事人的证明行为和法院的证据调查造成实质性障碍，但仍然希望甚至追求这种结果的发生。这种现象似乎给人造成这样一种印象，即证明妨碍制度在涉及实施证明妨碍人的主观可归责性的状态上仅为故意而并非过失。

---

① 《日本民事诉讼法》也有相同或类似的规定，参见该法第 208 条、第 224 条第 1 款及第 2 款、第 229 条第 4 款等规定。

有些学者对此也不无异议。[1] 笔者认为，这只是一种错觉。从主观归责性的内在特质判断，将主观上的故意作为适用经验法则来诠释证明妨碍制度的法理基础具有正当性。例如，在庭审过程中，一方当事人以核对欠款凭据的原件为名，将该原始凭证当庭撕毁，或者一方当事人拒不按照法院的指令提交有关检材供鉴定人鉴定等。虽然立法上均倾向于将证明妨碍制度通过一些特别的情形加以规定，并且，这些特别情形往往仅涉及有关当事人在实施证明妨碍行为时所表现的主观故意状态，而这种主观故意的心理状态通过一种显而易见的场景或情节得以表现，如一方当事人明知核对笔迹将推翻其对笔迹真伪所提出的事实主张，故拒绝执行法院向其发出核对笔迹的命令，因此，其主观心理状态究竟如何，只能根据经验法则所展示的合理性逻辑推理认定。实际上，在故意的心理状态基础上所产生的证明妨碍行为，只是构成证明妨碍行为体系的一个必要的组成部分，但并非是这一行为体系的全部内容，因主观上的过失而造成证明妨碍的情形也是大量存在的，特别是其中的重大过失，对于形成证明妨碍行为的要件更具普遍性的应用价值。对此，我国台湾学者姜世明教授认为，鉴于德国经验，就证明妨碍制度的运用，在基本上而言，故意的类型较难确认，其在实务上便被认为较不具有实用性，反之，过失证明妨碍则具较高的实用性。[2] 笔者认为，除非立法上对于某些在主观上故意实施证明妨碍行为的情形特别加以规定，否则，在实务上，由于缺乏必要而充分的证据，受妨碍的一方当事人往往难以举证证明行为人存在主观上的故意。在法理上，鉴于实施证明妨碍的行为人在主观上存在过失，同样也作为构成过错的一种表现形态，故被界定为存在某种疏忽或者懈怠。申言之，行为人对自己的行为所造成的结果应当预见或者能够预见，但却并未预先，或者虽然已有预见，但却轻信可以避免结果的发

① 例如，我国台湾学者姜世明教授指出，台湾地区“民事诉讼法”第 282 条之一规定的证明妨碍属于故意的类型，就条文形式来看，则过失的证明妨碍类型，即并非属于上述条文的规范标的所涉范围。但如此结论，是否得以贯彻上述条文立法目的，其中包括诚信原则、预防与制裁目的及公平原则等，实则不无疑问。参见姜世明：《新民事证据法论》，台北学林文化出版事业有限公司 2003 年版，第 303 页。

② 参见姜世明：《新民事证据法论》，台北学林文化出版事业有限公司 2003 年版，第 303 页。

生。其中,重大过失与一般过失的本质区别主要表现在,前者为,按照在特定条件下所产生的法律、道德职业规范、特别行为方式上的要求,行为人本应尽到更高程度上的合理注意,以便在能够预见到其行为将导致证明妨碍的后果发生的情形下,及时采取必要措施以避免这种后果的发生,但该行为人最终不仅没能尽到这一更高程度上的合理注意,甚至连一般人所能尽到的合理注意都未尽到,以至于使其行为产生证明妨碍的实际后果;后者为,行为人在特定的环境条件下,本应尽其合理的注意义务来预见其证明妨碍行为所产生的后果,但却未能做到,以至于其行为产生证明妨碍的后果。[①]

在实务上,由于动机本身存在细微的差异,使得主观上的故意与某些个案中的重大过失之间的界限实难判定,且缺乏必要的客观标准,有时难免使二者之间抑或存在一种交叠状态。这样一种状态在作为事实裁判者的法官的内心世界当中出现,与经验法则的运用不无关联。例如,根据 1955 年 4 月 16 日德国联邦最高法院作出的一起判例[②],医师在开刀时,忘记将其使用的纱布从病人体内取出,待该医师第二次开刀时才发现并将该纱布从病人体内取出,但医师将取出的纱布遗弃。病人因此对医师提起诉讼,请求损害赔偿,在诉讼上,医师开刀有无过错成为有争议的待证事实,而过失事实的有无是以该纱布的形状大小为主要关键。医师过失的有无因棉花纱布的遗失而成为无法证明的状态。联邦最高法院据此认为,被告医师在第二次开刀取出纱布时,应预料原告病人将以纱布遗留体内为理由请求损害赔偿,而且也应知道当事人间就过失问题的有无存在争议,因此,纱布的形状大小将成为关键所在。所以,医师必须保存该件证物使其不被遗失,最低限度也应将其形状大小作正确的记录而予以确认。被告医师既然怠于保存该证物,而使待证事实处于不明状态,因此,不能将其不利益归由原告负责,应将不利益归由被告负担。对此,我国台湾学者陈荣宗指出,德国联邦最高法院所谓不利益的归属,究竟指法院可依自由心证就证明作出评价而言(主观证明责任),抑或客观证明责任的转

---

① 在理论上,有学者将过失的种类分为一般过失和业务过失、重大过失、无认识的过失和有认识的过失。参见〔日〕大谷实:《刑法总论》,黎宏译,法律出版社 2003 年版,第 154—155 页。

② VerrR 1955, 334, Vgl. Musielak, a. a. O. S. 134.

换,其确切旨意表达不明确。[1] 假如采取证明责任转换方法,使妨害证明的当事人负担证明责任,而原应为举证的当事人因而不负客观证明责任。[2] 在本案中,这种不利益,轻则可解读为法院采用自由心证而采取的一种主观证明责任的转换,重则可解读为一种客观证明责任的转换。这是因为,在本案这种特定的情形下,在法院心证的自由评价中,根据经验法则,被告的行为轻则可认定为在主观上存在重大过失,重则可认定为存在主观故意也不为过。鉴于民法的基本功能是强调救济受害人所遭受的损害,因而更重于惩罚加害人的过错。德国最高法院的这一判决在归责上体现的是重大过失等同于故意的一种衡平,在适用法律的效果上使得二者之间存在一种共通性。其意在强调,医师作为一种特殊行业的行为主体,其职业操守要求医师理应承担特殊的注意义务,在从事医疗活动中应当始终保持高度谨慎与勤勉。在本案中,医师首次实施手术时,因遗忘未将其使用的纱布从病人体内取出,抑或已经构成过失。待该医师第二次再开刀时发现这一情节,根据医师的资历和经验理应悟识该情节的轻重,但该医师将纱布从患者体内取出后却将其遗失,按照经验法则,如法院认定其存在主观上的故意也并不为过。可见,从民法的角度而言,在个案当中,当法院根据经验法则认定实施证明妨碍的行为人在有可能存在主观故意的情形下,即使认为其存在重大过失,但在适用法律效果上如同在主观上存在故意形态那样作出处置,实质上除了彰显其对行为人所采取的制裁与惩罚外,也更加有利于保护受害人的利益。可见,重大过失在归责上构成了证明妨碍行为的重要组成部分,也是法院在实务上更为大量采认的一种主观可归责性的要件。

需要指出的是,将经验法则作为因受故意这种主观心理状态所支配而出现的证明妨碍行为的法理基础具有合理性及正当性,同样,在个案中,当出现在特定条件下对于故意和重大过失的认定具有共通性这一情节时,将经验法则在对有关证明妨碍行为及其法律适用效果进行诠释时仍具有合理性与正当性。但是,在个案中,当只能对行为人的主观归责性可单纯认定为具有重大过失时,采用以经验法则对有关

---

① 参见陈荣宗:《举证责任分配与民事程序法》(第 2 册),台北三民书局有限公司 1984 年版,第 68 页。

② 同上书,第 67—68 页。

证明妨碍行为及其法律适用效果进行解读缺乏必要的合理性与正当性。这是因为，单纯的重大过失之所以构成主观归责性，是因为，在特定条件下所产生的法律、道德职业规范、特别行为方式上的要求或标准，对于行为人能够尽其必要的合理注意仍具有某种期待性。而在受故意作为主观形态条件下，这种期待性已不复存在，因为这种故意，表现为一种主观恶意或不正当动机；而在故意与重大过失具有共通性情形下，有关法律、道德、职业规范、特别行为方式上的要求或标准对行为人是否能够尽其必要的合理注意仍否抱有期待，一时难以作出有效判断。

在我国，有学者认为，经验法则作为一种学说对于构筑证明妨碍的一般理论并不具备提供法理依据的功能，其原因为：(1) 当事人妨碍他方使用证据的动机可能有多种，而并不必然局限于该证据对其不利。(2) 如果真的存在这样的经验法则，法官可以依据心证直接采用该法则作出判断，没必要另外寻求证明妨碍的法理适用。[①] 对此，笔者认为，人们采用经验法则作为证明妨碍的一般法理基础迄今已有数百年历史，正是以这种经验法则学说为基础，在当今已经发展成为多元说的局面，在此发展过程中，经验法则学说功不可没。在今天看来，社会的发展导致理解事物的层面也愈加多面与复杂，加之人们的视野拓展以及观念的不断开发，仅仅采用经验法则这种单一学说来诠释社会法律生活当中所出现的各种形态的证明妨碍情形及行为显然具有某种局限性。但是，在许多情形下，如果完全避免从经验法则的角度来探求证明妨碍行为人的内心动机和行为本身的目的，就很难揭示其主观心理状态。

三、对诚实信用原则作为证明妨碍制度法理基础的判识

作为语言文字，“诚实信用”一词的使用源远流长。据悉，早在我国古代典籍中，如《商君书 · 靳令》就有所记载。[②] 由于文化的差异，

---

① 参见汤维建、许尚豪：《建立举证妨碍制度，完善证据立法》，载何家弘主编：《证据学论坛》（第 8 卷），中国检察出版社 2004 年版，第 106 页。

② 据《商君书 · 靳令》记载，“诚信”与“礼乐、诗书、修善、孝弟、贞廉、仁义、非兵、羞战”并称“六虱”。参见郑强：《合同法诚实信用原则研究》，法律出版社 2000 年版，第 5 页。

诚实信用一词在不同的语言文字当中所表述的形式和含义有所不同，例如，在拉丁文当中被表述为“Bona Fide”，在英文中被表述为“Good Faith”，可直译为“善意”；在法文中被表述为“Bonne Foi”，在德文中被表述为“Tren und Glauben”，可被理解为“忠诚与信任”；在日文中则被表述和可理解为“信义诚实”。

从人类社会的文明进化而言，不断进化的社会关系是以信义为基础的。商品经济的发展以及市民社会的兴起将诚实信用作为规范人们行为的一个基本准则（原则）。从诚实信用原则发展演进的大体趋势来看，最初是由一种诚信意识，后来将这种意识推展成为一种道德义务，并在此基础上将其提升为一种法律义务，时至今日，随着法治化进程的深入发展，法院被赋予享有将其作为裁断社会公平与正义平衡器的权威。

作为一法律术语，诚实信用原则系自国外引入的舶来品。这一原则源自罗马法上“一般恶意的抗辩”及在诉讼上“应以善意及衡平”作为法官判断是非曲直标准所衍生的观念。我国台湾学者史尚宽教授指出，诚信原则有补充或解释法律的任务。当法律文字过宽或者过狭，或者规定含糊，或前后有抵触，难以适用时，自可采用诚信原则加以合理调整。当法院作出判决时，在可能范围之内，站在立法者的角度对个案进行衡平，以防止一方当事人基于私利而利用法律上的漏洞，为谋取自己的利益而牺牲对方的利益。①

在证明责任法范围内，当事人对其诉讼请求和事实主张负有提供证据加以证明的主观证明责任，这是由当事人的主张责任和私权利益之间的相互弥合和协调功能所决定的。但是，在个案诉讼上，当一方当事人尽其所能履行主观证明责任时，作为在诉讼上处于对立关系的相对一方当事人凭借其故意或过失的行为，以至于严重妨害举证人的证明活动时，如果由此所产生的不利后果仍由举证人承受，并且法律或法院对此听之任之不加干预，举证人将要面临不利益后果。这种情形将与社会正义的观念发生重大背离，因此，社会的公平正义要求在裁判上势必采用诚实信用原则对这一产生的后果加以修正，以追求其具体结果的妥当性。对此，我国台湾学者何孝元教授指出，当法院在审理案件行使自由裁量权进行自由心证时，须具有客观上的妥当性。

---

① 参见史尚宽：《债法总论》，中国政法大学出版社 2000 年版，第 333 页。

是否具有客观上的妥当性,应视其是否依据诚实信用原则作出判断。[①]

诚实信用原则作为一种强制性的法律规范,它是法院可以据以裁判具体个案的强制性法律准则。该项原则有利于当事人之间的利益在履行权利与义务上获得衡平状态,在原本私法意义上,虽然诚实信用原则属于当事人之间就其私权利益而发生民事交往及从事交易行为的基石,但是,在当今公法意义上,当事人的诉讼行为及证明活动应当以正当的方式保持相互之间利益的均衡,这已经成为法院在诉讼过程中协调各方利益关系的司法理念与判案基石。因为,诚实信用原则要求各方诉讼当事人在诉讼活动中以善意、信义、无欺、公平的法律元素调整其诉讼行为,并且作为法院判断其行为的妥当性、合理性、适法性的依据。

民事诉讼属于私权纠纷,诉讼请求权是建立在实体法要件基础之上的,根据证明责任分配的原理,双方当事人对其在诉讼上所提出的事实主张均负有相应的证明责任,由于客观上存在的各种证据材料对于证明案件事实或者满足法官对案件的待证事实,形成内心确信提供了前提和可能性。证明责任的分配规则从权利主张的属性、证明责任的要求以及司法上的公平与正义的基点上,相对平衡了当事人之间在客观上可能存在着的种种差异,因此,在诉讼上,诚实信用地在当事人之间相互履行诉讼权利和承担诉讼义务,成为现代社会崇尚司法之理念。在当事人之间维系一种相互诚信的行为方式,对于公正、合理地处理双方的纠纷具有重要意义,因为,一方当事人由于自身的原因对其在诉讼上所提出的事实主张不能提供有效的证据加以证明,将承受不利的诉讼后果;如果一方当事人并非因为自身的原因,而是对其有利的证据被另一方当事人藏匿、销毁或者毁损至丧失证明价值的程度,这种恶意行为(抑或重大过失行为)不仅侵犯了相对一方当事人的诉讼权利与合法利益,而且还严重限缩和制约了法院通过司法程序发现事实真相的能动性,这种通过隐瞒事实真相进而实现其诉讼利益的动机与行为,实际上也严重侵害了法院通过证据调查借以查明案件事实的审判职能,因此,实施证明妨碍的行为人应当承受与其具体的妨碍行为相适应的诉讼上的不利益。

---

① 参见何孝元:《诚实信用原则与衡平法》,台北三民书局股份有限公司1977年版,第4—8页。

德国学者 Leonhard 主张，在适用范围上，诚信原则适用于民事诉讼上的证明责任。[①] 对此，笔者认为，这种观点是将诚信原则与证明责任的分配规则相联系。从德国的司法判例来看，因一方当事人的故意或者重大过失导致对其主张负担证明责任的另一方当事人为此陷入极为不利的境地，由此而面临败诉的结局，在此情形下，使负有证明责任的该另一方当事人因对方的过错而蒙受其害。针对不同的个案情形，德国法院在有的判例中将主观证明责任转换给实施证明妨碍的行为人承受，由实施证明妨碍的一方当事人对其抗辩主张负主观证明责任，也就是直接承受反证的责任。甚至在有的情形下，这种证明责任的转换被视为产生客观证明责任转换的实际效果。有学者认为，作为这种制裁的一般基础应包含诚实信用原则，除此之外，还应包括《德国基本法》第 3 条所规定的保障诉讼中武器平等的原则。[②]

我国台湾地区修订后的“民事诉讼法”第 282 条之一规定：“当事人因妨碍他造使用，故意将证据灭失、隐匿或致碍难使用者，法院得审酌情形认他造关于该证据之主张或依该证据应证之事实为真实。（第 1 项）前项情形，于裁判前应令当事人有辩论之机会（第 2 项）。”相比较而言，与德国法上未设有具有通则功能的概括性规定的立法模式不同，该法条的内容显有通则性的特征与功能，正是由于这种功能性的缺失，使得德国法对证明妨碍的解释在很大程度上仍然不得不严重依赖于判例学说。采用判例学说对某种证明妨碍行为的解释，则意味着，某些法律思想与原则的形成不得不受制于特定的案情，在适用上有可能会发生因案而异的情形。当然，不容否认的是，这种立法模式有可能会促使判例法的进化与发达。[③] 值得注意的是，尽管我国台湾地区就证明妨碍制度的立法模式在其第 282 条之一上，表现为一种类似通则性质的特征与功能，但作为立法理由的支点仍具有混合性的内涵与特征，即除了诚信原则之外，还应包括防止和杜绝当事人借此不正当获利，兼顾公平原则以及制裁法则等。有台湾学者将这种现象解

---

① 参见史尚宽：《债法总论》，中国政法大学出版社 2000 年版，第 333 页。

② 参见〔德〕罗森贝克、施瓦布、戈特瓦尔德：《德国民事诉讼法》（下），李大雪译，中国法制出版社 2007 年版，第 852—853 页。

③ 对此，有学者认为，德国的这种立法模式，原则上因采用不同法律思考的基点，则可能造成要件与效果解释论上强密度的区别对待。参见姜世明：《新民事证据法论》，台北学林文化出版事业有限公司 2003 年版，第 303 页。

释为诸种不同制度目的的并存情况，并且指出，它可能具备某种制度解释论上的导向功能，在适用上仍存有价值协调的情事，值得予以重视。[①] 对此，笔者认为，尽管诚信原则具有宽泛的语义范围与可包容性，凡当事人在诉讼上的不轨行为均可以其构成对诚信原则的背离来加以处置，但由此而产生的处罚因较为柔和而缺乏必要的力度，而以此为基点，综合并附加其他价值目标，将有助于对处罚所需要的方式与效果的合理性加以进一步阐释与论证。

四、将诉讼协力义务作为证明妨碍制度法理基础的衡量

有德国学者认为，证明妨碍的法律基础是对协力义务(mitwirkungspflichten)的违反，而所谓协力义务，可概括为特殊实体协力义务(besondere materielle mitwirkungspflichten)、特殊程序协力义务(besondere prozessuale mitwirkungspflichten)与一般协力义务(allgemeine mitwirkungspflichten)。就特殊协力义务而言，如果不负证明责任的当事人违反法定的实体或程序上的义务时，即有可能构成证明妨碍的客观要件。[②]

作为实体法的协力义务，是从某一民事法律关系的角度将提供某些文件、证书或者信息资料作为一方当事人向另一方当事人提供或者披露的义务。鉴于民法具有私法的性质，如果一方当事人拒绝根据有关法律规定履行相应的义务，给相对一方当事人造成损失时，享有权利的相对一方当事人可享有损害赔偿请求权。由于在程序法意义上实行“不告不理”原则，因此，私力救济往往成为当事人的优先选择。例如，根据《德国民法》第259条第1项的规定，有义务就与收入或支出相关的管理提出计算报告的人，必须将包含收入或支出的经整理汇总的计算书通知权利人，并且以习惯上发给凭证(或称证书)为限，提交有关凭证。根据《德国民法》第371条的规定，就债权而出具了债务证书的，债务人可以请求连同收据一同返还该债务证书。债权人如声称不能返还的，债务人可以请求经公证认证的、载明债务已消灭的承认书。根据《德国民法》第402条的规定，原债权人有义务向新债权人

---

① 参见姜世明：《新民事证据法论》，台北学林文化出版事业有限公司2003年版，第303页。

② 同上书，第286页。

提供所必需的情况,以用于证明债权的证书被原债权人所占有为限,原债权人有义务将其交付给新债权人。根据《德国民法》第 713 条的规定,除基于合伙关系所发生的其他效果外,执行业务合伙人的权利和义务,根据《德国民法》第 664 条至第 670 条有关委托的规定来确定。根据《德国民法》第 666 条的规定,受委托人有义务向委任人给予必要的通知,根据请求而就事务状况答复询问,并在执行委托之后提出计算报告。根据《德国民法》第 952 条的规定,债权人出具的债务证书的所有权,属于债权人。存在于债权人上的第三人权利及于该债务证书。根据《德国民法》第 985 条的规定,所有人可以向占有人请求返还其物。①

另外,实体上的协力义务也可因当事人协议而产生。也就是采用合同的形式来约定,一方当事人根据某一法律关系,在特定条件下,负有向另一方当事人提供或者披露有关文件、证书或者信息资料的义务。

此外,程序法上也存在特别程序促进义务。与民事实体法具有的私法属性所不同的是,程序法属于公法范畴,因为它不同于当事人之间的私力救济。因此,采用公力救济所体现的一种程序性标志为:在诉讼上,如果一方当事人违背了这种程序促进义务,不仅会损害另一方当事人的程序利益,给另一方当事人的证明行为造成实际妨碍,还会导致妨碍作为中立的裁判者对于案件事实的查明。因此,程序法通常会设定相应的法律后果,以达到排除这种妨碍行为的目的。当然,从某种意义上讲,诉讼上的主张是用于满足一方当事人获得相应利益的必要程式,因此,民事诉讼上贯彻"谁主张,谁举证"的基本原则,决定了提出某一事实主张的一方当事人,不能完全期待另一方当事人在任何条件下都必须履行相应的程序协助义务,反之亦然。由于立法者会基于某些特殊考虑或者价值选择,大多在程序法上就某些特定情形为有关当事人设定程序协力义务,故此被称之为特殊程序协力义务,它与一般协力义务相对应。例如,《德国民事诉讼法》第 372 条 a 规

---

① 另外还包括《德国民法》第 716 条(合伙人的检查权)、第 809 条、第 810 条(物的提出与阅视及文书的审阅权)、第 1144 条、第 1698 条、第 1840 条、第 1890 条;《德国商事法典》第 87 条 C 第 2 项及第 4 项、第 118 条、第 166 条、第 338 条等。

定，在《德国民法》第1600条之3和第1600条之4的情形或者其他情形下，有必要确定血缘关系时，每个人都应接受检查，特别是提取血样以检查其血型。但是这种检查，必须符合公认的科学原理，足以阐明事实真相，而且，根据检查的方式和检查的结果，对受检查人和本法第383条第1款第1项至第3项内的他的亲属产生的影响，受检查人可以接受，也无害于他的健康时，方可进行。对此，准用本法第386条至第390条的规定。如无正当理由而再次拒绝检查时，可以直接强制，特别是为了检查，可以命令对其拘传。根据《德国民事诉讼法》第423条的规定，对方当事人在诉讼中为举证而引用其所持有的书证时，有提出该项书证的义务，即使仅在准备书状中曾经引用的，也有提出的义务。

我国大陆最高人民法院《关于民事诉讼证据的若干规定》第75条及台湾地区新修订的"民事诉讼法"第344条属于一般协力义务范畴。也就是说，在理论上符合某一证明妨碍行为所必要的构成要件的，都可能作为它的适用范围，因此，这种一般协力义务具有普遍的应用价值。对此，我国台湾学者姜世明教授指出，台湾地区"民事诉讼法"第344条第1项第5款的规定，既可作为使当事人就其实体及程序上的法律关系、争点、攻击或防御方法等与本件诉讼有关的事项所制作的文书均负有提出的义务。其某种程度上实已扩大非负证明责任一方当事人的事案解明义务，这一规定较德国法所承认的程序法上文书提出义务范围更广，是否可将这一条文充当非负证明责任一方当事人一般事案解明义务的法律基础，值得探讨。[①]

五、关于将损害赔偿请求权作为证明妨碍制度法理基础的观察

传统上，法院为了防阻证明妨碍行为，通常采取两项民事法律原则，即证明妨碍行为的推定和民事证据开示上的处罚措施。近年来，证明妨碍侵权之诉逐步被作为一种诉讼原因，成为三种独立的民事法律原则之一。[②] 美国加利福尼亚州上诉法院在 *Smith v. Superior Court*

---

① 参见姜世明：《举证责任与真实义务》，台北新学林出版股份有限公司2006年版，第125—126页。

② See, *eg.*, Lawrence Solum & Stephen Marzen, Truth and Uncertainty: Legal Control of the Destruction of Evidence, 36 *EMORY L. J.* 108-997 n.4 (1987).

一案中所作出的判决，对证明妨碍行为作为侵权之诉予以认可，使其成为美国作出这种判例的第一个州上诉法院。[①] 从证明妨碍制度发展与进化的角度来观察，将损害赔偿请求权作为证明妨碍制度的法理基础是一种新的突破，它是在现代社会条件下面对无时不有、无处不存在证明妨碍行为所采取的一种新的应对措施，其主要突破表现在，将原本当事人在诉讼前因民事权益受到侵害而享有的损害赔偿权引申至诉讼领域，借以强化证明妨碍制度在调整因妨碍人的行为导致公平诉讼处于失衡状态条件下的回复性功能。

有的学者将损害赔偿请求权视为可归责证明妨碍而引发的证据法影响的法律原因。[②] 持这种观点的学者认为，不负证明责任的人从事证明妨碍则构成侵权行为。这一观念是基于补偿思想，因此认为，被害人应回复其未受侵害前的状态。例如，有学者指出，将证明妨碍行为归类于具有侵权性质的行为基于以下三个主要目标：保障确认事实真相，保证在诉讼程序中实现公平，维护司法尊严。[③] 但反对这种学说的学者认为，既然已发生有证明妨碍的事实，就难以确定即使该等证据方法存在当然就会发生对于负有证明责任人有利的结果，在此应仅存在未有证明妨碍情形获得胜诉的机会而已，就此机会的丧失是否视为一种损害，恐有疑问。[④] 对此，笔者认为，正是因为妨碍人的妨碍行为导致法院无法查明事实真相，损害了司法秩序，同时，也正是因为妨碍人的妨碍行为导致法院无法确认这样一种事实：假如不存在证明妨碍的情事，是否由于被妨碍证据的提交就一定会发生对举证人有利的结果。鉴于这些后果均与妨碍人的妨碍行为具有直接的因果关系，而与被妨碍人无关，因此，一切不利益的后果均应由妨碍人承担。并且，在现代社会条件下，证明妨碍制度对被妨碍人的救济功能不应仅

---

① 198 *Cal. Rptr.* 829 (*Cal. Ct. App.* 1984), overruled by *Cedars-Sinai Med. Ctr. v. Super. Ct.*, 954 P.2d 511 (Cal. 1998).

② Maassen, Beweismaβprobleme im Schadensersatzprozeβ, 1975, S. 180f. 转引自姜世明：《新民事证据法论》，台北学林文化出版事业有限公司 2003 年版，第 289 页。

③ Anthony C. Casamassima, Spoliation of Evidence and Medical Malpractice, *14 Pace L. Rev. 239* (*1994*).

④ 参见姜世明：《新民事证据法论》，台北学林文化出版事业有限公司 2003 年版，第 289 页。

仅限于回复至被妨碍前的状态，因为，在许多情形下，究竟何为被妨碍前的状态无法确定，这应当归咎于妨碍人的妨碍行为，因此，在个案情形下，根据妨碍人的主观可归责性决定适用何种对妨碍人不利的法律效果应属当然之举。

第二章　当事人的证明协力义务

第一节　当事人证明协力义务的界定

一、当事人证明协力义务的定义

当事人的证明协力义务是指，一方当事人对另一方当事人为获取有关事实的证据资料、信息资料或者进行诉讼上的证明负有特定的协助义务，否则将产生不利的法律后果。也就是说，一方当事人不得通过自己的行为(包括作为或者不作为)借以妨碍对方当事人获得有关事实的证据资料、信息资料或者妨碍对方当事人在诉讼上的证明，如果该方当事人的行为(包括作为或者不作为)构成对这种义务的违反，将产生相应的法律后果，尤其是在诉讼上将会导致产生某种对其不利益的裁判后果。

从当事人的证明协力义务存在的时间与空间的状态来看，这种义务绝非仅限于诉讼过程中，在日常生活中，凡是从事民事活动或其他交易的当事人，都应负有一种普遍性的义务来保存与民事活动或者交易有关的证据材料，以保障其民事活动及交易的安全性。因为任何民事活动或者有关交易均有发生纠纷或争议的可能性，这些证据材料不仅有助于证明自己的合法权利所存在的基本状态，还有利于证明自己的权益与他人权益之间的边界，否则，如果在诉讼上无法划定这种权利之间的界限，将无法有效地保护其实体上的权益。对此，有学者指出，法院更加倾向于使得已经在诉讼中作为当事人或者将要成为当事人的各方使其负有保存证据的强制性义务。例如，当一方当事人在诉讼程序或者行政程序当中提起请求或者被他人所诉时，与此相关的保存证据的义务便自动生成。在这种情形下，有关当事人如果获知诉讼已经开始，便应当保存所有能够发现的证据资料。并且，这种义务还产生于当有关当事人有理由能够预期诉讼即将展开但是事实上还并未开始的情形。[①] 从总体而言,法院倾向于只要存在诉讼事件的发生具有可能性就应当产生这种义务,而不论该诉讼事件的发生仍属遥远或者仅仅属于推测。[②]

当事人的证明协力义务具有广义与狭义之分。广义上的证明协力义务,主要是指诉讼发生之前当事人所应承担的这种义务,其中包括实体法上所设定的证据资料或相关信息资料提供义务;狭义上的证明协力义务,主要是指诉讼发生之后即在诉讼过程中,当事人所应当承担对案件事实进行陈述或者提出证据的义务。

有学者认为,情况报告请求权构成诉讼前证明责任减轻制度的一个环节,如果能强化其理论构成,应有助于真实发现及诉讼目的实现。[③] 对此,笔者认为,为了规范和调整当事人之间的民事行为,避免产生不必要的纷争,保障各种类型民事交易行为的正常流转,以维护社会民事活动的秩序,应当基于弥补当事人之间契约关系中的不足与漏洞,有关实体法律一般应根据不同法律关系的类型与范围及民事活动的特点与方式,对有关当事人设定相应的证据资料或信息资料提供义务,借以维护民事交易的安定性,并且满足当事人相应的请求权或证明权的要求。

作为一种狭义上的证明协力义务,我国台湾学者沈冠伶教授认为,在民事诉讼活动中,就一方当事人所提出的事实主张,另一方当事人即使不负证明责任,但在诉讼上也仍有可能对案件事实承担相应的证明协力义务,即对案件事实进行陈述或者提出证据的义务。在民事诉讼上,假如一方当事人处于案件事实发生经过之外,不可能合理对其知悉或掌握有关具体的事实及相应的证据有所期待,也就是说,该方当事人对于事实和证据无法向法院陈明和提供不具有可归责性。在此情形下,如果对方当事人知悉案件发生的经过,就可期待其陈述事实,提供相应的证据,以便符合程序上的公平与效率。对此,对方当

---

① Jeffrey S. Kinsler & Anne R. Keyes MacIver, Demystifying Spoliation of Evidence, 34 *Tort & Ins. L. J.* 761, 764 (Spring 1999).

② Jeffrey S. Kinsler & Anne R. Keyes MacIver, Demystifying Spoliation of Evidence, 34 *Tort & Ins. L. J.* 764 (Spring 1999).

③ 参见姜世明:《举证责任与真实义务》,台北新学林出版股份有限公司2006年版,第248页。

事人自应产生证明协力义务。[①] 诉讼的结果不应取决于何方当事人接近且可使用某种诉讼资料或证据资料。[②] 这种观点所体现的理念是对传统辩论主义的修正，它打破了在民事诉讼上所因循多年的所谓“谁主张，谁举证”的思维定式，有利于法院在审判上尽可能地发现真实或接近事实真相，有利于促进当事人之间实质上的平等。当然，作为这种狭义上的证明协力义务并非是无条件的，其前提条件为：(1) 一方当事人对其所提出的事实主张无法进行具体的陈述和提出相应的证据具有不可归责性，因为该方当事人处于案件事实发生的过程之外。(2) 相对一方当事人因知悉案件事实的发生过程，因而有能力进行相应的事实陈述并提供相应的证据，因此根据个案的具体情形，可对其产生相应的可期待性。这两种前提条件在实务运用上缺一不可。

在如何认识证明妨碍制度法理基础这一问题上，有德国学者认为，应从协力义务出发，依据该理论，则证明妨碍的法理基础是对协力义务(Mitwirkungspflichten)的违反，这种对所谓协力义务的违反，其义务可分为一般协力义务(allgemeine mitwirkungspflichten)与特别协力义务，其中的特别协力义务又可分为特别实体协力义务(besondere materielle mitwirkungspflichten)与特别程序协力义务(besondere prozessuale mitwirkungspflichten)。所谓一般协力义务，在此是以当事人的一般事实陈述及证据提出义务(即事案解明义务)作为其基本范畴的，它将德国学者 Stürner 的相关学术观点作为其依据。就特别协力义务而言，如果不负证明责任的当事人违反有关实体法或程序法义务时，就可能成立证明妨碍的客观要件。实体法的协力义务，包括《德国民法》第 259 条第 1 项所规定的计算机报告义务，第 371 条有关债务证书返还的义务，第 402 条有关证据资料及(或)有关信息资料的提供义务与证书交付义务，第 713 条、第 666 条[③]有关证据资料及(或)信息资料与计算机报告义务，第 952 条、第 958 条有关债务证书返还义务等。实体法上协力义务，也可因当事人协议而产生。另外，在程序

---

① 参见沈冠伶等：《摸索证明与事证收集开示之协力》，载台北“民事诉讼法”研究基金会：《民事诉讼法之研讨》(十四)，2007 年版，第 154 页。

② 参见沈冠伶：《民事证据法与武器平等原则》，台北元照出版有限公司 2007 年版，第 40 页。

③ 根据《德国民法》第 666 条的规定：受委托人有义务向委托人给予必要的通知，根据请求而就事务的状况答复询问，并在执行委托之后提出计算报告。

法上，也存在特别程序促进义务，例如《德国民事诉讼法》第372条a及第423条的规定。[①] 对此，笔者认为，这种观点对于建构证明协力义务体系的确有所助益。这是因为，实体法上的有关证明协力义务，对于防止当事人就实体权利义务关系发生争执具有积极的预防性功能，即使当事人之间就有关民事权益发生争执诉至法院之后，亦有利于法院根据证明责任分配法则查明事实真相，最终由法院或者根据当事人的主观证明责任对案件事实作出认定，或者按照客观证明责任对案件事实作出判定。同时，可以理解的是，由于民事行为千差万别，由相关实体法就各自情形下当事人的行为模式或交易方式逐一加以设定是立法技术上的必然要求。至于在程序法上设定当事人证明协力义务，则有助于规范当事人的诉讼行为、促进诉讼功能化的改善与进化，更加有利于法院查明事实真相。在程序法上所设定的特别程序协力义务，应当仅限于法律所规定的特别情形，不宜擅作任何扩张性的解释。另外，对于非负证明责任一方当事人在诉讼上的事实陈述及证据提出义务（即事案解明义务）应限于若干必要的情形之下，而不应当使其具有无条件的广泛适用性，以免发生对传统辩论主义修正过于极端化的倾向，反而与民事诉讼的性质和特点相背离。而对于这种所谓应限于若干必要的情形，既取决于有关程序法的特别规定，也取决于法院根据个案的情事所作出的裁量。

二、当事人证明协力义务所涉及的范畴

在某种意义上，当事人证明协力义务所涉及的范畴可被表述为这种协力义务的构成内容或者形成义务的渊源，这样显得更为准确。

尽管在理论上存在许多争议，但笔者认为，产生当事人证明协力义务的主要渊源包括如下几个层面：

（一）当事人在诉讼证明上的文书提出义务

在证据法范畴内，文书或者文书证据是书证的一种更为通俗的表述用语。凡是以文字来记载人的思想和行为以及采用各种符号、图案来表达人的思想，其内容对待证事实具有证明作用的物品都是文书证

---

① 参见姜世明：《举证责任与真实义务》，台北新学林出版股份有限公司2006年版，第137—138页。

据。在生活领域，文书具有广泛的利用价值，是人们用来表达意思、交流思想、记载事件、进行交易、从事科研、普及文化等活动所不可或缺的媒介。它是人类物质进步、文化发展、文明发达的标志。在诉讼发生之前，鉴于当事人通常采用文书作为记录其权利义务发生、变更及终止的有效载体，并且有众多的为有关政府机构、社会团体、企业或个人所制作、持有的各种类型的文书与之伴生，因此，在民事诉讼活动中，对于当事人证明其事实主张以及对于法院在查明事实真相的基础上作出司法判决具有重要作用。基于民事诉讼法具有公法属性，法院查明事实真相属于审判职能上的需要及树立司法权威所必要，为此，各国有关立法为有关当事人或者诉讼外第三人设定有普遍性的文书提出义务。有关当事人在诉讼上的文书提出义务可详见本章第二节及第三节的内容。

（二）当事人在诉讼程序上对案件事实进行陈述以及提出证据的义务

这种义务又被称之为“当事人的事案解明义务”。在主体上，当事人在诉讼上的事实陈述及证据提出义务，既包括应负证明责任一方当事人的主张责任及证明责任中所涉及的事实陈述及证据提出义务，也包括非负证明责任一方当事人的事实陈述及证据提出义务。但是，在一般证明责任分配法则架构下，负证明责任的一方当事人就其事实主张和诉讼请求所依据的事实，在诉讼上进行事实陈述和提出相关的证据，具有内在的动力和外在的压力，如果其不能善尽这种义务，将直接导致败诉的结局。但是，对于非负证明责任一方当事人而言，如果举证人不能将其所提出的事实主张具体化或者不能提供有力的证据，该方当事人将无内在动力和外在压力。因此，鉴于举证人在诉讼上通常所处的被动、不利境地，以及基于法院依职权进行证据调查的需要，事实陈述及证据提出义务主要针对的是非负证明责任的一方当事人，虽然本身并非举证人，但其所进行的事实陈述及证据提出的作为也属于证明行为，因此，非负证明责任的一方当事人在诉讼上所承担的是一种证明协力义务。在性质上，这种义务与真实义务、具体化义务、诉讼促进义务具有相类似的情节，故此，均可能存在其性属“义务”或者

“负担”的定位困难。这一问题涉及对义务与负担的定义区别问题。[①]对此，有学者认为，所谓负担是指，当事人并非基于法律强制所为的一定行为，其所以从事这一行为，是基于个人利益的考虑；而义务则是法律强制要求某一主体应为一定作为或者不作为。如果认为负担仅指涉及某一方当事人自己的利益（或者不利益），则当事人事实陈述及证据提出义务的设立，涉及的不仅为某一方当事人的私益，还应包括对陈述的相对人利益的保护及对法院方面所代表的司法公益，这似乎并非上述理解下的所谓“负担”；并且当事人事实陈述及证据提出义务对于非负证明责任一方当事人而言，可能也被赋予颇强的处罚效果，其性质便与“义务”较为相近。[②] 笔者认为，这种证明协力义务应当属于公法意义上的义务。在诉讼上，如果义务人无正当理由拒不履行这种义务，应当承担对其不利的法律后果，否则，这种义务就没有执行的强制效力。但是，从各国或地区的有关立法来看，并非所有的证明协力义务都设定有相应的强制性后果。这一点，与立法上是否设有一般性的事实陈述及证据协力义务有关，因此，应当引起必要的注意。

根据自近代以来所形成的传统辩论主义以及证明责任分配的基本法理，在诉讼上，当事人提出何种权利主张以及相应的事实主张，完全取决于当事人的意思自治，这是由当事人在法律上的自由权所决定的。于是，负证明责任的一方当事人应当就其有利的事实负担主张及证明责任，而非负证明责任的相对一方当事人，并不承担何种义务协助对方的证明活动，这种不承担义务的权利，也被认为是一种由当事人的自由权所决定的。在这种原则理念的支配下，非负证明责任一方当事人并无主动或被动提供有关证据或信息资料的义务。事实上，这种形似教条主义的思维模式与法院发现真实的努力相背离，因为往往只有通过双方当事人的共同努力才能有助于法院揭示和发现真实。并且，对案件真实具有关联性的证据并不取决于是对原告有利还是对被告有利。换言之，那些能够用于证明案件事实真相的证据，其中一部分可能对负主张责任及证明责任的一方当事人有利，而其中另一部

---

① vgl. Anhalt, Allgemeine Verfahrensgrundsätze und Ausforschungsbeweis, 1966, S. 48f. m. w. N. 转引自姜世明：《举证责任与真实义务》，台北新学林出版股份有限公司 2006 年版，第 113 页。

② 参见姜世明：《举证责任与真实义务》，台北新学林出版股份有限公司 2006 年版，第 113—114 页。

分则可能对相对一方当事人有利，反之亦然。

进入现代社会以来，随着社会生产关系的变迁，社会的主流观念从先前的形式意义上的社会公平正义逐步走向实质意义上的社会公平正义，它立足于法院在审判上尽量发现事实真相和接近真实，而不仅仅是将诉讼刻画为一场对抗式的竞技演义。在此背景下，有关国家或地区在立法或司法上所设定的要求非负证明责任一方当事人在诉讼程序中所承担的证明协力义务，被视为系对传统意义上的辩论主义的变革或修正。当然，这种对于辩论主义的有限修正，使当事人的这种证明协力义务的承受仅限于特定情形，而不至于演变为当事人的一般性义务，以免摧毁辩论主义的根基，导致损害民事诉讼的基本价值取向。同时，有些学者强调，关于具体的事实陈述、证据提出义务的存否及其范围的界定，也应斟酌义务人的隐私及业务秘密，并进行利益衡量。[①]

陈述义务是基于辩论主义、真实主义及诉讼促进义务的作用而发展的程序上的要求，其立法目的是为了厘清证明必要性及尽可能完全地收集诉讼资料。[②] 这一义务要求当事人在原则上对对方的陈述不仅可进行单纯的否认，还可进行具体化的争执。但就这一具体化争执的要求，仍应注意关于主张责任、证明责任的分配问题；也就是说，仅在应负主张责任一方当事人已经对其主张进行具体化陈述后，其相对人才有具体争执的必要，否则，如果该应负主张责任一方当事人未尽具体义务，就径行要求相对人进行具体化争执，则有摸索证明及颠覆证明责任分配的危险。[③] 一般而言，当事人并无为对方当事人具有缺漏的陈述进行补充或解释的义务。[④] 我国台湾地区“民事诉讼法”第 195 条第 2 项及《德国民事诉讼法》第 138 条第 2 项规定了当事人对于对方主张事实的陈述义务，我国台湾地区“民事诉讼法”并且规定了他方

---

① 参见〔日〕春日伟知郎：《民事裁判における事案解明（論）について》，载《司法研修所论集》95 号（1996 年）第 80 页以下；〔日〕松本博之：《證明責任を負わない當事者の具體的事實陳述 = 證據提出義務について》，载《法曹时报》49 卷 7 号（1997 年）第 1646 页以下。转引自许士宦：《证据收集与纠纷解决》，台北新学林出版股份有限公司 2005 年版，第 550 页。

② Musielak/Stadler, ZPO, 3. Aufl. , § 138 Rdnr. 9.

③ Zöller/Greger, ZPO, 23. Aufl. , 2002. § 138 Rdnr. 8.

④ BGH NJW 83, 2879. 转引自姜世明：《举证责任与真实义务》，台北新学林出版股份有限公司 2006 年版，第 119 页。

提出证据的陈述义务。

德国学者 Lüderitz 将非负证明责任一方当事人的事实陈述及证据提出协力义务分为如下三种类型:(1) 如果举证人已提出符合最低要求的确定性主张,如该方当事人就其主张已提出根据,则相对人的抗辩也会被强化,也就是存在应对其不利事实加以陈述的可能。(2) 如果对于一贯性审查所必要的陈述具体化及确定性尚有不足,而非负证明责任的一方当事人知悉或者可得知悉其情事的,如其已提出较高的根据时,可考虑主张责任或证明责任加以转换为原非负证明责任一方当事人负担。(3) 负证明责任一方当事人不能依法提出确定性主张,如果对其主张具有高度盖然性的,可以《德国民法》第 242 条诚信原则承认某一法律规定之外的情报请求权。①

事实陈述及证据提出协力义务可能因案件类型的不同,例如一般财产权案件、侵权案件、现代型纠纷或者家事案件的不同,而有不同范围的表现。

在德国,关于非负证明责任一方当事人的事实陈述及证据提出协力义务,在学者之间有不同的观点。1939 年,德国法院在审理 *F. v. Hippel* 一案时就试图引入一种具有广泛适用性的当事人的事实陈述及证据提出义务(即事案解明义务),在为取得正确判决基础的要求下,如当事人具有这种陈述和举证能力的,就负完全的事实陈述及证据提出协力义务,这一制度自应被视为资料来源而加以运用。② 并且,当事人的这种事实陈述及证据提出义务的存在是有前提条件的,也就是,当出现当事人不具备这种事实陈述及证据提出能力、该事实并无加以陈述及提供证据加以证明的必要、第三人或其他当事人较适于进行这种事实陈述及证据提出时,当事人的这种事实陈述及证据提出协力义务就不存在。③

关于当事人在诉讼程序上对案件事实进行陈述以及提出证据的义务,我国台湾学者姜世明教授认为,这种义务是指当事人对于事实厘清负有陈述(说明)义务,以及为厘清事实而提出相关证据资料(文

---

① Lüderitz, Ausforschungsverbot und Auskunftsanspruch bei der Verfolgung privater Rechte, 1966, S. 29ff. 转引自姜世明:《民事证据法实例研习》(二),台北新学林出版股份有限公司 2006 年版,第 10 页。

② Fritz von Hippel, a. a. O. ,S. 336f.

③ Fritz von Hippel, a. a. O. ,S. 287ff.

书、勘验物等)或者忍受勘验的义务。[①] 它的发生时点,尤其是指在应负证明责任一方当事人无法具体陈述其主张或证据主题及证据方法之时。这一定义兼及以当事人双方为主题范围,但如果仍承认证明责任分配法则的意义,则这种义务的主要争议重点是非负证明责任一方当事人在诉讼程序上的事实陈述及证据提出的协力义务。其理由为,如果根据证明责任分配法则确定某方当事人应负证明责任,则其对自己有利事实负有主张及证明责任,应属于当然而合理的认识。[②] 对此,笔者认为,从证明责任分配法则的视角来看,鉴于负有相关证明责任的一方当事人可能遭受举证不能的风险,而这种风险的实际承受可能与法院在审判上力求查明事实真相的职责相背离,因此,为相对一方当事人设定必要的证明协力义务是社会正义的必然要求,也体现了设计证明妨碍制度的初衷,因此,将当事人诉讼上的事实陈述及证据提出协力义务确定由非负证明责任的一方承受无可非议。但问题是,在诉讼上,当负证明责任一方当事人提出本证时,如果非负证明责任当事人提出反证,是否存在负证明责任一方当事人也应承担相应的协力义务,否则会导致发生证明妨碍的问题?

对于学理上为何多仅讨论“非负证明责任一方当事人的证明妨碍”,而并非“应负证明责任一方当事人的证明妨碍”,姜世明教授认为,因对于应负证明责任一方当事人而言,对于本证应负使法院达到确信的程度,仅在此情形下,相对人即非负证明责任一方当事人,有提出反证以动摇法院对本证所已形成确信的必要,这一举证必要的移转与证明责任转换,概念上应加以区别。对此,就本证部分,应负证明责任一方当事人既然对之负证明责任,如果其对之有所毁损,则系对有利于己证据的毁损,如果因此而无法使法院形成确信,则依证明责任法则,即可使对该应负证明责任一方当事人受不利的判决,原无证明妨碍法理适用的可能。尤其对于一般诉讼案件,如借款合同诉讼案件,如果应负证明责任一方当事人不慎遗失借据,则其可否要求非负证明责任一方当事人应负提出该借据复印件的义务?就此而言,它涉

---

① 另姜世明教授认为,当事人的程序上事案解明义务包括资讯提出与说明、证物提出及配合、忍受勘验等义务。参见姜世明:《举证责任与真实义务》,台北新学林出版股份有限公司 2006 年版,第 105 页。

② 参见姜世明:《民事证据法实例研习》(二),台北新学林出版股份有限公司 2006 年版,第 8 页。

及台湾地区“民事诉讼法”第344条第1项第5款的合理性问题，及非负证明责任一方当事人是否一般负有对案件事实进行陈述或者提出证据的义务问题。在此，应当指出的是，实际上，难道说这时非负证明责任的一方当事人不能称其也遗失复印件？这样一来，原告遗失原始借据、被告遗失借据复印件，何者应负证明妨碍的责任？除非在特定情形下存在协力义务，否则不能一般性地认为非负证明责任一方当事人须负证明妨碍的责任。这一事例突显对于本证而言，很难有认为应负证明责任一方当事人有何证明妨碍制度适用的余地。[①]

就反证的情形而言，应属发生在应负证明责任一方当事人，其对于本证已使法院达到确信的程度，非负证明责任一方当事人就因此有提出反证以动摇法院对本证所已形成确信的必要，这时是否应负证明责任一方当事人对非负证明责任一方当事人有相当于证明妨碍的情形？对此，姜世明教授认为，对于反证部分，可以想象的是，假如某甲起诉，主张某乙于某日在某连锁咖啡店将其打伤，造成原告若干伤害，据此请求损害赔偿等。某甲明知其所诉不实，或对是否为某乙，原本并不确知，假如法院基于某甲所提证据，如其串通某人作证陈述不实之词，已对该权利发生相关待证事实形成确信，如被告要提出反证时，被告申请法院调取该咖啡店的当日录像带以证明被告当日未在场，而原告竟前往该店窃取并毁损该录像带。对于此例而言，确实有如一些学者所言，对于反证部分，应负证明责任一方当事人有妨碍非负证明责任一方当事人进行反证提出的情形。但应注意的是，在此情形下，如果是原告滥诉诬指，则其已违反真实义务，可以采用真实义务的效果对其加以规范，而并无适用证明妨碍法理的必要。也就是说，如果原告在加害人不明的情形下，对于本证部分原本很难举证成功，如果侥幸使法官形成确信，在反证活动时，原告前往毁坏现场的录像带，难以称其诉为并非系违反诚信及权利滥用的情形，这一部分如向真实义务法理的适用方向发展，并无不可。也就是说，如果认为这种情形可以采用证明妨碍法理加以规范，实属对于证明妨碍法理的扩大理解，因其属于故意类型，在实务上甚难获得证明，理论实用性也很低微。尤其应注意，在此类情形下，除非伪造证据，否则对于本证部分原来就

---

① 参见姜世明：《民事证据法实例研习》(二)，台北新学林出版股份有限公司2006年版，第150—151页。

甚难举证成功，对于反证部分的讨论，其必要性甚低。至于在过失证明妨碍类型中，如果应负证明责任的当事人对于反证客体无协力义务（即制造、保管、提出的责任），也难课予证明妨碍的法律效果。因此，姜世明教授的结论是，对于反证部分，应负证明责任一方当事人通常无所谓协力义务。[①]

对于这种在诉讼过程中当事人所应当承担的系对案件事实进行陈述或者提出证据的义务，我国台湾学者邱联恭教授认为，非负证明责任的当事人，在负有这种证明协力义务的情形下，即使否认负证明责任的对方所作出概括性的事实主张，也应在期待可能的范围内提出具体的事实加以否认，并且应根据情形提出证明该具体事实的证据。这种事实陈述及证据提出义务，并未转换证明责任，义务人如果为期待可能的事实陈述、证据提出，即因履行义务而免责，根据其后审理结果，如果待证事实的真伪仍未能使法院达成确信时，对方仍应负证明责任。[②] 笔者认为，这种观点实际意味着，针对负有证明责任的一方当事人所提出的事实主张，而这种主张因该方当事人处于案件事实发生过程之外，而仅能对案件事实作出概括性主张，凡非负证明责任的相对一方当事人因实际曾经过案件事实发生的过程而提出抗辩主张时，应在其可被期待的范围内对负证明责任的一方当事人所提出的这种概括性的事实主张，进行具体的抗辩（否认）。

实际上，在学理上是否应仅注重于非负证明责任一方当事人所涉及的证明妨碍情形，长期以来，在学者间存在有不同的看法。对此，我国台湾学者黄国昌教授认为，在依当事人所进行证明活动予以证据评价以认定待证事实的审判结构下，不论是概念上或实际运作上，负有证明责任的当事人系有可能对于对方就待证事实所欲进行的反证，发生证明妨碍的行为。基于公平及制裁两大证明妨碍的思想基础，在有此妨碍行为负证明责任当事人的本证才能够成功、无此妨碍行为未负证明责任当事人的反证才成功的情形下，并无任何实质理由不对负证明责任的妨碍人课以证明妨碍的不利效果。同时，根据台湾地区“民

---

① 参见姜世明：《民事证据法实例研习》（二），台北新学林出版股份有限公司2006年版，第152—153页。

② 参见邱联恭在台湾地区“民事诉讼法”研究会第59次研讨会上的发言，转引自台湾地区“民事诉讼法”研究基金会编：《民事诉讼法之研讨》（七），1998年版，第55页。

事诉讼法”第 282 条之一的内容来看,就证明妨碍的主体仅称为“当事人”,也未将妨碍人限于未负证明责任的当事人。可见,不论是由立法理由所作出的目的解释或者由法条规范所作出的文义解释,均应承认负有证明责任的当事人也有对他方当事人的反证成立证明妨碍的必要。[①] 并且该观点认为,台北地方法院 2001 年诉字第 1818 号民事判决及板桥地方法院 2000 年诉字第 1999 号判决,均承认应负证明责任一方当事人的证明妨碍。

针对理论上就负有证明责任一方当事人是否也会发生证明妨碍的情形所存在的争议,笔者认为,虽然从常理上而言,证明妨碍的现象通常发生于非负证明责任的一方当事人,并且通常这与民事诉讼上实行的证明责任法则与辩论主义不无关系,但是,基于近年来各国对自近代以来实行的纯粹辩论主义已有不同程度的修正,并且以尽可能发现或接近事实真相为准则,这种原则或者理念上的调整与变迁,不可能不对法官在审判中对案件事实作出判断上产生影响。另外,即使在证明责任法则架构下,在审判实务上,法官按照客观证明责任对案件事实作出判断毕竟仅见诸于少数情形,而在绝大多数情形下,法官是根据当事人的主观证明责任来对案件事实作出认定的。基于在某一个案当中的客观证明责任始终附属于其中的一方当事人,而主观证明责任则分属于双方当事人的各方,因此,在理论上所注重的“非负证明责任一方当事人的证明妨碍”这一议题,通常与其中一方当事人可能(但并不必然)会面临按照客观证明责任所作出的对其不利判决风险有关;而在审判实务上,大多会出现的情形是,一方当事人因主观证明责任而承担不利的败诉后果。所以,笔者认为,从证明妨碍的角度讲,当事人在诉讼程序上的事实陈述及证据提出协力义务不能仅仅针对非负证明责任的一方当事人,而在负证明责任一方当事人提出有力的本证从而使法院有可能根据主观证明责任作出对相对一方当事人不利的事实认定时,如果该相对一方当事人提出相应的反证,负有证明责任的一方当事人也应承担特定的证明协力义务,否则应承担证明妨碍的法律后果。

---

① 参见黄国昌:《民事诉讼理论之新开展》,台北元照出版公司 2005 年版,第 265—266 页。转引自姜世明:《民事证据法实例研习》(二),台北新学林出版股份有限公司 2006 年版,第 150 页。

> 2001年8月12日，唐某与李某达成购买李某12台黩锦牌电机的协议，共计货款1.35万元。后李某按协议约定，指派在其门市担任营业员的亲戚张某将货物运送到唐某住所地交付唐某。唐某收货后，当即支付了现金1500元，余款1.2万元出具了欠条，载明“欠李某货款1.2万元”。2002年10月，张某离开李某门市，外出务工。2003年6月，原告李某以被告唐某欠货款拒付为由到法院起诉，要求被告唐某给付货款1.2万元，并提供被告唐某出具的欠条（本证）为据。被告唐某辩称，该货款已付清，并提供张某所出具的收条（反证）为据。该收条载明：“收到唐某货款1.2万元。”收款人为张某，收款日期为2002年9月20日。原告李某否认收到此款，并对被告唐某提供的收条系张某所出具提出质疑。

在本案中，被告作为证据所提交的这份收条（反证）的真实性与否，对于证明本案待证事实具有唯一性和不可替代性，但原告声称，张某外出后地址不详，并表示不能提供张某的笔迹样本以供笔迹鉴定时，由何方当事人承担不利的裁判后果，便导致原告在本案中其不作为的行为是否应当产生证明妨碍效果的问题。

笔者认为，在本案中，原告应当对被告提出的反证负有证明协力义务。鉴于原告曾委托其营业员张某将货物送到被告住所地并向被告交付该货物，原告向法院所提供的欠条，系张某向被告交付货物并从被告处收取现金1500元时由张某从被告处带回的，可视为原告对张某享有代为收取货款的权利不持异议。在本案中，张某与原告之间具有委托代理关系，张某受原告委托到被告处交付货物及收取货款完全系职务行为。原告否认收到此款，并对被告提供的收条（反证）系张某所出具提出质疑。对此，法院应进行相应的证据调查，其中便涉及如何查明该收条（反证）是否为张某所出具，鉴于对这一问题的调查涉及专业技术鉴定，法院作为事实审理者，只能在鉴定机构对此项专门技术问题作出结论的基础上，才能作出审查判断。但问题是，有关鉴定机构对该收条（反证）所进行的鉴定属于笔迹鉴定范畴，基于提供该收条作为证据使用的被告声称该收条（反证）为张某出具（书写），按照笔迹鉴定的要求，需要核对张某本人的笔迹。而原告声称张某外出后地址不详，表示不能提供张某的笔迹样本。在这种情形下，因无法核对张某的笔迹将导致鉴定机构无法对该收条(反证)的真实性得出相应的鉴定结论。而在本案中，一个显而易见的事实是，张某在外出务工前系原告雇用的营业员，且系原告的亲戚，因此，原告比被告更有能力和条件与张某取得联系，以便核查张某在离职前是否曾向被告收取1.2万元货款，并取得张某的笔迹样本。可见，寻找证人张某以及获得其笔迹样本，属于原告所应承担证明协力义务的基本范畴。如果原告对这一义务加以懈怠，自应产生对其不利的证明妨碍的法律效果。可见，在实务上，在非负证明责任一方当事人提出反证进行抗辩的情形下，在特定情形下，确有存在负证明责任一方当事人承担证明协力义务的必要。

我国台湾地区“民事诉讼法”第282条之一第1项规定：“当事人因妨碍他造使用，故意将证据灭失、隐匿或致碍难使用者，法院得审酌情形认他造关于该证据之主张或依该证据应证之事实为真实。”沈冠伶教授认为，台湾地区“民事诉讼法”第282条之一规定就是当事人事实陈述及证据提出义务(即事案解明义务)的一般性规定。[1] 对此，姜世明教授认为，“民事诉讼法”第282条之一立法考量似应主要置于诚信原则、公平原则及制裁目的等。[2] 但是否能将当事人的上述证明协力义务作为台湾地区证明妨碍制度的法理基础，值得探讨，也就是，如果将其视为立法理由的隐藏构成理由，是否能用以支撑台湾地区“民事诉讼法”已承认所谓非负证明责任一方当事人的一般事实陈述及证据提出义务(即事案解明义务)，值得进一步评估。[3] 可见，姜世明教授对沈冠伶教授得出的结论持有审慎怀疑的态度。对此，笔者认为，通过对台湾地区“民事诉讼法”第282条之一第1项规定进行研读，可以见得，该规定已具备证明妨碍构成要件的基本特征，虽然从主观可归责性而言，仅限于故意状态下的证明妨碍，但仍不排除可将其视为有关证明妨碍制度的一般性规定或者原则性规定。它是台湾地区“民事诉讼法”此次修法的一项重要成果，是对制定法有关证明妨碍制度的一次有机整合，鉴于这种原则性的规定具有高度的抽象性及概括

---

① 参见沈冠伶：《论民事诉讼法修正条文中法官阐明义务与当事人之事案解明义务》，载《万国法律》第111期，2000年6月，第46页。

② 参见姜世明：《举证责任与真实义务》，台北新学林出版股份有限公司2006年版，第129—130页。

③ 同上书，第131页。

性，可视为授权法官在个案当中据情作出的裁量，以增加证明妨碍制度的适用性。另外，该规定虽然并未涉及过失状态下的证明妨碍情事，但这并不表明，受当事人主观过失（尤其是重大过失）状态所支配条件下的证明妨碍行为不应受到相应的制裁，而是授权法官据情采用与该规定的司法拟制所不同的其他法律适用效果，例如适当降低证明标准、实行证明责任转换等。并且，在有些情况下，何为主观故意状态与重大过失状态，其边际并非泾渭分明，需要根据个案情形，在斟酌各种因素的基础上作出判定。尽管台湾地区“民事诉讼法”第 282 条之一的立法考量应主要贯穿诚信原则、公平原则及制裁目的，但必须与有关证明妨碍制度架构下的相关法律适用效果相适应。因此，台湾地区“民事诉讼法”第 282 条之一所展现的法律适用效果，应当被认为有利于上述政策性目标的实现。

与我国台湾地区法相比较，证明妨碍制度并未在德国民事诉讼法中作出全面而系统的明文规定，作为其中残缺不全的一部分，《德国民事诉讼法》第 444 条的规定勉强可视为建构证明妨碍制度的直接法律依据。[①] 对此，有学者认为，在学理及实务应用经验上，证明妨碍理论在德国已有高度的发展，其内容并不受《德国民事诉讼法》第 444 条规定的限制。在德国就证明妨碍法理的探究，一般并不局限于其民事诉讼法第 444 条的规定，反而借助于经验法则、协力义务及制裁思想等，其中求助于《德国民事诉讼法》第 138 条第 1 项[②]的真实义务、当事人讯问制度以及第 372 条之一[③]的血缘厘清的协力义务等法理，而认为

① 根据《德国民事诉讼法》第 444 条的规定：一方当事人意图妨碍对方当事人使用文书而毁损文书或者致使文书不堪使用的，对方当事人关于文书的性质（状况）和内容的主张，可被视为已得到证明。

② 《德国民事诉讼法》第 138 条第 1 项规定：当事人应就事实状况作出完全而真实的陈述。

③ 《德国民事诉讼法》第 372 条之一规定：(1) 在民法典第 1600 条之三和第 1600 条之四的情形下，或在其他情形下，凡有必要确定血统时，每个人都应受检查，特别是抽取血样以检查其血型。但是这种检查，必须符合公认的科学原理，足以阐明事实真相；并且根据检查的方式和检查的结果对于受检查人和（本法）第 383 条第 1 款第 1 项至第 3 项中的他的亲属产生的影响，这种检查是受检查人可以接受的，同时也无损于他的健康时，才可以采用。(2) 此时准用第 386 条至第 390 条的规定。无正当理由而再次拒绝检查时，可以直接予以强制，特别是为了检查，可以命令拘传。

民事诉讼法承认当事人的一般协力收集资料的义务,并将该义务与证明妨碍制度相联系。[①] 但困难的是,如果以发生所谓当事人的一般协力义务或程序上一般事实陈述及证据提出义务(即事案解明义务)作为证明妨碍的法理依据,则就诉讼前所发生故意或过失的毁损证据或使其碍难使用的行为,如何说明其也受证明妨碍制度的适用,就会使人产生某种困惑。就此而言,有学者认为无须加以区别。[②] 对此,笔者认为,《德国民事诉讼法》第444条的规定难以作为承载证明妨碍制度的原则性或者概括性规定的架构,也就是,难以作为当事人负有一般证明协力义务的法律根据,而是可作为当事人负有一般文书提出协力义务的法律根据,并且在法律适用效果上,也仅限于妨碍人处于主观故意状态下所涉及的证明妨碍。在德国,属于整体证明妨碍框架范围内的除文书以外的其他证据或者证据方式,受有关实体法及程序法调整。

(三) 当事人在实体法上的情况报告提供义务

当事人在实体法上所承担的情况报告提供义务主要涉及的对象为有关证据资料(以文件证据为主)及其他信息资料等。一方当事人在实体法上所承担的这种义务,主要针对的是另一方当事人在实体法上所享有的情况报告请求权。在表述上,这种请求权也可被称之为实体法上的情报请求权(auskunftsansprüche)。有学者指出,在德国,其实体法上的情报请求权已经与程序法上的证明责任减轻制度相联系,并被定位为诉讼前的证明责任减轻制度,而与程序中的证明责任减轻制度相区隔。这种制度就是部分学者所倡导的非负证明责任一方当事人,在诉讼程序上的事实陈述及证据提出协力义务。[③]

对此,笔者认为,情况报告请求权虽然属于实体法上当事人的权

---

① Peters, Beweisvereitelung und Mitwirkungspflicht des Beweisgegners, ZZP 82 (1969), 200(208). 转引自姜世明:《举证责任与真实义务》,台北新学林出版股份有限公司2006年版,第130页。

② Peters, ZZP 82(1969), 200(209). 转引自姜世明:《举证责任与真实义务》,台北新学林出版股份有限公司2006年版,第130页。

③ 参见姜世明:《举证责任与真实义务》,台北新学林出版股份有限公司2006年版,第187—188页。

利，但在证据法上具有重要的功能与意义。这是因为，当事人在民法上所享有的情况报告请求权，对于保障当事人的实体权利具有附随性。例如，根据《中华人民共和国公司法》（以下简称《公司法》）第 98 条的规定，股份有限公司股东有将公司章程、股东名册、公司债券存根、股东大会会议记录、董事会会议决议、监事会会议决议、财务会计报告提供给股东查阅及回复股东质询的情况报告义务。在实务上，当股东对按照实缴的出资比例分取红利的具体数额发生怀疑时，股东有权要求股份有限公司履行这一证明协力义务，以保障其在民法上所享有的投资收益权。相对于股东的投资收益权这一实体权利，股东在民法上所享有的情况报告请求权则属于实体法上的程序性权利。当股东认为其投资收益权受到公司的侵犯时，股东既可以将上述由公司所提供由其查阅的文书，作为其权益受到公司侵犯的证据，也可以在股东认为其权益受到公司的侵犯，且公司又拒不履行提供上述文书资料的证明协力义务时，向法院起诉，要求公司在诉讼上开示有关的文书资料，以供法院作为评判的依据。在此情形下，如果公司在诉讼上拒不提供上述文书资料，导致法院无法对公司与股东之间所争执的事实作出判断时，法院可以根据最高人民法院《关于民事诉讼证据的若干规定》第 75 条的规定，作出对公司不利的裁判。可见，无论是股东依据我国《公司法》所享有的情况报告请求权，还是公司依据《公司法》所承担的情况报告义务（即证明协力义务），在证据法上均具有重要的应用功能。另外，值得注意的是，立法者在实体法上所规定的当事人情况报告义务的范围大小，对于在程序法上于多大范围内为有关当事人设定证明协力义务具有关联性。对此，从立法技术的角度以及结合成本与效益的关系，立法者应当适度掌握两者之间此消彼长的平衡关系，既要避免造成立法上的重叠，又要防止造成立法上的空当。同时，应当指出的是，从立法技术的视野观察，由于实体法具有多重性（即可划分为许多部门法，如合同法、公司法、担保法、票据法、保险法等）特征，同时在某一部门法当中是否有必要就特定的法律关系为当事人设定某一情况报告义务，取决于立法者政策性及技术性的思考。而在实体法中，假如当事人之间的情况报告义务较为发达，则有利于促使当事人在民事活动或者有关交易过程中就程序性保障机制上显得有法可依，发挥实体法上尽量避免无谓争执的功效，同时还可以尽量减少通过诉讼方式解决争议的几率，可节约社会成本及有限的司法资源。相较而言,由于程序法具有单一性(即民事诉讼法)特征,在该法中为有关当事人设定众多具体的证明协力义务,既不切合实际,又不符合立法技术的基本要求。从目前有关国家的立法例来观察,根据有关国情及政策性目标的需要,就有关证据种类或者证据方法设定有适用范围不同的证明协力义务,是各国的惯常做法。尽管如此,从各国近年来修法所呈现的基本趋势来看,就不同的证据种类或者证据方法,逐渐扩大其证明协力义务的适用范围已渐成潮流。

在诉讼上,如果当事人之间为了证明其事实主张而在掌握相关文件证据资料及其他信息资料的能力强弱上出现明显距离,将会对诉讼最终结局造成实质性影响,进而对其实体权利的实现造成较为明显的损益差异。一些国家如德国等,除了在其民法、商法等民事实体法上为当事人设定相关情况报告义务之外,还在一些特别法,如在《环境责任法》第8条至第10条等中,为了适度平衡环境侵权人与受害人之间在掌握相关文件证据资料及其他信息资料能力上的差距而创设有若干规范。另外,在司法判例上,为了解决有关事实及证据偏在于一方当事人的不平衡状态,德国法院也要求被告负有情况报告提供义务。例如,医师应就其医疗过程中所制作、产生的病历,档案资料,文字记录等负有情况报告提供义务。因此,有关当事人的情况报告提供义务,对于举证人的证明权具有特殊的分量,同时,对于法院查明案件事实也不可或缺。

三、当事人证明协力义务所涉及内容之间相互关系的界定

(一)当事人的事实陈述及证据提出协力义务与当事人单纯的陈述义务

在诉讼上,当事人的事实陈述及证据提出协力义务与当事人单纯的陈述义务在法意、效果和功能上,存在某种相同或重叠之处,主要表现在:(1)无论是当事人对案件事实进行陈述以及提出证据的义务,还是当事人的单纯陈述义务,在义务人均为非负证明责任一方当事人的情形下,主体具有相同性。(2)无论是当事人对案件事实进行陈述以及提出证据的义务,还是当事人的单纯陈述义务,在涉及就案件事实进行具体陈述的这一义务内容上具有重叠性。尽管二者之间存在

某种相同或重叠之处,但更多的是差异。主要表现在:(1)当事人的事实陈述及证据提出协力义务,虽然主要是针对非负证明责任一方当事人的一项义务,但是,在非负证明责任一方当事人提出反证的情形下,有时也存在针对负证明责任一方当事人承担这种义务的必要;而当事人单纯的陈述义务仅针对非负证明责任的一方当事人。(2)当事人的事实陈述及证据提出协力义务是一种证明协力义务,即当事人在期待可能的范围内应作出必要且充分的事实陈述并提出相应的证据,它具有立足于证明相对一方当事人所提出事实主张的功能;而当事人单纯的陈述义务并非是一种证明协力义务,它具有立足于及时确定双方的争点并促进法院集中化审理的功能。(3)在应用程序上,对当事人单纯的陈述义务而言,只要义务人能够具体陈述有关案件事实以达到确定争点的目的,即可实现其义务的完全履行;但对当事人事实陈述及证据提出协力义务而言,根据证明协力义务的本质要求,义务人除了就案件事实进行具体陈述之外,还应当根据个案情形提出相关证据对其所陈述的具体事实加以证明,否则仅仅是陈述具体的事实,或者仅仅是提供证据而不对事实加以具体的陈述,这两种情形均不能称之为证明协力义务的完全履行,因为它们均不符合证明协力义务的基本要求。

(二)关于在法律上就接受文书提出命令义务人的界定

在诉讼上,基于法院证据调查的职能需要,一些国家(或地区)在法律上赋予法院在一定范围内享有命令当事人提交文书的权力。接受法院命令而被要求提出文书的一方当事人就成为义务人。至少从广义的角度来看,有关当事人根据法院的命令所承担的文书提出义务应被视为证明协力义务。在学理上,是否应当从证明责任分配的角度,对应负证明责任一方当事人与非负证明责任一方当事人之间就文书提出命令的义务人进行划分,并且设定不同的应对方法,长期以来在德国学者之间就存在争议。有的德国学者认为,法院文书提出命令可对应负证明责任一方当事人适用,但对于非负证明责任一方当事人则需根据《德国民事诉讼法》第 422 条[①]及第 423 条[②]的规定，也就是根据实体法情况报告请求权，或者作为持有文书当事人所曾引用的情形，对此，应负文书提出义务人受《德国民事诉讼法》第 142 条[③]文书提出命令的拘束。[④] 但也有学者认为，在此并不需受证明责任或者主张责任分配法则的限制。[⑤] 甚至还有的学者认为，如果承认非负证明责任一方当事人的一般事实陈述及证据提出义务（即事案解明义务），则非负证明责任一方当事人自应受《德国民事诉讼法》第 142 条文书提出命令的拘束。[⑥] 另有德国学者指出，在通常情况下，很少有学者以《德国民事诉讼法》第 142 条作为非负证明责任一方当事人的事实陈述及证据提出义务（即事案解明义务）的法基础，其理由可能是基于该规定系赋予法官享有相应的自由裁量权，其违反的效果可能是作为证明妨碍的证据自由评价或者可能造成其主张不具一惯性或不符合具体化义务。[⑦] 对此，笔者认为，《德国民事诉讼法》第 142 条的规定并未限定义务人系举证人或者举证人的相对一方当事人。也就是说，由其中的何方当事人作为接受文书提出命令的义务人，取决于法院据情判定，它是根据法院进行证据调查的需要，是由法院发现案件事实真相的审判职能所决定。

---

① 根据《德国民事诉讼法》第 422 条的规定：依照民法中的规定，举证人可以要求交出或提出文书时，对方当事人有提出文书的义务。例如根据《德国民法》第 371 条的规定：就债权而出具了债务文书的，债务人可以请求连同收据一并返还该债务文书（借据）。债权人如声称不能返还的，债务人可以请求经公证认证的、载明债务已消灭的承认书。

② 根据《德国民事诉讼法》第 423 条的规定：对方当事人在诉讼中为举证而引用在他自己手中的文书时，有提出该项文书的义务，即使仅在准备书状中曾经引用的，也有提出的义务。

③ 根据《德国民事诉讼法》第 142 条的规定：(1) 法院可以命令当事人一方提出他所引用的而又存在于他手中的文书，以及家谱、地图、设计图纸和其他图纸等。(2) 法院可以命令当事人将提出的文书在法院所规定的期间内留存于书记科。(3) 法院可以命令当事人提供外文文书的译本，这种译本须由州司法行政部门所授权的翻译人员译出。

④ Musielak/Stadler, ZPO, 3. Aufl., § 142 Rdnr. 5, 7.

⑤ Zöller/Greger, ZPO, 23. Aufl., § 142 Rdnr. 3.

⑥ MünchKommZPO-Peters § § 142-144 Rdnr. 10.

⑦ Vgl. MünchKommZPO-Peters § § 142-144 Rdnr. 12; Musielak/Stadler, ZPO, 3. Aufl., § 142 Rdnr. . 7.

（三）当事人的"诉讼促进义务"与当事人的证明协力义务

在德国，究竟由何人发明"诉讼促进义务"（prozeβförderungspflicht）一词，其意义始终难以考证，但在传统上，大多以该义务系就时间上的促进作为主要涉及标的。[①] 可以说，基本上，诉讼促进义务在德国有特指对象，即该种义务的设定主要是基于推进程序的适时进行，尽可能地提高诉讼效率，以达到节约司法资源和降低诉讼成本的目的。至于是否应创设所谓诉讼上一般协力义务，而将该协力义务与所谓一般性质的当事人的事实陈述及证据提出义务（即事案解明义务）视为同一种事物，在理论上可能仍存争议。

那些始终坚持传统辩论主义观念的学者认为，当事人均应尽其所能对自己有利的事实进行主张和提供证据加以证明，而相对一方当事人无须在应负主张和证明责任一方当事人进行具体化的陈述前，就进行具体化争执或提出有利于对方的证据方法，并且，所有涉及程序法上的协力义务规定，如《德国民事诉讼法》第 138 条第 1 项及第 2 项、第 372 条之一、第 423 条、第 445 条以下等规定均仅属于例外性的规定。[②] 可见，坚持这种观点的学者仅将不负主张及证明责任一方当事人在诉讼证明上的协力义务，视为法律上的一种特殊类型的规定范畴，具有相当的限定性，不具有广泛的适用性。相比之下，那些坚持一般诉讼协力义务的学者则以类推《德国民事诉讼法》第 138 条第 1 项及第 2 项、第 372 条之一、第 423 条、第 445 条以下等规定作为其论证依据，而将其视为当事人所应当承担的一般诉讼促进义务的基本内涵，具有普遍的适用性。[③] 对此，笔者认为，从《德国民事诉讼法》上述有关条款内容来看，这些条款从不同侧面含有体现诉讼促进义务的某些基本内涵，但并非全部内涵。可以说，这些规定所体现的诉讼促进

---

① Vgl. Leipold, Prozeβförderungspflicht der Parteien und richterliche Verantwortung, ZZP 1980,S.239. 转引自姜世明：《举证责任与真实义务》，台北新学林出版股份有限公司 2006 年版，第 137 页。

② Arens, Zur Aufklärungspflicht der nicht beweisbelasteten Partei im Zivilprozess, ZZP 96, 1ff. ,13. 转引自姜世明：《举证责任与真实义务》，台北新学林出版股份有限公司 2006 年版，第 138 页。

③ Peters, FS. f. Schwab,1990, S. 399,407. 转引自姜世明：《举证责任与真实义务》，台北新学林出版股份有限公司 2006 年版，第 139 页。

义务在其所限定的范围内具有普遍的适用性。

另外,学者间对于诉讼促进义务是否应限于上述所述强调“时间面向”的定义,存在争议,有的学者就当事人一般诉讼促进义务的范围进行广义上的解读,也有学者以提出所谓证明协力义务理论的方式进行较为狭义上的解读。但是,其中是否包括当事人的事实陈述及证据提出义务(即事案解明义务),在学者间存有争议。对此,笔者认为,这个问题具有相对性,也就是说,当事人的事实陈述及证据提出义务属于广义上的一种程序促进协力义务,因为从机能上而言,一方当事人通过自己的言行来积极地协助另一方当事人实现其证明权,无疑将对诉讼效率的提高及降低诉讼成本的目的性产生推进作用;但是,从狭义的范畴来观察,创设当事人的事实陈述及证据提出义务的直接目的,并非是为了促进诉讼效率的提高,而是为了保障举证人的证明权能够在正义观念的支配下发现其实现合目的性路径。因此,在这种条件下,促进诉讼效率的提高在很大程度上只能作为其合目的性的副产品而已。

在民事诉讼法上,当事人的诉讼促进义务通常可被划分为一般促进诉讼义务与特别促进诉讼义务。其中,所谓一般促进诉讼义务,是指当事人承担有适时提出攻击防御方法以促进诉讼义务;所谓特别促进诉讼义务,是指当事人在法定或法院指定的一定期限内承受提出攻击防御方法的义务。[①] 其主要目的是为了革除随时提出主义的弊端,进而促使当事人不得迟延提出攻击与防御方法,以避免诉讼拖延,以此促进达成审理集中化的目标。

第二节　当事人证明协力义务的法理基础

在实务上,法院只有收集到与案件事实有关联的所有证据,才能够有利于查明事实真相以及更有效地接近真实的本质,在此基础上才能够使得纠纷的解决体现实质正义。从此意义上讲,双方当事人都有义务向法院提供为其所持有的与案件事实有关联的所有证据,而不论

---

① Vgl. Jauerning, a. a. O. , S. 110f. 转引自姜世明:《举证责任与真实义务》,台北新学林出版股份有限公司 2006 年版,第 137 页。

这些证据对对方有利还是对己方有利。如果为某一法律所创设的机制表现为鼓励当事人竞相提供对他方不利而隐匿对他方有利的证据，并为此不必付出任何代价，这种法律如果不能称之为恶法，至少也不能称之为体现社会正义的良法，因为这种法律仅仅将查明事实建立在双方违背诚信相互恶斗的基础之上，毫无体现公法视野上的社会公益之功效。故此，有学者指出，将有关联的所有证据提出于诉讼上，既是为保护当事人诉讼遂行权的私益，亦是为实现具有实效的司法制度的公益。[①] 采用诉讼解决纠纷的方式毕竟具有一种公力救济的性质，如果仅仅屈从于当事人一方私权利益的考虑，甚至一方当事人在举证上只要不择手段即可谋其私权利益的最大化，在本质上将无异于采用私力救济方式上的巧取豪夺，将毫无社会正义可言。

为了查明事实真相以及追求实质正义的需要，受辩论主义所支配的原则理念，并未赋予有关当事人享有任何极端自由主义的权利，在特定范围内有关当事人负有协助法院查明事实真相的义务，辩论主义有可能会使当事人拥有消极行使权利的空间与自由，而不应当沦为妨碍法院查明事实真相的合法羁绊，即便事后表明有关事实真相显然对对方当事人更为有利。恰如有学者所言，在辩论主义架构下，即使当事人可隐匿对其有利的证据而不予提出，但无拒绝提出对他方有利证据的处分自由。[②]

一、当事人在诉讼上负有文书提出义务的法理基础

（一）对文书作为证据种类的基本释义

在学理上，文书或者文书证据，又称为书证。在现实的民事交往

---

① 参见A·A·S·ズッカーマン：《公益を理由とすろ情報の不開示》，长谷部恭男译，载《法学协会杂志》114卷12号，第1503—1504页。转引自许士宦：《证据收集与纠纷解决》，台北新学林出版股份有限公司2005年版，第350页脚注。

② 参见〔日〕山本和彦：《弁論主義の根據》，载《判例タイムズ》971号（1998年），第60页以下；同《新民事訴訟法と真實の發見》，载东京弁护士会民事诉讼问题等特别委员会编：《當事者照會の理論と實務》（2000年），第135页。转引自许士宦：《证据收集与纠纷解决》，台北新学林出版股份有限公司2005年版，第340页。

过程中，文书是各种民事主体最为广泛使用的借以表达其意思的载体。在民事诉讼活动中，文书证据在各类用于证明案件事实的证据种类或证据方法中也是最为广泛使用的、并且往往具有相当证明价值的一种证据类型。在社会生活和实践过程中，由于人们语言文字的水平不断提高，通过签署以及持有载明当事人之间真实意思表示或权利义务关系的文书，对于担保民事交易的安定性具有重要的法律意义。就此，有学者评价称，通常而言，文书证据在实践中被认为是所有证据类型中最为可靠和最值得信赖的证据。[①] 笔者认为，这也是为何各国无论在立法或司法上重视文书证据的重要原因之一。许多国家在表达对文书证据重要性的方式上，往往采取要求有关当事人在诉讼争议发生之后负有向法院提出证据的义务。也就是说，基于法院在审判上所进行的证据调查而向有关当事人发出提出书证的命令，这是许多大陆法系国家的通常做法。

例如，有学者指出，当事人对于书证的申请是为了表明所要证明的事实，如果申请人持有该文书，应将其提交法院。如果该文书被对方当事人或第三人所持有，便可依法向法院申请要求命令该持有人提交文书(《日本民事诉讼法》第180条、第219条)。这就是文书提交命令制度。[②] 关于法院发出命令的前提问题，有学者指出，当文书持有人不愿意提出有关文书时，可以采用文书提出命令来强制要求其提出文书。在证据无处不隐藏的现代民事诉讼案件中，这已成为一个起着极为重要作用的制度。[③] 这表明，当文书持有人不主动履行文书提出的义务时，即可构成法院发出强制性命令的前提条件。在此，也有学者特别强调，文书持有人的义务虽为法律所列举，但必须待对方当事人的申请并经法院裁定令其提出或者交付才能够发生，法院不得依职权为之。[④] 这种观点表明，即使是在文书持有人拒不主动履行义务的前

---

① Harald Koch, Frank Diedrich, *Civil Procedure in Germany*, Kluwer Law International 1998, p. 112.

② 参见〔日〕中村英郎：《新民事诉讼法讲义》，陈刚、林剑锋、郭美松译，法律出版社2001年4月版，第211页。

③ 参见〔日〕三本和彦：《日本民事诉讼法中的证据制度》，载2009年9月21—22日“中日民事诉讼法的制度与理论比较”国际研讨会资料汇编，第32页。

④ 参见陈玮直：《民事证据法研究》，台北新生印刷厂1970年版，第70—71页。

提下，如果未经举证人的申请，法院不得依职权主动向文书持有人发出这种强制性命令，其中所表达的法意在于，在涉及财产纠纷案件中，即使文书持有人负有证明协力义务，这种义务的具体承受，亦是在不得违背辩论主义本旨的条件下进行的。

（二）对当事人负有文书提出义务法理基础的基本考察

文书证据在民事诉讼活动中具有的广泛应用空间与重要价值，其中大部分文书证据作为当事人在“民事”这类活动中据以界定其实体权利义务的基础，从而搭建起了联结从实体法走向程序法的桥梁。因此，在许多情况下，一方当事人在诉讼过程中有必要向对方开示有关文书证据，这不过是其实体法义务转变为程序法义务的自然延伸，其作为法律义务本身并未发生任何实质性的蜕变。从公法上而言，既然查明事实真相作为实现司法正义的必要路径，对于法院的审判职能而言，法院通过诉讼程序查明案件事实需要所有具有关联性的文书证据和其他证据，其中这些具有关联性的文书证据既可能对一方当事人有利，也可能对另一方当事人有利，如果法院在认定案件事实上仅仅采用有利而不采用不利的文书证据，将会使发现真实更加遥不可及。因此，当事人负有文书提出的义务，应当从公法义务的层面来认识，是对程序上的公益所应承担的一种社会责任，体现了有别于私力救济方式的一种自我超越，从社会进化的角度上实为文明品质与水准的一种深度提升。

关于法院向当事人发出提出文书的命令以及当事人所负有提出文书义务的法理，有日本学者认为，现代性的纠纷往往发生在企业或行政部门与当地居民、消费者、纳税人之间，由此而引发的肇因于高科技、高耗费及自由竞争为特征的现代社会企业经营活动，或者从事危险管理、环境保护及收益再分配等与人们的各生活领域密切相关的行政活动。在大多数情况下，作为权利人所能够用来维护其合法权益所需要的证据手段或证明方法，结构性地偏在居于强势地位的企业或者政府部门一边，从而导致如果作为诉讼一方当事人的当地居民、消费者或者纳税人不能有效地利用对方所拥有的证据资料或证明方法，通过诉讼来获得维权上的成功将变得十分渺茫。为此，现在意义上的诉讼法就此所规定的提出文书命令制度的创设，更加成为破解这一难题的有效手段，从而赋予该制度具有社会正义转型功能的现实意义。[①]事实上，不仅就现代型诉讼案件，即使就传统的诉讼案件而言，由于存在谋求克服当事人的实体利益与程序利益之间的失衡状态这种矛盾现象，也面临着应如何扩充证据开示范围的实际问题，这也属民事诉讼法学上有待解决的一项基本命题。[②] 可见，将文书提出义务作为当事人的一项重要的证明协力义务，是民事证明妨碍制度历史发展的一个阶段性成果，它不仅适用于现代类型案件，同时也适用于传统类型案件。正是由于现代类型案件的不断涌现，促使人们不得不从另外一个角度重新审视传统类型案件，由此所产生的新的思维方式和解决问题的路径，最终为造就这种文书提出义务上的证明协力制度注入了生机与活力。

有德国学者指出，就文书证据而言，司法过程中已经形成了这样一种惯例，即当负有证明责任的一方当事人应当提供的必要证据在另一方当事人实际控制之下，而该另一方当事人则负有提供书证的义务。当有关当事人不主动提交这类文书证据时，法院将命令其提交。如果法院所发出的命令不足以促使有关当事人提交证据时，法院将根据对有关事实主张负担证明责任的一方当事人所提出的事实主张，认为其已得到对方的承认。甚至就连第三人以及公共机构也会被法院命令来提交由其实际占有的文书证据。[③] 我国台湾学者邱联恭教授将当事人的这种文书提出义务称之为文书特定协助义务，他认为，这种义务是对于对方及国家所负的义务。这是因为，当事人应当根据诚实信用原则遂行诉讼，在诉讼程序确需对方进行某种程度协助时，对方应有一定的协力义务。另外，这项协助不只是为了协同发现真实所必须，也是为了协同促进诉讼所必要。诉讼程序一再拖延，并非双方当事人遭受程序上的不利，全体纳税人也均将减少平等使用法院的机

---

① 参见〔日〕兼子一、竹下守夫：《民事诉讼法》，白绿铉译，法律出版社 1995 年版，第 127 页。

② 参见邱联恭在台湾地区“民事诉讼法”研究会第 47 次及第 50 次研讨会上的发言，载《法学丛刊》第 155 期（1994 年），第 148 页以下；〔日〕竹下守夫：《製造物責任と救濟手続》，载《司法》38 号（1976 年），第 106 页以下。转引自邱联恭：《程序制度机能论》，台北三民书局 1996 年版，第 184 页脚注。

③ Harald Koch, Frank Diedrich, *Civil Procedure in Germany*, Kluwer Law International 1998, p. 112.

会。因此，从司法资源有效利用的角度来看，任何人都负有协力义务。第三人的文书特定协助义务也是对法院的诉讼审理所应当负有的公法上的义务。[①] 这项义务的明确确认，有助于贯彻当事人之间武器平等原则及保障平等接近证据的权利、机会，从而巩固、伸展当事人的程序主体地位。[②]

同时，笔者还认为，尽管随着社会经济生活的不断发展与法制建设的不断进步，当事人文书提出义务将日趋朝着一般化方向发展，但需要一定的历史阶段性作铺垫，至少从目前为社会发展状况所适应的价值均衡机制以及这种制度内在的张力所展示的刚性需求来看，当事人在诉讼上负有提出文书义务属于一种有限度（限制）的公法义务。一方面，它应当以法律明确规定的具体适用范围为限度，而不宜作出任何更为扩大化的理解；另一方面，在个案当中，有时会出现虽然缺乏法律明确规定，但根据社会正义及公平原则仍有适用的必要，在此情形下，也应当审慎地根据有关学理上的要件（诸如处于事实发生经过以外，不可期待其能知悉、掌握具体事实及其证据，并就事实、证据的无法提出也不具有可归责性，反之，对方知悉事件发生经过，且可期待其陈述事实、提出证据，以符合程序的公平及效率时）（如该份文书证据本身的分量、不可替代性、可期待性、提供该份文书证据将给义务人造成权益损害的程度等）加以考量，而不能在适用上缺乏必要的限度。

早先在德国法上所出现的对文书提出义务实行限制主义原则，侧重强调当事人在法律上负有的文书提出义务，不应以牺牲文书持有人的处分自由权利为代价，并且还特别强调应当以充分保障文书持有人在法律上享有的隐私、商业秘密等合法权益为限度，也就是，一旦遇有使这些合法权益遭受侵害的情形，义务人有权以特权保护作为正当理由，进而免除其文书提出义务。从文书提出义务制度的发展过程来看，有关法律制度的改进与进化始终围绕着这样一种基轴来运转，也就是在尽可能地维护司法裁判的正确性与尽可能地保障义务人的合

---

① 参见邱联恭在台湾地区“司法院”“民事诉讼法”研究修正委员会第6394次会议上的发言，载台湾地区“司法院”编：《“司法院”“民事诉讼法”研究修正资料汇编》（十五）（1999年），第334、532页。转引自许士宦：《证据收集与纠纷解决》，台北新学林出版股份有限公司2005年版，第355页。

② 参见许士宦：《证据收集与纠纷解决》，台北新学林出版股份有限公司2005年版，第354—355页。

法权益之间寻找最佳平衡点。

从现代有关国家或地区的立法与司法实践来看,对于文书负有提出义务的人而言,原本享有的隐私、商业秘密等保障性特权已经不能再想当然地作为拒绝提出的正当理由,而只能作为采取一种特别庭审方式(即采取某种不公开审理的方式)的事由。这样一来,其结果是将当事人文书提出义务朝着公法上的一般性协力义务方向的推进迈出了实质性的一步。对此,有学者指出,为了避免对文书不必要的开示,仅开示文书记载的一部分即可,而就其余部分仍承认其秘匿特权。这种处理方法也可解决全部文书都必须提出的难题。①

(三) 当事人负有文书提出义务的基本性质

对于当事人负有文书提出义务性质的界定,涉及这种义务所及的文书范围以及违反这种义务所产生预期法律效果的认识问题,因此具有基础性的意义。

在学理上,有一种观点认为,文书提出的义务属于文书持有人在公法上的义务,与作为证人的义务相同。也就是说,无论何种类型或性质的文书,均从属于法院在审判上查明事实真相的需要,任何人所持有的文书均负有向法院提出的义务;另有一种观点虽然也赞同公法说,但实质上是坚持有限公法说,这种观点认为,文书提出义务是文书持有人对国家所应尽的公法上的义务,但该项义务仅限于法律所规定的情形,而不像证人那样系公民的一般性义务。② 还有一种观点认为,请求持有文书人提出文书,为相对一方当事人在私法上所享有的一种请求权所决定的。再有一种观点认为,关于文书提出义务的性质问题,应当根据立法采用限制主义的观念,也就是在法律所规定的特定前提条件下,当事人负有某种文书提出义务。并且这种观点认为,如果认为任何人所持文书均负有无条件的提出义务,将有害于文书持有人包括个人隐私、商业秘密等在内的权益上的保护;如果认为文书的提出,为私法上的请求权,则重要诉讼资料常有无从审酌的情事,从而

---

① 参见许士宦:《证据收集与纠纷解决》,台北新学林出版股份有限公司2005年版,第339—340页。

② 参见〔日〕兼子一、竹下守夫:《民事诉讼法》,白绿铉译,法律出版社1995年版,第124页。

影响裁判的正确性。对此，有台湾学者认为，台湾地区“民事诉讼法”的有关规定便采用此说。[①]

关于违反提出文书义务所遭受法律制裁或者产生对义务人不利益法律效果的性质的认识，常常在学者间产生争议。所谓制裁是指，法院得引用当事人无正当理由而不提出文书的理由作为证据，认定一方当事人的主张为真实，而其实并无具体实质证据的存在。对此，有一种观点认为，这一虚无的证据在上诉审程序中，上级法院既然享有得认定对方的主张是否真实的自由，则其证据的效力并非凌驾于其他证据之上；并且审级制度的设置在于救济下级法院关于事实认定、采证方法上的失误，因此，这一证据并无拘束上级法院的可能。但在另一方面而言，其制裁既然属于公法性质，如得由上诉法院任意予以废弃，则不足以维持司法威信，且增加诉讼当事人侥幸求胜的念头而导致久拖不决。因此，根据多数证据法学者的主张，具有公法制裁性的证据，上级法院仅得就其本身的瑕疵予以推翻，如当事人并无提出文书的义务或已向法院释明无法提出文书的正当理由而未被采纳等。[②]笔者认为，鉴于文书证据对于证明待证事实所具有的重要价值，以及当事人的文书提出义务在某种程度和范围内具有公法上的性质，并且如果该文书对于法院查明事实真相具有不可替代性，在此情形下，该方当事人的这种文书提出义务应当作为一种证明协力义务来对待，即在当事人负有提出文书义务时，除非该当事人提出正当理由并为法院所接受，否则法院将根据该方当事人不作为的情形作出对其不利的事实认定。事实上，这种事实认定的结果具有逻辑上的合理性。换言之，该方当事人拒不提供有关文书证据，是因为他在主观上明知法院将根据该份书证作出对其不利的事实认定，而并非因为他在客观上存在某种障碍，否则这种客观障碍将成为他不提供该份书证的正当理由。如果该方当事人不提供书证有正当理由，在法律意义上将失去对该份书证的可期待性。在上诉审活动中，负有提出书证义务的当事人如果在此期间向法院提交书证，上诉审法院将根据该书证的内容所体现的证明价值，决定是否撤销一审法院对该方当事人所作出的不利事

---

① 参见王甲乙、杨建华、郑健才：《民事诉讼法新论》，台北广益印书局 1983 年版，第 426 页。

② 参见陈玮直：《民事证据法研究》，台北新生印刷厂 1970 年版，第 73 页。

实认定,以及在何种范围内作出新的事实认定。否则,上诉审法院应当维护一审法院根据该方当事人违背文书提出义务的情形所作出的事实认定。对于义务人而言,虽然这种事实认定看似具有某种惩罚或制裁性质,但是,既然义务人对于拒不履行这种证明协力义务所产生的法律效果事先具有合理的预期,义务人就会宁愿选择这种制裁而不选择向法院提出有关书证。对于这种现象或许会有多种合理的解释,其中包括:或许义务人抱有侥幸心理,或许义务人如果提供有关书证将受到对其更为不利的事实认定……

(四) 当事人负有文书提出义务的扩大化

《法国民事诉讼法》(旧法)第 1906 条虽然承认根据原物提出诉权(actioad exhibendum)强制提出书证,但除就若干特别情形(同法第 193 条以下、第 573 条、第 574 条、第 839 条以下、第 835 条)作出规定外,并未设定文书强制提出的一般规定。进入 19 世纪,通说及绝大部分判例也否定一般的文书强制提出。其根据为:任何人无须开示对己不利的证据(nemo tenetur ederecontra se)以及不能要求帮助他人权利的证明(action incumbit probatio)等法谚为支撑;法官应维持中立性;法与商事的情形不同,未课以保持文书的义务;民法上的证明责任的规定(《法国民法》第 1315 条)及诉讼法上有关文书传达的(旧《法国民事诉讼法》第 188 条)规定。但是,步入 20 世纪之后,上述见解不但遭受学界的批判,而且在实务上也扩大了文书提出的范围。易言之,上述两个法谚仅着重强调防御方就举证不参与真实的探究,并未禁止要求不负举证当事人的协力。[①]

自 1877 年德国制定民事诉讼法以来,即采取限制主义,其理由主要包括:(1) 在诉讼上当事人应各自收集对自己有利的事实和证据,并依据其自由判断提出与否而自行负担责任,负证明责任的人应尽其收集事实、证据的责任,在举证上不能依赖对方或者第三人所持文书。(2) 任何人不必或者不能被强制开示对己不利的文书等证据,不被要

---

① 参见〔日〕小林秀之:《民事裁判の審理》(1987 年),第 215 页以下;谷口安平、若林安雄、上北武男、德田和幸:《注釋ワランス新民事訴訟法典》(1988 年),第 36 页以下;山下郁夫、野山宏、小林久起:《フランスにおける民事訴訟の運營》(1993 年),第 101 页以下,等等。转引自许士宦:《证据收集与纠纷解决》,台北新学林出版股份有限公司 2005 年版,第 351 页脚注。

求协助他人证明该他人的权利。(3) 基于私法上所有权绝对思想,认为强制提出文书,违反文书所有权人的意思,故文书提出义务不得类推证人义务而成为一般义务,避免损害文书持有人的处分自由。(4) 文书与证言不同,证人就未受询问事项得保持缄默,但文书一经提出,可能将其上所记载与待证事项无关,而文书持有人欲加以秘藏部分亦予以披露。而且,即使仅得提出必要部分,也未必均能实现。(5) 根据立法当时各地的诉讼实务经验,并无扩张至一般提出义务的需要。[①] 可见,近代意义上的文书提出义务完全屈从于主张责任与证明责任之间的完全一致性,当事人在提供文书证据上所表现出的自由主义色彩完全游离于法官审判意志之外,使审判的进行和证据调查缺乏必要的统合性,其结果无疑会造成裁判结论上的粗犷性,使事实认定在很大程度上远离事实真相,并且诉讼效率低下。发生这种状况的历史背景为,社会生产力尚欠发达、生产关系简单划一、生产效率偏低。

随着经济的不断发展与社会变迁,在新的历史条件下的民事诉讼活动,不断会涌现新情况和新问题,从而给现有的立法和司法体系带来挑战并提供促使其加以变革的机遇。由于文书证据在解决民事纠纷中所占有的独特地位,逐步适时扩大有关当事人向法院提出文书证据义务的范围,对于法院查明事实真相、应对现代化类型案件中证据偏在的难题、降低当事人的诉讼成本,乃至影响有利于节约当事人在民事活动中的交易成本,无疑将起到积极的建设性作用。当然,由于各国国情以及所处的发展阶段的独特性所决定,虽然从历史发展的大势上均具有趋同性,但在同一历史阶段的个体表征上则难免有所差异。

从历史观的角度来观察这种社会变迁对文书提出义务所造成的实际影响,有学者明确指出,对于那种认为如何进行诉讼终究属于当事人自己的事情,对方或者第三人均不必提出任何资讯加以协助的观

---

① 参见〔日〕竹下守夫、野村秀敏:《民事訴訟における文書提出命令》(二),载《判例评论》206 号(1977 年),第 117 页以下;平野哲郎:《新民事訴訟法二二0條をぁぐる論點の整理と考察》,载《判例タイムズ》1004 号(1999 年),第 44 页。转引自许士宦:《证据收集与纠纷解决》,台北新学林出版股份有限公司 2005 年版,第 339—440 页。

念，是过激的当事人主义、自由诉讼的达尔文主义，已不适合现代社会的需求。[①] 与德国在当初立法时所遇的情势不同，在当今社会的现实条件下，有扩大文书提出义务范围的实际需要。[②] 可见，随着社会的不断发展与进步，当事人文书提出义务显有朝着一般化方向发展的趋势。

例如，在日本，自 1965 年以来，以现代性诉讼理念为表征的诉讼模式促使提出文书命令的申请急剧增加。有关判例也日渐适应这种历史发展要求，这主要表现为对（旧）《日本民事诉讼法》第 312 条各项规定所作的扩张性解释，朝着广泛承认提出文书义务的方向顺势发展。例如，（旧）《日本民事诉讼法》第 312 条第 3 项前半段所规定的为举证人的利益而制作的文书，是指发生举证人的权利和义务或者日后作为证据而制作的文书，即为了明确举证人的地位和权利而制作的文书。但有关的司法判例扩充解释为包括举证人、文书持有人以及其他人的共同利益而制作的文书，或者上述利益对举证人而言即使具有间接性，但只要存在密切利益就可包括在范围之内。[③] 另外，该条第 3 项后半段所规定的对举证人和文书持有人之间的法律关系而制作的文书，也被有关司法判例解释为，不仅限于记载两者之间成立的法律关系本身的文书，而且还包括那些根据这些文书所涉及的其他文书[④]，以及在两者之间法律关系形成过程中制作的文书。[⑤] 但是，有关司法判例也有不尽相同之处，例如，就文书持有人对文书所记载的内容有保

---

① 参见ロルフ・シュトウルナー：《ドイツおよびヨーロッパの民事訴訟の構造》，载日本民事诉讼法学会编：《民事訴訟法、倒産法の現代的潮流》（1998 年），第 57 页；ペーター・ゴットパルト：《ドイツにおける民事司法改革の努力》，载《立命馆法学》277 号（2001 年），第 315 页。转引自许士宦：《证据收集与纠纷解决》，台北新学林出版股份有限公司 2005 年版，第 340 页。

② 参见〔日〕竹下守夫、野村秀敏：《民事訴訟における文書提出命令》（二），载《判例评论》206 号（1977 年），第 125 页；本间义信：《文书提出义务》，载吉川大二郎追悼论集：《手續法の理論と実践》（下卷）（1981 年），第 110—211 页；吉村德重、小岛武司：《注释民事诉讼法》（7）（1995 年），第 54—58 页。转引自许士宦：《证据收集与纠纷解决》，台北新学林出版股份有限公司 2005 年版，第 340 页。

③ 参见日本福冈高等法院昭和 59 年（1984 年）9 月 17 日判决。

④ 参见日本东京地方法院昭和 54 年（1979 年）3 月 19 日判决。

⑤ 参见日本高松高等法院昭和 50 年（1975 年）7 月 17 日判决。

密义务的文书，有的司法判例根据(旧)《日本民事诉讼法》第 272 条、第 281 条第 2 款的规定，认为类推文书持有人不负提出文书义务[①]，但是，在同样情形下，有的司法判例则对符合《日本民事诉讼法》第 312 条第 1 项的规定，认为不免除文书持有人提出文书的义务。[②] 可见，在工业化革命浪潮的推动下，新的生产关系的建立必然给原有的法律体系带来冲击。这种冲击会激化现行法律制度的滞后性与司法裁判面临社会新问题的超前性之间的矛盾，其结果往往会造成，基于对社会正义的理解与不懈追求，对新类型案件所作出的裁判不得不突破现行法律所编织的藩篱与羁绊，从而逐步形成引领变革现行法律制度的潮流。原日本民事诉讼法仅将文书持有人负有提交义务限制在持有人于诉讼中引用该文书等狭小的范围之内，近年来，随着现代型诉讼案件的激增，在许多情形下，重要的文书大多都掌握在对方当事人，甚至诉讼外第三人手中，如果文书提交义务所涉及的范围不能得到相应扩展，以增强其适用空间与领域，诉讼的正常进行就会显得力所不逮，也将背离法院裁判的作出应当建立在尽可能发现事实真相基础上的原则。

日本旧的民事诉讼法所规定的当事人收集证据的权利是非常有限的。作为讼争的一方当事人不得强迫对方当事人或者第三人提交为他们所控制的文书证据，除非法律专门就此授权。这种局限性在原告与被告之间出现证据偏在的案件中(in cases where the evidence was not distributed evenly between the plaintiff and the defendant)，例如医疗过错案件、产品质量案件、环境污染案件等，被认为是属于无法容忍的问题。许多学者和律师呼吁应当扩充当事人收集证据的权限。[③]

在进入 21 世纪前后，为了不断适应社会发展的历史趋势，日本对其民事诉讼法于 1996 年 6 月 26 日通过法律第 109 号进行大幅修订，并于 1999 年 1 月 1 日实施。随后于 1999 年通过法律第 151 号，于 2001 年通过法律第 96 号、第 139 号、第 153 号，于 2003 年通过法律第

---

① 参见日本东京高等法院昭和 60 年(1985 年)2 月 21 日判决。

② 参见日本名古屋高等法院昭和 52 年(1977 年)2 月 3 日判决。转引自〔日〕兼子一、竹下守夫：《民事诉讼法》，白绿铉译，法律出版社 1995 年版，第 127—128 页。

③ Shozo Ota, Japanese Law Symposium: Reform of Civil Procedure in Japan, 49 *Am. J. Comp. L.* 570-71 (Fall, 2001).

108号、第128号，于2004年通过法律第152号对日本民事诉讼法先后多次加以修改。在当事人的文书提出义务上，经修改的日本民事诉讼法对日本法院的有关司法判例予以肯认，并作为一种指导思想上升为立法例，进而在一定程度上消弭或化解了立法与现行司法判例之间的冲突。因此，为了应对新的历史条件下所面临的情态，新的民事诉讼法规定除了有关公文书证以外，凡文书持有人应同证人负有出庭作证那样负有文书提交义务，只有当遇有法律所规定的特殊例外事由时才得以除外，例如，根据《日本民事诉讼法》第220条的规定，文书持有人对文书所记载的内容负有保密义务等。

在这个问题上，美国对日本所产生的影响具有双刃性（double-edged）。那些支持扩充当事人收集证据权利的学者和律师对于开示程序当中平衡当事人的这种权利的做法表示赞赏。那些反对扩充当事人收集证据权利的学者和律师认为，证据开示程序具有缺陷性并对其加以抨击。在新修订的日本民事诉讼法中，对文书提出所设定的原有限制已被废止，同时，在设定对隐私和商业秘密加以保护的若干另外规则的同时，新修订的日本民事诉讼法将当事人提供文书证据作为一般性义务加以规定（该法第220条第4项）。为了保障法官能够确定当有关文书证据被争议为是否属于除外范围时，"in-camera（暗箱操作程序）"首次被引入立法当中（该法第223条）。[①]

关于扩大当事人文书提出义务的法理根据，日本学者间有不同认识。如山本和彦认为，应基于发现真实的需要[②]；川屿四郎认为，基于维护当事人间实质公平、充实当事人的程序选择权的需要[③]；长谷部由起子认为，基于宪法上受裁判权力（诉讼权）的保障，使当事人接近与

① Shozo Ota, Japanese Law Symposium: Reform of Civil Procedure in Japan, 49 *Am. J. Comp. L.* 571(Fall, 2001).

② 参见〔日〕山本和彦：《稟議書に對する文書提出命令》（上）、（下），载《NBL》661号第6页、662号第30页（1999年）。转引自许士宦：《证据收集与纠纷解决》，台北新学林出版股份有限公司2005年版，第345页脚注。

③ 参见〔日〕川屿四郎：《文書提出義務論に對する一視角》，载《辩論と證據調べの理論と實踐》，第360页以下。转引自许士宦：《证据收集与纠纷解决》，台北新学林出版股份有限公司2005年版，第345页脚注。

自己主张关联的证据。[1] 对此，笔者认为，在作出如何认识扩大当事人文书提出义务法理根据的判断上，不应以偏概全，而应当作出全面系统性的判断。上述三种观点从不同的视角对有关法理根据进行解读，可谓不无关联。也就是说，这种法理根据既可以从当事人受裁判权力的宪法保障得以引申，也可以从当事人应享有诉讼法上实质公平的权利以及程序选择权的层面得以体现，还可以从基于（证据法上）发现事实真相的角度以贯彻个别正义的价值理念。三者之间具有一脉相承的贯穿性。

二、当事人事实陈述及证据提出协力义务的法理基础

（一）诉讼促进义务与事实陈述及证据提出协力义务

1. 关于诉讼促进义务的起源

许多西方国家的民事诉讼法都是近代社会发展的产物。德国民事诉讼法就是其中大陆法系的一个典型范例。发端于 19 世纪末的德国民事诉讼法是继法国民事诉讼法之后的又一部重要法典。德国民事诉讼法的问世，传承了罗马法、教会法与日耳曼法的衣钵，另外，它在灵感上还受到来自法国法的浸洗。在当时资本主义社会处于自由竞争的历史背景下，早先的德国民事诉讼法在立法指导思想上完全体现的是自由主义和个人主义色彩。诉讼程序的启动、进行以及终结任由当事人的自由意志所决定，以法院为代表的国家力量尽量不加干预，并且尽量尊重当事人的程序自治，因此，当初的民事诉讼程序完全被当事人主义化。

到了近代社会末期，随着现代化工业的兴起，各种社会矛盾不断加剧由此而引发大量诉讼案件的发生，而早先那种几乎完全由当事人所操控的诉讼程序由于其具有耗时费力、易发迟延、效率低下、程式繁缛的特点，显然已不能适应社会发展的需要。

进入现代社会以来，这种矛盾有日益加剧的趋势。对诉讼程序的

---

① 参见〔日〕长谷部由起子：《内部文書の提出義務》，载新堂幸司古稀：《民事訴訟法理論の新たな構築》（下卷）（2001 年），第 318 页以下。转引自许士宦：《证据收集与纠纷解决》，台北新学林出版股份有限公司 2005 年版，第 345 页脚注。

简化与加快进行已成为当时西方工业化国家所不得不面临的迫切问题。为此,德国民事诉讼法从逐步限制和取消那些能够体现当事人完全程序自治的权利入手,逐渐增加那些能够体现国家主义色彩的程序调控方式与规则,例如逐步强化法院的程序管理和诉讼指挥权等。另外,在逐渐弱化那些反映极端自由主义色彩的诉讼权利的同时,为了不断体现诉讼程序的公法意识,进而强化当事人的程序协同义务。为此,1976 年 12 月 3 日德国通过制定《简化与加速诉讼程序的法律》对其民事诉讼法进行了大刀阔斧的修订,并且首次将诉讼促进义务明确规定在《德国民事诉讼法》第 277 条第 1 项、第 282 条第 1 项及第 340 条第 3 项中,其修法目的在于,尽可能地缩短过于冗长的诉讼程序,使得当事人在诉讼上尽早提出诉讼资料,以便加快程序的进程。

根据德国有关司法统计资料,1977 年简化法案实施后诉讼程序确实推进较为迅速,联邦地方法院 1959 年时有超过 50% 的案件耗费的时间超过 6 个月,而至 1989 年时,则有超过 68% 的案件均在 6 个月内结案。[①] 可见,通过对民事诉讼法加以修正,设定当事人的诉讼促进义务和实行法院对程序的适当管理,在德国审判实务上已初见成效。

在民事诉讼法理论领域,在进入 20 世纪后,原先以传统辩论主义、自由主义为基石所产生的民事诉讼法理指导原则、价值取向、程序模式一味倾向于给当事人赋予更多的诉讼权利及处分事实和证据的自由,随即逐渐发展而走向社会化民事诉讼法的格局,并且在理论上更加注重对程序实质正义与当事人的武器平等、诉讼职能的公益化、程序本身的公法机能等问题的探求,从而使得在诉讼法上如何彰显诉讼促进义务,成为近几十年来理论发展的重要之举。

2. 诉讼促进义务是否包含或者应当包含(非负证明责任当事人的)事实陈述及证据提出协力义务

德国民事诉讼法通过对当事人诉讼促进义务的确立,增强了诉讼的协同主义色彩,并强化了法院对程序管理的职能。但有学者指出,其中的诉讼促进义务并未包含非负证明责任的一方当事人的事实陈述及证据提出义务,即事案解明协力义务(allgemeine prozessuale

---

① Rosenberg/Schwab/Gottwald, ZPR, S. 451. 转引自沈冠伶:《民事证据法与武器平等原则》,台北元照出版有限公司 2007 年版,第 13 页脚注。

mitwirkungs-und aufklärungspflicht)。[①] 这种观点的提出，随即引起学界的争论。例如，有学者指出，根据德国宪法上的要求及民事诉讼目的（发现真实）可推断出，应承认非负证明责任当事人的事实陈述及证据提出协力义务。[②]

从总体情况来看，在德国，主流学说并不认同对民事诉讼法中的诉讼促进义务作扩大化的理解，多数观点认为，如果当事人遵守法院所确定的期日，并适时提出诉讼资料和证据资料，则属于已尽其协力促进诉讼的义务，对于在资料内容上的充实，则除非当事人具有实体法上资料开示请求权及民事诉讼法上例外规定[③]的事实陈述及证据提出义务之外，并不负有一般性质的事实陈述及证据提出的协力义务。换言之，当事人在原则上仅对其负证明责任的事实案情须作解明澄清，对于他方负证明责任的部分则仍需协力提出诉讼资料加以解明。[④]

但是，在上述主流学说之外，在德国，仍有部分学者坚持认为，应当对诉讼促进义务作扩大化的解释，例如，有德国学者在 1996 年第 61 届德国法律人年会上提出，建议将《德国民事诉讼法》第 138 条第 2 项修正为“当事人对于对方提出的事实，应作出陈述，并对于争执的事

---

① 有关立法资料见：BT-Druncks. 7/2729，S. 37 f.；BT-Druncks. 7/5250，S. 4. 参见沈冠伶：《民事证据法与武器平等原则》，台北元照出版有限公司 2007 年版，第 35 页。

② Schlosser，JZ 1991，559；Gottwald，Empfehlen sich im Interesse eines effektiven Rechtssschutzes Maβnahmen zur Vereinfachung，Vereinheitlichung und Beschränkung der Rechtsmittel und Rechtsbehelfe des Zivilverfahrensrechts?（Gutsachten A für den 61，Deutschen Juristentag），in：Verhandlungen des einundsechzigsten deutschen Juristentages，1996，Band 1，S. A19. 转引自沈冠伶：《民事证据法与武器平等原则》，台北元照出版有限公司 2007 年版，第 13 页脚注。

③ 有学者将《德国民事诉讼法》第 138 条第 1 项、第 2 项，第 272 条之一，第 445 条以下、第 423 条等视为例外规定，参见 Arens，a. a. O.，ZZP 96，1（13）. 转引自沈冠伶：《民事证据法与武器平等原则》，台北元照出版有限公司 2007 年版，第 13 页脚注。

④ BGH，ZZP 104，203 ff.；Arens，Zur Aufklärungspflicht der nicht beweisbelasteten Partei im Zivilprozeβ，ZZP 96（1983），18 ff.；Lüke，JuS 1986，3；Leipold，Prozeβförderungspflicht der Parteien und richterliche Verantwortung，ZZP 93（1980），239；Stein/Jonas/Leipold，ZPO，§282 Rder. 4. 转引自沈冠伶：《民事证据法与武器平等原则》，台北元照出版有限公司 2007 年版，第 13 页。

实,应提出所有自己持有或者容易取得的相关资料"[①]。另外,近年来,德国联邦最高法院在有关判决的表述上仍拒不承认非负证明责任当事人的事实陈述及证据提出义务,即所谓的"一般事案解明义务",但是又承认应使不负主张责任与证明责任的当事人负有"第二位主张责任(sakudäre Behauptungslast)"[②],对此,有学者认为,这已实际上接近事实陈述及证据提出义务,甚至可以说并无差别。[③]

所谓诉讼促进义务,是为了保护当事人,避免诉讼迟延,当事人攻击防御方法应适时提出。适时提出是属于诉讼当事人的附随义务,过去采用自由提出义务、随时提出义务。附随义务是根据权利的行使,应遵守诚信原则。诉讼的基本目的在于权利保护,但不能因为要保护权利而将诉讼拖延,任何当事人都一样,不仅是保护原告,也是保护被告。[④] 显然,在德国实务界及理论界,对于一般诉讼促进义务作狭义解释属于多数说,而认为应当包括当事人的事实陈述及证据提出协力义务属于少数说。对此,笔者认为,可从两个方面认识这一问题:一方面,从狭义上讲,德国民事诉讼法上的诉讼促进义务并不包含非负证明责任当事人的事实陈述及证据提出协力义务,这是因为,德国民事诉讼法并未将非负证明责任当事人的事实陈述及证据提出协力义务作为诉讼促进义务的重要部分加以规定,为德国民事诉讼法所规定的非负证明责任当事人的事实陈述及证据提出协力义务,只是在特定情况下所设定的部分义务,并非将这种协力义务加以一般化而作出原则性的规定;另一方面,从广义上讲,诉讼促进义务则应当包含非负证明责任当事人的事实陈述及证据提出协力义务。因为,尽管德国民事诉讼法并未将非负证明责任当事人的事实陈述及证据提出协力义务加

---

① 转引自沈冠伶:《民事证据法与武器平等原则》,台北元照出版有限公司2007年版,第13页脚注。

② BGH, ZZP 104, 203. 转引自沈冠伶:《民事证据法与武器平等原则》,台北元照出版有限公司2007年版,第14页。

③ 就德国联邦最高法院有关此判决的这番表述,有学者从赞成事案解明义务的角度认为,该判决在德国法院的判例史上具有重要的里程碑意义。参见Schlosser, JZ 1991,604. 转引自沈冠伶:《民事证据法与武器平等原则》,台北元照出版有限公司2007年版,第14页脚注。

④ 参见李木贵:《民事诉讼法》(下),台北元照出版有限公司2007年版,附23。

以一般化以便作出原则性的规定，但是，德国民事诉讼法在特定情形下就非负证明责任一方当事人的事实陈述及证据提出协力义务所作出的部分规定，在运用功能和实际效果上确实能够有助于诉讼促进义务的实现，从此意义上讲，即使将非负证明责任一方当事人的事实陈述及证据提出协力义务作为诉讼促进义务有机构成当中的一部分也并不为过。在此基础上，鉴于诉讼促进义务在加快德国民事诉讼进程，并有利于法院发现真实上所发挥的独特作用，可以将诉讼促进义务作出扩大化的理解，以便有助于诉讼促进义务自身功能性的自我完善与进化。

3. 对德国有关基本模式的解读

时至20世纪70年代，德国面临医疗纠纷以及产品责任等现代类型诉讼给当事人举证所带来的困扰，德国的大致做法是：将证明责任与资料报告义务（auskunftsanspruch）交由民事实体法加以规定[①]，通过司法判例来解决审判实务中那些事实及证据在诉讼结构上偏在于一方当事人的问题[②]，在诉讼法上仅将诉讼促进义务限缩在程序时间这一层面上，也就是仅从时间（期日）的角度课以当事人负有诉讼促进义务，即狭义上的诉讼促进义务。

笔者认为，在德国民事诉讼法上，之所以未将非负证明责任当事人的事实陈述及证据提出协力义务从一般化的角度作出原则性的规定，其中的一个重要原因是，德国民事实体法设定有相应的证明责任分配规则，以及在各法律关系领域为当事人设置相应的情况报告提出协力义务，这种发生于诉讼前的证明协力义务在相当程度上减少了许多潜在争议的发生，即使当事人将争议交由法院处理，这些为实体法所规定的证明协力义务同样有助于在诉讼过程中作为法院认定案件事实的基础。这就在相当程度上减弱了在程序法上为非负证明责任当事人设定一般化的事实陈述及证据提出协力义务的紧迫性与负荷

---

① Rosenberg/Schwab/Gottwald, ZPR, §117 Ⅲ 1 S. 676; Pütting, Gegenwartsproblemeder Beweislast, 1983, S. 175 ff. Rosenberg/Schwab/Gottwald. 转引自沈冠伶：《民事证据法与武器平等原则》，台北元照出版有限公司2007年版，第13页。

② BGH, VersR 1955, 344; RGZ 128, 125; BGHZ 51, 91; BGHZ 67, 357; BGH, NJW 1973, 1602. 转引自沈冠伶：《民事证据法与武器平等原则》，台北元照出版有限公司2007年版，第13页。

压力,同时,显而易见的是,另外一种可替代性的路径来自德国判例法的实践,也就是,对于那些现代类型案件中所存在的证据结构偏在于一方当事人而发生武器不平等的特别情形,德国并非采用实体法或者诉讼法的模式,而是采用法官法(判例法)的模式,即由法院据情调整当事人之间的证明关系,或者就特定证明事项为非负证明责任一方当事人设定事实陈述及证据提出协力义务等方式,作为认定案件事实的指导原则,在这种基本架构之下,在诉讼上仅从时间(期日)的角度为当事人设定一般化的诉讼促进义务,同时在诉讼法上仅就特定情形为当事人设定事实陈述及证据提出协力义务作为例外规则。

4. 我国台湾学者的相关见解

长期以来,德国法及其法律文化始终影响着我国台湾地区的法理研究、立法模式及司法判例。

《德国民事诉讼法》第282条第1项的有关规定被认为旗帜鲜明地载明了诉讼促进义务的标志性条款,我国台湾地区"民事诉讼法"近年来虽几经修订,但并未完全照搬,这是否意味着台湾地区"民事诉讼法"并未像德国法那样大力倡导当事人的诉讼促进义务以强化诉讼的协同主义色彩?对此,我国台湾学者邱联恭教授指出,与德国法的有关条文相比较,中国台湾地区"民事诉讼法"第196条第1项规定,当事人的攻击或防御方法应依诉讼进行的程度,在言词辩论终结前"适当时期提出",虽然这种规定并未效仿《德国民事诉讼法》第282条,在该条文中有当事人"促进诉讼(förderung des verfahrens)"的表述,但从相关条文的多处立法理由来看,"协力迅速进行诉讼之义务"、"一般的协力迅速进行诉讼之义务"或者"诉讼促进义务"等表述一再被提及[①],并且,关于失权制裁[②]表现为更为强化及明确的规定,因此,当事人在时间上负有迅速进行诉讼的义务,应无争议。[③] 可见,我国台湾地区"民事诉讼法"几经修订之后,对德国法上的当事人诉讼促进义务的

① 参见台湾地区"司法院"编印:《"民事诉讼法"部分条文修正草案对照表暨总说明》,2000年版,第8页、第11页、第12页、第93页、第97页、第101页、第116页、第199页。

② 例如台湾地区"民事诉讼法"第196条、第168条之二、第276条及第447条。

③ 参见邱联恭:《争点整理方法序论》(上),载《月旦法学》第60期,第128页。

立法精神予以了全面吸收与贯彻。

台湾学者沈冠伶教授是近年来活跃于台湾地区学界,并大力倡导当事人证明协力义务主义的一面旗帜。她认为,当事人的事实陈述及证据提出协力义务具有使审理集中化及促进诉讼的作用,属于一般诉讼促进义务中不可或缺的一部分,换言之,当事人的一般诉讼促进义务应具有两重性,一是在时间上的狭义诉讼促进义务,二是在内容上的一般事实陈述及证据提出协力义务。①

在对台湾地区"民事诉讼法"全面透析的基础上,沈冠伶教授认为,事实陈述及证据提出协力义务的个别性规定可见诸于如下相关法条:在文书提出义务上,例如该法第342条第3项、第344条、第359条第2项,尤其是第344条第1项第5款,大幅扩张文书提出义务的范围,只要与诉讼有关的事项所作成的文书,当事人均有提出的义务;而对于对方所持有的文书,在申请法院发出文书提出命令,但就文书的特定及其内容有表明困难时,法院也可命令对方进行必要的协助,例如该法第342条第3项的规定。在勘验问题上,经由准用书证的相关规定(该法第367条),使得当事人也负有勘验义务;另外,该法引入当事人讯问制度(该法第367条之一以下规定),更强化当事人事实陈述及证据提出协力义务。因此,即使不认为证据通则中的第277条及第282条之一属于事实陈述及证据提出协力义务的一般性规定,也可经由法类推(rechtsanalogie)②的方式,从各目中上述个别条文所依据的基本理念,推论出当事人负有一般性事实陈述及证据提出协力义务。③上述有关条款显示,台湾地区"民事诉讼法"不仅一般性地课予当事人以在时间上不延迟诉讼的义务,更课予以其协力解明事案以充实程序内容的义务。经由当事人与法院共同协力解明事案,诉讼程序才得以更有计划地迅速进行,因此,事实陈述及证据提出协力义务实属诉讼

---

① 参见沈冠伶:《民事证据法与武器平等原则》,台北元照出版有限公司2007年版,第14页。

② Larenz, Menthodenlehre der Rechtswissenschaft, 6. Aufl., 1991, S. 383ff. 转引自沈冠伶:《民事证据法与武器平等原则》,台北元照出版有限公司2007年版,第19页。

③ 参见沈冠伶:《民事证据法与武器平等原则》,台北元照出版有限公司2007年版,第19页。

促进义务中不可或缺的一环。[①] 综观台湾地区“民事诉讼法”的相关规定，诉讼促进义务应具有两重性：一为狭义诉讼促进义务，另一为事实陈述及证据提出协力义务，它又可分为当事人与法院之间的事实陈述及证据提出协力义务与当事人相互之间事实陈述及证据提出协力义务。[②]

沈冠伶教授大胆提出，台湾地区“民事诉讼法”有关条款事实上已设定当事人负有一般性事实陈述及证据提出协力义务的学术观点，在台湾地区学界曾一度引起某种轰动效应，同时也引发其他学者的思考与探究。对此，姜世明教授认为，促进诉讼义务是否除“时间上促进”的意义之外，还包括一般事实陈述及证据提出协力义务，应当允许有发展空间，但就协力义务的范围如何界定，是否应在辩论主义下运用，或者其已成为至高准则而可架空或修正辩论主义，可能仍有探讨的空间。[③] 可见，姜世明教授对于沈冠伶教授的观点虽然仍存有疑虑，这主要是顾虑到如何处理与辩论主义之间的关系，以及是否应将辩论主义在何种基点上加以修正以便相互协调的问题，但姜教授似乎并未最终轻下定论。

（二）辩论主义与事实陈述及提出证据协力义务

1. 辩论主义的旨意

民事诉讼法的基本原理以及程序演进的基轴是以辩论主义及处分权主义为重心，其中，辩论主义是指对当事人所主张和争执的事实关系的陈述与证明属于当事人的权能及责任，非经当事人一方主张的主要事实，不得作为裁判的基础。作为认定系争事实所需的证据资料，在原则上应采用由当事人声明的证据方法来取得。凡当事人之间无争执的事实，毋庸举证，法院应径行将其作为裁判的基础加以采认。

在传统辩论主义之下，在学理上曾倡导这样一种理念，即“任何一方并无义务向对方提供可用以对方攻击自己而使对方获得胜诉的武器”，也就是“任何一方无须为对方提供武器，也无自我揭示不利事实

① 参见沈冠伶：《民事证据法与武器平等原则》，台北元照出版有限公司2007年版，第42页。

② 同上书，第37页。

③ 参见姜世明：《举证责任与真实义务》，台北新学林出版股份有限公司2006年版，第562—563页。

的义务”。在这种理念支配下，在诉讼上，应负证明责任一方当事人应就其有利的事实负主张及证明责任，而非负证明责任一方当事人并无主动或被动提出证据资料或信息资料的义务。

另外，在德国的实务与学说上，其主流观点认为，不负主张责任及证明责任的当事人就事实与证据资料的收集，并不对法院负有一般事实陈述及证据提出协力义务。其理由为，一般事实陈述及证据提出协力义务与辩论主义互为矛盾[1]，且不当介入市民自由权的领域，因此，不应强迫使一方当事人协助另一方取得其本来无法取得或处分的资料而使后者获得胜诉。[2] 这些观点被认为是从德国法本身释义学方法论为基点所得出的结论。近年来，这些观点不断受到一些学者的质疑与批判。

关于传统意义上的辩论主义，德国已故著名的学者拉德布鲁赫曾作出这样的描述：“辩论主义就好像两个老练的棋手对弈，各自都考虑得很周到，每走一步前，必先想清楚自己必胜之棋路。因此，法官没有给予任何一方协助的必要，这两个敌对者，基于对等的立场而对峙，就是构成诉讼应有的构造。”也就是说，民事诉讼基本构造中的证据原则，是形式上的武器对等原则。[3]

根据证明责任分配法则，可决定一方当事人的主张责任及划定其应负证明责任的事实范围，该方当事人应对其有利的案件事实负担有相应的主张及证明责任，因而对其主张的具体化及证据方法的提出，属于该方当事人的义务。在这一传统观念下所认知的辩论主义，系非负证明责任一方当事人被允许采取以逸待劳、蓄势待发的策略，待应负证明责任一方当事人完成其主张与证明责任之后，才提出相反抗辩的事实主张并提出相应的反证。这一充满自由主义和个人主义的诉讼观过分强调，民事诉讼是具有平等地位、平等能力、完全对等的双方当事人之间各自为保护其私权利益而进行的一系列攻击防御行为，法

---

① BGH, ZZP 104, 203ff.; Arens, a. a. O., ZZP 96, 1 ff.; Lüke, JuS 1986, 3. 转引自沈冠伶：《民事证据法与武器平等原则》，台北元照出版有限公司 2007 年版，第 15 页。

② Prütting, Gegenwartsprobleme der Beweislast, S. 137. 转引自沈冠伶：《民事证据法与武器平等原则》，台北元照出版有限公司 2007 年版，第 38 页。

③ 参见李木贵：《民事诉讼法》（下），台北元照出版有限公司 2007 年版，附 39。

院只是站在国家的中立立场上作出裁判而已，诉讼的开展与进程尽量交由当事人来主导，法院不得擅加干预。这种基本思考是建立在对在司法缺乏基本信赖及私法自治原理基础之上的产物。在这种自由主义对抗式诉讼观念支配下，当事人可不择手段以求胜诉，而非负证明责任一方当事人并无为对方提供有利证据而使其获得胜诉的义务。在诉讼程序中对于弱势者造成其诉讼权利难以行使、其合法权益难以得到有效保护的弊端显得尤为明显。在今天看来，在诉讼过程中辩论主义及一般证明责任分配法则如果僵化适用，难免因证据结构的不合理配置而造成一些特殊类型案件产生不正义的结果。因此，从历史发展的阶段性来看，在现代社会条件下，对传统辩论主义的指导思想及价值取向加以修正，实属历史的必然。

2. 对辩论主义的修正所引发的争议

德国 1877 年的民事诉讼法将事实资料的提出、收集委于当事人，但是，没有作出明确规定，原草案明确表明实行辩论主义，因此，德国学界所采用的通说仍以辩论主义作为其基本方针。

进入现代社会以来，随着社会的发展与变迁，社会矛盾的不断激化与新类型案件的层出不穷，使得在民事诉讼上有关事实认定上的障碍日剧增加，而采用过去传统的民事诉讼审理方式应对这些剧增的案件和新类型案件显然已不合时宜，因此，有关国家开始对传统审判方式的合目的性进行检讨与反思。最终，许多国家改采集中审理方式作为实现审判方式转型的路径。因各国在历史发展、传统文化、基本国情等方面出现的差异，而在探讨实行集中审理的具体方式上采取不尽一致的模式。对此，德国学者 Bathe 指出，法官的阐明义务，是为了补充辩论主义的不足，而成为辩论主义内容的重要因素，法官应积极参与诉讼活动，已经接近职权探知主义，但应与当事人的主张责任及证据责任加以区别。为了区别这一原理，因此叫做协同主义，协同主义的基本原理，又叫做社会的民事诉讼原理。[①] 实际上，采用协同主义的模式并不是要取代辩论主义，只是将经改良的辩论主义在改头换面之后又被称之为协同主义，其中并未撼动辩论主义三大原则的根基。

德国于 1977 年对民事诉讼法大幅修改，强化了法官的权限，通常

---

① 参见李木贵：《民事诉讼法》（下），台北元照出版有限公司 2007 年版，附 21。

被称之为简素化法，以便与从前的民事诉讼法加以区分。简素化法所呈现的基本原理，一言以蔽之，就是以所谓由法官与当事人一同进行讨论将案件真实澄清的理论，也就是所谓的协同主义。该协同主义理论的依据是，法官应积极照顾、支援属于社会弱者的当事人。在这种意识形态支配下所产生的新理论，被称为社会的民事诉讼法。社会的民事诉讼法理论重视法官与当事人之间的协调与沟通，也是借助于法官的“补偿的辩论指挥”，以实现实质的当事人武器平等。它不同于原始的辩论主义重视形式的当事人武器平等。① 事实上，无论在诉讼上采行协同主义模式，抑或奉行所谓社会的民事诉讼法，均体现的是对传统辩论主义的改造与修正所形成的一种制度上的创新与变革。

在对传统辩论主义进行修正所产生的直接后果是，至 20 世纪中叶之后相继爆发了有关法理上的激烈争论，其切入点为：早先那种“任何一方无向他方提供他方攻击自己而使对方获得胜诉武器的义务”的法理，是否应当被“一方当事人负有提供对方攻击自己的武器的义务”的法理取而代之。引发这种争论的出发点在于，在现代社会条件下，当应负证明责任一方当事人在遇有不可归责的举证障碍时，为了促进诉讼目的的实现，应当考虑采用何种救济措施对此加以克服。在辩论主义的修正过程中，一些学者主张，应当考虑设计非负证明责任一方当事人对于诉讼上真实发现的协力义务。为此所遇到的争议焦点是，在立法上究竟是将非负证明责任一方当事人的事实陈述及证据提供协力义务视为一般化的原则性义务，还是仅在特定条件下承认其有例外存在的空间。在德国，学者间自从近 40 年以前至今对此问题仍有争议。

对非负证明责任一方当事人事实陈述及证据提出协力义务的理解与辩论主义的发展变迁有密切关系，对此，姜世明教授指出，在涉及对民事诉讼法立法主义的基本论的认知问题上，其越倾向于辩论主义及双方对抗式的观念，则越可能采取例外论的解决模式。而采取越向职权探知主义的国家任务扩大观或越采取倾向采用客观真实发现说的，对于当事人事实陈述及证据提出协力义务的一般接受的程度就越高。就此，近年来，我国台湾地区对“民事诉讼法”的修订与德国、奥地

---

① 参见李木贵：《民事诉讼法》（下），台北元照出版有限公司 2007 年版，附 21。

利等国所修订民事诉讼法相同,均朝着强化法官实质诉讼指挥权的发展方向思考。但奥地利倾向于职权探知主义的理解方向,德国则有向辩论主义方向靠拢的解释态度。究竟是要像奥地利民事诉讼法所倾向采取的所谓协同主义观(或者被缓和的职权探知主义观),还是倾向于辩论主义作协调的德国修正辩论主义观,是台湾在修法问题上所面临的抉择。在台湾地区,辩论主义虽已有所修正,但究竟朝何种方向(包括具本土性定义的协同主义观)对法条及制度进行解释与建构,考验着民事诉讼法学者及实务家。姜世明教授指出,台湾地区"民事诉讼法"近二十多年来已有高度的发展,学者提出的"法寻求说"及"具本土性定义的协同主义观",对台湾地区"民事诉讼法"相关制度的解释适用,有相当的指导效果。[①]

在德国,有学者主张非负证明责任一方当事人对待证事实负有一般程序解明义务(allgemeine prozessuale aufklärungspflicht)[②],以德国学者 Stürner 为代表。Stürner 认为,既然国家禁止人民动用自力救济方式解决纷争,由法院代表国家采取公力救济方式对当事人的权利保护应为宪法所保障。基于法治国原则及人格发展自由权的要求,国家应保障在诉讼过程中实现发现真实的目标。作为权利状态检验的前提,也就是使真实检验能获得可能,应对所有能解明事实的方法加以确保及利用。[③] 并且基于民事诉讼的目的系为个人权利的确认及实现,实质真实发现应属必要,真实发现应当作为民事诉讼的中心任务。[④] Stürner 指出,民事诉讼法对于非负证明责任一方当事人的解明义务未加规定,属于法律上的漏洞,可类推《德国民事诉讼法》第 138 条第 1

---

① 参见姜世明:《举证责任与真实义务》,台北新学林出版股份有限公司 2006 年版,第 178—179 页。

② Stürner, a. a. O., S. 29ff.; Schlosser, a. a. O., Rdnr. 426ff., 330ff.; Henchkel, Buchbesprechung: Stürner, Die Aufklärungspflicht der Parteien des Zivilprozesses, ZZP 92 (1979, 100ff.); Peters, Ausforschungsbeweis im Zivilprozess, 1966, S. 103ff.; Peters, Beweisvereitelung und Mitwirkungspflicht des Beweisgegners, ZZP 82 (1969), 208ff.; v. Greyerz, Der Beweis negativer Tatsachen, 1963, S. 56. 转引自姜世明:《举证责任与真实义务》,台北新学林出版股份有限公司 2006 年版,第 560 页。

③ Stürner, a. a. O., S. 39ff.; 46ff. 转引自姜世明:《举证责任与真实义务》,台北新学林出版股份有限公司 2006 年版,第 560 页。

④ Stürner, a. a. O., S. 48ff. 转引自姜世明:《举证责任与真实义务》,台北新学林出版股份有限公司 2006 年版,第 560 页。

项、第2项，第372条a，第423条及第445条以下的规定，并课以违反的一方当事人，有推定对应负证明责任一方当事人主张事实为有利认定的效果。[①] 这一承认非负证明责任一方当事人说明义务的观点，并未获得主流学术观点的认同。[②] Stürner以宪法及民事诉讼法目的论的价值基础作为论证依据，受到一些学者的质疑，这些学者认为，因宪法上的权利保障并不排除将诉讼程序置于当事人手中的制度设计可能性，而真实发现在诉讼上是否作为终极目的，或者仅为国家提供公正程序司法的制度保障下所衍生的中间目的，也存有疑问。而真实发现需与辩论主义相平衡，终究诉讼法并未将辩论主义完全抛弃，而真实的发现与调查，也应在公正程序及诉讼法理之下运行。[③] 另外，反对者还认为，主张非负证明责任一方当事人说明义务，对于其前提条件并未指出明确标准，并且实体法上既然并无一般资讯提供义务，程序法似无超越实体法而承认一般资讯义务的必要，并且它与辩论主义及证明责任分配法则也可能相抵触。[④] 对此，德国学者意识到，当事人解明义务理论将与所谓主观证明责任理论相排斥，并且通常由此不会发生真伪不明的情况，使得按照证明责任作出裁判的几率大为减少。[⑤] 应当指出的是，德国实务上有一种观点认为，如果应负证明责任一方当事人是处于待澄清事实经过之外，并且未具有重要相关事实的更接近知识（证据资料及信息资料），而不负证明责任的一方当事人则具有这一知识，则在对其可期待的情况下，也可要求其对待证事实加以解明。[⑥] 虽然有学者认为，德国在实务上承认非负主张责任及证明责任的当事人负有"第二位主张责任"，其实已接近一般事实陈述及证据提

---

① Stürner, a. a. O., S. 61, 92ff.; 231f. 转引自姜世明：《举证责任与真实义务》，台北新学林出版股份有限公司2006年版，第560页。

② Arens, Zur Aufklärungspflicht der nicht beweisbelasteten Partei im Zivilprozess, ZZP 96(1983), 1ff.; Lüke, Der Informationsanspruch im Zivilrecht, JuS 1986, 1, 3; Stein/Jones/Leipold § 138 Rdnr. 22.

③ Vgl. Arens, Zur Aufklärung der nicht beweisbelasteten Partei im Zivilprozess, ZZP 96(1983), S. 11ff.; Brehm, a. a. O., S. 27.

④ Vgl. Auch BGH ZZP 104 (1991), 205. 转引自姜世明：《举证责任与真实义务》，台北新学林出版股份有限公司2006年版，第561页。

⑤ Rosenberg/Schwab/Gottwald, a. a. O., S. 791.

⑥ BGH NJW 1990, 3151f; BGH NJW 1994, 2289, 2292. 转引自姜世明：《举证责任与真实义务》，台北新学林出版股份有限公司2006年版，第561页。

出协力义务，甚至可以说无所差别。但德国立法者在2001年修法中，仍未引入所谓一般程序上的解明义务。[①] 但实务上，从实体法的情况报告请求权及以诚信原则扩大的角度考虑，对非负证明责任一方当事人资讯提出的义务，则多加肯认。采取这种态度有利于缓和对一般解明义务持肯定论的指责，但与Stürner主张的所谓一般事实陈述及证据提出协力义务似仍不可相提并论。[②]

3. 对辩论主义的修正与事实陈述及证据提出协力义务的适配性

为调整在传统辩论主义支配下所造成的诉讼上的实际不平等状态，大陆法系的诉讼法学者相继提出了具有“社会主义”或国家干预主义色彩的诉讼观，强调对民事诉讼应当实行必要的国家干预。其中，奥地利民事诉讼法创始人Franz Klein便是其中的首创者，鉴于传统辩论主义条件下的民事诉讼机制对弱者造成不利益的结局，他提出，应当将民事诉讼程序打造成一个不可或缺的“福利建制”，使其用作社会救助的一部分。并且，弱势者的法律正义不能在民事诉讼程序中被打折扣。民事诉讼程序并非仅涉及诉讼当事人的私益，也涉及社会公益。故此，纯粹的个人主义及自由主义的诉讼观念应当加以必要的调整与修正。[③] 奥地利在制定民事诉讼法时，对传统辩论主义的观念进行了必要的修正，注入了国家干预主义的基本元素，使其与早期德国民事诉讼法所采认的辩论主义原则发生强烈反差。

奥地利民事诉讼法虽然在19世纪末立法时曾参考德国民事诉讼法的规定，但因当时德国法受传统辩论主义观念所支配，充满了自由主义、个人主义色彩，对于弱势者造成诉讼权利难以行使的弊端，基于社会民事诉讼法或国家干预主义的理念，以及将民事诉讼法视为国家福利任务的思想，奥地利基于诸多的疑惑而并未将辩论主义作为民事诉讼法基本原则加以认知，随后其立法指导思想与辩论主义渐行渐

---

① Rosenberg/Schwab/Gottwald, a. a. O., S. 740.

② Vgl. Hackenberg, a. a. O., S. 107f. 转引自姜世明：《举证责任与真实义务》，台北新学林出版股份有限公司2006年版，第561页。

③ Vgl. Trepte, Umfang und Grenzen eines sozialen Zivilprozesses, 1994, S. 40ff. m. w. N.

远，最终选择迈向所谓“协同主义”或者“被缓和的职权探知主义”道路。[①] 德国于1924年、1933年及1950年对其民事诉讼法进行修订时，也相继添加了国家干预主义色彩。其后于1977年、2002年对民事诉讼法多次修法之后，德国民事诉讼法也加强了法院的诉讼指挥权（实质上包括阐明权、职权调查证据、职权对当事人讯问），使法院担当必要的程序管理职责。有学者认为，在对辩论主义进行修正过程中，在Bender的斯图加特模式情形下，是以集中审理主义及协同主义作为民事诉讼的新含义，但协同主义可否成为德国民事诉讼法的主流观念，则存在争议。但在解释论上，虽然也有学者提倡社会协同主义，但是仍大多往修正辩论主义方向理解，与奥地利学者的观察角度不同。在奥地利，很少有人论及非负证明责任一方当事人的事实陈述及证据提出协力义务，其中部分原因或许与上述就法院职权介入诉讼资料收集及职权调查证据的权限建构的理解有关。[②]

关于现实社会发展对辩论主义修正的必要性，我国台湾学者沈冠伶教授认为，辩论主义自身并非以自我为目的，德国民事诉讼法于1877年制定时，以当事人双方均能充分掌握事实、证据作为前提，因此，当事人基于理性的考虑，决定何项事实、证据应否提出，以最能迅速地获得正确裁判，而无须由当事人介入协力收集事实、证据。但是，如仅有一方独占事实、证据时，上述辩论主义所预设的前提就不存在，而有修正其内容的必要。[③] 可见，沈冠伶教授主要是从现代类型案件的出现，对传统辩论主义造成的冲击来认识就传统意义上的辩论主义进行修正的必要性。事实上，即使对于那些传统类型的案件，因为在新的社会条件下人们在诉讼观念上所发生的变化与创新，也有必要对从前那种极端自由主义、个人主义加以必要的限制，其主要方式是通过包括为非负证明责任一方当事人设定相应的证明协力义务，实现这种历史性的跨越，进而从诉讼程序的公益角度来看待法院在程序管理

---

① Rechberger/Simotta, Zivilprozessrecht, Erkenntnisverfahren, 6. Aufl., 2003, Rdnr. 269. 转引自姜世明：《举证责任与真实义务》，台北新学林出版股份有限公司2006年版，第169页。

② 参见姜世明：《举证责任与真实义务》，台北新学林出版股份有限公司2006年版，第109页脚注。

③ 参见沈冠伶：《民事证据法与武器平等原则》，台北元照出版有限公司2007年版，第134—135页。

上的职能。

关于对辩论主义的修正,沈冠伶教授是从对自由主义、个人主义的限制与保障当事人之间在利用证据资料与信息资料上作为武器以实现实质上平等关系的角度加以探讨,她认为,辩论主义固然作为民事诉讼的基本原则,当事人以其程序主体的地位,就事实与证据资料具有自由处分权限,但是如果将诉讼程序视为一个提供给纷争当事人进行对话以解决纷争的工具,则必须尽可能地确保沟通的平等地位,并且不仅表现在形式上的平等,而是在实质上排除外在障碍(或强制),也就是,必须排除当事人在事实与证据资料提出上的障碍。这样一来,可通过法官的阐明与公开心证以解决部分问题以外,也有必要在某种程度上限制当事人就事实、证据资料的处分自由,这就为解决处分自由与(武器)平等地位的紧张关系不得不产生的结果。而唯有通过程序上平等对话与论证的充实,才能使双方当事人均对法院所认定的事实与裁判信服(信赖)。否则,如果仅从时间上缩短诉讼程序进行的时日,而忽略程序与裁判内容的质量,则不能使当事人的诉讼权利受到应有的保障。[①] 笔者认为,沈冠伶教授在此所提到的为了保障裁判内容的质量,即将裁判建立在尽可能发现真实的基础之上,有必要在一定程度上限制当事人就事实、证据资料的处分自由,也就是说,当事人应当向法院提交所有与争议的案件事实具有关联性的证据资料,即便其中有些证据资料可能对其产生不利的影响,这一点特别地表现在非负证明责任一方当事人的事实陈述及证据提出协力义务上。这就是双方当事人进行平等对话的基础,并且只有在此基础上,才能产生为双方当事人均加以信赖的裁判结果。

关于对辩论主义的修正问题,我国台湾学者姜世明教授指出,在辩论主义的发展过程中,民事程序法的理论便逐渐作为兼顾公益而对自由主义观念下的传统辩论主义加以修正,其就程序法的理念系基于诉讼为集团现象,不允许个人滥用,当事人在诉讼上也应负有诉讼促进义务,以利于审理的集中化。据此,程序法上有若干关于当事人资讯提出义务的特别规定,例如真实义务、文书提出义务及当事人讯问制度等。民事诉讼法伴随辩论主义法理的变迁,其对当事人与法院在

---

① 参见沈冠伶:《民事证据法与武器平等原则》,台北元照出版有限公司2007年版,第15—16页。

诉讼程序中的任务与活动积极性也有所调整。其中，关于法院阐明义务及职权调查证据权限的扩大化，足以对辩论主义的基本命题有所修正，而当事人在社会民事诉讼观的民事诉讼法中，对当事人角色定位，也与自由主义下民事诉讼法的理解不可同日而语。[①] 可见，姜世明教授强调的是，对民事诉讼活动的开展要适度强调国家干预主义，使当事人与法院建立在司法协同主义之上，并使民事诉讼的程序功能从极端私益性朝着不断兼顾公益性方向推进。

上述不同学术观点的碰撞，涉及对辩论主义的修正与事实陈述及证据提出协力义务的适配性问题。姜世明教授指出，在辩论主义已有所修正的趋势条件下，当事人是否还负有一般性的事实陈述及证据提出义务（即协力事案解明义务），以发现真实以及使诉讼程序成为可实现私权及正义的制度，因其对非负证明责任一方当事人在诉讼程序中的角色期待与传统上辩论主义的理解呈现差异，因而究竟对系争问题应作如何理解，成为当今民事诉讼法学的重大难题。[②] 对此，笔者有如下理解：

（1）以德国学者 Stürner 为代表的学派将发现真实作为法院审理案件的中心议题，因而将在民事诉讼法上设定非负证明责任一方当事人的事实陈述及证据提出协力义务作为保障法院发现真实的必要手段，因此在政策观念上更加倾向于国家干预主义或者协同主义，同时与辩论主义甚至修正辩论主义保持一定距离，这种观点倡导对民事诉讼中的自由主义和个人主义加以严格限制，为此竭力主张应在民事诉讼法上为非负证明责任一方当事人设定具有普遍适用性的事实陈述与证据提出协力义务，以强化法院与当事人之间在查明事实真相上所体现的协同关系。但在学术上持不同见解的主流学派却对 Stürner 学派的观点感到顾虑重重。因为在主流学派看来，如果完全抛弃（经修正的）辩论主义与证明责任分配法则的基本原理与要素，通过在诉讼法上为非负证明责任一方当事人设定一般意义上的证明协力义务，不仅会给现行实体法的设计与适用上的安定性造成冲击，还会不必要地减缓负证明责任一方当事人本应在举证上所承担的压力，从而使该方

---

① 参见姜世明：《举证责任与真实义务》，台北新学林出版股份有限公司 2006 年版，第 109—110 页。

② 同上书，第 109 页。

当事人在寻求证明事实真相上缺乏应有的动力。

（2）针对德国在司法判例上已有承认非负主张责任及证明责任的当事人负有“第二位主张责任”的情形，笔者认为，“第二位主张责任”是指，针对负证明责任一方当事人所提出的事实主张，即“第一位主张责任”，在该方当事人进行事实陈述以及提供相应有力证据之后，非负证明责任的一方当事人应提出抗辩的事实主张，即“第二位主张责任”，该方当事人为此应负相应的事实陈述及提供相关证据的义务。这种义务也应被视为非负证明责任一方当事人证明协力义务的必要范畴。在辩论主义支配下，如果负证明责任一方当事人提出明确的事实主张，对此，非负证明责任的一方当事人假如不提出相应的抗辩事实主张，法院将视后者对前者事实主张的一种“认诺”，并可据此作出对后者产生不利益的事实认定；在负证明责任的一方当事人提出事实主张并对该事实主张进行陈述及提出相应有力证据之后，如果非负证明责任的一方当事人虽提出抗辩事实主张，但不进行有利于己的事实陈述和提供相应有力的反证，法院可根据主观证明责任裁判规则直接作出对其不利益的事实认定。可见，在立法上，即使不将非负证明责任一方当事人的这种“第二位主张责任”所产生的事实陈述及证据提出协力义务明文化，也并不妨碍法院在审判实务上根据辩论主义的要求，为非负证明责任一方当事人的这种“第二位主张责任”设定为具有一般化意义的证明协力义务。同时，应当指出的是，这种具有一般化意义的证明协力义务与辩论主义和证明责任分配法则相适应，因为它可构成法院据情以证据评价所得出的内心确信为依据，法院在此基础上既可按照主观证明责任法则对有关案件事实作出认定，也可按照客观证明责任法则对有关案件事实作出认定。但是，这种对于非负证明责任一方当事人具有一般化意义的证明协力义务（即事实陈述及证据提出协力义务，或称事案解明义务），与德国学者 Stürner 所主张的非负证明责任一方当事人具有的一般化意义的证明协力义务（即事实陈述及证据提出协力义务，或称事案解明义务）所涉及的证明协力对象不同，Stürner 所主张的一般化证明协力义务针对的是，负证明责任一方当事人对其所提出的事实主张无法进行相应的事实陈述和提供必要的证据，在此情形下，非负证明责任一方当事人对此应产生相应的证明协力义务。因此，二者之间缺乏可比性。

（3）对传统意义上的辩论主义进行必要的修正，是现代社会条件下有关国家所面临的重要课题，近几十年来的立法实践表明，许多国家在此方面显得卓有成效。因此，当今所表述的辩论主义已并非传统辩论主义的代名词，已经被赋予修正辩论主义的新含义。这种经修正的辩论主义已经明显增添了协同主义色彩，即有限度的国家干预主义，这种思想观念在近几十年来有关国家对其民事诉讼法进行修订的条款中已表现得淋漓尽致。但是，值得注意的是，即使在现代社会条件下，如果在诉讼法上为非负证明责任一方当事人设定具有一般化的事实陈述及提出证据协力义务，势必会给现行诉讼秩序带来极大困惑，因为，现行的辩论主义原则与证明责任分配法则是承载民事诉讼活动的基石，至少在当今社会条件下仍然具有不可或缺性。当然，在当今社会经济发达导致社会关系日趋复杂以及新类型案件不断出现的条件下，为加强审理的集中化，有助于争点整理及尽可能地发现或接近事实真相这些多重目标的实现，在诉讼法上对非负证明责任一方当事人设定必要的事实陈述及证据提出协力义务亦是势所必然，但最重要的是要把握限度。从目前各国有关立法及司法经验来看，应当建立有机的法则联动应用体系。这主要表现在以下三个方面：① 在实体法上应当根据法律关系的性质和特点具体确定当事人的情况报告提供义务，以保障当事人之间的诚实信用与交易的安全性。这是因为，民事法律关系的具体表征、交易形式等千差万别，其中如何确定当事人的情况报告提供义务情节各不相同、数量巨大，囿于立法技术上的局限性，无法在诉讼法上加以悉数列明，因此诉讼法无力承担这种立法职能。而在实体法上设定当事人在具体情形下的情况报告提供义务，至少具有如下双重功能：功能之一，有利于各种法律关系项下的交易安全，促使民事流转活动的自动调节，降低交易成本；功能之二，具有防范和解决纠纷的预防性功能，也就是，即便发生纠纷，当事人完全可以借助诉讼外解决纠纷机制，凭借实体法上所确定的有关当事人情况报告提供义务在查清事实真相的基础上制订解决方案；即便当事人将有关纠纷提交法院解决，在诉讼过程中，法院也可以根据实体法所确定的当事人情况报告提供义务进行相关的证据调查，以便查明事实真相。在此方面，德国民法及相关实体法发挥了典范作用，其经验可加以借鉴。② 在诉讼法上，有关国家可根据自身国情需要、社会发展的阶段性特点、法律体系状况、司法水平等因素，就特定情形下非负证明责任一方当事人的事实陈述及证据提出协力义务作出特别规定。③ 在司法过程中,无论是实体法还是诉讼法,对于个案情形不能完全具有预见性,法律上的漏洞仍在所难免,针对个案中所出现的证据资料或者信息资料结构偏在于一方当事人的情形,法院可根据社会公平正义的本质要求,为非负证明责任一方当事人设定相关的证明协力义务。由此所作出的司法判例可称之为法官法。为了防止法院在个案情形下有可能滥用自由裁量权,在学理上应总结和设定相应的适用要件。并且根据类型化的可能与需要,适时将从这些司法判例中提炼出来的抽象规则上升为立法规范,不断对立法进行改进与完善,并且增强有关规则的普适性。

4. 我国台湾地区"民事诉讼法"所体现的修正辩论主义色彩与事实陈述及证据提出协力义务

台湾地区"民事诉讼法"在 2000 年修订之前,作为诉讼促进义务的一部分,就当事人相互之间的陈述义务已作出明确规定(同法第 195 条第 2 项)。这一规定具有防止诉讼拖延并避免发生对方突袭的预防性功能。在诉讼过程中,法院的职责和司法能动性主要体现在争点整理、证据调查及对案件事实作出裁判上。在辩论主义条件下,证据资料的提出属于当事人的权能及责任,根据主张责任与证明责任的原则要求,当事人应在法院进行证据调查之前,负责使双方间的事实争点具体明确化,以便对有待证明的主题加以特定化。证据调查是法院认定案件事实的基础,而迅速、经济且充分的证据调查是法院发现真实的必要条件。在事实审理的前一阶段,也就是进行证据调查之前,法院应根据诉讼指挥及阐明权,在促使主张及否认具体化的前提下,整理双方之间的事实争点。在实行辩论主义的诉讼架构下,这种争点的具体化是当事人的责任。对此,有学者指出,应当促使"主张"的事实具体化至可能适用系争法规范的程度。从便利被告的防御,以防止其受到突袭的目的所要求的程度来看,最低限度为,原告的事实主张应具体化至使被告借以对其陈明能够明确表达是否接纳该事实的程度;并且应促使"否认"的具体化至"尚认为被告之陈述为真,则无从导致如原告所主张之法律效果"的程度。当被告陈述到这种程度时,法院才能把握待证事实何在,进而判断当事人声明的证据与待证事实(否认的事实)之间的关联性以及审酌证据调查的必要性。这时,"否认"的具体化同时使双方之间的争执点明确化。上述程度的争点整理,对于防止和避免因证据调查的漫无边际导致阻碍诉讼的促进实为有益和必要。主张及否认的具体化程度越高,有关证据与待证事实的关联性的判断也会变得明确而容易,它有助于进行迅速、积极而充实的证据调查。如果被告是在违反上述陈述义务的情形下作出否认的陈述,由于其陈述不具有否认的适格性,并有可能认定其属于未作出陈述的情形,被告难免因其作为被当作拟制自认(根据台湾地区“民事诉讼法”第 280 条第 1 项)处理而遭受不利益。[①] 可见,现行台湾地区“民事诉讼法”对诉讼过程中强化法院的司法能动性以及对当事人处分事实和证据的自由加以限制,彰显了修正辩论主义的立法指导思想,其修正方法包括借助法官阐明义务的加强、当事人真实义务与完全义务的强化及法院依职权调查证据的运用等,在相当程度和许多层面上体现了进一步强化当事人证明协力义务的趋态,也在相当程度上体现了辩论主义与协同主义之间的有机统一。

关于如何理解台湾地区“民事诉讼法”所体现的修正辩论主义色彩,沈冠伶教授指出,根据台湾地区新的“民事诉讼法”所作出的有关规定来看,辩论主义的内容在中国台湾地区与德国未必完全相同,亦有所修正,即台湾地区“民事诉讼法”课予当事人负有协力迅速进行诉讼的义务,一方面基于诚实信用原则对他方负有义务,另一方面也对法院负有公法上的义务。相对而言,法院也负有协同当事人整理、阐明争点,并在适当期限内作成裁判的义务。程序的迅速化,并非仅单纯求快,而是指有“效率”的程序,也就是,在最短的时间内获得最正确的裁判。换言之,系迅速裁判与正确裁判的平衡点上的程序。[②]

关于台湾地区在立法上所体现的修正辩论主义能否对确立当事人事实陈述及证据提出协力义务产生实质影响,沈冠伶教授认为,即使在古典的或德国的辩论主义之下,当事人也未必有不主张、不开示不利于己的事实或证据的自由,根据台湾地区“民事诉讼法”第 195 条

---

① 参见邱联恭在台湾地区“民事诉讼法”研究会第 28 次研讨会后补注,载台湾地区“民事诉讼法”研究会编:《民事诉讼法之研讨》(三)(1990 年),第 239—241 页;森勇:《主張と否認の具體化につぃて》,载《民事诉讼杂志》34 号(1988 年),第 209 页。转引自许士宦:《证据收集与纠纷解决》,台北新学林出版股份有限公司 2005 年版,第 540—541 页。

② 参见沈冠伶:《民事证据法与武器平等原则》,台北元照出版有限公司 2007 年版,第 135 页。

第 1 项的内容，当事人在程序上应就事实作出真实及完全的陈述，因此，当事人就其所知的事实，不论是有利或者不利，均负有陈述义务，而使得当事人关于事实提出的决定、处分权限，受到一定程度的限制。就台湾地区“民事诉讼法”而言，如果以辩论主义为由否定当事人对法院负有事实陈述及证据提出协力义务，显属不当。纵然退一万步而认为，民事诉讼法未就一般事实陈述及证据提出协力义务作出明确规定，但是辩论主义也并未直接见诸于法条，在此情形下，也无人怀疑其系民事诉讼程序的基本原则，其具体内涵系经由实务与学说视社会的进展而加以锤炼或修正。因此，如果仅以民事诉讼法未就一般事实陈述及证据提出协力义务有明文规定为由而对此加以否定，则未免沦于纯粹法学之偏。[①]

我国台湾地区是通过对“民事诉讼法”不断改造与完善的方式进而对传统辩论主义的原则和理念进行修正的。对此，姜世明教授认为，其中对于辩论主义有较大冲击的条款表现为台湾地区“民事诉讼法”第 195 条、第 199 条及第 203 条的内容；同时，与德国法及奥地利法具有显著不同的是，中国台湾地区“民事诉讼法”第 288 条及第 344 条第 1 项第 5 款等规定具有其独特的原创性。[②]

关于台湾地区“民事诉讼法”对辩论主义的冲击，有学者认为[③]，该法第 244 条第 1 项第 2 款、第 3 项，第 265 条第 1 项，第 266 条第 1 项第 1 款及第 3 项，第 266 条第 1 项第 1 款，第 285 条第 1 项，第 266 条第 3 项，第 195 条第 2 项，第 266 条第 2 项、第 3 项为充分言词辩论，促使法官及当事人尽可能在诉讼前阶段即争点整理阶段，整理、确定及简化事实上及证据上的争点，以达到审理集中化的目标。根据上述规定要求，双方当事人就其自己所主张的事实，无论为主要事实或间接事实，均应预先告知对方及法院，使对方能够及时准备进行必要的攻击与防御，使法院的事实审理更加迅速、准确，并节省劳务付出。为

① 参见沈冠伶：《民事证据法与武器平等原则》，台北元照出版有限公司 2007 年版，第 16、38、134 页。

② 参见姜世明：《举证责任与真实义务》，台北新学林出版股份有限公司 2006 年版，第 171 页。

③ 参见邱联恭：《程序选择权论》，台北三民书局 2000 年版，第 106 页以下。转引自姜世明：《举证责任与真实义务》，台北新学林出版股份有限公司 2006 年版，第 171 页。

防止发生双方相互之间及法院对当事人的突袭，这些规定具有发现真实及促进诉讼两方面突袭的防范功能。另外，台湾地区“民事诉讼法”对于非负证明责任一方当事人的事实陈述及证据提出协力义务及法院与当事人之间有关诉讼资料的收集权限分配也作出了相应规定，其中主要条款包括第195条、第199条、第199条之一、第203条、第268条、第268条之二、第269条、第270条之一、第276条、第277条、第282条之一、第288条、第296条之一、第337条、第344条、第348条及第367条等。①

根据台湾地区“民事诉讼法”第195条的规定：“当事人就其提出之事实，应为真实及完全之陈述（第1项）。当事人对于他造提出之事实及证据，应为陈述（第2项）。”对此，姜世明教授评价称，程序上的当事人真实（及完全）义务与陈述义务有一定的真实发现及促进诉讼的功能，并且在某种程度上也有修正辩论主义的意义。② 另有学者认为，这一规定体现了对辩论主义修正的发展，但同时指出，实务上对此规定内容还未加以重视。③ 而我国台湾学者姚瑞光先生则认为，因对于违反此项义务的人在法律上并无应负何种责任的规定，故这项规定不过一纸空文而已。④ 对此，笔者认为，对于本条立法就违反此项义务之人并未规定应负何种不利后果，应视为立法者授权法院据情作出判断。这是因为，个案情形千差万别，如果一方当事人对其提出的事实主张所进行的陈述自相矛盾或者缺乏可信度，也并未提出相应有力的证据，即使对方当事人并未作出陈述，或者所作出的陈述缺乏可信度，则自无产生对该对方当事人不利益后果的可能；反之，如果一方当事人对其提出的事实主张所进行的陈述具有相当的可信度，并且提出相应的有力证据加以佐证，在此情形下，如果另一方当事人并未作出任何陈述，这种不作为的行为本身（保持沉默）即可产生自认效果，法院

---

① 参见姜世明：《举证责任与真实义务》，台北新学林出版股份有限公司2006年版，第171—172页。

② 同上书，第241页。

③ 参见王甲乙、杨建华、郑健才：《民事诉讼法新论》，2000年版，第176页。转引自姜世明：《举证责任与真实义务》，台北新学林出版股份有限公司2006年版，第240页。

④ 参见姚瑞光：《民事诉讼法论》，2000年版，第251页。转引自姜世明：《举证责任与真实义务》，台北新学林出版股份有限公司2006年版，第240页。

自应据情作出对该对方当事人不利益的事实认定。另外,即使该对方当事人提出抗辩事实主张,并对抗辩事实作出相应的陈述,甚至或许其陈述似乎具有相当的说服力,但是如果不能提供相应的有力反证,对此情形,法院也将会作出对其不利益的事实认定。可见,该项法律规定属于一种广义上的非负证明责任一方当事人在诉讼上负有事实陈述及证据提出协力义务的情形。[①] 实际上,这是在民事诉讼上实行辩论主义的一种产物。

(三)事实陈述及证据提出协力义务法理基础的有关学说

事实陈述及证据提出协力义务的法理基础是指,如何从法理的角度来解释创设这种义务的根据。换言之,从法理解释学的角度来认识这种义务存在的正当性、合理性。

多年来,先是一些德国学者,后来我国台湾地区有些学者陆续跟进,从不同角度对构成事实陈述及证据提出协力义务的法理基础进行探讨和阐述,形成了许多思想,创造了大量研究成果,简要介绍如下。

1. 宪法及诉讼法目的说

主张该学说的德国学者 Stürner,是从宪法及诉讼法目的论推导非负证明责任一方当事人的事实陈述及证据提出协力义务的正当性。该学说认为,某一合宪性的法院诉讼程序应是一个指向真实发现的制度建构,在法治国中,国家垄断司法权,禁止私力救济,对于法治国重要成分的正义理念,也应经由一个具有效能的司法制度实现。虽然根据通说观点,合法听审权是保障当事人真实发现及法的发现的协力权利,但并非指真实审查(wahrheitsprüfung)本身,根据宪法所规定的自由权(人格发展自由权等)及法治国原则,可确定法院程序应指向合宪性的权利保障维护,而作为人民实现权利与抵御不法侵害的机制。国家就应为这一权利保障机制的有效运作,提供一个可审查权利状态的司法制度,而这一足以审查权利状态的机制,也仅在所有可利用的事

---

① 相对而言,狭义上的非负证明责任一方当事人的事实陈述及证据提出协力义务主要是指,当负证明责任的一方当事人处于事实发生过程以外,不可期待其能知悉、掌握具体事实及其证据,并就事实、证据的无法提出也不具有可归责性,反而不负证明责任的一方当事人则知悉事件发生经过,且可期待其陈述事实、提出证据的情形,使得该非负证明责任的一方当事人由此在诉讼上承担相应的协力义务。

案解明方法可被利用时，才能实现其任务，而对于不适当地排除可利用的事案解明方法，则与法治国原则不相吻合。因此，极尽事实审查是法治国权利保障不可或缺的成分，对于真实发现与调查的限制应符合比例原则。因而从宪法及诉讼目的论来看，应认为有承认非负证明责任一方当事人一般事实陈述及证据提出协力义务的必要。[①]

2. 完全义务说

完全义务是指各当事人就诉或抗辩的基础的事实关系所知事实，不问其有利或不利，应作出完全的陈述；对于对方的事实关系的主张，也应如此进行陈述。[②] 因此，有学者认为，法院可依职权审酌事实情况，完全义务可被认为系程序上事实陈述及证据提出协力义务的法基础。[③]

3. 拟制自认说

有学者认为，非负证明责任一方当事人对于他方主张的陈述义务，原则上存在与该对方当事人陈述的具体化程度呈现一种互动关系，其所影响的是，是否可将该非负证明责任一方当事人的陈述，视为无效争执，而有拟制自认规定的适用。[④] 为此，这种观点认为，这一陈述义务的规定系民事诉讼法上明确规定用以减轻应负证明责任一方当事人事实陈述及证据提出风险的制度，除非该负证明责任一方当事人对于系争事实无所知悉，否则就应对于其所知悉的事实加以陈述，如拒绝这一协力义务，则可能受到拟制自认的处罚。[⑤]

4. 协力义务类推说

在德国，有学者主张，所谓当事人一般程序上事实陈述及证据提出协力义务，是基于对私权保护、真实发现及合宪性的司法保护制度

---

① 参见姜世明：《举证责任与真实义务》，台北新学林出版股份有限公司 2006 年版，第 135 页。

② 参见骆永家：《民事诉讼法》（Ⅰ），台北三民书局 1999 年修订 9 版，第 124 页。转引自姜世明：《举证责任与真实义务》，台北新学林出版股份有限公司 2006 年版，第 117 页。

③ Vgl. Chudoba, a. a. O., S. 105m. w. N. 转引自姜世明：《举证责任与真实义务》，台北新学林出版股份有限公司 2006 年版，第 117 页。

④ MünchKomm-ZPO-Peters §138 Rdnr. 19. 转引自姜世明：《举证责任与真实义务》，台北新学林出版股份有限公司 2006 年版，第 120 页。

⑤ Stürner, a. a. O., S. 11f. 转引自姜世明：《举证责任与真实义务》，台北新学林出版股份有限公司 2006 年版，第 121 页。

上的要求,而基于部分程序法上关于真实义务、陈述义务、当事人讯问及文书提出义务等规定的类推,而创设上述一般化的事实陈述及证据提出义务,并赋予其“不利事实的拟制”的效果。这种观点认为,非负证明责任一方当事人对于他方主张的陈述义务,是与真实义务规定及《德国民事诉讼法》第372条a(血缘鉴定)、第423条(文书提出义务)及第445条以下规定(当事人讯问)可用于充当当事人一般事实陈述及证据提出协力义务类推的法基础。①

5. 宪法上的平等权保障说

持有这种学术观点的为我国台湾学者沈冠伶教授,她认为,当事人之所以负有诉讼法上的事实陈述及证据提出协力义务,是基于宪法上所保障的平等权、诉讼权及裁判权等使然。诚如有学者所言,宪法上的平等权体现在民事诉讼法上即为武器平等原则(waffengleichheit)与风险平等原则(die gleichmäβige verteilung des risikos)。② 换言之,诉讼的结果不应取决于何方当事人接近且可使用某诉讼资料或证据,也不应使对方当事人因事证资料使用上的困难,导致产生不必要的劳费付出,而减损系争外的财产权。③

6. 武器平等原则说

我国台湾学者许士宦教授持有这种观点,他指出,对事实陈述及证据提出协力义务的肯认,是赋予当事人应有的程序保障,以保护举证人的解明权(提出权、证明权),并维持当事人在诉讼程序上的公平、公正竞争,以避免证据偏在的一方以他方缺乏证据而不当获取胜诉,以贯彻当事人之间的武器平等原则。负证明责任的当事人据此可从不负证明责任的对方获得与本件诉讼有关证据的开示,收集本案解决所需的证据资料。基于此,当事人双方不但可借以相互知悉双方就与诉讼有关联的证据,而共用案情资讯,以防止和避免遭受对方的突袭,

---

① Peters, Auf dem Wege zu einer allgemeinen Prozessf örderungspf; icht der Parteien? FS Schwab, 1990, S. 407. 转引自姜世明:《举证责任与真实义务》,台北新学林出版股份有限公司2006年版,第121页。

② Bötticher, Die Gleichheit vor dem Richters, in: des., Gleichbehandlung und Waffengleichheit-Überlegungen zum Gleichheitssatz, 1979, S. 9 ff. 转引自沈冠伶:《民事证据法与武器平等原则》,台北元照出版有限公司2007年版,第17页。

③ 参见沈冠伶:《民事证据法与武器平等原则》,台北元照出版有限公司2007年版,第17页。

更可因此有利于与法院及对方达成共识，有助于其自主决定纠纷解决的方式。[①]

7. 程序保障说

我国台湾学者邱联恭教授持有这种观点，他认为，要求不负证明责任当事人提出证据以协力解明事案，可将负证明责任当事人因未尽证明责任所受的不利益裁判得以正当化。换言之，从负证明责任当事人的程序主体权保障而言，应赋予充分的程序保障，使其可收集事案解明所需要的证据，以寻求实体利益与平衡利益的平衡点上的真实，同时课予对方事实陈述及证据提出协力义务，使其协助具有程序主体权的一方进行攻击防御。既然举证人已受证明权、提出权的保障，非负证明责任的一方当事人也对应地进行协助，而就待证事实不能证明的不利益，举证人应自负其责任。[②]

8. 诚信原则说

在德国判例实务上，曾在若干涉及不正当竞争法案件中，基于消极事实证明的困难，而以诚信原则创设部分所谓“扩大化的说明义务(darlegungspflicht)”，借以要求非负证明责任一方当事人提出相关证据资料或信息资料。[③] 另外，德国联邦最高法院在一起有关撤销权案件[④]及一起有关保证责任案件中，也就相关消极事实的证明困难予以关注，在考虑应负证明责任一方当事人未能陈述相关事实，而相对人可期待提出说明的，亦要求该非负证明责任一方当事人负有具体化争议的义务。这类案件的特征涉及消极事实的证明困难，并且应负证明责任一方当事人不能进行适当陈述，而非负证明责任一方当事人自可期待提出相应的说明。如果非负证明责任一方当事人违反这一说明

---

① 参见许士宦：《证据收集与纠纷解决》，台北新学林出版股份有限公司 2005 年版，第 555—556 页。

② 参见邱联恭在台湾地区“民事诉讼法”研究会第 59 次研讨会上的发言，转引自台湾地区“民事诉讼法”研究基金会编：《民事诉讼法之研讨》（七），台北三民书局 1998 年版，第 55 页。

③ Z. B. BGH NJW 1961, 826; BGH NJW 1962, 2149. 转引自姜世明：《举证责任与真实义务》，台北新学林出版股份有限公司 2006 年版，第 121—122 页。

④ V, Mohrenfels, Abgeleitete Informationsleistungspflichten im deutschen Zivilrecht, 1986, S. 216. w. N. 转引自姜世明：《举证责任与真实义务》，台北新学林出版股份有限公司 2006 年版，第 122 页。

义务,则纳入证据评价的考量中,甚至因此认为应负证明责任一方当事人的主张并无不当。

9. 真实义务说

这种观点认为,基于民事诉讼是为了解决私权纠纷,应以个人权利保护为民事诉讼目的,而真实发现应为其前提,因此,当事人的真实义务应作为事实陈述及证据提出协力义务的法基础。

根据民事诉讼法关于真实义务的规定可知,真实义务制度包括狭义的真实义务和完全义务。狭义真实义务并非指当事人负有仅就客观真实进行主张的义务,实质上,民事诉讼法所指的真实义务属于较为接近"真实义务"(wahrhaftigkeitspflicht),或所谓"主观真实义务"(subjektive wahrheitspflicht)。[①] 也就是,当事人仅需就其内心所认为的"真"加以陈述,即如果经过法院证据调查,证实其所述"非真",也不能认为其违反民事诉讼法所要求的"真实义务"。[②] 有学者指出,要求当事人的陈述均须符合客观真实,并不可能;并且当事人对于事实的认识,并非像法官那样在利用所有可能的证据后才能认定。[③] 有学者认为,因真实义务系为对抗明知不实的积极说谎(狭义真实义务)或消极沉默(完全义务),因而完全义务是指涉及客体为陈述的当事人明知并对其存在与正确性有所确信的情形,并不涉及对于存疑或者推测事实的陈述。[④] 对此,姜世明教授对民事诉讼法有关真实义务规定是否可作为所谓一般事实陈述及证据提出协力义务的法基础表示质疑,他认为,因狭义真实义务是作为禁止当事人在诉讼上说谎,因而与非负证明责任一方当事人的事实陈述及证据提出协力义务似乎更不具有关联性。再则,中国台湾地区"民事诉讼法"第 195 条第 2 项及《德

---

① Rosenberg/Schwab/Cottwald, Zivilprozessrecht, 16. Aufl., 2004, S. 417. 转引自姜世明:《举证责任与真实义务》,台北新学林出版股份有限公司 2006 年版,第 116 页。

② 参见姜世明:《举证责任与真实义务》,台北新学林出版股份有限公司 2006 年版,第 116—117 页。

③ Vgl. Fleck, Die Redlichkeitspflichten der Parteien im Zivilprozess, 2004, S. 35f. m. w. N. 转引自姜世明:《举证责任与真实义务》,台北新学林出版股份有限公司 2006 年版,第 116 页脚注。

④ Anhalt, a. a. O., S. 54. 转引自姜世明:《举证责任与真实义务》,台北新学林出版股份有限公司 2006 年版,第 117 页脚注。

国民事诉讼法》第138条第2项均规定，当事人对于对方提出的事实及证据，应作出陈述。基于这一规定，无论德国法还是中国台湾地区法均未明确规定其法律效果，虽然该陈述义务的对象对于台湾地区法而言，涉及对方所提出的事实及证据，但是否非负证明责任一方当事人根据这一规定负有一般事实陈述及证据提出协力义务，似乎并无必要。并且从文义上看，对他方的陈述及证据发表意见，另一方协力对该待证事实厘清，甚至提出对自己不利的陈述或证据，似也存在一定的距离。至于我国台湾地区"民事诉讼法"第195条第1项及《德国民事诉讼法》第138条第1项是否可作为当事人一般事实陈述及证据提出协力义务的依据，也存有疑问。最终这些规定并无强制性拟制效果，并且该真实义务通说是指向"主观真实义务"及诚实义务，而并非客观真实义务，则除非就该法条规定被理解为"客观真实义务"，也就是要求当事人陈述均应负有自我查证的义务，否则似难以从这些规定推得非负证明责任一方当事人应负有一般事实陈述及证据提出协力义务。①

另外，在理论上，曾涉及对有可能作为事实陈述及证据提出协力义务法理基础的探讨的范畴还包括文书提出义务说、证明妨碍说、公正程序说等。

应当指出的是，上述学说尽管立论根据不尽相同，但均属对事实陈述及证据提出协力义务的肯定说，当然，这些肯定说在德国同属于少数流派。德国的多数学派对事实陈述及证据提出协力义务（即一般事案解明义务）持否定态度。按照德国学界的主流观点，实体法上的规定足以解决当事人之间就事实、证据资料偏在一方的问题，基于可借助阶段诉讼的方式（stufenklage），先行请求对方开示有关证据资料及（或）信息资料，故此并不存在另行承认诉讼法上一般事实陈述及证据提出协力义务的必要。可见，德国学界的主流学派是从民事实体法

---

① 参见姜世明：《举证责任与真实义务》，台北新学林出版股份有限公司2006年版，第117页、第563—564页。

上有关报告请求权规定[①]的角度，借以否定在诉讼法上设置当事人事实陈述及证据提出协力义务的必要性功能。

在德国，赞成在诉讼法上设定事实陈述及证据提出协力义务的学者之所以沦为少数派，主要有这样几种原因：(1) 德国实体法预先为当事人之间设计了十分丰富的情况报告(资讯)提出协力义务，从而极大地减缓了在诉讼法上设定当事人一般性事实陈述及证据提出协力义务的压力。(2) 即使并不排除在某些情形下在诉讼法上设定当事人事实陈述及证据提出协力义务的必要性，也并无设定一般性当事人事实陈述及证据提出协力义务的必要，以免造成立法上的重叠，并且这种缺乏确定性的一般性协力义务会给非负证明责任一方当事人的权益造成不利益，而且，这种不利益缺乏必要的正当性根据。因为，在诉讼上当事人即使负有真实义务，这种真实也只能是一种主观真实，而并非客观真实。因此，一种切实可行的抉择是，只能在诉讼法上就特定情形而为非负证明责任一方当事人设定一些事实陈述及证据提出协力义务。这是将诉讼法上关于真实义务、陈述义务、当事人讯问及文书提出义务等规定视为例外性质，而对于不存在这些义务之外的情形所采取的对应措施。(3) 相较而言，德国法院所作出的司法判例较为发达，这种判例法上的应用功能可以用来弥补实体法及诉讼法上的不足，从而也在一定程度上降低了在德国诉讼法上设置当事人一般事实陈述及证据提出协力义务的必要性。

相比较，台湾地区实体法上有关当事人之间情况报告(资讯)请求权的规定不甚完备，难以满足实务上的需求，况且司法判例亦不如德国那样发达，因此，在台湾地区，倡导当事人一般性事实陈述及证据提出协力义务似乎存在更多的社会基础与功能性需求。

---

① 与此相关的规定不胜枚举，主要有：《德国民法》第 260 条、第 402 条、第 444 条、第 666 条、第 681 条第 2 段、第 713 条、第 716 条、第 740 条、第 799 条、第 809 条、第 1379 条、第 1435 条、第 1580 条、第 1605 条、第 1613 条、第 1686 条、第 1799 条、第 1839 条、第 1841 条、第 2003 条、第 2011 条、第 2012 条、第 2027 条、第 2028 条、第 2057 条、第 2127 条、第 2314 条、第 2362 条第 2 项等。另外《德国商法》第 87 条之三、《汽车保险一般条款》(AKB)第 7 条等。转引自沈冠伶：《民事证据法与武器平等原则》，台北元照出版有限公司 2007 年版，第 16 页脚注。

（四）当事人在诉讼上的事实陈述及证据提出协力义务的构成要件

如果考虑在诉讼法上有当事人事实陈述及证据提出协力义务的设计与安排，在学理上就存在着对与此相关的构成要件进行探讨的必要性与紧迫性，否则，在没有任何限制的条件下适用这一协力义务，将对作为义务人的非负证明责任一方当事人造成不利益的法律后果，而这种不利益后果的产生缺乏正当性基础。并且，在此从法理上所探讨的构成要件，即使对于法院在审判实践中遇有法律规定之外的特殊情形也有重要的适用价值。

关于如何确定当事人的事实陈述及证据提出协力义务的构成要件，姜世明教授指出，在何种要件下才应承认非负证明责任一方当事人的事实陈述及证据提出协力义务，在不同的法系及国家，甚至在同一国家中的不同学者之间，可能存在不同的见解。其越倾向当事人双方负有事实、证据开示义务，则其对于其启动事实、证据开示要件的要求，越倾向持待证事实的证明属于应负证明责任一方当事人的义务，在要件设计上就会有不同的理解。即使在持待证事实的证明属于应负证明责任一方当事人义务观点的国家，学者之间对非负证明责任一方当事人所应负担的协力义务是否符合其要件，也可能存在不同的理解。[①]

笔者认为，为了在正当、合理的限度内使得非负证明责任一方当事人于特定案件类型或者特定个案情形下负担事实陈述及证据提出协力义务，应当考虑为这种证明协力义务设定如下构成要件：

（1）负证明责任一方当事人处于事实发生的经过或者场域之外。这种所谓的“经过”或者“场域”可被理解为一种空间领域，既包括物理上的空间领域，也包括法律上的空间领域。前者如，承租人因租赁物毁损或灭失针对出租人的指控而承担事实陈述及证据提出协力义务；后者如，权利人因购买含有高新专利技术的产品，事后在使用时遭受财产损失，产品制造人应当对专利产品或者技术诀窍的可靠性负担事实陈述及证据提出协力义务。

德国学者 Stürner 认为，非负证明责任一方当事人的一般事实陈述及证据提出协力义务的要件是，“应负证明责任一方当事人已尽其

---

① 参见姜世明：《民事证据法实例研习》（二），台北新学林出版股份有限公司 2006 年版，第 9 页。

具体化义务,而如果该事实发生经过属于他人事务或人格领域,该应负证明责任一方当事人仅需提出与经验法则配合观察而可获知其主张系合乎理性而非恣意推测的,即可认为其主张已提出符合可信性审查的根据,此时,一般事实陈述及证据提出协力义务的前提要件就应具备。”[①]许士宦教授指出,就构成要件事实负主张责任而应为具体陈述的原告,如处于该事实的发生及过程之外而欠缺认识,也并无进一步认识的可能性时,如仍要求其具体陈述,否则不构成适格的主张,这一要求显属过苛。[②]

(2) 负证明责任一方当事人在行为上无法就有关事实进行陈述及提出相关证据。也就是说,对负证明责任一方当事人就其所提出的事实主张要求作具体的事实陈述及提供相关证据不具有可期待性。在诉讼证明上,因出现事实及证据的结构偏在于非负证明责任一方当事人的原因,导致原本对负证明责任一方当事人就其提出的事实主张应为必要而具体的事实陈述及证据提出义务的可期待性,在主观上被转化为不具有可期待性。

关于如何理解这种不可期待性,姜世明教授认为,对于非负主张责任一方当事人的协力具体化的要求,是建立在对应负主张责任一方当事人对该事实的具体化呈现不可期待的困境,则对移转及加强非负主张责任一方当事人的情况报告(资讯)提出或说明的要求,在此,也就是应以该非负主张责任一方当事人对其协力具有期待可能性为前提。[③]

(3) 负证明责任一方当事人就事实无法作具体陈述以及无法提出相应的证据不具有可归责性。这种可归责性主要是指,不具有可依据法律所能够认定的主观上的过错。这种主观上的过错应仅从故意或重大过失的层面来理解。

(4) 非负证明责任一方当事人在客观上曾处于事实发生的经过之中或者某种特定的场域之内。如前所述,这种所谓的“经过”或者

---

① Stürner,a. a. O. ,132f. 转引自姜世明:《民事证据法实例研习》(二),台北新学林出版股份有限公司 2006 年版,第 11 页。

② 参见许士宦:《证据收集与纠纷解决》,台北新学林出版股份有限公司 2005 年版,第 228 页。

③ 参见姜世明:《举证责任与真实义务》,台北新学林出版股份有限公司 2006 年版,第 302—303 页。

“场域”可被理解为一种物理上的空间领域以及法律上的空间领域。

（5）对非负证明责任当事人就有关事实进行具体陈述及提出证据具有可期待性。也就是说，原本应由负证明责任一方当事人对有关事实进行具体陈述并提出相应证据，但对这种情形发生的可期待性已转变为不再具有可期待性，反而因非负证明责任一方当事人在有关事实、证据上所占据的优势，在诉讼上便由此而对其产生可期待性。但是，非负证明责任一方当事人可因个人隐私、专业（商业）秘密等法定特权为由拒绝法院采用通常的证据调查方式。例如，可由法院决定采用某种不公开的方式进行。

关于如何认识这种协力义务的可期待性，许士宦教授指出，在事实、证据构造发生偏在于一方当事人的案件类型中，负证明责任当事人处于事象之外而难以收集事案解明所需要的事证，这就不允许可期待提出特定事实、证据的非负证明责任当事人一方拱手旁观，否则无异于容忍诉讼的胜败取决于诉讼开始以前的资讯、事证所存在一方的领域，导致程序不公正，违反武器平等原则。因此，具有事案解明所需事证的非负证明责任的当事人，并非持续享有隐匿对其不利事证的权利，在一定情形下，负有开示这些事实、证据，以协助负证明责任的对方解明事案的义务。[①] 而姜世明教授认为，所谓对于非负主张责任一方当事人的协力具体化要求的期待可能性，参考有关情况报告请求权及非负证明责任一方当事人说明义务的界限，其主要可能考虑的因素包括：① 应负主张责任人的主张是否属于毫无根据的空谈，其如果系应负主张责任人的诬告或权利滥用的情形，较为明显，但如果是要求对于应负主张责任的主张进行盖然性及可信性审查，则在理论上可能存有疑义。② 对于可能因此造成非负主张责任一方当事人须揭发自我犯罪，而有受追诉之虞的，要求非负主张责任人提供武器给相对人使用，在此是否仍属于可期待，也应受到置疑。③ 如果涉及该非负主张责任人的基本人格权、隐私权或营业秘密等权利保护的，是否对于该协力具体化义务的要求仍无退让余地，也有待于评估。[②]

---

① 参见许士宦：《证据收集与纠纷解决》，台北新学林出版股份有限公司 2005 年版，第 555—556 页。

② 参见姜世明：《举证责任与真实义务》，台北新学林出版股份有限公司 2006 年版，第 302—303 页。

在适用上，在同时满足以上五个要件的条件下，非负证明责任的一方当事人才能由此而承担相应的事实陈述及证据提出协力义务，除非该方当事人提出为法律所规定的正当事由。

在实务上，当法院判定非负证明责任的一方当事人应负这种证明协力义务时，如该义务人无正当理由而不予协助时，应当如何处理？也就是，该义务人的这种不作为将产生何种法律效果，对此，沈冠伶教授认为，应当视其依法院所命应为的协力义务，而可能课以不同的制裁效果，例如，如不就事实作出具体的陈述，则可能产生拟制自认，在证据的提出上有不作为时，则可认为负有证明责任的当事人关于该证据的主张或依该证据应证的事实为真实。在此范围内的摸索证明，应为合法。[①] 笔者认为，这种观点不无妥当。

三、当事人在实体法上的情况报告提供义务的法理基础

（一）情况报告义务的基本法意

在民事流转活动中，为了保障交易的安全性及合目的性，有关民事实体法在当事人之间会设定情况报告提供义务，这里所称的“情况报告”，也可被简称为“情报”或者“资讯”。在有些情况下，这种义务的设定是由当事人之间的法律关系，特别是某种合同关系的性质所决定的。例如，根据委托合同的性质，受托人在完成委托人交付的事务后，应当及时向委托人报告有关的情况，即提供有关的信息资料。如果违背按照合同的性质所确定的这种法定义务，给委托人的利益造成损失时，应当承担相应的法律责任。在实体法范畴内，被请求提供这种情况报告的一方当事人为义务人，有权向对方提出情况报告的一方当事人为权利人。在实体法的表述上，这种情况报告通常具体表现为某一或者某些文书资料，例如，我国《合同法》第 199 规定：“订立借款合同，借款人应当按照贷款人的要求提供与借款有关的业务活动和财务状况的真实情况。”其中涉及“有关的业务活动和财务状况的真实情况”，指的是信息资料，通常是以文书的形式作为载体。在法律意义上，这些信息资料通常可以用来证明某些事实状态，而这些事实状态

---

① 参见沈冠伶：《民事证据法与武器平等原则》，台北元照出版有限公司 2007 年版，第 136 页。

往往又与当事人权利的实现或者义务的履行有关，又可被概括地称之为证明材料或者证据材料。

在许多国家，民事实体法大都不承认当事人一般性质的实体法情况报告请求权。[①] 这是因为，民事实体法（从广义上还应包括商法）本身就种类繁多，其中包括合同法、物权法、侵权行为法、公司法、票据法、担保法、保险法等，这是其中的第一个层面；而作为其中的第二个层面是，在不同的法律建构下，还存在不同类型的民事法律关系，是否在某一特定的民事法律关系中为当事人设计特定的情况报告义务，有的取决于法律关系的性质和特点，有的取决于特定的国情（特别涉及公民的文化素养以及当事人的诚信度）或经济发展状况，有的取决于该法律关系所涉及的交易习惯，有的取决于立法者的特别指导思想（但不限于立法意图）。通常而言，根据社会发展状况以及与特定国情相适应，根据有关法律关系的性质和特点，从立法者的角度为特定民事法律关系设置情况报告义务以满足当事人在现实生活上的刚性需求，对于保障民事活动及交易上的安全无疑具有重要作用。但是，如果背离现实上的需要而过度为当事人设定情况报告义务，无疑将增加社会交易成本，阻碍社会生产关系的顺利发展。另外，应当注意的是，在现代社会条件下的民事活动中，只要不违反法律的强制性规定以及社会的公序良俗，就应当贯彻契约自由，尊重当事人的意思自治原则。为此，为了实现合同的目的，当事人在合同关系中可以自行约定情况报告义务，甚至为了强化合同条款的预防性功能，当事人还可以设定证据契约。因此，实体法上的情况报告提供义务具有广泛的构成渊源，它既可以直接来源于实体法，还可以因民法上的契约自由及当事人的意思自治原则而来源于当事人之间的合同约定，有的还可以来源于对诚信原则的理解与遵循[②]，甚至来源于实务上的创设或类推应

---

① 但德国有学者曾分析相关实务见解，认为实务经由类推适用及依诚信原则推得概括的条款，从而创设所谓"一般实体法资讯请求权"。Stürner, a. a. O. ,S, 293m. w. N. 转引自姜世明：《举证责任与真实义务》，台北新学林出版股份有限公司 2006 年版，第 197—198 页。

② 例如有学者强调，对于情况报告请求权的承认应当基于实体法及诚信原则。参见 Deubner, Aktuelles Zivilprozessrecht, JuS 1990, 1004. 转引自姜世明：《举证责任与真实义务》，台北新学林出版股份有限公司 2006 年版，第 194 页脚注。

用等。

德国帝国法院从1923年5月4日的判决就已基于诚信原则而发展出了“被扩张的情况报告请求权”[①],其后获得实务及学说上的认同。[②] 有学者认为,法院本应具有权限根据法律去寻求证明责任法上的所谓“特别规则”。[③] 德国帝国法院认为,当存在某一情况报告请求权以减轻权利实现困难的情形时,通常唯有根据诚信原则而赋予权利人就法律关系享有情况报告请求权才能得以实现。依据其本质,该权利人因不可归责而不知其权利的存在与范围,义务人在提供情况报告上并不存在困难。[④]

有学者指出,民事诉讼法与民事实体法存在规范上的差别,两者之间虽然具有交互共通性[⑤],比如,两者所实行的原则相同或较为接近,例如,平等原则、诚信原则、情事变更原则、权利能力与诉讼能力等,但是二者在规范所实现的目的以及构造上也表现有其特殊性,即实体法的规定并非以纷争的存在为前提,对于当事人之间的权利义务关系有明确的构成要件与法律效果,但是,诉讼法则以纠纷的处理为出发点,并无法预设程序进行的后果而具有开放性。[⑥] 对此,就当事人在实体法上的情况报告提出义务,笔者认为,在诉讼发生之前,为了保障民事活动及交易的安定性,实体法上当事人的这种情况报告义务,在内容上主要涉及与当事人实体权利义务履行状况有关的信息资讯。

---

① RGZ 108,1.7. 转引自姜世明:《举证责任与真实义务》,台北新学林出版股份有限公司2006年版,第199页。

② Vgl. Baumgärtel, a. a. O., Rdnr. 200m. w. N. 转引自姜世明:《举证责任与真实义务》,台北新学林出版股份有限公司2006年版,第199页。

③ Musielak, Die Grundlagen der Beweislast im Zivilprozess, 1975, s. 313f. 转引自姜世明:《举证责任与真实义务》,台北新学林出版股份有限公司2006年版,第199页脚注。

④ Vgl. Baumgärtel, a. a. O., Rdnr. 200. 转引自姜世明:《举证责任与真实义务》,台北新学林出版股份有限公司2006年版,第199页。

⑤ Henckel, Prozeβrecht und materielles Recht, 1970, S. 1 ff. 转引自沈冠伶:《民事证据法与武器平等原则》,台北元照出版有限公司2007年版,第17页。

⑥ Häsemeyer, Prozeβrechtliche Rahmenbedigungen für die Entwicklung des materiellen Privatrechts—Zur Unvertauschenbarkeit materieller und formeller Rechtssätze, AcP 188(1988), 140 ff. 转引自沈冠伶:《民事证据法与武器平等原则》,台北元照出版有限公司2007年版,第17页。

例如,《中华人民共和国保险法》(以下简称《保险法》)第 22 条第 1 款规定:“保险事故发生后,按照保险合同请求保险人赔偿或者给付保险金时,投保人、被保险人或者受益人应当向保险人提供其所能提供的与确认保险事故的性质、原因、损失程度等有关的证明和资料。”在实务上,当发生某一特定保险事故后,只有当投保人、被保险人或者受益人向保险人提供与确认保险事故的性质、原因、损失程度等有关的证明和资料时,保险人才能据此判定其是否根据保险合同的约定承担相应的理赔义务。当投保人、被保险人或者受益人向保险人主张合同权利时,保险人可对其享有情况报告请求权,也就是享有要求相对人提供有关信息资讯的义务。保险人可根据相对人提供的资讯材料,以决定是否承担保险责任以及在多大范围内承担保险责任等。我国《保险法》第 22 条第 2 款规定:“保险人按照合同的约定,认为有关的证明和资料不完整的,应当及时一次性通知投保人、被保险人或者受益人补充提供。”其中,该条款所表述的“按照合同的约定”是指,双方当事人在签订具体保险合同时,可以就投保人、被保险人或者受益人在发生保险事故后应当提供何种情况报告义务作出具体约定。立法者从立法的角度保障双方当事人契约自由、意思自治的权利。当发生保险事故之后,投保人、被保险人或者受益人应当按照合同所约定的情况报告义务向保险人提供有关信息资料及证据资料,以作为权利人向保险人请求履行相应实体义务的根据。如果双方当事人在此过程中发生争议时,当事人可寻求通过私力救济办法加以解决,也就是主要采取协商、由第三人居中斡旋等方式进行。在诉讼发生之前,保险人享有向投保人、被保险人或者受益人要求其提供情况报告的请求权,可被视为投保人、被保险人或者受益人为实现其实体法权益所应当承担的程序上的证明协力义务。但是,这种程序上的证明协力义务从属于实体法,而与诉讼法无关。只有当合同一方当事人将争议诉诸法院,请求法院代表国家进行司法干预时,即在诉讼发生之后,投保人、被保险人或者受益人在实体法上所应承担的这种情况报告义务才有可能转化为诉讼上的证明协力义务。当然,在诉讼上,投保人、被保险人或者受益人在实体法上所应承担的这种情况报告义务转化为诉讼上的证明协力义务的必要条件是,该方当事人在诉讼上的地位系非负证明责任一方当事人。例如,在涉及保险欺诈(限于民事欺诈的情形)案件中,保险人向法院起诉要求被保险人因保险欺诈承担民事责任,为此,保险人提供的证据包括,在保险事故发生后被保险人向保险人提供的与确认保险事故的性质、原因、损失程度等有关的证明和资料。另外,还包括保险人从第三人处收集来的证据,以及鉴定机构对保险合同标的物进行鉴定所得出的结论。这些从第三人处收集到的证据以及鉴定结论,若与被保险人当时向保险人提供的证据相抵触时,有助于证明被保险人实施了保险欺诈行为。事实上,在此情形下确实发生了应由保险人承担保险责任的保险事故,被保险人当时向保险人提供的与确认保险事故的性质、原因有关的证据材料是真实的,只是因被保险人的原因而扩大了损失的程度与范围,被保险人向保险人当时提供的与此相关的证据材料存在部分(因故意伪造)瑕疵。为了查明事实真相,以便确认保险人所主张的被保险人存在欺诈行为的事实是否能够成立,法院在证据调查过程中可要求(命令)被保险人承担相应的证明协力义务。在这种情形下,被保险人在诉讼上作为非负证明责任的一方当事人,但是,保险人在诉讼上所提供的证据还缺乏必要的充分性。基于保险人处于保险事故发生的过程之外,在诉讼证明上由保险人对保险事故发生及其过程向法院进行事实陈述或者提供相应的证据,并不具有合理的可期待性;相反,被保险人处于保险事故发生的前后过程,并且,与此相关的信息资料和证据材料处于其可支配的空间领域,因此,在诉讼上,被保险人对于有关事实进行陈述以及提供相关证据具有合理的可期待性,而不论其中的有关事实及证据对其是否有利。由此可见,在诉讼发生之前,当保险事故发生后,被保险人根据保险合同的性质及法律上的规定(以及保险合同上的约定)在实体法上负有向保险人承担情况报告义务,而在诉讼发生之后,这种原本在实体法上具有私法性质的情况报告义务,已经转换为具有诉讼法(公法)上的证明协力义务。

在民事活动中,在特定的法律关系支配下,当享有情况报告请求权的一方当事人认为对方未能履行或者未能适当履行有关情况报告提出义务时,可要求义务人继续履行。如果义务人拒绝履行或者虽同意继续履行,但对继续履行的状况,权利人认为仍不符合有关实体法或合同约定且损害其实体权益时,如果双方就此发生争议而导致其中一方当事人向法院提起诉讼的,在诉讼过程中,权利人应当就义务人未能履行或者未能适当履行实体上的情况报告义务,对其造成利益损害的事实负担主张及证明责任。但是,由于合同法律关系的性质不同以及当事人争议的对象不同,导致实体法上的情况报告提供义务人与诉讼法上的证明协力义务人在转化过程中出现不同的义务表现形态。例如,我国《合同法》第 401 规定:“受托人应当按照委托人的要求,报告委托事务的处理情况。委托合同终止时,受托人应当报告委托事务的结果。”据此,在委托合同法律关系中,如果委托人认为受托人未能按照其要求适当地履行应向其承担的情况报告义务,并给其造成利益损失时,委托人如果向法院提起诉讼要求受托人承担损害赔偿责任的,作为原告的委托人应当对其所主张的事实负担主张及证明责任,委托人为此应当进行相应的事实陈述和提供相应的证据,其中委托人所提供的证据应当包括受托人不适当履行情况报告义务并给其造成损害的证据。也就是说,受托人给委托人所造成的损失是因其不适当履行情况报告义务所引起的,而并非是因受托人未能履行委托事务或者不适当履行委托事务所引起的。在此情形下,受托人作为被告,在诉讼上就不能按照实体法的要求对其向委托人履行适当情况报告义务的欠缺进行补救,也就是说,这种实体法上的情况报告义务无法转化为诉讼上的证明协力义务。相较而言,在保险合同法律关系中,根据我国《保险法》第 22 条的规定,保险事故发生后,保险人根据投保人(同为受益人)提供的有关证明和资料,在向投保人支付理赔费用之后,如果事后发现投保人提供的有关证明和资料有一定的瑕疵而向其多支付了理赔费用,保险人以不当得利为由向法院起诉,要求投保人返还多支付的理赔费用。尽管投保人在诉讼上属于非负证明责任一方当事人,但是基于投保人处于保险事故发生的前后过程中,因此,投保人在诉讼证明上对事实进行陈述和提供相关证据具有合理的可期待性,在此情形下,投保人原本在实体法上的(即私法上的义务)情况报告义务就转化为诉讼法上的证明协力义务。对此,投保人在诉讼上应基于公法上的要求而履行事实陈述及证据提出协力义务,而不论有关事实及证据对其是否有利。这样一来,投保人在诉讼上所提供的证据材料就不应以在诉讼之前曾经向保险人提供的有关证明材料为限,在此基础上,可由法院对是否存在为保险人所主张的不当得利的情节进行审查判断。

(二) 情况报告义务的构成要件

在特定的民事法律关系中,除了法律规定或者当事人的合同明确约定之外，如何判断当事人之间所存在的情况报告义务，不仅对当事人实体权利的损益可能造成影响，在发生纠纷之后，也会影响其程序法意义上的权利义务关系。因此，在学理上审酌和研判某一实体法上的情况报告义务的构成要件具有重要意义。

通常而言，构成某一实体法上的情况报告义务应当具备如下要件：

1. 存在某一特定实体法上的法律关系

实体法上的情况报告义务必须依存于特定的实体法律关系，这种特定的实体法律关系是当事人的这种情况报告义务存在的前提条件。在学理上，有学者将这种特定的实体法律关系称为法律特别关系（eine rechtliche sonnderbeziehung），而在实务上，有时称为特别法律关系（eine besondere rechtliche beziehung）。[①] 它主要是指契约而言，也就是，当事人基于契约而必须提供情况报告（或称信息资讯）以减轻对方权利实现与预防的困难。另外，基于其他法定的债的关系，也可能发生当事人一方须为对方提出作为诉讼准备的资讯义务。[②] 原则上，如果请求权人未能证明当事人之间存在某一实体法特别关系，就属于欠缺发生某一实体法上情况报告义务的要件。[③]

在学理上，实体法上的情况报告义务产生的前提条件为，在当事人之间应存在某一实体法的特别关系，这种情况报告义务对应的是权利人所享有的情况报告请求权。但实务上就此也承认存在部分例外，例如继承人就他获得被继承人的赠与的情报请求权[④]，在此，并不要求情报请求权人须先证明有赠与的存在，而是以该赠与作为承认情报请求权的基础关系。但当事人仍应主张及证明具体情事，而根据该情事

---

① v. Mohrenfels, a. a. O. , S. 44; BGH WM 1977, 1206, 1207. 转引自姜世明：《民事证据法实例研习》（一），台北新学林出版股份有限公司 2008 年修订 2 版，第 144 页。

② Stürner, Die Aufklärungspflicht der Parteien des Zivilprozesses, 1976, S. 327. 转引自姜世明：《民事证据法实例研习》（一），台北新学林出版股份有限公司 2008 年修订 2 版，第 144 页。

③ BGHZ 95, 274, 279.

④ BGHZ 61, 180, 185. 转引自姜世明：《举证责任与真实义务》，台北新学林出版股份有限公司 2006 年版，第 200 页。

可作为充当其所主张的赠与处分关系存在的根据（anhaltspunkte）[1]，就容易发生摸索证明的问题。

德国联邦最高法院在有关判例中曾经认为，被继承人生前持续与第三人有金钱往来，原告即继承人就起诉请求该第三人提供关于可能存在的借贷关系的资讯，联邦最高法院驳回原告的请求，认为系争借贷关系未被确认，而“可能”存在其他金钱基础关系，即委托或赠与，不足以正常化承认这一情况报告义务的存在。[2] 但就这一原则而言，实务上仍承认若干例外，即在一些情形下，虽然未确认当事人之间存在某一主要请求权或其他法律关系，但仍可承认依据其中的情况报告请求权而存在相应提供义务的情形。

2. 请求权人须具备合理的情报利益（das berechtigte informationsinteresse）

在某一特定的实体法律关系支配下，一方当事人承担情况报告义务，需要以相对一方当事人在享有情况报告请求权时具备合理的情报利益为前提。这种所谓合理的情报利益，指的是情况报告请求权人为实现其实体权益的合目的性而从相对义务人处获取相关资讯的可期待能力（资格）。为了保护私法权益，曾流行这样一句法谚：“任何人均不负义务给相对人提供武器”（nemo tenetur armare adversarium contra se），但对这一法谚的适用也并非无所限制。立法者基于维护正常的交易秩序的考虑，而在一些特别法律关系情形下为有关当事人设定情况报告义务，从而使得相对一方当事人为此享有“合理的情报利益”。其中也可以彰显出对于当事人合同自由在一定限度内实行国家干预主义的色彩。

有学者认为，就合理的情报利益来理解，可分为不同的层面，首先是主要请求权的可信性（die plausibilität des hauptanspruchs），因情报请求权经常是作为实现主要债权而存在的，如果主要请求权的原因（要件）已经证实的，则情报请求权主要是指向“范围”情报的提供，就此当然可被认为具有情报利益，如果目的（主要的）请求权被证实不存

---

① BGH MDR 1986,737.

② BGH NJW 1970, 751.

在时,也就当然无情报利益。[①] 有学者认为,应当以“法律上请求的可信性”作为基准,也就是情报请求人应提出“根据”(anhaltspunkte),但这种根据应足以对其权利状态发生相当的盖然性程度,这一盖然性程度的要求远低于表见证明与间接证明。[②] 如果对于请求权的存在提出足够的根据时,就被认为该请求权具有“可信性”,因而越能支撑承认某一可发生情报请求权的“适格推定”(die qualifizierte vermutung),并且,当有更多根据足以支撑认为该权利存在时,该推定就越适格。[③]

在考虑一方当事人的情况报告义务时,实际上是就相对一方当事人对此享有情况报告请求权的合理性加以论证。事实上,这种对情况报告请求权合理性的探讨涉及双重属性,一方面,它涉及请求权人的合理情报利益,另一方面,也涉及情况报告义务人合理的被请求利益。这是因为,只有从义务人的利益状态来全盘考虑请求权人的合理情报利益,才能够有助于界定请求权人合理情报利益的必要限度。基于宪法对于人格尊严及人身自由权利的保护原则,义务人在履行其情况报告义务时不得以损害其人格尊严或者导致其受到刑罚追究为代价。

3. 被请求义务人须具备履行情况报告义务的必要性

在特定的民事法律关系支配下,当事人相互之间既没有绝对的权利,也没有绝对的义务,当事人之间的权利义务是互为条件的。因此,相对于情况报告请求权而言,被请求义务人履行其情况报告义务,有时势必会发生以损害其自身权益为代价,为此,在法律上应当把握的尺度是,除非不得已,才可考虑使被请求权人履行情况报告义务具有必要性。

对此,正像有的学者所言,就情况报告请求的必要性而言,情况报告请求权的行使因可能涉及被请求人的财产权、人格发展自由、行动自由权、营业秘密权,甚至人性尊严等权利,因而承认情况报告请求权介入他人人格权领域的正当化理由,是建立在其并无其他相当的方法

---

① Vgl. BGH NJW 1984, 55. 转引自姜世明:《民事证据法实例研习》(一),台北新学林出版股份有限公司2008年修订2版,第146页。

② Stürner, a. a. O., S. 329. 转引自姜世明:《民事证据法实例研习》(一),台北新学林出版股份有限公司2008年修订2版,第146页。

③ V. Mohrenfels, a. a. O., S. 53. 转引自姜世明:《民事证据法实例研习》(一),台北新学林出版股份有限公司2008年修订2版,第146页。

得以满足相同效果的情形。[①] 因而,如果存在其他损害较小的方法,应优先考虑采用这些方式。[②] 还有的学者将这种被请求人履行情况报告义务的必要性称之为情况报告请求权的补充性原则(grundsatz der subsidiarität),并且认为,当仅存在于其他相同价值资讯的取得可能性时,这一原则才有适用的余地。[③]

在实务上,确定被请求义务人在某一法律关系中是否具备履行情况报告义务的必要性,应当在被请求义务人与请求权人二者之间的利害关系上求得一种平衡。对此,有学者认为,应当适用利益衡量原则,对请求权人的资讯利益与被请求人的资讯保持利益进行衡量,一方面,不得对被请求人造成自我过度负担,另一方面,应以请求权人不能以其他可期待方式获得系争资讯为前提。[④] 在个案当中,应当纳入利益衡量的各种因素不尽相同,只得据情作出相应的判断。

4. 被请求义务人须具备履行情况报告义务的合适性

被请求义务人须具备履行情况报告义务的合适性,是指被请求义务人对于提供为请求权人所要求的情况报告具有实际支配的空间,因此,在法律上对其履行情况报告义务的能力具有合理的可期待性。

在学理上,有学者将这种被请求人具备提供情报的合适性解读为,被请求人的请求提供情况报告对其并无困难,且可被期待。[⑤] 还有的学者指出,在原则上,情报请求的义务人仅负对其已存在的资讯予以提供,而并非为情况报告请求权人设法取得系争资讯,也就是说,情况报告义务的内容是"传达",而并非设法取得系争情报。但是,如果被请求义务人可主张其"不知"而可以不负提供资讯的义务,则情况报告请求权将如同虚设。因此,实务上就曾认为,应以义务人是否可"不

---

① Vgl. BGHZ 58,237(239);BGH NJW 1978,1002. 转引自姜世明:《民事证据法实例研习》(一),台北新学林出版股份有限公司 2008 年修订 2 版,第 146 页。

② 参见姜世明:《民事证据法实例研习》(一),台北新学林出版股份有限公司 2008 年修订 2 版,第 146 页。

③ Stürner, a. a. O. ,S, 336f. 转引自姜世明:《举证责任与真实义务》,台北新学林出版股份有限公司 2006 年版,第 208 页。

④ Vgl. Baumgärtel, a. a. O. , Rdnr. 202. 转引自姜世明:《举证责任与真实义务》,台北新学林出版股份有限公司 2006 年版,第 200 页。

⑤ BGH NJW 1982, 573, 574; Palandt/Heinrichs, BGB, § 261, Rdnr. 13; Stürner, a. a. O. ,S. 337. 转引自姜世明:《举证责任与真实义务》,台北新学林出版股份有限公司 2006 年版,第 200 页。

困难地”提供系争情况报告为基准。[①] 并且,情况报告的提供也不应以记忆的搜索为限,它也包括义务人从其他书面文件或者从其他人的陈述当中所获得的信息。[②] 另外,在德国实务上,有一种观点认为,如果要求义务人提供关于某一特定顾客群的资讯,如果义务人对顾客的来源并不知悉,并且也无以可期待的方式予以确认的,则不能被认为有情报义务的存在。[③] 这样一来,仅当资讯的提出对于义务人属于具有可期待性(zumutbar)的,才能认为具有合理利益存在。[④]

5. 被请求义务人须具备履行情况报告义务的衡平性(billigkeit)

被请求义务人须具备履行情况报告义务的衡平性,是指确定被请求人履行情况报告义务的前提,在于情况报告请求权人无法知悉其权利的存在状态与范围,且无论在事实上和法律上均不具有无可归责性,从而产生被请求人履行情况报告义务的必要性。就此,有一种观点认为,这一衡平性理念来源于“任何人因自我归责而不知,即不能期待他人为此受过”的原则。但是否须限于对该“不知”是基于不可避免的情形,抑或即使属于可避免的“不知”,也应属于其中的情形,在理论上和实践上则存在争议。[⑤]

在审查这一平衡性问题时,有学者认为,应当注意该法律关系,是否其本质上就会造成当事人的无法知悉。至于是否存有可归责性,须审查是否对权利人而言,存在着某一应及时进行资讯探求与确保的理由(原因)。[⑥] 另有学者指出,判断是否可归责应依其是否对于权利人有作为早先的情况报告寻求与情况报告保全的促进因素存在。[⑦] 如果

① V. Mohrenfels, a. a. O., S. 58m. w. N. 转引自姜世明:《民事证据法实例研习》(一),台北新学林出版股份有限公司2008年修订2版,第147页。

② 参见姜世明:《民事证据法实例研习》(一),台北新学林出版股份有限公司2008年修订2版,第147页。

③ RG JW 1928, 1572. 转引自姜世明:《举证责任与真实义务》,台北新学林出版股份有限公司2006年版,第209页。

④ Vgl. OLG FamRZ 1981, 53(54). 转引自姜世明:《举证责任与真实义务》,台北新学林出版股份有限公司2006年版,第209页。

⑤ Vgl. RG JW 1935, 506; Stürner, a. a. O., S. 338. 转引自姜世明:《民事证据法实例研习》(一),台北新学林出版股份有限公司2008年修订2版,第147页。

⑥ v, Mohrenfels, a. a. O., S. 59; Stürner, a. a. O., S. 338. 转引自姜世明:《举证责任与真实义务》,台北新学林出版股份有限公司2006年版,第200页。

⑦ Stürner, a. a. O., S, 338.

有的话，但权利人却未有相应作为，就属于可归责。对此就不可避免地涉及注意义务的问题。例如，在借贷的情形下，出借人应在出贷时就注意请求返还时对借款金额有所记录，因而难以承认其对贷款人可就所接受金额享有情况报告请求权。但如果对于原因有所记载，事后因不可归责于权利人的事由不能利用该证据的，则其评价是否有所不同。[①]

我国台湾学者姜世明教授认为，对于情况报告请求人而言，该情况报告的取得当然与其权利实现及证明责任减轻有密切的关系，但对于情况报告义务人而言，却也可能存在其持有系争资讯的利益遭到干预，二者间会呈现利益冲突的关系。[②] 对于这种利益冲突的解决方案，笔者认为，可考虑适用利益衡量原则在个案当中加以具体裁量。

6. 被请求义务人须具备履行情况报告义务的原始性

被请求义务人须具备履行情况报告义务的原始性，是指被请求义务人所提供的情况报告原则上应当仅限于为被请求义务人所能够实际支配的领域。就此，有学者指出，情报义务人所提供的情况报告，原则上仅及于来自义务人领域自身所有的资讯，而并不涉及存在于第三人资讯的传达，因该第三人资讯是否应提供，原则上属于权利人与第三人之间的关系问题。仅在例外情形下，也就是基于一定事实，而该事实的认识在权利人与义务人之间的法律上特别关系具有相同的起源（ursprung）时，则可认为义务人有传达第三人资讯的义务。如果义务人知悉的事实与情况报告义务无关时，则义务人无须告知。[③]

（三）情况报告义务的基本个性

在学理上，对当事人在实体法上的情况报告义务加以必要探讨，对于认识和把握与此相关的法理基础具有重要的作用。对此，笔者认为，这种情况报告义务具有以下基本个性：

1. 情况报告义务具有私法性质

情况报告义务属于诉讼前当事人在实体法上的一种义务，它主要

---

① Vgl. v. Mohrenfels, a. a. O. ,S. 60.

② 参见姜世明：《民事证据法实例研习》（一），台北新学林出版股份有限公司 2008 年修订 2 版，第 145 页。

③ V. Mohrenfels, a. a. ,S. 60. 转引自姜世明：《民事证据法实例研习》（一），台北新学林出版股份有限公司 2008 年修订 2 版，第 147 页。

是根据契约自由、当事人意思自治原则在当事人之间采用合同方式以特定法律关系为基础而设定的。

这种情况报告义务从属于当事人之间特定的法律关系，对此，有观点认为，这种情况报告义务与诉讼前的情报请求权（ger allgemeine auskunftsanspruch）相对应，是以一个已经存在于权利人与义务人之间的特别法律关系为前提的。[①] 因此，各国在立法上并不承认有所谓实体法上一般性的当事人情况报告义务之说。这表明，如何设定当事人在私法上的权利义务，既要考虑保证交易的安全性，又要考虑保证交易的便捷性与低成本。在私法上，根据法律关系的性质以及具体情况下的需求，当事人之间在合同中对有关情况报告义务作出安排，是私法性质所决定的，是产生这种情况报告义务的主渠道；而立法者在实体法上所设定的有关情况报告义务，是在遵循当事人之间契约自由、意思自治原则基础上所实行适度国家干预主义的产物，主要可起到补充性及预防性的作用，以维护正常的私法秩序与交易安全。

2. 情况报告义务具有实体法上的性质

在一些大陆法系国家，例如德国，其实体法规范相当发达，其不乏众多涉及当事人情况报告义务的规定，导致在实务上使得这种当事人的情况报告义务有广泛的运用空间。

情况报告义务具有实体法上的性质，是因其从属于某一特定实体法律关系所决定的，甚至在个案上，即使在实体法上或者合同约定上均无有关当事人情况报告义务的设定，但是，根据法律关系的性质以及交易上的特点，亦应有根据诚信原则类推适用实体法上的情况报告义务的必要。同时，随着实务上当事人对有关情况报告义务的不断创设以及当事人在特定情况下对诚信原则的援用，必将导致实体法上有关当事人情况报告义务内容的持续性扩张。

情况报告义务所涉及的具体内容即情况报告本身，可作为当事人订立合同的标的。但是，当事人将情况报告作为合同标的进行解释，在性质上根据合同标的所涉及的具体内容不同会有不同的界定。例如，基于情况报告请求权的行使，权利人可以直接采用起诉方式单纯要求义务人发生实体法上的情况报告给付。在这种情形下，情况报告

---

① Vgl. BGHZ 74, 379, 380. 转引自姜世明：《举证责任与真实义务》，台北新学林出版股份有限公司 2006 年版，第 194 页。

义务具有实体法上的性质。对此，有学者认为，在实体法上，这种情况报告请求权本身就属于一种权利，具有财产权的性质。[①] 但是，笔者认为，作为相对于情况报告义务的请求权而言，这种权利属于实体法上的程序性权利。也就是说，这种权利并非是财产权利本身，而是有助于实现当事人财产权利的一种辅助性权利，这种请求权的实现必须求助于义务人的行为，而这种义务人的行为并不直接涉及请求人的财产权利，从而使这种实体法上的请求权仅具有程序意义。

3. 情况报告义务具有保障民事交易的安定性及应对纠纷的预防性功能

情况报告义务属于诉讼前当事人在实体法上的义务。义务人履行情况报告义务是为了满足情况报告请求权的实现，如果是以诉讼进行，就属于强制执行的问题。实体法的情况报告请求权可以构成某一以系争资讯为给付内容的给付之诉的标的，有学者指出，情况报告请求权人可选择以提起情况报告之诉(informationsklage)的方式实现权利。这一请求方式，不仅适用于非准备型的情况报告请求权，对准备型的情况报告请求权也未尝不可以此方法行使权利。[②]

诉讼前的情况报告义务所对应的请求权，在其功能上主要表现为辅助性及验证性，即经常指向另一个所谓主要请求权(hauptanspruch)或者目的请求权(zielanspruch)的实现的准备。而基于这种权利，情况报告请求权人不仅可要求情况报告义务人进行报告、说明或者账目报告，还包括可令其提出或容忍的义务。[③] 这些情况报告义务的履行有助于保障当事人之间交易的安全性，同时有助于就潜在的纠纷进行有效预防，即使发生纠纷，也可以因当事人履行情况报告义务而产生的信息资料作为解决纠纷的基础。另外，在发生纠纷之后，在诉讼过程中，为了查明事实真相，法院可根据实体法上的这种情况报告义务对

---

① 参见骆永家：《民事诉讼法》(Ⅰ)，台北三民书局1999年修正9版，第119页。转引自姜世明：《举证责任与真实义务》，台北新学林出版股份有限公司2006年版，第238页。

② Affolter, Die Durchsetzung von Informationspflichten im Zivilprozess, 1994, S. 53. 转引自姜世明：《民事证据法实例研习》(一)，台北新学林出版股份有限公司2008年修订2版，第148页。

③ Vgl. Mohrenfels, a. a., S. 30. 转引自姜世明：《民事证据法实例研习》(一)，台北新学林出版股份有限公司2008年修订2版，第143页。

相关义务人进行证据调查，并且根据个案情形，当事人在实体法上的这种情况报告义务还有转化为证明协力义务的可能。

4. 情况报告义务的履行具有实现证据法上的功能

无论是民事实体法的规定，还是当事人的合同约定，某一情况报告义务的履行，均受特定法律关系支配。在许多情形下，义务人在向请求人履行情况报告义务时，通常都必须借助于特定的物质性载体，最常见的物质性载体系用来表达人的思想的文书材料，也就是证据法意义上的书证。例如，关于借款人向贷款人提供真实情况的义务，我国《合同法》第 199 条规定："订立借款合同，借款人应当按照贷款人的要求提供与借款有关的业务活动和财务状况的真实情况。"其中，能够反映与借款有关的业务活动和财务状况的真实情况，其传达的是一种信息或资讯，这种信息或资讯必须借助于特定的物质材料作为载体，否则就不可能实现这种信息或资讯在人与人之间的传输过程，为了表达人的思想，必须采用为人们所能够理解的文字(字母)、符号、图案等作为媒介，从而产生了大量的文书证据。又如，关于借款人定期向贷款人提供有关报告的义务，《合同法》第 202 条规定："贷款人按照约定可以检查、监督借款的使用情况。借款人应当按照约定向贷款人定期提供有关财务会计报表等资料。"可见，作为情况报告义务人的借款人，向作为请求权人的贷款人定期提供有关财务会计报表等资料，财务会计报表显然是一种文书证据，它是由实体法上所规定的情况报告义务人向请求权人传达有关信息的法定载体。再如，关于公司向股东提供有关信息资料的义务，《公司法》第 34 条第 2 款规定："股东可以要求查阅公司会计账簿。股东要求查阅公司会计账簿的，应当向公司提出书面请求，说明目的。公司有合理根据认为股东查阅会计账簿有不正当目的，可能损害公司合法利益的，可以拒绝提供查阅，并应当自股东提出书面请求之日起十五日内书面答复股东并说明理由。公司拒绝提供查阅的，股东可以请求人民法院要求公司提供查阅。"另外，《公司法》第 98 条规定："股东有权查阅公司章程、股东名册、公司债券存根、股东大会会议记录、董事会会议决议、监事会会议决议、财务会计报告，对公司的经营提出建议或者质询。"这些公司会计账簿、公司章程、股东名册、公司债券存根、股东大会会议记录、董事会会议决议、监事会会议决议、财务会计报告均系文书资料，这些文书资料在诉讼前供有关当事人使用，而在诉讼发生之后，则由其中的一方当事人(原告）向法院起诉作为证明其事实主张的证据材料，同时也成为法院对系争的案件事实作出裁判的基础。可见，这些在诉讼前为一方当事人根据实体法或合同约定等而向另一方当事人提供的情况报告，即使在诉讼前双方当事人就合同的履行或某一民事交易产生纠纷，其作为情况报告的载体也可以作为证据材料的形式，以有助于解决纠纷。在发生诉讼之后，通常就转化为诉讼上的证据材料，作为法院认定案件事实的根据。可见，在实务上，情况报告义务人向请求权人履行这种义务具有实现证据法上的功能。

5. 情况报告义务在程序法上的功能

诉讼前当事人履行情况报告义务的实际状况，在诉讼之后可以转化为诉讼上的证据材料。鉴于情况报告义务的履行具有这种证据法上的功能，立法者除了在实体法上对这种情况报告义务加以设定之外，还会考虑在程序法上为同一义务人设计某些具有公法意义上的事实陈述及证据提出协力义务，用于解决因证据偏在造成证明困难而导致某些特殊类型案件在个案中的不正义问题。对此，有学者认为，在程序法上，对情况报告义务的承认范围大小涉及证明责任减轻的问题。[①] 也就是说，在实体法上设定以有关当事人的情况报告义务为标的的制度，在程序法上对于负证明责任一方当事人的具体化义务要求有减轻的效果，从而构成证明责任减轻制度的有机部分。

在学理上，对于应当如何处理应负证明责任一方当事人的证明困难问题，或者是否应承认独立于实体法上情况报告请求权的程序上资讯义务的问题，仁者见仁，智者见智。其中，有的学者根据实体法情况报告请求权作为程序上当事人协力义务的法律依据，坚持实体法优先说，主张其适用自应受情况报告请求权制度的限制。但有的学者采用折中意见，认为，除承认实体法上情况报告请求权，并将其扩大化以外，在程序上于一定条件下也可能承认程序上的资讯提出义务。[②]

有学者指出，实体法上所规定的当事人情况报告义务与在程序法

---

① 参见骆永家：《民事诉讼法》（Ⅰ），台北三民书局 1999 年修正 9 版，第 119 页。转引自姜世明：《举证责任与真实义务》，台北新学林出版股份有限公司 2006 年版，第 238 页。

② Vgl. Hackenberg, a. a. O. , S. 116f. m. w. N; Lang, a. a. O. , S. 70m. w. N. 转引自姜世明：《举证责任与真实义务》，台北新学林出版股份有限公司 2006 年版，第 166 页。

上另行根据当事人之间诉讼法上的关系（prozeβrechtsverhältnis）而就有关协力义务作出相应规定，二者之间并非相互排斥，因为二者各有其独立的制度目的。[①] 但是，从总体立法技术上讲，在程序法上如果过分强调非负证明责任一方当事人的证明协力义务，或者一味地扩张有关当事人根据法院的命令负有提出书证义务的范围[②]，将会造成与实体法上所规定的情况报告义务在功能上部分重叠现象发生，甚至会造成这些实体法上的情况报告义务既有的功能被替代。因此，在平衡实体法与程序法的这种关系上，如何合理、适度、有效地分配有限的立法资源就显得十分重要。

第三节　当事人证明协力义务的基本范畴

一、当事人在诉讼上负有文书提出协力义务的基本范畴

（一）对当事人负有文书提出协力义务范围的基本认知

在民事诉讼活动中，文书证据是最为广泛使用的一种证据类型。因为在诉讼发生之前的民事活动及交易过程中，许多文书证据都是在民事流转活动及交易过程中直接产生的，是这些流转活动和交易过程的直接反映。因此，有关各国无论是在立法还是在司法判例上均将文书证据置于重要地位。进入现代社会以来，随着社会生活和经济的不断发展，现代类型案件的大量出现，导致各国在立法上均对早先的辩论主义在民事诉讼法上的原则和定位重新诠释，同时相继采用集中化审理方式以防止诉讼的拖延，进而增设了法官的程序管理职能和扩充了法官在证据调查上的范围与职权，使得原先具有自由主义色彩的诉

---

① 参见沈冠伶：《民事证据法与武器平等原则》，台北元照出版有限公司2007年版，第17页。

② 2002年1月1日实施的《德国民事诉讼法》在当事人及第三人的文书提出义务上有所扩大，其在第142条、第144条赋予法院可命令当事人或第三人提出与当事人相关而为其所占有的文书或其他证明文件，及命令进行勘验或者鉴定的职权。它是对当事人提出主义的修正，但并非当事人一般事实陈述及证据提出协力义务的明文化。Vgl. auch Musielak/Stadler, ZPO, § 138Rdnr. 11.

讼模式进化为以诉讼协同主义为主要特征的历史阶段,在此过程中,当事人所负有的文书提出义务被得以强化,义务所涉及的范围也有逐步扩大的趋势,并且这种趋势日渐明显。

从整个制度的体系化与有机性来看,当事人所负有的文书提出义务,可以划分为程序法(或称诉讼法,即公法)上的文书提出义务与实体法(即私法)上的文书提出义务。二者之间虽然具有各自独立的功能,但在某种情况下却有共通性与互补性。例如,就文书提出义务在诉讼法上的规定,德国将其设定于《德国民事诉讼法》第 421 条至第 436 条之中,《日本民事诉讼法》将其主要设定于第 220 条之中,我国台湾地区"民事诉讼法"将其主要设定于第 344 条之中。这些规定是文书提出义务的主要法律依据,但是,从文书提出义务的整体制度运作来看,其提出义务的范围还包括实体法上的文书提出义务,例如《日本民事诉讼法》第 220 条第 1 款第 2 项规定以及我国台湾地区"民事诉讼法"第 344 条第 1 项第 2 款就指向实体法(即私法)上的情况报告请求权以及相应的文书提出义务。如果将这些实体法上的情况报告请求权以及相应的文书提出义务加以扩大,就会对诉讼上当事人的文书提出义务造成影响(或重叠),反之,如果对当事人在诉讼上的文书提出义务(如文书的界定范围与义务本身的范围)加以扩大,也会给当事人在实体法上的文书提出义务造成一定的影响(如在某种程度上出现义务上的重叠现象)。

另外,从系统论的角度观之,对当事人负有提出文书义务范围的基本认知,除了观察民事实体法、程序法对这些文书义务范围所作出的有关规划与设计之外,还应当观察有关判例法所涉及的空间领域。这是因为,立法规范的抽象性与概括性特征使其在个案情形下的运用上显现局限性,使得法官不得不站在立法者的角度,按照社会公平正义的基本观念对立法上的缺陷和漏洞加以修补,使得与此相关的司法判例成为当事人文书提出义务制度的有机组成部分,在一定意义上,也使得文书提出义务的范围可以扩充,或者显得更加明晰。但是,由于历史传统、法律文化、基本国情、立法政策等方面的差异,各国对民事实体法、程序法以及判例法上的重视程度有不同的侧重与定位。

(二)当事人在诉讼上负有文书提出义务范畴的立法例与法理学说

有关国家或地区在立法上对当事人文书提出义务范畴的确定,主要包括以下内容：

1. 一方当事人对其在诉讼程序中曾经引用的文书负有提出的义务

在诉讼上，如果一方当事人曾经援引某一文书的相关内容作为攻击或者防御的证据方法，相对一方当事人将自动对此享有证据提出请求权。通常而言，在这类情形下所产生的文书称之为引用文书，是指当事人在诉讼中加以利用并且由自己所持有的文书。对此，日本学者高桥宏志教授指出，假如当事人在诉讼中提及某一文书且该文书在该当事人的控制之下时，则有提出该文书的义务。引用文书在定义上并不涉及第三人持有的文书。对引用文书课以提出义务的根据是，既然当事人在诉讼中提及其所持文书，当然不能拒绝对方当事人要求其出示该文书的请求。①

如何理解这种"引用"上的含义，在学理上有不同的观点。有学者指出，所谓该当事人在诉讼程序中曾经引用的情形，是指该当事人在诉讼程序中曾经引用的文书，解释上应包括准备书状、准备程序、调查证据程序或者言词辩论以及言词引用的文书。② 并且，在嗣后，即使经舍弃该证据或者撤销其引用，对于其应提出该书证的义务并无影响。③有一种观点认为，何为引用，宜从宽解释。只要提及文书内容即可，而并非必须要求当事人明确表示该文书是作为证据被加以利用。即使当事人没有将其作为证据援用的意思，只要为了明确或者补充其主张而明确该文书的存在及其内容，该当事人也有义务提出文书。④ 对此，

---

① 参见〔日〕高桥宏志：《重点讲义民事诉讼法》，张卫平、许可译，法律出版社2007年版，第124页。

② 日本新民事诉讼法亦同。参见〔日〕中野贞一郎：《解说新民事诉讼法》，第8页。转引自陈计男：《民事诉讼法论》（上），台北三民书局股份有限公司2004年版，第517页。参见吴明轩：《中国民事诉讼法》（中册），台北三民书局股份有限公司2004年版，第956页。转引自姜世明：《民事证据法实例研习》（一），台北正点文教出版顾问有限公司2005年版，第115页。

③ 参见王甲乙、杨建华、郑健才：《民事诉讼法新论》，2000年版，第406页。转引自姜世明：《民事证据法实例研习》（一），台北新学林出版股份有限公司2008年修订2版，第38页。

④ 参见〔日〕菊井维大、村松俊夫：《全订民事诉讼法》（Ⅱ），日本评论社1989年版，第613页。转引自〔日〕高桥宏志：《重点讲义民事诉讼法》，张卫平、许可译，法律出版社2007年版，第125页脚注。

日本学者兼子一教授持反对意见,他主张应仅限于作为证据引用的场合。[①] 另外,引用并非限于口头辩论期日或者辩论准备程序中口头引用的情形,虽未作出陈述,但已记载于准备书面时,也属于引用。[②]

关于引用文书,一些大陆法系国家在立法上有明文规定[③],例如,《德国民事诉讼法》第423条规定,对方当事人在诉讼中为举证而引用在他手中的文书时,有提出该文书的义务,即使在准备诉状中曾经引用过,也有提出的义务。《法国民事诉讼法》第132条第1款规定,援用某项文件、字据的当事人应将该文件、证据送交其他当事人阅知。《法国民事诉讼法》第138条规定,在诉讼过程中,如果一方当事人拟援用其本人并非参与人的公文书或私文书,或者拟援用由第三人持有的文书、字据,可向受诉法官提出请求,由法官命令提交该文书、字据的副本,或者提交该文书或者字据。

再如,根据《日本民事诉讼法》第220条第1款第1项的规定,当事人自己持有在诉讼中引用过的文书时,该文书持有人负有提出文书的义务。在谈到日本法在该条款的设定上,日本学者高桥宏志教授认为,一方当事人将某一文书作为证据引用,从公平的角度出发,应当赋予对方当事人相应的对抗措施,即其可以申请对该文书进行证据调查限于作为证据引用的情形也是该条的本意。但识别当事人是否将某一文书作证据加以引用,有时却显得十分困难。有一种观点认为,存在疑问时可将其视为作为证据引用的情形,从而避免这一问题。但即

---

① 〔日〕兼子一:《条解民诉法》(上),弘文堂1955年版,第793页,法律实务讲座第283页,条解第283页(松浦馨执笔)。转引自〔日〕高桥宏志:《重点讲义民事诉讼法》,张卫平、许可译,法律出版社2007年版,第124—125页。

② 参见〔日〕高桥宏志:《重点讲义民事诉讼法》,张卫平、许可译,法律出版社2007年版,第124—125页。

③ 在奥地利,关于当事人的文书提出义务,除了引用文书、交付文书及共通文书须负绝对提出(无条件)义务外,其他所有文书,负相对提出义务,也就是仅当具备法定正当事由时才可以免予提出;关于第三人的文书提出义务,则仅限于其依据民法有交付义务,或其所持文书的内容与举证人为共通的情形。参见Daphe Ariance Simotto:《オーストリアにおける證據法》,森勇译,载《比较法杂志》18卷3号,第227页;松村和德:《文書提出義務の一般化の關する若干の考察》,载石川明古稀:《現代社會における民事手續法の展開》(下卷)(2002年),第93页以下。转引自许士宦:《证据收集与纠纷解决》,台北新学林出版股份有限公司2005年版,第347页脚注。

使不是作为证据引用的文书，对方当事人也可采用当事人照会的方式要求其开示信息，或将文书划归《日本民事诉讼法》第220条第2款以下的情形，也会同样被课予文书提出义务，考虑到这些因素，没有必要将提出义务仅限于作为证据加以引用的情形。[①]

如果自己引用的文书存在拒绝提供证言的事由，引用者可否拒绝提供该文书。从法条来看，因存在拒绝作证事由而导致解除文书提出义务的情形仅限于《日本民事诉讼法》第220条第4款所指文书。但基于对引用宜从宽解释的考虑，为了平衡这一解释方法，此时就应当认为，如果引用文书存在拒绝作证事由时，其提出义务同样被解除。在引用者对第三人负有保密义务的情形下也是如此。[②] 但日本有的判例持不同见解。例如，在一诉讼案[③]中，原告请求撤销被告作出的推测性税收处分决定，被告税务署署长引用的一份文书涉及同业人员的住所、姓名、就职单位等隐蔽信息。法院认为，既然被告已主动引用该文书，则不应准用拒绝作证的相关规定，即使被告就该文书对第三人负有保密义务，也不得免除其提出义务，被告必须公开该文书的隐蔽部分。高桥宏志教授认为，法院的这一决定显得过于偏激。

另外，我国台湾地区"民事诉讼法"第344条第1项第1款规定，一方当事人对其在诉讼程序中曾经引用的文书，负有提出该文书的义务。原台湾地区"民事诉讼法"第344条所列举的该款内容为该当事人在准备书状内或者言词辩论时曾经引用的文书。经修订后，该法作出了扩张性的规定。除将原台湾地区"民事诉讼法"所规定的引用文书，修订为当事人就其在诉讼程序中曾经引用的文书，使其不限于准备书状内或者言词辩论时曾经引用的[④]文书。根据台湾地区"司法院"就新法修正的提案中该条款所涉及的理由系：为贯彻当事人诉讼资料使用平等原则，及便于发现真实并整理争点，以达到审理集中化的目标，应有扩大当事人提出文书义务范围的必要，原条文第1款规

---

① 参见〔日〕高桥宏志：《重点讲义民事诉讼法》，张卫平、许可译，法律出版社2007年版，第125页脚注。

② 同上书，第125—126页脚注。

③ 参见日本名古屋高决1977·高民集30卷1号第1页。转引自〔日〕高桥宏志：《重点讲义民事诉讼法》，张卫平、许可译，法律出版社2007年版，第126页脚注。

④ 我国台湾地区新"民事诉讼法"第344条第1项第1款的规定。

定:当事人就其曾经引用的文书,限于准备诉状内或言词辩论时曾经引用的,才负有提出义务,尚有不足之处,特将其修正为当事人就其于诉讼程序中曾经引用的文书,均负有提出的义务。[①]

对原台湾地区“民事诉讼法”的该项规定,有学者认为,当事人在书状上或者言词辩论中曾已主张以其某一文书为证据,或者叙明其持有某一文书足可作为某一事实的释明时,则对方当事人自可申请法院命其提出该文书作为系争事实的证据。任何证据原无证明事实的绝对可靠性,但引用利害冲突的对方当事人所持有的证据,其真实性当无可疑,法律为发现真实起见而课予该曾经表示持有某种文书的当事人以提出文书的义务。[②] 另有学者认为,文书既然经当事人在准备书状内或者言词辩论时所引用,即无秘密可言,自应负提出义务。至于它是作为证据而引用,还是作为阐明其主张而引用,则在所不问。虽然其后会撤销其引用,或者舍弃该证据,该当事人仍有提出的义务。[③]

在实务上,关于引用文书与当事人在证据调查程序中提及的文书之间的关系,一般认为,即使在陈述书而非准备书面中提及某一文书也属于引用的情形,但因陈述书具有准备书面兼书证的性质,因而具有证据的因素。[④] 通说和判例还认为,当事人在当事人询问中提及的某一文书也属于引用文书。[⑤] 甚至还有的观点认为,在公司作为当事人的情形下,其职员在证言中提及的文书也属于引用文书。[⑥] 如此一来,引用的情形就不仅限于主张的过程,而且扩大到了证据调查的环

---

① 参见姜世明:《举证责任与真实义务》,台北新学林出版股份有限公司2006年版,第125页。

② 参见陈玮直:《民事证据法研究》,台北新生印刷厂1970年版,第71页。

③ 参见黄栋培:《民事诉讼法释论》,台北五南图书出版公司1982年版,第531—532页。

④ 参见〔日〕高桥宏志:《新民事诉讼法论考》,信山社1998年版。转引自〔日〕高桥宏志:《重点讲义民事诉讼法》,张卫平、许可译,法律出版社2007年版,第125页脚注。

⑤ 参见〔日〕菊井维大、村松俊夫:《全订民事诉讼法》(Ⅱ),日本评论社1989年版,第612页。转引自〔日〕高桥宏志:《重点讲义民事诉讼法》,张卫平、许可译,法律出版社2007年版,第125页脚注。

⑥ 参见〔日〕谷口安平:《口述民事诉讼法》,成文堂1987年版,第455页。转引自〔日〕高桥宏志:《重点讲义民事诉讼法》,张卫平、许可译,法律出版社2007年版,第125页脚注。

节，这就会混淆主张和调查证据之间的界限。因此，不应当认为在当事人询问和陈述书中存在引用的情形。通说和判例也在试图寻求一种平衡，即将引用仅限于当事人以积极的姿态提及某一文书的情形；如果是消极的姿态，如回答法官的释明提问时，并非属于引用。因此，如当事人在当事人询问中被迫提及某一文书，则该文书不得被视为引用文书。既然如此，有时就难以区别积极姿态与消极姿态，从而引发法官恣意课予当事人文书提出义务。为了避免这种现象的出现，还是不宜将当事人在证据调查程序中提及的文书视为引用文书。当然，某一文书即使不属于《日本民事诉讼法》第220条第1款所指引用文书，也可能属于第2款以下、特别是第4款的一般义务文书，法院照样可以发布提出命令。但应当注意的是，在同一主张中是否作为证据引用的问题，与一方面属于主张，另一方面属于证据调查的问题并不相同。①

2. 一方当事人依法律规定可请求对方交付或者阅览的文书而使该对方负有提出文书的义务

为了保障民事交易的安定性以及规范民事主体在私法上的权利义务关系，针对不同的法律关系，各国均在民事实体法上就当事人之间设定有关情况报告请求权与相对应的情况报告提供义务。在诉讼上，为了证明其事实主张的需要，负有证明责任的一方当事人可根据这些私法上的规定，要求对方交付或者阅览有关文书。在这种情形下所产生的文书，通常被称之为权利文书。在学理上，所谓权利文书，是指由负证明责任的一方当事人享有实体法上权利的文书。

关于权利文书，一些大陆法系国家（或地区）在立法上有明文规定，主要列举如下。

（1）德国法上的有关规定与法理解说。《德国民事诉讼法》第422条规定，负有证明责任的一方当事人可以要求交出或者提出时，对方当事人有提出文书的义务。这一规定，是直接将当事人在私法上所应承担的各种情形下的文书提出义务直接转换为诉讼法上的文书提出义务。德国在诉讼法上采用列举式所规定的证据提出义务的情形不如日本及我国台湾地区那般详尽，相反，德国在实体法上，如民法、

---

① 参见〔日〕高桥宏志：《重点讲义民事诉讼法》，张卫平、许可译，法律出版社2007年版，第125页脚注。

商法等规定的当事人在私法上的文书提出义务则显得更为详尽，范围更为宽广；而日本以及我国台湾地区有关民法、商法所规定的有关当事人在私法上的证据提出义务显然不如德国法那样发达。例如，《德国民法》第 371 条规定：就债权而出具了债务证书的，债务人可以请求连同收据一起返还该债务证书。债权人声称不能返还的，债务人可以请求经公证认证的、载明债务已消灭的承认书。[①] 还有《德国民法》第 402 条、第 716 条、第 810 条等规定，《德国商法》第 118 条、第 157 条等以及《德国票据法》第 50 条等规定。

关于举证人与相对一方当事人在私法上所负有提供有关证据义务的关系问题，有德国学者指出，当事人有责任就其所主张的事实加以陈述并提供相关的证据资料，法院通常不承担相应的责任。另外，除非另一方当事人能够表明其有实体法上的权利，否则法院无权强迫一方当事人在其表示拒绝的情形下向另一方当事人提供被要求提供的相关资料。[②]

（2）日本法上的有关规定与法理解说。根据《日本民事诉讼法》第 220 条第 1 款第 2 项的规定，文书能向文书持有人请求交付或阅览时，该文书持有人负有提出文书的义务。在许多情形下，举证方享有的交付请求权或者阅览请求权属于实体法的解释问题。日本立法的典型事例有《日本民法》第 487 条所规定的债务人对债权人享有的债权证书返还请求权，《日本商法》第 282 条第 2 款所规定的股东或者公司债权人对于股东大会会议记录的阅览请求权，《日本商法》第 282 条第 2 款所规定的会计文件等阅览请求权，《日本商法》第 293 条之 6 所规定的少数股东对账簿等文件的阅览请求权。至于竞业者对账簿等文件是否享有阅览请求权等属于商法的问题，应遵从日本商法上的有关解释。

其中，关于共有物的证书，《日本民法》第 262 条第 4 款规定：证书的保存人，须依据其他分割人的请求，为其提供证书的使用。关于债权证书的返还请求，该法第 487 条规定：如果有债权证书，清偿人已全

---

① 另外，《瑞士债法典》第 88 条规定：付款的债务人有权要求对方开具收据，当债务全部履行之后，有权要求返还或者销毁债权文书（第 1 款）。如果债务没有全部履行，或者债权文书中记入了债权人的其他权利，债务人只能请求开具收据和在债权文书中作出履行的纪录（第 2 款）。

② Non-parties can be sanctioned like a witness who refuses to testify. ZPO [Code Civ. P.] Dec. 5, 2005, BGBl. I at 3202, § § 142(2), 386-90.

部清偿时,可以请求返还其证书。根据《日本商法》第153条的规定:有限责任公司股东在营业年度终了时,以在营业时间内为限,可以要求阅览公司的资产负债表,并可以检查公司的业务及财产状况(第1款)。有重要事由时,经法院许可,有限责任公司股东可以随时检查公司的业务及财产状况(第2款)。《日本商法》第263条规定:董事应将章程备置于本公司及分公司,将股东名册、零股存根簿及公司债存根簿备置于本公司。设置了过户代理人时,可以将股东名册、公司债存根簿或其副本、零股存根簿备置于过户代理人的营业所(第1款)。股东及公司的债权人,在营业时间内,可以随时请求阅览或誊写前款文件(第2款)。零股股东,在营业时间内,可以随时请求阅览或誊写章程及零股存根簿(第3款)。

关于《日本民事诉讼法》第220条的相关规定所涉及文书持有人的范围,有日本学者指出,无论文书持有人是诉讼当事人还是诉讼外第三人,只要符合《日本民事诉讼法》第220条规定的要件,都有义务将所持文书向法院提交。所谓文书持有人不仅局限于实际持有文书的人,也包括在社会观念上对文书具有控制力的人。因为能够将文书置于自己控制之下的人,也可以依据自己的意思将文书向法院提交,这样的人即属文书持有人。①

另有日本学者指出,举证方即文书提出命令的申请人,就某文书对持有人享有交付请求权或者阅览请求权时,持有人负有提出义务,而不论其是当事人或者第三人。既然举证方享有实体法上的交付请求权或者阅览请求权,其当然可以在诉讼上要求持有人提交该文书,举证方也可依据这种请求权的胜诉判决申请强制执行。其结果也是持有人将该文书在诉讼上提交。相较而言,直接采用文书提出命令的方式在程序上显得更为简洁,这也是《日本民事诉讼法》第220条第2款所规定的目的,另外,既然举证方对该文书享有交付请求权或者阅览请求权,其对文书记载的内容当然也有支配的权利。②

应当承认的是,通过立法形式限定权利文书所涉及的范围显然存

---

① 参见〔日〕高桥宏志:《重点讲义民事诉讼法》,张卫平、许可译,法律出版社2007年版,第123页。

② 参见〔日〕伊藤真:《民事诉讼法》(修订第2版),有斐阁2002年版,第359页。转引自〔日〕高桥宏志:《重点讲义民事诉讼法》,张卫平、许可译,法律出版社2007年版,第127页。

在某种局限性,因此,在审判实务上一旦出现某些个案情形导致这种范围陷入模糊状态时,就不得不交由法官据情处置,以便进行必要的弥补。这一点,在日本的司法判例上体现得尤为明显。例如,在日本,有的判例认为,竞业者不享有账簿阅览请求权[①],有的判例承认居民依据公害防治协议可享有资料阅览誊写请求权[②],有的判例承认无权利能力社团(交通事故孤儿之母会)成员享有社团会计账簿的阅览誊写请求权。[③]

另外,在日本,有学者认为,患者应享有对病历的阅览誊写请求权。[④] 有的学者认为,作为医疗合同的附随效力,患者享有阅览请求权。患者享有这种请求权在诉前是有意义的,在起诉之后,病历就属于利益文书或者法律关系文书。[⑤]

关于阅览、誊写请求权是否仅限于私法,抑或包括公法上的情形,日本学者高桥宏志教授认为,在当事人可依据法令要求交付文书正本或誊本的情形下(通过信息公开即可获得的信息也包括在内),例如户籍誊本等,并无必要利用文书提出命令,即根据《日本民事诉讼法》第226条但书、第221条第2款;但在甚为困难的情形下,也没有必要刻意将公法上的情形排除在外。如果实体法不断扩大信息请求权的范围,则第2款的范围也会随之扩大。[⑥] 在发生诉讼担当时,交付请求权

---

① 参见日本东京地判1994·3·4判时1495号,第139页;神作裕之·判批·1994年度重判,第104页。转引自〔日〕高桥宏志:《重点讲义民事诉讼法》,张卫平、许可译,法律出版社2007年版,第127页脚注。

② 参见日本东京第八王子支判1996·2·21判夕908号,第149页;人見剛·法教191号,第104页。转引自〔日〕高桥宏志:《重点讲义民事诉讼法》,张卫平、许可译,法律出版社2007年版,第127页脚注。

③ 参见日本东京地判1999·4·26判时1691号,第82页。转引自〔日〕高桥宏志:《重点讲义民事诉讼法》,张卫平、许可译,法律出版社2007年版,第127页脚注。

④ 参见〔日〕新堂幸司:《訴訟提起前におけるカルテ等の閲覽·謄寫について》,新堂·展开,第151页。转引自〔日〕高桥宏志:《重点讲义民事诉讼法》,张卫平、许可译,法律出版社2007年版,第127页脚注。

⑤ 参见〔日〕木川统一郎:《民事诉讼法重要问题讲义》(下),成文堂1993年版,第619页。转引自〔日〕高桥宏志:《重点讲义民事诉讼法》,张卫平、许可译,法律出版社2007年版,第128页脚注。

⑥ 参见〔日〕高桥宏志:《重点讲义民事诉讼法》,张卫平、许可译,法律出版社2007年版,第128页脚注。

或者阅览请求权的主体必须重新加以考虑。例如在选定当事人的情形,不要考察作为诉讼当事人的选定当事人是否对第三人享有这种权利,而是要从权利义务主体,即选定人(被诉讼担当人)的角度考察这一问题。债权人代为诉讼和股东代表诉讼等也是如此。①

(3) 我国台湾地区法上有关规定与法理解说。根据我国台湾地区"民事诉讼法"第 344 条第 1 项第 2 款的规定,一方当事人依法律规定可请求对方交付或者阅览的文书,该对方负有提出文书证据的义务。对此,有台湾学者认为,其中,所谓法律通常为私法所规定的情形,如"公司法"规定,股东会及监察人可请求公司交付核对账册等情形。② 至于对方依法律规定得请求交付或者阅览的权利,不问是基于债权或者物权均可,如举证人因委任关系将文书交与对方当事人使用,该举证人本可请求返还,故该受委托人对于所持有文书,自有提出的义务。另外,如共有的不动产,一方持有该不动产物权文书的,也有提出的义务。③ 另一种观点认为,对方依私法上的规定有请求交付或阅览的权利。如不动产物权的移转或者设定,应以书面为之,主张不动产物权有上述行为的,依法律应提出该文书,对方并可请求交付或阅览。另外,如举证当事人因寄托关系,将文书交由对方当事人保管,该举证当事人应可依法请求返还,故该受寄的当事人,对于所持有的文书自有提出的义务。④

3. 一方当事人为对方当事人的利益制作文书而负有提出文书的义务

在民事活动中,一方当事人为对方当事人的利益而制作的文书,如赠与书、遗嘱书、收据、身份证明书及用以证明举证人为从事交易有代理权的委任书等。在此情形下产生的文书通常被称之为利益文书。在诉讼上,当制作人的相对人成为举证人时,文书制作人对于该举证人负有文书提出义务。换言之,当文书的制作涉及负有证明责任的一

① 参见〔日〕高桥宏志:《重点讲义民事诉讼法》,张卫平、许可译,法律出版社 2007 年版,第 128 页。

② 参见陈玮直:《民事证据法研究》,台北新生印刷厂 1970 年版,第 71 页。

③ 参见黄栋培:《民事诉讼法释论》,台北五南图书出版公司 1982 年版,第 532 页。

④ 参见王甲乙、杨建华、郑健才:《民事诉讼法新论》,台北广益印书局 1983 年版,第 427 页。

方当事人的利益时，作为举证人的该方当事人有权在诉讼中使用，这便是利益文书被作为证据负有提出义务的根据所在。利益文书的持有人既可以是当事人，也可以是第三人。作为一种定义，有观点认为，所谓利益文书，是指以明确举证人的法律地位或权利、权限为直接目的而制作的文书。①

在立法例上，主要表现为日本法及我国台湾地区法的相关规定。

（1）日本法上的有关规定与法理解说。《日本民事诉讼法》第220条第1款第3项前段规定，文书基于举证人的利益而制作的，文书持有人负有提出文书义务。

在学理上，日本学者高桥宏志教授指出，作为利益文书的要件包括，该文书在制作时能够直接证明负证明责任一方当事人的地位、权利或权限，或者是为这些事项提供了相应基础，文书的制作是以这些事项为目的。作为典型的利益文书包括以举证人为继承人的书面遗嘱、举证人的合同书，证明举证人具有代理权的委托书、发票、收据、身份证明等。利益文书所指的利益并非仅指举证人的利益，也可同时包括其他人的利益，如合同书证等。利益文书与法律关系文书被统称为共同文书。②

在利益文书构成要件上，学者间有不同的认识。有的学者认为，以文书制作的目的为要件即可；③对此，高桥宏志教授认为，该种观点容易导致利益文书范围的扩大化，例如将工资台账作为构成劳动者的利益文书。④ 还有的学者认为，还应当包括文书记载内容本身能够直

---

① 参见李木贵：《民事诉讼法》（下），台北元照出版有限公司2007年版，附39。

② 参见〔日〕高桥宏志：《重点讲义民事诉讼法》，张卫平、许可译，法律出版社2007年版，第129页。

③ 参见〔日〕伊藤真：《民事诉讼法》（修订第2版），有斐阁2002年版，第361页；参见〔日〕木川统一郎：《民事诉讼法重要问题讲义》（下），成文堂1993年版，第620页。转引自〔日〕高桥宏志：《重点讲义民事诉讼法》，张卫平、许可译，法律出版社2007年版，第129页脚注。

④ 参见〔日〕高桥宏志：《重点讲义民事诉讼法》，张卫平、许可译，法律出版社2007年版，第129页脚注。

接证明负证明责任一方当事人的地位、权利或者赋予其权利的基础。[1]包括菊井维大、村松俊夫在内的一些学者和大多数下级审判例均对这一观点持否定态度。高桥宏志教授认为,自《日本民事诉讼法》新增第220条第4款之后,在许多情况下就不存在对利益文书进行扩大化解释的必要,故以直接性为条件的后一种观点较为妥当。虽然这种观点并未因此而增加其确定性,但使得法官在判断上更容易掌握。另外,虽然工资台账对劳动者而言并不构成其利益文书,但却属于第220条第3款后段所谓的法律关系文书,持有人同样负有提出义务。[2]

《日本民事诉讼法》第312条第3项前半段所规定的为举证人的利益而制作的文书,是指发生举证人的权利和义务或者日后作为证据而制作的文书,也就是为了明确举证人的地位和权利而制作的文书。但自1965年以来,以现代性诉讼理念为表征的诉讼模式促使提出文书命令的申请剧增。有关判例也日渐适应这种历史发展要求,这主要表现为对《日本民事诉讼法》第312条各项规定所作的扩张性解释,朝着广泛承认提出文书义务的方向发展。有关的司法判例扩充解释为包括举证人、文书持有人以及其他人的共同利益而制作的文书,或者上述利益对举证人而言即使具有间接性,但只要存在密切利益就可作为所涉及的范围之内。[3]

日本有关司法判例认为,如果文书记载内容仅与诉讼争点相关,其提出将在证据上给举证人带来有利的效果,则该文书尚不能称之为利益文书。利益文书必须能够直接证明举证人的地位或者权利或者为其提供相应的基础,制作该文书的目的或者动机必须包含举证人的利益。因此,像工资台账属于用人单位的资料,其制作并非为了明确劳动者的地位,故对劳动者而言并不构成利益文书。[4] 土地区划整理审议会为居民指定了临时的交换补偿用地,居民不服而提起诉讼,则

---

① 参见〔日〕菊井维大、村松俊夫:《全订民事诉讼法》(Ⅱ),日本评论社1989年版,第615页。转引自〔日〕高桥宏志:《重点讲义民事诉讼法》,张卫平、许可译,法律出版社2007年版,第129页脚注。

② 参见〔日〕高桥宏志:《重点讲义民事诉讼法》,张卫平、许可译,法律出版社2007年版,第129页脚注。

③ 参见日本福冈高等法院昭和59年(1984年)9月17日判决。

④ 参见日本大阪高决1978·3·15劳判号,第46页等。转引自〔日〕高桥宏志:《重点讲义民事诉讼法》,张卫平、许可译,法律出版社2007年版,第129页。

该审议会的议事记录对原告并不构成利益文书。[①] 另外，医生制作的病历对患者构成利益文书，但对制药公司则不构成利益文书。同样，在煤烟公害案件中，病例对钢铁公司也不构成利益文书。[②]

实际上，在日本有关法院的判例中，对利益文书范围的确定有时会出现不尽一致的情形。例如，在涉及福冈斯蒙病（subacute myelo-potico-neuropathy）诉讼中，日本福冈高等裁判所将被告制药公司申请的原告病例视为利益文书[③]，并且日本东京高等裁判所在另一起讼案中将市长持有的、通过关于公害健康受害补偿法律所规定的认定过程制作的文书确认为利益文书[④]，而日本东京高等裁判所却在另一讼案中未将被告制铁公司所申请的原告病例视为利益文书。[⑤]

（2）我国台湾地区法上的有关规定与法理解说。“民事诉讼法”第 344 条第 1 项第 3 款规定，一方当事人为对方当事人的利益制作文书，该方当事人负有提出文书的义务。

在法理上，我国台湾学者陈玮直教授指出，所谓一方当事人为对方当事人的利益而制作的文书，其持有人有提出的义务，并不得以自己或第三人于该文书也同有利益为理由而加以拒绝。[⑥] 对其中所谓“利益”的解读，台湾学者王甲乙、黄栋培等教授认为，不应以专为对方当事人的利益而制作为限，也包括为对方与文书持有人或者第三人共同的利益而制作的情形。文书虽然是为举证人的利益而制作的，但并

---

① 参见日本东京高决 1978 · 5 · 26 判时 894 号，第 66 页。转引自〔日〕高桥宏志：《重点讲义民事诉讼法》，张卫平、许可译，法律出版社 2007 年版，第 129 页。

② 参见日本东京高决 1984 · 9 · 17 高民集 37 卷 3 号，第 164 页。转引自〔日〕高桥宏志：《重点讲义民事诉讼法》，张卫平、许可译，法律出版社 2007 年版，第 129 页。

③ 参见日本福冈高等裁判所昭和 53 年（1978 年）3 月 15 日决定，载日本《高等裁判所民事判例集》第 30 卷第 3 号，第 175 页。转引自〔日〕新堂幸司：《新民事诉讼法》，林剑锋译，法律出版社 2008 年版，第 418 页。

④ 参见日本东京高等裁判所平成元年 6 月 28 日决定，载日本《判例时报》第 1323 号，第 64 页。转引自〔日〕新堂幸司：《新民事诉讼法》，林剑锋译，法律出版社 2008 年版，第 418 页。

⑤ 参见日本东京高等裁判所昭和 59 年（1984 年）9 月 17 日决定，载日本《高等裁判所民事判例集》第 37 卷第 3 号，第 164 页。转引自〔日〕新堂幸司：《新民事诉讼法》，林剑锋译，法律出版社 2008 年版，第 418 页。

⑥ 参见陈玮直：《民事证据法研究》，台北新生印刷厂 1970 年版，第 71 页。

非一定为举证人所持有，而持有该项文书的人有提出的义务。[①] 另外，一些台湾学者也主张，为对方的利益而制作的文书在解释上应可包括证明对方的权利、地位及以此为基础所制作的文书，即为其证明的必要而制作。[②]

4. 就当事人之间法律关系而制作文书的一方当事人负有提出该文书的义务

一方当事人所制作的文书旨在表明或者能够有助于体现与另一方当事人之间的法律关系，从而使得通常作为制作人的文书持有人在诉讼上负有向举证人提出文书的义务。在这种情形下所产生的文书，通常被称之为法律关系文书。有学者认为，法律关系文书在实务上通常表现为契约、存折、签收簿、裁判文书等。[③]

在立法上，对法律关系文书的界定往往过于狭隘，不足以应对现代类型案件条件下所出现的证据结构偏在问题，有鉴于此，学理上以及司法判例上往往对立法上涉及“法律关系文书”的原意及适用范围作扩大性解释。例如有学者指出，所谓法律关系文书，原指记载举证人与持有人之间的法律关系或者相关事项的文书，例如印鉴证明、契约解除通知书等，另外还包括商业账簿。为实现实质上的武器对等原则，以技术性的扩张解释，使其范围扩大，日本实务判例认为，不仅指与记载法律关系有任何关联性的文书，还包括在法律关系形成过程中所制作的文书。[④]

---

① 参见黄栋培：《民事诉讼法释论》，台北五南图书出版公司 1982 年版，第 532 页。参见吴明轩：《中国民事诉讼法》（中册），2004 年版，第 957 页。其中所举例为，证明与举证人从事交易的有代理权的委托书；王甲乙、杨建华、郑健才：《民事诉讼法新论》，2000 年版，第 406 页。其中所举例为，为第三人利益而制作的契约书；姚瑞光：《民事诉讼法论》，2000 年版，第 432 页。转引自姜世明：《民事证据法实例研习》（一），台北正点文教出版顾问有限公司 2005 年版，第 38—39 页。

② 参见林明德、吴明轩、邱联恭在台湾地区“司法院”“民事诉讼法”研究修正委员会第 288 次会议上的发言，载台湾地区“司法院”编：《“司法院”“民事诉讼法”研究修正资料汇编》（六）（1990 年），第 712—713 页。

③ 参见〔日〕兼子一、竹下守夫：《民事诉讼法》，白绿铉译，法律出版社 1995 年版，第 124 页。

④ 参见李木贵：《民事诉讼法》（下），台北元照出版有限公司 2007 年版，附 39、附 40。

在立法例上,主要表现为日本法及我国台湾地区法的相关规定。

(1) 日本法上的相关规定与法理解说。《日本民事诉讼法》第220条第3款后段规定,文书基于举证人与文书持有人之间的法律关系而制作的,该文书持有人负有提出文书的义务。

德国法上曾经认为,为举证人、持有人或他人之间共同的利益、目的以及使用而制作的文书属于提出义务的对象范围。所谓利益文书、法律关系文书的分类不过是对共同文书的具体化。1890年《日本民事诉讼法》第336条第2款也规定:文书因其趣旨而为举证人及其对方当事人共同时……即便在当今的日本法解释论上仍然有学者强调共同文书这一概念。[①] 这样一来,仅为持有人一方制作的文书不属于共同文书,这也是将其作为自己使用的内部文书而免除提出义务的根据。

当文书记载与举证人有关的法律关系时,持有人负有提出义务。因文书记载了举证方的法律地位,在这种情况下是否提出该文书,假如仅由持有人自主决定时,显然不妥,因此对持有人的所有权加以限制显得更为公平。无论德国或日本的立法者均认为,这些文书的记载内容属于举证人和持有人共同支配之物,其与利益文书一同被称之为共同文书。在这种情形下,持有人既可以是当事人,也可以是第三人。

关于《日本民事诉讼法》第220条第3款后段规定所涉及"法律关系"的范围,有学者指出,法律条文上的表述是该文书记载了举证人和持有人之间的法律关系,但在解释论上则不仅限于此,记载内容也涉及举证人和他人之间的法律关系。[②] 鉴于判断是否为法律关系文书的重点在于,是否记载了举证人的法律关系,至于法律关系的另一方为持有人仅具附随性的意义。当文书的记载内容为法律关系本身或者法律关系的全部内容时,则不会产生任何问题,即便仅记载了法律关系构成要件的全部或者部分也是如此。对此,有些学说或判例认为,

---

① 参见〔日〕木川统一郎:《民事诉讼法重要问题讲义》(下),成文堂1993年版,第625页。转引自〔日〕高桥宏志:《重点讲义民事诉讼法》,张卫平、许可译,法律出版社2007年版,第130页脚注。

② 参见〔日〕木川统一郎:《民事诉讼法重要问题讲义》(下),成文堂1993年版,第628页。转引自〔日〕高桥宏志:《重点讲义民事诉讼法》,张卫平、许可译,法律出版社2007年版,第130页。

应当缓和对记载内容标准的要求，只要文书记载了与法律关系相关的事项应视为法律关系文书，这也体现了实务上扩大文书提出义务范围的意图。但由于现行《日本民事诉讼法》已增加了第220条第4款条文，故没有对法律文书进行扩张性解释的必要。该条文上的文义解释，即记载法律关系构成要件的全部或一部分文书在现行法上是妥当的。[①]

另有日本学者指出，所谓法律关系并不仅限于契约关系，也包括不法行为。制作目的和制作人也都是考虑的因素，但却不是最重要的因素。因此，没有必要要求文书由举证人和持有人共同参与制作，由持有人单独制作也可，甚至可由举证人和持有人之外的第三人制作。典型的法律关系文书有契约、房租存折、发票、收据、发生买卖关系时授受的印鉴证明书、契约解除通知书等。医生制作的病历对患者而言，既属于利益文书，也属于法律关系文书，公司台账对劳动者而言，属于法律关系文书。[②]

当日本经济生活和社会关系于20世纪七八十年代处于快速发展阶段时，处于僵化和静态状态的立法就会显现其局限性，为了满足现实生活对武器对等原则、双方当事人之间的公平及发现真实等民事诉讼法基本理念上的特别需求，日本的司法判例曾经在一段时期内对法律关系文书的定义在个案当中作出了扩张性的解释。最早一起判例是日本福冈高等裁判所于1973年在审理一起出租车驾驶员请求给付工资的诉讼，决定将驾驶每日报告视为法律关系文书。[③] 虽以此为开端，日本其他各法院先后在审理有关个案时分别将核能发电诉讼中行

---

① 参见〔日〕上野泰男：《新民事訴訟法における文書提出義務の一局面》，原井·古稀，第96页以下，特别是第106页。转引自〔日〕高桥宏志：《重点讲义民事诉讼法》，张卫平、许可译，法律出版社2007年版，第131页。

② 参见〔日〕高桥宏志：《重点讲义民事诉讼法》，张卫平、许可译，法律出版社2007年版，第131页。

③ 参见日本福冈高等裁判所昭和48年（1973年）12月4日决定，载日本《判例时报》第739号，第82页。转引自〔日〕新堂幸司：《新民事诉讼法》，林剑锋译，法律出版社2008年版，第418页。

政机关提出的文书[①]、金融机关的贷款分类账[②]、商品交易外勤人员的业务日志[③]、自卫队飞机坠落中的航空事故调查报告[④]等认定为法律关系文书。在审理这些案件时，司法判例将法律关系文书作扩大解释为，不仅限于记载举证人与文书持有人之间成立的法律关系本身的文书，还包括按这些文书看待的其他文书，以及在二者之间的法律关系形成过程中所制作的文书。[⑤] 但是，日本有关法院在审理个案中却将因河流泛滥提起的国家赔偿案件中的河道计划调查报告书[⑥]、差别工资诉讼中的工资账册[⑦]等排除在法律关系文书范围之外，而拒绝适用文书提出命令制度。其中，在因河流泛滥提起的国家赔偿一案中，原告以河流泛滥为由提起国家赔偿诉讼并申请法院发布文书提出命令，要求县政府提出河道计划调查报告书。法院的结论是，该报告书是由县政府在制作报告书的初始阶段委托诉外公司进行调查和制作的，用于事务处理的资料，依法令做成的文书并不负担提出义务，而且该报告书内容多为涉外公司的主观性意见，结合其他资料可以成为综合分析的对象，该报告书属于县政府以自用为目的而由涉外公司制作的内

---

① 参见日本高松高等裁判所昭和 50 年(1975 年)7 月 17 日决定，载日本《行政案件裁判例集》第 26 卷第 7—8 号，第 893 页。转引自〔日〕新堂幸司：《新民事诉讼法》，林剑锋译，法律出版社 2008 年版，第 418 页。

② 参见日本东京高等裁判所昭和 59 年(1984 年)6 月 7 日决定，载日本《下级裁判所民事判例集》第 35 卷第 5—8 号，第 336 页。转引自〔日〕新堂幸司：《新民事诉讼法》，林剑锋译，法律出版社 2008 年版，第 418 页。

③ 参见日本大阪高等裁判所平成 7 年(1995 年)2 月 21 日决定，载日本《判例时报》第 1543 号，第 132 页。转引自〔日〕新堂幸司：《新民事诉讼法》，林剑锋译，法律出版社 2008 年版，第 418 页。

④ 参见日本东京高等裁判所昭和 50 年(1975 年)8 月 7 日决定，载日本《下级裁判所民事判例集》第 26 卷第 5—8 号，第 686 页。转引自〔日〕新堂幸司：《新民事诉讼法》，林剑锋译，法律出版社 2008 年版，第 418 页。

⑤ 参见〔日〕兼子一、竹下守夫：《民事诉讼法》，白绿铉译，法律出版社 1995 年版，第 127 页。

⑥ 参见日本东京高等裁判所昭和 54 年(1979 年)3 月 9 日决定，载日本《下级裁判所民事判例集》第 32 卷第 9—12 号，第 1291 页。转引自〔日〕新堂幸司：《新民事诉讼法》，林剑锋译，法律出版社 2008 年版，第 418 页。

⑦ 参见日本大阪高等裁判所昭和 54 年(1979 年)9 月 5 日决定，载日本《劳动案件裁判例集》第 30 卷第 5 号，第 908 页。转引自〔日〕新堂幸司：《新民事诉讼法》，林剑锋译，法律出版社 2008 年版，第 418 页。

部文书。故法院以此驳回了原告提出的命令申请。[①] 对此，有一种观点认为，因现行法新增了第 4 款条文，故受诉法院否定提出义务的这一结论在今天并非没有问题。对于教材检定调查审议会制作的书面报告书，日本最高法院在 1996 年修法之后，依然承认所谓内部文书这一概念，将其排除在法律关系文书的范围之外。虽然日本最高法院对这一判断附带条件，但还是维持了旧法下所谓内部文书这一判断框架。[②] 但有的法院却在审理个案中将工资账本作为法律关系文书，而向资方发出了提出工资账本的命令。[③]

按照《日本民事诉讼法》第 220 条第 4 款当中有关专供文书持有人内部使用文书的旨意，专供自己内部使用的文书不属于共同文书，也不属于法律关系文书。公司内部使用的请示书、议事记录等应属于专供自己使用的文书。对于法律关系文书而言，内部文书免除其提出义务，这是日本的通说和判例的观点。对此，有日本学者认为，《日本民事诉讼法》在第 220 条第 4 款已经规定了专供自己利用的文书这一例外，因此，对第 3 款条文再附加一个以自己使用为目的的内部文书这一例外，就显得有些苛刻。内部文书这一概念能够起到防止扩大利益文书和法律文书范围的作用，因此，在新增第 4 款规定的前提下，因扩张解释的必要性已经丧失，也就没有必要承认第 3 款条文中存在一个内部文书的例外。但是，共同文书的例外这一思考方式流行日久，虽然今后实际适用的案例会逐步减少，但还不能断言一定会就此消失。故从理论上看，根据个案的不同情形，设置一个内部文书的例外还是妥当的。[④]

新《日本民事诉讼法》在其第 220 条新增第 4 款条文之后，关于如

---

① 参见日本东京高决 1979 · 3 · 19 下民集 32 卷 9 号—12 号，第 1391 页。转引自〔日〕高桥宏志：《重点讲义民事诉讼法》，张卫平、许可译，法律出版社 2007 年版，第 131—132 页。

② 参见高见进 · 判批 · 判评 505 号（判时 1734 号），第 24 页。转引自〔日〕高桥宏志：《重点讲义民事诉讼法》，张卫平、许可译，法律出版社 2007 年版，第 132 页。

③ 参见日本大阪高等裁判所昭和 53 年（1978 年）3 月 15 日决定，载日本《劳动案件裁判例集》第 30 卷第 5 号，第 908 页。转引自〔日〕新堂幸司：《新民事诉讼法》，林剑锋译，法律出版社 2008 年版，第 418 页。

④ 参见〔日〕高桥宏志：《重点讲义民事诉讼法》，张卫平、许可译，法律出版社 2007 年版，第 131 页脚注。

何看待此前就法律关系文书等进行扩张性解释的问题，高桥宏志教授认为，因旧法并未规定一般性的文书提出义务，因此，判例和学术均倾向于对第 3 款规定的利益文书和法律关系文书作扩张性的解释，这在当时情形下也是不得已的做法，但在新增第 4 款条文之后，也就是对书证提出义务作出一般化规定之后，对第 3 款的解释就应该恢复其本来面目，而没有必要作扩张性解释。[①]

（2）我国台湾地区原有立法上的相关规定与法理解说。台湾地区原有的"民事诉讼法"第 344 条第 1 项第 4 款所规定的"就当事人间法律关系所作者"，规定的就是当事人之间法律关系所制作的文书。对此，有学者指出，当事人与举证人曾就某一法律关系所制作的文书而持有的，不论其文书所证明的法律关系为全部或一部分或者是否有效存在，或者与系争的事实发生直接或者间接关系，均有提出的义务。[②] 另有学者指出，所谓法律关系不以现实有效成立为必要，也不以单独证明全体关系为限，仅须其系为当事人间法律关系所制作即可，如收据、账单、存折及一些契约文书等。此类文书既然作为举证当事人与对方当事人之间的法律关系而作，在作成之时即有将其作为证据的意思，持有该文书的当事人自有提出的义务。[③]

我国台湾地区原有的"民事诉讼法"第 344 条第 1 项第 4 款的规定系沿用大陆法系德国、奥地利、日本等国的模式，表明在原立法之时并不持有共通文书这一概念，而是分别设定相关的款项，采用利益文书及法律关系文书的概念。对此，有台湾学者认为，这些概念虽然显得过于笼统，但因倾向于诉讼法化而使其外延显得更加宽泛。[④]

为贯彻当事人诉讼资料使用平等原则及便于发现真实并整理争点，以达到审理集中化的目标，基于扩大文书提出义务范围根据的考虑，我国台湾地区在对原"民事诉讼法"第 344 条第 1 项第 4 款进行修

---

① 参见〔日〕高桥宏志：《重点讲义民事诉讼法》，张卫平、许可译，法律出版社 2007 年版，第 132 页。

② 参见陈玮直：《民事证据法研究》，台北新生印刷厂 1970 年版，第 72 页。

③ 参见黄栋培：《民事诉讼法释论》，台北五南图书出版公司 1982 年版，第 532 页。

④ 参见许士宦：《证据开示制度与秘密保护程序》，台湾大学 1999 年博士论文，第 1 页以下。转引自许士宦：《证据收集与纠纷解决》，台北新学林出版股份有限公司 2005 年版，第 346 页。

订时，将法律关系文书修改为一般文书，规定就与本件诉讼有关的事项所制作的，有关文书持有人均负提出义务，无论其所载事项系涉及本件诉讼有关实体上或者程序上的法律关系、争点、攻击或者防御方法等。

5. 持有商业账簿的当事人负有提出该文书的义务

在民事活动中，商业账簿是一种重要的文书证据，它能够据以反映有关当事人之间权利义务法律关系的实际状况。商业账簿属于法律关系文书的范畴，因此，按照有关立法规定，在诉讼上，商业账簿持有人对举证人负有文书提出义务。

关于商业账簿的制作，《日本商法》第 32 条第 1 款规定：商人应制作会计账簿及资产负债表，以明了营业上的财产及损益状况。关于商业账簿的提供，《日本商法》第 35 条规定：法院可根据申请或者依职权，命令诉讼当事人提供商业账簿的全部或者一部分。对此，斋藤秀夫等学者认为，《日本商法》第 35 条在本质上属于民事诉讼法关于文书提出义务的规定，故对拒绝提出的情形应当适用《日本民事诉讼法》第 224 条拟制真实的制裁。[①] 关于商业账簿的保存，《日本商法》第 36 条规定：商人应将其商业账簿及有关营业的重要文件保存 10 年。关于商业账簿，前款的期限，自账簿截止时起算。

鉴于学理上的通说，商业账簿属于法律关系文书的一种，现行《日本民事诉讼法》第 220 条第 3 款后段已对法律关系文书作出相关规定，故未像我国台湾地区"民事诉讼法"第 344 条第 1 项第 4 款那样将其单独列举规定。

现行我国台湾地区"民事诉讼法"第 344 条第 1 项第 4 款规定，持有商业账簿的当事人，负有提出该文书的义务。在学理上，对于商业账簿的解释，应参考商业会计法所规定的商业账簿的意义。[②] 台湾学者黄栋培教授指出，作为商业账簿，其内容记载当然可为当事人之间法律关系的证明，因此，当事人有提出的义务。[③]

---

① 转引自〔日〕高桥宏志：《重点讲义民事诉讼法》，张卫平、许可译，法律出版社 2007 年版，第 124 页脚注。

② 参见姜世明：《民事证据法实例研习》（一），台北新学林出版股份有限公司 2008 年修订 2 版，第 38 页。

③ 参见黄栋培：《民事诉讼法释论》，台北五南图书出版公司 1982 年版，第 532 页。

台湾有关司法判例认为，商业账簿记载的事项如可用于当事人法律上的证明时，当事人就有提出的义务。其记载全然已至明晰，而制作的有无伪造、错误或者遗漏痕迹的，就应认为有相当的证据力。[①]

关于商业账簿作为文书证据在民事交易及商业领域上的应用，台湾学者陈玮直教授认为，商业上的交易行为重承诺而贵于迅捷，如拘泥证明责任的原则，势必对任何给付索取证据而转增交易上无穷的纷扰与阻碍。因此，在商业行为上，商店、行号、公司的相对人往往有无法举证的事实困难发生，法律为维持彼此之间的均势起见，会课予从事商业持有账簿之人有提出账册的义务。另外，从事商业的人依法有备置账簿的义务，但如在事实上未备有账册的，不应认为系违反该义务的情形。商业簿册的应证事项虽不以与营业有关的纠纷为其范围，但如系争的法律行为别无其他任何证据而核其性质又与营业无关时，则应注意有关诈伪情事的存在。另外，根据法国里昂法院 1947 年 5 月 11 日的判决，持有簿册的当事人可以营业保密的理由请求准其展期提出。另外，如其提出簿册的结果发生营业上的损害的，即申请人从对方的账册上获悉其营业情形而从事恶性竞争的，恶意申请人应负损害赔偿责任。[②]

6. 就与本件诉讼有关的事项所制作文书的一方当事人负有文书提出义务

现行台湾地区“民事诉讼法”第 344 条第 1 项第 5 款规定，就与本件诉讼有关的事项所制作文书的一方当事人，该方当事人负有文书提出的义务。

原台湾地区“民事诉讼法”在此所作的规定，系仅就当事人之间法律关系所制作的文书，文书持有人负有提出的义务。后来在立法上对此加以修订所依据的社会背景是，随着社会经济状况的变迁，现代型纷争与日俱增，在诉讼当中不乏因证据仅存在于当事人一方，而导致对方举证困难的情事发生。例如，为举证受损害的因果关系或者可归责的原因，必须知悉企业所持有关形成公害或产品瑕疵过程的文书，

---

① 参见台湾地区“最高法院”1929 年上字第 1575 号、1930 年上字第 947 号判例。转引自陈计男：《民事诉讼法论》（上），台北三民书局股份有限公司 2004 年版，第 518 页。

② 参见陈玮直：《民事证据法研究》，台北新生印刷厂 1970 年版，第 72 页。

或者为举证医疗过失，必须知悉医疗机构所持有的患者诊疗病历等，因此，扩大当事人提出文书义务修正的规定，使得当事人就其实体及程序上的法律关系、争点、攻击或者防御方法等与本件诉讼有关的事项所制作的文书，当事人具有提出义务，并不仅仅以当事人之间法律关系所制作的为限。[①] 修正后的法律规定显然比原法律规定扩大了其适用范围。即将法律关系文书修改为一般文书，就与本件诉讼有关的事项所制作的，均负有提出义务，无论其所载事项系涉及本件诉讼有关实体上或者程序上的法律关系、争点、攻击或者防御方法等。[②]

台湾地区"司法院"在修法时就"民事诉讼法"该条款建议修正的提案理由为：随着社会经济状况的变迁，公害、产品制造人责任及医疗事故损害赔偿等现代型纷争与日俱增，在某诉讼中不乏因证据仅存在于当事人一方导致对方当事人举证困难的情事发生，故有扩大当事人文书提出义务范围的必要，修正原条文第4款规定，使当事人就其实体及程序上法律关系、争点、攻击或防御方法等与本件诉讼有关的事项所制作的文书，均负有提出的义务（该法第344条第1项第5款）。[③]

关于台湾地区在立法模式上对大陆法系及英美法系模式的借鉴问题，许士宦教授指出，中国台湾地区原有的"民事诉讼法"有关文书提出义务的规定，是沿用大陆法系德国、奥地利、日本等国的模式。台湾地区"民事诉讼法"修正草案第二稿有使其更加诉讼法化的倾向，将法律关系文书修正为诉讼关系文书，从而使得与诉讼标的有关联的文书均明文包含在内。这种修订模式与上述大陆法系的立法或修订不同，更加趋近于英美法模式。换言之，在美国的证据开示程序中，当事

① 参见陈计男：《民事诉讼法论》（上），台北三民书局股份有限公司2004年版，第518页。

② 参见台湾地区新"民事诉讼法"第344条第1项第5款、第348条。参见台湾地区"司法院"编：《"民事诉讼法"部分条文对照表暨总说明》（2000年），第155—156页。王甲乙：《集中审理与事证之提出、收集》，载《法官协会杂志》第2卷1期（2000年），第79—84页。转引自许士宦：《证据收集与纠纷解决》，台北新学林出版股份有限公司2005年版，第342—343页。

③ 参见2000年台湾地区"民事诉讼法"修正第342条及第344条的立法理由，载台湾地区"司法院"编：《"民事诉讼法"部分条文对照表暨总说明》（2000年），第154—156页。

人可依其获取开示的范围,是以该事项是否与诉讼标的有关联性这一判断的根据,而并不是以文书记载内容是否与实体法律关系的关联性为准,而台湾地区修正草案的规定,也是以文书的记载内容是否与诉讼关系有关,作为判断其持有人应否负提出义务。另外,修正草案扩大文书提出义务范围的根据,明确为贯彻当事人诉讼资料使用平等原则及便于发现真实并整理争点,以达到审理集中化的目标,这些理念或者法理根据,也与证据开示程序的指导理念具有共通性。[①]

台湾地区"民事诉讼法"第 344 条第 1 项第 5 款规定,所谓就与本件诉讼有关的事项所制作的情形,涉及在此情形下证据持有人所应当负有提出文书义务范围的确定问题,对此,有学者认为,该款所规定的"与本件诉讼有关之事项",并非仅以作为诉讼标的法律关系为限,凡与本件诉讼有关的一切事项均属其中的范围。[②] 也就是说,当事人就其实体上及程序上的法律关系、争点、攻击或者防御方法等与本件诉讼有关的事项所制作的文书,当事人均负有提出的义务。[③] 并且,不论该文书为有效、无效、可撤销、效力未定或者已失其效力等,在所不论。对此,有学者列举如诉讼系商品瑕疵的损害赔偿,该商品的经销商与制造商所订立的商品应经某机构检验合格,贴有检验合格证的才可销售的契约书。[④] 有学者列举当事人合意确定管辖法院,适用简易或小

---

① 参见许士宦:《证据开示制度与秘密保护程序》,台湾大学 1999 年博士论文,第 1 页以下。转引自许士宦:《证据收集与纠纷解决》,台北新学林出版股份有限公司 2005 年版,第 346 页。

② 参见吴明轩:《中国民事诉讼法》(中册),2004 年版,第 957 页。转引自姜世明:《民事证据法实例研习》(一),台北新学林出版股份有限公司 2008 年修订 2 版,第 39 页。

③ 参见王甲乙、杨建华、郑健才:《民事诉讼法新论》,2000 年版,第 406 页;许士宦:《文书提出义务之范围》,载《月旦法学杂志》(第 71 期)2001 年 4 月,第 13 页。转引自姜世明:《民事证据法实例研习》(一),台北新学林出版股份有限公司 2008 年修订 2 版,第 38 页。

④ 参见姚瑞光:《民事诉讼法论》,2000 年版,第 432 页。转引自姜世明:《民事证据法实例研习》(一),台北新学林出版股份有限公司 2008 年修订 2 版,第 39 页脚注。

额程序，选任鉴定人及订立仲裁协议等。[①] 还有学者认为，在系争的个案中，申请人所申请相对人提出的承诺书，在性质上属于文书，而根据申请人的主张，该承诺书系涉及当事人之间是否存在报酬约定的文书，自应属于台湾地区“民事诉讼法”第 344 条第 1 项第 5 款所称就与本件诉讼有关的事项所制作的文书。在此，应当注意的是，如系争个案中所指的承诺书，如何可要求被告负提出的义务，而并非要求原告在证据上应自负保管之责，可能涉及当事人是否负所谓一般程序解明义务与台湾地区“民事诉讼法”第 344 条第 1 项第 5 款规范的合理性与承认之间的界限问题。[②]

关于台湾地区“民事诉讼法”第 344 条第 1 项第 5 款规定所展现的功能与意义，我国台湾学者姜世明教授认为，该条款在某种程度上实已扩大非负证明责任一方当事人的事实陈述及证据提出协力义务，这一规定较德国法所承认的程序法上文书提出义务范围更广。是否可将这一条文充当非负证明责任一方当事人一般事实陈述及证据提出协力义务的法基础，应作为台湾地区相关理论发展值得加以探讨的重点之一。[③] 对此，许士宦教授认为，应当将台湾地区新“民事诉讼法”第 344 条第 1 项第 5 款的规定理解为一般性义务。[④] 原则上，只要与待证事实有关，凡法院认为必要的文书，均有提出的义务。[⑤] 而台湾地区原“民事诉讼法”第 344 条第 1 项第 4 款所规定的“就当事人间法律关系所作者”，这种解释均以实体法律关系与文书记载内容的关联为准，判断文书持有人是否负有文书提出义务，鲜有基于诉讼法上的

---

① 参见吴明轩：《中国民事诉讼法》（中册），2004 年版，第 957 页。转引自姜世明：《民事证据法实例研习》（一），台北新学林出版股份有限公司 2008 年修订 2 版，第 39 页脚注。

② 参见姜世明：《民事证据法实例研习》（一），台北新学林出版股份有限公司 2008 年修订 2 版，第 39 页及第 39 页脚注。

③ 参见姜世明：《举证责任与真实义务》，台北新学林出版股份有限公司 2006 年版，第 125—126 页。

④ 参见许士宦：《证据收集与纠纷解决》，台北新学林出版股份有限公司 2005 年版，第 343 页。

⑤ 参见邱联恭在台湾地区“司法院”“民事诉讼法”研究修正委员会提出的《关于“第二编第一章第三节证据”之修正研究报告》及该会第 287 次及 288 次会议上的发言，载台湾地区“司法院”编：《“司法院”“民事诉讼法”研究修正资料汇编》（六）（1990 年），第 42、43、703、709、712 页。

观念,同时考虑立法方法的有无,文书制作目的及其有助于发现真实的价值程度等诉讼法上的要因,故将其修正为“就与本件诉讼有关之事项所作者”,借以包含当事人之间法律关系或与该法律关系有关的事项及其他与本件诉讼有关的事项所制作的文书,使得凡与待证事实有关的文书,均负有提出义务。[①]

7. 一方当事人声明使用对方持有文书经由法院发出命令而使该对方当事人负有文书提出义务

(1) 设定该种文书提出义务的基本理念。在当事人将争议提交法院作出裁判时,法院只有查明事实真相,并在此基础上才能作出适用法律的裁判,可见,查明事实真相是民事诉讼活动的重要目的,也是实现社会正义的法律基础。在民事诉讼活动中,当事人的纠纷主要涉及私权利益,日常的民事交易及商业活动由于其过程中功能性运作而产生了大量的文书证据,这些文书证据要么能够作为有关当事人的权利基础,要么能够证明有关当事人的权利所在,因此,在诉讼上,文书证据是最广泛使用并且具有重要证明价值的一种证据类型。但是,由于民事法律关系的性质和特点所决定,经常会出现某些事实和证据结构性地偏在于非负证明责任一方当事人,为了保障当事人在武器上的实际对等原则,以便查明事实真相,现代意义上的诉讼法通常赋予举证人享有申请法院进行证据调查的请求权,借助公法上的这一程序上的救济措施,即文书提出命令制度,迫使文书持有人提交有关文书证据。正如有德国学者所指出的那样,就文书证据而言,司法过程中已经形成了这样一种惯例,即当负有证明责任的一方当事人所提供的必要证据在另一方当事人实际控制之下,而该另一方当事人则负有提供书证的责任。当有关当事人不主动提交这类文书证据时,法院将命令其提交。[②]

当然,法院不可强制一方当事人提交书证。[③] 对于当事人,法院无

---

① 参见邱联恭在台湾地区“司法院”“民事诉讼法”研究修正委员会第 288 次会议上的发言,载台湾地区“司法院”编:《“司法院”“民事诉讼法”研究修正资料汇编》(六)(1990 年),第 714、716、720 页。

② Harald Koch, Frank Diedrich, *Civil Procedure in Germany*, Kluwer Law International 1998, p. 112.

③ 参见〔德〕汉斯-约阿希姆·穆泽拉克:《德国民事诉讼法基础教程》,周翠译,中国政法大学出版社 2005 年版,第 263 页。

权采取强制手段执行其命令,只能类推适用《德国民事诉讼法》第427条对拒绝作出不利于当事人的评价。[①]《德国民事诉讼法》第427条系有关涉及证明妨碍适用法律效果的规定。

在现代社会条件下,法律的正义应当更多地体现在程序上的正义,这是因为,实体上的正义往往无法自动实现,诉讼上的公法属性为法院的司法能动性与程序上的权威性注入了活力。可以说,文书提出命令制度的创设是对传统辩论主义进行变革的直接成果,并且为司法协同主义的形成奠定了有利的实践条件。正如有学者所言:当文书持有人不愿意提出有关文书时,可以采用文书提出命令来强制要求其提出文书。在证据无处不隐藏的现代民事诉讼案件中,这已成为具有重要作用的制度。[②] 文书提出命令制度是为了防止将证据作为对抗的武器来操作,以至于使法院在诉讼上获得的信息不足,难以根据证据作出裁判的危险,对当事人而言,有使双方在诉讼对抗中达到实质上的武器对等原则的功能。[③]

(2) 德国法上的有关规定与法理学说。现今,文书提出命令制度已经发展成为大陆法系具有典型特征的程序构造体系[④],在德国,如一方当事人在其法律意见中(in its brief)涉及某些文件声称被其所拥有时,对方当事人在反驳其事实主张时,将会迫使另一方当事人提供有关文件。法院将会对是否命令有关当事人向法庭提交有关文件享有裁量权(discretion)。只有当有关文件处于当事人的控制之下,或者这

---

① 参见〔德〕罗森贝克、施瓦布、戈特瓦尔德:《德国民事诉讼法》(下),李大雪译,中国法制出版社2007年版,第891页。

② 参见〔日〕三本和彦:《日本民事诉讼法中的证据制度》,载2009年9月21—22日"中日民事诉讼法的制度与理论比较"国际研讨会资料汇编,第32页。

③ 参见李木贵:《民事诉讼法》(下),台北元照出版有限公司2007年版,附39。

④ 1970年之前,在美国的民事诉讼法中,一方当事人请求对方当事人提出文书或物证,要经过法院的许可,并且只有在具有"相当理由"的情形下,经法院的命令才能使用这种证据开示方法。1970年,美国在修法时将"相当理由"要件取消,并允许当事人之间可以不经过法院,在法院外进行。参见白绿铉:《美国民事诉讼法》,经济日报出版社1996年版,第96—97页。

些文件能够合法地从第三人手中获取时,法院才能够发出这样的命令。[①] 在诉讼上是否作出命令完全依据法院的裁量。没有法院的命令,一方当事人就没有要求对方当事人或者第三人进行相应证据提出的请求权。[②]

2002 年 1 月 1 日实行的新《德国民事诉讼法》[③],在对扩大法官证据收集权限的规定当中,例如,《德国民事诉讼法》第 142 条关于文书提出命令的规定,在新法当中也经修订。[④] 修订后的条文规定:法院可命令当事人或第三人提出与当事人相关,而为其所占有[⑤]的文书或其他证明文件。法院可为此订立期间,及命令于其所特定期间内置于书记处(第 1 项)。第三人如于文书提出不能被期待或其依第 383 条至第 385 条有权拒绝作证的,则不负文书提出义务。第 386 条至第 390 条准用(第 2 项)。法院可命令当事人就其外国文字制作的文书,提出依邦司法行政指令为此所授权的翻译人员制作的译本,但这一命令不得对第三人采取(第 3 项)。这一规定对于当事人提出主义有所修正,其目的是为使法院及早获得足以澄清案情的资料。也就是,这一资讯获得的可能性,具有使法院对诉讼资料能够更加了解,促使当事人主张的明确化及用以厘清案情的证据方法进行准备。[⑥]

在德国民事诉讼中,如果负有证明责任的一方当事人声称文书由

---

① Burkhard Bastuck, Burkard Gopfert, Admission and Presentation of Evidence in Germany, *Loyola of Los Angeles International and Comparative Law Journal*, June, 1994. p. 615.

② 参见〔德〕罗森贝克、施瓦布、戈特瓦尔德:《德国民事诉讼法》(下),李大雪译,中国法制出版社 2007 年版,第 811 页。

③ Vgl. Zekoll/Bolt, Die Pflicht zur Vorlage von Urkunden im Zivilprozess-Amerikanische Verhältnisse in Deutschland? NJW 2002, 3129; Rosenberg/Schwab/Gottwald, a. a. O., S. 740.

④ 修订前《德国民事诉讼法》第 142 条规定:法院可命令当事人提出与其相关而为其所直接占有的文书,如家谱、计划、设计图及其他图面(第 1 项)。法院可命令将当事人提出的文书与其所指定期间内置于书记处(第 2 项)。法院可命令当事人就以外文制作的文书,提出依邦行政司法指令为此所授权的翻译人员制作的译本(第 3 项)。

⑤ 应注意的是,旧法所规定的为直接占有,新法则包括间接占有。

⑥ Musielak/Stadler, ZPO, Kommentar, 3. Aufl., 2002, § 142 Rdnr. 1. 转引自姜世明:《举证责任与真实义务》,台北新学林出版股份有限公司 2006 年版,第 151 页。

对方所占有,可通过《德国民事诉讼法》第424条所规定的由当事人申请命令对方当事人提交书证的方式提出证据。根据《德国民事诉讼法》第424条的规定,当事人申请文书时,应当做到:① 表明文书;② 表明该类文书所证明的事实;③ 对该文书的内容尽量作出完整的说明;④ 主张文书被对方当事人占有所依据的事由;⑤ 对方当事人提出文书义务的原因,并且对原因进行释明。另外,根据《德国民事诉讼法》第421条的规定,当负有证明责任的一方当事人断定文书在对方当事人手中时,应在申请证据时,同时申请命令对方当事人提供该文书。

根据《德国民事诉讼法》第425条的规定,当法院认为应由文书证明的事实是重要的,并且认为申请有理由,而对方当事人承认文书在其手中,或者对方当事人对申请不作表示时,法院应命令他提出该文书。[①] 对此,有学者指出,"书证妨碍行为(the obstruction of documentary evidence)将迫使法院视为当事人所主张的书证内容的真实性已被证实"[②]。即便德国的民事诉讼法典所使用的术语为"法院的命令"[③],一方当事人绝不能够误判这种命令的实质内涵。如果一方当事人拒不服从法院的命令提交有关文件,将不会被视为藐视法庭,取而代之的是,有关的处罚仍然停留在纯粹的证据层面上。当法院命令一方当事人就其法律意见中所提及的文件向法院提交时,如果该方当事人拒不提交,为另一方当事人所主张的相关事实将被视为已得到证明。[④] 可见,在法院发出命令的条件下,如果义务人拒不服从法院为其所设定的证明协力义务,该义务人将因证明妨碍法律效果的导入而遭受不利的裁判。

---

① 另外,关于瑞士的文书提出义务,并未限制提出原因,如具有作为证据的重要性即负提出义务,但在其记载内容具有成为证言拒绝权的对象,或其作为当事人与代理人等的联络书信或个人备忘录,或者根据秘密保护法所应保护的公文书等特定书类的情形时,则不负提出义务。参见〔日〕菅野博之:《スウューデンにおける民事訴訟の運営》,载《法曹时报》46卷6号(1994年),第46页。转引自许士宦:《证据收集与纠纷解决》,台北新学林出版股份有限公司2005年版,第344页脚注。

② ZPO § 286.

③ ZPO § 427.

④ Burkhard Bastuck, Burkard Gopfert, Admission and Presentation of Evidence in Germany, *Loyola of Los Angeles International and Comparative Law Journal*, June, 1994. p. 616.

（3）日本法上的相关规定与法理学说。深受传统的辩论主义原则、形式上武器对等原则的影响，原先日本法院很少使得当事人采用文书提出命令制度。日本是自 1965 年以后，部分开始采用文书提出命令制度的。自 1970 年至 1980 年现代类型诉讼案件激增。当时，日本学界强调现代类型诉讼中证据失衡的现象，弱者一方无法利用现存证据，几乎并无胜诉的希望，唯有根据文书提出命令才是最有效的手段，文书提出命令制度具有重要的现代意义，同时，实务界也感受到这种类型诉讼以书证为中心的证据分布不均衡的现象日趋明显，为了纠正这种现象，以实现实质上的武器对等原则，不但大量地运用文书提出命令制度，而且将文书提出义务的范围，以技术性的扩张解释，使其范围扩大。[①] 在日本民事诉讼中，作为一种证据调查方式，涉及书证的文书提出命令是在争点和证据整理程序中进行的。[②]

在进行现代化程序转型的变革中，文书提出命令制度在日本民事诉讼活动中发挥着不可替代的作用，兼子一教授曾经指出，文书在日本一向被认为是民事诉讼最准确的证据方法，在日本法院看来，应当充分运用文书提出命令制度。在实行集中化审理的实践中，有一种说法称："集中审理就是集中证据。"可见，证据在实行集中化审理过程中的重要意义不言而喻。对此，有学者曾经这样评价称：文书提出命令制度是促使文书能供法院亲自阅览的最有效的手段，或许可以用"集中证据的杀手锏"形容。日本在民事诉讼进行集中审理的改革当中，之所以能有成效，文书提出命令制度可谓功不可没。[③]

根据《日本民事诉讼法》第 219 条的规定，申请书证应自行提出文书或者申请对文书持有人发出提交文书命令。根据《日本民事诉讼法》第 221 条第 1 款的规定，当事人如果需要请求法院发出文书提出命令，必须明确文书名称、主要内容、待证事实、文书提出义务的存在原因等事项。但是，根据《日本民事诉讼法》第 222 条的规定，如果当事人难以明确文书名称及主要内容时，可由持有人明确用于识别文书

---

① 参见李木贵：《民事诉讼法》（下），台北元照出版有限公司 2007 年版，附 39、附 40。

② 参见〔日〕高桥宏志：《重点讲义民事诉讼法》，张卫平、许可译，法律出版社 2007 年版，第 75 页脚注。

③ 参见李木贵：《民事诉讼法》（下），台北元照出版有限公司 2007 年版，附 38。

的项目,对此,必须由持有人一方明确文书名称、主要内容。根据《日本民事诉讼法》第 221 条第 1 款的规定,法院经审理认定存在证据调查的必要性及文书提出命令时,将会发出提出命令,如果该文书中的部分内容不符合上述条件,也可以去除这部分内容为前提来发出提出命令。对此,有学者认为,这样就可以在一定程度上纠正证据偏在的倾向。[①] 另外,根据《日本民事诉讼法》第 223 条第 6 款的规定,在审理认定提出义务存在与否的程序中,如果围绕该法第 221 条第 4 项除外事由符合与否产生了争议,法院可单独命令持有人提出文书,此时对方等其他人员无权请求开示书证,仅限于法院来查阅该文书并作出最终判断。这一制度在确保合理判断真实性的前提下,同时坚持除外事由对于机密保护等宗旨,也被称为"非公开审理程序"。

(4) 我国台湾地区法上的相关规定与法理学说。我国台湾地区"民事诉讼法"第 342 条第 1 项规定:"声明书证,系使用他造所执之文书者,应声请法院命他造提出。"根据该法同条第 2 项规定,当事人进行前项声请,应表明下列各款事项:① 应命令其提出的文书(第 1 款),有学者指出,在此应对提出文书的客体加以确定,即应载明文书的名称,制作的年月或者该文书的外貌,务必使对方当事人得知其应提出的为何种文书。[②] ② 依据该文书应证的事实(第 2 款),有学者认为,文书与应证事项的关系如何应说明,以使法院审究其事实是否重要及举证人的申请就应证事实而言是否正常有无依法裁定命对方提出的必要。[③] ③ 文书的内容(第 3 款),有学者解释称,文书的内容不必为其全部,仅表明应证事实有关部分即可,只求其与应证事项有关的说明,或者摘录其梗概亦可,无须字句相同,举证人如持有该文书的缮本时,也可提出缮本以代替内容的说明。[④] ④ 文书为对方所持有的事由(第 4 款),有学者指出,文书为对方持有的经过及原因应予以表明,如有依据的,应附具所依据的资料,如甲、乙合伙,乙在合伙契约遗

---

① 参见〔日〕高桥宏志:《重点讲义民事诉讼法》,张卫平、许可译,法律出版社 2007 年版,第 123 页。

② 参见陈玮直:《民事证据法研究》,台北新生印刷厂 1970 年版,第 69 页;黄栋培:《民事诉讼法释论》,台北五南图书出版公司 1982 年版,第 529 页。

③ 同上注。

④ 参见陈玮直:《民事证据法研究》,台北新生印刷厂 1970 年版,第 69 页;黄栋培:《民事诉讼法释论》,台北五南图书出版公司 1982 年版,第 529—530 页。

失后向甲出具借据而借用的，一旦涉讼，该借据就可作为有关事由说明的最佳资料。[①] 另有学者指出，该款表明文书为对方所持有的事由，需表明因何为对方持有，并叙明根据。[②] ⑤ 对方有提出文书义务的原因（第 5 款）。对此，有学者认为，该款表明对方有提出文书义务的原因，需举出对方有台湾地区“民事诉讼法”第 344 条何款的原因事实。[③] 另有学者解释称，该款涉及对台湾地区“民事诉讼法”第 344 条所列各款情形的释明。法院如认为应证的事项重要且举证人的申请正当的，应依裁定命令对方提出文书，否则，可在终局判决或者中间判决的理由中叙明申请不合法定要件即可。[④]

针对台湾地区“民事诉讼法”第 342 条第 1 项中所称“他造所执之文书”中的对方当事人，我国台湾学者黄培栋教授认为，所谓对方当事人，以声明书证时为诉讼的对方当事人为限，已从诉讼中脱离的，则为第三人而并非对方当事人。另外，对方的代理人及参加人也属于第三人，均应适用于命令第三人提出持有书证的方法。而对方的共同诉讼人，其应证的事实若有共同利害关系的，皆为对方当事人，如毫无利害关系的，则该共同诉讼人仍为第三人。[⑤]

台湾地区新修订的“民事诉讼法”第 342 条增订了第 3 项，规定当事人申请法院命令对方提出文书，在提出文书及文书内容的表明显有困难时，法院得命令对方给予必要的协助。因此，在公害、产品制造人责任、消费者保护及医疗事故损害赔偿等现代型诉讼中，文书资料通常仅存放于一方当事人，并受到严密的管理。为此，根据台湾地区“民事诉讼法”第 342 条第 1 项、第 2 项的规定，一方当事人申请法院命令持有文书的对方提出文书时，如一律令其表明应提出的文书及其内容，有时确有困难。为贯彻当事人诉讼资料使用平等原则，及便于发

---

① 参见陈玮直：《民事证据法研究》，台北新生印刷厂 1970 年版，第 69—70 页。

② 参见黄栋培：《民事诉讼法释论》，台北五南图书出版公司 1982 年版，第 530 页。

③ 同上注。

④ 参见陈玮直：《民事证据法研究》，台北新生印刷厂 1970 年版，第 69—70 页。

⑤ 参见黄栋培：《民事诉讼法释论》，台北五南图书出版公司 1982 年版，第 529 页。

现真实并整理争点，以实现审理集中化的目标，该法明确规定，申请法院发出文书提出命令的当事人，就申请应命提出的文书及其内容的表明显有困难时，法院如衡量实际情形认为适当的，得命对方进行必要的协助。[①] 对此，有学者认为，命令对方协助的规定，与诉讼当事人基本上处于对立地位的情形不无抵触，也非人情之所常，故适用上必须格外谨慎，如果声明人利用其他法律渠道，例如借助证人询问或者当事人询问，便可确认文书证据的，就不能认为表明文书显有困难。[②] 另有学者指出，文书既然由对方或第三人持有，并非在申请人支配之下，确认应提出的文书未必容易。申请人因无相关资料，为了解对方或第三人有无其所可利用的特定文书，固可通过法院向对方发问，经由法院阐明或者询问对方（台湾地区“民事诉讼法”第 200 条、第 199 条、第 367 条之一）。如果当事人就上述表明显有实际困难，经法院认为适当时，得命令对方或者第三人进行必要的协助，以便法院斟酌实际情况加以判断，协助申请人实现实体法上的权利。易言之，如果对申请文书提出命令的当事人严苛其特定责任，在其申请提出文书而有表明困难的阶段即遭裁定驳回，将可能使其实体权利无证明的机会，以致无从实现正义。并且，如果其在表明有困难的情况下仍命其表明，无异于期待不可能，不符合公正程序的要求。因此，在此超越对申请人合理期待的范围内，就应课予对方或第三人负协助义务。也就是，如果申请人已尽必要努力而达到合理可期待的程度，仍不能加以确认的情形，例如，申请人未参与对象文书的制作过程，作为局外人未被赋予知悉该文书的机会，或者处于对象文书所记载内容的事实经过领域外等情形，无论其诉讼事件为一般固有的诉讼事件或者现代型诉讼事件，法院均得命令持有文书的对方或者第三人进行必要的协助。当然，是否显有困难，应斟酌申请人及持有人两者的利害状态，不应因申请人草率表明有困难，就动辄命令对方或者第三人提出所需资料，而

---

① 参见许士宦：《证据收集与纠纷解决》，台北新学林出版股份有限公司 2005 年版，第 353 页。

② 参见吕太郎：《文书提出命令》，载《台湾本土法学杂志》25 期（2001 年），第 105 页。转引自许士宦：《证据收集与纠纷解决》，台北新学林出版股份有限公司 2005 年版，第 356 页脚注。

加重该文书持有人的负担。[①]

在我国台湾地区，就文书提出命令制度所涉及的法律条文而言，有学者指出，就申请他方即相对人所持有的文书提出，属于“民事诉讼法”第342条至第345条所规定的内容。而文书提出义务固应具备主体如对方或第三人、应证事实具有重要性且举证人的申请正当等要件。尤其应注意的是，文书提出义务所涉及的要件问题。[②] 程序上文书提出义务，主要规定在台湾地区“民事诉讼法”第344条、第348条。就程序法上的文书提出义务的性质而言，有学者认为系公法义务。[③] 这应与实体法上文书提出义务性质相区别，应加以注意。[④] 但是，笔者认为，民事实体法上规定了许多当事人间的私法义务，其中包括有关文书资料的提出义务，这种私法上的义务一旦被公法确认，如《日本民事诉讼法》第220条第1款第2项、我国台湾地区“民事诉讼法”第344条第1项第2款等所确定的事项，就可转化为当事人在公法上的义务，即文书持有人如无正当理由拒不提交，将对其产生证明妨碍的法律后果。

（三）有关当事人在诉讼上负有文书提出义务立法例的解析

1. 解析有关立法例的基础

由于民事活动的频繁以及发展领域的纵横交错，导致有助于证明相关事实所需要的文书证据几乎无所不在，这些形成和贯穿于民事活动的文书证据，本来可资作为法院在裁判上据以认定案件事实的基础，如果仍然恪守传统上那种“当事人没有义务向对方提供能够使其胜诉资料”的观念，则会导致因举证人与文书持有人不同而使与案件事实有关文书证据无法提出。为了解决有关事实和证据结构性地偏

---

① 参见许士宦：《证据收集与纠纷解决》，台北新学林出版股份有限公司2005年版，第356—357页。

② 参见姜世明：《民事证据法实例研习》（一），台北正点文教出版顾问有限公司2005年版，第114页。

③ 参见杨建华原著、郑杰夫增订：《民事诉讼法要论》，2001年版，第302页。转引自姜世明：《民事证据法实例研习》（一），台北正点文教出版顾问有限公司2005年版，第114页。

④ 参见姜世明：《民事证据法实例研习》（一），台北正点文教出版顾问有限公司2005年版，第114页。

在于一方当事人而给举证人带来的困惑以及给法官在证据调查上所带来的障碍,在现代社会条件下以协同主义为主要特征的民事诉讼法所遵循的程序理念是,不能仅仅因为举证人因恰好缺乏为对方所持有的证据,而不能向法院提交就遭受不利的裁判结局。为此,各国(或地区)在其民事诉讼法上不断竞相扩充文书提出义务的范围,近年来,这种趋势在各国(或地区)对其民事诉讼法不断修订的过程中,显得尤为明显。

有关国家(或地区)通过修订立法(在此主要是指民事诉讼法)在划定文书提出义务范围所取得的进展上可见,这种不断扩充趋势的结果,将导致文书提交义务所涉及的范围几乎涵盖除法律明确规定的除外事由之外所有为举证人所想要主张或向法院提出申请的空间领域。实际上,因这种扩充趋势而导致的结果,与法院尽可能将裁判的结果建立在发现事实真相的基础上这一诉讼目的不谋而合。因为,为了尽可能地接近事实真相,需要法院对所有与系争事实有关联的证据材料通过证据调查进行审查,从而判断是否能够最终作为其形成内心确信的基础。如果某些具有关联性的证据材料在客观上已不复存在,则实属无奈。但是,如果法院缺乏对一些具有证明价值的文书证据进行审查判断,而又明知这些文书证据被举证人的相对人所持有,且属于无正当理由拒不提交的情形,将给程序上的正义造成实质上的损害,伤及司法的权威性,这是公正的法律所无法容忍的。有鉴于此,各国在立法上不断扩充文书提出义务范围的趋势是不可逆转的。

相较而言,德国的模式与法国的模式有较大差别,并且,从历史的角度来看,特别是自近代以来,德国的模式对日本法及我国台湾地区的立法模式始终产生着重大影响。进入现代社会以来,情况开始发生一些微妙的变化,自“二战”以来,由于众所周知的原因,美国法律体系及法律文化开始对日本法带来一定的冲击,这种影响甚至对我国台湾地区的立法及司法也造成一定的波及。

2. 对法国立法例的解析

法国民事诉讼法有其独特的风格。《法国民事诉讼法》(旧法)第1906条虽然承认根据原物提出诉权(actioad exhibendum)强制提出书证,但除就若干特别情形(同法第193条以下、第573条、第574条、第839条以下、第835条)作出规定外,并未设定文书强制提出的一般规定。进入19世纪,通说及绝大部分判例也否定一般的文书强制提出。其根据主要由如下法谚所支撑:任何人无须开示对己不利的证据

(nemo tenetur ederecontra se),以及不能要求帮助他人权利的证明(action incumbit probatio)。但是,步入20世纪之后,上述见解遭受学界的批判,并且在实务上也扩大了文书提出的范围。时至70年代,一般的文书强制提出,被贯彻于实定法规定之中。首先,1972年的《法国民法》第10条规定,任何人为真实发现应协助裁判,对无正当理由而不履行该义务的人,得课以间接强制或者民事罚金,并且这种制裁不影响其损害赔偿责任。继而,1975年的法国新民事诉讼法典,几乎承受了1971年9月9日及1972年7月2日的命令,在其第11条规定:法官得从当事人懈怠或者拒绝引出所有结论,当事人对证据调查负有协力义务(第1项);在当事人持有证据资料的情形,法官得根据对方当事人的申请,在必要时依据间接强制(astreinte),命令该当事人提出。法官依据当事人一方的申请,只要无正当妨碍事由,在必要时依据间接强制,得要求或者命令第三人提出其所持有的全部书类证据(第2项)。[①]

在当今社会条件下,作为开展民事诉讼的基本原则,《法国民事诉讼法》第2条和第3条的规定体现了法国民事诉讼推行当事人主义与法院职权主义相结合的模式。在这种基本模式架构下,《法国民事诉讼法》第11条规定:当事人有义务对审前预备措施给予协助;但当事人不予协助或拒绝协助的后果,由法官决断(第1款)。如一方当事人持某项证据材料,法官得应对方当事人的请求,令其提交;凡不予提交的,必要时,得科处逾期罚款……但如有合理障碍不能提交的情形,不在此限(第2款)。关于文书提交义务制度,《法国民事诉讼法》第142条规定:请求当事人就其持有的证据材料,以及这种证据材料的提交,按照《法国民事诉讼法》第138条及第139条的规定办理。而根据《法国民事诉讼法》第138条的规定:如在诉讼过程中,一方当事人拟援用其本人并非参与人的公文书或私文书,或者拟援用由第三人持有的文书、字据,该当事人得向受诉法官提出请求,由法官命令提交该文书、字据的副本,或者提交该文书或者字据。同法第139条规定:前项请

---

① 参见〔日〕小林秀之:《民事裁判の审理》,有斐阁1987年版,第215页以下;〔日〕谷口安平、若林安雄、上北武男、德田和幸:《注釋ワランス新民事訴訟法典》(1988年),第36页以下;山下郁夫、野山宏、小林久起:《ワランスにおける民事訴訟の運営》,法曹会1993年版,第101页以下,等等。转引自许士宦:《证据收集与纠纷解决》,台北新学林出版股份有限公司2005年版,第351页脚注。

求的提出，无须任何形式（第 1 款）。法官如认为此项请求成立，得命令按其确定的条件与保证，视情况，提交该文书或字据的原本、副本或节本，必要时，以科处逾期罚款命令之（第 2 款）。对此，有学者认为，如果法官认为提出的请求有依据，并且所提请求并不违反任何更高的原则，即可视具体情况，发出文书提出命令。但所提出的请求是否有依据，法官享有自主评判权。[①] 同时，《法国民事诉讼法》第 141 条规定：在有困难的情况下，或者如有合法理由不能提交文书、字据时，命令提交文书、字据的法官，得依不经任何形式向其提出的请求，撤销或变更其决定。其中，何谓合法理由？有学者指出，经常有这样的情形，当事人保留着某一与诉讼有关的文书但不愿将其提交，而对于相对一方当事人而言，如果该文书得以披露将会产生重大后果。当事人之所以采取这种态度，可能出于多方面的考虑：家庭秘密、商业秘密，文件具有严格的个人私密性质，或者该文书并不直接与系属法院的诉讼案件有关。[②] 可见，《法国民事诉讼法》对文书提出义务的范围在原则上并未作出明确限定，主要由法官据情裁量，法官可将客观上的障碍或者个人隐私、商业秘密作为除外事由。再则，法国法上并未采取列举式的规定。另外，应当指出的是，法国法对于有关当事人拒不执行文书提出命令所产生的证明妨碍行为，在有关制裁措施上也与德国法、日本法等有显著的不同，法国法主要采用罚款的经济制裁手段，是否能起到预期的效果，值得怀疑。这是因为，证明妨碍行为人或许宁愿交纳罚款也不愿提供对其不利的文书证据，以期能够通过赢得对其有利的判决来获得更大的利益。当然，根据《法国民事诉讼法》第 11 条第 1 款所作的原则性规定，即对当事人不予协助审前预备措施或拒绝协助的后果，由法官决断。可见，并不能排除法官在司法判例中就有关当事人的证明妨碍行为在事实认定上作出对其不利益的评价。总之，法国法在确定文书提交义务范围上，采用的是包括明确列举某些情形在内的一般义务式与正当理由情形下的例外与法官自由裁量原则相结合的模式。

---

① 参见〔法〕让·文森、塞尔日·金沙尔：《法国民事诉讼法要义》（下），罗结珍译，中国法制出版社 2001 年版，第 919 页。

② 同上书，第 918 页。

3. 对德国立法例的解析

根据《德国民事诉讼法》第 421 条的规定，举证人断定文书在对方当事人手中时，应在申请证据时，同时申请命令对方当事人提出文书。而《德国民事诉讼法》第 425 条规定，法院认为应由文书证明的事实是重要的，并且认为申请有理由的，而对方当事人承认文书在其手中，或者对方当事人对申请不作表示的，法院就命令其提出文书。实际上，德国民事诉讼法这两条规定为文书提出义务划定了一般性范围。也就是说，只要举证人断定文书为对方当事人所持有时，就可根据《德国民事诉讼法》第 420 条、第 424 条的规定，向法院申请命令对方当事人提出有关文书（对文书没有任何范围上的限制）。在接到举证人的申请之后，法院应当对该申请进行审查，经审查认为，申请涉及的文书对证明系争事实是重要的，也就是具有证明价值，并且认为申请有理由，在判断文书为对方当事人所占有的基础上，法院可向对方发出提出文书的命令。在此情形下，作为对方当事人的持有人就负有文书提出义务。其中，法院认为申请有理由，应不限于《德国民事诉讼法》第 422 条所规定权利文书的情形，以及第 423 条所规定引用文书的情形。虽然德国民事诉讼法在此并未就除外事由作出明确规定，但是仍应作为法院审查申请是否有正当理由所要考量的因素。换言之，在审查举证人的申请时，如果法院认为有关文书涉及文书持有人的个人隐私、商业秘密等情形，便可认定该申请缺乏正当理由。可见，该法律在此没有明确规定除外具体情形，从而使得法官能够享有更为宽泛的自由裁量权。这体现了与日本法以及我国台湾地区法所具有的明显差别。一般而言，在立法上没有明确规定除外事由的情形下，有可能导致文书提出义务范围的不确定性。当然这也不能完全排除，在立法上没有明确规定除外事由时，立法意图似乎可以解读为，尽量淡化因明确规定除外事由有可能对扩充文书提出义务的范围造成消极影响，也就是，要求法院在个案中根据利益衡量原则据情作出判断。总体上可以说，德国法在确定文书提出义务范围上是采用包括明确列举某些情形在内的一般义务式与正当理由情形下的例外及利益衡量原则相结合的综合模式。

关于美国法与德国法的比较，有学者指出，德国的程序法中没有像诸如美国联邦民事诉讼规则第 26 条（a）所规定的那样，在审理开始前的某一阶段，当事人之间需要交换证据和信息资料。当事人应当提供证据来源以支持对其诉讼请求和抗辩主张,在提交诉状的同时,通常还附加对他们有利的文件证据。[①] 但是,在许多情况下,事实上是不可能从对方当事人那里获取相关证据信息。德国联邦最高法院坚持认为,不能强迫任何当事人提供那些为另一方当事人所无法知晓或者尚无法获取的证据资料。[②] 这其中所涉及的议题是,一方当事人是否有权向对方当事人要求信息披露或者提供文件证据,实际上是作为实体法问题来看待的。[③] 这并不存在通常意义上的程序性义务。更进一步讲,并不存在采用口头录取证言的方式挖掘信息资料的途径。所有的证人证言必须接受法官的庭审。[④] 美国民事诉讼制度强调对诉讼案件基本事实进行全面了解的必要性,当事人之间为此享有要求对方提供相应信息的程序性权利。[⑤] 联邦证据规则为一方当事人向对方当事人以及第三人获取证据资料设定极为广泛而强有力的方法与路径。[⑥] 当事人委托的律师负有从事证据发现(或称证据开示)的责任,如果一方当事人拒绝另一方当事人所提出的证据发现请求,法院将介入其中。与之相反的是,德国民事诉讼程序更加关注成本的耗损、能否迅捷以及当事人的隐私。[⑦] 当事人收集信息的权利受到极大限制,没有当事人的律师向另一方当事人录取证言(depositions)之说,只有法院可以向当事人发出提供文件证据的命令。[⑧] 由于采用特权规则并基于

---

① Cf. ZPO [Code Civ. P.] Dec. 5, 2005, BGBl. I at 3202, § 420.

② BGH [Fed. Ct. Justice] June 11, 1990, 43 *NJW* 3151, 1990. The decision has been heavily criticized by a number of scholars. For example, Professor Schlosser talks about Germany's long journey into procedural modern times. Peter F. Schlosser, Die lange deutsche Reise in die prozessuale Moderne, 46 Juristenzeitung [JZ] 599 (1991).

③ BGH [Fed. Ct. Justice] June 11, 1990, *43 NJW 3151*, 1990.

④ Jan W. Bolt, Joseph K. Wheatley, Private Rules for International Discovery in U.S. District Court: The U.S.-German Example, *UCLA Journal of International Law and Foreign Affairs*, Spring 2006, p. 8.

⑤ See *Hickman v. Taylor*, 329 U.S. 495, 507 (1947).

⑥ Fed. R. Civ. P. 26-37, 45.

⑦ David J. Gerber, Extraterritorial Discovery and the Conflict of Procedural Systems: Germany and the United States, 34 *Am. J. Comp. L.* 745, 763, 769 (1986). See also Murray & Stürner, supra note 3, at 19 (providing information on average costs and durations of civil lawsuits in Germany).

⑧ ZPO [Code Civ. P.] Dec. 5, 2005, BGBl. I at 3202, § § 142, 421-31.

降低诉讼成本的考虑,原则上禁止采用不当手段(fishing expeditions)调查案件事实,也就是防止采用美国式的查明事实真相的模式。德国的民事诉讼程序开展得较为迅捷,成本较低,当事人之间的对抗性较弱,但是,它所面临的问题是,这种司法裁判的作出系以建立在缺乏完整性或者正确性事实根据为代价的基础之上,并且这种风险有不断扩张的趋势。[①]

4. 对日本立法例的解析

《日本民事诉讼法》第220条是有关文书提出义务的规定,其中第4款为除外情形或称除外事由,而该第4款通常被日本学界认为系一般性义务。[②] 例如,日本学者竹下守夫教授、野村秀敏教授指出,在习惯上将第4款所指文书称为一般义务文书。因该项规定使得文书提出义务也就成为一般性义务。[③] 在某种程度上,这些除外事由所涉及情形的宽窄与文书提出义务范围的大小呈反比。根据《日本民事诉讼法》第219条及第220条的规定,向法院申请对文书持有人发出文书提出命令,只要其所针对的文书并不涉及第220条第4款所规定的除外情形,持有人都应负有文书提出义务;而《日本民事诉讼法》第220条第1款至第3款采用列举式明确列举了引用文书、权利文书、利益文书、法律关系文书等诸种在实务上经常遇有的情形,以便举证人能够据情利用。可见,在确定文书提出义务的范围上,《日本民事诉讼法》第220条采用了列举式与排除式相结合的立法模式。其中采用排除式的重要意义在于,由于在立法上采用列举式无法穷尽且不能穷尽

---

① Cf. Richard L. Marcus, Retooling American Discovery for the Twenty-First Century: Toward a New World Order?, *7 Tul. J. Intl & Comp. L. 153, 157 (1999)* ("[T] he American observer is perplexed at the willingness in other countries to countenance what seems to us a remarkable indifference to getting out the truth in civil litigation."). Jan W. Bolt, Joseph K. Wheatley, Private Rules for International Discovery in U. S. District Court: The U. S.-German Example, *UCLA Journal of International Law and Foreign Affairs*, Spring 2006, p. 6.

② 参见〔日〕三本和彦:《日本民事诉讼法中的证据制度》,载2009年9月21—22日"中日民事诉讼法的制度与理论比较"国际研讨会资料汇编,第32页。

③ 参见〔日〕竹下守夫、野村秀敏:《民事訴訟における文書提出命令(二・完)》判评206号(判时804号)(1976),第2页,特别是第11页。转引自〔日〕高桥宏志:《重点讲义民事诉讼法》,张卫平、许可译,法律出版社2007年版,第134页。

为法律所确认的空间范畴，只好采用逆向逻辑推理方式，也就是采用排除式就特别情形加以限定，以此来扩充文书提出义务适用的空间范围。另外，采用列举式具有明确易辨的优势，在实务上也有利于法官加以识别和应用。总之，在确定文书义务的范围上，日本法分别采用了一般式、列举式与排除式相结合的模式。

另外，作为文书提出义务制度的一部分，《日本民事诉讼法》（第221条第1款第1项至第5项）仿照《德国民事诉讼法》（第424条第1款、第2款）就当事人向法院提出文书命令申请所应记载的事项有专门的要求，或者称文书提出命令申请所应当包含的要件。但是，日本法与德国法在这些要件上有所不同。日本法所规定的要件包括：文书的标识、文书的旨趣、文书持有人、要证事实、文书提出义务的理由。而日本法与德国法所规定要件的主要区别表现在：日本法所规定的"文书持有人"，而在德国法中相对应的是"主张文书在对方当事人占有中所根据的事由"；日本法所规定的"文书提出义务的理由"，而在德国法中相对应的是"对方当事人有提出文书义务的原因，并对该原因应加以释明"。对此，笔者认为，因为采用列举式的缘故，因此，《日本民事诉讼法》第221条第1款第5项表述的"文书提出义务的理由"，不应仅限于《日本民事诉讼法》第220条第1款至第3款已明确列举的引用文书、权利文书、利益文书、法律关系文书这些情形，还应包括在此之外的其他具有相应正当理由的情形。

5. 对我国台湾地区立法例的解析

我国台湾地区的立法模式与日本的立法模式大致相同，主要表现在：(1) 我国台湾地区"民事诉讼法"第344条也像日本法那样采用了列举式与排除式相结合的立法模式。(2) 作为文书提出义务制度的一部分，我国台湾地区"民事诉讼法"（第344条）也像日本法（以及德国法）那样就当事人向法院提出文书命令申请所应记载的事项有专门的要求。(3) 对于文书提出义务的范围，台湾地区"民事诉讼法"所采用的列举式也主要包括引用文书、权利文书、利益文书、法律关系文书（主要指商业账簿）等诸种情形。(4) 我国台湾地区"民事诉讼法"（第345条第1项）也像日本法（以及德国法）那样对无正当理由拒不履行文书提出义务的后果作出明确的规定，也就是采用证明妨碍法律适用效果。

同时，我国台湾地区的立法模式与日本的立法模式之间也存在一定的差异，主要表现在：(1) 台湾地区“民事诉讼法”第 344 条第 1 项第 1 款至第 5 款对文书提出义务的范围采用列举式加以规定，但其中的第 5 款则采用的是类似一般性义务的模式。也就是说，为该款所规定的“就与本件诉讼有关之事项所作”的文书，其所能涵盖的范围与空间具有广泛的可塑性，似乎为法院通过个案加以逐个识别和确认预留了无尽的空间领域。从某种程度上讲，“民事诉讼法”第 344 条第 1 项第 5 款实际上已经包含了前 4 款所列举的引用文书、权利文书、利益文书、法律关系文书(主要指商业账簿)的范围。该第 5 款与前 4 款之间在逻辑上是一般性与个性之间的关系。对此，从将该第 5 款作为一般性义务的规范来看待，台湾学者邱联恭教授指出，该第 5 款使得凡与待证事实有关的文书，均负有提出义务(其中包括当事人之间法律关系或与该法律关系有关的事项，及其他与本件诉讼有关的事项所制作的文书)。[①] 而《日本民事诉讼法》是从第 220 条第 4 款除外事由的角度来设定文书提出的一般性义务。(2) 我国台湾地区“民事诉讼法”对文书提出义务的范围采用排除式，体现在第 344 条第 2 项，该第 2 项仅针对第 1 项第 5 款所规定的一般性义务范畴，从而使得第 1 项第 5 款被作为一般性义务的定位更为显著；而《日本民事诉讼法》第 220 条第 4 款所规定的除外事由对于该条第 1 款至第 3 款并没有明确的针对性，具有泛指的性质。另外，我国台湾地区“民事诉讼法”第 344 条第 2 项所规定的除外事由比《日本民事诉讼法》第 220 条第 4 款所规定的除外事由显得更为狭窄，它仅限于涉及当事人或第三人的隐私或者业务秘密。相较之下，《日本民事诉讼法》第 220 条第 4 款所规定的除外事由则包括涉及公务员职务秘密的文书、有可能导致持有人自身或者一定范围内的亲属受到刑事追诉，或者导致其名誉如社会地位和价值受到损害的文书，医师、律师等因工作关系而较多地涉及他人秘密行业的文书，专供持有人自己利用的文书，涉及刑事诉讼案件或者少年权益保护案件中的记录，以及这些案件中被扣押的文书等五

---

① 参见邱联恭在台湾地区“司法院”“民事诉讼法”研究修正委员会第 288 次会议上的发言，载台湾地区“司法院”编：《“司法院”“民事诉讼法”研究修正资料汇编》(六)(1990 年)，第 714、716、720 页。

种较为广泛的情形。(3) 作为文书提出义务制度的一部分,我国台湾地区“民事诉讼法”(第342条第2项)借鉴日本民事诉讼法就当事人向法院提出文书命令申请所应记载的事项作出规定,但在表述上,前者采用的是“文书为他造所执之事由”这一事项,与后者相应采用的“文书持有人”显有不同。另外,根据我国台湾地区“民事诉讼法”第342条第3项,当举证人对其申请中所列“应命其提出之文书”和“文书之内容”两款所列事项在表明上显有困难时,法院得命令对方进行必要的协助。对此,日本民事诉讼法则没有相同的规定。

可见,在确定文书义务的范围上,台湾地区“民事诉讼法”也分别采用了一般式、列举式与排除式相结合的模式。

(四) 近年来各国对当事人在诉讼上负有文书提出义务的认知与定位

在现代社会条件下,随着人与人之间相互社会关系的密切联系不断加剧,法律不得不对人的自由权利的含义以及所应当占有的空间重新理解和定位。法院代表国家对诉讼程序进行必要的管理,被认为更有利于实现当事人之间的平等对抗,提高诉讼效率。在此背景下,在诉讼上是否对文书提出义务采用限制主义,以及采用何种限制主义,便涉及对文书提出义务的性质如何加以理解与定位,由此也在理论上与实务上就相关边缘性问题引发了一些疑惑与争论,具体归纳如下。

1. 关于文书提出义务性质的认知与界定

进入现代社会以来,自由经济时代国家对社会经济秩序所采用的消极、被动的管理模式早已被国家的适度干预所取代。这一点随即也被反映在作为上层建筑的司法领域。在民事诉讼活动中,受司法能动主义思潮的影响,在传统观念支配下的那种自由主义、个人主义已进化为协同主义,并且在这种框架内设定了法院与当事人之间以及当事人相互之间的新型诉讼法律关系。在这种总体架构下,当事人在程序上所承受的诉讼义务在公法属性的语境下被重新诠释,为尽可能地发现真实或者接近真实,实现社会实质性的正义创造了必要的前提条件。

近几十年来,许多国家相继对其民事诉讼法加以修订与完善,对学理上就文书提出义务以及司法判例中法官对该义务进行扩大化的理解加以明文化肯认,从而进一步加速了文书提出义务向一般化方向发展的趋势。文书提出义务是一种公法上的义务。关于修订后的民事诉讼法就文书提出义务的性质如何界定，在理论界引起了高度关注，其中涌现出了不尽一致的认识与观念。

例如，修订后的《日本民事诉讼法》关于文书提出义务性质的界定问题，日本学者竹下守夫教授、野村秀敏教授认为，1996 年在修订《日本民事诉讼法》时新增了第 220 条第 4 款条文，也就是对一般义务文书法院可发布文书提出命令。该项下文书与第 1 款至第 3 款所指文书不同，并未附加引用、法律关系等限定条件，因此，在习惯上将第 4 款所指文书称为一般义务文书。因该项规定使得文书提出义务也就成为一般性义务。[①] 另外，三本和彦教授认为，从前在日本法中，只有当事人所引用的文书以及当事人之间涉及法律关系的文书等一些符合限定性列举情形的，才会被认可其具备提出义务。但是，在 1995 年《日本民事诉讼法》经修订之后，提出义务进入了泛指化认定阶段，即只要不属于所列举的除外事由，原则上均被认定为负有提出义务（《日本民事诉讼法》第 220 条第 4 项）。[②] 三木浩一教授认为，现行日本民事诉讼法既然已将文书提出义务确定为一般义务，则作为其前提的文书特定等资讯援助义务也成为一般义务。[③] 对于将文书加以一般化的理由，有日本学者指出，日本新修订的民事诉讼法将文书提出义务加以一般义务化，主要是基于争点整理的需要以及确保当事人的实质对等。换言之，为了使当事人可以就争点整理作充分的诉讼准备，及就争点进行充实的审理，不仅当事人自己所持证据，就连对方及第三人手中的证据也有接近、使用的必要；并且，在采行限定义务的文书提出命令制度下，当证据偏在于一方当事人的案件，确保当事人实质对等

---

① 参见〔日〕竹下守夫、野村秀敏：《民事訴訟における文書提出命令(二・完)》判评 206 号（判时 804 号）(1976)，第 2 页，特别是第 11 页。转引自〔日〕高桥宏志：《重点讲义民事诉讼法》，张卫平、许可译，法律出版社 2007 年版，第 134 页。

② 参见〔日〕三本和彦：《日本民事诉讼法中的证据制度》，载 2009 年 9 月 21—22 日“中日民事诉讼法的制度与理论比较”国际研讨会资料汇编，第 32 页。

③ 参见〔日〕三木浩一：《文書提出命令の申立ておよび審理手續》，载竹下守夫编：《新民事诉讼法》（Ⅱ）(1999 年)，第 75 页。转引自许士宦：《证据收集与纠纷解决》，台北新学林出版股份有限公司 2005 年版，第 355 页脚注。

的证据收集手段更加充分。[①]

但是,日本学者高桥宏志教授却持不同观点,他认为,从严格意义上讲,第220条第4款规定的义务不属于一般性义务,习惯上将文书提出义务称为一般性义务,继而使用一般性义务文书这一称谓有些言过其实。但这一名称易使人产生亲近感,只要能够充分意识到上述区别,则没有否定这一习惯用语的必要。[②]

关于修订后的我国台湾地区"民事诉讼法"文书提出义务性质的界定问题,许士宦教授基于下述理由,认为应当将中国台湾地区新"民事诉讼法"第344条第1项第5款的规定理解为一般性义务:(1)上述修正提案,原本为因应今后社会的新需求,改善不公平的证据独占现象,致力于弥补德国等大陆法系收集证据不完备的缺陷,以贯彻当事人之间的武器平等原则,因此,扩大举证人使用文书的范围,使得这一证据法较为接近英美法系,即从发现真实或便利主张权利等诉讼法上的考虑,而并非仅从实体法上法律关系的基点出发。故此,在原则上,只要与待证事实有关,凡法院认为必要的文书,均有提出的义务。[③](2)为了实现公平及发现真实,中国台湾地区"民事诉讼法"修正草案初稿的有关规定,仍沿用原法的列举式,但将其第344条第4款加以修正,扩大文书提出范围,而并未采用一般化的规范方式。此后,当草案第二稿研议时,因日本新民事诉讼法改采一般义务,即除规定有与旧法相同的列举内容,例如引用文书、交付或阅览文书、利益文书或者法律关系文书作出规定之外,另行增加具有一般义务化意义的规定,如同法第220条第1项第4款,于是有人建议参仿这些规定而作出修订。因这与审理能否集中化也有密切的关系,如判决所需基础资料未

① 参见日本法务省民事局参事官室编:《一问一答新民事诉讼法》,商事法务研究会1996年版,第251页;中野贞一郎:《解说新民事诉讼法》(1997年),第51页。转引自许士宦:《证据收集与纠纷解决》,台北新学林出版股份有限公司2005年版,第378页。

② 参见〔日〕高桥宏志:《重点讲义民事诉讼法》,张卫平、许可译,法律出版社2007年版,第133—134页。

③ 参见邱联恭在台湾地区"司法院""民事诉讼法"研究修正委员会提出的《关于"第二编第一章第三节证据"之修正研究报告》及该会第287次及288次会议上的发言,载台湾地区"司法院"编:《"司法院""民事诉讼法"研究修正资料汇编》(六)(1990年),第42、43、703、709、712页。

能收集齐全，审理就不太可能集中化。最终虽然因顾虑其如同日本那样扩大文书提出义务，恐被遭到滥用，故并未再作出文字上的修正，但也借鉴了日本新民事诉讼法就这种一般提出义务的文书之利用，实际上需限于与争点有关联性，且具有必要性时才可利用（同法第 221 条第 2 项），故特此在修正草案第二稿的立法理由中加以说明，与争点、攻击防御方法有关的事项所制作的文书，均负有提出义务。[①]（3）中国台湾地区原有的“民事诉讼法”有关文书提出义务的规定，系沿用大陆法系德国、奥地利、日本等国的模式，但在立法之初并不是持有共通的文书这一概念，而是分别设定相关的款项采用利益文书及法律关系文书的概念。这些概念虽然显得过于笼统，但因倾向于诉讼法化而使其外延显得更加宽泛。（4）修正草案在台湾地区“立法院”审议时，该院审查会议鉴于其立法理由明确规定“扩大当事人文书提出义务范围……使当事人就其实体及程序上之法律关系、争点、攻击或者防御方法等与本件诉讼有关之事项所作之文书，均负有提出之义务”，实质上已将文书提出义务一般化，故除将草案文字修正为“就与本件诉讼有关之事项所作者”外，并将其列为同项最后一款，以便明确表示前列各款为例示规定，该款则为一般、概括规定。[②] 台湾地区“立法院”的这项修订，是为了扩大文书提出义务至一般义务的程度，并非只是对文字加以修饰，这种规定方法即使与日本新民事诉讼法规定不同，但并不妨碍将其理解为一般义务的规定。因此，就法条文字而言，不需作限定解释，认为文书的制作目的须与本件涉讼有关才符合条件，即使其在制作时并无这种意思，因其在具体诉讼上与当事人作为攻防的事项有关，可援用为有利于己的主张，仍应理解为包括于其中。[③]（5）台湾地区“立法院”在审议时，不仅扩大了当事人的文书提出义务，也扩大了第三人的文书提出义务。在诉讼上，无论当事人或者第三人均负

---

① 参见台湾地区“司法院”“民事诉讼法”研究修正委员会第 637 次及第 638 次会议，载台湾地区“司法院”编：《“司法院”“民事诉讼法”研究修正资料汇编》（十五）（1999 年），第 257 页以下、第 276 页以下、第 1194 页。

② 参见台湾地区“立法院”司法委员会编：《“民事诉讼法”部分修正条文修正案（法律案专辑二五三辑）》（下）（2000 年），第 387 页、第 469 页。转引自许士宦：《证据收集与纠纷解决》，台北新学林出版股份有限公司 2005 年版，第 348 页。

③ 参见许士宦：《证据收集与纠纷解决》，台北新学林出版股份有限公司 2005 年版，第 348 页。

一般性文书提出义务。①

但是,我国台湾学者吕太郎教授则有不同看法,他认为,新"民事诉讼法"第 344 条第 1 项第 5 款的规定,并未使文书提出义务一般化,因为在台湾地区"司法院"研拟修正草案时,仅将旧法所规定的文书提出义务稍加扩大,并无模仿日本新民事诉讼法使其成为一般义务的意思,并且"立法院"在审议时将原修订草案所规定的"就与本件诉讼关系有关之事项所作者"改为"就与本件诉讼有关之事项所作者",仅为文字修饰而已。②

对此,笔者认为,从近几十年来各国对民事诉讼法加以修订的发展方向来看,文书提出义务一般化趋势更为显著,但是否能够在性质上贴上一般化的标签,则无不疑问。既使能够贴上一般化的标签,也只能界定为相对一般化的性质,而并非绝对一般化的性质。并且,各国无论在立法上还是在司法判例上对文书提出义务的范围虽然都在不断地扩张,但毕竟宽窄不一。主要表现在对除外事由或者对证据持有人有拒不提出文书的正当理由的认识和界定上。在有些情况下,除外事由或者正当理由甚至并非是一成不变的,这在司法判例中表现得尤为明显。也就是说,在某一个案情形下,某个除外事由或者正当理由能够成立,而在另外某一个案情形下,相同的除外事由或者正当理由就可能不为法院所采纳。因此,在实务上,对于这些除外事由或者正当理由的认定有时要取决于法院的据情裁量,从而给文书提出义务范围的界定造成实际影响。这一点在法国法上表现得更为明显,因为法国民事诉讼法并未明确划定文书提出义务的范围,只是要求法院在文书持有人拒不提出文书时就其提出的理由进行审查,鉴于法国民事诉讼法并未对何谓正当理由作出明确规定,因此,在一定程度上,法院在审理个案时要考虑个案的特别情事。相较而言,《德国民事诉讼法》(第 425 条)除了规定要对是否存在正当理由进行审查以外,还要判断

---

① 参见台湾地区"立法院"司法委员会编:《"民事诉讼法"部分修正条文修正案(法律案专辑二五三辑)》(下)(2000 年),第 387 页、第 473 页、第 474 页。转引自许士宦:《证据收集与纠纷解决》,台北新学林出版股份有限公司 2005 年版,第 349 页。

② 参见吕太郎《文书提出命令》,载《台湾本土法学杂志》25 期(2001 年),第 107 页注 8、第 108 页注 10 及该文。转引自许士宦:《证据收集与纠纷解决》,台北新学林出版股份有限公司 2005 年版,第 343 页。

举证人申请的文书对证明系争事实是否重要，也就是说，该文书是否具有关联性或者证明价值。从法理上讲，文书提出义务的范围仅应涉及有关文书的证据资格或证据能力问题，例如，如果有关文书的提出将导致损害证据持有人的专业秘密，该文书证据在法律上就有可能被认定为缺乏适格性。至于该文书证据对系争事实是否具有关联性以及具有多大程度的关联性，本不应作为法院审查持有人是否应负有文书提出义务的根据。或许某一文书本身的关联性较弱，但与举证人所提供的其他证据结合起来，就能有助于证明其所提出的事实主张。《德国民事诉讼法》第425条规定的内容所包含的立法意图确实涉及法院对有关文书证据关联性的审查判断，一种可能性的解释是，在某种程度上能够体现对文书提出义务的限制主义色彩。当然，在实务上，这种限制主义色彩所体现的程度完全取决于法院在个案当中的据情裁量。另一种可能性的解释为，《德国民事诉讼法》第425条规定的内容所包含的立法意图并非涉及关联性，而是涉及提交该份文书证据的必要性，也就是这份文书证据的可替代性，凡是有其他信息资料或证据方法也能起到相同的证明效果时，该份文书证据的提出就不具有必要性。这种价值取向意在尽量将文书持有人的义务与公法上的证据提交义务保持距离。另外，德国民事诉讼法也并未对能够反映限制主义色彩的除外事由或者拒绝文书提出义务的正当事由作出明确规定，无异于不倾向给文书提出义务的范围划出明确的边界。这种现象可以作为立法者更倾向于将文书提出义务作为一般性义务看待。

从法国的立法模式看，当法律规定举证人有权申请法院向对方发出命令要求其提交有关文书，只有当法院经审查认为，文书持有人拒不提交有关文书有合法原因（或称正当理由），才可拒绝举证人的申请；并且在立法上明确规定文书提出义务的一定范围（《法国民事诉讼法》第138条），同时也概括性地对文书提出义务划定了限制范围（即《法国民事诉讼法》第141条所规定的“在有困难的情况下”和“如有合法原因的情况下”的情事）。在这种架构下，可视为法国民事诉讼法所规定的文书提出义务至少在广义上具有一般化的性质。或者在狭义上讲，具有特定例外情形的一般化义务。德国民事诉讼法在此方面与法国民事诉讼法的情况大致相同。[①] 日本民事诉讼法与我国台湾地区"民事诉讼法"与法德模式的主要差别表现在，日本民事诉讼法与我国台湾地区"民事诉讼法"均采用除外事由的方式，对文书提出义务的范围作出了明确的限制。但这并不影响对其文书提出义务性质的总体定位。这是因为，这种现象并不妨碍将日本民事诉讼法与我国台湾地区"民事诉讼法"的这种特定模式解释为具有特定例外情形的一般化义务性质。笔者认为，为了更加有利于武器平等利用原则的实现，以尽可能地保障实体真实的发现，随着时间的推移，其中的例外情形可能还有不断限缩的趋势，但是，特定例外情形总是会存在的，由此而决定了文书提出义务的绝对一般化几乎没有出现的可能。

2. 文书提出义务制度与文书提出命令制度之间的关系

在进行比较法研究的过程中，有学者提出这样一种疑惑，我国台湾地区法与德国法就文书提出义务均存在相同的问题，也就是说，为何文书提出义务制度要求须存在文书提出的义务，但法院依职权命令当事人提出文书的规定，却可在当事人无文书提出义务下进行。[②] 实质上，这种疑问和困惑涉及的是立法上明确规定的文书提出义务与法院根据当事人的申请依职权发出命令所产生的文书提出义务问题。

笔者认为，这涉及文书提出义务制度与文书提出命令制度所涉及的范围以及相互关系问题。二者之间既有相互重叠的部分，也有各自独立的部分。就文书提出义务制度而言，它主要涉及从法律上对文书提出义务范围的设定。例如，《德国民事诉讼法》第420条至第424条系有关文书提出义务制度的规定；再如，《日本民事诉讼法》第219条

---

① 相比较，瑞士有关法律就文书提出义务，系规定当事人与第三人就其所保管的文书均应依法院的要求予以提交，但第三人有证言拒绝权事由时，可拒绝提交。对此有学者认为，瑞士法可以说是采用一般义务说。参见林道晴：《スイスの民事訴訟》(上)，载《法曹时报》46卷12号(1994年)，第23页；松本幸一：《文書提出義務の一般義務化の一考察》，载中村英郎古稀祝贺：《民事訴訟法學の新たな展開》，成文堂1996年版，第717页以下。转引自许士宦：《证据收集与纠纷解决》，台北新学林出版股份有限公司2005年版，第343—344页脚注。

② 参见姜世明：《举证责任与真实义务》，台北新学林出版股份有限公司2006年版，第175页。

至第221条系有关文书提出义务制度的规定。根据《德国民事诉讼法》第420条、第421条和第424条，当举证人断定与证明其事实主张有关的文书为对方当事人所持有时，有权对此证据提出申请，从而使文书持有人负有一般性的文书提出义务。作为其立法的指导思想主要表现在，为了查明事实真相，法院应当尽可能调查所有与案件事实有关的证据，而不论这些证据在构造上是否偏在于举证人或者证据持有人。换言之，凡是与待证事实有关的证据，证据持有人均应当负有证据提出义务。这种观念来自武器平等原则。另外，《德国民事诉讼法》采用列举式的方法在其第422条规定了权利文书的情形[①]，以及第423条规定了引用文书的情形。[②] 在这两种情形下所涉及的文书提出义务当属一般文书提出义务范围。《德国民事诉讼法》第422条以及第423条的列举式规定并不表明其在立法上仅在这两种情形下为文书持有人划定了文书提出义务的范围，只是表明在立法上仅仅明确划定了文书持有人全部文书提出义务当中的一部分范围，由成文法的局限性与社会生活的复杂多样性所决定，任何成文法都不可能一览无余地穷尽文书提出义务的所有情形或者全部内容。这就是为什么许多国家在学理上和司法判例上对文书提出义务范围不断扩张解释的根本原因。同时，作为文书提出义务范围的止境或者边界，主要体现在民事诉讼法明确规定的除外事由，以及在实务上法官对证据持有人为了拒绝提交而提出正当理由所涉及情形和范围的判定。从近几十年来的发展趋势来看，在总体上，各国法院在对这些除外事由或者正当理由进行审查判断时采取了更为严格的评判标准。由此也进一步加剧了不断扩充文书提出义务范围的趋向。

就文书提出命令制度而言，它主要涉及法院对文书持有人为拒绝提交文书所提出的除外事由或者正当理由的审查判断。例如，《德国民事诉讼法》第424条至第427条系文书提出命令制度（仅涉及对方当事人为文书持有人的情形）的规定，再如，《日本民事诉讼法》第221

---

① 《德国民事诉讼法》第422条规定：根据民法中的规定，举证人可以要求交出或者提出文书时，对方当事人有提出文书的义务。

② 《德国民事诉讼法》第423条规定：对方当事人在诉讼中为举证而引用在他自己手中的文书时，有提出该项文书的义务，即使在准备书状中曾经引用的，也有提出的义务。

条至第224条系文书提出命令制度（仅涉及对方当事人为文书持有人的情形）的规定。根据该文书提出命令制度的意旨，为法院进行证据调查的需要，当举证人断定文书为对方当事人所持有时，有权向法院申请命令对方提出该文书。在此情形下，当文书持有人主张该文书属于法律所规定的除外事由或者其拒绝提交有其他正当事由的，应当对其主张的具体事实或情形负担证明责任。[①] 例如，文书持有人主张为举证人所申请的文书的内容涉及个人隐私或者专业秘密的，该文书持有人应当提供证据对其所主张的具体事实加以证明，以便法院对此作出审查判断。换言之，当举证人提出该申请时，文书持有人不能仅仅以存在法律所规定的除外事由或者其他正当事由为根据，就可拒不履行文书提出义务。因为根据文书提出义务制度的意旨，文书提出义务属于文书持有人在公法意义上的一般性义务。如果文书持有人认为，举证人申请的文书属于一般文书提出义务范围之外的特殊情形或者例外情形，在程序上，文书持有人就应当对有关特殊情形或者例外情形所涉及的具体事实进行主张，以及负担相应的证明责任。[②]

---

① 在日本实务界，有一种观点指出，是否应由持有人主张和证明，假如回答肯定，是否与证明责任由申请人负担的原则相冲突。对此，日本最高法院的决定认为，对方当事人既未主张信息的种类、性质以及开示带来的具体不利益情形，原审决定也没有对此作出具体认定。可见，日本最高法院认为对方当事人即持有人，必须就除外事由进行主张和证明。参见中西正·判批·判评·507号（判时1740号）(2001)第25页。转引自〔日〕高桥宏志:《重点讲义民事诉讼法》，张卫平、许可译，法律出版社2007年版，第139页脚注。

② 值得关注的是，1996年在修订《日本民事诉讼法》时新增了第220条第4款条文，也就是对一般义务文书法院可发布文书提出命令。严格地说，所谓一般性义务对申请人即举证人来说，只要其提出命令申请即可，除外事由的主张证明责任应由文书持有人负担，但是，该第4款的条文表述却并非如此，从该条文的结构来看，除外事由的主张证明责任是由申请人负担的。如果不是这样规定，一般性义务文书都可以申请文书提出命令，会使前三款的规定失去意义。可见，就一般性义务文书，其不存在除外事由的事项由申请人负担主张及证明责任，另一方面，对于第220条第1款至第3款规定的文书，如果申请人能够主张和证明这些文书反映了申请人和持有人之间的特殊关系，则法院可以发布提出命令。在一般情形下，申请人要主张和证明引用或法律关系等特殊关系是比较容易的，故申请人就会选择利用前三款规定而不会一味地利用第4款规定。因第4款中的除外事由是由申请人负担主张和证明责任的，因此前三款规定涉及的文书就不会被吸

可见，文书提出义务制度主要是对文书提出义务范围之内的部分情形以及范围之外的例外情形加以规定的制度，它不可能穷尽文书提出义务的所有范围。在此基础上所产生的文书提出命令制度，主要是在举证人向法院申请要求命令文书持有人提交有关文书的情形下，对文书持有人拒绝提交文书所主张的除外事由或者其他正当理由进行审查判断，以便确定为文书持有人主张的除外事由或者其他正当理由所涉及的情形，是否属于一般文书提出义务范围之外的例外情形。可见，在表现形式上，二者虽然各具独立性，但在实质内容上，二者则存在着内在、有机的必然联系。

3. 关于新法确定文书提出义务一般化与采用旧法时的扩张性解释是否应予维持的问题

在日本，自 1965 年以来，以现代性诉讼理念为表征的诉讼模式促使提出文书命令的申请剧增。有关判例也日渐适应这种历史发展要求，这主要表现为对《日本民事诉讼法》第 312 条各项规定所作的扩张性解释，朝着广泛承认文书提出义务的方向发展。例如，《日本民事诉讼法》第 312 条第 3 项前半段所规定的为举证人的利益而制作的文书，是指发生举证人的权利和义务或者日后作为证据而制作的文书，也就是为了明确举证人的地位和权利而制作的文书。但有关的司法判例扩充解释为包括举证人、文书持有人以及其他人的共同利益而制作的文书，或者上述利益对举证人而言即使具有间接性，但只要存在

纳到第 4 款规定中，而是具有独立于该款所规定的意义。但是竹下守夫教授认为，虽然不存在除外事由这一事实的证明责任由申请人负担，但只要其证明达到法院认为有必要通过非公开审理程序对文书进行审查的程度即可，如果用既有的概念表述，达到证据优势的程度即可。这样，当某一事实的存否属于认定技术和职业秘密不可或缺的事实时，即使其证明按照一般的标准处于真伪不明状态，因竹下说对该证明活动的证明度要求较低，因此法院可命持有人提出该文书，严格地讲，应当是在进行非公开审理程序之后，法官形成的心证必须达到了证明度的要求。参见〔日〕竹下守夫、野村秀敏：《民事訴訟における文書提出命令》（二・完）判评 206 号（判时 804 号）（1976），第 2 页，特别是第 11 页。转引自〔日〕高桥宏志：《重点讲义民事诉讼法》，张卫平、许可译，法律出版社 2007 年版，第 134 页。

密切利益,就可包括在所涉及的范围之内。[①]

然而,在理论上,有一种观点指出,鉴于原日本《民事诉讼法》中利益文书、法律关系文书的意义,虽通过解释及扩张概念,毕竟有其局限,仍有其外延不透明的问题,加之诉讼纠纷的复杂性而以列举规定特别义务存在技术上的困难等理由,在新《日本民事诉讼法》第220条第4款特别增列了文书提出的一般义务规定,通称为文书提出义务一般化。虽然文书提出义务被一般义务化,但有的学者,如日本学者上野泰男认为,过去扩张解释已无维持的必要。对此,高桥宏志教授也持相同观点,他认为,因旧法并未规定一般性的文书提出义务,因此判例和学术均倾向于对第3款规定的利益文书和法律关系文书作扩张性的解释,这在当时的情形下也是不得已的做法,但在新增的第4款条文之后,对第3款的解释就应该恢复其本来面目,而没有必要作扩张性解释。[②] 但是,日本新《民事诉讼法》实行后,从实务上涌现的判例来看,大致上仍采取旧法时期同样的解释。[③] 实际上,这种在日本所发生的现象,在其他国家或地区对民事诉讼法进行修改之后也会同样出现。在理论的视野上,如何看待这种现象已成为不容回避的问题。我国台湾学者许士宦教授认为,扩大文书提出义务的范围,有利于维持当事人在诉讼程序上的公平、公正竞争,以贯彻当事人之间的武器平等原则。当事人据此可要求对方开示与本件诉讼有关的文书,收集对证明案件事实所需要的证据资料。当事人双方不但可借以相互知悉双方就与诉讼有关联性的证据、资讯而共享,或者共有资讯、证据,以避免遭受对方突袭,更可能因此与法院及对方形成共识,有助于其自主决定纷争解决的方式。因此,采用一般性文书提出义务,实质上是扩充当事人的程序选择机会。为此,当事人既无避免提出所持对己不利文书的秘匿自由,也不允许以对方缺乏证据、资讯作为契机而不

---

① 参见日本福冈高等法院昭和59年(1984年)9月17日判决。

② 参见〔日〕高桥宏志:《重点讲义民事诉讼法》,张卫平、许可译,法律出版社2007年版,第132页。

③ 参见李木贵:《民事诉讼法》(下),台北元照出版有限公司2007年版,附42、附43。

当获取胜诉。[1] 故此，笔者认为，从目前各国或地区相继对民事诉讼法加以修改的具体情况看，不过是对近几十年来就理论上和司法判例上将旧法所设定的文书提出义务的范围加以扩大化解释与解读之后，采取立法手段加以总结、整合与肯认(就此固定下来)。以发展的眼光来看，它不过是立法者对文书提出义务的范围不断加以扩充这种历史发展趋势当中的一个阶段性成果的体现。应当明确的是，这种对文书提出协力义务范围的不断扩充，实质上是对文书提出义务范围的未知部分加以明晰化的进程，也就是对文书提出义务一般化持续性完善的不断进化的过程。因此，即使在今后对现行民事诉讼法加以修订以进一步扩充其文书提出义务的范围，也不会阻挡这种发展和进化的趋势。可见，即使在经修订的新法实施之后，完全不能排除并且也没有必要排除在学理上和司法判例上对有关的文书提出义务范围的扩张性解释与识别。只是从比较法的角度来看，有关国家(或地区)立法例就已明确的文书提出义务在范围上显得宽窄不一。

4. 关于当事人文书提出义务与证人作证义务之间的关系

在整个法律体系当中，民法、商法等实体法属于私法范畴，相比较，民事诉讼法作为程序法则属于公法范畴。在民事诉讼活动中，举证人申请证人出庭作证被作为一种证据方法来看待，证人出庭作证并非是向其中一方当事人履行义务，而是向国家履行公民在法律上的作证义务，它是一种公法上的义务。公民在法庭上就其所知的事实向法庭作证属于司法秩序的一个重要组成部分。在证据法意义上，凡是知道案件事实的公民都有被强迫作证的义务，除非该公民享有为法律所规定的某种豁免特权。

在各国(或地区)相继修改民事诉讼法而导致出现文书提出义务一般化倾向的背景条件下，在学者间便出现了这样一种疑惑，即与证人作证义务相比较，文书持有人的文书提出协力义务是否与证人出庭作证的义务相同？是否均属于公法上的义务？

为此，在理论上主要有如下几种学说：(1) 肯定说认为，有学者将

---

① 参见许士宧：《文书提出义务之范围》，载《月旦法学杂志》第 71 期(2001 年)，第 13 页。转引自许士宧：《证据收集与纠纷解决》，台北新学林出版股份有限公司 2005 年版，第 352 页。

文书特定制度的根据求诸于程序上的诚信原则[①],但该根据难以说明申请人与第三人之间为何发生程序上的诚实信用原则,还不如认为,这项文书特定协助义务属于公法上的一般义务,现行法既然已将文书提出义务确定为一般义务,则作为其前提的文书特定等资讯援助义务也成为一般义务。[②] (2) 有限肯定说认为,文书提出义务是文书持有人对国家所应尽的公法上的一项义务,但该项义务仅限于法律所规定的情形,而不像证人那样系公民的一般性义务。[③] (3) 接近类似说认为,为贯彻当事人诉讼资料平等使用原则,使发现真实并整理争点,以达到审理集中化的目标,新修订的台湾地区"民事诉讼法"扩大了当事人提出文书义务的范围,使其接近如同证人的一般义务。[④] (4) 否定说认为,在民事诉讼活动中,无论何人凡应服从司法权的,均负有提出勘验物及忍受勘验的义务。这一义务与证人的义务相同,属于公法上的一般义务,与提出文书的义务系无论当事人或第三人均限于一定情形才负有提出义务不同。[⑤]

对此,笔者认为,随着现代社会的变迁与发展,民事诉讼活动被注入许多新的价值观念,在社会正义及司法正义理念的基本架构下,传

---

① 参见〔日〕中野贞一郎:《解说新民事诉讼法》(1997 年),第 54 页。转引自许士宦:《证据收集与纠纷解决》,台北新学林出版股份有限公司 2005 年版,第 355 页脚注。

② 参见〔日〕三木浩一:《文書提出命令の申立ておよび審理手續》,载竹下守夫编:《新民事诉讼法》(Ⅱ)(1999 年),第 75 页。转引自许士宦:《证据收集与纠纷解决》,台北新学林出版股份有限公司 2005 年版,第 355 页脚注。

③ 参见〔日〕兼子一、竹下守夫:《民事诉讼法》,白绿铉译,法律出版社 1995 午版,第 124 页。

④ 日本新民事诉讼法亦同。参见〔日〕中野贞一郎:《解说新民事诉讼法》,第 8 页。转引自陈计男:《民事诉讼法论》(上),台北三民书局股份有限公司 2004 年版,第 517 页。

⑤ 参见曹伟修:《最新民事诉讼法释论》(中册)(1978 年),第 1123 页;王甲乙、杨建华、郑健才:《民事诉讼法新论》(1986 年),第 409 页;石志泉(杨建华增订):《民事诉讼法释论》(1992 年),第 405 页;姚瑞光:《民事诉讼法论》(1991 年),第 404 页;蔡章麟:《民事诉讼法》(第 3 册)(1966 年),第 354 页;陈计男:《民事诉讼法论》(1994 年),第 470 页;陈荣宗、林庆苗:《民事诉讼法》(1996 年),第 541 页。转引自许士宦等:《父子关系诉讼之证明度与血缘鉴定强制——以请求认领子女之诉及否认婚生子女之诉为中心》,载台湾地区"民事诉讼法"研究基金会编:《"民事诉讼法"之研讨》(九),台北三民书局 2000 年版,第 44 页。

统上那种仅注重形式上的程序正义已被实质上的程序正义所取代，诉讼武器平等原则以及审理集中化制度的建立，为尽可能地发现事实真相创造了必要条件。在新型诉讼观念支配下，证据持有人如果无正当理由而拒不提交有关重要证据，不仅将对举证人的利益造成损害，也严重妨碍法院依职权所进行的证据调查，从而导致法院所作出的裁判与事实真相相背离。可见，在此情形下，证据持有人的行为严重地损害了司法秩序与司法权威，在法律上已构成证明妨碍的情事。为此，有必要将当事人文书提出义务作为公法上的义务对待。在此，应当注意的是，虽然同属公法上的义务，但是，文书提出义务与证人作证义务毕竟不同，主要表现在：(1) 文书提出义务的主体主要是诉讼中的一方当事人（当然，在一定情形下，诉讼外的第三人如持有文书时，也属于文书提出义务的主体）；而负有作证义务的证人只能是亲身感知案件事实的诉讼外第三人，不可能是诉讼中的一方当事人。(2) 作为文书提出义务的义务人所履行义务的方式是向法院提交为其所持有的文书；而作为证人所履行义务的方式是亲自出庭采用言词方式作证。(3) 作为文书提出义务的义务人所承担义务的根据，是该义务人持有有利于证明举证人所提出事实主张的文书证据；而作为证人履行作证义务的根据，是通过自己的亲身经历观察或者感知案件事实的全部或者一部分。(4) 证人负有被强制出庭作证的义务，这种被强制的方式主要表现在拘传、罚款甚至被判入狱。由于文书提出义务的义务人大多是诉讼中的一方当事人，他所关注的是能否获得有利的裁判结果，因此不必采取那种强制证人出庭作证的无奈之举，只要将文书持有人的这种不作为按证明妨碍论处，即据情对其作出不利益的裁判就足以达到惩戒效果。另外，文书提出义务与证人作证义务也有类似或相同之处，主要体现在，这两种义务的范围均有法律上所规定的除外情形。也就是说，对于证人而言，只要任何公民有感知和观察案件事实的经历，就负有以证人身份出庭作证的义务，除非有法律所规定的可拒绝出庭作证的正当理由。同样，对于文书持有人而言，只要文书持有人持有对举证人一方有利的文书，且有利于法院查明事实真相，该文书持有人就负有向法院提出文书的义务，除非有法律所规定的可拒绝提交文书的正当理由。

5. 对我国民事诉讼上有关当事人在诉讼上负有文书提出义务问题的认识与立法思考

书证属于我国《民事诉讼法》第63条所规定的七种法定证据类型之一,它是我国民事诉讼中最为常见、最为广泛使用的一种证据种类。我国《民事诉讼法》第64条第1款对当事人的主观证明责任法则作出的相关规定,在此基础上,我国最高人民法院《关于民事诉讼证据的若干规定》在第2条、第4条、第5条、第6条、第73条又分别对当事人的主观证明责任、客观证明责任及有关要件事实的证明责任分配法则作出的相关规定,构筑了较为完善的证明责任分配法则体系。通常而言,当事人主观证明责任贯彻与落实的基本状态如何,是产生当事人客观证明责任的前提与条件。然而,我国现行《民事诉讼法》及最高人民法院有关司法解释仅从证明责任分配法则的角度,要求提出某种诉讼请求及事实主张的一方当事人承受提供包括书证在内的相应证据材料的负担,否则要承担不利的裁判后果,但是,在实务上,由于对举证人有利的事实和证据常常因客观构造及分布上的不均衡状态,而为非负证明责任一方当事人(或诉讼外第三人)所持有,对于这些有助于查明事实真相的书证,非负证明责任一方当事人是否应负有证据提出协力义务,我国《民事诉讼法》及相关司法解释并未作出明确规定,尽管最高人民法院于1998年7月11日施行的《关于民事经济审判方式改革问题的若干规定》第30条及2002年4月1日起施行的最高人民法院《关于民事诉讼证据的若干规定》第75条系有关证明妨碍制度的原则性规定,但是,有关立法及司法解释并未对非负证明责任一方当事人有关书证提出协力义务作出明确规定,由于在立法上欠缺证明妨碍这一构成要件的制度性安排与设计,使得上述有关证明妨碍制度的原则性规定在实务上往往缺乏可操作性,使得举证人在履行其主观证明责任层面上缺乏制度性的保障机制,严重妨碍了诉讼的公平与正义。

在此,笔者认为,为了填补我国有关立法上的空白,结合有关国家或地区对当事人文书提出协力义务制度的立法经验,可考虑在立法上规定如下内容:(1) 为非负证明责任一方当事人设定近乎一般化的文书提出协力义务的原则性规定,在立法上可表述为:“除法律有明文规定或者经法院准许之外,凡与本案有关的事项所制作的书证,举证人的相对一方当事人均负有提出协助义务。”(2) 除了上述原则性规定之外,为了增加实务上的可操作性,可作出相关列举性规定,其具体内容可包括:① 一方当事人对其在诉讼上曾经引用的书证,该方当事人负有提出义务;② 一方当事人根据法律规定可请求对方交付或者阅览的书证,该对方当事人负有提出义务;③ 一方当事人为对方当事人的利益所制作的书证,该方当事人负有提出义务;④ 一方当事人为对方当事人的利益所制作的书证,该方当事人负有提出义务;⑤ 基于双方当事人之间的法律关系所制作的文书,当该文书为其中一方当事人所持有的,该方当事人负有提出义务。(3) 为了增加文书提出义务制度的可操作性,及加强法院对此制度具体实施的监管力度与责任,在我国民事诉讼上应设立文书提出命令制度。即当举证人与非负证明责任一方当事人对有关书证是否属于书证提出义务的范围发生争执时,由举证人向法院提出申请,以便法院在经过司法审查之后向对方当事人发出提出书证的命令。另外,应当指出的是,设置文书提出命令制度的本旨,主要是针对在举证人向法院申请要求命令文书持有人提交有关文书的情形下,对文书持有人拒绝提交文书所主张的除外事由或者其他正当理由进行审查,以便确定为文书持有人主张的除外事由或者其他正当理由所涉及的情形,是否属于文书提出义务范围之外的例外情形。

二、当事人负有事实陈述及证据提出协力义务的基本范畴与定位

(一) 认知协力义务基本范畴与定位的基础

根据主张责任及证明责任分配的基本法则,负有证明责任的一方当事人应当对其在诉讼上提出的诉讼请求所依据的事实主张负担事实陈述以及证明责任。该方当事人在诉讼上又被概括地称之为举证人。如果举证人仅提出诉讼请求及事实主张,并未对该事实主张进行事实陈述,或者虽进行事实陈述,但并未提供相应的证据加以证明,法院在审判上即可以诉讼主张不能成立为由驳回其诉讼请求。就举证人而言,在诉讼上并无负担事实陈述及证据协力义务之虞。因此,这里所指的事实陈述及证据提出协力义务,是指非负证明责任的一方当事人在诉讼上所负有的事实陈述及证据提出协力义务。

（二）当事人负有事实陈述及证据提出协力义务基本范畴的立法例

以诉讼协同主义为出发点，法院在诉讼上所进行的证据调查是为了查明案件事实，当事人在诉讼上所系争的事实，一旦被法院确定为裁判上所应当查明的待证事实，就具有公法上的意义。作为裁判基础的事实真相能否查明以及查明的程度如何，关乎社会对司法正义的合理期待，这种对真实追求所蕴含的司法公信度便超越了诉讼当事人各自拥有的私人领域。

进入现代社会以来，为了适应社会的发展潮流以及推进新型价值观念体系的创造，各国或地区通过对传统辩论主义架构下的个人主义、自由主义加以改造，在立法上和判例实务上均取得了显著进步。从法院在诉讼上所实行的证据调查的机能而言，事实陈述及证据提出协力义务主要涉及非负证明责任一方当事人在法律上所应承担的义务范围，对于法院在裁判上查明事实，以便尽可能地接近事实真相显得不可或缺。在此方面，各国或地区经过不断修法也展现出了长足发展的态势。以下通过对德国民事诉讼法及我国台湾地区“民事诉讼法”有关条文的具体剖析，借以观察和判断非负证明责任一方当事人在诉讼上所应承担的事实陈述及证据提出协力义务的法定范围，以便作为我们有可能对此加以借鉴的根据。

1. 对德国法上当事人事实陈述及证据提出协力义务基本范畴的认知

有德国学者指出：“证据手段是看法或者传言的载体：勘验、书证、证人、鉴定人和当事人。”①在学理上，证据手段又称证据方法，相当于我国《民事诉讼法》第 63 条所规定的证据种类。德国民事诉讼法也是将勘验、书证、证人、鉴定人和讯问当事人用于诉讼证明上的证据方法。与我国《民事诉讼法》第 63 条所规定的七种证据种类相比较，德国法未将物证、视听资料单独作为证据种类或者证据方法，物证在德国法上通常是作为勘验这种证据方法的对象，而我国民事诉讼法上的视听资料等中的相当一部分属于德国法上的电子文件。根据《德国民事诉讼法》第 372 条第 2 款第二句的规定，电子文件可以作为勘验的

① 参见〔德〕罗森贝克、施瓦布、戈特瓦尔德：《德国民事诉讼法》（下），李大雪译，中国法制出版社 2007 年版，第 817 页。

标的。但是,在德国法上,电子文件具有双重属性和地位,因为根据《德国民事诉讼法》第 371 条第 1 款第二句及第 2 款的规定,电子文件应当与书证一样被提出。对此,有德国学者指出,电子文件既可作为勘验的标的,又应当像书证那样被提出,之所以这样做,是因为立法机关吸取了这种在学术界已经形成定论的归类。鉴于电子文件很容易被改变,它的这种特性决定了不能一般的适用关于书证证明价值的僵化规定,对它的真实性或者正确性可以由法院进行自由证据评价。[①]

在下文中,借助对德国法上所有这些证据方法加以观察和识别,我们便能够了解德国民事诉讼法为非负证明责任一方当事人所设定的应承受事实陈述及证据提出协力义务的具体范围。

(1) 勘验作为证据方式。关于勘验的对象,有德国学者指出,作为勘验的对象包括:① 根据《德国民事诉讼法》第 3 条[②]所确定的争议案件本身的事项,即价额。② 举证人本人或者证明责任人本人、他所占有的物以及他提供勘验的其他人,如他的妻子、子女和雇员。③ 对方当事人的人和物,如果他用它们来证明,即使在准备性书状中引用,或者他根据私法(如《德国民法》第 495 条第 2 款、第 809 条;《德国商法》第 418 条)应当交出或者向对方出示的物。④ 第三人的人和物,如自愿供法院查看的当事人的法定代理人或者证人或者第三人根据私法应当交给当事人或者向他出示的物。⑤ 根据《德国民事诉讼法》第 372 条之一,确定血统需要血样采集或者其他遗传生物学检查的当事人和第三人。⑥ 所有种类的电子文件。[③]

根据《德国民事诉讼法》第 144 条及第 371 条的规定,法院可以依职权或者根据当事人的举证命令勘验,并可以命令鉴定人鉴定。据此,当事人和第三人有容忍被勘验的义务。对于当事人,第 144 条及第 371 条并没有规定强制手段。“其拒绝可以在考虑所提出理由的情况下根据第 286 条自由评价。当事人破坏可以指望的勘验的,则对方

---

① 参见〔德〕罗森贝克、施瓦布、戈特瓦尔德:《德国民事诉讼法》(下),李大雪译,中国法制出版社 2007 年版,第 876—877 页。

② 参见《德国民事诉讼法》第 3 条规定:价额,由法院依自由裁量加以确定;法院也可以依申请命令调查证据,或者依职权命令勘验或鉴定。

③ 参见〔德〕罗森贝克、施瓦布、戈特瓦尔德:《德国民事诉讼法》(下),李大雪译,中国法制出版社 2007 年版,第 877 页。

关于勘验对象特性的陈述可以被视为得到了证明（第 371 条第 3 款）。”①

关于接受勘验的义务，《德国民事诉讼法》第 372 条之一规定，在《德国民法》第 1600 条之三和第 1600 条之四的情形下，或在其他情形下，有必要确定血统时，每个人都应接受检验，特别是抽取血样以检验血型。对此，当事人负有容忍检验的义务。如果当事人多次反复无理拒绝的，也可以适用直接强制，尤其可以命令强制性地带去检验。对方当事人不合理地彻底拒绝检验的，举证人的主张可以被视为已经得到证明（第 371 条第 3 款）。②

鉴于德国法上的勘验主要是以包括人的身体在内的广义上的物（或称物证）以及全部电子文件作为对象，在德国法上所规定的勘验作为证据方法的架构下，非负证明责任的一方当事人主要在以下范围内对举证人负有证据提出协力义务：① 非负证明责任的一方当事人采用其人（主要指人的身体）和物来证明有利于自己的主张，即使在准备性书状中曾经引用的，对此，该方当事人应在诉讼上对举证人负有证据提出的协力义务。② 非负证明责任的一方当事人根据民事实体法的有关规定应当交出或向举证人出示的物。③ 在《德国民法》第 1600 条之三和第 1600 条之四的情形下，或在其他情形下，有必要确定血统（或称血缘关系）时，非负证明责任的一方当事人负有证据提出协力义务，如果其拒不服从法院的命令又无正当理由时，除了可对其采取强制措施迫使其接受相关检验之外，还可根据其行为本身决定适用相应证明妨碍的法律效果，即视为举证人的主张已得到证明。④ 对非负证明责任的一方当事人所持有的电子文件，适用有关书证提出的协力制度（《德国民事诉讼法》第 371 条第 2 款），并且作为勘验的标的。如果非负证明责任的一方当事人拒不服从提出电子文书的命令时，根据《德国民事诉讼法》第 427 条的规定适用相应的证明妨碍的法律效果；如果非负证明责任的一方当事人故意毁损电子文件或者致使电子文件不堪使用时，根据《德国民事诉讼法》第 444 条的规定适用相应的证明妨碍的法律效果。

---

① 〔德〕罗森贝克、施瓦布、戈特瓦尔德：《德国民事诉讼法》（下），李大雪译，中国法制出版社 2007 年版，第 878 页。

② 同上书，第 878—879 页。

可见，根据《德国民事诉讼法》第 144 条和第 371 条的旨意，在上述第一种和第二种情形下，虽然非负证明责任的一方当事人应负相应协力义务，但是该方当事人拒不服从有关勘验容忍义务（在此，主要是指拒不提供用于勘验的物）命令时，不可直接适用证明妨碍的法律效果，而应当根据《德国民事诉讼法》第 286 条的规定由法院对有关具体情形作出自由评价。其中，并不能排除法院最终据情所作出的事实认定，实际上相当于适用了证明妨碍的法律效果。反之，亦可以说，法院最终据情对案件事实作出的判断与证明妨碍的法律效果根本无关。由此，也可以推出这样一种结论，从证明妨碍的法律构成要件上看，凡是适用证明妨碍法律适用效果的非负证明责任一方当事人，必定在诉讼上应承担相应的证明协力义务，但是，即使在诉讼上承担相应的证明协力义务，如果非负证明责任的一方当事人拒不履行这一义务，在某些情形下，法院最终也未必对这种不作为适用证明妨碍的法律效果。可见，德国法并未将上述第一种情形和第二种情形直接作为证明妨碍的情形看待，至于在审判实务上这两种情形最终能否产生证明妨碍的法律效果，立法者委由法官据情作出判断。

有一点，在此应当注意的是，《德国民事诉讼法》第 444 条所规定的证明妨碍涉及的是文书证据，如果非负证明责任的一方当事人故意毁损作为勘验对象的物，或者致使作为勘验对象的物不堪使用时，是否能够比照适用《德国民事诉讼法》第 444 条所规定的证明妨碍的法律效果，仅从德国民事诉讼法的有关规定来看，尚不得而知。

综上所述，在德国民事诉讼法上，对于作为勘验对象的物（或者说，在我国传统观念的语境下，将这种“物”视为“物证”），非负证明责任的一方当事人并不负担完全的证据提出协力义务，仅负有限的证据提出协力义务。

（2）书证作为证据方式。2002 年 1 月 1 日，新修订的德国民事诉讼法开始施行。就非负证明责任一方当事人的文书提出协力义务，德国民事诉讼法规定了相应的文书提出义务制度与文书提出命令制度。其中，《德国民事诉讼法》第 420 条至第 424 条系有关文书提出义务制度的规定。根据《德国民事诉讼法》第 422 条和第 423 条分别采用列举式的规定，民事实体法中的有关文书提出义务和非负证明责任一方当事人在诉讼中曾经为举证而引用的文书，均属于非负证明责任一方当事人证据提出协力义务的范围。德国民事实体法所规定的文书提出义务制度相当发达，并且，德国民法、商法还会通过修订进一步扩充文书提出义务的范围。因此，在理论上，只要非负证明责任的一方当事人所持有的文书与案件的待证事实具有关联性，其拒不提出无正当理由，在举证人申请并经法院依职权发出命令的情形下，如果非负证明责任一方当事人拒不提出有关文书，便可适用《德国民事诉讼法》第427条有关证明妨碍的法律效果。另外，如果非负证明责任的一方当事人故意妨碍举证人利用文书而毁损文书，或者致使文书不堪使用时，即可适用《德国民事诉讼法》第444条所规定的法律效果。

《德国民事诉讼法》第424条至第427条系文书提出命令制度的规定。在德国民事诉讼中，如果负有证明责任的一方当事人声称文书由对方所占有，可通过《德国民事诉讼法》第424条所规定的由当事人申请法院命令对方当事人提交书证的方式提出证据。根据《德国民事诉讼法》第424条的规定，当事人申请文书时，应当做到：① 表明文书；② 表明该类文书所证明的事实；③ 对该文书的内容尽量作出完整的说明；④ 主张文书被对方当事人占有所依据的事由；⑤ 对方当事人提出文书义务的原因，并且对原因进行释明。根据《德国民事诉讼法》第425条的规定，当法院认为应由文书证明的事实是重要的，并且认为申请有理由，而对方当事人承认文书在其手中，或者对方当事人对申请不作表示时，法院就命令他提出该文书。①

新修订的《德国民事诉讼法》进一步扩大了法官证据收集的权限。例如，该法第142条关于文书提出命令的规定：法院可命令当事人或第三人提出与当事人相关，而为其所占有②的文书或其他证明文件。法院可为此订立期间，及命令于其所特定期间内置于书记处（第1项）。第三人如于文书提出不能被期待或其依第383条至第385条有权拒绝作证的，则不负文书提出义务。第386条至第390条准用（第2

① 另外，关于瑞士的文书提出义务，并未限制提出原因，如具有作为证据的重要性即负提出义务，但在其记载内容具有成为证言拒绝权的对象，或其作为当事人与代理人等的联络书信或个人备忘录，或者根据秘密保护法所应保护的公文书等特定书类的情形时，则不负提出义务。参见〔日〕菅野博之：《スウェーデンにおける民事訴訟の運營》，载《法曹时报》46卷6号（1994年），第46页。转引自许士宦：《证据收集与纠纷解决》，台北新学林出版股份有限公司2005年版，第344页脚注。

② 应注意的是，旧法所规定的为直接占有，新法则包括间接占有。

项）。法院可命令当事人就其外国文字制作的文书，提出依邦司法行政指令为此所授权的翻译人员制作的译本，但这一命令不得对第三人采取（第3项）。根据该条规定，法院可以命令当事人或者第三人提交涉及一方当事人的文书或者其他证明材料，如图像载体或者数据载体。对此，有学者认为，在结果上，法院不仅有权，而且通常有义务命令提交重要的文书。法院对当事人无权采取强制手段执行其命令，只能类推适用第427条对拒绝作出不利于当事人的评价。[①] 并且，《德国民事诉讼法》第143条规定，法院可以命令当事人提出他所占有、与本案件的辩论与裁判有关的文书中的各种文件。

《德国民事诉讼法》第427条和第444条分别就非负证明责任一方当事人拒不服从文书提出命令，以及故意妨碍举证人使用文书而毁损文书，或者致使文书不堪使用的情形作出了适用证明妨碍法律效果的规定。从而使得非负证明责任的一方当事人在诉讼上负有的文书提出协力义务制度、文书提出命令制度与适用相应的法律效果产生有机的关联性。

总之，德国民事诉讼法所确定的非负证明责任一方当事人就负有文书提出协力义务的范围而言，只要有关文书与待证事实具有重要的关联性，除非有拒不提出的正当理由，否则非负证明责任的一方当事人应就文书提出负有完全的（即一般性）协力义务。

从比较法意义上讲，德国法上的这种文书提出义务所具有的一般化特征具有一定的相对性。这是因为，就文书提出义务的范围而言，德国法和法国法采取的列举式实际上是一种限制主义。因为它们没有像日本法和我国台湾地区法那样明确规定除外事由。另外，从两大法系的比较视野看，处于大陆法系形态下的立法例，对于文书提出协力义务的实际承受，基本上是以法院向非负证明责任一方当事人发出文书提出命令为前提，因此，这种文书提出协力义务具有被动性，相较而言，在典型的英美法系形态下，证据开示程序的机制使得当事人负有主动向对方出示有关文书证据的义务，在这种形态下，文书提出义务具有主动性特征。就此而言，大陆法系在整体上就文书提出义务而言，具有限制主义色彩。

---

① 参见〔德〕罗森贝克、施瓦布、戈特瓦尔德：《德国民事诉讼法》（下），李大雪译，中国法制出版社2007年版，第891页。

可见,基于上述各种因素的考虑,德国法上的文书提出义务在适用范围上具有广泛性,但是,这种广泛性也不宜直接解读为具有一般化的性质或含义。

(3) 证人作为证据方式。证人义务是每个人相对于国家作为权利人的一般公法义务,义务人在被传唤时服从德国的法院权力,因而被法院免除的,不负有这种义务。对每个人来说,证明义务产生于法院要求其作为证人接受询问的命令和合法的传唤(《德国民事诉讼法》第377条第1款、第2款),它包括出庭的义务、作证的义务和对其作证进行宣誓的义务。[①]

鉴于证人在诉讼上负有公法上的义务,只要举证人向法院提出申请,经法院准许并传唤证人,举证人就能够利用证人作为证据方式。可见,该证据方式与非负证明责任一方当事人的证据提出义务无关。

(4) 鉴定人作为证据方式。鉴定人是法院的咨询者与辅助人。鉴定人根据法院的命令向法院提供其所缺乏的法律规范或者经验法则的知识,根据经验法则(或专业知识)从确定的案件事实中得出结论(例如,鉴定人对被告就原告的身体伤害是否造成了现在的状况,以及在何种程度上和特定期限内降低其劳动能力进行陈述,对提供的商品是否存在问题,或者是否符合约定的性质或商业交易的通常性质进行陈述等),或者基于特殊的专业知识和专门知识认定事实(其中包括医师对健康状况的确认,例如对截肢的认定、血型的确定等)。[②]

根据德国2001年《民事诉讼法改革法》修订后的《德国民事诉讼法》第144条第1款第二句、第三句的规定,法院可以命令当事人或者第三人容忍由鉴定人进行的鉴定,只要不涉及住宅。[③]

尽管德国民事诉讼法对非负证明责任一方当事人不容忍鉴定人所进行鉴定的情形及所产生的何种法律效果并未作出明确规定,但是,在理论上,如果非负证明责任的当事人拒不提交由其所持有的作为鉴定的检材,似可将这种不作为的行为按照证明妨碍行为对待,适用相应的法律效果。除此之外,在总体上,基于鉴定人作为证据方法

① 参见〔德〕罗森贝克、施瓦布、戈特瓦尔德:《德国民事诉讼法》(下),李大雪译,中国法制出版社2007年版,第894页。

② 同上书,第908—909页。

③ 同上书,第920—921页。

的性质和特点所决定，这种证据方法通常与非负证明责任的当事人在诉讼上应承担的证据提出协力义务无关。

(5) 当事人作为证据方式。有德国学者指出："当事人在大多数情况下最了解争议事件。如果没有其他证据手段或者其他证据手段不充分，当事人询问就是认定事实不可或缺的手段。"[①]可见，在诉讼上，基于调查证据的需要，法院对包括非负证明责任一方当事人的询问有利于发现事实真相。对此，接受询问的当事人应承担公法上的义务。

《德国民事诉讼法》第 138 条对包括非负证明责任一方当事人就案件事实的陈述义务作出了原则性规定：当事人应就事实状况为全部而真实的陈述（第 1 项）。当事人对于对方当事人所主张的事实，应为陈述（第 2 项）。并且，《德国民事诉讼法》第 141 条第 1 项规定，为阐明案件有必要时，法院应命令双方当事人到场。

《德国民事诉讼法》第 445 条第 1 项规定：一方当事人对于应该由他证明的事实，不能通过其他的证据方法得到完全的证明，或者未提出其他证据方法时，可以申请就应证明的事实询问对方当事人。笔者认为，在此，德国民事诉讼法的该项规定涉及有关事实及证据偏在于非负证明责任一方当事人的情事。对此，有学者指出，对同一事实通常只能询问一方当事人，即负有证明责任的当事人申请向对该事实不负有证明责任的当事人进行询问。只要对立面没有得到证明，就应当准许申请。通说认为，申请必须在其他证据手段穷尽之后才能提出。[②]

另外，根据《德国民事诉讼法》第 448 条的规定：如果言词辩论的结果和已经进行的调查证据的结果，对于应证事实的真实与否还不能提供足够的心证时，法院也可以在当事人一方并未提出申请时，不问证明责任的归属，而命令就该事实询问当事人一方或者双方。

关于非负证明责任一方当事人在诉讼上拒不履行事实陈述协力义务，《德国民事诉讼法》第 446 条从处罚的角度作出了相应的规定，即：对方当事人拒绝对他进行询问，或者对于法院的要求不作表示，法院应考虑全部案情，特别考虑拒绝的理由，依据自由心证，判断当事人

---

① 〔德〕罗森贝克、施瓦布、戈特瓦尔德：《德国民事诉讼法》（下），李大雪译，中国法制出版社 2007 年版，第 926 页。

② 同上书，第 931 页。

所主张的事实可否视为已经得到证明。笔者认为,该条适用于一方当事人向另一方当事人进行询问(其中包括举证人向非负证明责任一方当事人进行询问)及法官依职权向一方或者双方当事人进行询问的情形。其中,法院对非负证明责任一方当事人所进行的询问,并不能排除法院要求其对举证人所主张的事实加以陈述的可能。在个案上,根据该条的法意,法院根据非负证明责任一方当事人拒不履行事实陈述协力义务的具体情形,可按照证明妨碍行为适用相应的法律效果,也可不按证明妨碍行为论处。

可见,德国民事诉讼法为非负证明责任一方当事人就事实陈述的协力义务,设定了以限制主义为特征的模式。

综上所述,通过对德国民事诉讼法所采用的各类证据方法的研讨,可以得出这样一种结论:从基本范畴而言,德国民事诉讼法对非负证明责任一方当事人在事实陈述及证据提出协力义务上,采用的是一种事实陈述的相对限制主义与证据提出义务的近乎完全主义(即接近一般化)的模式。

2. 对我国台湾地区法上当事人事实陈述及证据提出协力义务基本范畴的认知

事实陈述及证据提出协力义务主要针对的是非负证明责任的一方当事人,而这种协力义务是证明责任分配基本规则架构下的产物,它反映了在现代社会条件下对传统证明责任分配规则进行必要修正的价值观念。为了解决新类型案件中事实及证据结构性地偏在于一方当事人所造成的武器利用上的失衡状态,新修订的台湾地区“民事诉讼法”第 277 条对非负证明责任一方当事人在诉讼上所负有的证据提出协力义务作出了概括性的特别规定:“当事人主张有利于己之事实者,就其事实有举证之责任。但法律别有规定,或依其情形显失公平者,不在此限。”也就是说,针对一些新类型案件的不断涌现,法律上作出了与传统证明责任分配规则相背离的特别规定,这些法律上的特别规定,既可包括就有关要件事实的证明责任直接在当事人之间加以调整,也可包括虽然就有关要件事实的证明责任在当事人之间不加以调整,而采取使得非负证明责任的一方当事人对举证人所主张的事实也负有事实陈述及证据提出义务;另外,即使在一些个案情形下,有关法律在证明责任分配规则上虽然尚未作出特别规定,但是,在审理过程中,法院如果认为适用传统的证明责任分配规则其结果将造成显失公平时，也可以据情采取上述两种背离传统证明责任分配规则适用方法。

对证明协力义务的违反是构成证明妨碍的重要构成要件之一，因此，非负证明责任的一方当事人如果在法律上不想受到证明妨碍制度的制裁，即避免遭受适用证明妨碍的法律效果，就应当履行其包括不妨碍举证人在证明过程中对有关证据的利用（消极的不作为），以及在诉讼上承担事实陈述及证据提出协力义务（积极的作为）。这两者均属于证明妨碍制度的有机组成部分。对于前者所属的消极不作为义务，台湾地区"民事诉讼法"第 282 条之一对此作出了原则性的规定："当事人因妨碍他造使用，故意将证据灭失、隐匿或致碍难使用者，法院得审酌情形认他造关于该证据之主张或依该证据应证之事实为真实（第 1 项）。前项情形，于裁判前应令当事人有辩论之机会（第 2 项）。"这种对于消极不作为义务违反的证明妨碍制度的规定，适用于所有类型的证据或者证据方法；而那种对积极作为义务违反的证明妨碍制度，反映在台湾地区"民事诉讼法"第 345 条第 1 项，涉及对当事人无正当理由不服从文书提出命令的情形中。相比较，《德国民事诉讼法》第 444 条以及《日本民事诉讼法》第 224 条仅对积极作为义务违反的证明妨碍制度加以规定，使其适用范围仅适用于文书提出协力义务范围，而不涉及其他证据种类或者证据方式。我国台湾地区"民事诉讼法"第 282 条之一的内容，体现了具有更为广泛适用范围的立法模式，使得台湾地区证明协力义务显得更为发达、先进。

根据台湾地区"民事诉讼法"的规定，证据方法可分为人证、鉴定、书证、勘验、当事人的询问等五种。[①]

（1）以人证作为证据方法。以证人作为证据方法，称为人证。[②]根据台湾地区"民事诉讼法"第 298 条、第 299 条，当事人有权声明证人并由法院通知证人到庭作证。该法第 320 条第 1 项规定："当事人得声请审判长对于证人为必要之发问，或向审判长陈明后自行发问。"

证人在诉讼上负有公法上的义务，向法院申请证人出庭作证以证明对其有利的事实主张，是举证人的一项诉讼权利。可见，该证据方

---

① 参见雷万来编：《民事诉讼法》，台北空中大学发行 2005 年版，第 195 页。

② 参见杨建华原著、郑杰夫增订：《民事诉讼法要论》，台北三民书局有限公司 2007 年版，第 290 页。

式与非负证明责任一方当事人的证据提出协力义务无关。

(2) 以鉴定作为证据方法。根据台湾地区“民事诉讼法”第325条的规定,当事人有权声请对有关专业事项进行鉴定。同法第337条第1项规定:“……法院于必要时,得依职权或依声请命证人或当事人提供鉴定所需资料。”另外,同法第337条第2项规定:“鉴定人因行鉴定,得声请调取证物或讯问证人或当事人,经许可后,并得对于证人或当事人自行发问;当事人亦得提供意见。”

由此可见,为证明其事实主张,举证人有权申请对有关专业事项进行鉴定。对此,非负证明责任的一方当事人应负有相应的证明协力义务,这些证明协力义务其中包括提供鉴定所需资料(其中包括检材)的义务,以及接受讯问并对事实进行陈述的义务。

(3) 以书证作为证据方法。在诉讼上,证据调查是认定案件事实的基础。在直接主义及公开主义的条件下,证据调查以在受诉法院内进行为原则。在审理个案过程中,法院究竟是经过言词辩论后再作证据调查,或者二者同时进行均无不可,这是由法院的诉讼指挥权所决定的。[①] 为此,从公法意义上,台湾地区“民事诉讼法”第203条第2款对法院依职权要求当事人负有文书提出义务作了规定,法院因阐明或确定诉讼关系,可命当事人提出图案、表册、外国文文书的译本或者其他文书、物件。该规定其中包括对非负证明责任一方当事人应承担文书提出协力义务的要求。另外,为了促使言词辩论的开展,以便进行相应的证据调查,台湾地区“民事诉讼法”第269条规定,法院因使辩论易于终结,认为必要时,可在言词辩论前命当事人提出文书、物件。再则,台湾地区“民事诉讼法”第359条第2项规定:“法院得命当事人或第三人提出可供核对之文书。”上述这些规定均属法院在审理个案情形下据情依职权向有关当事人发出文书提出命令,从而使得有关当事人负有文书提出义务,其中包括非负证明责任一方当事人的文书提出协力义务。台湾地区“民事诉讼法”的上述规定虽然未就当事人不服从法院命令应承担何种法律效果作出明确规定,但是,该法第三节第四目有关书证第345条可作为通用条款加以适用,该条第1项规定:“当事人无正当理由不服从提出文书之命者,法院得审酌情形认他造关于该文书之主张或依该文书应证之事实为真实。”可见,只要法院

① 参见雷万来编:《民事诉讼法》,台北空中大学发行2005年版,第236页。

向有关当事人发出文书提出的命令，如果有关当事人，其中包括非负证明责任的一方当事人无正当理由拒不服从该命令的，法院可据情以证明妨碍行为论处。

除了上述法院依职权使得有关当事人承受文书提出义务的情形之外，台湾地区“民事诉讼法”第 342 条第 3 项还规定，如举证人在声明有关文书为对方所持有，需要对方承担必要协力义务的情形，举证人所声明的书证系使用对方所持的文书时，应申请法院命对方提出。在此过程中，当举证人表明应令其提出的文书及有关该文书的内容显有困难时，法院得命令对方进行必要的协助。

台湾地区“民事诉讼法”第 344 条明确规定了当事人负有广泛的文书提出义务，为举证人向法院申请发布文书提出命令提供了范围上的依据，这些范围包括：该当事人在诉讼程序中曾经引用的文书、对方当事人依据法律的规定得请求或交付阅览的文书、为对方的利益而制作的文书、商业账簿和与本件诉讼有关事项所制作的文书。尤其是第 344 条第 1 项第 5 款所规定的与本件诉讼有关事项所制作的文书。在实务上，很难想象假如某一文书证据与本件诉讼事项不存在关联性，举证人是否还有必要要求对方提出。另外，某一文书是否与本件诉讼有关事项具有关联性，当事人之间可能存在争议，即使为了解决这种争议，也需要证据持有人提交该份文书以便法院审查判断。由此可见，按照台湾地区“民事诉讼法”第 344 条第 1 项第 5 款的本旨，凡是与本件诉讼有关事项具有关联性而制作的文书，文书持有人均负有提出义务。除非该文书涉及文书持有人的隐私或者业务秘密，否则该项义务不能被免除。这也是一些台湾学者将其视为为当事人设定一般性质的文书提出义务的主要根据。

从上述分析来看，台湾地区“民事诉讼法”从法院依职权向文书持有人发出命令，以及当事人向法院申请并经法院准许后向文书持有人发出命令两种主要方式，为文书持有人设定了文书提出义务。由于这种义务产生的依据系根据法院发出的命令，因此具有公法上的意义。据此可认为，台湾地区“民事诉讼法”为当事人所设定的文书提出义务具有一般化的特征与功能。

（4）以勘验作为证据方法。查验的物体，称为勘验的标的物。对某物体进行查验的行为，称为勘验。[①] 在勘验问题上，经由准用书证的相关规定（台湾地区“民事诉讼法”第367条），使得当事人也负有勘验义务。也就是说，当勘验的标的物为对方当事人或第三人占有时，举证人申请勘验的，应同时申请法院裁定命对方当事人或第三人提出，并容受勘验。[②] 在此，应当指出的是，在许多情形下，我国大陆在法律上所规定的物证在台湾地区通常被称作勘验的标的物，而物证本身不作为一种独立的证据种类或者证据方法。我国台湾地区法上的有关证据分类或证据方法的类型与德国法和日本法更为相似。在实务上，当有关物证为对方当事人所持有时，举证人可采用申请勘验的证据方式要求法院命令对方当事人提出该物证，以便勘验。如果该物证持有人拒不提交该物证，从而妨碍勘验，根据台湾地区“民事诉讼法”第367条的准用条款，法院可根据该法第345条第1项有关证明妨碍的规定，对该物证持有人作出不利益的判定。

（5）以当事人的询问作为证据方法。在实务上，当事人对案件事实的陈述属于当事人言词辩论及法院证据调查所涉及的范畴。台湾地区“民事诉讼法”第195条对包括非负证明责任一方当事人就案件事实的陈述义务作出了原则性的规定，“当事人就其提出之事实，应为真实及完全之陈述（第1项）。当事人对于他造提出之事实及证据，应为陈述（第2项）。”因此，为了有效地开展言词辩论及进行相应的证据调查，台湾地区“民事诉讼法”第203条第1款规定，法院因阐明或确定诉讼关系，命当事人或法定代理人本人到场。同时，该法第269条第1款规定，法院因使辩论易于终结，认为必要时，命当事人或法定代理人本人到场。

在上述规定中，虽然法律并未规定有关当事人如果并未就案件事实作出相应陈述，应承担何种法律效果。但在如下情形，相关的效果应当是显而易见的：① 如果举证人就其所提出的事实并未作真实及完全的陈述，相对人即使并未就案件事实作出相关陈述，也并非会对该相对人产生不利的影响。② 如果举证人就其所提出的事实已作出

---

① 参见杨建华原著、郑杰夫增订：《民事诉讼法要论》，台北三民书局有限公司2007年版，第326页。

② 同上书，第326页。

真实及完全的陈述，如果相对人并未对此作出相关的事实陈述，法院自应将这种不作为视为相对人的自认，而作出对该相对人不利益的判断。但是，台湾地区“民事诉讼法”上述规定并未涉及这样一种情形，即当有关举证人处于情事的发生过程之外，导致案件事实及证据构造偏在于非负证明责任一方当事人（即相对人）时，在此情形下，举证人在客观上无法就其所提出的事实进行真实及完全的陈述，对此，非负证明责任的一方当事人是否应就其所知悉的事实进行相关陈述而负有协力义务，从文义表述上来看，台湾地区“民事诉讼法”第 195 条第 2 项并不适用这种情形。鉴于有关当事人就案件事实作出相关陈述在立法上主要表现为两种方式，即因举证人就案件事实作出的事实陈述而引发相对人作出的事实陈述，与法官据情依职权进行询问而引发的有关当事人就案件事实所进行的陈述。相较而言，当事实及证据构造偏在于非负证明责任一方当事人时，只得适用法官依职权向非负证明责任一方当事人进行询问的情形。

关于当事人无正当理由拒不就法官依职权所展开的询问进行相关事实陈述或者拒不到场的法律效果，台湾地区“民事诉讼法”第 367 条之一规定：“法院认为必要时，得依职权讯问当事人（第 1 项）。……当事人无正当理由拒绝陈述或具结者，法院得审酌情形，判断应证事实之真伪（第 3 项）。当事人经法院命其本人到场，无正当理由而不到场者，视为拒绝陈述。但命其到场之通知书系寄存送达或公示送达者，不在此限（第 4 项）……”可见，法官依职权所进行的询问，包括非负证明责任一方当事人应承担公法上的协力义务，否则应承担不利益的后果。

可见，在台湾地区“民事诉讼法”上，对非负证明责任一方当事人就案件事实所负有的陈述协力义务采用的是一种限制主义，并非普遍的一般性义务，即仅限于法院据情依职权对非负证明责任一方当事人进行询问的情形。

通过上述研判，可以得出这样一种结论：从基本范畴而言，台湾地区“民事诉讼法”对非负证明责任一方当事人在事实陈述及证据协力义务上，采用的是一种事实陈述的相对限制主义与证据提出义务的近乎完全主义（即接近一般化）模式。这种结论从形式意义上而言与德国法并无不同，但是，从具体的表象上则有一定的差异。

（三）事实陈述及证据提出协力义务基本范畴的法理学说

1. 德国的有关法理学说及评析意见

在民事诉讼程序上，不负证明责任一方当事人是否有一般性的事实陈述及证据提出协力义务（即事案解明协力义务），在德国具有强烈的争议性。

Stürner是德国倡导所谓"当事人一般事实陈述及证据提出协力义务（事案解明义务）"的重量级学者，他认为，从类推《德国民事诉讼法》第138条[①]、第423条、第445条以下、第372条之一及第645条以下，可推得诉讼法上存在一般程序上事实陈述及证据提出协力义务。他认为，上述规定属于一般性法律思想，即一般说明义务的表现。而这种一般性协力义务，也可经由当事人程序前或者程序中行为的破坏，当事人据此就应负证明妨碍的责任。[②] 对于承认当事人一般事实陈述及证据提出协力义务，他认为，有助于对民事诉讼法就资讯提出规定制度能获得某种具有一致性的理解，且有助于诉讼经济，不需如情报请求权那样而另须提起诉讼以请求资讯，且其也符合民事诉讼法追求真实的目的，也与宪法所要求的诉讼程序相符合。[③] 并且他认为，违反者将导致可反驳的有利于负证明责任人待证事实拟制的效果。[④]

笔者认为，具体而言，《德国民事诉讼法》第138条涉及当事人的事实陈述协力义务，第372条之一涉及当事人负有容忍检查的义务，第423条涉及引用文书的提出协力义务，第445条以下涉及举证人就其应证明的事实对非负证明责任一方当事人进行询问，从而使该方当事人负有协力义务。Stürner以上述各条款为基础进而概括性地认定，

---

① 《德国民事诉讼法》第138条规定：当事人应就事实状况作出完整及真实的陈述（第1项）。任一当事人应就由对方主张的事实作出陈述（第2项）。……

② Stürner, Die Aufklärungspflicht der Parteien des Zivilprozesses, 1976, S. 92ff. 转引自姜世明：《民事证据法实例研习》（二），台北新学林出版股份有限公司2006年版，第10页。

③ Vgl. Stürner, a. a. O., S. 29ff. 转引自姜世明：《民事证据法实例研习》（二），台北新学林出版股份有限公司2006年版，第10页。

④ Stürner, a. a. O., S. 242ff., 249ff.; Stürner Parteipflichten bei der Sachverhaltsaufklärung im Zivilprozess, ZZP 98, 253. 转引自姜世明：《举证责任与真实义务》，台北新学林出版股份有限公司2006年版，第234页。

《德国民事诉讼法》上存在一般程序上事实陈述及证据提出协力义务，这种结论是不尽准确的。因为，《德国民事诉讼法》并未就一般程序上事实陈述及证据提出协力义务作出原则性的规定，而是根据不同的证据方法作出特别的规定。即使按照不同的证据方法作出特别的规定，也并非在各个不同的特别规定中就适用证明妨碍的法律效果一概作出相应的设定，而是仅就其中的部分证据方法作出适用证明妨碍法律效果的规定。事实上，作为一种特定的证据方法，如果为其中一方当事人，特别是非负证明责任一方当事人设定事实陈述义务或者证据提出义务，如果不配置相应（不作为）的法律适用效果，这种协力义务将因缺乏强制力而形如虚设。

德国学者 Peters 主张，所谓当事人一般程序上事实陈述及证据提出协力义务，是基于对私权保护、真实发现及合宪性的司法保护制度上的要求，而基于部分程序法上关于真实义务、陈述义务、当事人询问及文书提出义务等规定的类推，而创设上述一般化的事实陈述及证据提出义务，并赋予其“不利事实的拟制”的效果。这种观点认为，非负证明责任一方当事人对他方主张的陈述义务与真实义务规定及《德国民事诉讼法》第 372 条之一（血缘鉴定）、第 423 条（文书提交义务）及第 445 条以下规定（当事人讯问），可用于充当当事人一般事实陈述及证据提出协力义务类推的法基础。[①]

笔者认为，Peters 就德国法对当事人一般程序上事实陈述及证据提出协力义务的思想观念与 Stürner 是一脉相承的。如果说，仅仅将德国民事诉讼法上非负证明责任一方当事人的陈述义务、真实义务的规定与有关证据方法协力义务的规定，用于充当当事人一般事实陈述及证据提出协力义务类推的法基础，这种表述就具有合理性。这是因为，综合德国民事诉讼法上有关非负证明责任一方当事人所涉及的事实陈述义务及证据提出协力义务的规定，确实有朝着向一般化方向发展的趋势，尽管其中的架构给人的印象是残缺不全的。

在德国，Stürner 的有关“当事人一般事实陈述及证据提出协力义务（即事案解明义务）”理论并未被主流学说所接受。德国法上的多

---

① Peters, Auf dem Wege zu einer allgemeinen Prozessf örderungspf; icht der Parteien? FS Schwab, 1990, S. 407. 转引自姜世明：《举证责任与真实义务》，台北新学林出版股份有限公司 2006 年版，第 121 页。

数见解还是从民事实体法上情报请求权[1]的规定,对诉讼法上当事人事实陈述及证据提出协力义务加以否定的。这种观点认为,实体法上的规定已足以解决当事人间就事实、证据资料偏在的问题,由于可通过阶段诉讼的方式(stufenklage),先行请求对方开示资料,因此,并无另外承认诉讼法上一般事实陈述及证据提出协力义务的必要。[2]

其中有反对者指出,Stürner 所主张的违反解明义务的法效果,事实上也与其所主张的诉讼目的论下的真实发现要求相抵触[3],某种程度上已放弃真实发现的初衷。何况民事诉讼法的立法者既然已明文规定部分解明义务的特殊制度,也可见其并无进行一般化的思考取向,又何来据此而类推的基础。[4] 对此,笔者认为,Stürner 所主张的违反解明义务的法效果与其所坚持的真实发现的目的并不矛盾,因为,从理论上讲,仅仅要求举证人就其事实主张在程序上负有事实陈述及证据提出义务并不能满足发现事实真相的目的,由非负证明责任一方当事人在程序上负有事实陈述及证据提出协力义务才能有利于发现事实真相,或者说,更加有利于接近事实真相。但是,对于非负证明责任一方当事人而言,事实真相的发现有可能产生对其不利益的裁判后果,因此,在许多情形下,非负证明责任一方当事人不情愿履行这种协力义务是基于私利的考量。然而,民事诉讼程序基于其自身的公法属

---

① 与此相关的规定不胜枚举,主要有:《德国民法》第 260 条、第 402 条、第 444 条、第 666 条、第 681 条第 2 段、第 713 条、第 716 条、第 740 条、第 799 条、第 809 条、第 1379 条、第 1435 条、第 1580 条、第 1605 条、第 1613 条、第 1686 条、第 1799 条、第 1839 条、第 1841 条、第 2003 条、第 2011 条、第 2012 条、第 2027 条、第 2028 条、第 2057 条、第 2127 条、第 2314 条、第 2362 条第 2 项等。另外,《德国商法》第 87 条之三、《汽车保险一般条款》(AKB)第 7 条等。

② 反对事案解明协力义务的学者有:Stein, Jonas, Leipold, ZPO, § 282 Rdnr. 4; 赞成事案解明协力义务的学者有:Peters, Auf dem Wege zu einer allgemeinen Prozeβförderungspflicht, in: FS für Schwab, S. 339; Schmidt, Alternativkommentar-ZPO, § 139 Rdnr. 19. 转引自沈冠伶:《民事证据法与武器平等原则》,台北元照出版有限公司 2007 年版,第 39 页。

③ v. Mohrenfels, a. a. O., S. 213. 转引自姜世明:《举证责任与真实义务》,台北新学林出版股份有限公司 2006 年版,第 165 页。

④ v. Mohrenfels, a. a. O., S. 214. Vgl. Hackenberg, Die Erklärung mit Nichtwissen(§ 138 Ⅳ ZPO), 1995, S. 114m. w. N. 转引自姜世明:《举证责任与真实义务》,台北新学林出版股份有限公司 2006 年版,第 165 页。

性所决定,在法律上为非负证明责任一方当事人设定相应的证明协力义务,及设计有关的法律适用效果是实现程序公益性的体现。因此,如果非负证明责任一方当事人不履行相应的证明协力义务,在适用法律效果上,法院往往根据举证人的事实主张作出相应的事实认定。当然,从适用的法律效果上,法院据情所作出的事实认定形同简化式的证明。从论理的角度讲,这种形同简化式的证明方式,至少与事实真相所存在情态的方向是一致的,因此,至少能够得出这样一种结论,适用违反解明义务的法效果至少有助于接近事实真相,而不是相反。

另有反对者提出这样的质疑:Peters 认为,《德国民事诉讼法》第 138 条的事实与完全义务制度,在非属民事诉讼法特别规定(例如第 372 条之一)的协力义务类型中,具有重大意义。[①] 但他似乎忽略了《德国民事诉讼法》第 138 条并不包括证据方法的提出,并且原则上法律并不承认在对方证据提出时的一般协力义务。[②] Peters 认为,当事人协力义务在诉讼法上以三种方式发挥作用,也就是实体法上协力义务、程序法上文书提出义务及血缘确定检查规定的协力义务、真实义务及当事人询问等规定所象征的一般协力义务。[③]

对此,笔者认为,这种质疑具有相应的合理性。《德国民事诉讼法》第 138 条主要涉及包括非负证明责任一方当事人就事实陈述所负有的协力义务,而第 372 条之一所涉及的当事人容忍勘验义务则与证据方法的提出有关,主要适用于涉及身份关系的案件。因此,两者之间缺乏必要的可比性。另外,第 372 条之一明确规定了违反证明协力义务的法律适用效果,而第 138 条面对非负证明责任一方当事人违反证明协力义务的情形,则并非一定要适用对该方当事人不利益的法效果。再则,Peters 将当事人协力义务在诉讼法上发挥作用的方式分为实体法上协力义务、程序法上(文书提出义务及血缘确定检查规定)协力义务与(真实义务及询问当事人等规定所象征的)一般协力义务三种类型也有欠妥当,尤其是程序法上协力义务与一般协力义务之间存

---

① Peters, ZZP 82(1969), 200(208).

② Vgl. Arens, ZZP 96(1983),S. 1,4; Baumgärtel,a,a,O.,Rdnr. 113m. w. N. 转引自姜世明:《举证责任与真实义务》,台北新学林出版股份有限公司 2006 年版,第 143—144 页脚注。

③ Peters ZZP 1969, S. 206ff. 转引自姜世明:《举证责任与真实义务》,台北新学林出版股份有限公司 2006 年版,第 144 页。

在相互混淆的现象。

2. 我国台湾地区的有关法理学说及评析

自进入本世纪以来,我国台湾地区"民事诉讼法"几经修订,新修订的"民事诉讼法"为了推进审理的集中化进程,进一步强化了当事人的诉讼促进义务,并且为了适应新类型案件审理的公平、武器平等原则的实现,对证明责任分配规则加以弹性调整,为非负证明责任一方当事人在特定情形下就有关事实陈述及证据提出协力义务负担相应的责任预留了空间。对于这一系列变化所造成的影响,是否对非负证明责任的一方当事人在程序上的事实陈述及证据提出协力义务已经达到了一般化程度,在台湾学者间有不同的解读,并且为此引发了激烈的争论。

例如,在对台湾地区"民事诉讼法"全面分析的基础上,沈冠伶教授认为,台湾地区这次修订"民事诉讼法",实质上已将当事人之间的事实陈述及证据提出协力义务明确规定在条文当中,修订条文第 277 条但书及第 282 条之一应可视为事实陈述及证据提出协力义务的一般性规定。[①] 事实陈述及证据提出协力义务的个别性规定,可见诸如下相关法条:在文书提出义务上,例如该法第 342 条第 3 项、第 344 条、第 359 条第 2 项,尤其是第 344 条第 1 项第 5 款,大幅扩张文书提出义务的范围,只要与诉讼有关的事项所作成的文书,当事人均有提出的义务,而对于对方所持有的文书,在申请法院发出文书提出命令,但就文书的特定及其内容有表明困难时,法院也可命令对方给予必要的协助,例如该法第 342 条第 3 项的规定。在勘验问题上,经由准用书证的相关规定(该法第 367 条),使得当事人也负有勘验义务;另外,该法引入当事人讯问制度(该法第 367 条之一以下规定),强化了当事人事实陈述及证据提出协力义务。因此,即使不认为证据通则中的第 277 条及第 282 条之一属于事实陈述及证据提出协力义务的一般性规定,也可经由法类推(rechtsanalogie)[②]方式,从各目中上述个别条文所

① 参见沈冠伶:《论民事诉讼程序中当事人之不知陈述——兼评析民事诉讼法中当事人之陈述义务与诉讼促进义务》,载《政大法学评论》第 63 期,第 388—389 页。

② Larenz, Menthodenlehre der Rechtswissenschaft, 6. Aufl., 1991, S. 383ff. 转引自沈冠伶:《民事证据法与武器平等原则》,台北元照出版有限公司 2007 年版,第 19 页。

依据的基本理念，推论出当事人负有一般性事实陈述及证据提出协力义务。[①] 上述有关条款显示，台湾地区“民事诉讼法”不仅一般性地课予当事人以在时间上不延迟诉讼的义务，更课予以其协力解明事案以充实程序内容的义务。经由当事人与法院共同协力解明事案，诉讼程序才得以更有计划地迅速进行，因此，事实陈述及证据提出协力义务实属诉讼促进义务中不可或缺的一环。[②] 综观台湾地区“民事诉讼法”的相关规定，诉讼促进义务应具有两重性：一为狭义诉讼促进义务，另一为事实陈述及证据提出协力义务，它又可分为当事人与法院之间的事实陈述及证据提出协力义务，以及当事人相互之间事实陈述及证据提出协力义务。[③] 另外，沈冠伶教授还指出，法官适用台湾地区“民事诉讼法”第 277 条但书时，适当调整当事人的主张责任与证明责任，需视具体个案情形并根据诚信原则、平等原则等作出决定，可从极端的完全转换证明责任、部分转换证明责任至不转换证明责任，而且仅命令他方协助陈述相关事实或者提出资料。根据第 282 条之一规定，不负证明责任的当事人虽然无积极解明事案而需提出事实与证据资料的作为义务，但负有不破坏的不作为义务。[④]

对此，姜世明教授持有不同见解，认为：(1) 如果采用一般性事实陈述及证据提出协力义务，将造成是否就所有故意作为或不作为的错误陈述，使其陷入发生证据法上不利效果的困境，其效果发生要件(前提)设定，颇显困难。如果一方面认为当事人有一般性事实陈述及证据提出协力义务，而另一方面不设定相应的不利益强制效果，则这种道德化规范意义不大。(2) 如果绝对性地承认一般性事实陈述及证据提出协力义务，并且在其违反而加以处罚产生效果时，则可能使诉讼沦为纠举相对人陈述为说谎，或者系违反资讯义务的证明，而使得

---

① 参见沈冠伶：《民事证据法与武器平等原则》，台北元照出版有限公司 2007 年版，第 19 页。

② 同上书，第 42 页。

③ 同上书，第 37 页。

④ 参见沈冠伶：《论民事诉讼程序中当事人之不知陈述——兼评析民事诉讼法中当事人之陈述义务与诉讼促进义务》，载《政大法学评论》第 63 期(2000 年)，第 387—389 页；《论民事诉讼法修正条文中法官之阐明义务与当事人之事案解明义务》，载《万国法律》第 111 期(2000 年)，第 46、47 页。转引自许士宦：《证据收集与纠纷解决》，台北新学林出版股份有限公司 2005 年版，第 544—545 页。

积极性实体要件证据的提出，反而变为次要；诉讼就会成为诚实要求决定化及相对应处罚的程序，其有无违反人性及是否系以程序而损害实体，则并非无此疑虑。(3) 绝对性承认一般性事实陈述及证据提出协力义务，将造成辩论主义与证明责任理论被侵蚀与破坏。(4) 在双方处于平等地位的案件中，以诚实信用原则在个案当中作为证据法上的调整，并兼顾不负证明责任人的期待可能性，即可达到武器平等原则与当事人证明权保护，而承认一般性事实陈述及证据提出协力义务的必要性，似可对此加以降低。(5) 司法秩序所为权利义务分配与调整，应注意成本负担与危险分配观念。在理论上，如果当事人无法律上义务制作、保管文书，如要求非负证明责任人需无限制地负提出义务及受不利益效果的正当性，似乎较制作及保管人更低。并且，在一般案件中课以不利后果，是否有违比例原则的嫌疑，也值得考虑。(6) 在特殊类型如公害、医疗、产品责任等案件中，因涉及武器平等、危险领域、证据接近等问题，自应具有有利于举证人的制度设计的理由，但对其他双方当事人仍居于平等地位的案件来说，应注意期待可能性的要求及界线。对那些非负证明责任当事人的一般性事实陈述及证据提出协力义务违反的审查与认定，及其正当化事由的确认，应不宜过于苛刻。(7) 民事诉讼法上关于当事人的询问规定及证人规定，不足以使当事人负一般性事实陈述及证据提出协力义务的论述得以正当化，因这些规定所陈述的效果并不当然涉及待证事实的认定。台湾地区“民事诉讼法”第 277 条但书及第 282 条之一规定，属于一般证明责任法则与证明责任减轻的立法明文化，并不当然有承认一般性事实陈述及证据提出协力义务的意义。①

面对上述两种针锋相对的支持与反对论点，在台湾学界还有一种折中意见，这种意见并不否认不负证明责任当事人在一定情形下负有事实陈述及证据提出协力义务，只是后者与其所指摘的一般事实陈述及证据提出协力义务论点相同，均未就事实陈述及证据提出协力义务的要件及效果加以明确化。该种意见认为，根据台湾地区“民事诉讼

---

① 参见姜世明：《新民事证据法论》，台北学林文化事业有限公司 2004 年版，第 323—329 页；《民事程序法之发展与宪法原则》，台北元照出版有限公司 2003 年版，第 386—388 页；《程序法律安定性之终结者?》，载《月旦法学》第 106 期(2004 年)，第 252 页注 31。转引自许士宦：《证据收集与纠纷解决》，台北新学林出版股份有限公司 2005 年版，第 543—544 页。

法”规定的立法意旨，不负证明责任的当事人在下述情形下负有具体的事实陈述、证据提出协力义务：（1）负证明责任的当事人处于事实真相经过之外，而不具有作为其诉讼所必要的资讯，不能自行解明事案。（2）反之，不负证明责任的当事人则拥有此方面的资讯或能容易取得，而可期待其解明案情的情形。也就是说，新法第 342 条第 3 项及第 344 条第 1 项第 5 款的立法理由均表明，“与公害、产品制造人责任、消费者保护及医疗事故损害赔偿等现代型诉讼中，文书资料仅存于当事人之一方，并遭严密管理中，故他造几不可能获得该文书资料……”“随着社会经济状况之变迁，公害、产品制造人责任及医疗事故损害赔偿等现代型纷争与日俱增，于其诉讼中不乏因证据仅存在当事人之一方，致他造举证困难之情事发生”，因此，为保障当事人平等使用诉讼资料的机会，以及便于发现真实、促进诉讼，才加重偏在一方当事人协助对方特定证据并扩大其证据提出义务。[①] 基于此，在诉讼资料、证据资料偏在的案件中，为保障权利主张人的解明权（提出权、证明权），使其可平等接近事证，具有诉讼上重要资讯（诉讼资料、证据资料）的对方当事人，应对其课予事实陈述及证据提出协力义务，使其提出具体的事实及相关的证据。[②]

在上述论断中，主要有三种意见与分歧。针对沈冠伶教授的上述论断，笔者有如下心得：（1）沈冠伶教授认为，现行“民事诉讼法”实质上已将当事人之间的事实陈述及证据提出协力义务明确规定在条文当中，这种认识是正确的。这一点，在涉及对当事人询问的规定、有关文书提出协力义务的规定以及有关当事人容忍勘验义务规定的条文中表现得最为明显。对此，姜世明教授也认为，台湾地区“民事诉讼法”第 344 条第 1 项第 5 款及第 367 条的规定确为扩大文书、勘验物提出义务的规定，使得中国台湾地区文书提出义务有比德国、奥地利民事诉讼法更为宽大的倾向，这为中国台湾地区法上关于非负证明责

---

① 参见 2000 年台湾地区“民事诉讼法”修正第 342 条及第 344 条的立法理由，载台湾地区“司法院”编：《“民事诉讼法”部分条文对照表暨总说明》（2000 年），第 154—156 页。转引自许士宦：《证据收集与纠纷解决》，台北新学林出版股份有限公司 2005 年版，第 547 页。

② 转引自许士宦：《证据收集与纠纷解决》，台北新学林出版股份有限公司 2005 年版，第 546—547 页。

任一方当事人事实陈述及证据提出协力义务的重大制度特色。[①](2)沈冠伶教授认为,经修订的现行“民事诉讼法”第277条但书及第282条之一应可视为事实陈述及证据提出协力义务的一般性规定。对此,笔者不敢苟同。因为,现行“民事诉讼法”第277条但书只是为非负证明责任一方当事人在诉讼上于特定情形下应负事实陈述及证据提出协力义务打开了一个缺口,按照立法本意,这种特定情形主要涉及依据法律的特别规定,或者在个案中有显失公平的特别情形。因此,相对应的是,在这些特定情形下,应当对通常的证明责任分配规则加以相应的调整,使非负证明责任一方当事人应承担相应的事实陈述及证据提出协力义务。因此,它仅构成证明责任分配规则的例外规定或者特别规定而已,鉴于它仅适用于特别情形,而不适用于一般(或通常)情形,故不能就此得出使非负证明责任一方当事人承担事实陈述及证据提出协力义务一般性规定的结论。另外,现行“民事诉讼法”第282条之一是对证明妨碍行为及应适用的法律效果所作出的原则性规定,而非负证明责任一方当事人对其所承担事实陈述及证据提出协力义务的违反,应当作为构成证明妨碍行为的一种要件,但是,第282条之一的规定仅限于当事人的故意行为,即涉及当事人以“故意作为或不作为”为主要的表现形态,而非负证明责任一方当事人在诉讼上承担的事实陈述及证据提出协力义务,以不同证据方法的形态分别规定在有关各项条文当中,在这些条文中,有的对违反有关协力义务明确规定了适用证明妨碍的法效果,有的对违反有关协力义务则并未明确规定适用证明妨碍的法效果。对于这些并未明确规定适用证明妨碍法效果的违反有关协力义务的情形,应属于特别情形,因此不能适用第282条之一的原则性规定。(3)沈冠伶教授认为,即使不认为证据通则中的第277条及第282条之一属于事实陈述及证据提出协力义务的一般性规定,也可经由法类推的方式,从各目中上述个别条文所依据的基本理念,推论出当事人负有一般性事实陈述及证据提出协力义务。对此,笔者不愿完全苟同。因为,通过上述对台湾地区现行“民事诉讼法”有关证据方法的分析与探讨,其结论为,台湾地区“民事诉讼法”对于非负证明责任一方当事人在事实陈述及证据提出协力义务

---

① 参见姜世明:《举证责任与真实义务》,台北新学林出版股份有限公司2006年版,第175页。

上，采用的是一种事实陈述的相对限制主义与证据提出义务的近乎完全主义（即接近一般化）的模式。但是，从总体而言，尚未达到一般化的程度，最多可以将其表述为具有一般化的倾向而已。

针对姜世明教授的上述论断，笔者的看法是：(1) 且不论台湾地区“民事诉讼法”是否已设定有一般性事实陈述及证据提出协力义务，从立法技术上来看，在立法上是否设定有一般性事实陈述及证据提出协力义务，通常可以从两个方面衡量：① 该立法是否对一般性事实陈述及证据提出协力义务作出原则性的规定；② 从该立法的有关条款作出综合性的判断。而现行台湾地区“民事诉讼法”对此并未作出原则性的规定，即使根据该法的有关条款作出综合性的判断，所得出的结论也并非达到一般化的标准或程度。姜世明教授所担心的是，一旦在立法上确定一般性事实陈述及证据提出协力义务，将会有负面效果。对此，笔者认为，可借助立法技术采用一些例外规则加以限定，但不能因此而否定在立法上存在设定这种一般性事实陈述及证据提出协力义务的必要性。因此，随着社会的不断发展以及有关诉讼理念的不断进化，不能排除在立法上以各种形式设定这种一般性证明协力义务的可能性。(2) 姜世明教授认为，绝对性承认一般性事实陈述及证据提出协力义务，将造成辩论主义与证明责任理论的侵蚀与破坏。对此，笔者认为，是否应为一般性事实陈述及证据提出协力义务设定必要的范围或适用的前提条件，如果有必要，设定何种范围或者适用的前提条件，有待于进一步论证。但是，从目前来看，绝对性承认或者在无限范围内适用一般性事实陈述及证据提出协力义务的几率并不大，因此，今后在立法上即便设定一般性事实陈述及证据提出协力义务也并非是无条件或者无限制范围的。这是因为，世间事物纷繁复杂，凡事似乎都应有其例外。(3) 从发展与进化的角度来看，在诉讼上设定事实陈述及证据提出协力义务的初衷，是针对现代类型案件条件下事实及证据偏在于非负证明责任一方当事人的情形，但是，如果将这种证明协力义务上升至一般化程度，就有可能使之涉及传统类型的诉讼案件。实际上，在现代社会条件下，即使在传统类型的案件中也可能发生武器利用上不平等的情形，对此，只要在个案情形下存在对诚信原则的违反、对非负证明责任人的期待可能性或者某种显失公平等情形，均有适用这种证明协力义务的余地和空间。因此，不宜采用传统的观念看待现代社会条件下所出现的事实及证据结构偏在于一方当事人的情形。

针对上述折中意见,笔者认为,这种折中意见是将当事人在诉讼上的事实陈述及证据提出协力义务限定在现代类型的案件中,并且针对在案件中事实和证据结构偏在于非负证明责任一方当事人的情形,为此,持这种意见的学者,将台湾地区"民事诉讼法"有关条款修订时所附立法理由作为论证的依据。因此,这种观点只是认同当事人的事实陈述及证据提出协力义务仅适用于现代类型的案件,而并不适用于那些传统类型的案件。故此,并不赞同那种在立法上已设定了一般性事实陈述及证据提出协力义务这种提法。对此,笔者认为,根据台湾地区现行"民事诉讼法"的有关内容及立法意图,当事人的事实陈述及证据提出协力义务的适用范围,在最低限度内应当包括现代类型案件这一适用范围,除此之外,也并不排除对传统类型案件加以适用的可能。这其中的局限性主要表现在,根据台湾地区现行"民事诉讼法"中有关证据方法的规定,与某些证据方法有关的要件及法效果尚未明确化,但台湾地区"民事诉讼法"对非负证明责任一方当事人在事实陈述及证据协力义务上,采用的是一种事实陈述的相对限制主义与证据提出义务的近乎完全主义(即接近一般化)模式。可见,当事人的事实陈述及证据提出协力义务的设定并非仅限于对现代类型诉讼案件的适用,在某些情形下,也同样适用于传统类型的诉讼案件。当然,台湾地区"民事诉讼法"在具体表述上并未将有关案件的类型作为适用有关证明协力义务的要件,而实质上是委于法院在审理个案中加以具体判断。笔者认为,这是由立法技术的局限性所决定的。

3. 台湾地区"民事诉讼法"有关证明责任分配规则的调整与一般性事实陈述及证据提出协力义务之间的关系

针对台湾地区"民事诉讼法"有关证明责任分配规则的调整,姜世明教授对台湾地区现行"民事诉讼法"是否已经采行,或者是否有必要采行一般性事实陈述及证据提出协力义务的论断提出如下见解:

(1) 我国台湾有学者以"民事诉讼法"第277条但书作为当事人程序上一般性事实陈述及证据提出协力义务的法依据,而"民事诉讼法"第277条规定:"当事人主张有利于己之事实者,就其事实有举证之责任。但法律别有规定,或依其情形显失公平者,不在此限。"对这种但书的规定,"司法院"的理由是:就证明责任的分配在该条中设有原则性的概括规定,在适用上本有标准可循,但关于证明责任的分配情形繁杂，仅设原则性规定未能解决一切证明责任的分配问题，在具体案件的适用上，就难免发生困难，因此“最高法院”在判例中，就曾依据诚信原则确定证明责任的分配。尤其是关于公害案件、交通事故、商品制作人责任、医疗纠纷事件的处理，如严守该条所定的原则，难免产生不公平的结果，有违正义原则。因此在本条文之下增订但书，以资因应。可见，台湾地区“民事诉讼法”第 277 条但书应可认定为属于证明责任减轻的规定，设立这一制度的考虑因素主要是证据接近、武器平等、诚信原则及公平正义原则等。至于证明责任减轻方法则包括诉讼前的证明责任减轻及诉讼中证明责任减轻。就证明责任减轻方法而言，虽然可能也包括以非负证明责任一方当事人的事实陈述及证据提出协力义务作为证明责任减轻的方法，但能否加以一般化，或者仅能像证明责任减轻作为例外制度那样运作，而仅在一定条件下承认该非负证明责任一方当事人的事实陈述及证据提出协力义务，似乎值得探究，而不能视为理所当然之举。①

（2）“民事诉讼法”中有关文书提出义务及勘验等制度的利用，均设定了一定的要件，而关于“民事诉讼法”第 277 条但书及有关证明妨碍的规定，其要件解释具有发展的空间，是否可依据这些规定就可认为关于当事人一般事实陈述及证据提出协力义务制度属于一种法律漏洞，而有填补类推的必要，似乎并非必然。②

（3）非负证明责任一方当事人的事实陈述及证据提出协力义务，在证明责任法则体系上，属于证明责任减轻制度。在我国台湾地区，它主要被纳入“民事诉讼法”第 277 条但书中所谓“显失公平”中的证明责任减轻方式中运用，但在一定条件下，似乎也可能存在于该但书中所谓“法律别有规定”当中，但这一部分应属于资讯义务的明文化，与一般所谓当事人事实陈述及证据提出协力义务的学理探讨中，大多将焦点置于未有明文规定的情形有所不同，应当加以区辨。③

（4）如果采用“非负证明责任一方当事人的一般事实陈述及证据提出协力义务（即事案解明义务）”的理论，则对于其前提要件、界限

---

① 参见姜世明：《举证责任与真实义务》，台北新学林出版股份有限公司 2006 年版，第 132 页。

② 同上书，第 562—563 页。

③ 同上书，第 114 页。

及法律效果的理论精致化，应属刻不容缓。并且对其是否有类型化的必要，也应加以考量，因在一般借贷或杀人案件等情形下，如何要求非负证明责任一方当事人负事实陈述及证据提出协力义务，在实务运作上颇具困难。如果采用例外说，利用证明责任减轻法理(台湾地区“民事诉讼法”第 277 条但书)建构非负证明责任一方当事人的事实陈述及证据提出协力义务，在法律上也应有其可取之处，但在何种要件下承认这一程序法上的资讯请求权或义务，也应注意其界线问题。①

(5) 在德国，学理上对证明责任分配的一般原则，即规范说理论所显现的法律安定性意义甚为强调，因此，我国台湾地区对“民事诉讼法”第 277 条但书规定的解释，实有必要注意其例外性质，而不宜过分扩张，也就是不应过分强调单纯个案的因素，而应注重“类型”。并且应当尽量避免因法官任意对个案无正当理由如无证据偏在的情形而任意操弄证明责任法则，以至于使“例外”变成“原则”，而使法律安定性陷入幻境。②

(6) 台湾地区学说上对非负证明责任一方当事人解明义务问题的探讨并不很多，有的认为，当事人的事实陈述及证据提出协力义务具有使审理集中化及促进诉讼的作用，构成诉讼促进义务中不可或缺的部分，并且诉讼上应保持当事人实质平等，尤其是台湾地区实体法上有关情况报告请求权规定并不完整，而台湾地区“民事诉讼法”第 277 条但书及第 282 条之一的规定，均可作为承认一般解明义务的依据，甚至主张以类推台湾地区“民事诉讼法”关于文书提出义务、勘验及当事人讯问制度的，也可获得相同的结论等。③ 而实务上对这一问题并未有深入的了解，如果探究有关实务上的运作，也大多见于部分法官每当要求非负证明责任一方当事人对相对人的主张提出说明及举证反驳时，其为追查真实目的而动辄采取职权调查证据，在理论上是否符合民事诉讼的基本法理，似有探讨的余地。④

---

① 参见姜世明:《举证责任与真实义务》，台北新学林出版股份有限公司 2006 年版，第 180 页。

② 同上书，第 192 页。

③ 参见沈冠伶:《论“民事诉讼法”修正条文中法官之阐明义务与当事人之事案解明义务》，载《万国法律》第 111 期(2000 年)，第 45 页以下。

④ 参见姜世明:《举证责任与真实义务》，台北新学林出版股份有限公司 2006 年版，第 562 页。

(7) 台湾地区"民事诉讼法"第277条但书在某种程度上也可作为用来提供强化非负证明责任一方当事人说明义务的基础,但对于其要件及效果的设定仍应审慎,应以诚信原则及实体法与程序法的资讯义务等规范作为探寻法规范或法续造适用性的法基础,仅在依据证明责任分配法则所确立的应负证明责任当事人无可归责地陷入证明困难,即可能系基于实质上的知识不平等或危险领域类型等,而非负证明责任一方当事人对该知识或证据的掌握并无困难(证据接近),而对于要求其提出并非过度期待的,可考虑利用台湾地区"民事诉讼法"第277条但书,而要求非负证明责任一方当事人进行说明(事案解明)。[①]

对于姜世明教授的上述见解,笔者认为:

(1) 台湾地区"民事诉讼法"第277条但书的规定,通过台湾地区"司法院"当时的提案理由所表达的立法意图是明确无误的。台湾地区"民事诉讼法"第277条除了对证明责任的一般分配规则作出原则性规定之外,还作出了例外性的规定,这种例外性的规定可作为非负证明责任一方当事人在诉讼上负有事实陈述及证据提出协力义务的法基础。对此,姜世明教授是将非负证明责任一方当事人的事实陈述及证据提出协力义务作为证明责任减轻的方法看待的,他对并非在例外情形下也适用这种证明协力义务持有审慎态度。因此,他对在立法上已经设有一般性的事实陈述及证据提出协力义务的论断提出质疑。

(2) 台湾地区"民事诉讼法"对有关文书提出义务及勘验容忍义务等制度均设定了一定的要件及相应的法效果,这些规定并非与"民事诉讼法"第277条但书及第282条之一有关证明妨碍的规定具有完全的对称性。这种不对称现象的出现表明,"民事诉讼法"第277条有关一般证明责任分配规则的规定,应当与法院在审判上基于发现真实的目的而进行的证据调查相协同,因此,在这个认识基点上,才能够更好地理解当事人在诉讼上的事实陈述及证据提出协力义务,并不仅仅依赖于第277条但书这种法基础,它应当拥有更为广阔的认识空间。对此,姜世明教授如果仅仅将事实陈述及证据提出协力义务作为只适用于特定情形下证明责任减轻的方法看待,这种观点就存在某种局限性。

---

① 参见姜世明:《举证责任与真实义务》,台北新学林出版股份有限公司2006年版,第562—563页。

(3) 姜世明教授强调,如果采用一般事实陈述及证据提出协力义务的理论,就要对这种证明协力义务的构成要件及适用法律效果等加强理论准备,并且通过类型化设计以提高其适用的针对性。笔者认为,这些观点是十分正确的。从理论系统化的角度来看,非负证明责任一方当事人的事实陈述及证据提出协力义务既适用于现代类型的案件,还可适用于传统类型的案件,并且这两种基本类型还有进一步加以细化的余地。即使在现代类型的案件与案件之间或者传统类型的案件与案件之间,也会存在一些明显的差异,只有在对这些差异展开基础性研究的前提下,才能够更为科学地对不同类型案件的构成要件、相互之间的界限及其适用法律效果进行研究,并且为立法提供前瞻性的设计方案。

(4) 姜世明教授担心,如果过分强调非负证明责任一方当事人的事实陈述及证据提出协力义务,以至于法官在实务上对台湾地区"民事诉讼法"第 277 条但书作出过分扩张解释,将会从根本上动摇"规范说"理论所显现的法律安定性。对此,笔者认为,对非负证明责任一方当事人的事实陈述及证据提出协力义务进行系统性的理论研究,应当注意协调其与"规范说"理论架构下一般证明责任法则之间的关系,为此,应注重探讨事实与证据构造偏在于一方当事人的案件类型的特质及其所涉及的范围问题,因为,它是事实陈述及证据提出协力义务理论问题所关注的重心所在。姜世明教授认为,非负证明责任一方当事人的事实陈述及证据提出协力义务的适用范围,应仅限于现代类型诉讼案件中的那些诉讼资料及证据资料偏在于一方当事人的情形。它似乎始终将台湾地区"民事诉讼法"第 277 条但书规定作为证明协力义务的法基础。但是,纵观台湾地区"民事诉讼法"有关各项证据方法的规定,不能排除这种证明协力义务亦适用于某些传统类型的诉讼案件。在这些传统类型的诉讼案件中,基于诚信原则与公平正义原则,在特定情形下,非负证明责任一方当事人的事实陈述及证据提出协力义务也有探讨的余地,但是,应当以不与规范说理论架构下的一般证明责任法则发生严重背离从而危害程序的安定性为前提。

(5) 从台湾地区现行"民事诉讼法"就不同证据方法的适用规则来看,非负证明责任一方当事人的事实陈述及证据提出协力义务,也适用于传统类型的诉讼案件,这主要是基于发现事实真相的需要,而由法院采用依职权进行证据调查为该方当事人所设定的证明协力义务。姜世明教授对此在理论上是否符合民事诉讼的基本法理提出质疑。笔者认为，台湾地区现行“民事诉讼法”所体现的法院依职权进行证据调查的职能强化，是对传统辩论主义、个人主义进行持续性改造的必然反应，有助于审理的集中化与当事人诉讼促进义务的实现，是对民事诉讼程序公法属性的一种理性回归。

（四）关于事实陈述及证据提出协力义务的制度性安排与设计

1. 有关制度性安排与设计所引发的争议

在传统的民事诉讼活动中，早先受“任何一方无向他方提供他方攻击自己而使对方获得胜诉的武器”法理的支配，在辩论主义及一般证明责任分配法则架构下，应负证明责任一方当事人应就对其有利的事实负担主张及证明责任，而非负证明责任一方当事人并无主动或被动就事实进行陈述或提供相关证据的义务。由此而产生的认识论便是，“任何一方并无须为对方提供武器，也无自我揭示不利事实的义务”。但是，随着社会的变迁及对辩论主义等诉讼制度的持续性改造，这种观念在 20 世纪后半叶受到严重的挑战，其结果是，当事人在诉讼上均负有真实义务、完全义务、诉讼促进义务等新的诉讼原则与理念相继在法律上被充实。尤其是，在现代类型案件层出不穷的情形下，当应负证明责任一方当事人出现举证困难的情形下，如何加以应对，以促进诉讼目的的实现，从而使得非负证明责任一方当事人除上述程序义务之外，还应负担所谓当事人的程序上事实陈述及证据提出协力义务。在对传统辩论主义进行改造过程中，非负证明责任一方当事人对诉讼上真实发现的协力义务也成为热谈的话题。在这种历史背景下，无论是立法、司法判例还是法理学说，均将这种证明协力义务纳入观察、评价的视野，无形中也对其中由此而引发的争论起到了推波助澜的作用。其争论的焦点在于，是否应当在法律上承认“一方当事人负有提供对方攻击自己的武器”的义务。它直接涉及对非负证明责任一方当事人在程序上就事实陈述及证据提出协力义务的定位，即在立法上究竟是将非负证明责任一方当事人的事实陈述及证据提供协力义务，视为一般化的原则性协力发现真实的义务，还是仅在特定条件下承认其有例外存在的空间。在德国，学者间在近四十年来对此问题颇有争议，并且这种论战所产生的影响力迅速波及日本及我国台湾地区。

在民事诉讼程序上,非负证明责任一方当事人是否负有一般性事实陈述及证据提出协力义务问题,在德国具有强烈的争议性。德国学者 Stürner 基于其从宪法与诉讼法目的所获得的认识,强调宪法所保障的诉讼程序系为保护个人权利以真实发现为导向的诉讼程序;而诉讼法的目的,则是通过真实发现以保护个人权利[①],主张非负证明责任当事人负一般程序上事实陈述及证据提出协力义务[即一般程序解明义务(die allgemeine prozessuale aufklärungspflicht der parteien)]。其法律依据是以类推适用《德国民事诉讼法》第 138 条、第 423 条、第 444 条、第 445 条、第 448 条、第 372 条之一及第 656 条规定加以解决。[②]并且认为,违反者将导致可反驳的有利于负证明责任人待证事实拟制的效果。[③] Peters 则主张,所谓当事人一般协力义务,其论理依据则是以法律类推《德国民事诉讼法》第 445 条以下、第 138 条第 1 项及第 372 条之一等规定。[④]

应注意的是,德国实务与学说的通说见解是不赞成前述所谓的一般程序上事实陈述及证据提出协力义务。[⑤] 其反对一般程序上事实陈述及证据提出协力义务的理由不尽相同,例如,有的学者是基于反对

---

① Stürner, a. a. O. , S. 29, 31, 48ff. 转引自姜世明:《举证责任与真实义务》,台北新学林出版股份有限公司 2006 年版,第 234 页。

② Stürner, a. a. O. , S. 92ff. 转引自姜世明:《举证责任与真实义务》,台北新学林出版股份有限公司 2006 年版,第 234 页。

③ Stürner, a. a. O. , S. 242ff. , 249ff. ; Stürner Parteipflichten bei der Sachverhaltsaufklärung im Zivilprozess, ZZP 98, 253. 转引自姜世明:《举证责任与真实义务》,台北新学林出版股份有限公司 2006 年版,第 234 页。

④ Peters, Ausforschungbeweis im Zivilprozeβ, 1966, S. 104f. , 108. 转引自姜世明:《民事证据法实例研习》(二),台北新学林出版股份有限公司 2006 年版,第 234 页。

⑤ BGH NJW 1978, 2337; BGH NJW 1990, 3151; BGH JR 1991, 413; Musielak, ZPO, Kommentar, 1999, §423 Rdnr. 1; MünchkommZPO-Schreiber, 2000. §422 Rdnr. 1. ; Arens, Zur Aufklärungspflicht der nicht beweisbelasteten Partei im Zivilprozeβ, ZZP 96, 1ff. ; Prütting, Gegenwartsprobleme der Bweislast, 1983, S. 137ff. ; Rosenberg/Schwab/Gottwald, a. a. O. , S. 680; Schilken, Zvilprozessrecht, 3. Aufl. , 2000, Rdnr. 155. 转引自姜世明:《举证责任与真实义务》,台北新学林出版股份有限公司 2006 年版,第 234 页。

以真实发现作为民事诉讼法的目的及宪法衡量而加以反对的①;有的以 Stürner 所主张的负证明责任人需提出足以使其主张被认为可信的(anhaltspunkte)论据的要件,其标准不明的;有的认为,实体法既然并无一般资讯提供义务,而程序法系为实现私权,自应也无超越一般资讯提出义务的必要;有的以辩论主义与证明责任基本诉讼法原则的破坏作为论据。

在德国、日本,关于非负证明责任一方当事人所承担的事实陈述及证据提供协力义务,是否为一般义务,或者因诚信原则在具体个案(案件类型)中所产生,学说上存在纷争。有的主张为一般事实陈述及证据提出协力义务②,有的主张为诚信原则所产生的义务。③ 总之,在此问题上,不同的学者可能基于对民事诉讼法基本法理的理解不同,以及对程序法上相关制度的性质有不同的界定,最终可能导致不同的评断与归论。

近年来,随着我国台湾地区对"民事诉讼法"的修订,与非负证明责任一方当事人就真实发现为目的而在程序上负有事实陈述及证据提出协力义务的有关条款不断完善和充实,并且使法官与当事人之间的职能与角色的定位在整体构造上发生了较大幅度的调整,最终的结

---

① Vgl. v. Morenfels, a. a. O. ,S. 212ff. 转引自姜世明:《举证责任与真实义务》,台北新学林出版股份有限公司 2006 年版,第 234 页脚注。

② 参见ロルフ・シュトルナー:《民事訴訟における事案解明にあたっての當事人の義務》,森勇译,载《民事诉讼杂志》32 号(1986 年),第 101 页。〔日〕春日伟知郎:《民事证据法研究》,有斐阁 1991 年版,第 233 页;《民事裁判における事案解明(論)について》,载《司法研修所论集》95 号(1996 年),第 39 页。〔日〕竹下守夫:《伊方原發訴訟最高裁判決と事案解明義務》,载木川纯一郎古稀祝贺:《民事裁判の充実と促進》(中巻)(1994 年),第 1 页。转引自许士宦:《证据收集与纠纷解决》,台北新学林出版股份有限公司 2005 年版,第 548 页脚注。

③ 参见ペーター・アーレンス:《民事裁判における證明責任を負わない當事者の解明義務について》,松本博之译,载《民事诉讼杂志》29 号(1983 年),第 57 页。〔日〕松本博之:《證明責任を負わない當事者の具體的事實陳述 = 證據提出義務について》,载《法曹时报》49 卷 7 号(1997 年),第 1611 页以下;《日本の新民事訴訟法にとる訴訟の構造》,载日本民事诉讼法学会编:《民事訴訟法、倒産法の現代的潮流》(1998 年),第 91 页、第 115 页以下。〔日〕小林秀之:《新證據法》,弘文堂 1998 年版,第 141 页。转引自许士宦:《证据收集与纠纷解决》,台北新学林出版股份有限公司 2005 年版,第 548 页脚注。

果是,我国台湾地区现行“民事诉讼法”使非负证明责任一方当事人的事实陈述及证据提出协力义务一般化的倾向日渐明显,甚至在某些方面呈现出超越德国、日本两国的迹象。当然,这个议题在台湾学界也极具争议性,使得人们对未来的发展充满期待。

2. 有关制度性安排与设计的基本思路

根据现行有关立法例的发展趋向及法理学说探讨的深度与广度,对非负证明责任一方当事人的事实陈述及证据提出协力义务的有关制度性安排与设计,大致可分为如下两种基本类型:

(1) 将非负证明责任一方当事人的事实陈述及证据提出协力义务加以一般化设置,也就是,在立法上作出原则性的规定,从而使得非负证明责任一方当事人在尽可能小的限制条件约束下,最大限度地为发现事实真相而负担陈述所有相关事实与尽其所能提供所有证据的义务。对此,在立法技术上,如果对其构成要件提出较为严格的要求,或者处于保障非负证明责任一方当事人的人格(隐私)权、营业秘密权及拒绝自我归罪权等考虑,而将除外事由的范围扩大化,将对这种证明协力义务一般化的范围造成某种程度上的限缩。

(2) 将非负证明责任一方当事人的事实陈述及证据提出协力义务加以例外化设置,也就是,在立法上并不承认这种一般化证明协力义务的前提条件下,将非负证明责任一方当事人的事实陈述及证据提出协力义务,纳入实体法情况报告请求权或程序法上一些信息资料提出义务的规定之中。对此,在立法技术与实务应用上,如果采用诸如武器平等、诚信原则、证据接近及危险领域等证明责任减轻法理,就会导致扩大化地承认原本仅作为例外的空间与范围。

另外,在制度设计上,台湾学者姜世明教授就非负证明责任一方当事人的事实陈述及证据提出协力义务介绍了下述潜在的六种不同类型的趋向模式[①]:

类型一:无论证明责任及主张责任的分配法则或其结果,双方均负有证明责任及主张责任(指对待证事实的正反面事实各自负其责任),而当事人均当然应有陈述事实及提出证据资料的义务。

类型二:在证明责任分配法则及主张责任分配法则架构下,应负

---

① 参见姜世明:《举证责任与真实义务》,台北新学林出版股份有限公司2006年版,第111—113页。

主张责任及证明责任的当事人,应负主张及提出证据方法的义务;但非负主张责任或证明责任的一方当事人,在应负证明责任一方当事人未能具体化主张或适当进行举证时,在不设定前提的条件下,也应负有配合说明及提出证据资料以协力使事案澄清的义务。

类型三:在证明责任分配法则及主张责任分配法则架构下,应负主张责任及证明责任的当事人,应负主张及提出证据方法的义务;而非负主张及证明责任的一方当事人,在一定前提条件下,例如应负主张责任的就其主张已足够具体化,或虽然尚欠缺具体化,但已出示相当根据等,符合可信性审查的,就当然应负说明及提出证据资料以协力使事案解明的义务(或非负主张及证明责任一方当事人也负说明及提出证据资料以协力事案解明的义务;但如果应负主张责任一方当事人未足够具体化其主张或所主张不具可信性的,则不在此限)。

类型四:在证明责任分配法则及主张责任分配法则架构下,应负主张责任及证明责任的当事人,应负主张及提出证据方法的义务;非负主张及证明责任一方当事人在原则上不负协力提出事实说明或证据资料提出义务;但在例外情形下,如果存在实体法上及程序法上的资讯义务(也包括在程序法上依据证据接近、诚信原则而认为应负主张责任的未能提出系属不可归责,而非负主张责任的欲可期待无困难地提出的,所创设的特殊事实陈述及证据提出协力义务)时,则非负证明责任一方当事人也应负有资讯提出及证据资料提出的义务。

类型五:在证明责任分配法则及主张责任分配法则架构下,应负主张责任及证明责任的当事人,应负主张及提出证据方法的义务;非负主张及证明责任一方当事人在原则上不负协力提出事实说明或证据资料提出的义务;但在例外情形下,如果存在实体法上的情况报告请求权时,非负证明责任一方当事人则有事实陈述及证据提出协力义务。

类型六:坚持传统辩论主义的推论,非负证明责任一方当事人并无为对方提出证据资料及陈述于己不利事实的义务,且不承认例外。

对于上述六种类型的模式,笔者认为,它们的共同之处体现在:应负主张责任及证明责任的一方当事人在诉讼上均应负主张及提出证据方法的义务。这六种类型模式的差异主要表现在:非负证明责任一方当事人在何种条件下、何种范围内承担事实陈述及证据提出协力义务,以及如违反这种协力义务是否将产生以及产生何种法效果。其中第一种类型与第六种类型显得过于极端。在第一种类型中,由于没有考虑到案件的不同类型,以及有关类型案件中的一般情形与例外情形之间的差异,具有超职权主义的色彩,使得证明责任的一般分配法则与特殊法则之间的界限含混不清,并且造成将辩论主义的程序机能置于荡然无存的境地。在这种类型架构的支配下,双方当事人在完全对等的基点上均负有相应的主张责任与证明责任,而并不存在一方协助另一方的情形。第二种类型中,在应负证明责任一方当事人未能具体化主张或进行适当举证时,在不设定前提的条件下,非负证明责任的一方当事人也应负有配合说明及提出证据资料,以协力使案件事实得以澄清的义务。与第一种类型中非负证明责任的一方当事人理所当然应负事实陈述及证据提出义务所不同的是,在这种类型中,非负证明责任一方当事人所承担的是一种证明协力义务,而并非是一种完全对等的证明义务。由于非负证明责任一方当事人承担这种证明协力义务,并不以举证人是否有何具体主张或者是否已有所举证为前提条件,因此,在实质上,第二种类型与第一种类型显得较为相近。在第三种类型中,只有在负证明责任一方当事人对其主张加以具体化并产生相应效果等前提条件下,对于非负证明责任一方当事人而言,才有使其产生履行证明协力义务的必要。这种类型的模态与在学理上有些学者所主张的当事人事实陈述及证据提出协力义务的一般化模式最为接近。在第四种类型中,非负证明责任一方当事人在原则上不负协力提出事实说明或证据资料提出义务,而只是在实体法上及程序法上有明确规定协力义务的例外情形下,非负证明责任一方当事人才负有相应的证明协力义务。因此,这种义务被界定为一种特殊的证明协力义务,与第三种类型中带有一般性特征的模式有显著差别。这种模式与近年来各国竞相在程序法上创设证明协力义务功能的潮流不尽吻合。在第五种类型中,非负证明责任一方当事人在原则上不负协力提出事实说明或证据资料提出义务,而只是当存在实体法上的情报请求权这种例外情形下,非负证明责任一方当事人才负有相应的证明协力义务。可见,第四种类型与第五种类型的主要差异表现在,是否存在程序法上为非负证明责任一方当事人规定有证明协力义务。在立法例上,相较而言,德国民事实体法规定有较为详尽的情况报告请求权的内容,从而在一定程度上减缓了在程序法上为非负证明责任一方当事人设定相应证明协力义务的压力。第六种类型则属于传统辩论主义体制下极端个人主义及仅追求形式真实诉讼模式的体现。

3. 学者间有关制度性安排与设计所能够达成的基本共识

在德国、日本等国家或地区,无论持有何种不同观点,即无论是否承认非负证明责任一方当事人的事实陈述及证据提出协力义务的一般化建制,学者间仍存有一种基本共识,这种基本共识是建立在狭义的而并非是广义的或者一般化的证明协力义务基础之上。大致而言,这种基本共识限于如下情形,即在事象发生于负证明责任当事人的危险、支配领域外,如不具有作为其诉讼所必要的资讯,而非负证明责任当事人具有该资讯或并非难以取得的情形下,其在期待的可能范围内即负有事实陈述及证据提出的义务。①

例如,在日本学界颇具影响的松元说与中西说均认为,非负证明责任一方当事人应当承担具体事实陈述及证据提出义务的要件包括:(1) 负担证明责任的当事人处于该事实发生过程之外;(2) 该当事人无法证明该事实;(3) 对方当事人可以较为容易地对该事实作出必要的说明;(4) 根据个案的具体情形,可以期待对方当事人作出这一说明。②

再如,我国台湾学者姜世明教授认为,在一定条件下,仍可要求非负证明责任一方当事人负事案解明义务,但这仅属例外性质。对此,可设定如下要件:(1) 应负证明责任一方当事人对于其请求权所主张事实应符合具体化义务的要求,如果缺乏使该主张得以具体化的认识时,对其应提出根据(anhaltspunkte),该根据应使这些请求权具有可信性(plausibilität),并且足以说明其起诉的一贯性。(2) 应负证明责任一方当事人因处于事件经过之外,以至于不能对该事实发生过程作完足的说明,而对此不能无可归责。(3) 非负证明责任一方当事人能对待证事实轻易加以说明,而其事实陈述及证据提出协力则属于必要而具有期待的可能性,根据诚信原则课以事实陈述及证据提出协力义务并不过分苛刻。据此,对于应负证明责任一方当事人的举证困难,也

---

① 参见〔日〕松本博之:《民事證據法の领域武器における對等の原則》,载竹下守夫编:《講座新民事訴訟法》(Ⅱ)(1999 年);〔日〕新堂幸司:《新民事訴訟法》(第 2 版)(2001 年),第 392 页、第 492 页、第 516 页。转引自许士宦:《证据收集与纠纷解决》,台北新学林出版股份有限公司 2005 年版,第 548—549 页脚注。

② 参见〔日〕高桥宏志:《重点讲义民事诉讼法》,张卫平、许可译,法律出版社 2007 年版,第 139 页脚注。

能获得合理解决。[①]

笔者认为,近年来,各国学者之所以能够在这种最低限度内就非负证明责任一方当事人在诉讼上所应承担的事实陈述及证据协力义务达成基本一致,一是因为超出这种限度,就会导致激烈的、无休止的论争;二是在现代社会条件下,学者们已经开始接受对传统辩论主义进行现实主义改造之后所产生的一般性成果。

与此同时,随着法理学说的不断进化与演变,司法判例也对此作出积极的反应。例如,对非负证明责任一方当事人并无一般化的事实陈述及证据提出协力义务如何加以认知,德国联邦最高法院曾经作出判决认为,对于符合诚信原则以及要求的非负证明责任人,如在其自己的责任或者危险领域范围内,作出详细陈述属于具备期待的可能性,并且负证明责任人与事态发生距离较远而并未掌握更接近的资讯时,非负证明责任一方当事人对这种情形应负有从属的主张与证明责任(sekundäre behauptung-und beweislast)。[②] 但有学者认为,这一所谓从属的主张与证明责任能否认为与 Stürner 等人所主张的一般事实陈述及证据提出协力义务内涵相当,似仍有讨论的空间。[③] 有学者认为,德国联邦最高法院虽然认为负证明责任一方当事人处于待证事实发生经过之外,未有对重要事实的较接近认识,而相对人拥有这一认识,向其要求该资讯显然得被可期待的,非负证明责任一方当事人就有资讯提供义务。[④] 但相关联实务上的观点认为,仍需先解决是否要求负证明责任的主张具体化、可信性及应具备何种程度盖然性的问题。[⑤] 对此,姜世明教授认为,这一事实陈述及证据提出协力义务具有例外

---

① 参见姜世明:《民事证据法实例研习》(二),台北新学林出版股份有限公司 2006 年版,第 16—17 页。

② BGH NJW 1989, 161/162. BGH NJW 1990, 314, 316. 转引自姜世明:《民事证据法实例研习》(二),台北新学林出版股份有限公司 2006 年版,第 11 页。

③ Arens/Lüke, ZiIvilprozessrecht, 6. Aufl., 1994, Rdnr. 23. 转引自姜世明:《民事证据法实例研习》(二),台北新学林出版股份有限公司 2006 年版,第 11 页。

④ BGH NJW 1994, 2289, 2292. 转引自姜世明:《民事证据法实例研习》(二),台北新学林出版股份有限公司 2006 年版,第 12 页脚注。

⑤ Vgl. Musielak, Grundkurs ZPO, 4. Aufl., 1998, Rdnr. 393. 转引自姜世明:《民事证据法实例研习》(二),台北新学林出版股份有限公司 2006 年版,第 12 页脚注。

性的事例,而并非一般化义务的表征。其考虑的因素包括应负证明责任一方当事人非可归责性、证据远近距离、诚信原则、危险领域及期待可能性等因素。对此,如果不承认“当事人一般事实陈述及证据提出协力义务”,则对当事人在诉讼上的事实陈述及证据提出协力义务,可借助在实体法上或者程序法上资讯义务以减轻应负证明责任一方当事人的证明困难,似将被视为例外情形。因这些资讯义务而使非负证明责任一方当事人负有一定程度的事实陈述及证据提出协力义务,即应符合各该实体情况报告请求权条文,或者实务创设的要件,或者符合具有例外性质的如德国联邦最高法院从属主张与证明责任的责任制度的要件,才可具备。[①]

对此,有一种观点认为,这一从属主张及证明责任须具备如下要件:(1) 应负证明责任一方当事人处于事件发生经过以外;(2) 应负证明责任一方当事人因此而不可归责地对应主张的事实无法知悉;(3) 应负证明责任一方当事人确能较容易提出说明;(4) 根据诚信原则要求该非负证明责任一方当事人提出资讯属于具有期待的可能性。[②] 对这一由实务创设的非负证明责任一方当事人的从属主张及证明责任,其违反的法律效果,有的学者认为属于证据评价的范围,有的学者认为应依据拟制自认法理加以规范。[③]

德国司法判例上所承认的非负证明责任一方当事人所负的事实陈述及证据提出协力义务,仅存在于例外情形,属于非负证明责任一方当事人所应负担的一种从属的主张与证明责任,它的适用范围受其构成要件所制约。也就是当应负主张责任一方当事人不可归责地因处于案件发生过程以外,以至于未能掌握相关知识或信息,从而不可能进行适当的事实主张时,根据诚信原则,如果非负证明责任一方当事人可期待提供较接近的相关知识或信息的,如事件发生在其责任领域之内,则该非负证明责任一方当事人就负有进行相关事实陈述或提供信息资料的义务。对此,学者间存在不同见解。例如,有的学者认

---

① 参见姜世明:《民事证据法实例研习》(二),台北新学林出版股份有限公司 2006 年版,第 12—13 页。

② Vgl. Lang, a. a. O., S. 63. 转引自姜世明:《举证责任与真实义务》,台北新学林出版股份有限公司 2006 年版,第 167 页。

③ Vgl. Lang, a. a. O., S. 65. m. w. N.

为,非负证明责任一方当事人并无为对方提出有利资讯的义务。[1] 有的学者认为,关于非负证明责任一方当事人的资讯提出义务为实体法的任务,引入一般程序上解明义务并非程序法上的任务。[2] 对于这一制度的法理基础,也有不同的认识,有的学者可求诸于诚信原则,有的学者求诸于诉讼促进义务或者主张系诉讼协力义务(由当事人陈述义务所导出)的作用。[3]

与此同时,还应当关注的一个重点问题是,对于应负证明责任一方当事人未能具体化的主张及确定化其证明主题或证据方法时,如何克服举证上的困难。这是因为,在当今协同主义已成为诉讼构造主流形态的条件下,为了促进诉讼以及有利于使争点整理及审理集中化成为可能,必须创设一种法院与双方当事人的协力共同体,对此,应负主张责任一方当事人所负有的具体化的义务在一般类型案件中依然显得不可或缺。但是,当遇有一些特殊类型(如事实和证据构造偏在于一方)的案件时,在何等条件下,非负证明责任一方当事人在应负证明责任一方当事人尚未具体化其陈述前,就应作出具体化争执或协力使应负证明责任一方当事人的主张具体化,则成为讨论这一问题的焦点。当然,为了解决应负证明责任一方当事人的证明困难,除了对非负证明责任一方当事人的事实陈述及证据提出协力义务加以扩充外,还可借助于就有关案件的类型化所涉及的因证据偏在、危险领域、武器不平等、盖然性问题等因素,进而创设由证明责任转换、表见证明、证明度降低、具体化义务程度降低等方式所构成的证明责任减轻制度化体系。

4. 制度性安排与设计的扩大化趋势及基本展望

虽然德国通说及立法上并不采用所谓当事人一般事实陈述及证据提出协力义务,但近年来,一些德国学者仍持之以恒地坚持推行事实陈述及证据提出协力义务一般化的努力,甚至出现有向英美法的事证开示制度接近的想法或建议。例如,德国学者 Gottwald 于 1996 年在第 61 届德国法律人大会上,提出经由修正民事诉讼法方式引入当

---

① BGH NJW 1997, 128, 129.

② BGH ZZP 104 (1991), 203, 205.

③ Vgl. Lang, a. a. O., S. 65. m. w. N. 转引自姜世明:《举证责任与真实义务》,台北新学林出版股份有限公司 2006 年版,第 168 页脚注。

事人一般事实陈述及证据提出协力义务的建议，其基本构想是，将当事人一般事实陈述及证据提出协力义务作为加强第一审诉讼程序的手段，并且通过第二审诉讼程序失权规则的强化，使事实尽量在第一审程序就得以查清。而作为这一前提，仍以应负证明责任一方当事人对其主张提出根据，并对其证据声明加以具体化。如果有违反一般事实陈述及证据提出协力义务的，则以证明妨碍加以论处。[①] 他认为，可将《德国民事诉讼法》第138条第2项修正为，“任何当事人均应对于相对人主张的事实予以陈述，并且对于待证事实的所有相关证据(文件)而为其所占有或其可径行取得的，应负提出义务”[②]。这实际上是对一般事实陈述及证据提出义务作出了原则性规定。另外，建议案中配合修正条文还包括《德国民事诉讼法》第254条、第421条、第422条及第429条等。但在大会决议中，有关建议案因94票否决、44票赞成，而最终被否决。[③]

近年来，在德国开展的民事诉讼法新近改革过程中，仍不承认一般事实陈述及证据提出义务理论，而仅对当事人提出主义作部分限制，并强调法官的讨论义务及对当事人与第三人的文书提出命令权限。[④] 另外，在为欧洲民事诉讼法统一化的努力进程中，1993年向欧共体委员会提交的Storme-草案，更进一步参考部分英美法模式，其中对事实陈述及证据提出义务部分的提出接近于事证开示制度(discovery)的建议[⑤]，但最终并未获得立法上的承认。这些事态表明，尽管随着社会的变迁，使得学者间容易在较狭隘的范围内，就设定非负证明责任一方当事人的事实陈述及证据提出协力义务达成共识，但大多数学者仍对在广泛意义上采用一般性质的事实陈述及证据提出

---

① Gottwald, Empfehlen sich im Interesse eines effektiven Rechtsschutzes Maβnahmen zur Vereifachung, Vereinheitlichung und Beschränkung der Rechtsmittel und Rechtsbehelfe des Zivilverfahrensrechts?, in Verhandlung des 61. Deutschen Juristentag; Bd. Ⅰ (Gutachten), 1996, A. 15ff.

② Gottwald, in Verhandlung des 61. Deutschen Juristentag; Bd. Ⅰ(Gutachten), 1996, A. 19.

③ Vgl. Lang, a. a. O., S. 64f. m. w. N. 转引自姜世明:《举证责任与真实义务》，台北新学林出版股份有限公司2006年版，第168—169页。

④ Katzenmeier, JZ 11/2002, 534.

⑤ Vgl. Lang, a. a. O., S. 224ff. 转引自姜世明:《举证责任与真实义务》，台北新学林出版股份有限公司2006年版，第169页。

协力义务理论充满疑虑。他们的观念依然被传统上那种带有普遍性的原则所笼罩,即一方当事人在事实的调查过程中均无义务为对方提供事实和证据,并且在一般证明责任分配法则的支配下,非负证明责任一方当事人因不应承受真伪不明的不利益裁判后果,因此也不应概括地承担事实陈述及证据提出协力义务。

根据德国学者 Stürner 所倡导的"当事人一般程序上事实陈述及证据提出协力义务"的理论,其应用结果可导致在诉讼上为当事人之间设定广泛意义上的信息资料及证据资料提供义务,甚至有学者认为,其范围可与美国法上的证据开示制度相媲美。[①] 据此,在诉讼系属之后,当事人事实陈述及证据提出协力义务就包括对待证事实或证据方法的开示,勘验物的提出,忍受对不动产的调查、对身体的检查及文书的一般提出义务。[②] 对此,德国学者 Peters 也认为,其范围包括对所有资料的收集。[③] 甚至在诉讼系属之前,当事人事实陈述及证据提出协力义务也有相当的程序前的机能。对此,Stürner 认为,在诉讼前,也可承认有关的资讯提出义务,即可借由类推实体法上情况报告请求权规定,当应负证明责任一方当事人不可归责地缺乏足够的认识及足够的资料时,可根据这一诉讼前的资讯请求权要求非负证明责任一方当事人提出文书、提供文书供阅览及提供勘验物等。[④]

从制度性安排及立法设计的要求而言,为了推动事实陈述及证据提出协力义务一般化理论的发展,需要有一个精密思考与严密论证的过程,在此过程中,通常所需要考虑的问题包括:事实陈述及证据提出协力义务的一般化是否导致法官职权探知主义倾向的加剧;如何权衡与经改造的辩论主义之间的关系;如何与证明责任分配及主张责任分配法则相协调;是否会给诉讼程序的安全性及可预测性造成实际危

---

① Vgl. Yoshida, a. a. O., S. 51m. w. N. 转引自姜世明:《举证责任与真实义务》,台北新学林出版股份有限公司 2006 年版,第 152 页脚注。

② Stürner, a. a. O., 134ff.; Stadler, Der Schutz des Unternehmensgeheimnissen im deutschen ind U. S.-amerikanischen Zivilprozess und Rechtshilfeverfahren, 1989, S. 82.

③ Peters, FS. f. Schwab, 1990, S. 407. 转引自姜世明:《举证责任与真实义务》,台北新学林出版股份有限公司 2006 年版,第 152 页脚注。

④ Stürner, a. a. O., S. 269ff.; 287ff. 转引自姜世明:《举证责任与真实义务》,台北新学林出版股份有限公司 2006 年版,第 152 页。

害；如何防止其陷入摸索证明的境地；其效果如采用证明责任转换或不利事实推定时，如何平衡与已明文化的真实义务、完全义务、陈述义务及当事人询问制度的法效果之间的关系；要求非负证明责任一方当事人在完全义务及真实义务范围外，还负有重大制裁效果的一般事案解明义务，是否符合期待的可能性，等等。

近年来，德国民事诉讼法虽经过修订，但因其传统观念已根深蒂固，由此而决定了德国法的修订更倾向于将非负证明责任一方当事人的事实陈述及证据提出协力义务作为一种例外情事对待，但这并不意味着，德国法在将非负证明责任一方当事人的事实陈述及证据提出协力义务朝着一般化方向推进，并非显得无所作为或者毫无建树。另外，值得关注的是，由于德国在民事实体法上历来较为重视情况报告请求权的创设，从而在一定程度上舒缓在程序上为当事人设定相应的证明协力义务的紧迫性。相较而言，我国台湾地区近年来几经修法，进一步加强了法院的诉讼指挥权与阐明职能，扩充了文书提出命令的权限及范围。为了更有利于强化当事人的诉讼促进义务，在设定非负证明责任一方当事人的文书提出义务、勘验容忍义务及勘验物的提出义务等方面，显得比德国法更加有所作为，大有后来者居上之势。从总体上而言，虽然台湾地区“民事诉讼法”的有关规定与当事人的事实陈述及证据提出义务一般化的标准及要求尚存一定距离，如果将这种立法例所展现的特征与风格表述为具有一般化的强烈倾向或者浓烈色彩，则似乎并不为过。这种现象表明，随着社会生活不断发展以及观念的日渐更新，无论是法理学说、立法实践抑或司法判例，对当事人在程序上的事实陈述及证据提出义务的探讨将不断扩充其适用范围，使其朝着一般化方向迈进。

5. 对我国民事诉讼上非负证明责任一方当事人负有事实陈述及证据提出协力义务问题的认识与立法思考

在诉讼上，作为一种证明协力义务，当事人的事实陈述及证据提出义务主要针对的是非负证明责任的一方当事人，因其本身并非举证人，但其所进行的事实陈述及证据提出的作为也属于证明行为，因此，非负证明责任的一方当事人在诉讼上所承担的是一种证明协力义务。这种证明协力义务是在现代社会条件下对传统辩论主义进行改造的革命性成果。它与当事人在诉讼上的真实义务、具体化义务以及诉讼促进义务具有内在的关联性。

在法理上,在特定案件类型或者特定个案情形下,只要符合如下构成要件,就应当使非负证明责任一方当事人负担事实陈述及证据提出协力义务:(1) 负证明责任一方当事人在客观上处于事实发生的经过或者场域之外;(2) 对负证明责任一方当事人就其所提出的事实主张,要求作具体的事实陈述及提供相关证据不具有可期待性;(3) 负证明责任一方当事人就事实无法作具体陈述,以及无法提出相应的证据不具有可归责性;(4) 非负证明责任一方当事人在客观上曾处于事实发生的经过之中或者某种特定的场域之内;(5) 对非负证明责任当事人就有关事实进行具体陈述及提出证据具有可期待性。

我国《民事诉讼法》第 63 条将当事人的陈述作为七种法定证据类型之一。该法第 71 条规定:“人民法院对当事人的陈述,应当结合本案的其他证据,审查确定能否作为认定事实的根据(第 1 款)。当事人拒绝陈述的,不影响人民法院根据证据认定案件事实(第 2 款)。”这些规定以及对我国现行《民事诉讼法》及有关司法解释进行全方位的观察,其结论为,我国《民事诉讼法》及有关司法解释并未就非负证明责任一方当事人设定有事实陈述及证据提交协助义务(即事案解明义务)。对此,笔者认为,在现代社会条件下,为了维护民事诉讼程序上的公平与正义,及时公正、妥当地解决在一些案件类型或者特定个案情形下,有关事实及证据偏在于一方当事人,而给举证人在举证能力上造成的不平衡状态,应当根据上述有关事实陈述及证据提交协助义务所涉及构成要件的法理,在立法上明确为非负证明责任一方当事人设定相应的事实陈述及证据提交协助义务。其主要构想如下:(1) 可适当借鉴我国台湾地区有关最新修法的成果,并结合我国大陆最高人民法院有关司法解释的成例性经验,在立法上就民事诉讼有关证明责任及分配的一般性法则作出规定的同时加以设定,对此,可作如下表述:“当事人主张有利于己的事实,就其事实负有事实陈述及提供证据的责任,但法律另有规定,或者根据个案情形显失公平的,不在此限。因双方当事人就事实陈述及提供证据导致争议事实最终难以认定的,法院应当根据证明责任分配规则作出裁判。”(2) 在上述作出原则性规定的基础上,在《民事诉讼法》中对所涉及事实及证据调查过程可分别作出相应的阶段性规定。

三、关于当事人在实体法上负有提供情况报告义务的基本范畴

（一）对实体法上情况报告义务基本范畴的检视

情况报告义务属于诉讼前当事人在实体法上的一种义务，它主要是根据民事实体法、契约等在当事人之间以特定法律关系为基础而设定的。

从目前各国的立法例来看，民事实体法上大都不承认当事人的一般实体法情况报告提出义务。或者更加准确地说，均未达到实体法上情况报告提出义务的一般化程度。其原因在于，即使在实体法上设定这种情况报告提出义务，也主要是基于预防性，在民商事流转或交易活动中，发生纠纷的毕竟是少数，这些纠纷的当事人，大多都会采取协商、自行和解、第三者居中斡旋等方式解决，最终诉至司法或者提交仲裁的，毕竟属于少数中的少数。总体而言，相较之下，德国民事实体法上就当事人的情况报告提出义务的规定显得较为发达，但是，还远未达到一般化的程度。其他国家或地区的有关立法在此方面还显得相当薄弱，因此，在未来还有相当的发展空间。显而易见的是，在民事实体法上，在特定法律关系架构下为当事人设定适当数量的情况报告提出义务，有助于保障法律秩序的安定性，有助于防止产生纠纷，或者有助于减少产生纠纷的几率，甚至即使产生纠纷，也会在可预期的标准条件下有助于纠纷的解决。但是，如果在实体法上设置过多的情况报告提出义务，其结果要么会无形中增加交易的成本，要么会因文节繁缛而导致形如虚设，甚至这种义务的不当设置还会对他人的合法权益构成侵害。对此，有学者指出，情况报告请求权的行使因可能涉及被请求人的财产权、人格发展自由权、行动自由权、营业秘密权，甚至人性尊严等权利，因而承认情况报告请求权介入他人人格权领域的正当化理由，是建立在其并无其他相当的方法得以满足相同效果的情形。[①]事实上，根据合同的性质或者某一法律关系的特别情事，在许多情况下，当事人间会以贯彻契约自由、意思自治原则等方式在合同中就具体情况报告提出义务作出特别约定，使得情况报告义务更加具有针对

① Vgl. BGHZ 58,237(239);BGH NJW 1978,1002. 转引自姜世明:《民事证据法实例研习》(一),台北新学林出版股份有限公司 2008 年修订 2 版,第 146 页。

性与适用性，如果仅期待凭借立法就能一览无余地对将来在现实生活中的各种法律关系条件下所需要的所有情况报告提出义务进行设定，这种设想恐为幼稚。故此，就某一国家的立法状况而言，最终是否均应达到一般化的程度，在必要性上是值得商榷的。

通常而言，作为当事人情况报告义务的产生依据主要有：法律规定、合同约定、实务过程中的创设及依据诚信原则的推论所得等。其中，合同约定是产生当事人情况报告义务的主要依据。这是因为，在社会实践中，各种各样的法律关系大量存在，并且千差万别，基于当事人的合同意思自治原则，为了保证交易的安全性与风险的预防性，当事人可以根据不同情况设定相应的情况报告义务。与合同约定相较而言，法律上所规定的有关情况报告义务具有补充性，当然，在实务上，对于当事人在合同上约定可能发生挂一漏万的情形，法律上的规定是十分重要的，它甚至象征着立法技术上的发达与进化。在实务上，除了合同约定之外，根据实际需要，当事人还可随时在民事活动中自行创设这种情况报告义务，只要双方当事人之间就此达成合意，这种合意的达成既可为明示方式，也可采用默示方式。对此，有学者指出，依据私法自治原则，当事人就情况报告请求权的取得，可采用以契约加以约定，并且，如果当事人之间未存在一明示的情报契约，并不当然推断当事人之间绝对无情况报告请求权关系发生的可能，也就是，视个案情形，理论上仍可能借由对存在于双方之间契约的解释，而获得当事人一方负有情况报告提供义务的推论。[①] 如果该情况报告对于接受人显然具有重要性，并且其将之视为决定的重要基础，就有构成默示情况报告契约的可能。[②] 因此，实务上认为，在契约约定竞争禁止的情形下，可视为当事人之间存在一广泛的情况报告义务的默示合意。[③] 另外，即使当事人在合同中没有约定，在履行合同过程中也并未根据实际需要进行实务上的创设，根据合同的性质及合目的性的要

① Vgl. Paland/Heinrichs, BGB, § 261 Rdnr. 4. 转引自姜世明：《举证责任与真实义务》，台北新学林出版股份有限公司 2006 年版，第 194 页。

② Vgl. Lüke, Der Informationsanspruch im Zivilrecht, JuS 1986, 2(4) n. w. N. 转引自姜世明：《民事证据法实例研习》(二)，台北新学林出版股份有限公司 2006 年版，第 194 页脚注。

③ BAG NJW 1967, 1876, 1879. 转引自姜世明：《举证责任与真实义务》，台北新学林出版股份有限公司 2006 年版，第 194 页。

求，作为合同的权利人，可根据诚信原则，要求合同义务人承担与履行合同义务有关的情况报告义务。通常而言，实体法上有关情况报告义务的进化与发展，还须借助于实务创设及诚信原则的功能与作用。

（二）德国立法例上的有关法理解说

在德国，根据一些学者的观察，实务上以类推适用方法而推导当事人一方应负情报提供义务的，包括下列类型：（1）基于法律关系的资讯权；也就是，以特别方式负有维持与注意他人利益的，类推个别规定，而认为当事人负资讯或报告义务。例如类推《德国民法》第666条、第716条、第2121条等。① （2）在违法干预他人权利领域的情形下，实务上曾类推《德国民法》第687条第2项（非真正事务管理）就过失干预的情形。② 值得注意的是，德国帝国法院③从《德国民法》第666条、第675条（有偿事务处理准用委任的规定）、第681条第1句（无因管理的附随义务）、第713条（执行事务的合伙人权益）、第27条第3项、第86条、第1214条第1项（有收益权利的质权人义务）、第1421条（共同财产的管理）、第1681条（父母一方死亡的亲权）、第1686条（关于子女个人关系的情况报告请求权利）、第1840条（监护人的情况报告义务）、第1890条（监护人终止后的返还及账目提出义务）、第1915条（监护规定的准用）、第2130条第2项（次位继承发生后的先位继承人情况报告义务）及第2218条（遗嘱执行人的账目提出义务）连结第157条（以诚信原则及交易习惯为法律的解释）、第242条（诚信原则）等规定的情形，推得如下一般原则："处理他人事务或同时处理自己与他人事务的，负有报告义务。"④而这一原则为后来的德国联

---

① Stürner, a. a. 0. ,S, 293m. w. N. 转引自姜世明：《举证责任与真实义务》，台北新学林出版股份有限公司2006年版，第197—198页脚注。

② Stürner, a. a. 0. ,S, 293m. w. N. Vgl. Mohrenfels, a. a. O. ,S. 33ff. m. w. N. 转引自姜世明：《举证责任与真实义务》，台北新学林出版股份有限公司2006年版，第198页。

③ RGZ 73, 286. 转引自姜世明：《举证责任与真实义务》，台北新学林出版股份有限公司2006年版，第198页。

④ Vgl. Mohrenfels, a. a. O. ,S. 35m. w. N. 转引自姜世明：《举证责任与真实义务》，台北新学林出版股份有限公司2006年版，第198—199页。

邦最高法院所认同。[①]（3）关于为厘清请求权内容及抗辩的情况报告权，在实务上也有许多事例，例如依据《德国民法》第 810 条有关文书查阅的扩大化适用，在相关的案例中，如果某法律关系并非直接在文书中被记载，但仍可能从该法律关系产生当事人对该相关文书的查阅权利。[②] 但这些查阅权，仍不得逾越摸索证明的界线。

（三）我国台湾地区有关实体法上的情况报告义务及法理学说

在我国台湾地区，实体法上也有关于情报请求权的规定，例如，台湾地区“民法”第 173 条第 2 项准用第 540 条至第 542 条规定的无因管理人的情报义务，第 296 条规定的债的移转时证明文件的交付与必要情形的告知，第 540 条关于受任人的情况报告义务，第 559 条关于代办商的报告义务，第 577 条关于行纪适用委托的规定，第 675 条关于合伙人的事务检查权的规定，第 680 条关于合伙准用委托的规定，第 706 条关于隐名合伙人的监督权，第 1022 条关于夫妻婚后财产的报告义务，第 1103 条关于监护人的报告义务，第 1180 条关于遗产管理人的报告义务；台湾地区“公司法”第 48 条关于不执行业务股东的监督权，第 109 条关于有限公司不执行业务股东的监督权；台湾地区“医疗法”第 52 条及“海商法”第 20 条等。这些情报请求权的规定各有其适用范围，就其法理作为类推适用，虽然属于可能，而据此也可能发展“扩大化非负证明责任一方当事人说明义务”的理论，但能否从这些实体法规定推论非负证明责任一方当事人负有“一般事案解明义务”，在理论上仍可能有争议。虽然从实体法发展所谓情报请求权有使当事人对于基于这一存在于当事人之间特定关系的资讯义务能有所预测，但从民法的规定来看，却无从认为其已承认所谓非负证明责任一方当事人的事案解明义务[③]，也就是，关于阶段诉讼的民事诉讼法

---

① BGH NJW 1959, 1963, 1979, 1304, 1305. 转引自姜世明:《举证责任与真实义务》，台北新学林出版股份有限公司 2006 年版，第 199 页。

② Stürner, a. a.0. ,S, 295m. w. N. 转引自姜世明:《举证责任与真实义务》，台北新学林出版股份有限公司 2006 年版，第 199 页。

③ Vgl. Baumgärtel, a. a. O. , Rdnr. 308m. w. N. 转引自姜世明:《举证责任与真实义务》，台北新学林出版股份有限公司 2006 年版，第 123 页。

相关规定,似乎亦并未创设一程序法的事案解明义务。[1] 虽然在个案中,并不排除利用民法上关于诚信原则诉讼法上的法理,例如协力义务等,类推创设一些事案解明义务制度,但其与所谓非负证明责任一方当事人的一般事案解明义务似乎仍存在一定的距离。[2]

(四) 我国大陆有关立法例上有关当事人实体法情况报告义务的基本范畴及相关立法思考

近年来,随着我国社会经济的不断发展以及法制建设的不断进步,除了出台新的民事实体法之外,还不断对原有的民事实体法加以修订,同时在立法技术上亦有显著提升。为了保障正常的民事流转以及有助于民事交易的安定性,在相关民事实体法上对当事人的情况报告义务也多有设定。以下以《合同法》、《公司法》为例,并对其中所设定的当事人情况报告义务的基本范畴加以识别与界定。

在立法上,基于不同的功能性考虑与技术性设计,当事人在实体法上的情况报告义务可以分为不同的类型。

我国《合同法》有关当事人在实体法上的情况报告义务可以分为如下类型:

(1) 根据合同的性质或者该法律关系的特点所设定的情况报告义务。例如,我国《合同法》第 60 条为当事人规定有概括性的情况报告义务;第 168 条凭样品买卖的当事人封存样品的情况报告义务;第 199 条订立借款合同时借款人的情况报告义务;第 223 条承租人对租赁物进行改善或者增设他物的情况报告义务;第 255 条在承揽合同中承揽人提供材料时的情况报告义务;第 304 条在运输合同中托运人办理货物运输时的情况报告义务;第 331 条委托开发合同的委托人提供技术资料、原始数据的情况报告义务;第 357 条技术咨询合同的委托人提供技术背景材料及有关技术资料、数据的情况报告义务;第 358 条技术咨询合同中受托人的情况报告义务;第 368 条保管人应当给付保管凭证的情况报告义务;第 385 条存货人交付仓储物时保管人应当

---

① Stürner, a. a. O., S. 9. 转引自姜世明:《举证责任与真实义务》,台北新学林出版股份有限公司 2006 年版,第 124 页。

② 参见姜世明:《举证责任与真实义务》,台北新学林出版股份有限公司 2006 年版,第 124 页。

给付仓单的情况报告义务；第425条居间人应当就有关订立合同的事项向委托人如实报告的情况报告义务。

（2）实体法意义上的情况报告义务。这种情况报告义务针对的是具有给付内容的给付之诉的标的。对此，基于情况报告请求权的行使，权利人可以直接采用起诉方式单纯要求义务人发生实体法上的情况报告给付。义务人履行情况报告义务是为了满足情况报告请求权的实现，如果采用诉讼的方式来进行，就属于强制执行的范畴。例如，我国《合同法》第135条在买卖合同中出卖人交付提取标的物单证的情况报告义务；第136条在买卖合同中出卖人向买受人交付提取标的物单证以外的有关单证和资料的概括性情况报告义务；第153条在买卖合同中出卖人提供有关标的物质量说明的情况报告义务；第202条借款人向贷款人定期提供有关财务会计报表等资料的情况报告义务；第305条托运人将办理完有关手续的文件提交承运人的情况报告义务；第307条托运人托运易燃、易爆、有毒、有腐蚀性、有放射性等危险物品时，将有关危险物品的名称、性质和防范措施的书面材料提交承运人的情况报告义务；第345条专利实施许可合同的让与人交付实施专利有关的技术资料的情况报告义务；第347条技术秘密转让合同的让与人应当按照约定提供技术资料的情况报告义务；第401条委托合同终止时受托人的情况报告义务。

（3）程序意义上的情况报告义务。在实务上，如果有关当事人不履行这种程序上的情况报告义务，可导致实体法上的法律后果。例如，我国《合同法》第69条有关中止合同履行时的情况报告义务；第80条债权人转让权利时的情况报告义务；第84条债务人将合同的义务转移给第三人时的情况报告义务；第88条当事人一方将自己在合同中的权利和义务一并转让时的情况报告义务；第92条合同的权利义务终止后当事人的概括性情况报告义务；第96条当事人一方主张解除合同时的情况报告义务；第99条当事人在互负到期债务主张抵消时的情况报告义务；第102条标的物提存后债务人的情况报告义务；第118条当事人一方因不可抗力不能履行合同时的情况报告义务；第158条涉及买受人标的物的数量或者质量不符合约定情形的情况报告义务；第180条供电人需要中断供电时的情况报告义务；第182条供电人按照国家规定的程序中止供电时的情况报告义务；第224条承租人将租赁物转租给第三人的情况报告义务；第228条第三人主张权利时承租人的情况报告义务；第 230 条出租人出卖租赁房屋时的情况报告义务；第 232 条出租人解除合同时的情况报告义务；第 240 条在融资租赁合同中出卖人不履行买卖合同义务而由承租人行使索赔权利时出租人的情况报告义务；第 248 条在融资租赁合同中承租人应当按照约定支付租金时出租人的情况报告义务；第 253 条在承揽合同中承揽人就第三人完成的工作成果向定作人承担的情况报告义务；第 254 条承揽人将其承揽的辅助工作交由第三人完成时向定作人承担的情况报告义务；第 256 条承揽人对定作人提供材料时的情况报告义务；第 257 条承揽人发现定作人提供的图纸或者技术要求不合理时的情况报告义务；第 260 条承揽人在工作期间接受定作人监督检验时所产生的情况报告义务；第 261 条承揽人完成工作时提交必要的技术资料和有关质量证明的情况报告义务；第 277 条在建筑工程合同中发包人可随时对作业进度、质量进行检查时承包人的情况报告义务；第 278 条隐蔽工程在被隐蔽以前承包人的情况报告义务；第 309 条货物运输到达后承运人知道收货人的情况报告义务；第 338 条在技术开发合同履行过程中，因出现无法克服的技术困难致使研究开发失败或者部分失败时有关当事人的情况报告义务；第 370 条在保管合同中寄存人交付的保管物有瑕疵或者按照保管物的性质需要采取特殊保管措施时，寄存人的情况报告义务；第 373 条第三人对保管人提起诉讼或者对保管物申请扣押时保管人的情况报告义务；第 383 条储存易燃、易爆、有毒、有腐蚀性、有放射性等危险物品或者易变质物品时，存货人应当说明该物品的性质及提供有关资料的情况报告义务；第 384 条保管人验收时发现入库仓储物与约定不符合时的情况报告义务；第 389 条保管人对入库仓储物发现有变质或者其他损坏时的情况报告义务；第 390 条保管人对入库仓储物发现有变质或者其他损坏，危及其他仓储物的安全和正常保管时的情况报告义务；第 393 条储存期间届满，存货人或者仓单持有人不提取仓储物时保管人的情况报告义务；第 399 条在委托合同中受托人需要变更委托人指示的情况报告义务；第 400 条受托人在转委托时的情况报告义务；第 403 条受托人向委托人披露第三人的情况报告义务，以及受托人向第三人披露委托人的情况报告义务；第 408 条委托人在受托人之外委托第三人处理委托事务时的情况报告义务；第 418 条行纪人低于委托人指定的价格卖出或者高于委托人指定的价格买入时的情况报告义务；第 420 条行纪人按照约定买入委托物时的情况报告义务。

我国《公司法》有关当事人在实体法上的情况报告义务可以分为如下类型:

(1) 根据法律关系性质及特点所设定的情况报告义务。例如,我国《公司法》第34条第1款有限责任公司有将公司章程、股东会会议记录、董事会会议决议、监事会会议决议和财务会计报告提供给股东进行查阅、复制的情况报告义务;第98条股份有限公司股东有将公司章程、股东名册、公司债券存根、股东大会会议记录、董事会会议决议、监事会会议决议、财务会计报告提供给股东查阅,及回复股东质询的情况报告义务;第146条上市公司公开其财务状况、经营情况及重大诉讼,及在每会计年度内半年公布一次财务会计报告的情况报告义务;第166条有限责任公司应当依照公司章程规定的期限,将财务会计报告送交各股东的情况报告义务,股份有限公司有提供财务会计报告供股东查阅的情况报告义务,及公开发行股票的股份有限公司有公告其财务会计报告的情况报告义务。

(2) 实体法意义上的情况报告义务。例如,我国《公司法》第34条第2款有限责任公司有将会计账簿提供给股东查阅的情况报告义务;第74条依照公司法第72条、第73条转让股权后,公司向新股东签发出资证明书的情况报告义务;第133条股份有限公司成立后即向股东正式交付股票的情况报告义务。

(3) 程序意义上的情况报告义务。例如,我国《公司法》第42条召开股东会会议前公司的情况报告义务;第72条有限责任公司的股东向股东以外的人转让股权时的情况报告义务;第91条股份有限公司发起人在创立大会召开15日前的情况报告义务;第103条股份有限公司召开股东大会会议前通知各股东的情况报告义务;第111条董事会召开年度会议前的情况报告义务;第117条公司有定期向股东披露董事、监事、高级管理人员从公司获得报酬情况的情况报告义务;第142条公司董事、监事、高级管理人员向公司申报所持有的本公司的股份及其变动情况的情况报告义务;第151条在股东会或者股东大会上董事、监事、高级管理人员接受股东质询的情况报告义务,及董事、高级管理人员向监事会或者不设监事会的有限责任公司的监事提供有关情况和资料的情况报告义务;第171条公司有向聘用的会计师事务所提供真实、完整的会计凭证、会计账簿、财务会计报告及其他会计资料的情况报告义务；第 174 条公司合并时公司的情况报告义务；第 176 条公司分立时公司的情况报告义务。

通过上述例举可见，近年来，我国在有关民事实体法的立法与修法上取得了长足的发展与进步，为保障正常的民事流转以及有助于民事交易的安定性，为当事人设定了较为丰富的情况报告义务，体现了立法技术显著提升，其成效应当充分肯定。这一成就为在将来的民事诉讼法上为当事人设定文书提出义务制度奠定了必要的前提条件，有利于扩充诉讼当事人证据资料来源的多样化，并且有助于法院查明事实真相。但是，应当指出的是，早期出台的一些民事实体法在设定当事人之间的情况报告义务上还明显有观念淡薄、技术粗糙的特征与痕迹，即使近年出台的一些民事实体法也还有进一步加以完善与提升的空间与领域。

第三章　证明妨碍的构成要件

第一节　证明妨碍构成要件的基本法意

随着证明妨碍问题在近几十年加剧恶化的态势，对此问题的应对与决策已成为有关学说及司法判例高度关注的议题。美国有关研究机构于1991年所进行的实证调查显示，超过一半的受访律师表示，证明妨碍已成为日常发生的问题，由此而导致法院逐渐开始对在诉讼中的证明妨碍行为采取较为严厉的管制措施，甚至通过法院的判决已掀开了全国性应对证明妨碍行为运动的序幕。在此时代背景下，随着判例法在此问题上不断积累素材和创设观念，也有力地推动了理论研究的发展进程。

例如，美国联邦地方法院承担事实审的职责，它们在选择适当的法律效果时享有广泛的裁量权①，当出现对此权力的滥用而被上诉审法院纠正之后，上诉审法院原则上将尊重下一级法院所作出的判断。作为对裁量权的界定，美国联邦最高法院特别指出，法院所选择的制裁必须与违反义务的行为具有“实质重要的关联性（significantly related）”②。在行使这一裁量权时，美国联邦法院通常要将所有主要的情事纳入考虑的范围。实际上，判例法的这种将主要情事纳入考虑范围的思维定式，类似于大陆法上所适用的构成要件演绎模式。而在个案当中，对何为主要情事的认定，在各联邦巡回法院之间也有不同的理解。事实审中的裁量权由联邦地方法院行使，联邦巡回上诉法院则以法律审的形式将各联邦地方法院应如何行使该裁量权的标准作

---

① *Jackson v. Harvard University*, 900 F. 2d 464, 468 (1st Cir. 1990). 转引自黄国昌：《民事诉讼理论之新开展》，北京大学出版社2008年版，第229页。

② *Insurance Corp. of Ireland v. Compagnie Des Bauxites De Guinee*, 456 U.S. 694, 707 (1982). 转引自黄国昌：《民事诉讼理论之新开展》，北京大学出版社2008年版，第229页。

为审查对象。比如，在联邦第一巡回上诉法院管辖区域内的联邦地方法院采用的是所谓“五因素判定标准(five-factor test)”，即应当考虑到：(1) 被妨碍者受到了不公平的对待(prejudice to the non-spoliator)；(2) 这种不公平是否可借助其他方法救济；(3) 被毁弃证据的实际重要性如何；(4) 妨碍者的主观归责要件如何；(5) 造成滥用的潜在可能性。[①]

该标准也被联邦第十巡回上诉法院所采纳。[②] 联邦第三巡回上诉法院则采取“三因素判定标准(three-factor test)”，即考虑到：(1) 妨碍者的主要归责要件；(2) 对被妨碍者的不公平程度如何；(3) 是否采用一个较轻的制裁就能够足以排除对被妨碍者所造成的显著不公平，而当妨碍者出现有严重的主观归责性时，该制裁是否足以抑制其他人在将来从事相同的妨碍行为。[③] 其他巡回上诉法院贯彻的是与这些判定标准具有实质上相同的内容。[④] 相较而言，在美国，虽然法院就判定标准的细节部分及表述方法不尽相同，但不论理论上的通说或者实务上均一致认为，在选定制裁方法时，妨碍者的主观归责要件(culpability of the spoliator)及对妨碍者的不公平程度(prejudice to the non-spoliator)则是两个占据核心地位的最主要因素。[⑤]

再如，将诉讼中因妨碍人的故意妨碍行为导致被妨碍人遭受损失而采用侵权之诉来获得赔偿，是美国在创设证明妨碍制度上的一大杰

---

① *Corale v. Sea-Land Service*, Inc., 172 F. R. D. 10 (D. P. R. 1997); *Mayes v. Black & Decker (U. S) Inc.* 931 F. Supp. 80(D. N. H. 1996). 转引自黄国昌：《民事诉讼理论之新开展》，北京大学出版社 2008 年版，第 230 页。

② *Ehrenhaus v. Reynolds*, 965 F. 2d 916 (10th Cir. 1992). 转引自黄国昌：《民事诉讼理论之新开展》，北京大学出版社 2008 年版，第 230 页。

③ *Schmid v. Milwaukee Elec. Tool Corp.*, 13 F. 3d 76, 79 (3d Cir. 1994). 转引自黄国昌：《民事诉讼理论之新开展》，北京大学出版社 2008 年版，第 230 页。

④ *Kronisch v. United States*, 150 F. 3d 112 (2d Cir 1998). 转引自黄国昌：《民事诉讼理论之新开展》，北京大学出版社 2008 年版，第 230 页。

⑤ Margaret M. Koesel, David A. Bell & Tracey L. Turnbull, *Spoliation of Evidence: Sanctions and Remedies for Destruction of evidence in Civil Litigation* 33-35 (2000). 转引自黄国昌：《民事诉讼理论之新开展》，北京大学出版社 2008 年版，第 230 页。

作。作为故意证明妨碍所引起的侵权之诉是自 *Solano v. Delancy* 一案[①]率先形成的五个构成要件。这些要件被有关法院列为:(1) 涉及与原告有关的正在发生或者可能要发生的诉讼程序;(2) 现正在发生或者将有可能发生的诉讼程序为被告所知悉;(3) 被告从事证明妨碍行为的本意是旨在妨碍原告的证明行为;(4) 对原告证明其事实主张造成了实际妨碍;(5) 对原告所产生的损害后果在相当程度上是由被告的证明妨碍行为所致。[②] 作为上述第一个要件是,只要将要发生的诉讼程序具有足够的理由可以预见到就能得以满足。第二个要件可以从与案件的各种主要情形有关的环境因素当中得以推定。第三个要件可以从以下两个途径得以满足:① 被告必须有足够的理由预见到被妨碍的证据将被在法庭中作为对其不利的证据使用;② 本案总体环境因素表明,被告必须在妨碍原告的证明行为中存在故意。第四个要件可以从对原告的事实主张造成实际妨碍是基于被妨碍的证据所致这一证明中得到满足。存在损害后果作为第五个构成要件,体现了证明妨碍之诉最为显著的特征。[③]

在我国审判实践中,证明妨碍行为早已普遍存在并有继续蔓延的趋势,终因我国理论界对此现象未加以应有的重视,导致立法上严重滞后且出现大量空白,实务界对此也缺乏必要的理性认识,通常未能从对举证妨碍人产生相应不利法律后果上考虑实现程序上的公平与正义,使受妨碍人不能得到应有的救济。另外,为了填补立法上的空白,我国最高人民法院《关于民事诉讼证据的若干规定》第 75 条设定了证明妨碍制度,尽管如此,实务界对证明妨碍行为的构成要件颇为陌生,严重影响了对该项制度的认知与应用,故有必要从理论上对证明妨碍行为的构成要件加以探讨。

在学理上,证明妨碍的基本构成要件一般包括主体要件、主观要件、客观要件、客体要件。其中客观要件主要包括以下几方面:(1) 存在某种证明协助义务;(2) 存在特定的证明妨碍行为;(3) 受妨碍的证据或者证据方法具有不可替代性;(4) 导致对被妨碍人产生不利的

---

① 264 *Cal. Rptr.* 721, 729 (*Cal. Ct. App.* 1989).

② Kristin Adamski, A Funny Thing Happened on the Way to the Courtroom: Spoliation of Evidence in Illinois, 32 *J. Marshall L. Rev.* 333(Winter, 1999).

③ Kristin Adamski, A Funny Thing Happened on the Way to the Courtroom: Spoliation of Evidence in Illinois, 32 *J. Marshall L. Rev.* 333-34(Winter, 1999).

裁判后果;(5)因果关系的形成,即妨碍人的特定证明妨碍行为与对被妨碍人产生不利的裁判后果之间具有因果关系。以下分别加以叙述及阐释。

第二节　构成证明妨碍的主体要件

一、关于构成证明妨碍主体要件的基本界定

构成证明妨碍的主体要件,既可以是诉讼当事人,也可以是受当事人控制或支配的诉讼外第三人。通常情况下,在民事诉讼活动中,构成证明妨碍的主体在具体个案中以非负证明责任一方当事人最为常见,但是,在一些特定情形下,即使负有证明责任一方当事人也可构成证明妨碍的主体。这一问题将在下文具体涉及。正如有些学者所言,在特定情形下,无论是诉讼当事人,还是诉讼当事人以外的其他人,均负有保存证据的法定义务。无论某一方是否为诉讼当事人或者潜在的诉讼当事人,只要其行为对保存证据的义务产生影响,就应作为这种义务的承受者。①

关于如何理解诉讼外第三人作为构成证明妨碍主体的问题,在此,只要将其界定为由诉讼中的当事人对诉讼外的第三人所形成的控制或支配的情形,对此,可解读为如下几个层面:(1)当事人与第三人之间存在某种民事法律关系或诉讼法律关系,如因契约所形成的雇主与雇员、委托人与受托人、诉讼委托人与诉讼代理人等。例如,有学者认为,如果因民法规定或者民事诉讼法规定,某一非负证明责任当事人应对第三人(例如契约履行辅助人、侵权行为意义的受雇人、诉讼代理人、被继承人)行为负责任的,如果第三人有证明妨碍的行为,该非负证明责任当事人也应负责。② 例如,原告甲起诉称,甲自 1999 年 2 月 1 日至 1993 年 10 月 31 日在乙经营的餐馆工作。期间,每日连续工

---

① Laurie Kindel, Kai Richter, Spoliation of Evidence: Will the New Millennium See a Further Expansion of Sanctions for the Improper Destruction of Evidence? 27 *Wm. Mitchell L. Rev.* 689(2000).

② Schatz, a. a. O., S. 105; Krapoth, a. a. O., S. 35m. w. N. 转引自姜世明:《新民事证据法论》,台北学林文化出版事业有限公司 2003 年版,第 294 页。

作11个小时,未享有自由支配的休息时间,乙并未遵守每月有4天休假日的约定,常以人手不足为由要求甲放弃假日上班,且乙从未向甲支付过加班费,经甲催讨未果。为此,诉请乙应给付甲加班费。在诉讼中,乙抗辩称,甲并未有加班的事实,要求甲对该事实负证明责任。甲则请求法院命令乙提出劳工签到簿及出勤卡,乙辩称,因其秘书丙不慎遗失。[①] 对此,应认为,如果因民法规定或者民事诉讼法规定,某一非负证明责任当事人应对第三人行为负责的,例如契约履行辅助人、侵权行为意义的受雇人、诉讼代理人、被继承人等,如果第三人有证明妨碍的行为,该非负证明责任当事人也应负责。[②] 这是基于第三人系雇主的手足延伸,该第三人所发生的经济交易上的产值为雇主所享有,对其所产生的不利益也应由雇主负担,唯有如此才能称之为合理,而基于危险领域或组织规则理论,也产生相同的推论。[③] 因此,在上述案例中,乙对其秘书丙的过失证明妨碍也应负责。[④] (2) 当事人与第三人之间存在某种行政法律关系,如因行政规章、行政命令等形成的上下级之间领导与被领导关系。(3) 因事实原因形成的其他社会关系,如当事人采用金钱收买第三人销毁由该第三人所控制的文件,或者当事人声称要给第三人或其亲属造成人身伤害或财产、名誉损害,迫使第三人不得向对方当事人提交证据材料。

提交书证是大陆法系国家或地区普遍使用的一种证明方法,在划定和分辨其中的对方当事人与第三人之间的关系问题上,我国有台湾学者认为,所谓对方当事人,以声明书证时为诉讼的对方当事人为限,已由诉讼中脱离的,则为第三人,而并非对方当事人。另外,对方的代理人及参加人也属于第三人,均应适用于命令第三人提出持有书证的方法。而对方的共同诉讼人,其应证的事实如有共同利害关系的,皆

---

① 参见姜世明:《民事证据法实例研习》(一),台北正点文教出版顾问有限公司2005年版,第113页。

② Schatz, Die Beweisvereitelung in der Zivilprozeβordnung, 1992, S. 105; Fabian Krapoth, Die Rechtsfolgen der Beweisvereitelung im Zivilprozeβ, 1996, S. 35m. w. N. 转引自姜世明:《民事证据法实例研习》(一),台北正点文教出版顾问有限公司2005年版,第123页。

③ 参见姜世明:《民事证据法实例研习》(一),台北正点文教出版顾问有限公司2005年版,第123页。

④ 同上书,第124页。

为对方当事人，如毫无利害关系的，则该共同诉讼人仍为第三人。[①]

二、具体行为人与证明责任之间的关系

从宏观而论，由于法律传统、立法模式、证明责任分担的重心、证据调查中当事人的作用以及庭审方式等因素上的差异，导致在传统意义上，大陆法系在证明妨碍框架范围内，将实施证明妨碍的行为人（或称妨碍人）理解为，对某一要件事实负有证明责任的对方当事人，或称对某一要件事实不负有证明责任的一方当事人，而将被妨碍人界定为，对某一要件事实负有证明责任的一方当事人。

例如，德国学者在不同的场景下，就证明妨碍所作出的论述指出："关于不负证明责任的当事人故意或者过失的证明妨碍（beweisvereitelung），德国联邦最高法院大多通过证明责任倒置予以惩罚。"[②]"如果某个诉讼明显即将来临，则无证明责任的当事人有义务在可期待的范围内保存所有的、预计在诉讼中可能会有价值的证明手段。"[③]"如果一方当事人通过他的行为使得对方当事人的举证成为不可能，则人们称之为证明妨碍的行为。"[④]"所谓证明妨碍，乃系指不负举证责任一造当事人之作为或不作为，而若无该作为或不作为，则事实之澄清原应属可能。"[⑤]可见，在大多数情形下，德国学者是将证明妨碍人的界定与非负证明责任一方当事人相联系的。

日本学者高桥宏志教授认为："如果不负有证明责任的一方当事人，通过诸如隐瞒重要证人的居所或让其逃往国外、更改文书的内容、过失地疏于保管收条等重要文书等种种故意或过失行为来毁损证据

① 参见黄栋培：《民事诉讼法释论》，台北五南图书出版公司 1982 年版，第 529 页。

② BGH NJW 98, 81. 转引自〔德〕奥特马·尧厄尼希：《民事诉讼法》（第 27 版），周翠译，法律出版社 2003 年版，第 273 页。

③ 〔德〕罗尔夫·施蒂尔纳、康斯坦斯：《民事诉讼中案件事实阐明时的当事人义务——兼论证明妨碍理论》，载〔德〕米夏埃尔·施蒂尔纳编：《德国民事诉讼法学文萃》，赵秀举译，中国政法大学出版社 2005 年版，第 345 页。

④ 参见〔德〕汉斯-约阿希姆·穆泽拉克：《德国民事诉讼法基础教程》，周翠译，中国政法大学出版社 2005 年版，第 273 页。

⑤ Vgl. BGH VersR 1960, 844, 846. 转引自姜世明：《新民事证据法论》，台北学林文化出版事业有限公司 2003 年版，第 281 页。

方法，进而对于（对方当事人）利用证据方法形成妨碍（证明妨碍），那么就会使负有证明责任的当事人陷于难以证明（证据缺乏）的境地，继而使案件事实处于真伪不明。在这种情形下，如果法院通过适用证明责任原则作出判决而使负有证明责任的当事人败诉，那么不免会产生不当且不公平之感。于是，就应当考虑以证明妨碍为杠杆来开发‘避免通过证明责任作出裁判’的法律技术。”①我国台湾学者骆永家教授将证明妨碍的法理界定为：“不负举证责任之当事人，在具备一定的主观归责要件（如故意、过失），将证明方法毁灭、隐匿或妨害其利用，使举证责任之当事人因无法利用该证据而无法尽其举证责任，此时如依原来举证责任分配的原则，使该负证明责任之当事人承受败诉的判决，将产生不公平之结果，从而在事实之认定上，就负举证责任人之事实主张，作对其有利之调整。”②可见，日本学者和我国台湾学者也有将证明妨碍人与非负证明责任一方当事人相联系的倾向。

传统意义上，大陆法系将实施证明妨碍的具体行为人倾向于限定或解读为对某一要件事实负有证明责任的对方当事人，即非负证明责任的一方当事人，这一现象与下列原因有关：

（1）大陆法系在传统意义上以成文法作为其主要法律渊源，其思维方式所形成的惯性定势，无不与成文法内在的规范构造体系相关。

（2）作为法律术语所放射出的命题标识，大陆法系对证明妨碍问题的研究往往与证明责任及分担问题紧密相连，即假如实施证明妨碍的具体行为人，系对某一要件事实负担证明责任的一方当事人，由其承担不利的裁判后果本身就能够起到产生相应法律效果的目的，故并无另行采用证明妨碍对其行为加以制裁的必要。对此，有德国学者指出：“承担举证责任的当事人自己妨碍举证的，则他处于不能证明状态并且败诉。当事人拒绝合理地协助查明事实或者未能使用撼动表见证明手段的，则丧失本来赋予他的简化证明。”③

（3）由于证明标准不同所带来的实际影响，造成在大陆法系具体个案中产生客观证明责任的可能性与比重远远大于在英美法系条件

① 〔日〕高桥宏志：《民事诉讼法——制度与理论的深层分析》，林剑锋译，法律出版社 2003 年版，第 465—466 页。

② 骆永家：《证明妨碍》，载《月旦法学教室》2001 年第 69 期，第 12 页。

③ 〔德〕罗森贝克、施瓦布、戈特瓦尔德：《德国民事诉讼法》（下），李大雪译，中国法制出版社 2007 年版，第 852 页。

下的相关情态，因此，使得双方当事人的相对主观证明责任，在英美法系具体个案中发生的可能性与比重又远远大于在大陆法系条件下的相关情态。这主要是因为这样一些事实情节所致：即大陆法系对事实认定采用较为高度盖然性的证明标准，在此条件下，假定诉讼系属法官对某一个案在其心证当中的盖然性所要求的证明强度为不低于80%[①]，产生案件事实真伪不明状态的幅度可覆盖50%至79%的盖然性区间。这样一来，法院只有在50%至79%的非真实盖然性区间或者50%至79%的真实盖然性区间，按照当事人的客观证明责任来对案件事实作出判断，当出现49%以下（含49%）的真实盖然性以及80%（含80%）以上的真实盖然性，或者49%以下（含49%）的非真实盖然性以及80%（含80%）以上的非真实盖然性的情形下，法院只能根据当事人的主观证明责任对案件事实作出判定。而英美法系对事实认定则采用较为低度盖然性的证明标准，比如简单优势的盖然性，按照这一证明标准，产生案件事实真伪不明状态的幅度可能仅限于50%真实的盖然性与50%非真实的盖然性区间，因为按照英美法系的有关学理观点，49%真实的盖然性与51%非真实的盖然性，或者49%非真实的盖然性与51%真实的盖然性，就可以符合某一个案简单优势的证明标准。在这种情形下，法院就可以根据当事人的主观证明责任而并非客观证明责任来对案件事实作出判定。可见，在具体比重和适用范围上，大陆法系法院遇有的案件事实真伪不明状态所发挥的功能与作用，要远远大于英美法系法院所遇有的情态。由此也决定了，客观证明责任在大陆法系比英美法系有更大的发挥空间与境地。

（4）在对待本证与反证问题上，由于采用较为高度证明标准模式所决定，在大陆法系看来，本证比反证具有更高的难度要求[②]，因为，提出抗辩主张一方当事人所进行的反证，仅需其所提供的证据使得案件事实处于真伪不明状态，即可产生对其有利的裁判后果。鉴于大陆法系就某一民事财产纠纷案件要求的通常证明标准，所涉及的真伪不明状态的幅度为50%至79%的盖然性区间，其跨涉的范围之大，显然更

---

① 在学理上和实务上，许多大陆法系国家通常对财产型民事案件所要求的证明标准为70%～80%的盖然性。

② 在此，从相对性而言，不妨将对某一要件事实负担客观风险意义上证明责任的一方当事人所提出的证据称之为本证，而对其提出抗辩主张的相对一方当事人所提出的证据称之为反证。

有利于反证人。而对某一要件事实负有证明责任的一方当事人,为了达到满足法院心证所要求的证明度,不得不付出比相对一方当事人更多的成本和心力,收集相关的证据资料和情报信息,他必须克服客观上一切实际发生或潜在的障碍,为此,证明妨碍制度的设计正是基于对举证人所采取的必要救济,借以实现双方当事人程序利益之间的衡平。由于采用较低度证明标准所使然,无论是在比重还是适用范围上,事实真伪不明状态对于英美法系条件下系属某一案件的双方当事人而言,显得几近无足轻重,反而使得双方当事人所应负担的主观证明责任经常处于胶着或重合状态,因此,基本上不存在如同传统的大陆法系那样,采用单向思维的角度刻意对负有客观意义上证明责任的一方当事人进行救济的现实需要。

相较于传统意义上大陆法系对证明妨碍中具体行为人(或称妨碍人)仅限于(或仅适用于)对某一要件事实未负证明责任的一方当事人,英美法系并未作此严格限定,也就是说,系属于某一诉讼中的双方当事人,均有可能成为妨碍对方举证的具体行为人。换言之,从构成证明妨碍制度的主体构造上来看,双方当事人可能会因某一本证与反证的架构不同而充当证明妨碍人和被妨碍人的角色。例如,我国台湾学者黄国昌教授指出,在美国法上,通常将证明妨碍(spoliation of evidence)的概念定义为将有关现已系属或未来将系属诉讼案件的证据加以毁弃(destruction)、变更(alteration)、隐匿(concealment)或者采用其他未予保存(non-preservation)的行为。[①] 可见,这种界定并未涉及实施证明妨碍的具体行为人为何方当事人。除了上述已阐述的原因外,在具体层面上,英美法系独具特色的审前准备程序中的诉答制度(pleadings)和证据开示制度(discovery,或称证据发现制度)也发挥了不容小觑的功能与作用。

关于诉答制度,有美国学者评价称,有四个历史性功能始终伴随着诉答程序:(1)通知的送交;(2)事实的揭示;(3)争点的形成;(4)对某一特定法院系统下所产生的诉讼流量进行限制性或扩充性调控。不同的程序制度采用送达程序是为了实现其中一个或者几个

---

① 参见黄国昌:《民事诉讼理论之新开展》,北京大学出版社 2008 年版,第 223 页。

相互结合的目的。[1] 关于证据开示制度，有美国学者评价称，作为历史发展潮流的一个组成部分，证据开示程序的生成和演变，从整体上冲淡了依附于普通法之下的民事诉讼对抗性与利己主义的模式（self-interested model）。法官被赋予更大的权力来推动当事人提供证据以及促使其推动案件的进程。诉讼的程式化水准已被降低，从而使得一方凭借玩弄诉讼技巧而使对方付出代价的几率更受抑制。这使审理和审前准备期间所容许吸纳的信息范围得到了扩展，使得当事人与法院之间获得了对案情有更佳探究的平台。[2] 可见，通过英美法系独特庭审方式的折射，反映在证明妨碍制度层面上，显示出证据调查主要由双方当事人按照主观证明责任的要求来加以推动，包括法院在内的事实审理者只是扮演消极的仲裁者角色；相较而言，在大陆法系庭审方式条件下，证据调查主要由法院来主导，双方当事人显得较为消极、被动。从而使大陆法系在传统理论和制度构建上，采用了单向思考和静态模式打造和刻画证明妨碍中的具体行为人。

三、我国大陆有关司法解释与我国台湾地区有关立法例之比较

根据我国大陆最高人民法院于 2001 年 12 月 21 日公布并于 2002 年 4 月 1 日起实施的《关于民事诉讼证据的若干规定》第 75 条规定："有证据证明一方当事人持有证据无正当理由拒不提供，如果对方当事人主张该证据的内容不利于证据持有人，可以推定该主张成立。"该项内容并未从大陆法系传统的角度，即以举证人为标准，来界定实施证明妨碍的具体行为人，而是以证据持有人为标识，作为界定证明妨碍行为中妨碍人的基准。按照这一基准，能够作为具体实施证明妨碍的行为人，既可包括对某一要件事实负担证明责任的一方当事人，即提出本证的一方当事人，也可包括对此提出抗辩主张的一方当事人，即提出反证的一方当事人。2000 年，台湾地区对"民事诉讼法"进行修订，增加了第 282 条之一的内容，即"当事人因妨碍他造使用，故意将证据灭失、隐匿或者致碍难使用者，法院得审酌情形认他造关于该

---

① See Mary Kay Kane, *Civil Procedure in a Nutshell*, West Publication Co., 2003, p. 88.

② See Richard L. Marcus, Martin H. Redish, Edward F. Sherman, *Civil Procedure—A Modern Approach*, Second Edition, West Publishing Co., 1995. p. 311.

证据之主张或依该证据应证之事实为真实。"可见,该项规定具有相同的旨意,即一举破除了大陆法系在传统上将实施证明妨碍的具体行为人仅限定于不负证明责任一方当事人的习惯做法,为法律的适用开拓了范围和空间。关于此项立法宗旨,台湾学者黄国昌教授评价道,为了不再使诉讼胜败的结果取决于证据资料的分布,贯彻证据资料平等接近的原则,以解决负证明责任当事人所面临的证明困难所出现的问题,一方面积极扩展负证明责任当事人收集证据的手段,另一方面加重非负证明责任当事人开示证据的义务,对第282条之一内容的增修便是开展此项改革运动所产生的积极结果之一。在这种背景条件下,更习惯于将妨碍人与非负证明责任的当事人相联系。这是因为,不论是在概念上或者实际运作上,负有证明责任的当事人有可能对他方当事人就待证事实所欲进行的反证发生证明妨碍的行为。基于"公平"与"制裁"两大证明妨碍的思想内涵,在有对这种妨碍行为负有证明责任当事人的本证才成功,而无此妨碍行为非负证明责任当事人的反证将成功的情形下,并无任何实质理由不对非负证明责任的妨碍人课予证明妨碍的不利效果。①

上述我国大陆有关司法解释以及我国台湾地区"民事诉讼法"的增修内容,不应仅仅理解为出现了英美法化趋势的征兆,而是应当理解为,基于现实审判实践上保障双方当事人武器平等原则的体现。正如有德国学者所指出的那样,武器平等原则引发了当事人在诉讼中的协助(力)义务、阐明义务和结果保全义务。②

近年来,实务上也不乏与此相关的成例。例如,台湾参板桥地方法院2000年诉字第1999号判决虽然并非系负证明责任当事人从事证明妨碍的事例,但是,判决理由中对证明妨碍的定义表明,妨碍人并非仅限于非负证明责任的当事人。另外,在台湾东森公司诉捷商公司案中,就原告终止与被告之间的教学节目播放独家合作契约的纠纷,主要的争点为,是否因未达到4万户的签约业绩导致原告可终止契约。在该案中,原告虽然提出不同的文书为证,而被告主张该文书虚

---

① 参见黄国昌:《民事诉讼理论之新开展》,北京大学出版社2008年版,第243页。

② 参见〔德〕罗森贝克、施瓦布、戈特瓦尔德:《德国民事诉讼法》(下),李大雪译,中国法制出版社2007年版,第852—853页。

伪不实，并申请命原告提出“频道供应契约”和“总分类账”等文书，以证明已达4万户的事实，而原告则辩称，因搬运导致部分数据已无法寻求。1998年重上更（一）字第149号判决将上述待证事实的证明责任判由被告负担，经台湾地区“最高法院”以2002年台上字第1443号判决废弃，其废弃理由之一为证明责任分配上出现谬误。此后，在2002年重上更（二）字第104号判决中，虽驳回被告所提出的原告有证明妨碍行为的主张，但其所基于的理由是，被告不能证明原告有故意妨碍行为，并非负证明责任的原告不能成为妨碍的主体。[①] 由此，也可推论，台湾地区在实务上并未排斥负证明责任当事人有成立证明妨碍的可能。

第三节　构成证明妨碍的主观要件

一、关于主观要件的基本解读

构成证明妨碍的主观要件是指，证明妨碍行为人在个案中具体实施证明妨碍行为时的主观心理状态，也就是妨碍人的妨碍行为在法律上所具备的可归责性问题。

作为证明妨碍的主观状态涉及行为人的心理活动，或称心态。是否构成具有法律意义上的证明妨碍，取决于具体行为人在主观状态上是否存在过错（schuldhaft）。证明妨碍的外观表征，体现的是一种人的行为，因这种行为与社会的正义观念和法律规范相抵触，因而在法律上就具有可制裁性和可惩罚性，但究其这种行为所具有的可制裁性和可惩罚性的缘由，自应归咎于支配这种行为的主观心理状态。这种主观心理状态之所以被定义为“过错”，是因为它在法律上受到负面的、否定性的评价，正是基于这种主观状态所受到的责难，从而使得某一具体行为具有可归责性，故此被表述为具有特定法律内涵的“妨碍”。

在证明妨碍制度上，主观心理状态上的这种过错之所以在法律上具有可归责性，在私法意义上，是因为具体行为人的行为因受某种过

---

① 转引自黄国昌：《民事诉讼理论之新开展》，北京大学出版社2008年版，第244页脚注。

错心理状态的支配,而给他人在某一诉讼中的证明活动造成了不利影响,从而损害了其私权利益;在公法意义上,鉴于民事诉讼程序的设计和运作本身属于公法范畴,一方当事人向法院提起诉讼,寻求的是一种公力救济,具体行为人的行为因受某种过错心理状态的支配,影响或妨碍了法院为查明事实真相所作出的努力。当然,从理论上讲,对过错行为的认定,应当以存在某种特定的证明协助义务为前提,也就是以义务违反为前提条件。恰如有学者所言,认为具体行为人的过错应当以存在违反某种义务为前提要件。[①] 可见,如果不存在特定的法定义务,具体行为人的行为也就不会有违反该种法定义务的可能,因而,法律意义上的过错也就无从谈起。

但是,应当特别注意的是,由于立法者无法就繁纷复杂的无数起司法个案中有关当事人所应承担的具体法定义务逐一设定,从理论和实务上来看,作为证明妨碍制度上的过错,有时构成法定义务的违反,可能来自法院对某种司法原则的扩张性解释,比如当事人之间的武器平等原则,这种司法原则又源自公正与社会正义的基本理念。因此,在司法过程中,即便在特定情形下缺乏法律上所规定的某种具体法定义务,也不能排除法院可根据个案情形援引抽象的司法原则与社会公平正义的理念,对当事人是否存在不实施证明妨碍行为的义务加以界定和判断。

另外,还应当指出的是,在证明妨碍中所认定的过错,大部分情况下指的是,某一诉讼系属于特定法院之后,在诉讼过程中具体行为人的过错,当然也不排除在另外一些情况下,当某一诉讼系属于特定法院之前,具体行为人已经意识到或者有可能意识到,其行为会有碍他人在将来有可能发生的诉讼证明活动。

有学者指出,作为证明妨碍的主观要件,主要针对的该种行为应具有可归责性。而证明妨碍的可归责性要件的内容,不仅涉及证据标的物的销毁,还涉及证明功能的排除。[②] 对此,笔者认为,它有助于揭示主观要件所具有可归责性的本质属性,并且使得主观要件与客观要

---

① 参见〔德〕汉斯-约阿希姆·穆泽拉克:《德国民事诉讼法基础教程》,周翠译,中国政法大学出版社 2005 年版,第 273 页。

② BGH VerR 1975,952,954. 转引自姜世明:《民事证据法实例研习》(一),台北正点文教出版顾问有限公司 2005 年版,第 120 页。

件所涉及某一具体妨碍行为的效果相联系。特别是对于实施故意妨碍行为显得尤为明显,因为这正是行为人在主观上所要积极追求的客观结果。例如,当行为人明确意识到某份文件对其所涉及诉讼的后果能够产生重大的不利影响,而将其销毁,也就是说,只有通过借助销毁证据的方式,才能达到使有关证据材料丧失本应能够实现的证明功能。可见,对于故意行为而言,它是一种明显的客观结果;但对于过失(间接故意)行为而言,呈现的却是一种潜在的客观结果。例如,当行为人虽然已明确意识到某份文件对其所涉及诉讼的后果能够产生重大的不利影响,便将其丢弃,或者将该份文件放在不易被他人发现的处所。这种藏匿或隐匿行为虽然没有表现为在客观上将证据销毁,在一定条件下,因无法将其提交至法庭,实际上也起到了排除其证明功能的作用。因此,在此应对所谓证据被"销毁"作广义的理解,其中应包含隐匿、拒不提交等情形。因为,隐匿、拒不提交等行为或情形虽然并不意味着有关证据被销毁,但在事实上却起到了排除其证明功能的效果。

有学者认为,就故意证明妨碍而言,所谓故意,应被理解为双重故意,也就是说,应包括其明知与意欲对证明方法进行毁弃,或者以其他方法导致负证明责任当事人不能利用;另外,该非负证明责任当事人应知悉经由其行为将造成相对人举证不能或者受阻碍。也就是说,此处所谓故意,也应包括对该具体证明方法的证明功能将被排除的知欲,例如,某当事人拒绝法官对其动产进行勘验,或者被告为妨碍原告血缘鉴定而无理拒绝抽血检验。[①] 还有学者指出,在主观要件上,学者们通常将妨碍人的妨碍行为以及有关妨碍行为所造成证明不能或者困难的结果,就其主观归责要件加以区别,对此而主张所谓双重的归责要件。也就是说,妨碍人对上述二者均存在过错。[②] 对此,笔者认为,这是从理论角度对证明妨碍主观要件所应具备的可归责性加以规制的表述,即在学理上,这种主观要件所体现的可归责性表现在以下两个基本层面:(1) 妨碍人明知或者理应知晓有关证据或者证明方法

---

① BGH JZ 1987, 42ff.; BGH Jus 1993, 774,775. 转引自姜世明:《民事证据法实例研习》(一),台北正点文教出版顾问有限公司 2005 年版,第 121 页。

② 参见黄国昌:《民事诉讼理论之新开展》,北京大学出版社 2008 年版,第 220 页。

对他人的证明活动具有重要意义;(2) 在存在第一个层面的前提下,妨碍人在主观上故意或者过失将有关证据或者证明方法加以灭失、隐匿,或者造成类似难以利用情形的出现。实际上,从某种意义上,上述这两种基本层面体现了妨碍人的双重主观状态,其中,前者中的主观形态构成后者心理状态上出现过错的前提条件。

二、主观状态的基本类型

正如民法上在有关场域下所出现的"过错"概念那样,在证明妨碍制度上所涉及的这一概念项下,过错作为一种主观心理状态,在具体表现形式及可归责程度上的差异又可划分为故意和过失两种基本形态:

(一) 主观状态上的故意

主观状态上的故意是指,具体行为人明知其行为(一定或者有可能)会使他人出现证明困难或者无法证明,但仍然希望或者放任这种结果的发生,从而造成他人证明困难或无法举证的后果。故意的证明妨碍通常发生在某一诉讼案件已系属于特定的法院,即在诉讼过程中,当某一诉讼请求和事实主张被法院确定为审理范围,或者,根据已发生诉讼案件的性质,某一事实主张和证明责任有可能将被合理引入诉讼,从而作为一方当事人进行诉讼攻击或防御的事实主张。有学者认为,与通常法律意义上的故意不同的是,证明妨碍上的故意应被理解为双重故意①,申言之,应包括具体行为人明知与意欲对证据方法进行毁弃,或者以其他方法造成他人对证据不能加以利用;另外,具体行为人应知悉经由其行为将造成他人证明困难或无法举证。也就是说,在此所谓故意,也应包括对某一具体证明方法的证据功能将被排除的追求。这就意味着,证明妨碍中的故意,包括两层含义:(1) 具体行为人明知其所实施的行为能够导致他人对有关证据或证明方法不能加以利用结果的发生;(2) 具体行为人在主观上所追求的是,力争排除

---

① 有学者是从双重归责性上认识这一问题的,即该种观点认为,明知该证据对待证事实或者对方证明活动具有重要性,且故意将该证据加以毁灭的,将此类情形界定为故意证明妨碍。参见黄国昌:《民事诉讼理论之新开展》,北京大学出版社 2008 年版,第 220 页。

有关证据或者证明方法在诉讼上的证明功能。

我国台湾地区现行“民事诉讼法”第 282 条之一第 1 款将证明妨碍明确限定为系当事人的主观故意所为，对此，台湾学者许士宦教授认为，这是在证明妨碍的通则性规定中列明故意行为，可以说仅是就其显著的行为作出规定而已。并且就此进一步作如下阐述：当事人因妨碍他方使用，故意将证据灭失、隐匿或者致碍难使用的，是指当事人知悉该证据方法的证明功能，而意图妨碍他方将其作为诉讼上的证据，且故意毁损证据方法，或以其他方法导致令他方不能或难以使用。这一意图固无须至清晰意识特定人而具体指向其使用的程度，仅至将来与他人间发生纷争的情形，该证据如存在或许被他方使用而对己不利的程度即为已经构成。[①] 另有学者认为，究其实质来看，构成故意要件并非容易。[②] 因而过失证明妨碍才具有较高的实用性。对此，笔者认为，所谓构成故意要件并非容易，这只是理论上的一种推论。因为，主观状态上的故意在证明上强调，具体行为人明知其行为会使他人出现证明困难或者无法证明，但仍然希望或者放任这种结果的发生，其中的“明知”或“希望”、“放任”体现的是人的内心世界，这种内界事实难以通过客观上的证据材料直接加以证明，只能凭借有关间接事实或证据采用，包括经验法则在内的逻辑思维判断，而这种故意证明妨碍行为通常发生在诉讼过程中，正是因为这一要件事实，决定了故意证明妨碍行为本身所具有的现实可归责性。例如，在诉讼过程中，双方当事人对某一欠款字据上的签名的真实性发生争执时，被指认书写和签名的一方当事人拒不提供笔迹以供核对或鉴定，一方当事人重金收买证人，使其编造客观障碍而不到庭作证等。可见，在许多情形下，实务上所出现的故意证明妨碍行为是通过表见证明的方式加以认定的。相比较而言，根据逻辑推理和表见证明等方式，虽然在理论上构成故意要件并非容易，但对其加以认定则相对较易。而之所以在理论上一般认为过失证明妨碍具有较高的实用性，不仅仅是因为这种妨碍行为适用的范围更为广泛，还因为，对这种过失证明妨碍的行为在认定上

---

① 参见许士宦：《证据收集与纠纷解决》，台北新学林出版股份有限公司 2005 年版，第 215—217 页。

② Schatz, Die Beweisvereitelung in der Zivilprozeβordnung, 1992, S. 103 m. w. N. 转引自姜世明：《新民事证据法论》，台北学林文化出版事业有限公司 2003 年版，第 293 页。

具有一定的难度,对是否构成过失证明妨碍往往会引起当事人之间的激烈争执,同时,这种难度还体现为,基于这种妨碍行为的法适用效果,通常要求法院将这种过失进一步界定为重大过失、一般过失义务或轻微过失。

就行为人主观可归责性的认定,当"存在证据"却拒不提供时,较易判断故意的存在,但问题是,当"证据不存在"时,其主观可归责性的判定,主要是以毁弃、灭失行为作为认定对象,而并非将该证据对待证事实的意义作为判定的对象。对此,我国台湾学者黄国昌教授认为,其理由是基于行为人就该证据对待证事实的意义的主观认识,已在该行为人是否对该证据负有保存义务时加以处理,而并无必要在此问题上重复探究。换言之,如果在规范上无法合理期待行为人认识该证据对诉讼的意义,则在概念上该行为人对该证据原本就并非负保存义务,从而在未保存证据时,即不构成证据妨碍的行为,故并无必要在此主观要件上再予处理。作此划分,显然与我国台湾地区学者援引德国、日本学说,而分别处理行为人对"毁弃行为"与"该证据对待证事实的意义"的主观心态有所不同。[①]

毁损证据是指,"未能有效地保存某种被另一方当事人用来在现已发生或者即将发生的诉讼中作为证据使用的有形物(property)。"[②]虽然这种情形会在所有的民事诉讼中发生,但是在涉及产品责任案件中尤为值得关注,主要基于两种原因:(1)由于当事人的诉讼请求或者抗辩主张通常基于证据,在产品责任诉讼中,因这种证据受到毁损所产生的影响更加显著,有时它是查明原因事实的唯一根据,作为这种独一无二的证据,尤其是涉及因产品缺陷引起的纠纷,在这种情形下,产品本身作为证据具有不可替代性。(2)在这类案件中所出现的物证(physical evidence)具有极为特别的重要作用,因此,与其他类型的民事诉讼相比较,毁损证据的情形更多地发生在因产品质量引起的

---

① 参见黄国昌:《民事诉讼理论之新开展》,北京大学出版社2008年版,第231页。

② *Federated Mut. Ins. Co. v. Litchfield Precision Components Inc.*, 456 N.W.2d 434, 436 (Minn. 1990) [quoting *County of Solana v. Delancy*, 264 *Cal. Rptr.* 721, 724 n.4 (*Cal. Ct. App.* 1989)].

诉讼纠纷案件中。[①]

加利福尼亚州法院对 *Smith v. Superior Court* 一案,率先将故意从事证据妨碍行为作为独立的诉讼原因来处理。[②] 在该案中,原告因另一车辆的车轮在行驶中脱落并击碎她的挡风玻璃使其遭受伤害。事后汽车销售商持有该车轮,承诺让原告方的专家对其进行检测。但该销售商事后丢失或者损毁了车轮以及该车辆,原告诉称,销售商存在故意毁灭证据的行为。基于对该故意从事证明妨碍行为已构成侵权诉因的认识,加利福尼亚上诉法院阐释称,"一起可以预期提起的民事诉讼,可以合理期待法院应当对当事人所主张的证明妨碍行为进行排除……这是实为可贵的。"加利福尼亚最高法院随后推翻上诉法院的这种观点,并且不再认同这种侵权之诉的形成。但是,紧随 Smith 一案之后,其他几个州已将故意妨碍证明的行为视为构成一个确定性的诉因。[③] 尽管从各州的情况来看,构成侵权之诉的要件有所不同,但常见的要件包括以下情形:(1) 民事诉讼已经启动且处于未决状态或者可能会发生;(2) 证明妨碍人已经知悉诉讼已经启动且处于未决状态或者可能会发生;(3) 存在故意妨碍证明的行为;(4) 故意对被妨碍人可能涉及的诉讼程序造成妨碍;(5) 证明妨碍行为与受妨碍人无法证明其事实主张之间存在因果关系;(6) 导致损害后果的发生。[④]

在实务上,我国台湾地区的司法判例也不乏故意妨碍证明的情

---

① Maria A. Losavio, Synthesis of Louisiana Law on Spoliation of Evidence-Compared to the Rest of the Country, Did We Handle It Correctly?, 58 *La. L. Rev.* 837, 837 (Spring 1998).

② 198 *Cal. Rptr.* 829, 829 (*Cal. Ct. App.* 1984).

③ E. g., *Hazen v. Municipality of Anchorage*, 718 P. 2d 456, 463 (Alaska 1986), *St. Mary's Hosp.*, *Inc. v. Brinson*, 685 So. 2d 33, 35 (*Fla. Dist. Ct. App.* 1996); *Foster v. Lawrence Memorial Hosp.*, 809 *F. Supp.* 831, 836 (*D. Kan.* 1992), *DeLaughter v. Lawrence County Hosp.*, 601 So. 2d 818, 823 (Miss. 1992), *Oliver v. Stinson Lumber Co.*, 993 P. 2d 11, 11 (Mont. 1999); *Viviano v. CBS Inc.*, 597 A. 2d 543, 550 (*N. J. Super. Ct. App. Div.* 1991); *Coleman v. Eddy Potash, Inc.*, 905 P. 2d 185, 185 (*N. M.* 1995); *Smith v. Howard Johnson Co.*, 615 N. E. 2d 1037, 1037 (Ohio 1993).

④ Bart S. Wilhoit, Spoliation of Evidence: The Viability of Four Emerging Torts, 46 *UCLA L. Rev.* 644 (*Dec.* 1998).

形，列举如下[①]：

案例一：在台北地方法院2001年重诉字第212号判决中，根据原告职员的证词，及被告拒不提供其职员住所以供传唤的证明妨碍行为，认定原告所主张系争买卖标的物已由被告收受的事实。

案例二：在台湾士林地方法院2000年诉字第1027号判决中，根据原告所提出由第三人出具的维修单、被告表示车辆有残留硫化粉末的证据，以及被告在原告起诉后将系争车辆卖给第三人的证明妨碍行为，认定原告所主张系争车辆因电瓶水外溢而腐蚀管线的重大瑕疵为真实。

案例三：在台湾士林地方法院2003年简上字第82号判决中，反诉原告甲诉请反诉被告乙赔偿因乙所售汽油的瑕疵而造成甲怪手的损害，其待证事实为系争机油是否存在瑕疵及其与损害之间的因果关系，证明责任由甲负担。在准备期日中，双方均同意法院所作对系争机油及怪手进行测试的决定，但嗣后乙拒绝提供系争机油进行测试，法院在认定乙的故意证明妨碍行为后，在无其他证据可证明瑕疵及因果关系的情形下，仍认定甲的主张真实而判决甲胜诉。

案例四：在台北地方法院2003年简上字第426号判决中，原告（雇主甲）诉请被告（受雇人乙）依工作规则赔偿其所招揽刊登广告的厂商所未付款的金额。就系争编号七的款项，被告抗辩，原告已同意由其他的广告业绩处理，并对此其负有证明责任的事项申请法院命原告提供出刊明细以供比对。在原告拒绝提供出刊明细时，法院在无其他证据可证明该出刊明细具体内容的情况下，仍采认被告抗辩事实为真实，而驳回原告这部分请求。

从我国大陆目前的司法实务上来看，个案当中不乏会出现具体行为人因主观上的故意或者恶意而实施的证明妨碍行为。

2002年11月至2003年6月期间，原告刘某给被告甲公司开发的乙小区的A3、A4、D1、D2号4栋楼供应外墙涂料，并承担了部分施工工作，货款及施工费共计175568元。工程完工后，刘某同建筑商以及被告共同协商，约定由被告支付上诉款项。后他又与建筑商对账。2003年6月，被告的工程部经理李某将刘某的对

---

① 有关案例转引自黄国昌：《民事诉讼理论之新开展》，北京大学出版社2008年版，第258页脚注。

账单收回。后经刘某多次索要,被告至今未支付此笔款项,故刘某诉至法院要求被告给付欠款。对此,被告甲公司辩称,李某曾为该公司的工作人员,但已于2004年离职,他并未将对账单交给公司,同时,原告刘某也无证据证明甲公司与其之间存在业务关系,也没有甲公司认可债务的协议,所以刘某的材料售款应由建筑公司支付,而不应由甲公司承担,故不同意刘某的诉讼请求。法院经审理认为:李某收回原告刘某对账单的行为,因其当时为甲公司开发的乙小区A3、A4、D1、D2号4栋楼的工程负责人,其行为应视为代表甲公司所为的职务行为。甲公司主张李某已离职、未将对账单上交公司的答辩,因属于该公司的内部事务,不能以此对抗第三人,且无证据佐证,法院不予采信。此外,甲公司主张刘某与自己无业务关系、刘某应向建筑公司索款的抗辩,与甲公司收回刘某对账单的行为相矛盾,法院对此亦不予支持。而因上述对账单影响到本案中刘某所主张的供货数量等事实的认定情况,而甲公司将对账单收走,至今不向刘某返还,造成刘某无法向他人主张权利。鉴于甲公司持有该证据却拒不提供,结合该公司乙小区4栋楼开发商的相关身份,法院推定刘某依据该对账单要求甲公司给付欠款的请求成立,故最后判令被告甲公司给付原告刘某175568元。

在本案中,原告刘某应对其主张的债权的数量、债务人等内容承担证明责任。在通常情况下,如果刘某不能提供证据对上述内容加以证明,原告将承担不利的法律后果,其诉讼请求可能无法得到支持。但由于作为该待证事实关键证据的对账单由被告甲公司掌握并拒绝交出,导致事实无证据可资证明而处于真伪不明的状态。如果此时由刘某承担举证不能的后果,并不利于公平正义的实现。通过对《关于民事诉讼证据的若干规定》第75条的适用,法院推定刘某对证据的主张初步成立,由甲公司对该对账单的性质和内容等承担证明责任,在该公司仍不能证明时,法庭最终认定刘某的主张成立。[①]

2006年12月6日,患儿冯某某(6个月)因发烧,到被告贵港

---

① 陈永富:《举证妨碍推定的法律问题——刘某诉北京甲房地产开发有限公司买卖合同案分析》,载2006年8月8日《法律教育网》(http://www.chinalawedu.com/news/21604/21629/21645/2006/8/xi13701118401886002121-0.htm.)。

市某乡卫生院诊治,被告的医师经对患儿检查后诊断为:(1)小儿腹泻;(2)高热。随即给予输液抗炎和物理降温等处理。后患儿病情突然加重,被告在采取抢救措施的同时拨打120,至120急救车赶到时,患儿已经死亡。原告冯某、农某诉至法院后,曾申请法院要求对此医疗行为进行医疗事故鉴定,后又撤回申请。被告经法院释明后提出了医疗事故鉴定申请,贵港市医疗事故鉴定委员会受理后,先后两次组织双方到医学会抽取专家鉴定组名单,但原告方两次拒不配合鉴定,致使贵港市医疗事故鉴定委员会作出了终止鉴定通知书,终止了本次的鉴定。

法院经过审理认为,在原告方撤回医疗事故鉴定申请后,经法院释明,被告方提出了医疗事故鉴定申请,但由于原告方拒不配合,致使医学会作出了终止鉴定的决定。对于医患纠纷,医方对医疗行为与损害结果之间不存在因果关系及不存在过错承担证明责任。在目前情况下,医疗事故鉴定委员会是判断医疗单位是否存在过错的最权威机构,医方即被告已经提出了鉴定申请,以积极的行为履行证明责任,但由于原告方的不配合,致使未能作出医疗事故鉴定结论,被告未能完成举证系因原告证明妨碍的行为造成,故原告应当为由此产生的后果承担责任。

本案中,因没有证据证实患儿的死亡与被告的医疗行为存在因果关系及过错关系,因此,原告以此为由要求被告承担赔偿责任的诉讼请求法院不予支持。最后,法院判决驳回原告冯某、农某的诉讼请求。①

笔者认为,在我国目前条件下之所以会大量存在当事人或者诉讼外第三人故意实施证明妨碍行为,主要因为:(1)从宏观上看,近几十年我国经济获得了迅猛发展,但社会的法治化尚未取得同步发展,司法权威和司法的公信力有待于进一步提高。(2)法律体系及有关法律规范有待于健全和进一步完善,立法技术有待提高。例如,大量的实体法中未能明确将有关当事人保存、披露相关的文件、资料或者信息作为法定义务,无法切实贯彻与落实民法上的诚信原则。另外,有

① 参见《婴儿患病死于卫生院 家属妨碍举证诉求未获支持》,转引自2009年10月15日《宁波市北仑区人民法院网》(http://www.nbblfy.gov.cn/news/E_ReadNews.asp? NewsID =4657)。

关的程序法中也缺乏相应的规定。(3) 社会的契约化水平不高,主要体现在当事人在签订契约上缺乏必要的品质意识和意思自治能力。例如,大量契约中未能将有关当事人提供、保存、披露相关文件、资料或者信息作为合同义务或者合同附随义务。一旦出现纠纷,很难通过有效的证明方法使法院或者其他有权解决争议的机构查明事实真相,保护当事人的合法权益。上述原因的存在,在相当程度上无疑对普遍存在的证明妨碍行为现象和发生的频率起到了助推作用。

(二) 主观状态上的过失

1. 概念的界定与条件的构成

在构成证明妨碍的语境下,主观状态上的过失是指,具体行为人在明知或者理应知晓其负有协力义务的条件下,因未尽其合理的注意,导致发生妨碍他人证明活动的后果。有一种观点指出,实务与学说认为,任何程度的过失,应均足以充当证明妨碍的可归责性要件。[①] 有台湾学者认为,如果非负证明责任当事人违反其协力义务,因作为或者不作为造成证明方法的使用出现不可能或者困难化,且其如遵守交易上的注意义务,应认识这些证据方法在可能发生的诉讼中证明功能的,即应认为有过失。例如,在发生意外事件时,未就相关证据加以保全尽其必要的注意。[②] 另外,有德国学者指出,应注意的是,行为的时间点虽与要件无关,但可能对可归责性产生影响。尤其在诉讼前,所谓过失证明妨碍行为,应在对行为人于审酌所有情事下,被认为应认识该证据方法在将来诉讼被利用时,才能够成立这种证明妨碍。[③] 笔者认为,与主观状态上的故意相比较,主观状态上的过失所涉及的一方当事人对另一方当事人在举证上所应负有的协力义务,似应作更为宽泛的解释。这是因为,在许多场景下,过失证明妨碍行为的发生,

---

① Vgl. Baumgärtel, Beweislastpraxis im Privatrecht, 1996, Rdnr. 122m. w. N. 转引自姜世明:《民事证据法实例研习》(一),台北正点文教出版顾问有限公司2005年版,第121页。

② 参见姜世明:《新民事证据法论》,台北学林文化出版事业有限公司2003年版,第293页。

③ Baumgärtel, Beweislastpraxis im Privatrecht, 1996, Rdnr. 121. 转引自姜世明:《民事证据法实例研习》(一),台北正点文教出版顾问有限公司2005年版,第118页。

通常针对的是将要发生或者可能会发生的诉讼事件，具有相当的不确定性，在法意上，过失证明妨碍之所以具有可归责性，就在于，它强调这种可归责性制度的设计立足期待具体行为人应尽其一切必要、合理的注意，一旦有疏漏或懈怠，即可被认定构成过失。实务上，在法院看来，只要形成一种合理的怀疑（即具有某种确信度的心证状态），即可作此判断。

凡构成主观状态上的过失，必须具备双重条件[①]：(1) 具体行为人理应意识到，其对有关证据或证明方法负有协力义务，而不论这种义务来自于法定、约定或者交易习惯，也不论该义务属于程序前义务，抑或诉讼过程中的义务；(2) 具体行为人亦理应意识到，有关证据或者证明方法对将来有可能发生的诉讼所具有的意义。[②]

美国加利福尼亚州在 *Velasco v. Commercial Building Maintenance Co.* 一案中，率先成为承认将过失证明妨碍行为作为构成侵权之诉的司法区域。[③] 在 Velasco 一案中，因一只玻璃瓶膨胀爆炸导致原告受伤。原告方律师将玻璃瓶碎片装在一只纸袋内放在其办公桌上。当

---

① 对此，有学者指出，应注意的是，对于过失的情形，也应具备双重要件。也就是说，需具备关于证据方法保管的法定或程序前义务，及对该证据方法就将来诉讼所可能具有的意义具有认识。BGH NJW 1986,59,60f. 转引自姜世明：《民事证据法实例研习》（一），台北正点文教出版顾问有限公司 2005 年版，第 121 页。有台湾学者认为，对于过失的证明妨碍，应具备如故意那样的双重要件。也就是说，妨碍当事人就证据方法的不作成或毁灭及其在将来的诉讼上可被利用所具有证明功能，均应能认知而未注意或者认识。因此，在下列情形下，均具有过失：虽意图使证据方法不能被使用，但对该证据方法的灭失、毁损或致碍难使用于将来诉讼的意义却疏于认识；虽明知该证据方法于将来诉讼的意义，却过失将其毁损致碍难使用；过失毁损、灭失证据方法，并对其于将来诉讼的意义也疏于认识。参见许士宦：《证据收集与纠纷解决》，台北新学林出版股份有限公司 2005 年版，第 217 页。

② 对此，有台湾学者指出，在诉讼将近或纠纷已然发生的情形下，即使当事人在诉讼系属前，也应负证据上的协力义务，基于这种当事人之间的特殊关系，当事人在事前（诉讼系属前）也有证据作成、保存义务。当事人因妨碍他方使用、在诉讼前故意将证据灭失、隐匿或致碍难使用的，可构成证明妨碍，其就证据方法的保存义务存在及该证据方法在将来诉讼上的意义有认识可能性而疏于注意认识时，也构成过失的证明妨碍。参见许士宦：《证据收集与纠纷解决》，台北新学林出版股份有限公司 2005 年版，第 218—219 页。

③ 215 *Cal. Rptr.* 504, 504 (*Cal. Ct. App.* 1985).

天晚上，办公楼内的物业公司在打扫律师办公室时将该纸袋丢弃，原告随后以实施过失证明妨碍行为为由起诉该物业公司。按照 Smith 一案中的逻辑推论，加利福尼亚上诉法院接受了原告的这一诉讼请求。自从 Velasco 一案发生之后，其他的许多州也相继接受了以过失证明妨碍行为作为诉因所提起的诉讼，其中包括佛罗里达①、爱德华②、蒙塔那③以及伊利诺伊④。构成这一诉讼的要件有：(1) 存在提起民事诉讼的潜在可能；(2) 按照法定义务或者合同义务，应保存对可能发生的诉讼具有关联性的证据；(3) 存在有证明妨碍的行为；(4) 对一方当事人证明其事实主张的能力造成实质性的损害；(5) 证明妨碍与一方当事人无法证明其事实主张之间具有因果关系；(6) 导致损害后果的发生。⑤

2. 过失证明妨碍的类型化

有学者指出，就过失证明妨碍而言，大约有三种类型：(1) 虽意图使证据方法不能被使用，但就该证据方法被祛除对于将来诉讼的意义却疏于认识；(2) 虽然明知该证据方法对将来诉讼的意义，却过失将其毁弃或者损坏；(3) 过失毁弃、损坏某证据方法，且其对该证据方法就将来诉讼的意义也疏于认识。⑥

另有学者指出，在学术上，人们通常将以下三种情形界定为过失证明妨碍：(1) 对证据的毁灭有故意，但对该证据在将来诉讼上的意义，即一方当事人对该证据的需要仅有疏于认识上的过失；(2) 对该证据在将来的诉讼上所具有的意义已有认识，但仅是基于过失而非故意将该证据毁灭；(3) 对证据的毁灭及其将来在诉讼上所具有的意义

---

① *Bondu v. Gurvich*, 473 So. 2d 1307, 1313 (Fla. Dist. Ct. App. 1984).

② *Murray v. Farmer's Ins. Co.*, 796 P.2d 101, 106 (Idaho 1990).

③ *Oliver v. Stinson Lumber Co.*, 993 P.2d 11 (Mont. 1999).

④ *Rodgers v. St. Mary's Hosp.* 597 N.E.2d 616 (Ill. 1992).

⑤ *Continental Ins. Co. v. Herman*, 576 So. 2d 313, 315 (Fla. Dist. Ct. App. 1990).

⑥ Schatz, Die Beweisvereitelung in der Zivilprozeβordnung, 1992, S. 104. 转引自姜世明：《民事证据法实例研习》(一)，台北正点文教出版顾问有限公司 2005 年版，第 121—122 页。

均仅欠缺注意的过失。[①] 对此,笔者认为,上述两种表述虽然大同小异,但都将主观上的过失与“将来的诉讼上”这一时间概念相联系。但如何解读“将来的诉讼上”这一时间概念,尚不得而知。笔者认为,这一时间概念既应包括某一案件系属于特定法院之前,因行为人负有程序前的协力义务[②],也应包括某一案件系属于特定法院之后的诉讼过程中。因在此过程中,当事人在不同的阶段会相应提出增加诉讼请求、变更诉讼请求或者反诉等,从而导致追加或者扩张证据或者证明方式的利用范围。

在实务上,实际发生过失证明妨碍的情形应不仅限于上述三种类型,正如有学者所指出的,实务与学说认为,任何程度的过失,应均足以充当证明妨碍的可归责性要件。[③] 但鉴于上述两种表述所涉及的三种情形给人有一种差异感,或者存在某种不确定因素,故有必要对上述三种基本类型予以进一步明确和归纳。上述第一种类型可以理解和界定为,对某一证据存在将其销毁或者使其灭失的故意,但在当时客观情形下,尚不能确信一方当事人在将来的诉讼上必定要利用该证据。在此,应当注意的是,如果从当时的情况看,在将来的诉讼上有关当事人存在利用该证据的可能性(或称盖然性)极大或者较大(大约具有80%或60%以上的盖然率),可据情认定存在重大过失;如果从当时的情况来看,在将来的诉讼上有关当事人存在利用该证据的可能性与不可能性之间大致处于平衡状态(大约具有59%至41%盖然率之间)以上,可据情认定存在一般过失;如果从当时的情况来看,在将来的诉讼上有关当事人存在利用该证据的可能性较低(大约仅具有

---

① 参见姜世明:《新民事证据法论》,台北学林文化事业有限公司2004年第2版,第292—294页;许士宦:《证明妨碍》,载《月旦法学教室》第76期(2001年),第44—45页。转引黄国昌:《民事诉讼理论之新开展》,北京大学出版社2008年版,第220页。

② 有学者指出,行为的时间点虽与要件该当无妨,但可能对可归责性产生影响。尤其在诉讼前所谓过失证明妨碍的行为,应于该行为人在审酌所有情事下,被认为应认识到该证据方法在将来诉讼中将被利用时方可产生相应的效果。参见 Baumgärtel, Beweislastpraxis im Privatrecht, 1996, Rdnr. 121. 转引自姜世明:《新民事证据法论》,台北学林文化出版事业有限公司2003年版,第290页。

③ Vgl. Baumgärtel, Beweislastpraxis im Privatrecht, 1996, Rdnr. 122m. w. N. 转引自姜世明:《新民事证据法论》,台北学林文化出版事业有限公司2003年版,第293页。

40%或20%以下的盖然率),可据情认定存在轻微过失。在审判实务上,认定存在过失的合理程度,也应考虑个案的综合因素,其中包括过失证明妨碍行为所涉及的有关证据在法官对证据自由评价中所占的分量。上述第二种类型可以理解和界定为,虽然明知有关证据在将来诉讼上有意义,但却因其未尽合理的注意导致该证据灭失或使其毁损至不堪利用的程度。其中,"在将来诉讼上的意义"可理解为,一方当事人将要利用该证据,并且该证据对于证明当事人的事实主张将具有重要证明价值。在这种情形下,既然明知有关证据对一方当事人证明其事实主张具有重要价值,其明知或者理应知晓其负有协力义务,故此,通常可视为妨碍人具有重大过失,但在一些情形下,虽然发生意外事件或有其他外界原因的介入,但在主观上又可合理归责于妨碍人的疏忽大意或懈怠,可据情认定为一般过失;在例外情形下,由于意外事件事发突然或者其他外界原因的介入明显超出了妨碍人的合理预期,以至于使人感到,即使举证人在相同的情形下审慎地对待自己的证据也不过如此,也就是说,允许存在合理的疏忽或懈怠。在此情形下,可据此认定妨碍人具有轻微过失。当然,综合个案的基本情节和各种因素,在特定条件下,也不排除可据此认定,在主观上尚不构成过失。上述第三种类型可以理解和界定为,在当时的情形下,尚不能合理地期待妨碍人对于有关证据在将来诉讼上的意义有所知晓,且该证据的灭失仅可归责于其未尽到合理的注意。在此情形下,通常可认定妨碍人具有轻微过失。在例外情形下,综合个案的基本情节和各种因素,如果认为仅认定妨碍人具有轻微过失所导致的适用法律效果,尚不足以起到必要的警示或导向作用,以便对此类懈怠情形采取必要的防杜措施,则可据情认定妨碍人具有一般过失。

有台湾学者指出,值得注意的是,台湾地区"民事诉讼法"第282条之一规定,仅就故意证明妨碍类型加以规范,而就过失证明妨碍的类型未加规定,应被评价为法律漏洞,可以考虑以类推适用方式加以添补,并加以承认。[①] 值得注意的是,我国台湾地区现行"民事诉讼法"第282条之一第1款规定:"当事人因妨碍他造使用,故意将证据

---

① 相似观点参见许士宦:《证明妨碍》,载《月旦法学杂志》第76期(2001年),第44—45页;沈冠伶:《民事诉讼法》,载《2002年判解回顾》,台北元照出版公司2003年版,第150页。

灭失、隐匿或者致碍难使用者,法院得审酌情形认他造关于该证据之主张或依该证据应证之事实为真实。"可见,从立法的表现形式上来看,该条明文规定与审判实务有相当大的落差,因为,至少从理论和实务上看,过失证明妨碍更能彰显其实用性[①]与价值判断的空间。另外,根据台湾地区"民事诉讼法"第 345 条第 1 项规定:"当事人无正当理由不从提出文书之命者,法院得审酌情形认他造关于该文书之主张或依该文书应证之事实为真实。"笔者认为,该项规定主要涉及故意证明妨碍的情形,但就是否存在正当事由发生争议时,不排除存在过失证明妨碍情形的发生。对此,台湾学者许士宦教授认为,负有文书提出义务的当事人,在受法院命令提出所持文书的情形下,如其因过失而导致该文书毁灭的情形,也不得称其有正当理由不从提出文书命令。易言之,该项义务的违反包含过失的义务违背。因此,台湾地区新修订的"民事诉讼法"在证明妨碍的通则性规定中列明故意行为,可以说仅是就其显著的行为作出规定而已。同时,许世宦教授还认为,当事人在诉讼上既然负有证据上协力义务,其就他方可使用的证据方法,不予保存或予以灭失,导致他方不能或者碍难使用,不论当事人的行为是出于故意或过失,其所造成未能适时利用该证据以利于迅速发现真实的状态,并无不同。这种证明不能的利益,不得归由可归责的当事人享有,才能足以维护当事人之间的公平,而保护他方的证明机会。因此,为贯彻诚信原则,对当事人的过失证明妨碍行为,也应类推适用台湾地区"民事诉讼法"第 282 条之一的规定。[②] 再则,台湾学者黄国昌教授亦指出,鉴于"民事诉讼法"第 282 条之一仅规定"故意证明妨碍"的类型,因此,该法是否承认过失形态的证明妨碍,仍存在争议。对此,在亮明观点的学者中,大多倾向于认同过失证明妨碍行为的类型存在,主张即使在过失的情形下,基于相同的"诉讼法上之诚信原则"以及"当事人间公平"的立法理由作为考虑因素,认为应可类推适

① Vgl. Baumgärtel, Beweislastpraxis im Privatrecht, 1996, Rdnr. 122m. w. N. 转引自姜世明:《新民事证据法论》,台北学林文化出版事业有限公司 2003 年版,第 293 页。

② 参见许士宦:《证据收集与纠纷解决》,台北新学林出版股份有限公司 2005 年版,第 216—217 页。

用第282条之一的规定。[①]

就此，笔者认为，台湾地区现行法对过失证明妨碍的情形未加以规定，将其评价为法律漏洞并不为过，但经过台湾地区多年来的理论准备和实务判例的沉淀、积累，很难将其界定为一种“过失”般的疏漏。我更愿将其理解为立法技术上的一种含蓄或弹性机制上的安排。申言之，过失证明妨碍情形千差万别，如果采用“一刀切”模式对各种情形下的过失证明妨碍行为作出概括性的规制，恐有失当之处，而采用默认方式或者类似授权法官据情作出判断，在目前情况下，可能更符合个案公平与正义的意旨。从理论上讲，当一方当事人负有证据协力义务时，如果因其作为或者不作为而导致他方当事人未能就有关证据或者证据方法加以适时利用而产生不利益诉讼后果时，无论该妨碍人在主观上存有故意抑或过失，均属于概括性的过错，在法律上应承担可归责性的后果。就此而言，假如台湾地区“民事诉讼法”第282条之一仅就故意证明妨碍类型加以规范被评价为法律漏洞，自可视为法律自动授予法官据情填补这一漏洞，不必待言，但关键的问题是，倘若类推适用台湾地区“民事诉讼法”第282条之一的规定，是否也适用相同的法适用效果，即直接可认定他方关于该证据的主张或依该证据应证的事实为真实，似仍存有疑义。因为，故意证明妨碍与过失证明妨碍者在适用法律效果上毕竟应有所不同，以体现惩罚的严谨性与妥适性。

我国大陆现行《民事诉讼法》虽然未对证明妨碍制度作出明确规定，但最高人民法院《关于民事诉讼证据的若干规定》第75条的规定，可以被理解为对现行法的一种补充性规定。该条文在字面表述上虽然并未明显载明该项证明妨碍制度的适用范围，但从对该条文的全部语义进行解读当中不难发现，其所称一方当事人持有证据却“拒不提供”，可单纯理解为，即使在负有证明责任的一方当事人申请或要求下，相对一方当事人仍“执意”或“坚持”不提供证据以便其加以利用，在主观上属于一种故意状态。可见，该司法解释也并未就过失证明妨碍情形及法的适用效果作出制度性安排。换言之，在实务上，在个案情形下当遇有过失证明妨碍情形时，如果一概套用该司法解释第75

---

① 参见黄国昌：《民事诉讼理论之新开展》，北京大学出版社2008年版，第220页。

条所规定的法适用效果,理应受到置疑。

在证明妨碍的构成要件上,许多学说就出现当事人存在故意或重大过失情形下进行制裁这一要件没有异议,但是有关是否也应将无重大过失的情形作为要件之一,则学者间存有争议。[①]

笔者认为,根据有关的理论学说,在实务上,法院可做如下把握:在出现有妨碍人主观故意且证据具有不可替代的条件下,可直接推认被妨碍人所提出的事实主张为真实,在这种情形下产生的法律效果为主观证明责任的转换;在出现有妨碍人主观重大过失且证据具有不可替代性的条件下,可将对被妨碍人所提出事实主张涉及的证明度降低到20%至30%的盖然性要求;在出现有妨碍人主观重大过失但证据具有可替代性的条件下,可将对被妨碍人所提出事实主张涉及的证明度降低到30%至40%以下;在出现有妨碍人主观一般过失且证据具有不可替代性的条件下,可将对被妨碍人所提出事实主张涉及的证明度降低到40%至50%即可;在出现有妨碍人主观一般过失但证据具有可替代性的条件下,可将对被妨碍人所提出事实主张涉及的证明度调至51%即可。

三、故意证明妨碍与过失证明妨碍之比较

(一)理论上之比较

从形态上来看,证明妨碍制度分别由故意证明妨碍与过失证明妨碍所构成。从总的历史发展轨迹来看,人们最早是从故意证明妨碍的角度入手认识和构建这一制度的,对过失证明妨碍的认识和探究,为证明妨碍制度的进一步发展开辟了广阔的空间。诚如有学者所指出的那样,早先,证明妨碍推定的正当性基础是由经验法则阐明的,也就是当某人伪造、隐匿证据的行为足以显示该证据不利于该行为人时,导致证明责任妨碍原理的适用往往被限定于故意的情形,而过失的情形则无法在妨碍行为与该证据内容系不利于行为人之间发生何种符

---

① 参见〔日〕高桥宏志:《民事诉讼法——制度与理论的深层分析》,林剑锋译,法律出版社2003年版,第466页。

合逻辑的联结关系。[①] 但是，随着证明妨碍的法理基础朝着“救济”、“惩罚”及“预防”三大政策目标的转型，这种推定在实务上仅用来适用于故意证明妨碍行为的设想也逐步遭受扬弃。[②] 因此，对于故意证明妨碍和过失证明妨碍开展比较研究显得更为重要。

故意证明妨碍与过失证明妨碍的相同之处在于，因其主观状态上存在具有某种法律意义上的过错，而在法律评价上均具有可归责性。就证明妨碍的可归责性而言，无论故意证明妨碍或者过失证明妨碍，均存在其双重可归责性。对此，有学者举例称，故意的证明妨碍，其故意主观要件应包括行为人明知与意欲对证据方法予以灭失、隐匿，或者以其他方法致使负证明责任当事人碍难使用，且该非负证明责任当事人也应知悉，经由其行为将造成相对人举证不能或者受阻碍，而这种双重归责性也适用于过失证明妨碍的类型。[③] 有学者认为，在过失的情形下，所应具备的双重可归责性为，需具备关于证据方法保管的法定义务或程序前义务，及对该证据方法就将来诉讼所可能具有的意义具有认识。[④] 笔者认为，重要的是，二者之间还存在重大差异，这些差异主要表现在主观过错的具体表现形式不同，从而决定了二者虽然都具备过错这种法律要件，但究其在法律上的可归责性，将会产生不同的法适用效果。但是，应当注意的是，在客观上因个案的情形千差万别，从而给法院在主观上所形成的感受和判断力造成不同程度的影响，以至于同属于概括性过错项下的故意与过失具有相对性。例如，就主观归责要件而言，美国联邦第七巡回上诉法院强调，妨碍人必须有恶意（bad faith），即除故意的破坏行为之外，还必须具备以妨碍对方

---

① John MacArthur Maguire and Robert C. Vincent, Admissions Implied from Spoliation or Related Conduct 45 *Yale* L. J. 226-259（1935）. 转引自黄国昌：《民事诉讼理论之新开展》，北京大学出版社 2008 年版，第 237—238 页。

② 参见黄国昌：《民事诉讼理论之新开展》，北京大学出版社 2008 年版，第 238 页。

③ 参见姜世明：《新民事证据法论》，台北学林文化出版事业有限公司 2003 年版，第 305 页。

④ BGH NJW 1986, 59, 60f. 转引自姜世明：《新民事证据法论》，台北学林文化出版事业有限公司 2003 年版，第 293 页。

使用为目的的恶意[①];联邦第三巡回上诉法院虽放宽这种妨碍目的的任意要件,但仍要求妨碍人必须具备故意(intentional)从事这种行为才能作出相关制裁[②];联邦第二巡回法院则并不以故意妨碍行为为必要条件,但要求妨碍人必须是基于重大过失(gross negligence)所为的妨碍行为[③];而美国联邦第六巡回法院则将这一主观归责要件降低至一般过失(mere negligence)即可成立。[④] 另外,应当注意的是,即使在同一巡回上诉法院内部,有时也会出现不同态度。例如,美国联邦第一巡回上诉法院曾在 *Allen Pen Co. v. Springfield Photo Mount Co.*, 653 F. 2d 17(1981)一案中要求必须具备恶意,但随后在审理 *Nation-Wide Check Corp. v. Forest Hills Distribs.*, *Inc.*, 692 F. 2d 214 (1th Cir. 1982)一案中,却放宽承认一般过失要件的证明妨碍,即可产生这种制裁适用效果。对此,有台湾学者指出,将主观归责要件限制于恶意或者故意的裁判,是将这种推定的正当化基础根植于仅在故意的情形下,方可推知该证据产生对妨碍人不利的经验法则的基础之上。相较而言,并不以要求在主观上出现故意作为判决的要件,则系基于当事人之间的公平观念,认为无论妨碍人是否出于故意或者过失,被妨碍人均会遭受不利,因此,基于救济的目的,均应采用推定,回复当事人之间的公平。[⑤]

因此,无论在理论上和实务上,对二者之间的区别加以研讨无疑具有重要意义。笔者认为,故意证明妨碍与过失证明妨碍主要存在如下区别:

(1) 从主观表现形态上看,具体行为人也即妨碍人,对其行为将要产生或者能够导致他人证明困难或者不能举证这些排除证据功能

---

① *Brown & Williamson Tobacco Corp. v. Jacobson*, 827 F. 2d 1119 (7 th Cir 1987). 转引自黄国昌:《民事诉讼理论之新开展》,北京大学出版社 2008 年版,第 238 页。

② *Brewer v. Quaker State Oil Ref. Corp.*, 72 F. 3d 326 (3d Cir. 1995). 转引自黄国昌:《民事诉讼理论之新开展》,北京大学出版社 2008 年版,第 238 页。

③ *Reilly v. Natwest Mkts. Group Inc.*, 181 F. 3d 253 (2d Cir 1999). 转引自黄国昌:《民事诉讼理论之新开展》,北京大学出版社 2008 年版,第 238 页。

④ *Glover v. BIC Corp.*, 6 F. 3d 1318 (9th Cir 1993). 转引自黄国昌:《民事诉讼理论之新开展》,北京大学出版社 2008 年版,第 238 页。

⑤ 参见黄国昌:《民事诉讼理论之新开展》,北京大学出版社 2008 年版,第 238—239 页。

的后果具有明确的意念、知欲或预见。也就是说,这些后果是妨碍人在实施证明妨碍行为时在主观上所要追求的目的;与这种故意证明妨碍所不同的是,在发生过失证明妨碍情形下,妨碍人在实施证明妨碍行为时,尚不能明确预见其行为本身将会导致他人证明困难或者无法举证这些排除证据功能的后果发生。与故意证明妨碍在主观表现形态上所体现的明确预见与极力追求所不同的是,过失证明妨碍在主观表现形态上主要表现的是一种疏忽或者懈怠,即在特定的环境条件下未尽到合理的注意,也就是,作为一种法律上的义务,行为人理应投入或耗费适当的精力、时间、成本等来防止和避免这种结果的发生。在过失证明妨碍条件下,正是由于行为人未能合理地预见这种后果的发生,或者虽能预见这种后果的可能发生,但却轻信能够避免,也就是并未及时采取必要的、积极的措施尽力防范和避免,以至于发生这种后果。

(2) 从不同证明妨碍的发生所涉及的场域来看,故意证明妨碍主要发生在某一诉讼案件已系属于特定法院的诉讼过程中,从而使得某一证据或证据方法与其中一方当事人的事实主张,及由此而引发的证明责任发生密切的关联性,即妨碍人所实施的具体妨碍行为,对某一证据或证据方法的功能排除具有现实的影响力,也就是给举证人的证明行为已造成实际影响,以至于难以利用有关证据或证据方法,甚至使得举证人无法利用有关证据或证明方法支持其事实主张。另外,虽然当某一诉讼案件尚未系属于特定的法院,但是基于法定原因,法院已对有关证据进行了诉前保全,在此情形下,如果妨碍人对该证据加以灭失、毁损,也应视为系故意证明妨碍行为的发生;而过失证明妨碍主要发生在某一诉讼案件将要系属于特定的法院,或者有可能系属于特定的法院,其中,所谓"有可能发生",系指在发生某一具体证明妨碍行为时,该某一诉讼案件仅有系属于特定法院的可能,而并非必然,之所以在事后将该行为界定为已然的证明妨碍行为,是因为,该某一诉讼案件由当时"可能"系属于特定法院,演变为"已然"系属于特定的法院,由此决定了在此情形下所发生的过失证明妨碍,在主观上可被界定为具有一般过失,而将那种在某一诉讼案件将要系属于特定法院的情形下所产生的过失证明责任,在主观上可被界定为具有重大过失。再有,当某一证据(主要指文书资料)被妨碍人毁损、灭失,而按照法律、有关机构规章或当事人契约等规定,该证据材料仍在妨碍人保管期限之内,通常情况下,既可据此认定妨碍人在主观上具有故意,也可据情认定妨碍人在主观上具有重大过失。如果该证据材料已超过妨碍人保管期限,根据个案情形,如果按照当时的场景,被妨碍人应当合理地预见到该证据材料将为对方当事人在已经发生或将要发生的诉讼(抑或仲裁)所利用,可据情认定该妨碍人在主观上具有重大过失或者一般过失。

(3) 就类型化与相应的适用法效果而言,从目前理论和实务上来看,故意证明妨碍并无进一步类型化之说[①],而过失证明妨碍则在主观状态上可进一步划分为重大过失、一般过失和轻微过失几种形态。

(4) 当在审判上被认定存在有证明妨碍行为时,因类型不同,所要求的证明度也有所差异。即证明妨碍所施加法效果的强弱程度,应与妨碍者主观归责性的高低呈正比关系。

应当注意的是,因客观证明责任分配并未改变,当存在证明妨碍时,就证明度的要求上是否应有降低的必要性考虑,借以达到立法制度上的目的。其答案是肯定的。其中的疑问是如何确定其运作的标准而已。对此,基本上可考虑依照证明妨碍行为人的可归责性程度来作出区别对待,也就是,对于故意与重大过失的情形,应当考虑仅要求较低的证明度即可,在故意的情形下,且应属于较重大过失的为较低的要求;如果属于较轻过失的证明妨碍,则必然要求待证事实的证明责任人仍须提出能使法院至少形成优越盖然性心证的证据,才可认为其已尽证明责任。[②]

(二) 案例实务上之比较

在实务上,由于个案情形千差万别,导致在有些情况下,妨碍人的行为是否应认定为故意证明妨碍抑或过失证明妨碍,有时会显得扑朔迷离,引发诸多歧见。兹举例说明如下:

案例一[③]:原告诉请被告给付货款,被告抗辩称,该笔货物系出卖给英国的第三人,双方约定有"国外客户付款后,被告 7 日内付款予原

---

① 但究竟是否有必要将故意证明妨碍进一步细化为直接故意证明妨碍与间接证明妨碍,似仍有加以研讨的空间。

② 参见姜世明:《新民事证据法论》,台北学林文化出版事业有限公司 2003 年版,第 306 页。

③ 参见台湾地区高等法院台中分院 2003 年第 134 号判决。

告”的条件，但国外客户尚未付款，故被告主张其无须付款，原告则否认有此条件。被告拿出当初的订购单复印件（上有关于前述条件约定的记载），原告否认该文书的真实性。法院于 2003 年 6 月 17 日裁定，命原告提出该订购单原始件，原告则表示，其所持有的原始件因已逾 1 年的保存期限而销毁（订购时间为 2001 年 12 月 17 日）。就此待证事实，法院采认被告所主张，在起诉时，即 2002 年 10 月 21 日并未逾 1 年保存期限，原告不存在将订货单销毁的理由，从而被告指认原告属故意不提出“即非全然无据”，而依台湾地区“民事诉讼法”第 345 条，认定被告关于该文书及依该文书应证的事实为真实。

对此，有台湾学者认为，在本案中，是否可认定被告依该推断即可足以证明故意证明妨碍行为，似有讨论的余地。并且表示，在本案中，如原告系“不小心”遗失该原始件，则判决结果是否有所不同。[①] 可见，该种观点对法院作出有关原告的行为系故意证明妨碍的认定不认同。

对此，笔者认为，从本案的具体情节来看，原告诉请被告给付货款，是根据双方所签订的有关合同，即订购单。双方的主要争执点在于，原告要求被告无条件地向其支付货款，其提出的事实主张为，双方所签订的合同在规定被告向原告支付货款上并未附加任何条件。对此，被告提出抗辩称，双方约定了“国外客户付款后，被告 7 日内付款予原告”，作为被告向原告支付货款的附加条件，鉴于国外客户尚未付款，故被告主张其无须付款。在本案中，因诉讼是由原告提起的，故应由原告对其事实主张负担客观意义上的证明责任。在原告提出证据证明其事实主张之前，被告即使不提出订购单的复印件作为证明其抗辩主张的依据，原告亦将面临不利益的裁判后果。针对原告就被告所提供的订购单复印件的真实性予以否认，考虑到被告仅就其抗辩所提供的订购单复印件无法与原件核实，如果仅根据该订购单复印件就贸然对案件事实作出认定，恐有不妥。因此，基于证据调查、查明事实真相的需要，裁定命令原告提出该订购单原始件。因为，法院已认识到，按照常理（或称经验法则），原告不可能在被告未向其支付货款的情况下，将原始件主动销毁。原告在被告未按订货单的约定向其支付货款的情形下，理应预见双方会因此发生争议，并且也理应预见双方的争

---

① 参见黄国昌：《民事诉讼理论之新开展》，北京大学出版社 2008 年版，第 258 页。

议会提交法院解决。原告理应认识到,为了证明其事实主张,向法院提交订购单原始件是至关重要的。原告有意识地隐匿该订购单原件,其中必有隐情。鉴于原告承认其销毁订购单原始件系一种有意的行为,而并非存在过失。因此,在法院根据台湾地区"民事诉讼法"第345条要求其提供订购单原始件的情形下,原告拒不提交,按照该条旨意,其不作为的行为已构成证明妨碍。可见,在本案中,自应认定原告隐匿证据的行为属于故意证明妨碍,而并非过失证明妨碍。

在本案中,假如原告声称其因"不小心"而遗失订购单原始件,从本案所涉及的具体情节来看,在被告未向其支付货款的情况下,原告应明知该原始件在将来的诉讼上所具有的意义,原告对该原始件的保管理应尽其合理的注意。在此条件下,由于其主观上的懈怠或疏忽而造成该原始件遗失,应认定其在主观上存在重大过失。在本案的特定语境下,因故意所造成的证明妨碍与因重大过失所造成的证明妨碍,对于原告而言,法院的裁判结果似应相差无几。其关键在于,在本案中,原告对其所提出的订购单并未约定付款条件的事实主张负有客观意义上的证明责任,如原告未能提供相应的证据,只要被告提出抗辩予以否认,原告将不得不承受此不利益的裁判后果。

笔者认为,在本案中,鉴于订购单产生的时间为2001年12月17日,该诉讼事件系属于法院的时间为2002年10月21日,即使法院于2003年6月17日才裁定命原告提出该订购单原始件,当该诉讼事件系属于法院,且当时原告负有保存该订购单原始件的义务仍在期限之内时,倘若法院认为,在当时这种情形下,原告明知被告必然会利用该订购单原始件支持其事实主张时,自可认定原告实施了故意证明妨碍行为;倘若法院认为,在当时的情形下,原告应当合理预见被告有可能但并非必然会利用该订购单原始件支持其事实主张时,自可认定原告实施了过失证明妨碍行为。在本案中,假如原告系"不小心"遗失该原始件,即便当该诉讼事件系属于法院,且当时原告负有保存该订购单原始件的义务仍在期限之内时,只要原告能够提供证据证明存在这种疏忽的事实,法院自可认定原告的所为系一种过失证明妨碍行为。

案例二[①]:原告甲起诉称:甲自1999年2月1日至1993年10月

---

① 参见姜世明:《民事证据法实例研习》(一),台北正点文教出版顾问有限公司2005年版,第113页以下。

31 日在乙经营的餐馆工作。期间，每日工作时间为上午 10 点 30 分至晚上 9 点 30 分，其中未享有自由支配的休息时间，并且，乙并未遵守每月有 4 天应休假日的约定，任意以人力不足为由要求甲放弃假日上班。而且，乙未曾向甲支付加班费，经甲催讨未果。为此，诉请乙给付加班费。在诉讼中，乙抗辩称：甲并未有加班的事实，要求甲应对该事实负证明责任。甲则请求法院命令乙提出劳工签到簿及出勤卡，乙却称这些签到簿及出勤卡已因失火而灭失。

在该案中，甲是否可要求乙提出劳工签到簿及出勤卡，以便证明甲曾加班的事实，应审查其是否符合台湾地区"民事诉讼法"第 342 条至第 345 条等规定的文书提出义务要件。[①] 按雇主应置备劳工签到簿或出勤卡，逐日记载劳工出勤情形，这些文书应保存 1 年。为此，台湾地区"劳动基准法"明确规定，雇主依上述规定记载劳工出勤情形的时间，记至分钟为止，台湾地区"劳动基准法施行细则"第 21 条也有明确规定。据此，雇主就劳工出勤的证明文件即劳工签到簿或出勤卡，应有置备及保管 1 年的义务，而因其具有证据法上有利于诉讼进行及受雇人举证的意义存在，应评价为属于台湾地区"民事诉讼法"第 344 条第 1 项第 2 款、第 3 款，甚至第 5 款的文书。因台湾地区"劳动基准

---

① 台湾地区"民事诉讼法"第 342 条规定："声明书证，系使用他造所执之文书者，应声请法院命他造提出。前项声请，应表明下列各款事项：一、应命其提出之文书。二、依该文书应证之事实。三、文书之内容。四、文书为他造所执之事由。五、他造有提出文书义务之原因。前项第一款及第三款所列事项之表明显有困难时，法院得命他造为必要之协助。"台湾地区"民事诉讼法"第 343 条规定："法院认应证之事实重要，且举证人之声请正当者，应以裁定命他造提出文书。"台湾地区"民事诉讼法"第 344 条规定："下列各款文书，当事人有提出之义务：一、该当事人于诉讼程序中曾经引用者。二、他造依法律规定，得请求交付或阅览者。三、为他造之利益而作者。四、商业账簿。五、就与本件诉讼有关之事项所作者。前项第五款之文书内容，涉及当事人或第三人之隐私或业务秘密，如予公开，有致该当事人或第三人受重大损害之虞者，当事人得拒绝提出。但法院为判断其有无拒绝提出之正当理由，必要时，得命其提出，并以不公开之方式行之。"台湾地区"民事诉讼法"第 345 条规定："当事人无正当理由不从提出文书之命者，法院得审酌情形认他造关于该文书之主张或依该文书应证之事实为真实。前项情形，于裁判前应令当事人有辩论之机会。"

参见姜世明：《民事证据法实例研习》(一)，台北正点文教出版顾问有限公司 2005 年版，第 116 页。

法"第30条第3项具有证据法上的意义。[①] 对此，笔者认为，在该案中，台湾地区"劳动基准法"及其实施细则的有关规定，构成雇主乙法定协力义务的基础。在此情形下，假如乙称这些签到簿及出勤卡已灭失，除非乙能够提供相关证据证明，其在主观上确实仅因疏忽而并非故意所致，否则，即可认定乙所存在的证明妨碍行为在主观上系故意所为。因为，在本案情形下，由于这些签到簿及出勤卡对证明甲的事实主张具有不可替代的重要意义，故不能排除乙存有恶意借以排除其证明功能的企图。可见，在实务上，即使在法定的证据保存期限内，也存在辨别和判明妨碍人在主观上究竟系故意还是过失的必要性。同时，这也说明，即使在诉讼过程中，也存在过失证明妨碍的情形，但在程序上，应要求妨碍人对其所存在的具体妨碍行为在主观上系过失而并非故意负证明责任，或者在最低限度内负解明义务，否则，应以故意证明妨碍论处。

另外，台湾学者姜世明教授指出，前述论断如果是适用于1年内的出勤记录，较无疑义；但如果已超过保管期限1年时，则难以认定甲仍有请求乙提出及阅览的权利，但因该项文书是属于台湾地区"民事诉讼法"第344条第1项第3款或第5款规定的文书，如果受雇人可证明该文书(劳工签到簿或出勤卡)虽已超过1年但仍存在，而为雇主所持有，则不妨仍认为依据台湾地区"民事诉讼法"第344条第1项第3款或第5款规定，课予雇主应负程序上的文书提出义务。[②] 对此，笔者认为，在该案中，虽然此际处于诉讼过程中，但当遇有实体法所规定的这些签到簿及出勤卡已超过雇主乙的保管期限时，当乙称这些签到簿及出勤卡已因失火灭失时，如果按照当时的情形，可以合理推认乙明知或者应当知道这些证据材料对于甲所提出事实主张的意义时，除非乙能够提供证据证明，其确因疏忽而并非故意导致这些签到簿及出勤卡灭失，或者这些签到簿及出勤卡已超过雇主乙的保管期限时，该诉讼案件尚未系属于法院。如果受雇人甲可提供证据证明这些劳工签到簿或出勤卡虽已超过1年但仍存在，而为雇主乙所持有，而该诉讼事件已系属于法院，自应认定雇主乙在主观上存在故意；如果此时

---

① 参见姜世明：《民事证据法实例研习》(一)，台北正点文教出版顾问有限公司2005年版，第116页及同页脚注。

② 同上书，第116—117页。

该诉讼案件尚未系属于法院时，根据有关证据判断，乙销毁这些签到簿及出勤卡虽属故意，但在当时情形下，尚难以判断乙对甲在将来的诉讼上必定要利用该证据存在合理的预见（也即，仅能判断乙对甲在将来的诉讼上可能要利用该证据存在合理的预见）时，应认定乙在主观上具有过失；如果此时该诉讼案件尚未系属于法院时，根据有关证据判断，乙销毁这些签到簿及出勤卡纯属故意，并且在当时情形下，能够判断乙对甲在将来的诉讼上必定要利用该证据存在合理的预见（例如，在甲起诉前，甲曾多次找乙要求其支付加班费，此时，这些劳工签到簿或出勤卡虽已超过 1 年但仍存在，而为雇主乙所持有）时，应认定乙在主观上存有故意。

姜世明教授还认为，在该案中，应注意因这些劳工签到簿及出勤卡已经灭失，因而无法适用台湾地区"民事诉讼法"关于文书提出义务裁定程序与效果规定，但就 1 年内的劳工签到簿及出勤卡，如符合过失证明妨碍的要件，仍可类推适用台湾地区"民事诉讼法"第 282 条之一的规定。至于超过 1 年的劳工签到簿及出勤卡，则有疑义。也就是说，如果属于故意的，仍可课予证明妨碍的效果，因其有诚信原则及惩罚的意义存在。但就过失的类型，因台湾地区"劳动基准法"有关 1 年保存期的规定固有保护劳工及便利证明、促进诉讼的意义，但在实体权利的实现上，也体现为要求权利人应尽快实现其权利，而有类似时效的实体法上督促意义的存在。如果超过 1 年，似无特别以证明责任减轻加以保障的必要，因此，在过失类型中，似宜持较保留的见解。[①] 在实务上，有的拒绝将劳工签到簿及出勤卡交出，适用台湾地区"民事诉讼法"第 277 条但书的情形[②]，但其越过证明妨碍与文书提出义务制度，而归于抽象制度之中，似仍有加以检讨的空间。[③] 可见，依据姜世明教授的上述观点，按照有关实体法的规定，雇主乙在 1 年内对劳工签到簿及出勤卡负有合理保管的法定义务，这种法定义务在证明妨碍制度上被称为协力义务，即使在此期限内，因乙的行为导致劳工签到簿及出勤卡灭失，也不能排除系因其主观过失的可能性。反之，在超

---

① 参见姜世明：《民事证据法实例研习》（一），台北正点文教出版顾问有限公司 2005 年版，第 122 页。

② 参见台湾地区士林地方法院 2002 年劳简上字第 7 号。

③ 参见姜世明：《民事证据法实例研习》（一），台北正点文教出版顾问有限公司 2005 年版，第 122 页脚注。

过这一期限后，因乙的行为导致劳工签到簿及出勤卡灭失，也不能排除系因其主观故意的可能性。关键是，法院如何根据双方所提供的有关证据和辩论意见并据情作出判断所得出的结论。

第四节　构成证明妨碍行为的客观要件

在法理上，构成证明妨碍的客观要件主要包括以下几方面：(1) 存在某种证明协力义务；(2) 存在特定的证明妨碍行为；(3) 受妨碍的证据或者证据方法具有不可替代性；(4) 导致产生不利的裁判后果；(5) 因果关系的形成，即妨碍人的特定证明妨碍行为与对被妨碍人产生不利的裁判后果之间具有因果关系。

一、构成证明妨碍行为的客观要件之一：存在某种证明协力义务

(一) 认知这一问题的切入点

在证明妨碍制度上，决定妨碍人的作为或者不作为这些概括性的行为是否应当受到法律制裁，以及应当适用何种法律效果来制裁这些证明妨碍行为，取决于支配这种行为的主观状态，也就是说，证明妨碍行为之所以具有可归责性，受到法律上的否定性评价，关键取决于其在主观上具有某种过错。而这种过错应当以妨碍人违背某种具有法律意义上的证明协力义务为前提，也即，无义务则无过错。在民事诉讼活动中，是否构成证明妨碍行为，取决于各方当事人是否对保存潜在的具有关联性的证据负有相关义务。正如一些学者所指出的那样：“对于保存证据是否承担义务，是构成对一方当事人的证明妨碍行为进行制裁的一个独一无二的先决条件。”①

在现实生活中，在诉讼上为证明待证事实所需要证据材料的分布具有客观性，因为各种必然因素或者偶然因素，它们既可能存在于诉讼中的一方当事人手中，也可能存在于诉讼外第三人手中，诉讼外第

---

① Laurie Kindel & Kai Richter, Spoliation of Evidence: Will the New Millennium See a Further Expansion of Sanctions for the Improper Destruction of Evidence?, 27 *Wm. Mitchell L. Rev.* 687, 689 (2000).

三人既包括自然人,也包括政府机构、社会团体、企业等。对此,作为最低限度上的要求,有学者建议,法律应当将保存证据作为人的义务明确加以规定,其具体内容如下:(1) 个人、法人团体和政治机构有义务在其实际知情的条件下,相应的保存为其所控制的,对将要发生或者正在发生的法律诉讼(legal action)具有开示价值的全部物品(all property)。拥有潜在开示价值证据的所有非诉讼当事人,应当在因法律诉讼而接到含有对有关证据类型大体描述的合法通知要求的情形下,对此加以保存,以便有关当事人核查。在因承担保存证据的负担而接受即将进行或者正在进行的诉讼通知涉及其证据保存义务的情形,假如有关当事人不能就分担相应的费用达成一致,有关非诉讼当事人在司法管辖范围内可以要求法院就合理分担赔偿数额作出裁决。(2) 尽管上述第一项作出了规定,除非提出请求的那方当事人能够提供明确而令人信服的证据,以证明财物的拥有者采取了与可能发生的诉讼相关联的证据产生建设性认识(constructive knowledge)相一致的措施,否则那些拥有在可预见的将来诉讼活动中将某种物品作为证据的个人、法人团体和政府机构,应当有义务保存这些潜在的证据。①

有学者指出,一方当事人负有保存证据的义务,是作为对该方当事人从事证明妨碍行为进行法律制裁的具有决定性的前提条件。这种义务的存在取决于若干因素的影响,其中包括:(1) 证明妨碍人已经收到诉讼案件即将开始的通知;(2) 证明妨碍人与该诉讼案件具有利害关系;(3) 按照现行的档案资料管理要求,无论证明妨碍人所毁损的证据是否存在任何疑问。② 在个案当中,证明妨碍制度上的协力义务应当具体表现为,妨碍人应当根据举证人利用有关证据和证据方法的便利和需要,适时从事一定的作为或者不作为。若有违反,应当作为构成证明妨碍的客观要件之一。因此,如果某人的行为(作为或不作为)并不违反任何具有法律意义上的义务,就难以评价其在主观上存有过错,因为在此情形下,这种行为缺乏具有可归责性的必要条件。如果在法律评价上认为某一证据的灭失系因证明妨碍行为所致,

---

① Jonathan Judge, Reconsidering Spoliation: Common-Sense Alternatives to the Spoliation Tort, 2001 *Wis. L. Rev.* 462-463.

② Laurie Kindel, Kai Richter, Spoliation of Evidence: Will the New Millennium See a Further Expansion of Sanctions for the Improper Destruction of Evidence? 27 *Wm. Mitchell L. Rev.* 689(2000).

显然欠缺正当性基础。

(二) 相关的理论学说与采认的理由

有德国学者提出,困难的是,证明妨碍的客观要件是否也包括义务违反(die pflichtverletzung)的问题。证明妨碍的要件包括某一作为或者不作为,例如,证据方法的销毁、隐匿或者拒绝取获及交出等。证明妨碍的要件是否还需有义务违反,也就是协力义务违反,例如证据方法的保存、取得、公开、计算报告、交出等实体法或者程序法的协力义务,则可能涉及法基础的立论选择问题。换言之,如果采用协力义务说时,则关于该问题自应采用肯定说。但如果采用其他观点如刑法制裁说等,则是否还须具备对义务违反的要件,这其中并非没有疑义。就实体法或者程序法有规定的协力义务而言,其违反自有可能作为证明妨碍要件。但如果在实体法或者程序法未明文规定时,是否应就《德国民事诉讼法》第136条等推得未负证明责任一方也应负说明(真实)等协力义务,或者可依据诚信原则推得此等一般性义务的发生,似乎还有可供讨论的余地。① 对此问题,德国学者 Fabian Krapoth 采肯定说。② 另有德国学者指出,作为证明妨碍行为制裁的一般基础是诚实信用原则,以及德国《基本法》第3条所规定的保障诉讼中武器平等的原则,而武器平等原则则产生了诉讼中的协助义务、阐明义务和结果保全义务。③

笔者认为,在民事证明妨碍制度上,应当采用协力义务说,而不宜采用刑事制裁说等其他观点。这是因为,对证明协力义务的违反,将导致某种法律效果的适用,而这种法律效果本身就具有相应的制裁和惩罚性质。在个案情形下,当有关法律(包括实体法和程序法)未能就某种证明协力义务作出明确规定时,应视为立法者授权法院据情作出裁量,法院可根据司法原则和程序正义理念如诚信原则、武器平等原

① Krapoth 对此问题采用肯定说,vgl. Krapoth, a,. a. O., S. 29ff. 转引自姜世明:《新民事证据法论》,台北学林文化出版事业有限公司2003年版,第292页。

② Vgl. Fabian Krapoth, Die Rechtsfolgen der Beweisvereitelung im Zivilprozeβ, 1996, S. 29ff. 转引自姜世明:《民事证据法实例研习》(一),台北正点文教出版顾问有限公司2005年版,第119页。

③ 参见〔德〕罗森贝克、施瓦布、戈特瓦尔德:《德国民事诉讼法》(下),李大雪译,中国法制出版社2007年版,第852—853页。

则等，结合个案的有关情形，为有关当事人拟制相应的证明协力义务，这也是由诉讼程序的公法性质所决定的。

（三）证明协力义务产生的基本渊源

当事人应对法院用以查明事实真相的诉讼程序中所运用的证据加以保存负有普遍性的义务。[①] 这种义务出自三个来源：(1) 保存证据的义务系由实体法、程序法或者有关行业规范设定的道德义务所强制。(2) 自愿承担义务的一方当事人将自动产生这种义务，例如，有关商业上的往来将使正式文件保存制度得以贯彻执行。(3) 也是最重要的一点，当讼案已提交法院，其合法权益受到威胁，或者合理地预见以后将形成讼案时，就将产生这种义务。[②]

台湾学者姜世明教授认为，当实体法或者程序法有明文规定的协力义务时，将这一义务违反视为证明妨碍的要件应属当然，如果在未规定时，如契约、习惯法或者可依据诚信原则推导出非负证明责任的人就事态的厘清负有协助义务，也与前述作同一解释。但如果不能推得这一协力义务时，是否仍存在有其他未存在协力义务违反的证明妨碍，实有疑问。如果对其加以肯定，则无异于要求当事人一方负有一般性提出有利于、不利于证据方法的义务，就此是否将使证明责任分配法则遭到架空，以及是否将使非负证明责任的一方当事人须负为对方保管提出公开证据方法的义务，是否能称此并无过苛之嫌，实堪质疑。是否就此要求，未超出对非负证明责任一方当事人的可期待性，应值得深思。这一问题在过失妨碍的情形下，应更属明显。在过失证明妨碍情形下，如果属于未有协力义务发生的类型，似应采取较为保留的适用态度为妥。[③] 对此，笔者认为，在证明妨碍制度建构下，之所以称某一当事人的具体行为被界定为证明妨碍行为，是因为这种行为具有违法性，对这种违法性应作广义的解读，除了在学理上应评价为

---

① *Sentry Ins. Co. v. Royal Ins. of Am.*, 196 Wis. 2d 907, 918, 539 N. W. 2d 911, 916 (*Ct. App.* 1995).

② Laurie Kindel & Kai Richter, Spoliation of Evidence: Will the New Millennium See a Further Expansion of Sanctions for the Improper Destruction of Evidence?, 27 *Wm. Mitchell L. Rev.* 689 (2000).

③ 参见姜世明：《新民事证据法论》，台北学林文化出版事业有限公司 2003 年版，第 292 页脚注。

这种行为被某种过错的心理状态所支配以外，还表现为，通过对有关义务的违反，进而妨碍了他方当事人证明权的有效行使，可见，这种行为本身在法律上具有责难性。

所谓证明协力义务是指，在证明妨碍制度语境下，当事人之间相互就其事实主张所各自负有的一种协助、配合义务，这种义务源自程序正义的基本理念，并充分地表达和体现在诸如诚信原则、当事人证据资料使用平等原则（武器平等原则）当中，并以这些原则作为着力点。因此，具体行为人对协力义务的违反，应当作为构成证明妨碍客观要件之一来对待。在此，应当注意的是，这种协力义务应当被界定为具有法律意义上的义务，自应被视为一种较法定义务更为宽泛的一种义务范畴，即除了法律规定之外，还应包括当事人之间所签订的契约、有关机构的内部规章制度、交易习惯以及法院根据有关司法原则所能够推导出的有关协力义务。这是因为，个案的情形千差万别、不一而足，立法者在制定法律时的局限性显而易见，不可能一览无余地考虑和创设能够适合各类案件情形的证明协力义务，故不得不借助各种民事流转领域现有的机制、制度和交易方式来发挥拾遗补阙的功能，并且将其作为法制机能的延伸，另外，立法者授权法院根据有关司法原则及程序正义的基本理念，据情为当事人拟制相应的证明协力义务，也不失为弥补法律漏洞的一种有效机制。在上述范围之外，当事人并无其他任何协力义务可言，相应的，有关当事人的任何具体行为亦无构成证明妨碍行为的可能。

在此问题上，台湾学者黄国昌教授认为，在此所遇到的困难主要表现为：当事人是否以及在何种范围内，有保存或者提出证据的义务。在规范上对毁灭、隐匿某一证据的当事人课予一定不利益的法律效果，在概念上必须以其负有“保存、提出”证据的义务为前提条件。但是，这种义务发生的基础何在，究竟是限于法律、契约、习惯，还是应当包括所谓诉讼法上的诚信原则，发生义务起点的界定以及义务的客观范围如何，即何种证据有“提出”、“保存”的必要等问题。就目前情况来看，学者间在理论上对这些问题的解释尚有进一步拓展的余地，且在法条上也欠缺明确的规范，因此，亟待学说及法院采用判决的形式使其进一步明晰化。[1] 对此，笔者认为，基于证明妨碍制度的性质、特点、功能及设定这一制度的特殊政策要求，证明协力义务应作为证明妨碍制度的构成要件之一，在实务上，可以被细化为“保存、提出”等不同具体协助、配合情形。因此，在狭义上，这种证明协力义务可被界定为法定义务；但鉴于证明妨碍制度在现代设计功能上在相当程度上源自程序正义的价值观念，同时，囿于立法者在从事决策层面上的局限性，在实务上完全将这种证明协力义务限定为一种法定义务，显然不能满足现实需要，故有必要从广义的角度将这种证明协力义务界定为一种具有法律意义上的义务。也就是，通过这种制度化的内在扩张，使得立法层面的张力借助民事流转活动当中一些常备机制（如当事人间的契约、交易习惯以及有关机构的内部章程等）和司法原则（如诚信原则、武器平等原则等）加以释放，以确保裁判的公正与权威。另外，至于发生义务起点的界定以及义务的客观范围如何，主要取决于司法过程的个案具体情形，在未经法律作出统一性的规定之前，似应先由法院通过经验性的积累，以司法判例的形式演绎出相应的判断标准与适用规则。

如上所述，根据各国的有关通常做法，作为妨碍人应当履行协力义务的渊源包括法律（其中包括实体法、程序法或判例法）、契约、交易习惯、有关机构的规章或内部文件等，甚至在判例实务上，法院还可根据司法原则和程序正义理念如诚信原则、武器平等原则等在个案当中据情拟制。

二、构成证明妨碍行为的客观要件之二：存在特定的证明妨碍行为

（一）基本定位的要义

作为证明妨碍构成要件之二的内容，系存在特定的证明妨碍的行为。这种行为属于广义上的界定，即凡指负有证明协助义务人的无正当理由拒不履行其义务的有关行为，包括作为或者不作为。它属于证明妨碍构成要件上的客观要件。

在学理上，有一种观点认为，证明妨碍应具备某一作为或者不作

---

① 参见黄国昌：《民事诉讼理论之新开展》，北京大学出版社 2008 年版，第 219 页。

为,否则,事实的澄清将成为可能。且该作为或者不作为与对判决具有重要性事况的不明具有因果关系。[①] 至于该行为是在诉讼系属之前或者之后发生,并不影响证明妨碍的成立。就发生在诉讼之前而言,例如,医师在诉讼前将病历毁弃,或者在治疗时未就医学上并无疑义且重要的病症予以发现、提出与确保,以至于事后就医师的医疗行为与患者健康损害之间的因果关系难以厘清时的情形。[②] 就诉讼中的证明妨碍行为而言,例如,在诉讼中将病历毁弃,或者将子女携往国外以逃避血缘鉴定,等等。[③]

(二)有关证明妨碍行为的基本分类

作为具有法律意义上的自然人、法人或者其他组织,在主体上具有双重法律身份,即同时作为权利主体和义务主体。在不同的法域体制下,有所为与有所不为,本应系在法律框架范围内有关行为人所履行的法律上的义务,以保障他人享有相应的法律上的权利,反之亦然。

在民事证明妨碍制度条件下,有关法律意义上的证明协力义务,要求一方当事人在为他方当事人举证而无须通过有关积极的举动,就能使他方当事人对有关证据或证据方法加以及时、妥当利用但却反其道而行之的情形,即为构成证明妨碍要件意义上的作为。例如,一方当事人销毁、隐匿对他方当事人的事实主张具有重要证明价值的证据材料,一方当事人指示第三人通过金钱贿买证人等。

反之,在民事证明妨碍制度条件下,有关法律意义上的协力义务要求,一方当事人在为他方当事人举证必须通过积极作为方起作用时却拒绝的情形,即为构成证明妨碍要件意义上的不作为。例如,一方当事人无正当理由拒不提供能够证明他方事实主张的会计账簿等文件证据,或拒绝抽血以便通过血缘鉴定查明所生子女的确切身份,或无正当理由拒绝法院或者鉴定人进入自己的地产进行勘验;另外,还

---

① GBH NJW 1984, 1403, 1404; GBH VersR 1986, 182, 184; Musielak, a. a. O., S. 137. 转引自姜世明:《新民事证据法论》,台北学林文化出版事业有限公司 2003 年版,第 290 页。

② BGH NJW 1987, 1482ff. 转引自姜世明:《新民事证据法论》,台北学林文化出版事业有限公司 2003 年版,第 290 页。

③ Baumgärtel, Beweislastpraxis im Privatrecht, 1996, Rdnr. 121. 转引自姜世明:《新民事证据法论》,台北学林文化出版事业有限公司 2003 年版,第 290 页。

包括,一方当事人无正当理由拒绝提供只有他才能够获得的证据手段,或者使其可供使用的证明方法,比如,拒不提供只有他知道的目击车祸的证人姓名①、批准某银行②或财政局③给予答复、解除他的税务咨询人的拒绝作证义务④,或者拒绝解除有关医生或者银行的沉默义务⑤,等等。

(三) 关于证明妨碍行为在实务上的具体表现

在德国,无论在诉讼内外,且不论证据调查的方式,已累计各式各样证明妨碍的判例。主要可分为如下两种类型⑥:

(1) 关于诉讼上的证明妨碍事例。主要有:① 当事人不告明他方其所仅知证人的姓名、住所,或者使证人逃亡;② 对证人、医生、银行职员等证人,拒绝同意其提供证言,使免负守密义务的责任;③ 拒绝法院或鉴定人为调查专利权的有无而到工厂视察,或拒绝其进入基地内调查;④ 拒绝由鉴定人诊断自己所主张病状的有无。

(2) 关于诉讼外的证明妨碍事例。主要有:① 在样品买卖中,将可澄清给付物是否像契约约定那样的样品让与他人;② 废弃可证明契约成立的电报;③ 将可证明设备不良的事故车解体;④ 变更对事故原因的证明而言具有重要性的事故现场;⑤ 在做手术时忘记取出棉球,其大小及形状对医师的医疗过失具有重要意义,但再次做手术时却将其取出扔弃;⑥ 毁弃嗣后就其形式的适法性及内容存在争议的

---

① BGH NJW 60,821. 转引自〔德〕奥特马·尧厄尼希:《民事诉讼法》(第27版),周翠译,法律出版社2003年版,第273页。

② BGH NJW 67,第2012页以下。转引自〔德〕奥特马·尧厄尼希:《民事诉讼法》(第27版),周翠译,法律出版社2003年版,第273页。

③ BAG NJW 75,408. 转引自〔德〕奥特马·尧厄尼希:《民事诉讼法》(第27版),周翠译,法律出版社2003年版,第273页。

④ BGH LM 第2项对第383条。转引自〔德〕奥特马·尧厄尼希:《民事诉讼法》(第27版),周翠译,法律出版社2003年版,第273页。

⑤ 参见〔德〕汉斯-约阿希姆·穆泽拉克:《德国民事诉讼法基础教程》,周翠译,中国政法大学出版社2005年版,第273页。

⑥ 参见〔日〕渡边武文:《證據に關する當事者行為の規律》,载竹下守夫、石川明编:《講座民事訴訟法》(4)(1983年),第161—162页。转引自许士宦:《证据收集与纠纷解决》,台北新学林出版股份有限公司2005年版,第210—211页脚注。

遗嘱;⑦ 医师在治疗之时,怠为应做的检查如 X 射线照片的摄影、细菌检查等,未记录其治疗内容或遗失 X 射线照片等情形。

在英美法系,由于广泛实行对证人的交叉询问规则,从而使得证人证言在认定案件事实中具有某种核心地位,因此,证明妨碍还包括阻挠证人出庭作证。[①] 有学者曾经指出,在曾经参加过诉讼活动的当事人当中,其中有 50% 的人坚信,证明妨碍行为以各种表现形式在他们所经历的某些过程中显得无处不在。[②]

在我国的审判实务上,常见的有关当事人的具体证明妨碍行为,大致可分为六类:(1) 拒不提供其控制下的会计账簿、记账凭证及有关资料的查询;(2) 丢失、伪造、篡改、污损其持有或控制下的证据;(3) 拒绝提供其持有或在其控制下的证据或其他证件的原件;(4) 拒不提供本人笔迹或故意改变字体书写习惯;(5) 拒不服从对本人身体的某个部位进行法医学鉴定,或者拒不提供血液样本;(6) 拒不服从对其控制下的物体、场所进行勘验或测量。

三、构成证明妨碍行为的客观要件之三:受妨碍的证据或者证据方法具有不可替代性

(一) 对于证据具有不可替代性情形的认识

在诉讼上,当发生证明妨碍情形时,受妨碍的证据材料或者证据方式应当是对证明案件待证事实具有相当分量的证据,通常被理解为具有重要性或具有不可替代性的证据材料或者证据方式。在某些特定情形下,对证明某些待证事实具有不可替代性的证据甚至体现有"唯一性"的特质。例如,证明特定的人之间是否具有血缘关系的亲子鉴定,记载有关资金往来的财务账目,等等。假如随着科学技术的发展,在诉讼上,当某一儿童与被指认为其生父的一方当事人之间是否存在自然血缘关系的事实,可以采用其他相当或者更佳的证明方式加以判断时,例如,该被指认为儿童生父的一方当事人早已丧失生育能

---

① Anthony C. Casamassima, Spoliation of Evidence and Medical Malpractice, 14 *Pace L. Rev.* 235, 235 (1994).

② Charles R. Nesson, Incentives to Spoliate Evidence in Civil Litigation: The Need for Vigorous Judicial Action, 13 *Cardozo L. Rev.* 793, 793 (1991).

力的事实等，在这种情形下，即使被指认为生父的一方当事人因拒绝抽血已显得无足轻重时，该方当事人的拒绝抽血行为将不再视为一种证明妨碍行为；或者说，当能够证明或者反映某一笔争议的款项及来龙去脉的情形能够为其他证据材料所担当，并且这些证据材料能够为举证人及时利用时，虽然举证人的相对一方当事人控制了有关财务账目而拒不提交，但这种行为也将不会被视为一种证明妨碍行为。这主要是因为，作为某一证明妨碍所涉及的证据材料或者证据方式，对于举证人的事实主张不再具有证明功能上的不可替代性所决定的。

（二）审判实务上的基本考察

在审判实务上，当出现一方当事人实施某一具体的证明妨碍行为时，法院应进一步查明该证据是否可为其他证明方法完全替代，如果存在其他具有完全可替代性的证据方法，则并不必要通过证据法上的效果来调整当事人间的不公平状态。例如，台湾地区新竹地方法院2001年诉字第515号判决，在该案中，就提起股东会撤销之诉的原告是否有当场提出异议的争点，法院认为，即便被告所提出的开会录像带有中断情节，原告仍可通过其他出席股东会的股东证词作为证据方法。因此，在该案中，法院以具有其他可替代的证据方法为由而认为并不存在证明妨碍的情形。在此，问题的核心毋宁于，因可归责于妨碍人的事由，导致被妨碍人必须另寻其他证据方法就待证事实进行证明活动的程序上不利益，应当如何填补的问题。就此而论，黄国昌教授认为，为美国法所承认的命令妨碍人负担费用的制裁手段，似值得参酌。在解释论上，台湾地区“民事诉讼法”第81条及第82条应可作为依据。①

例如，在 *Computer Associate International v. American Fundware* 一

---

① 参见黄国昌：《民事诉讼理论之新开展》，北京大学出版社2008年版，第255页。根据台湾地区“民事诉讼法”第81条的规定：“因下列行为所生之费用，法院得酌量情形，命胜诉之当事人负担其全部或一部：一、胜诉人之行为，非为伸张或防卫权利所必要者。二、败诉人之行为，按当时之诉讼程度，为伸张或防卫权利所必要者。”根据同法第82条的规定：“当事人不于适当时期提出攻击或防御方法，或迟误期日或期间，或因其他应归责于己之事由而致诉讼延滞者，虽该当事人胜诉，其因延滞而生之费用，法院得命其负担全部或一部。”

案中[①],原告曾授权被告使用其享有著作权的计算机软件程序,原告主张被告所营销的"PC-Fund"会计应用软件侵害其著作权。在1986年12月4日双方谈判破裂后,原告随即于同月19日提起诉讼。被告就其所被指控侵权的软件一直在进行更新,且仅保存最新版本的"原始码(source code)",而这种操作程序是软件行业通常遵行的。但是,被告在原告起诉后,却仍继续该操作程序而不断更新原始码,直到1987年9月预审法官(magistrate)命令其提交原始码为止。在此之前,原告已于1987年4月3日向被告送达这一命令,令其提交原始码,而被告并未提交,原告于5月21日向法院申请命令被告提交(a motion to compel discovery)。在此情形下,被告不断地毁弃作为旧版的原始码直到同年9月份为止。基于该本来的原始码遭被告毁弃更新,从而使得原告无从比较其原始码与原告主张著作权软件的原始码的异同之处,原告向法院申请直接作出认定被告侵权行为成立的一个终局判决,以作为对被告毁弃证据的制裁。被告则抗辩称,其直到预审法官命其提交原始码为止,其并无保存该原始码的义务。[②]

在本案中,法院认定被告的一系列上述行为违反保存义务,还认定被告是基于故意(willfully)而违反这一义务。被告产品的原始码属于原告证明被告侵权的唯一方法,这一证据方法因被告的行为已陷入不能提出的境地,从而对原告造成最终不可能再予回复的不公平。[③]

在本案中,原告主张被告所营销的"PC-Fund"会计应用软件侵害原告的著作权,而被告对此予以否认,可见,本案的系争事实为:被告所营销的"PC-Fund"会计应用软件是否侵害原告的著作权。从法定义务上而言,被告并无保存该原始码的义务(至少在预审法官命其提出原始码之前)。但是,从本案实际情况来看,无论是从原告的证明责任、被告的抗辩主张,还是从法院查明案件事实真相的职能需要而言,均要求被告最迟在收到起诉状后即应负有保存该原始码的义务,这种证明协力义务具有特定的法律意义,因为它与特定的法律后果相联系。在这种情形下,被告也不能以遵循通常的业内惯例为由与这种公

---

① 133 F. R. D. 166 (D. Colo. 1990). 转引自黄国昌:《民事诉讼理论之新开展》,北京大学出版社2008年版,第232页。

② 参见黄国昌:《民事诉讼理论之新开展》,北京大学出版社2008年版,第233页。

③ 同上注。

法意义上的司法利益相对抗。因此,法院在判决中强调,在一个凭借当事人诚实地依照证据开示制度所建立的规范为发现真实而提出证据的司法审判体系中,对证据的销毁是一个绝对不能容忍的行为。

(三) 值得关注的议题

在此,应当注意的是,虽然证据的不可替代性应当作为构成证明妨碍的要件之一,但是,在个案当中,也应当关注它与妨碍人的主观归责性及被妨碍证据或证据方式的重要性之间的协调关系。在学理上,有一种观点强调,目前在学术上所强调的外在因素,均以妨碍人的主观归责性、证据的重要性及证据的可替代性与否作为主要考虑因素,但是,对彼此之间的互动关系似乎未作进一步的研讨。就证据的可替代性而言,如果存在其他证据方法可完全替代该被妨碍的证据,则上述的困难将不复存在,剩下的问题仅为,因妨碍人的行为造成被妨碍人必须通过其他证据方法进行证明所增加的劳务(或称之为程序上的不利益),是否应由妨碍人承担而已。但是,当该证据无法由其他证据方法所完全替代(包括完全不存在及虽存在但所产生的证明效果不足),问题的核心将转至(或称之为被吸收到)该证据的重要性之上。就此证据的重要性,固然可由被妨碍人关于该证据内容的主张在形式上加以判断。值得注意的是,在论及证明妨碍法律效果之下所认定真实对象的问题时,日本有学者指出,一般将认定真实的对象限定为被妨碍人关于该证据内容的主张的论理,并不具有完全的说服力,而被妨碍人关于特定证据内容的主张,一般较为简洁,与由法院直接可借助该证据相较,将因欠缺实际的魅力而缩减其原有的证据力。① 但是,困难的是,因该证据内容未现实地呈现出来,导致人们无法精确地判断该证据内容是否就是被妨碍人所主张的内容。当遇到这些困难时,判断的重心自然转换至最后一个判断标准,即妨碍者的主观可归责性。②

对此,笔者认为,在法理上,妨碍人的主观归责性是指构成证明妨

---

① 参见〔日〕高桥宏志:《重点讲义民事诉讼法》(下),2004 年,第 178 页。转引自黄国昌:《民事诉讼理论之新开展》,北京大学出版社 2008 年版,第 251 页脚注。

② Gottfried Baumgärtel:《民事訴訟における證明妨礙》,三上威彦译,载《判例タイムズ》585 号(1986 年),第 231 页。转引自黄国昌:《民事诉讼理论之新开展》,北京大学出版社 2008 年版,第 252 页脚注。

碍的主观要件,而被妨碍证据或证据方式的重要性则涉及因被妨碍证据未能加以举证是否对被妨碍人造成不利的裁判后果,它与证据是否具有可替代性同时作为构成证明妨碍的客观要件。其中,被妨碍的证据或者证据方法通常应当同时具备主要证据与直接证据的基本特征与性质,从而使其与辅助证据及间接证据不同,对此,应当由被妨碍人负担相应的主张责任及描述责任或者证明责任,使法院产生相应的内心确信。只有在这种前提条件下,才有可能考虑到妨碍人的主观归责性问题。假如被妨碍人无法使法院就在客观上是否存在某一特定的被妨碍的证据或者证据方法形成某种内心确信,在此情形下,妨碍人的主观归责性也就无从谈起。因此,在这一问题上,虽然不能苛刻地要求被妨碍人对被妨碍证据或证据方式所涉及内容进行精确、具体的描述或者证明,但至少应使法官在大体上产生一种类似内心确信的印象,可见,对此事实所负担的主张责任,在与之相应的证明度上应当予以适度降低,在考虑降低的幅度上,应与妨碍人的主观可归责性相联系。也就是说,凡妨碍人在主观上系属故意时,可考虑大幅降低对被妨碍人在证明度上的要求;凡妨碍人在主观上系属重大过失时,可考虑相对大幅降低对被妨碍人在证明度上的要求;凡是妨碍在主观上系属一般过失时,可考虑适当降低被妨碍人在证明度上的要求。

四、构成证明妨碍行为的客观要件之四:导致对被妨碍人产生不利的裁判后果

(一) 对导致产生不利裁判后果的认定

在证明妨碍制度架构下,作为构成证明妨碍的客观要件之一,系在诉讼效果上,能够导致受妨碍一方当事人负担证明责任所涉及的待证事实真伪不明或者无法举证证明,使其承担不利的裁判后果。

在证明妨碍制度条件下,无论妨碍人在主观上所呈现的过错形态如何,在客观上均导致举证人无法利用有关证据或者证据方式,及同时排除有关证据或证据方法的证明功能之效果,其直接结果必然导致受妨碍一方当事人就其事实主张而应负证明责任所涉及的待证事实,处于真伪不明状态或者无法举证证明。假如没有这种效果的产生,也就是说,即使发生了妨碍人具体实施的证明妨碍行为(作为或者不作为),但这种妨碍行为并未最终影响受妨碍一方当事人利用有关证据

及证据方式,并且法院最终依据受妨碍一方当事人提供的其他证据材料并结合本案的其他情形(包括采用司法认知等手段),认定受妨碍一方当事人的事实主张成立,并使其获得胜诉裁判。在此情形下,因妨碍人虽实施具体的证明妨碍行为,但最终没有达到预期的目的,法院并未因妨碍人的妨碍行为而认为有必要采取适用相应法律后果的措施,故此,因妨碍人的目的不达而不能认为其最终构成证明妨碍行为。

例如,原告张三起诉,要求被告李四偿还欠款2000元。在开庭审理时,被告李四以质证为由要求张三提供欠条原件供其核对,李四借查看欠条原件之际,将该欠条撕成碎片。显然,李四这一具体证据妨碍行为(毁损欠条原件)的直接动机系排除欠条原件的证明功能,但其直接目的在于,使原告张三不能利用欠条原件获得胜诉裁判。但本案的实际情况是,无论是法院,还是双方当事人,均持有该欠条的复印件,该复印件仍明确载述张三与李四之间所存在的债权债务关系,以及作为债务人李四的签名。在本案中,开展庭审质证的目的在于,对于李四而言,主要是为其提供就张三提交的欠条(书证)在形式上及内容上的真实性发表辩论(质证)的机会,而李四非但不发表任何辩论意见,还趁机将欠条原件撕毁。因被告对原告所提供的证据拒不发表任何辩论意见,可视为对该证据的真实性不存异议。鉴于原告张三已向法院提交欠条原件,这一事实已被记录在案。法院可结合庭审辩论情形,认定原告张三提出被告李四欠其2000元债务的事实主张成立。可见,在本案中,虽然被告李四实施了具体的证明妨碍行为,但最终未达到预期的目的,法院依据原告张三所提交的证据作出了对该举证人有利的裁判。法院经审理认为,虽然被告李四在庭审过程中毁灭了欠条原件,但是其欠款的事实已查清楚。在这种情形下,法院是依据原告所提交的证据,而并非是根据被告实施证明妨碍的行为来推定(推认)原告的事实主张成立。除非法院在裁判上明确表明有不可反驳的立场,作为严惩的手段,在以推定形式作为对案件事实进行判断的情形下,从程序上已留给被告提出反证的机会。

(二)对举证不能与证明困难的识别

在理论上,有学者认为,作为证明妨碍的要件,还包括因非负证明责任当事人的行为造成证明不可能或者困难(unmöglichkeit oder erschweren des beweises)。前者是指,证据已最终无法再有提出的可能，例如文件已被销毁；而后者是指，负有证明责任的当事人因对方行为造成须付出较多心力才能举证证明对其有利的事实。例如，该对方当事人拒不说明某一为其所知悉的证人的姓名，而负有证明责任的当事人就此从事调查确有困难的情形。通说就证明的不能与证明的困难，在证据评价上并不作出何种区别。[①] 这是因为，该两种情况在理论上似乎可以区分，但是，在实际上却难以界定其界限。[②] 但在理论上，有学者认为，二者应当加以区分。[③]

对此，笔者认为，在理论上确实存在将二者加以区分的必要，即举证不能与证明困难之间毕竟存在着显而易见的差别。就举证不能而言，又可分为两种情形：(1) 被妨碍人无法提供证据证明其事实主张，也就是无法有效地履行其主观证明责任，其中包括被妨碍人虽提供一些辅助证据，但因无法提供主要证据，使得法院无法对其事实主张获得内心确信。(2) 被妨碍人为履行其主观证明责任虽提供了有关证据(即本证)，但妨碍人也提供了相应的反证，法院对双方所提供的证据经证据评价后无法就待证事实获得内心确信，同时，正是因为妨碍人的妨碍行为，导致对此事实负客观意义上证明责任的被妨碍人无法提供更有力的证据来打破这种平衡(即事实真伪不明状态)，最终将会导致客观证明责任的发生，即最终要由妨碍人为此承担不利益的裁判后果。所谓证明(或称举证)困难的情形较为复杂，这种困难主要表现为客观上的障碍，至少可分为这样几种情形：(1) 对因妨碍人的证明妨碍行为所造成的客观障碍并非是不能克服的，但需要被妨碍人付出一定(或称寻常的)的心力、财力、人力等成本。(2) 对因妨碍人的证明妨碍行为所造成的客观障碍并非是不能克服的，但需要被妨碍人付出超出寻常的心力、财力、人力等成本。(3) 对因妨碍人的证明妨碍行为所造成的客观障碍虽然存在将其克服的可能性，但并非完全取决于被妨碍人全心努力的结果。可见，举证不能与举证困难之间的本质差别主要表现在，前者完全不存在克服客观障碍的可能性，后者则仍

---

① Vgl. Baumgärtel, Beweislastpraxis im Privatrecht, 1996, Rdnr. 121m. w. N. 转引自姜世明：《民事证据法实例研习》(一)，台北正点文教出版顾问有限公司2005年版，第119页。

② 对此，有不同的见解认为两者应可予以区分，Vgl. Musielak, Die Grundlagen der Beweislast im Zivilprozeβ. 1975, S. 133.

③ Vgl. Musielak, Die Grundlagen der Beweislast im Zivilproze, 1975, S. 133.

存在克服客观障碍的可能性，尽管这种可能性的表现形式纷繁复杂。相比较而言，因证明困难在实务上的认知和判断上的弹性较大，往往使得法院感到疑虑重重，故举证不能所体现的两种情形更具有可操作性。

五、构成证明妨碍行为的客观要件之五：因果关系的形成

（一）对因果关系的界定

因果关系通常可以被理解为一种事物所发生的状态，应当从另一种事物当中作为根据来进行相关的判断。在现实的物质世界以及社会关系领域内，因果关系作为一种现象的存在具有普遍性。因此，某种事物的现象与现象之间的联系就是因果关系。由于物质世界的多样性以及层次感所致，导致具有不同社会背景或者专业背景的人们，难以从概念上形成准确的具有一般性质的共识。其结果是，人们往往可以从某种较为单一的角度来理解、识别和认识因果关系这种现象在特定领域内的个性。例如，因果关系在自然科学、哲学、法学、医学等不同领域有不同的个性特征。

在法学领域，因果关系可以被视为一个特定的法律概念，它是构成某种法律现象的原因与结果之间的相互联系。尽管因果关系存在的基本状态具有客观性，但人们对它的认识则带有主观因素。由于法律涉及社会科学领域的一些基本范畴，很难像自然科学领域所使用的一种严格意义上的因果关系那样，在法学领域范围内获取一种具有一般性质的法定定义。在民法上，因果关系是界定合同法律关系或者侵权法律关系中涉及损害赔偿责任的基本要件之一。

（二）作为证明妨碍构成要件所涉及因果关系的形成

在证明妨碍制度条件下，对于构成证明妨碍要件所涉及因果关系的认定，应当查明妨碍人在诉讼上是否应负相应的证明协力义务，妨碍人是否存在违反行为（作为或者不作为），在从事这种违反证明协力义务行为上是否存在过错。只有在肯定具有过错的基础上，才能认定其具有证明妨碍行为。如果妨碍人从根本上就不负义务，也就不可能产生行为，并且，即使妨碍人存在违反行为，如果没有可归责性，也不能认定妨碍人的行为属于妨碍行为。

这种因果关系可被视为构成证明妨碍的客观要件之一。在证明妨碍制度条件下,妨碍人所实施的具体证明妨碍行为,与受妨碍人负担证明责任所涉及的待证事实无法认定或者出现真伪不明状态之间具有因果关系。有学者将该种因果关系表述为,该作为或者不作为与对判决具有因果关系。[①] 对于个案而言,虽然妨碍人实施了证明妨碍行为,并且受妨碍一方当事人负担证明责任所涉及的待证事实确实最终无法认定,或者出现真伪不明状态,但两者之间若不存在因果关系,该妨碍人所实施的行为并不能被认定为具有证明妨碍的性质。可见,妨碍人的妨碍行为是造成被妨碍人利益遭受损害的原因。所谓法律上的因果关系,通常是在确定存在事实上的因果关系的前提下,再由法院决定妨碍人是否应当对被妨碍人所遭受的利益损失承担法律责任或者不利益的判断后果,以及在多大范围内承担这种不利益的判断后果。事实上,法院对法律上这种关联性的认识,是一种法律价值上的判断,是法院对法律政策的反映。

第五节　构成证明妨碍行为的客体要件

一、问题的由来

构成证明妨碍行为的客体要件是指,妨碍人对于何种证据种类或者证据方法实施妨碍行为才有可能被认定为证明妨碍。通常而言,某一具体证明妨碍行为所针对的证据或者证据方式应当作为衡量是否构成证明妨碍的要件之一,否则不为法律所规定或司法实践所认同的证据材料或者证据方式,一旦被引入证明妨碍制度,将会引起对其正当性的评价问题。可见,从某种意义上而言,对这一要件的识别也涉及对有关证据或者证据方式的合法性问题的探讨与评价。

---

① GBH NJW 1984, 1403, 1404; GBH VersR 1986, 182, 184; Musielak, a. a. O. ,S. 137. 转引自姜世明:《新民事证据法论》,台北学林文化出版事业有限公司 2003 年版,第 290 页。

二、学说上的观念

台湾地区新"民事诉讼法"就证明妨碍法理确定了"贯彻当事人证据资料使用平等原则与确保诉讼遂行之公正性"的理念，学者中有大多数人表示赞同，但也遭到了一些学者的反对。例如，姚瑞光教授认为，证明妨碍的对象应限于"文书"及"勘验标的物"，并无增设一般规定，扩及于"证人"、"鉴定人"的必要。[①]

在学术界，对于民事证明制度是否适用于为法律所明文规定的全部证据种类或者证据方式尚存在争论。日本学者高桥宏志教授在其论著中指出："现行民事诉讼法所确定的五类证据调查方法是：证人询问、当事人询问、鉴定、书证、勘验。从'严格证明'（本讲之一、'证据法的理念和用语'之5.'严格证明和自由证明'部分）的角度来看，不允许采用其他证据方法进行证据调查。"[②]因当事人的举证（或称证明行为）与证据调查之间具有相通性，由此决定了当事人举证所采取的方式应当为法律所容许，这也在某种程度上限缩了民事证明妨碍制度所涉及的对象，即对证据种类或证据方法上的限定。

三、判例学说与有关国家或地区的立法例

在德国民事诉讼上，由于其诉讼法采取限定的文书提出义务，当事人从他方收集事证、资讯的手段不如美国事证开示制度那样健全，但为了促使审理、辩论集中化，并弥补现行法规定的不足，判例致力于创设、形成证明妨碍的法理，即使在文书提出义务不成立的情形下，如构成证明妨碍，也加以制裁，而不论证明妨碍发生在诉讼过程中或者诉讼开始之前，妨碍人是出于故意还是过失。并且，这种法理适用于所有证据方法，而不仅限于文书。[③] 这种判例理论不仅学说上多加肯定，1977年，德国民事诉讼法委员会也曾提案立法：当证明妨碍存在不

---

① 参见黄国昌：《民事诉讼理论之新开展》，北京大学出版社2008年版，第216页脚注。

② 〔日〕高桥宏志：《重点讲义民事诉讼法》，张卫平、许可译，法律出版社2007年版，第80页。

③ 参见许士宦：《证据收集与纠纷解决》，台北新学林出版股份有限公司2005年版，第210页。

可归责于妨碍人的情形时,由法院依自由心证判断事实主张的真伪。在可归责于妨碍人的情形下,法院可转换证明责任。虽然该提案未获通过而立法,但证明妨碍的法理已落实在德国实务上,成为无可置疑的事实。[①]

关于因当事人的作为或者不作为,导致他方不得提出或者使用特定证据的情形,在事实认定上发生何等效果或者应如何调整,我国台湾地区"民事诉讼法"在2000年修正之前与德国、日本的民事诉讼法相同,仅就部分种类的证据方法作出规定(第345条、第362条、第363条、第367条、第436条之十三第3、4、5项),而就上述证明妨碍的要件及效果并未设定一般性规定,修正之后的现行法已删除第362条,而在第282条之一增订一般性规定。[②] 证据通则作此规定,就是认为其可适用于全部种类的证据方法。就此,我国台湾学者黄国昌教授明确指出,2000年台湾地区新修订的"民事诉讼法"对证明妨碍的内容增设了一般性的规定,即依该法第282条之一第1项的规定,使得证明妨碍的法理在不区分证据种类的情形下对所有证据方法均可予以

---

① 参见ペーター・アーレンス:《民事訴訟法の體系における證明妨礙について》,松本博之译,载《民商法杂志》第87卷第1号(1982年),第1页;Gottfried Baumgärtel:《民事訴訟法における證明妨礙》,三上威彦译,载《判例タイムズ》585号(1986年),第18页;春日伟知郎:《民事证据法研究》,有斐阁1991年版,第191页;许士宦:《证据开示制度与秘密保护程序》,台湾大学1999年博士论文,第114、115页;姜世明:《证明妨碍制度之研究》,载《万国法律》第115期(2001年),第49页。转引自许士宦:《证据收集与纠纷解决》,台北新学林出版股份有限公司2005年版,第211页。

② 涉及德国民事诉讼法的有关规定,可参见Gottfried Baumgärtel:《民事訴訟法における證明妨礙》,三上威彦译,载《判例タイムズ》585号(1986年),第18页;姜世明:《证明妨碍制度之研究》,载《万国法律》第115期(2001年),第44页。关于日本1996年修订前后民事诉讼法的规定,可分别参见野村秀敏:《证明妨碍》,载吉村德重、小岛武司编:《注释民事诉讼法》(七)(1995年),第120页;渡边武文:《證明負擔の輕減》,载青山善充、伊藤真编:《民事訴訟法の爭點》(3版),有斐阁1998年版,第216页。转引自许士宦:《证据收集与纠纷解决》,台北新学林出版股份有限公司2005年版,第207页。

根据台湾地区2000年修订前的"民事诉讼法"第362条的规定:"当事人因妨碍他造使用,故意将文书隐匿、毁坏或者致不堪使用者,法院得认他造关于该文书之主张为正当。"

适用。[1] 但对此项有别于德国、日本等国的新规定。有学者认为，证人及鉴定人并非妨碍使用的客体或无妨碍使用之说，并且原规定在实务上无不敷适用的实例，故将其质疑为“不通理论”的规定[2]；但也有学者根据这些规定认为，新法承认当事人相互间负有一般协力解明事案的义务，非负证明责任的当事人虽无积极解明事案而需提出事证的作为义务，但却有不予破坏的不作为义务。[3] 究竟新法有无增设这项规定的必要？如有必要，其所循的法理依据为何？根据这一规定，是否已加强当事人相互之间的协力义务？其有何不同于德国、日本等国立法例的特征？亟待解明。[4] 对此，笔者认为，德国、日本虽然在其民事诉讼法上仅就部分种类的证据方法作出了规定，但为弥补现行法上的不足，通常采用司法判例来对证明妨碍制度适用的证据类型或证据方式加以扩充，以至于使在此过程中所形成的法理适用于所有证据种类或证据方法，借以满足审判实务对公正审判和程序正义的需要，这已成为现代社会条件下追求正当程序的主流趋势。在这一宏观环境和主流趋势的力催之下，2000 年我国台湾地区新修订的“民事诉讼法”第 282 条之一第 1 项对证明妨碍的内容通过增设一般性的规定，使得证明妨碍制度至少在法理层面具有广泛的适应性。从某种意义上而论，这种立法模式实现了从立法到司法相通性的历史性跨越，直接强化了证明妨碍制度的应用范围与适用功能。

四、我国现行法及司法解释的基本定式

我国现行《民事诉讼法》第 63 条将法定证据种类规定为七种类

---

① 参见黄国昌：《民事诉讼理论之新开展》，北京大学出版社 2008 年版，第 216 页。

② 参见姚瑞光：《民事诉讼法论》（2000 年），第 394 页。转引自许士宦：《证据收集与纠纷解决》，台北新学林出版股份有限公司 2005 年版，第 207—208 页。

③ 参见沈冠伶：《论“民事诉讼法”修正条文中法官之阐明义务与当事人之事案解明义务》，载《万国法律》第 111 期（2000 年），第 46—47 页；《论民事诉讼程序中当事人之不知陈述——兼评析民事诉讼法中当事人之陈述义务与诉讼促进义务》，载《政大法学评论》第 63 期（2000 年），第 388—389 页。转引自许士宦：《证据收集与纠纷解决》，台北新学林出版股份有限公司 2005 年版，第 208 页。

④ 参见许士宦：《证据收集与纠纷解决》，台北新学林出版股份有限公司 2005 年版，第 207—208 页。

型,即书证、物证、视听资料、证人证言、当事人的陈述、鉴定结论和勘验笔录。我国最高人民法院《关于民事诉讼证据的若干规定》第 9 条所规定的证据方式包括众所周知的事实、自然规律及定理、经验法则、推定等。我国现行《民事诉讼法》对证明妨碍制度并未作出明确规定,为了弥补立法上的欠缺,最高人民法院《关于民事诉讼证据的若干规定》第 75 条以准立法的形式确定了证明妨碍制度,该规定并未对构成证明妨碍所涉及的证据种类或者证据方式作出何种限定,应当解读为适用于全部法定证据种类。为了适应社会发展,以及满足社会公平与正义原则对于司法审判的要求,在法理上可以扩张解释为,为现行司法解释所确认的证据方式,以及为司法判例实务所通常认同的其他证据方式,也可以作为适用证明妨碍制度的基本范畴。

在审判实务上,应当注意的是,作为构成证明妨碍构成要件所涉及的证据种类和证据方式,应当限于现行法律所明文规定的范围,或者为现行司法程序所通常认同的方式,否则不能将其作为证据妨碍行为来处理。例如,在上海郑国经贸有限公司诉金田集团电缆有限公司拖欠 1088.96 万元的佣金案中,上海郑国经贸有限公司在法院核实补充协议真实性的过程中,因拒绝到法院接受心理测试,最终,二审法院综合该案的事实和证据,推定补充协议系上海郑国经贸有限公司法定代表人郑 × × 伪造,对被上诉人郑国经贸有限公司的原审诉讼请求不予支持。对此,笔者认为,心理测试既非为我国现行法律确定为法定证据种类,也非为我国有关司法解释确定为有效的证据方式,同时,也不属于我国司法实务上所认同的惯常做法,而仅仅属于个别法院在特定情形下采取的试行措施,并且也仅能作为一种辅助性的证据方式。因此,在该案中,法院依一方当事人拒绝接受心理测试的情形而认定其构成证明妨碍行为,进而适用对其产生不利益的裁判后果,这种做法的妥当性是值得商榷的。

第四章　免于构成证明妨碍的例外事由

第一节　免于构成证明妨碍例外事由的解说

所谓免于构成证明妨碍的事由，亦可称之为不构成证明妨碍的事由，它指的是行为人的行为本应构成证明妨碍，但因该行为人在法律上应享有某种特权或在司法上被评价为基于利益衡量的考量，而免除其承受不利益法律后果的特别情形。

民事诉讼法具有公法的属性，它要求法院作出的裁判所涉及的事实认定应当建立在查明事实真相的基础之上，由此所产生的便是当事人负有真实提供事实和证据的协力义务。这种协力义务除了源自因当事人提出权利主张及事实主张（包括抗辩主张）而产生的证明责任之外，还来自当事人在诉讼上据情向法院所提出并获得法院准许的请求，以及法院根据证据调查的需要据情向有关当事人提出的要求。

由于文化传统与审判方式的差异，两大法系各国在促成当事人履行这种义务的途径与方式上有显著的不同。英美法系主要是通过证据开示程序（或称证据发现程序）使得当事人之间产生互动，以便调查、收集为对方所掌握的有关的事实与证据，因此，这种义务具有交互性，一旦一方无正当理由拒不承担这种协力义务，另一方当事人主要是采用向法院申请动议的方式，促使法院进行司法审查与干预；而在大陆法系国家，法院是通过特定的证据调查方式对有关当事人调查或收集相关的事实与证据的。因此，双方当事人在公法上所应尽的协力义务针对的是法院的证据调查职权。正如有学者所言，除非另一方当事人能够表明其有实体法上的权利，否则法院无权强迫一方当事人在其表示拒绝的情形下，向另一方当事人提供被要求提供的相关资料。[1]

---

① Non-parties can be sanctioned like a witness who refuses to testify. ZPO [Code Civ. P.] Dec. 5, 2005, BGBl. I at 3202, § § 142(2), 386-90.

尽管两大法系各国在促成当事人履行这种协力义务的途径与方式上有显著不同,但是,这种协力义务并非是绝对的,而是相对的。它的边际在于,这种协力义务的承受,不得以牺牲该义务主体的宪法性权利(即基本人权)、民事权利及其他合法权益为代价。或者说,即使赋予法院在特定情形下享有相应的司法审查及裁判权,也应建立在公正、合理地贯彻利益衡量原则的基础之上。

作为一种诉讼上的权利,任何一方当事人都有权享有因对方当事人自动向其披露或传达有关证据而获得的利益。当然,在特定条件下,这种权利是有限度的,因为从实际生活来看,有时会出现因可以向法院申请强制其披露或者提供有关证据,某一文件证据虽然与某一诉讼事件所涉及的案件事实具有关联性,但是,该文件证据的内容同时含有对证据持有人具有某种特殊利害关系的内容,例如个人隐私、商业秘密以及职业特权所涉及的有关内容等。正如有美国学者所言,只要有关人士在诉讼上主张享有某种特权,美国有关法院就会将其作为特权事项从证据开示程序中将其免除。[①] 在联邦法院审理的案件中,无论联邦法律还是州法律,均能够用于确认某种特权的存在与否以及它的适用范围。适用于联邦的特权规则,很大部分规定在联邦普通法中,随着时间的推移,法院只能审慎地扩张现有的特权规则或者创设新的特权规则。[②] 如果在法律上对此类情形不加甄别,而一律硬性规定将这类证据向对方进行披露或传达作为其诉讼义务,会导致因参与诉讼事件本身就足以损害有关当事人的权益成为一种既成事实,这种立法本身对于弘扬法律的正义观念势必带来负面影响。

对此,无论是在当事人之间相互主动披露、传达有关证据,还是一方当事人向另一方当事人提出披露、传达有关证据的要求,或者一方当事人要求诉讼外第三人披露或出示证据,在这些不同的情形下,有关国家基于不同价值观念的考虑,对当事人的权利设定有一些特别限制。比如,如何看待有关文书中所记载的内容对持有人所设定的保密义务,在个案情形下,可以由法院据情裁量。在审判实务上,即便是处

---

① See Fed. R. Evid. 501. For an overview of available privileges, see Fleming James Jr., Geoffrey C. Hazard, Jr. & John Leubsdorf, *Civil Procedure* § 5.10 (5th ed. 2001).

② See, e. g., *Jaffee v. Redmond*, 518 U. S. 1 (1996) (recognizing psychotherapist-patient privilege).

于相同的情形下，不同的法院或许会作出不同的判定。例如，就文书持有人对文书所记载的内容负有保密义务的文书，在日本，有的法院曾根据当时《日本民事诉讼法》第 272 条、第 281 条第 2 款规定，类推文书持有人不负提出文书的义务①，但在相同的情形下，有的法院则对符合当时《日本民事诉讼法》第 312 条第 1 项的规定时，不免除文书持有人提出文书的义务。② 近年来，随着现代型诉讼案件的与日俱增，重要书证大都会在对方或者第三人手中，使得诉讼无法进行的情形增多。为了处理这类事态，经修订的日本民事诉讼法规定，除公文书以外的书证持有人与证人同样负有书证提交义务，只有当法律规定的具有特定事由的书证才可以作为例外，例如《日本民事诉讼法》第 220 条第 4 款所规定的书证持有人对书证记载内容负有保密义务等情形。③

第二节　各国在立法上或者司法上设定构成证明妨碍例外事由的基本情形

从有关国家的法律规定或司法判例上看，下列情形可作为免于构成证明妨碍的例外事由。

一、有可能使证据持有人受刑事追诉或者导致其名誉受损之虞的证据

（一）产生该拒证权的缘由及各国之例举

在诉讼法意义上，尽管在实施的具体程序上不尽相同，但总体而言，两大法系各国在对有关当事人进行调查或收集证据上，法院均享

① 日本东京高等法院昭和 60 年（1985 年）2 月 21 日判决。转引自〔日〕兼子一、竹下守夫：《民事诉讼法》，白绿铉译，法律出版社 1995 年版，第 127 页。

② 日本名古屋高等法院昭和 52 年（1977 年）2 月 3 日判决。转引自〔日〕兼子一、竹下守夫：《民事诉讼法》，白绿铉译，法律出版社 1995 年版，第 128 页。

③ 参见〔日〕中村英郎：《新民事诉讼法讲义》，陈刚、林剑锋、郭美松译，法律出版社 2001 年版，第 211 页。

有证据调查的职权。由此便产生了当事人相应的证据调查协力义务。但是,基于基本人权的宪法性保障,在民事诉讼活动中,当事人的这种证据调查协力义务,如涉及的事实和证据有可能导致其受到刑事追诉或者名誉受损时,许多国家在法律上明文规定,或者虽然在法律上没有明文规定,但法官在审判上可将此作为特别事由,认定有关当事人为此享有免于提交证据的权利。当然,在程序上,如何使法官相信,有关当事人在履行证据调查协助义务时所担忧的,有可能因此而受到刑事追诉或导致其名誉受损并非空穴来风、子虚乌有,则属于另外可供探究的议题。

受审判方式以及判例法的传统影响,英美法系的证据规则在制约法官自由裁量权上起到重要作用,而特权规则往往使当事人之间在证据开示上成为一方当事人拒绝向另一方当事人出示证据的正当理由,也使法官就此所进行的证据调查受到相应的限制。例如,在英国的民事诉讼中,也涉及当事人在特定情况下所享有的免于自我归罪特权。这些特权在相当程度上都会对当事人享有的要求对方或诉讼外第三人披露或出示证据的权利形成制约。另外,美国的有关法律并未明确设定秘匿特权规则,但在审判实务及学理上,大多认同有关当事人对其自身犯罪等信息享有秘匿特权,可拒绝证据开示。[①]

根据大陆法系的诉讼观念,法院只有查明事实真相并在此基础上才能作出公正的裁判。为此,当事人在公法意义上负有真实陈述的程序性义务。在理论上,当事人的这种程序性义务应当对应和服从于法院的证据调查职权。这种理论与发生在典型的财产关系案件所涉及的辩论主义并不矛盾,而是存在着内在的协调性。根据《德国民事诉讼法》第 138 条的规定,当事人就告知真实负有部分义务,就是应完全地披露所有有关的事实,这一责任将会起到防止一方当事人隐瞒具有相关性事实情形的发生,即使这些事实对其有不利的影响。但是,这一责任是有一定限度的,因为,一方当事人不能因为披露有关事实而导致其受到刑事追究,或者使对方当事人据此不利事实而提出相应的

---

① 参见许士宦:《证据开示制度与秘密保护程序》,台湾大学 1999 年博士论文,第 77 页以下。转引自许士宦:《证据收集与纠纷解决》,台北新学林出版股份有限公司 2005 年版,第 380—381 页。

反诉。[1] 但是,在典型的身份关系案件中实行的是职权探知主义而并非辩论主义,因为此类案件具有更高的伦理价值与证明判断标准,因此,法院在认定案件事实过程中,并不以因源自于当事人的证明责任所出现的证据资料为限,而是以依职权调查证据作为查明事实真相并形成内心确信的重要手段。例如,在德国,应受检查人不当拒绝履行血液检查勘验协助义务时,法院可对其实施直接强制措施,故有关当事人等应负该协力义务,有关法律规定得特别详细。根据这些规定的反面解释,即当不具备这些要件之一时,当事人即可据以拒绝接受检查。但裁判实务上认为,如果接受检查,出现有导致当事人或者第三人受刑事追诉之虞的情形时,不得据以拒绝接受检查。[2]

日本是将文书记载的内容作为《日本民事诉讼法》第196条所规定的拒绝作证权的对象。如果这类文书的提出有可能导致自身或者一定范围内的亲属受到刑事追诉,或者导致其名誉如人的社会地位和价值受到损害,则不负提出义务。根据《日本民事诉讼法》第220条的规定,在下列情形下,文书记载持有人或与持有人有下列关系的人有受到刑事追诉或有罪判决之虞时,持有人可拒绝提供;书证与损害上述人员名誉的事项相关时亦同:(1)作为或者曾经为配偶、四等以内的血亲或三等以内的姻亲;(2)有监护人和被监护人关系……

可见,在两大法系各国的民事诉讼上,在一方当事人对举证人负有证明协力义务的情形下,当遇有有可能使该证据持有人受刑事追诉或者导致其名誉受损之虞的证据时,该方当事人在法律上通常应享有相应的拒证权,只是这种拒证权所涉及的范围有所不同而已。

(二)享有拒证权的主体

通常而言,各国在立法上或司法上就免除当事人的证据调查协力义务仅涉及自然人,这主要是因为,宪法层面所保护的主要包括公民个人(即自然人)的尊严(即人格权)、自由(权)、生命权、生存权等这些与生俱来的人的基本权利。

---

① Harald Koch, Frank Diedrich, *Civil Procedure in Germany*, Kluwer Law International, 1998, p. 29.

② 参见许士宦等:《父子关系诉讼之证明度与血缘鉴定强制——以请求认领子女之诉及否认婚生子女之诉为中心》,载台湾地区"民事诉讼法"研究基金会编:《民事诉讼法之研讨》(九),台北三民书局2000年版,第38—39页。

在日本,近年来,学者间就该免除当事人的这种证据调查协力义务是否涉及法人存在争论。但从有关法律条文来看,立法者并未考虑到法人的情形。持赞同说的学者认为,应当强化对法人的处罚,这是大势所趋,同时也应当承认法人有其自身的名誉。也就是,当法人提出该文书有可能导致法人代表或者理事受到刑事追诉,其名誉有可能受到损害时,也应当对法人内部成员提供类似自然人亲属的保护。持否定说的学者认为,从立法的历史角度来看,该条立法的初衷在于保障自然人的基本人权,而从基本人权的角度分别对自然人和法人设置不同层次的保护。另外,即使认为法人在此情形下负有提出义务,法人也可以选择拒绝提出,以此来忍受《日本民事诉讼法》第 224 条设定的真实拟制的处罚,而这种处罚对于自然人显得更为苛刻,但对法人而言却未必如此。这样一来,将法人直接排除在该除外事由的范围之外,至少可以认为,这项除外事由存在极大的空间可供法院命令法人负担提出义务,如当特定文书作为证据十分重要,且不存在可替代性证据的情形。[①]

在享有拒证权主体的问题上,鉴于其设立该项法律原则的初衷是基于宪法对公民基本人权及人格尊严的保护,至于该项原则是否能够被引申适用于法人这种非自然人的主体,则有待于进一步商榷。

(三)非负证明责任一方当事人的拒证权问题

如果非负证明责任一方当事人因其资讯(事实陈述及证据提出)提出,而可能导致其受刑事追诉处罚的,其是否可据此拒绝提出资讯。对此问题,学者间有大致三种不同见解。第一种观点认为,基于当事人在刑事上享有沉默权的法理,也应承认非负证明责任一方当事人可基于其受刑事追诉危险而拒绝陈述,因其不具有期待可能性。[②] 第二种观点强调资讯义务功能的法理,该观点认为,如果允许非负证明责任一方当事人可依此理由而拒绝说明,则资讯义务制度将被架空。第三种观点则采取的是对上述两种观点的折中方案,这种观点认为,原

---

① 参见〔日〕高桥宏志:《重点讲义民事诉讼法》,张卫平、许可译,法律出版社 2007 年版,第 136 页脚注。

② Baur/Grunsky, Zivilprozessrecht, 8. Aufl., 1994, Rdnr. 43m. w. N. Vgl. auch Peters, ZZP 1969, 223. 转引自姜世明:《举证责任与真实义务》,台北新学林出版股份有限公司 2006 年版,第 155 页。

则上,非负证明责任一方当事人应负事实陈述及证据提出协力义务,但就这一在民事诉讼中就待证事实的陈述或证据,不能在刑事诉讼中被利用。[①] 针对上述三种观点,德国学者 Stürner 认为,在真实义务界限的讨论中,虽然有的学者认为,不能强制当事人陈述使其可能遭受刑事追诉的事实,当事人在这些情形下,可选择沉默以对。但对这样一种见解,除非建立在该当事人虽然保持沉默,却不会遭到不利的推定效果上,否则允许其保持沉默的实益并非显著。根据 Stürner 的观点,诉讼上所追求个人权益的保护优先于在民事程序中的自我揭发的保护,而非负证明责任一方当事人,不可以其自己或其亲属有因资讯提出而受刑事追诉的危险,而据以拒绝陈述。但是,如果待证事实并非直接涉及重要关联事实的,也就是仅涉及为使法院证据评价及心证形成简易化的附随事实确认的,则可考虑作出有利于该解明义务人的有利解释。[②] 可见,从总体上来看,Stürner 在此问题上的观念与上述第二种观点并无二致。

面对上述这一议题,姜世明教授认为,在车祸事件中,被告似乎并无因其可能受刑事追诉,而可豁免其民事诉讼上的真实义务的正当理由,但如果认为其具备使非负证明责任一方当事人负有事实陈述及证据提出协力义务的要件时,似乎亦并无认为其可类推证人拒绝证言权而拒绝提供资讯之理。尤其在涉及重大犯罪如杀人所导致的损害赔偿责任时,如果是该非负证明责任一方当事人在一定条件下应负事实陈述及证据提出协力义务的,并且认为其如果不配合履行,就可发生诉讼上不利效果的观点,则即使容许其在此情形下可选择沉默,或者认为就民事诉讼中的证据及陈述,可认为其在刑事诉讼中可被禁止使用,但这些见解似乎有过于天真之虞。试想,在刑事诉讼程序中,法院的自由心证怎能有不受影响的可能。何况在刑事诉讼中,公诉人如何利用非负证明责任一方当事人的广泛性陈述进行收集证据,又怎能是民事诉讼程序法的法理上能预先加以规制或避免的,因此,是否在此也最好采用利益权衡的空间,似有探讨的价值。应注意的是,就发现

---

① Baumgärtel, a. a. O. ,Rdnr. 320m. w. N. 转引自姜世明:《举证责任与真实义务》,台北新学林出版股份有限公司 2006 年版,第 156 页。

② Stürner,a. a. O. ,S. 191f. 转引自姜世明:《举证责任与真实义务》,台北新学林出版股份有限公司 2006 年版,第 156—157 页。

真实的利益与非负证明责任一方当事人因其资讯提出而可能导致不利益相权衡,如果真实发现的利益优于非负证明责任一方当事人因其资讯提出而可能导致的不利益,则该非负证明责任一方当事人就应受该事实陈述及证据提出协力义务的拘束,如有违反,就依这一事实陈述及证据提出协力义务的法效果论处,例如不利事实的推定。但在真实发现的利益并未优于非负证明责任一方当事人因其资讯提出而可能导致的不利益时,则似应允许该非负证明责任一方当事人享有保持沉默的权利,至于这一沉默所能引起的法效果,则不能与违反当事人事实陈述及证据提出协力义务的法效果强度相同,也就是其应被纳入证据评价的范围。而该非负证明责任一方当事人并不被允许积极说谎,这与真实义务理论中面临利益权衡时的情形类似,也就是,理论上最大容忍程度为"保持沉默",而不及于积极说谎。关于保持沉默及因积极说谎而违反真实义务的情形,其两者的法效果,也可区别对待。二者虽然均属于证据评价范围,但积极说谎所导致的不利法效果,应比消极沉默更大。这样一来,在消极沉默的情形下,法院欲作出不利事实的认定,就需要更多的论证,而不可仅依该"消极沉默",在甚为薄弱论据下进行裁判。但在积极说谎的情形下则有不同,宜作出不同的评价。[①] 可见,姜世明教授的见解既不完全等同于上述第一种观点,也不完全等同于上述第二种观点,而是对上述两种观点的一种特别形态下的折中,但是,这种特别的折中方式与上述第三种观点所表达的简单的折中模式具有显著不同,也就是说,这种特别形态下的折中方式在实体上表现为利益衡量原则,而在程序上则委由法官在个案当中据情衡酌。

在此问题上,笔者认为,民事诉讼主要是涉及当事人的私权利益所引起的纷争,尽管涉及身份关系的案件具有一定的公益性,但也是以当事人的私权利益为核心。在诉讼上,一方当事人根据对方当事人的举证所负有的证明协力义务,并非仅仅用于满足对方的私权利益,更重要的是为了维护诉讼上的司法秩序,为了维护司法的权威性,这是由民事诉讼法的公法属性所决定的。这种公法属性具有国家意志的成分,是法院代表国家对当事人的私权利益加以必要、适度干预的

---

① 参见姜世明:《举证责任与真实义务》,台北新学林出版股份有限公司 2006 年版,第 157 页。

体现。从历史的演进所展现的结构性趋势来看,对民事诉讼的推进实行国家干预主义,是自进入现代社会以来许多国家相继对传统辩论主义加以适当改造与修正的一种历史性成果。在民事诉讼活动中,非负证明责任一方当事人对举证人所负有的证明协力义务具有国家干预的元素,但是,民事诉讼活动毕竟以解决当事人之间的私权利益纠纷为重心,因此,程序法上的公益性只能有助于决定这种国家干预的有限性与适度性。而在何种程度上以及在何种范围内所出现的情事可作为免于构成证明妨碍的例外事由,则正是对这种有限性与适度性的准确表达。作为民事诉讼中非负证明责任的一方当事人(在此以自然人为限),除了在程序法架构下系属于一方当事人之外,还属于宪法意义上的公民。因此,在民事诉讼活动中,为了举证人的利益以及有助于法院发现事实真相的必要性而在诉讼上所承受的证明协力义务,如果可预期的后果将有可能导致其遭受刑事追诉或者导致其名誉受损时,应当在法律上尊重公民享有不得自证其罪这种具有宪法意义的拒证权。这是由当今社会文明法治所广泛采认的司法原则所决定的,也就是说,一个公正的裁判所包含的实体内容只能通过正当程序获取,假如一方当事人履行程序性义务的结果是使其遭受刑事追诉或者导致其名誉受损,就可能导致这种程序本身具有非正义的成分,这种情形即便对于民事诉讼程序也不能例外。这是因为,虽然上述持折中主义观点的学者认为,原则上非负证明责任一方当事人应负事实陈述及证据提出协力义务,但这种在民事诉讼上的陈述或证据不能在刑事诉讼中被利用。这种观点除了在实务上难以操作外,还无助于充分地保障该方当事人的宪法性权利。因此,在此问题上所体现的是,非负证明责任一方当事人在民事诉讼上所应当负有的证明协力义务,与该方当事人作为公民在宪法上所应享有的公民权之间的冲突。在此问题上,不能仅仅沉湎于理论上的推论,而应当求助于在实务上具有可操作性的程序规则。

二、涉及商业秘密或者个人隐私的证据

(一) 有关概念的注解与界定

在此,鉴于在不同的语言文字及其相应译文中的表述所出现的差异,以及在概念性的定义上因欠缺确定性所出现的重叠、交错现象所

致,造成了商业秘密经常被表述为或者被翻译为行业秘密、业务秘密、营业秘密的局面。[①] 例如,在日本,学理上的商业秘密被表述为行业秘密,而这种行业秘密又被理解为包括技术秘密和职业秘密。对此,日本学者高桥宏志教授认为,所谓技术秘密和职业秘密是指,一旦公开将导致该技术所具有的社会价值降低而给后续活动造成困难,或给该职业带来严重的负面影响,导致其职业活动陷入困境。[②] 日本和我国台湾地区均将商业秘密称之为营业秘密,这种提法在于强调商业秘密的流通性。[③]

商业秘密属于一种商业信息。商业秘密包括技术秘密、经营秘密(或称业务秘密、营业秘密)和其他秘密。虽然在理论上和实务上仍存在较大争议,但一般认为,保密信息(confidential information)属于商业秘密。对商业秘密的范围表述,往往取决于各国的文化传统与心理标准,例如,英国习惯使用“保密信息”来表述商业秘密,而许多大陆法系国家则习惯将商业秘密表述为“技术秘密和经营秘密”。关于商业秘密与技术秘密和经营秘密之间的关系,有学者指出,公开的智力劳动成果受专利法、商标法等法律的保护。对于那些不必公开便可以在竞争中取得优势地位的智力劳动成果,包括物化在产品中的技术秘密和未物化在产品中的经营秘密,也需要法律的保护,商业秘密为保护这些智力劳动成果提供了适宜的保护形式。[④]

美国《侵权行为法重述》在注解第757条这样表述:欲对商业秘密进行定义,事实上,这几乎是不可能的事情。[⑤] 通常而言,所谓商业秘密,是指不为公众所知悉、能为权利人带来经济利益,具有实用性并经权利人采取保密措施的技术信息和经营信息。商业秘密主要由非专利技术和经营信息两部分构成,如管理方法、产销策略、客户名单、货源情报等经营信息以及生产配方、工艺流程、技术诀窍、设计图纸等技术信息。《中华人民共和国反不正当竞争法》(以下简称《反不正当竞

---

① 参见张玉瑞:《商业秘密法学》,中国法制出版社1999年版,第34页。

② 参见〔日〕高桥宏志:《重点讲义民事诉讼法》,张卫平、许可译,法律出版社2007年版,第138页。

③ 参见郑璇玉:《商业秘密的法律保护》,中国政法大学出版社2009年版,第69—70页。

④ 参见张玉瑞:《商业秘密法学》,中国法制出版社1999年版,第60页。

⑤ 参见美国《侵权行为法重述》注解第757条。

争法》)第 10 条第 3 款规定:“本条所称的商业秘密,是指不为公众所知悉,能为权利人带来经济利益、具有实用性并经权利人采取保密措施的技术信息和经营信息。”美国《统一商业秘密法》对商业秘密的定义是:商业秘密是指这样的信息,它包括公式、图案、索引、程序、方法和工序。对它的解释是,这些信息具有独立的实际或潜在的经济价值不被普遍所知;无法用适当的方法从其取得经济价值的使用或泄露中查明;在各种情况下保持秘密都是正当的。英国虽未有明文法律规定,但其判例所表达的所谓商业秘密是指,该情报是秘密的、非公开的,一旦公开,拥有者会遭受损失或者竞争者会获得利益。[①]《日本反不正当竞争法》对商业秘密的定义是:商业秘密是指作为秘密进行管理、尚未为公众所周知的生产方法、销售方式及其他经营活动中实用的技术或经营上的情报。

从语言文字的表述上观察,与行业秘密、营业秘密等概念相比较,行业秘密似应比商业秘密更为宽泛,因社会上的行业布局林立,商业属于其中的一种行业;营业秘密似应比商业秘密更为狭窄。在社会法律生活当中,由于受某些公共政策的影响,导致一国有可能在法律上对商业秘密呈现较为宽泛或者较为狭窄的界定。例如,在我国,2010 年 4 月 26 日,国资委发布了《中央企业商业秘密保护暂行规定》(以下简称《规定》),这是我国第一部关于商业秘密保护的部门规章。该《规定》所界定的企业商业秘密,是指不为公众所知悉、能为中央企业带来经济利益、具有实用性并经中央企业采取保密措施的经营信息和技术信息。该《规定》明确,中央企业依法确定本企业商业秘密的保护范围,主要包括:战略规划、管理方法、商业模式、改制上市、并购重组、产权交易、财务信息、投融资决策、产购销策略、资源储备、客户信息、招投标事项等经营信息;设计、程序、产品配方、制作工艺、制作方法、技术诀窍等技术信息。几乎涵盖了企业生产经营过程中各个重要领域与事项。该《规定》还明确,中央企业经营信息和技术信息中属于国家秘密范围的,必须依法按照国家秘密法律、法规进行保护。因国家秘密范围调整,中央企业商业秘密需要变更为国家秘密的,必须依法定程序将其确定为国家秘密。

---

① 参见孙鸥:《商业秘密概述及诉讼保护》,知识产权出版社 2000 年版,第 39 页。

所谓个人隐私是指,公民个人的私生活秘密。从涉及的范围上讲,个人隐私是指有关个人生活上一切不愿为人所知的空间领域。从最初的来源上看,隐私来源于对阴私的表述与理解,即最初的阴私是用来表达涉及人体的秘密以及男女性关系方面的秘密,随着社会的不断发展,人的私生活范围不断扩大,从愈加广义上来理解这种秘密的空间与领域,使得"阴私"一词对这种事物的表达显得乏力,因此,取而代之的是采用"隐私(privacy)"一词,使得阴私成为隐私的一个组成部分。据悉,"privacy"作为一个具有严格法学意义上的概念,不过才出现一百多年时间。[①] 由于隐私是作为一种特殊事物的表述载体,它既可以被理解为是一种信息,还可以被理解为是一种活动(行为方式),同时还可以被理解为是一种空间与领域。个人隐私涉及当事者的某种人格利益。总而言之,所谓个人隐私是纯属当事者个人的私事,它与公正利益、社会群体无关,并且,无论是按照通常的心理状态或者道德水准均不愿他人知悉、不便他人介入的特殊私人独占领域,或者说,一旦为他人所知或者由他人介入,将对当事者产生不利的后果。对此,有种观点认为,隐私有三种表现形态,一是个人信息,为无形的隐私;二是私人活动,为动态的隐私;三是私人空间,为有形的隐私。[②] 另有日本学者指出:"人们不想有他人介入自己的私生活,或将自己的私生活暴露于公众面前。保护这一类'个人独处'(let be alone)利益的法律形式即是'隐私的权利'(right of privacy)。"[③]

(二)英美法系有关商业秘密或个人隐私的保护问题

在英美法上,使某种特定的证人在诉讼上享有拒绝提供证言这一豁免性质特权规则的设置,其历史源远流长。这种法律上的思考以利益衡量原则为基础,即由于这种特权的保护,使得在诉讼上因隐瞒真情所带来的损害要远远小于对诉讼带来的好处。在英美法上,记载隐私及营业秘密等资讯的文书,虽然未必承认其有保密特权,但文书持

---

① 参见张新宝:《隐私权的法律保护》(第2版),群众出版社2004年版,第1页。

② 参见王利明主编:《人格法新论》,吉林人民出版社1994年版,第480页以下。

③ 参见〔日〕望月礼二郎:《英美法》(新版),郭建、王仲涛译,商务印书馆2005年版,第218页。

有人可向法院申请保护令以资保护，关于采用何种方法保护，法院对此享有广泛的裁量权，即可采取禁止开示或以其他各种方法限制开示。例如，就美国而言，为避免开示导致当事人或第三人不快、困惑、受压迫、过度负担或不必要的花费，法院可依申请核发含有下述内容之一种或多种的保护令，也可根据具体情况基于正义需要而核发其他具有妥适内容的命令。其中包括：(1) 禁止开示；(2) 指定开示的时间、地点及附其他条件的开示；(3) 以要求开示人所选用以外的方法开示；(4) 限定开示的范围及对象；(5) 限定开示时在场的人员；(6) 封印的供述录取书非经法院命令不得开示；(7) 秘匿营业秘密、其他研究开发或商业上的资讯，或限定其开示方法；(8) 分别同时提出已封印的特定文书或资讯，根据法院命令开示[《美国联邦民事诉讼规则》第 26 条(c)]。常见的保护方法有，在法官室阅览文书(in camera)，禁止诉讼外的使用、仅向诉讼代理人律师开示而禁止向当事人本人开示、选任中立的鉴定人。即并不当然排除当事人的代理人或者对方代理人在场。[①] 而在英国，在这种情形下，是由受诉法院以外其他法官或第三人先行阅读该文书。[②] 在美国的实务上，大多由当事人就开示的对象、范围、方法及结果的处理方式等达成一致。该合意经法院认可的，享有保护令的效力。违反保护命令的，构成藐视法庭，受拘禁或者科处高额制裁罚金。[③] 据此，即使在证据开示程序上，记载隐私或者营业秘密的文书应当提出，法院就该资讯也采取适当保护措施。该项保护措施根据事案的需要及法官或律师的创意来决定，并且

---

① 参见〔日〕三木浩一：《文書提出命令の申立ておよび審理手續》，载竹下守夫编：《新民事訴訟法》(Ⅱ)(1999 年)，第 79 页；〔日〕伊滕真：《イン・カメラ手續の光と影》，载新堂幸司古稀祝贺：《民事訴訟法理論の新たな構築》(下卷)，有斐阁 2001 年版，第 203 页。转引自许士宦：《证据收集与纠纷解决》，台北新学林出版股份有限公司 2005 年版，第 385 页。

② 参见〔日〕长谷部由起子：《變革中の民事裁判》，东大出版会 1998 年版，第 99 页以下。转引自许士宦：《证据收集与纠纷解决》，台北新学林出版股份有限公司 2005 年版，第 385 页。

③ 参见トーマス・D・ロウ・ジユニア：《アメリカ民事訴訟におけるプライヴァシーおよび營業秘密の保護》(上)、(下)，载《NBL》729 号，第 64 页以下；730 号(2002 年)，第 57 页以下。转引自许士宦：《证据收集与纠纷解决》，台北新学林出版股份有限公司 2005 年版，第 394 页。

就违反命令的情形施加严厉制裁，以确保命令内容的适合性及实效性。[①] 可见，在现代英美法上，传统上的保密特权规则虽然并非适用于文书证据，但是，无论在法律上还是在司法上，均有多种可供选择的方式，用于保障当事人在诉讼上在不影响个人隐私或商业秘密的情形下，就有关文书证据加以合理利用。由于个案的情事繁纷复杂，只能由法官据情作出相应的安排与判定。对此，笔者认为，由于文书证据在民事诉讼活动中被广泛使用，如果在当今社会条件下继续沿用传统上的那种特权规则对这类证据加以适用，除了造成程序上的繁琐以及增加诉讼成本之外，还会造成证据资源的严重枯竭，不利于法院发现真实。因此，现代英美法上就传统意义上的特权规则加以变通适用是一种现实主义风格的体现。

英美法系是以判例法为传统，在判例法上含有大量的以职业特权为内容的保密规则，从而使得有关当事人或证人享有拒证权。自进入现代社会以来，英美法系有关各国在成文法上也有相当的发展，但是，很少采用制定法的形式来对有关涉及商业秘密或者个人隐私的证据开示设定相应的保密特权，除了对何谓商业秘密或者个人隐私的定义和范围碍难加以界定之外，将这一问题交由审理个案的法官据情作出判断，以便通过判例法的形式以更加灵活地解决这一问题，似应作为立法者侧重考虑的基本方略。例如，根据《美国联邦民事诉讼规则》第26条第2款的规定，当事人可以获得除保密特权外任何有关事项的证据开示。这些开示与系属诉讼标的的事项相关，不论它是关系到要求开示方的诉讼请求或抗辩，还是其他任何当事人的诉讼请求或抗辩，包括任何书籍、文件或其他有体物的存在、种类、性质、保管、状态或者所存地方，以及知悉任何开示事项的人的身份和住所。这种保密特权通常体现在律师和委托人之间、夫妻之间、医生和病人之间、神职人员和忏悔者之间。另外，保密特权还在一定程度和范围上适用于会计师与客户之间的业务往来。同时，商业秘密或者其他秘密的研究或开发成果或者商业信息不会被开示，或者只能采用一定的方式予以开示。[②]

---

① 参见许士宦：《证据收集与纠纷解决》，台北新学林出版股份有限公司2005年版，第394—395页。

② Larry L. Teply, Ralph U. Whitten, *Civil Procedure*, Second Edtion, Foundation Press, 2000, p. 736.

只要有关人士在诉讼上主张享有某种特权,美国有关法院就会将其作为特权事项从证据开示程序中将其加以免除。[①] 在美国,即使承认一般大众接近司法的权利作为其宪法增修第1条所规定的言论、出版自由所保障的范围,审判实务上也承认为防止营业秘密等值得保护资讯的开示,得以不公开形式进行审理。[②]

虽然美国有关法律对个人的隐私及商业秘密还未承认其属于保密特权的范畴,但在审判实务及学理上,大多认同对于具有某种信赖关系人之间的交往,例如,律师与其委托人、医师与患者、神职人员与忏悔者、会计师与其委托人等。另外,对于飞机事故调查报告书、记者新闻来源等信息享有保密特权,可拒绝证据开示。[③] 故此在证据开示程序上,证据持有人向法院申请发出保护令时,其究竟有无得以拒绝开示的正当理由,法院将比较衡量证据开示的必要性与保护令申请人(即证据持有人)受保护的程度判断。对于那些不适宜进行证据开示的有关信息资料,即不能作出公正审理的,即使就申请人的证据资料有保护的必要性,法院仍会倾向于将有关事实的解明列为优先的考虑。但是,即使通过比较衡量的结果而认同证据开示,法院也会通常采取适当措施,使得因证据开示所遭受的不利益减少到尽可能低的程度。[④] 对于是否进行上述证据开示,均须法院根据个案的不同情形在

---

① See Fed. R. Evid. 501. For an overview of available privileges, see Fleming James Jr., Geoffrey C. Hazard, Jr. & John Leubsdorf, *Civil Procedure* § 5.10 (5th ed. 2001).

② 参见〔日〕松井茂记:《アメリカにおける裁判の公開と裁判記録の公開》,载《阪大法學》43卷2、3号下卷(1993年),第285页;トーマス・D・ロウ・ジユニア:《アメリカ民事訴訟におけるプライヴァシーおよび營業秘密の保護》(上)、(下),载《NBL》730号,第61页。转引自许士宦:《证据收集与纠纷解决》,台北新学林出版股份有限公司2005年版,第410页。

③ 参见许士宦:《证据开示制度与秘密保护程序》,台湾大学1999年博士论文,第77页以下。转引自许士宦:《证据收集与纠纷解决》,台北新学林出版股份有限公司2005年版,第380—381页。

④ 参见许士宦:《证据开示制度与秘密保护程序》,台湾大学1999年博士论文,第79页以下;トーマス・D・ロウ・ジユニア:《アメリカ民事訴訟におけるプライヴァシーおよび營業秘密の保護》(上),载《NBL》729号(2002年),第60页。转引自许士宦:《证据收集与纠纷解决》,台北新学林出版股份有限公司2005年版,第381页。

进行利益衡量的基础上作出相应判断。[①] 在美国联邦法院所审理的案件中,无论联邦法律还是从法律中能够用于确认某种特权的存在与否以及它的适用范围。适用于联邦的特权规则,其中很大部分规定在联邦普通法当中,随着时间的推移,法院只能审慎地扩张现有的特权规则或者创设新的特权规则。[②] 例如,美国 1979 年的《统一营业秘密法》第 5 条规定,依本法进行的诉讼,法院应采取合理的手段,保护系争诉讼中的营业秘密。该合理手段包括在证据开示程序上发出保护令,实施非公开审理、封印诉讼记录及命令诉讼关系人除非事先征得法院准许,否则不得泄露系争营业秘密。

另外,在英国的民事诉讼中,涉及诸如律师和委托人、医生与患者、神职人员与忏悔者、夫妻、会计师与委托人之间的保密特权。这些特权在相当程度上都会对当事人享有的要求对方或诉讼外第三人披露或出示证据的权利形成制约。

(三) 大陆法系有关商业秘密或个人隐私的保护问题

1. 德国法的基本情形

相较而言,德国民事诉讼法典确认的特权规则比美国联邦法律和州法律显得更多以及更为广泛。[③] 拒绝泄露秘密特权规则[④]经常在商事诉讼案件中被当事人所援引。特权规则的适用范围是广泛的:如果有关证人对不予开示存在明显和直接的利害关系,某一交易行为所涉及的全部技术和商业内容,只要不属于公共信息就应受到保护。[⑤] 但是,只有当事人以外的主体,才允许主张适用特权规则。如果一方当事人拒绝服从法院所提出要求其开示有关证据的命令时,除非在法院

---

① 参见许士宧:《证据收集与纠纷解决》,台北新学林出版股份有限公司 2005 年版,第 381 页。

② See, e. g., *Jaffee v. Redmond*, 518 U. S. 1 (1996) (recognizing psychotherapist-patient privilege).

③ ZPO [Code Civ. P.] Dec. 5, 2005, BGBl. I at 3202, § § 383-84. An overview is provided in Rosenberg et al., supra note 3, § 119. V. 3.

④ ZPO [Code Civ. P.] Dec. 5, 2005, BGBl. I at 3202, § § 383(1) no. 6 (regarding third party secrets) and 384 no. 3 (regarding one's own secrets).

⑤ See Jürgen Damrau, ZPO § 384, in Münchener Kommentar zur Zivilprozessordnung, annot. 14, supra note 27.

看来，保护该方当事人的秘密明显大于对方当事人的权利才能更有效地实现社会的公平与正义，否则法院将从这一拒绝履行的行为当中作出相反的事实推论。通常而言，在这种情形下，一方当事人必须表明开示有关信息将会侵犯其基本的宪法性权利。[①] 可见，在德国法上，基于法院证据调查上的需要，当举证人向法院提出申请，要求非负证明责任一方当事人开示为其持有的相关证据时，在法院认为举证人的申请显有理由时，就可向该非负证明责任一方当事人发出相关命令，使其承担证明协力义务。如果该非负证明责任一方当事人主张，因开示证据所涉及的商业秘密等将损及其宪法性权利，或者明显不利于在利益衡量条件下所作出的判断时，对非负证明责任一方当事人提出相关的理由及证据，由法院作出相关的评判。

公开审理原则作为近代西方国家反对封建司法专制的一项重要历史性成果，是现代司法文明的重要标志。但是，现代工业发展的成果在成就当今司法文明的同时，又为其提出了历史性的挑战，这便是涉及公开审理原则对商业秘密保护的妥协问题。例如，在德国，虽然认为公开原则属于民主主义的当然结果，并作为法治国家思想的本质上的构成要素，但《德国法院组织法》第 172 条第 2 项规定，诉讼关系人或者证人的重要营业上、生产上、发明上的秘密成为审理对象，公开审理有侵害其特别值得保护利益之虞时，法院可排除一部分或者全部审理的公开性[②]，并且在审判实务上，通常为了有利于商业秘密的保护

---

① Trade secrets are protected by the right to property, Article 14(1), and the right to data privacy, Article 2(1) of the German Constitution. Grundgesetz [GG] [Basic Law] 23 May, 1949, BGBl. at 1, § § 14(1) and 2(1). Cf. Gerhard Wagner, Datenschutz im Zivilprozess, 108 Zeitschrift für Zivilprozess [ZZP] 193, 197 (1995). The limits of these protections are somewhat hazy, but a party will have a harder time convincing the court of the need for secrecy than a non-party.

Jan W. Bolt, Joseph K. Wheatley, Private Rules for International Discovery in U. S. District Court: The U. S. -German Example, *UCLA Journal of International Law and Foreign Affairs*, Spring 2006, pp. 9-10.

② 参见〔日〕小桥馨：《営業秘密の保護と裁判公開の原則》，载《ジユリスト》962 号(1990 年)，第 40 页；〔日〕栗田陆雄：《非訟事件における手續保障》，载石川明古稀祝贺：《現代社會における民事手續法の展開》(上)，商事法务 2002 年版，第 58 页。转引自许士宦：《证据收集与纠纷解决》，台北新学林出版股份有限公司 2005 年版，第 410 页。

而排除一般性公开。[1] 德国根据《欧洲共同体专利条约》第75条第2项而修正的《德国专利法》第139条第3项后段规定,在有关专利权侵害的诉讼中,被告为证明未侵害专利而被迫强制开示自己独特的制造方法时,应顾虑被告有关制造及商业秘密的正当利益。关于被告的秘密利益保护,是指当原告不在场的法庭开示,或者原告方仅负守秘义务(默示义务)的律师、专利律师在场的法庭开示,或对鉴定人开示。[2] 商业秘密的公开,在民事诉讼中有必要作一定的保护,否则对于事实陈述及证据提出协力义务人可能造成营业上的重大损失,并且易成为企业不当竞争的手段。为防免第三人不当利用该商业秘密,可以采用不公开庭审的方式进行,但对于来自当事人的不当利用该商业秘密,则属于诉讼法上的理论难题。对此,德国学者Stürner认为,如果该商业秘密并无被滥用的危险,例如过期的价格等,应当加以说明。另外,如果该事实陈述及证据提出协力义务人的侵权已被确认的,则对于相关商业秘密也有公开义务。而在其他情形下,是否可视危险负担人是否同意在秘密程序下进行,而据此避免其程序有违合法庭审原则之虞。[3] 但这一见解仍未解决当事人如果执意不同意秘密程序时,是否仍应命令该非负证明责任一方当事人开示其商业秘密的问题。这时,可能仍应借助于对应负证明责任人所提出的"根据"进行审查,在具有可信性的前提下,如果能排除滥诉及恶意窥探商业秘密的情形,则似仍应要求该非负证明责任一方当事人公开其营业秘密。有的学者认为,如果涉及公司营业秘密或第三人负有沉默义务的,仍可能成为秘密揭露的界限。[4] 在现代社会条件下,商业秘密是一种现代意义上的社会生产力,在当事人之间所面临的司法利益上,尽管法院基于发现真实的需

---

① 参见〔日〕出口雅久:《民事訴訟における秘密保護手續》,载《立命館法學》249号(1996年),第317页以下。转引自许士宦:《证据收集与纠纷解决》,台北新学林出版股份有限公司2005年版,第410页。

② 参见〔日〕田边诚:《民事诉讼における企业秘密》(下),载《判例タイムズ》777号(1992年),第336页。转引自许士宦:《证据收集与纠纷解决》,台北新学林出版股份有限公司2005年版,第396页。

③ Vgl. Baumgärtel, a. a. O., Rdnr. 233. 转引自姜世明:《举证责任与真实义务》,台北新学林出版股份有限公司2006年版,第160页。

④ Musielak/Stadler, ZPO, § 138, Rdnr. 11. 转引自姜世明:《举证责任与真实义务》,台北新学林出版股份有限公司2006年版,第160页。

要而使非负证明责任一方当事人负有提供证据的协力义务,但这绝非能够作为法院拒绝考虑因这种商业秘密所涉及合法权益保护的正当理由。

在现代司法程序上,有关证据资料及其他信息资料的公开,对于法院查明事实真相的意义不言而喻,但是,作为工业化及社会化智力成果的商业秘密在现代社会条件下无处不在,对审判公开原则构成严重的威胁。为此,如果从严格意义上按照传统做法为其设定相应的特权规则,使得法院为此所进行的证据调查被拒之门外,将使人们对社会正义的期待变得更加遥遥无期。并且,加之人们往往对商业秘密的定义及范围难以贴上确定性的标签,因此,如何在司法领域通过能动司法弥补这种制定法上的缺陷,便成为一项重要的实务性议题。商业秘密的保护在情况报告请求权、真实义务、证据保全以及非负证明责任一方当事人的事实陈述及证据提出协力义务等制度中,均属于一项重要的课题。究竟是否应承认非负证明责任一方当事人就其陈述可能损害其商业秘密的情况下,可被准许拒绝其陈述,或者可考虑采用由第三公证人进行这一事证开示提出程序,借以解决商业秘密外泄的疑虑,在学理上存有不同的观点。[①] 德国联邦最高法院对是否可借由中立第三人进行证据开示程序,是以合法听审权的保障及自由心证主义的理由而持保留的见解。[②] 可见,程序正义的观念始终左右着德国法院的思维定式。

如果非负证明责任的一方当事人事实陈述及证据提出协力义务的内容将导致其名誉权或其人格权遭受侵害的,该义务人可否拒绝陈述。在证人拒绝证言权规定中有所顾及,但对于当事人就自身的诉讼,是否也应有所考虑。而这时要求非负证明责任一方当事人仍负事实陈述及证据提出协力义务,是否仍具有期待的可能性。对此,在理论上或有不同的见解。德国学者 Stürner 认为,在原则上不能以侵害人格权作为限制当事人事实陈述及证据提出协力义务的理由,在这“不可侵犯的内在生活领域”(unantastbaren inneren Lebensbereich),尤其涉及精神及心理的开展,应认为可将此列为非负证明责任一方当事

① Vgl. Baumgärtel, a. a. O. ,Rdnr. 326. 转引自姜世明:《举证责任与真实义务》,台北新学林出版股份有限公司 2006 年版,第 160 页。

② BGH NJW 1992, 1817, 1819. 转引自姜世明:《举证责任与真实义务》,台北新学林出版股份有限公司 2006 年版,第 160 页。

人事实陈述及证据提出协力义务的界限。[1] 而如果是外在隐私领域，例如财产关系或一般性的健康情形，则不构成事实陈述及证据提出协力义务的限制。但是，假如涉及个人精神或身体重大残疾，是否仍可强令公开资讯或病历，则存在争议。[2] 就银行或公证人关于财产关系的知悉，是否可视为隐私生活关系的外围，也存在不同的见解。[3] 在此，也面临对于人格权、个人声誉的保护及个案上真实发现的利益权衡，一般而言，个人人格权除非在具有公益优越性时，能容许对个人涉及人格权的事实向公众披露，但在诉讼中，因诉讼程序具有公开性，对于这些涉及人格权及声誉的事实，是否应优先于诉讼权利主张的个人利益的保护，还存在争议。[4] 对此，笔者认为，从原则上讲，商业秘密涉及自然人或法人的财产利益，在法律上属于财产权利的保护范畴；而公民的个人隐私则涉及人的声誉、心灵及精神世界，是一种人格上的利益，在法律上属于一种人格权的保护范畴。但是，在法律上，如何界定商业秘密或者个人隐私的保护范围，难以具有确定性，不仅在不同的国家或者社会条件下具有不同的判断标准，即使在同一国家的同一相同历史阶段下，也可能存在不同的认识与观念。如果从较为严谨、狭窄的角度加以界定，就有可能不利于对有关商业秘密、个人隐私的全面保护，反之，可能触犯相对人的其他合法权益。因此，较为妥当的方案是，在与此相关的成文法中尽可能作出原则性、概括性或者列举性的规定，而在个案当中，则委由法院按照成文法原则加以具体界定，并结合利益衡量原则作出法律上的评判，以便形成判例法的渊源。最后，由学者对成文法的原则性规定与判例法上的观点进行探讨、剖析、争辩，得出结论性的意见，以供立法者与司法者以参考。

---

① Stürner, a. a. O., S. 207. Vgl. Baumgärtel, a. a. O., Rdnr. 325m. w. N. 转引自姜世明：《举证责任与真实义务》，台北新学林出版股份有限公司 2006 年版，第 158—159 页。

② Vgl. Stürner, a. a. O., S. 369. 转引自姜世明：《举证责任与真实义务》，台北新学林出版股份有限公司 2006 年版，第 159 页脚注。

③ Stürner, a. a. O., S. 205. 转引自姜世明：《举证责任与真实义务》，台北新学林出版股份有限公司 2006 年版，第 159 页脚注。

④ 参见姜世明：《举证责任与真实义务》，台北新学林出版股份有限公司 2006 年版，第 159 页。

2．法国法的基本情形

针对法国的民事诉讼，有学者指出，"只要存在合法的理由，当事人可不必提交书证，这些合法的理由包括书证内容有不宜公开之处，通常包括律师与其客户之间的通信以及其他涉及职业特权的文件。"[①]可见，在法国，职业特权规则适用于文书证据的开示。在实务上，经常出现这样一些情形，诉讼当事人持有某一与诉讼有关的文书而不愿将其提出，但是，对于对方当事人而言，如果这一文书被披露则可以产生重大后果。当事人之所以采取这种态度，大多基于这样一些考虑：家庭秘密、商业秘密、文件具有严格的个人私密性质，或者该文书并非与案件有直接关系。[②] 对此，新《法国民事诉讼法》第 11 条第 2 款规定，如果一方当事人持有某些证据材料，法官应对方当事人请求，令其提交，凡不予提交的，必要时可课予逾期罚款。也就是说，在法院向一方当事人发出文书提交命令时，该方当事人可以该文书涉及商业秘密或者个人隐私作为正当理由，以便法院对此情形进行审酌。

3．日本法的基本情形

日本旧的民事诉讼法所规定的当事人收集证据的权利是非常有限的。作为讼争的一方当事人，不得强迫对方当事人或者第三人提交为他们所控制的文书证据，除非法律专门就此授权。这种局限性在原告与被告之间出现证据偏在的案件中（in cases where the evidence was not distributed evenly between the plaintiff and the defendant），例如医疗过错案件、产品质量案件、环境污染案件等，被认为属于无法容忍的问题。许多学者和律师呼吁应当扩充当事人收集证据的权限。[③] 在这个问题上，美国对日本所产生的影响具有双刃性（double-edged）。那些支持扩充当事人收集证据权利的学者和律师，对于开示程序当中平衡当事人的这种权利的做法表示赞赏；那些反对扩充当事人收集证据权

---

① Andrew West, Yvon Desdevises, Alain Fenet, Dominique Gaurier, Marie-Llet Heussaff, Bruno Lévy, *The French Legal System*, Reed Elsevier (UK) Ltd 1998, pp. 294-295.

② 参见〔法〕让·文森、塞尔日·金沙尔：《法国民事诉讼法要义》（下），罗结珍译，中国法制出版社 2001 年版，第 918 页。

③ Shozo Ota, Japanese Law Symposium: Reform of Civil Procedure in Japan, 49 *Am. J. Comp. L.* 570-71 (Fall, 2001).

利的学者和律师认为,证据开示程序具有缺陷性并对其加以抨击。[①]《日本民事诉讼法》第220条规定,文书记载涉及技术上或职业上的秘密事项且未免除保密义务时,作为文书持有人不得拒绝提出书证除外事由。该类除外事由所涉及的文书内容属于《日本民事诉讼法》第197条第1款第2项和第3项所规定的拒绝作证权的对象范围。第2项所指文书涉及的是医生、律师等因工作关系而较多地涉及他人秘密的行业,这类文书因涉及他人的秘密,且文书内容表明,其保密义务并未征得他人的免除。例如,医生的诊疗记录即病历就属于这一范畴,当患者本人作为原告时,医生的保密义务视为已被免除。当文书记载了律师从委托人处获知的秘密时,该文书也成为除外文书。第3项所指文书系载明技术秘密和职业秘密的文书。英美法国家对律师和委托人之间的通信秘密提供保护,律师与委托人之间的双向信息交换均享有保密特权。对此,有日本学者认为,从保障委托人能够毫无顾忌地与律师交换信息的角度来看,这与《日本民事诉讼法》第197条第1款第2项是相同的。但日本法上的拒绝作证权在文义上仅限于律师所持文书,并不涉及委托人从律师处获得的文书。如果委托人从律师处获得的文书涉及技术秘密、职业秘密和个人隐私的,理应予以保护。另外,只要这些文书涉及律师在执业过程中获悉的委托人的秘密,就构成除外事由,在这种情形下,也应当否定其提出义务。有学者认为,作为委托人的文书持有人可以律师的缄默义务为由主张不存在文书提出义务,《日本民事诉讼法》第220条第4款原本只是从记载内容的角度作出了规定,并未将其限定为律师作为文书持有人的情形。作为对现行法上的解释,该说否定了提出义务,应当予以赞同。[②] 由此观察,可以认为,在日本,当文书提出义务成为诉讼上的焦点问题时,文书持有人可以该文书涉及商业秘密或个人隐私为由向法院申请要求免除该文书提出协力义务。文书持有人所享有的这种拒证权源自对法律上职业特权上的一种变通使用。

日本学者山本和彦教授认为,对于职业秘密,并不是只要符合秘

---

① Shozo Ota, Japanese Law Symposium: Reform of Civil Procedure in Japan, 49 *Am. J. Comp. L.* 571(Fall, 2001).

② 参见〔日〕伊藤真:《自己使用文書としての訴訟等準備文書と文書提出義務》,佐夕木·追悼,第415、426页。转引自〔日〕高桥宏志:《重点讲义民事诉讼法》,张卫平、许可译,法律出版社2007年版,第138页脚注。

密这一条件就将被列为除外事由,必须符合该秘密一旦公开就会对该职业造成严重影响,对今后的业务执行带来困难这一条件,同时,还需要与证据的重要性及诉讼的重要性等条件进行比较,确定其是否属于相对值得保护的秘密。[①] 日本学者新堂幸司教授指出,日本有关判例认为,对属于技术及职业上秘密的事项适用于证言拒绝权的规定,类推适用文书提出义务,但是,并非所有技术及职业上的秘密均应被认可享有拒绝权,仅有值得保护的秘密才可以成为拒绝的对象。至于该事项是否值得保护,应当在因公开该秘密导致秘密保持者遭受的不利益,与因拒绝而使具体诉讼在发现真实与裁判公正上遭受的负面效果这两者之间进行权衡,并在此基础上作出相应的判断。[②] 根据日本仙台地方法院于1993年3月12日作出的判决[③],尽管原告申请的文书载明有被告(即原子炉设施人)与诉讼外的原子炉制造人之间负有保密义务的事项,但亦系被告为获得设备认可而向日本通商产业大臣曾提出过的文书,因此在涉及核发电机是否安全成为争点的诉讼中,公开该文书的记载内容是符合发现真实要求的。并且,在另外一起第三人以核能发电机安全性为由提起的请求停止建设诉讼中,因表明自己计划事业的安全性而获得建造许可证的企业(即被告),以企业秘密为由拒绝提上述资料,对此,日本仙台高等法院于1993年5月12日所作出的判决[④]中认为,这种拒绝行为有违公平原则及诚实信用原则,因此是不合理的,尽管企业方负有保密义务,但不能拒绝提该文书的命令。在当今科学技术水平突飞猛进以及各种资讯日益发达的社会条件下,以文书作为载体包含商业秘密或者个人隐私的情形似乎无处不在,加之文书持有人为了维护其权益的需要,更为倾向从较为宽泛的

---

① 参见日本最决平成12年(2000年)·3·10民集54卷3号,第1073页;日本最决平成19年(2007年)·12·11民集61卷9号,第3364页;日本最决平成20年(2008年)·11·25民集62卷10号等。转引自〔日〕三本和彦:《日本民事诉讼法中的证据制度》,载2009年9月21—22日"中日民事诉讼法的制度与理论比较"国际研讨会资料汇编,第32—33页。

② 参见〔日〕新堂幸司:《新民事诉讼法》,林剑锋译,法律出版社2008年版,第419页。

③ 该判决载日本《判例时代》第18号,第70页。转引自〔日〕新堂幸司:《新民事诉讼法》,林剑锋译,法律出版社2008年版,第418—419页。

④ 该判决载日本《判例时代》第1460号,第38页。转引自〔日〕新堂幸司:《新民事诉讼法》,林剑锋译,法律出版社2008年版,第419页。

角度向法院提出这种主张,为此需要法院对此情形采取适当的方式加以审查、斟酌。为了有利于发现真实的需要,在个案当中,法院是否肯认文书持有人所主张的拒证权应取决于多种因素,其中包括该文书证据在认定案件事实上所具有的分量、该文书证据的可替代性以及如果承认这种拒证权对公正裁判涉及的社会效果将产生何种负面影响等,显然,日本的有关司法判例深受利益衡量原则的影响。

4. 我国台湾地区法的基本情形

我国台湾地区修订前的"民事诉讼法"在有关设定当事人所负文书提出义务范围的大小时,曾考虑到营业秘密的保护问题。例如,有关商业账簿的提出,其性质上大多涉及营业秘密事项的记载,尽管如此,现行台湾地区"民事诉讼法"将对方当事人持有的情形设定为一般提出义务的对象,其原因在于,原则上商业账簿的记载井然有序,大都为真实的记载,且其持有人负有保存义务,其证据价值高,可被期待在诉讼上广为利用,以有利于司法上真实的迅速发现,并维持双方当事人之间武器平等原则及裁判上的公正。因此,新修订的"民事诉讼法"为发现真实,促进诉讼及维持当事人之间的公平,扩大了文书提出义务的范围,将其明确界定为一般义务,从而决定了当事人就商业账簿负有提出的义务。[①] 对此,有一种观点认为,台湾地区新修订的"民事诉讼法"既然已将文书提出义务扩大为一般义务,为免于因此导致应予秘匿的资讯受到不当侵害,就应当将拒绝提出的理由更加具体化,并使隐私或业务秘密的保护与正当理由的判断产生相互的关联性。虽然该法仅就一般义务的文书规定其提出拒绝权,但就其他例示的文书而言,仍应视实际情况才能够加以判断。总之,从立法政策上来加以衡量,符合例示的文书,即使命令其负有提出义务,也不至于构成特别危害;至于与诉讼有关的文书,因已扩大至如同证人的一般义务,因此应当特别顾虑其拒绝提出正当理由的具体化。[②]

我国台湾地区"民事诉讼法"修正草案第二稿扩大了文书提出义

① 参见许士宦:《证据收集与纠纷解决》,台北新学林出版股份有限公司2005年版,第372—373页。

② 参见邱联恭教授在台湾地区"司法院""民事诉讼法"研究修正委员会第640次会议上的发言,载台湾地区"司法院"编:《"司法院""民事诉讼法"研究修正资料汇编》(十五)(1999年),第373、375、379页。转引自许士宦:《证据收集与纠纷解决》,台北新学林出版股份有限公司2005年版,第374页。

务的范围，特别是考虑到文书上所载明的当事人业务秘密或隐私的保障，于是增订第 344 条第 2 项，规定前项第 5 款的文书内容，涉及当事人的隐私或者业务秘密，如予以公开的，有导致该当事人受重大损害之虑的，当事人可拒绝提出。[①] 这些规定将当事人可拒绝提出文书的正当理由（台湾地区“民事诉讼法”第 345 条、第 349 条）更加具体化，使隐私或者营业秘密的保护与正当理由的判断发生联系。因为，所谓正当理由实际上是一种不确定的法律概念，应当以数个间接事实群为基础才能衡酌是否属于正当理由[②]，在扩大文书提出义务使其接近证人的一般义务的同时，也将可拒绝提出的正当理由更加具体化，借以明确认定当事人享有文书提出拒绝权。台湾地区新修订的“民事诉讼法”已将当事人拒绝提出文书的正当理由更加具体化，该法第 344 条第 2 项明确规定，文书内容涉及当事人的隐私或者业务秘密，如果予以公开，有导致该当事人受有重大损失之虞的，当事人得拒绝提出该文书。但该法同时又规定，法院为判断其有无拒绝提出的正当理由，在必要时，得命其提出，并以不公开的方式进行。即赋予当事人文书提出拒绝权，以便保护这些秘密。

台湾地区于 1996 年制定的“营业秘密法”第 14 条第 2 项规定，当事人提出的攻击或者防御方法涉及营业秘密，经当事人申请，法院认为适当的，可不公开审判或限制阅览诉讼资料。[③] 该项规定未必是针对文书提出命令所作规定，但从立法沿革及规范旨趣来看，应理解为包含对于文书提出命令所提出文书内容涉及营业秘密的情形。[④] 另外，台湾地区“专利法”第 87 条第 1、2 项规定，制造方法专利所制成的物品在该制造方法申请前为国内未见的，他人制造相同的物品，推定

---

① 参见台湾地区“民事诉讼法”修正草案第二稿第 344 条及第 348 条条文及说明。

② 参见许士宧等：《父子关系诉讼之证明度与血缘鉴定强制——以请求认领子女之诉及否认婚生子女之诉为中心》，载台湾地区“民事诉讼法”研究基金会编：《民事诉讼法之研讨》（九），台北三民书局 2000 年版，第 54—55 页。

③ 参见台湾地区“立法院”：《“立法院”第二届第六会期第十四次会议议案关系文书》，第 48 页。转引自许士宧：《证据收集与纠纷解决》，台北新学林出版股份有限公司 2005 年版，第 395 页。

④ 参见许士宧：《证据收集与纠纷解决》，台北新学林出版股份有限公司 2005 年版，第 395 页。

为以该专利方法所制造。前项推定可提出反证加以推翻。被告证明其制造相同物品的方法与专利方法不同的,为已提出反证。被告举证所揭示制造及营业秘密的合法权益,应予以充分保障。至于如何充分保障为反证所提出的该制造及营业秘密利益,该法未作明确规定。在此,也可理解为由法院据情决定采用相应的适当方式,也就是说,在此情形下,可考虑限制公开有关证据的方式,如仅限于在代理律师之间的公开等,以能够实现充分保障举证人有关合法权益的目标为最终限度。

我国台湾地区修订后的“民事诉讼法”经过对当事人的文书提出义务加以调整和完善,实际上已接近,甚至达到具有一般化义务的水准,在这种情形下,为了相应保障文书持有人的权益,有利于在不同情形下平衡有关文书在其持有人与相对人之间所产生的各种利害关系的需要,在立法上和司法上为文书持有人设置适当的、可用于拒绝提出的正当理由是十分必要的。基于何谓正当理由在文义上的表述具有某种不确定性,除了在法律上可采取原则性或者列举式规定外,在个案当中还不得不依赖法院据情作出判定。台湾地区“民事诉讼法”第 344 条第 2 项明确规定,文书内容涉及当事人的隐私或者业务秘密,如果予以公开,有导致该当事人受有重大损失之虞的,可作为文书持有人享有拒绝提交权的正当理由。至于这种隐私或者业务秘密在公开之后是否有导致该当事人受有重大损失之虞的情形,只能交由法官据情作出判断。在这种情形下,因当事人的个人隐私或者业务秘密予以公开以及有可能产生的预期后果,是以例举式的方式构成文书提出义务人享有拒证权的正当理由的。

三、涉及公务员职务上特定秘密的证据或者公共机构掌握的特定证据

在诉讼上,因一方当事人根据法律规定或者个案情形,认为对方当事人所持有的证据对查明事实真相具有证明价值,而要求对方提出该证据或者经法院批准令其提出该证据的,或者法院根据证据调查的需要要求该方当事人提出该证据的,如果该方当事人以有关证据内容涉及其公务上的秘密,如果泄露将导致公共利益受到损害或者给执行公务带来显著障碍时,对于这种情形,许多国家或地区大都在法律上或者司法上赋予该方当事人享有相应的拒证权,以免因个案当事人之

间的私权纠纷所涉及的查明事实真相以损害公共利益为代价，或者给有关当事人执行公务带来不利影响。

1938 年，《美国联邦民事诉讼规则》使证据开示程序（或称证据发现程序）发生了巨大的变化。这些规则的基本哲理是，用于确保在审前使得当事人获得为任何人所据有的与案件有关的所有信息，除非有关信息受到特权规则的保护。[①] 根据《美国联邦民事诉讼规则》第 26 条第 2 款的规定，当事人可以获得除保密特权外任何有关事项的证据披露。这些披露与系属诉讼标的的事项相关，不论它是否关系到请求披露方的诉讼请求或抗辩，还是其他任何当事人的诉讼请求或抗辩，包括任何书籍、文件或其他有体物的存在、种类、性质、保管、状态或者所存地方，以及知悉任何披露事项的人的身份和住所。这种保密特权在一定程度和范围上适用于与公职身份和行为有关的工作事项上。就此，有学者认为，美国的有关法律并未明确设定秘匿特权规则，但在审判实务及学理上大多认同对于政府机关的公务等信息享有秘匿特权，可拒绝证据开示。[②] 也就是，在实践中存在着事实上的特权规则。

根据《英国民事诉讼规则》规定，有关主体均可以披露书证，将损害公共利益为由申请法院允许其禁止对某一书证进行披露，并且，有关申请无须向他方当事人送达通知（第 31.19 条）。因查阅特定书证与案件所涉及的问题不相称时，则禁止查阅有关书证（第 31.3 条第 2 款）。

法国法并不像英国法那样认可公共机构在提供文件证据时享有公共利益的豁免权。[③] 当第三人为公共机构时，该公共机构也应当服从法院的命令提供由其掌握的文件证据，但是，该公共机构可以尊重个人隐私（除非这种披露对保护另外人的权利或权益是必需的）或者

---

① Larry L. Teply, Ralph U. Whitten, *Civil Procedure*, Second Edtion, Foundation Press, 2000, p. 736.

② 参见许士宦：《证据开示制度与秘密保护程序》，台湾大学 1999 年博士论文，第 77 页以下。转引自许士宦：《证据收集与纠纷解决》，台北新学林出版股份有限公司 2005 年版，第 380—381 页。

③ John Bell, Sophie Boyron, Simon Whittaker, *Principles of French Law*, Oxford University Press, 1998, p. 96.

职业特权为由对这一命令提出异议。[①] 至于这种异议是否能够成立，则应由法院据情作出判定。

《日本民事诉讼法》第220条规定，提出涉及公务员职务秘密的文书有损害公共利益、对执行公务有显著障碍之虞时，以及文书记载公务员或者曾为公务员有关其职务上的秘密时，作为文书持有人不得拒绝提出书证的除外事由。其中前项，即当文书涉及公务员职务上的秘密，提出该文书有可能导致公共利益受到损害，或者给执行公务带来显著障碍，这种情形系2001年新增的条款[②]，它表明，在当事人的命令申请涉及公务文书时，法院应就该文书是否具有上述除外事由，听取公务员监督机关的意见。根据《日本民事诉讼法》第223条第3款，如该机关认为存在除外事由而应当说明理由。另外，如监督机关以该文书的提出有损害国家安全之虞，或者对维护其他公共安全或秩序如预防犯罪和搜查带来障碍为由，认为存在除外事由时，根据《日本民事诉讼法》第223条第4款的规定，只有在法院认为该意见不具备充分理由时才可发布提出命令。对此，有学者认为，这些事项均关涉重大的公共利益，故应尊重监督机关的意见，而对法院的判断权作出相应的限制。也就是说，命令申请所涉文书是否关系重大公共利益的初次判断权归于监督机关，而法院只能享有对监督机关的判断是否妥当的第二次判断权，而且，只有在法院认为监督机关的意见不具备充分理由时，才能否定监督机关的意见并发布提出命令。尽管只是第二次的判断权，但这也比对公务员的证人询问制度毕竟向前推进了一步，因为文书提出命令与证人询问不同，法院可以通过非公开审理程序对公务秘密加以保护。[③]

新修订的台湾地区“民事诉讼法”为扩充当事人收集证据的手段，保护其平等接近证据的权利，并据以促进诉讼、充实审理内容，达到审理集中化的目的，以扩大其中包括公文书在内的各类文书提出义务的

---

① John Bell, Sophie Boyron, Simon Whittaker, *Principles of French Law*, Oxford University Press, 1998, p. 95.

② 参见〔日〕深山卓也ほか:《新民事訴訟法の一部を改正する法律の概要》，载《NBL》719号(2001)，第8页。转引自〔日〕高桥宏志:《重点讲义民事诉讼法》，张卫平、许可译，法律出版社2007年版，第136页。

③ 参见〔日〕高桥宏志:《重点讲义民事诉讼法》，张卫平、许可译，法律出版社2007年版，第137页脚注。

范围,并且增强法院对监督官员就公文书提出拒绝事由作出判断的司法审查权。[①]

四、专用文书

(一)关于专用文书的界定与范围之解明

所谓专用文书(或称专供自己使用的文书)是指,证据持有人所持有的证据属于专供自己利用的文书。从严格意义上讲,在是否属于专用文书而被判定为应否负有证据提出义务问题上,在许多情形下,证据持有人即为有关文书的制作人,否则就不符合专用文书的基本性质与功能,这是因为,作为专用文书是特指制作人在制作该文书时的目的与使用功能,即制作该文书的出发点。最为典型的事例就是日常生活中的日记,假如某人持有他人日记,无论该制作人与持有人之间是否存在血缘关系或其他特殊身份关系,显然不能满足构成专用文书的形式要件。

关于专用文书这一概念的外延,在日本,立法者认为,某一机构或团体内部使用的请示书就属于这一类文书,不负担文书提出义务。日本最高法院的基本立场是,金融机构内部使用的请示书属于专用文书,不负担提出义务。

另外,即使属于制作人自己持有的文书证据,如果该文书证据在制作之初即形成意思过程中,已采用直接或间接的方式体现制作人(个人或者团体)对外公开的预设或者预期,则不应属专用文书的范围。例如,日本仙台地方法院于1993年3月12日作出的判决[②]认为,载明原子炉设施保护规定[③]的文书本应属于电力公司内部使用的文书,但从其认可的基准所创设趣旨[④]来看,其保护管理体制也显然包含这样一种目的,即原子炉设施不会对周边居民等的生命及身体健康产

① 参见许士宦:《证据收集与纠纷解决》,台北新学林出版股份有限公司2005年版,第383页。

② 该判决载日本《判例时代》第18号,第70页。转引自〔日〕新堂幸司:《新民事诉讼法》,林剑锋译,法律出版社2008年版,第418—419页。

③ 指作为被告的核能电力公司制定并经日本通商产业大臣认可的规定。

④ 参见关于核原料物质、核燃料物质及原子炉规范的法律第37条。

生重大危害,因此该文书并非属于自己使用的专用文书。再者,从现代社会所贯彻的利益衡量的角度,在个案当中,不应含有为法官所据情裁量的某种特殊情事。何为这种特殊情事,将在下文中加以逐一论述。

有学者认为,虽然个人隐私等利益并不能上升为拒绝作证权的保护对象,但应受到专用文书范围的保护。[①] 由企业负责人制作的业务笔记并不涉及值得保护的个人隐私,故不属于专用文书。除了与个人隐私相关的文书之外,关于专用文书的范围界定,在日本旧法体制下,法院认为,土地区划整理审议会的议事记录[②]、河道计划调查报告书[③]等文书,属于以自己使用为目的的内部文书,故对当事人提出的命令申请一律驳回。这其中首先存在的问题是,旧法下所谓的以自己使用为目的的内部文书,即自己使用的文书与新法规定的专用文书是否属于同一类文书,对此,应当认为,虽然二者在大多数情况下是重合的,但基本上属于两个不同的概念。旧法下自己使用文书存在的理由为,防止学术界和实务界对利益文书和法律关系文书的概念进行无休止的扩张解释,其概念界定方法也是从非属共同文书的角度出发。但在现行法已经规定了一般性义务的前提下,就不存在对利益文书和法律关系文书的概念作出扩张性解释的必要,对"专用文书"的概念界定也不必借助共同文书这一概念,而是直接从文书制作人有无向他人开示该文书的预设出发即可。既然作为一般性义务,文书提出义务的范围已经发生了扩张,就像前述河道计划调查报告书一类的文书,就不再属于新法下的专用文书范畴了。[④]

---

① 参见〔日〕上野泰男:《新民事訴訟法における文書提出義務の一局面》,载《原井龙一郎先生古稀祝贺文集·改革年代的民事程序法》,法律文化社 2000 年版,第 96、109 页。转引自〔日〕高桥宏志:《重点讲义民事诉讼法》,张卫平、许可译,法律出版社 2007 年版,第 141 页脚注。

② 参见日本东京高决 1978·5·26 下民集 32 卷 9—12 号,第 1284 页。转引自〔日〕高桥宏志:《重点讲义民事诉讼法》,张卫平、许可译,法律出版社 2007 年版,第 141 页。

③ 参见日本东京高决 1979·3·19 下民集 32 卷 9—12 号,第 1391 页。转引自〔日〕高桥宏志:《重点讲义民事诉讼法》,张卫平、许可译,法律出版社 2007 年版,第 141 页。

④ 参见〔日〕高桥宏志:《重点讲义民事诉讼法》,张卫平、许可译,法律出版社 2007 年版,第 141—142 页。

《日本民事诉讼法》第220条规定，文书专供持有人利用时（公务员有组织地使用的国家或地方公共团体持有的文书除外），作为文书持有人不得拒绝提出书证除外事由。对此，有观点认为，其立法理由为：未预定开示于外人的文书，不适用于为真实发现的司法利益而被强制提出，否则必须经常预想被法院命令提出的事态而作成文书，这将妨碍文书制作人的自由活动。[①] 有的学者沿用旧法，习惯将这一除外事由称之为“自己使用文书”，还有的称之为“自己利用文书”。作为一般性的义务，如果存在调查证据的必要性，原则上持有人应当将文书向法院提交，但立法者考虑到有些文书在制作时就不存在向他人出示的打算，无论怎样强调发现真实这一司法利益，也不应强制持有人提出该文书，否则人们在制作文书时就会考虑到今后可能被法院命令强制提出，从而对行为的自由度加以限制。例如，专供持有人自己利用的目的而制作的文书，其中包括个人日记、备忘录等；再如专门从团体内部处理事务的方便角度出发而制作的文书，例如请示报告等。因此，凡涉及个人隐私的手记、书信、家庭日常生活收支记录等也不负担提出义务。

2001年修订日本民事诉讼法时，在专用文书项下附加了一个除外情形，即属于中央政府或者地方公共团体持有的文书，且由公务员有组织地加以利用的内容。该项附加规定旨在促进信息公开，对公务文书中的专用文书范围作出了进一步限制。公务员在日常业务上所处理的文书不属于专用文书，因此，类似河道计划调查报告一类的文书也被排除在专用文书的范围之外。[②]

日本学者山本和彦教授认为，对于私用文书，也并非私用即为绝对条件，还必须符合一旦公开就会对持有人带来严重损害这一必要条

---

① 参见日本法务省民事局参事官室编：《一问一答新民事诉讼法》（1996年），第251页。转引自许士宦：《证据收集与纠纷解决》，台北新学林出版股份有限公司2005年版，第378页。

② 参见〔日〕高桥宏志：《重点讲义民事诉讼法》，张卫平、许可译，法律出版社2007年版，第142页脚注。

件。换言之,这些除外事由都是被限定性解释的。[①]

(二) 专用文书所涉及的个人隐私与证据能力问题

从证据法原理上来看,记载个人隐私的文书与非法收集到的文书同样均不具有证据能力,如果没有证据能力,也就不存在发布文书提出命令问题。立法在文书提出命令部分对此作出重复规定是否毫无意义？对此,有日本学者认为,其实并非如此,这两处规定应同时并存。从《日本民事诉讼法》第220条的文义来看,它仅规定了持有人专用的文书,并未规定制作人专用的文书。因此,虽然制作人可能认为该文书属于自己专用,而持有人并不认为属于自己专用,如对那些已脱离制作人控制的文书,在条文上无法得出其作为专用文书而不负担提出义务的结论。[②] 例如,在一起遗产继承纠纷案中,双方当事人为一枚钻石戒指是否属于遗产发生争执。长女主张亡母曾在日记中记载该钻戒已赠与他人,而他人能否向法院申请文书提出命令？由于其母已死亡,因此该日记的持有人和制作人并非同一人。对制作人而言,日记当属专用文书;而对现在的日记持有人而言,很难说该文书也属于专用文书。因此,该问题只能通过判断其证据能力来解决。该日记是否具备证据能力,因纠纷发生在继承人之间,因此可通过拟制其亡母的同意来肯定该涉案日记具备证据能力。[③] 可见,对于这种情形下提出的文书必须以其涉及个人隐私而不具备证据能力来处理。另外,从宏观上来讲,提出义务属于文书提出之前需要解决的问题,而证据能力问题可能在持有人主动提出之后才出现。因此,对证据能力的规定和对专用文书的规定缺一不可。[④]

有一种观点认为,专用文书的范围应限定在以保护个人隐私为目

---

① 参见日本最决平成11年(1999年)·11·12民集53卷8号,第1787页;日本最决平成18年(2006年)·2·17民集60卷2号,第496页;日本最决平成19年(2007年)·11·30民集61卷8号,第3186页等。转引自〔日〕三本和彦:《日本民事诉讼法中的证据制度》,载2009年9月21—22日"中日民事诉讼法的制度与理论比较"国际研讨会资料汇编,第33页。

② 参见〔日〕高桥宏志:《重点讲义民事诉讼法》,张卫平、许可译,法律出版社2007年版,第140页脚注。

③ 同上书,第140—141页脚注。

④ 同上书,第140页脚注。

的的日记等文书之内,因此,请示书在内的涉及团体意识形成的文书并不属于专用文书,故应负提出义务。还有一些文书虽然不属于专用文书,但出于保护持有人的考虑,使得其与专用文书的保护上显得几近相当。对此,有日本学者认为,这种情形应理解为系采用恰当的解释方法将《日本民事诉讼法》第220条第4款除外事由中所蕴涵的立法精神注入该法第221条第2款的内容中。[①] 在对专用文书进行定义的严格性与相对性问题上,有一种观点(如日本的山本和彦说和山本克己说)认为,专用文书的概念应立足于文书本身的特征,因此否认专用文书的相对性,如果承认专用文书的相对性就会导致这样一种结果,即同样一份文书在一起案件中持有人负担提出义务,而在另一起案件中持有人则并不负担提出义务。尽管如此,山本和彦说通过对不同类型的诉讼进行划分,例如股东代表诉讼类型等,进而也不得不承认同一文书在不同类型的诉讼中也可能会负担提出义务或不会负担提出义务。而山本克己认为,在某种情形下,文书提出命令具有补充性,即只有在经过对其他证据方法进行调查仍无法形成心证的条件下才得发布提出命令,使得这种学说所得出的结论与相对性说相差无几。对此,日本学者高桥宏志教授认为,应当以利益衡量为基础肯定相对性的观点来代替仅仅拘泥于某一固定的标准,则显得更具建设性,因为这样一来,便明确了在何种情形下应优先考虑何种利益。因此,在个案情形下,是否属于专用文书,应在综合考虑多种因素之后再作出相应的判断,这些因素包括该文书在判断争点上的不可或缺性、是否存在可替代性证据等。[②] 日本学者铃木正裕认为,针对个案具体情形,有时也不得不命令持有人提出文书。在此,所谓个案情形,关系到可替代性证据的有无以及未作成可替代性证据的可归责性。[③] 有学

---

① 参见〔日〕高桥宏志:《重点讲义民事诉讼法》,张卫平、许可译,法律出版社2007年版,第149—150页。

② 同上书,第151页。

③ 参见铃木正裕·判批·私法判例リマークス19号(1999),第136页等。转引自〔日〕高桥宏志:《重点讲义民事诉讼法》,张卫平、许可译,法律出版社2007年版,第151页脚注。

者也提出,所谓个案情形应综合考虑诸多案件事实。[①] 可见,在审判实务上,如果从个案出发,有时很难对某一类型的文书是否属于专用文书而不负提出义务作出严格界定,从目前情况来看,采用利益衡量这种相对可调节标准显得更趋合理、公平,且具有可操作性。

在我国台湾地区,有学者指出,新修订的台湾地区"民事诉讼法"对专用文书及其适用的法律效果未作出明文规定,解释上不无疑问。但是,比如日记、备忘录、契约草案、公司内部的讨论案等文书的作成,在作成文书时无对外公开的意思,基于其对该文书有充分的自由,并避免对作成者的自由意思活动造成妨碍,应理解为并无提出的义务等。[②] 对此,有学者认为,这些个人日记、备忘录等,系有关个人隐私的文书,当事人或第三人在何种情形下得否据以拒绝提出,为此,台湾地区新修订的"民事诉讼法"已作出明确规定(该法第 344 条第 2 项、第 348 条准用)。至于契约草案或者公司内部的讨论案等文书,不能仅因其作成者对外无公开的意思及对其有处分自由,就当然享有文书提出拒绝权。也就是说,台湾地区新"民事诉讼法"既然将文书提出义务一般化,只要是与诉讼有关事项作成的文书,凡有证据调查的必要性的,原则上均应提出,除非有法定具体列明的拒绝提出事由,只有存在其他正当事由时,才得拒绝提出。无论自然人或者法人,对于其意思形成过程所作成的文书,之所以应加以保护,是基于考虑到应保障其内心领域的自由,确保具有宪法价值的沉默自由。如果不是这样的话,对于团体内部文书的作成、保管,势将发生萎缩效果,其结果将会侵害团体意思形成的自由。[③] 但是,在团体内部,意思形成是否符合法律所规定的程式成为争点的情形,也需顾及当事人(即举证人)所享有的诉讼权、平等权意义上的证据接近之保障,及真实发现的司法利益。

---

① 参见小室ほか・基本法コンメ2 第 197 页(春日伟知郎执笔)。转引自〔日〕高桥宏志:《重点讲义民事诉讼法》,张卫平、许可译,法律出版社 2007 年版,第 151 页脚注。

② 参见吕太郎:《文书提出命令》,载《台湾本土法学杂志》第 25 期(2001 年),第 109 页。转引自许士宦:《证据收集与纠纷解决》,台北新学林出版股份有限公司 2005 年版,第 379 页。

③ 参见〔日〕新堂幸司:《貸出稟議書は文書提出命令の對象となるか》,载《民事訴訟法學の展開》(2000 年),第 225 页。转引自许士宦:《证据收集与纠纷解决》,台北新学林出版股份有限公司 2005 年版,第 380 页。

总之,即使是专供自己使用的文书,也须基于上述兼顾各种程序权及基本要求的观点,就各具体事件,考量争点判断的不可欠缺、可替代证据的有无、组织运营的显著障碍等诸多因素,在比较衡量的基础上再作出相应决定。[①] 可见,自从台湾地区新"民事诉讼法"将文书提出义务进行一般化改造以来,对原本意义上的专用文书及其适用法律效果也造成了实质上的冲击,除非有法定具体列明的拒绝提出事由,即使对于专用文书而言,在某些情形下,如果存在证据调查的必要,文书持有人应负有提出义务。这表明,原本以保护个人自由表达意思及个人隐私权的核心价值为重心的价值观念,已经开始向以发现事实真相为目的的司法利益优先主义为重心的价值观念移位,发生这种移位的媒介恰恰也是利益衡量原则使然。

在美国,律师或会计师在某一诉讼所进行的准备如证据收集、事实分析和诉讼技巧的思考、安排,鉴于这种智力劳动被视为工作成果(work product),与此相关的文书在法律上应当免除其提出义务。但是,这种免除具有相对性,即假如没有可替代性证据,或者对方当事人如想获得相同的信息必须付出极大的成本,则法院可据情命令文书持有人提出该文书。对此,高桥宏志教授认为,日本也应当认同这种做法。[②] 在美国现行法[《美国联邦民事诉讼规则》第 26 条(B)(3)]上,对于当事人用于诉讼准备所取得的工作产品的保护也明确加以规定,也就是说,对于当事人或其代理人,包括律师、顾问、保护人、补偿人及代理人等,预期诉讼或者为了主要审判期日所准备文书或者有形物,仅于要求证据开示的当事人为准备自己的攻击防御确实需要这些材料,并且根据其他手段,如果获得这些资料会遇到相当困难的情形时,才能就此使得对方当事人对这些证据资料加以开示。在法律上,这些因诉讼准备所取得的工作产品可视为拒绝提出正当理由之一的具体

---

① 参见〔日〕伊藤真:《文書提出義務と自己使用文書之意義》,载《法學協會雜誌》第 114 卷第 12 号(1997 年),第 1453 页;〔日〕长谷部由起子:《内部文書の提出義務》,载新堂幸司:《民事訴訟法理論の新たな構築》(下卷),有斐阁 2001 年版,第 299 页;〔日〕高桥宏志:《自己使用文書》,载《現代社會における民事手續法展開》(下卷),第 71 页。转引自许士宦:《证据收集与纠纷解决》,台北新学林出版股份有限公司 2005 年版,第 380 页。

② 参见〔日〕高桥宏志:《重点讲义民事诉讼法》,张卫平、许可译,法律出版社 2007 年版,第 153 页。

化模式。易言之,该项法律原为调和证据开示制度与对抗制二者之间的理念与要求,即为提高诉讼程序而使全部事实目标具有共通认识虽然重要,也不能够妨碍律师等为当事人的利益而充分调查事件、准备诉讼,避免其调查准备愈周全,因证据开示的结果使对方知悉愈多,导致其自掘坟墓,甚至造成相互依赖对方的调查、准备,反而不能够认真地自己进行全面的调查与准备。因诉讼发生在相互对立的当事人之间,因此有必要承认律师等活动的最低限度的隐私权。[①] 这种做法是基于为平衡诉讼法上真实发现与诉讼促进、武器平等原则或者当事人间公平的基本要求。[②]

在民事诉讼上,为了实现实体上的正义,自应以发现事实真相作为基础,但是,不能以违背武器平等原则或当事人间的公平为代价。在双方对立原则、辩论主义架构下,举证人原应自行致力于收集证据方法以促进举证活动,而利用对方准备诉讼成果的文书进行举证活动,则不符合诚信原则而有违公平。这并非意味着不顾真实发现的要求,即使是他方所收集的证据,如属于诉讼前已存在的文书,仍不应视为诉讼准备成果。但当事人分析、研究如何开展诉讼活动的文书,以这些资料作为准备基础,根据其本人或受其委托律师等意见作出的文书,则属于诉讼准备的工作成果。假如这种文书不能拒绝提出,则持有人将丧失准备该文书的动机。当事人为充实诉讼准备及举证活动,审理的充实及诉讼的促进将会蒙受不利的影响。[③]

设定专用文书作为除外事由的目的,主要是从个人隐私的角度保护制作人事先并未准备对外公开的文书,就此而言,律师所进行的诉讼技巧与方略的准备活动也应属于一种隐私,它的确可被界定为智力

---

① 参见许士宧:《证据开示制度与秘密保护程序》,台湾大学 1999 年博士论文,第 71 页以下;ジユフリー・ハザード=ミケーレ・タルッワォ:《アメリカ民事訴訟法入門》,田边诚译,1997 年版,第 127 页。转引自许士宧:《证据收集与纠纷解决》,台北新学林出版股份有限公司 2005 年版,第 382 页。

② 参见许士宧:《证据收集与纠纷解决》,台北新学林出版股份有限公司 2005 年版,第 382 页。

③ 参见〔日〕伊滕真:《自己使用文書としての訴訟等準備文書と文書提出義務》,载佐佐木吉男先生追悼论集:《民事紛爭の解决と手續》(2000 年),第 423 页。转引自许士宧:《证据收集与纠纷解决》,台北新学林出版股份有限公司 2005 年版,第 382 页。

上的一种劳动成果，它本身所具有的保密性对双方当事人而言具有相同的价值。但是，高桥宏志教授仍认为，这种法理的本质在于充实诉讼，与专用文书的依据存在若干差异。因此，在解释论上，可以该法理为基础将相关文书作为专用文书的一个分类（亚种）来对待。[①] 例如，在一起讼案[②]中，该案件涉及对方当事人出于诉讼策略而制作的大学笔记，法院最终否定了该笔记的证据能力。从该判例中可以体察到与诉讼准备活动成果保密法律相类似的观念。

诉讼活动本身具有司法属性，具有高度的专业性，加之法官对案件事实的认定与证据调查需要双方当事人及其委托律师的密切配合，但是，当事人及其律师的这种诉讼行为如何运作，才能够更有利于自己的诉讼主张和权益的维护，既取决于专业律师对不同类型案件事实要素的把握，也取决于这些专业律师就相类似代理活动经验的积累。因此，作为律师专业性工作成果是一种智力劳动的结晶，它先天性地具有对外不能加以披露的动机，否则其功能和价值将丧失殆尽。而与此相关的文书，对制作人而言，在法律上不应负有提出义务。由于这种工作成果属于专用文书范畴，它并非是日常生活中所形成的成果，但这并非意味着，所有日常生活中所制作的文书使得持有人均负有提出义务，其中所确定的判断标准应当以有关文书是否具有专用文书的特征和属性，以及该文书如被公开是否对制作人的合法权益产生严重不利影响判断。从这个意义上讲，律师的工作成果对于其所被代理的当事人而言具有隐私的属性。从诉讼上因查明事实真相的司法利益而衍生的证据调查的必要性来判断，律师的这种工作成果应不具有证据能力，使律师的这种智力劳动及成果因此而得到合理的保护。

有学者指出，在大多数情形下，企业的索赔报告书或者事故调查报告书均不属于专用文书而应当负有相应的提出义务。但是，以特定

---

① 参见〔日〕高桥宏志：《重点讲义民事诉讼法》，张卫平、许可译，法律出版社 2007 年版，第 154 页。

② 参见日本东京地判 1998·5·29 判タ1004 号，第 260 页。转引自〔日〕高桥宏志：《重点讲义民事诉讼法》，张卫平、许可译，法律出版社 2007 年版，第 153 页脚注。

诉讼为前提的实验报告等则属于负有提出义务的适用范围。[①] 同时，这也意味着，在一些特定情形下，企业的索赔报告书或者事故调查报告书还是有可能在司法上被认定为属于专用文书的范围。

（三）日本最高法院三起典型判例与由此所引发的相关影响力

关于如何划定专用文书的范围以及与个人隐私的关系和相应的证据能力问题，日本最高法院的基本观点来自其就如下三起讼案所作出的三个判决。

讼案一[②]：该案是借款人追究银行作为出借人责任的诉讼。日本最高法院认为，在通常情况下，如从文书制作目的、记载内容等角度来看，该文书的制作目的为专供内部人员使用，并无对外公开的意图，且一旦在社会上公开将给持有人造成难以估量的重大不利益后果，例如个人隐私受到侵害、个人和团体的意思自由受到妨害等。这时，只要不存在特殊情事，则该文书就属于专用文书。银行的放贷请示书仅用于银行内部，旨在更为准确地形成对融资事务的意思决定而制作，并非出于法定义务，该文书用于银行内部审查融资事项，故其内容多为毫无保留的、坦率的意见或评价。因此，放贷请示书的制作目的在于专供银行内部使用，并无对外公开的预设，且一旦向公众公开，将妨碍银行内部自由表达意见，由此而妨碍银行意思形成上的自由度。因此，就结论而言，只要不存在特殊情事，则银行的放贷请示书属于专用文书，免除其提出义务。如何对日本最高法院这一判决进行解读，有学者认为，无开示的预设属于形式要件，不可忽视的不利益为实质要件，特殊情事作为调整例外情形的个别要件。[③] 但另有学者指出，因对

---

① 参见日本研究会新民诉第 287 页第四段以下秋山的发言、竹下的发言、柳田的发言和伊藤的发言部分。相应的判例可参见日本东京地判 2000 · 11 · 29 判タ1086 号，第 162 页。转引自〔日〕高桥宏志：《重点讲义民事诉讼法》，张卫平、许可译，法律出版社 2007 年版，第 153 页脚注。

② 参见日本最决 1999 · 11 · 12 民集 53 卷 8 号，第 1787 页。转引自〔日〕高桥宏志：《重点讲义民事诉讼法》，张卫平、许可译，法律出版社 2007 年版，第 142—143 页。

③ 参见小林秀之 · 判批 · 判评 499 号（判时 1715 号）（2000），第 29 页。转引自〔日〕高桥宏志：《重点讲义民事诉讼法》，张卫平、许可译，法律出版社 2007 年版，第 143 页脚注。

实质要件和个别要件的内容认识不同，有可能导致该要件涉及面过宽而最终接近利益考虑说的立场。[①] 有学者认为，在旧法体制下的判例可以分为两种类型：其中一种是从形式上理解自己使用文书这一概念；另一种则从保护隐私等角度出发力图在本质上加以把握。[②] 有的学者认为，日本最高法院的这一决定采用的是实质说。[③]

该判例为请示书是否属于专用文书创设了一个基本的判断框架，在追究银行作为出借人的责任的诉讼中，法院最终认定放贷请示书属于专用文书。对于这个基本框架的确立，在学术界引起了不同的反响，学者间对此持有不同见解。

高桥宏志教授认为，日本最高法院的该项判决确立了基本框架，即从文书的制作目的、记载内容等事项出发进行判断，如果文书专为内部人员使用而制作，并未确立对外公开的预设，且一旦公之于众，将侵犯个人隐私或者阻碍个人及团体意思形成的自由度，从而导致给持有人带来不可忽视的重大损失，只要没有特殊情事，则该文书就属于专用文书。[④] 可以说，是否产生这种所谓特殊情事因案而异。正是由于个案当中的某些特殊因素或者众多因素之间的相互作用，会导致产生这种特殊情事的先决条件，因此，是否构成这一特殊情事应由法官据情作出判断。可见，正是因为其中被称之为"特殊情事"这一微调装置，使得日本最高法院所确立的这一基本框架与高桥宏志教授的观点并无大的出入。

---

① 参见〔日〕加藤新太郎：《貸出稟議書の自己使用文書該當性》，载《银行法务》21 第 570 号(1999)，第 7 页。转引自〔日〕高桥宏志：《重点讲义民事诉讼法》，张卫平、许可译，法律出版社 2007 年版，第 143 页脚注。

② 参见〔日〕上野泰男：《文書提出義務の範圍》，载《讲座新民诉法》(Ⅱ)，第 33、38 页。转引自〔日〕高桥宏志：《重点讲义民事诉讼法》，张卫平、许可译，法律出版社 2007 年版，第 143 页脚注。

③ 参见上野泰男·判批·私法判例リマークス21 号(2000)，第 130 页。转引自〔日〕高桥宏志：《重点讲义民事诉讼法》，张卫平、许可译，法律出版社 2007 年版，第 143 页脚注。

④ 参见〔日〕高桥宏志：《重点讲义民事诉讼法》，张卫平、许可译，法律出版社 2007 年版，第 152 页。

讼案二[1]:该案涉及信用金库会员,以金库理事在未获得充分担保的情况下违反善良管理人的注意义务为由提起的会员代表诉讼,也就是相当于股份公司的股东代表诉讼。受上一起判例中所作判决的影响,日本最高法院认为,所谓特殊情事,是指文书提出命令的申请人在其与放贷请示书的使用关系上可以等同于信用金库的情形。金库会员对于某些文书并不具有阅览与誊写的权利,会员代表诉讼也并未赋予原告享有与信用金库同等的地位,以便在诉讼中利用上述文书,因此,提起会员代表诉讼的会员并不具有与信用金库同等的地位。故从原则上讲,该放贷请示书属于专用文书,并不负担提出义务。但是,日本最高法院的町田法官对此持不同意见。他认为,信用金库会员代表诉讼的实质是发挥协同组织内部的监事和监督功能。在该组织内部,当贷款出现问题而欲追究相关人员责任时,放贷请示书将成为验证贷款决定妥当与否的基本资料,其使用是可以预见的。从信用金库会员代表诉讼的性质以及放贷请示书的功能来看,信用金库的放贷请示书当然可用于会员代表诉讼,因存在上述特殊情事,放贷请示书并非属于专用文书。因此,最高法院应当维持原决定,准予发布文书提出命令。[2]

该判例明确了特殊情事的内容,法院认定请示书在股东代表诉讼类型中属于专用文书。对此,许多学者对此提出了严厉的批评。绝大多数学者认为,在股东代表诉讼类型中,请示书应当负担提出义务。另外,学者们对该判决的论证过程也进行了猛烈的抨击,因为所谓申请人与持有人可得视为同一的情形,与信用金库会员的阅览和誊写请求权之间并没有什么关系。日本最高法院的这一决定似乎认为可得视为同一的情形,仅限于会员享有阅览和誊写请求权的情形,但会员享有这种权利时,就可依据《日本民事诉讼法》第 220 条第 2 款规定(权利文书)而不是《日本民事诉讼法》第 220 条第 4 款规定申请提出

---

① 参见日本最决 2000·12·14 民集 54 卷 9 号,第 2709 页。转引自〔日〕高桥宏志:《重点讲义民事诉讼法》,张卫平、许可译,法律出版社 2007 年版,第 143 页。

② 参见〔日〕高桥宏志:《重点讲义民事诉讼法》,张卫平、许可译,法律出版社 2007 年版,第 144 页脚注。

命令，故最高法院的这一论断显得毫无意义。[①] 总之，将所谓特殊情事限定为申请人与持有人视为同一情形显得过于褊狭。

另外，该判例还催生了学术界对少数股东权涉及的文书与文书提出义务之间的讨论。账簿阅览等请求权属于少数股东权利，即并非任一股东可得行使的权利。如果满足了少数股东权的构成要件，则该权利所指向的文书就应当作为权利文书而发生文书提出义务。于是，该文书能否作为《日本民事诉讼法》第220条第4款规定的一般义务文书而负担提出义务，如果回答是肯定的话，立法所意图保护的公司利益即信息秘密就被阉割了，因为能够阅览该文书只是少数股东的权利，股东数量并未达到一定的标准。但这恐怕可以从要件差异的角度加以说明。作为少数股东权利的阅览请求权是针对一般情形下的特权，即不以诉讼为前提，其目的也并非限定在阅览范围内。这样一来，如果对股东数量提出一定的要求，公司的利益便能够得到相应的保护，而且这也与《日本民事诉讼法》第220条第2款项下的权利文书产生联动关系。另一方面，《日本民事诉讼法》第220条第4款所指一般义务文书是以诉讼为前提的，且其目的又仅限于法院认定某一特定的待证事实，公司已可以通过《日本民事诉讼法》第181条证据调查的必要性条款得到保护，因此，任一股东提起命令申请也是可以的。证据调查的必要性与文书提出义务是两个不同框架下的制度，可以并存。[②]

高桥宏志教授对日本最高法院的该项判决提出质疑，他认为，该判决将特殊情事限定为文书提出命令的申请人与持有人可得视为同一立场的情形。特殊情事必须包括文书在判断争点上的不可或缺以及是否存在可替代性证据等方面。即使抛开理论性的判断框架，在具体结论上，也必须求之于个案的判断与微调。正如上述追究金融机构作为贷款人责任的案件，与日本最高法院的结论不同，他认为，基于不

---

① 参见高地茂世·解说·法教号（2001），第114页；三木浩一·解说·2000年度重判，第118页。转引自〔日〕高桥宏志：《重点讲义民事诉讼法》，张卫平、许可译，法律出版社2007年版，第144页。

② 参见原强：《文書提出命令①——學者から見た文書提出義務》，载《新民诉大系》（3），第110页，特别是第132页；三枝一雄：《開示拒絕の理由としての企業秘密》，载《法律论丛》（明治大学）68卷1号第1页，2号第41页（1995）。转引自〔日〕高桥宏志：《重点讲义民事诉讼法》，张卫平、许可译，法律出版社2007年版，第144—145页脚注。

存在可替代性证据,故应当课以内部请示书提出的义务。在股东代表诉讼中,因争执焦点在于法人内部意思形成过程的合法性,故内部请示书也是极为重要的证据,所以也应课以提出义务。[①] 对此,笔者认为,日本最高法院在该判例上的观点之所以遭到许多学者的批判,是因为日本最高法院在论证过程中,忽视了与具体情形相关的实体法律关系与程序法律关系上的一些特别要求。比如,在实体法律关系上,司法者应考虑当事人之间所讼争的法律关系属于信用金库内部,即信用金库会员与金库理事之间的实体法律关系,对此,金库理事在履行职务行为时应当合理预料到,一旦其行为违背实体法上的义务,对金库会员的合法权益构成侵害发生争议时,假如放贷请示书对证明这一过程具有证据价值的,就不应将其列为专用文书,尤其是在股东类型的诉讼中,股东的切身利益是否遭到损害,内部请示书应作为其中的重要证据来加以判断。在不以诉讼为目的的情形下,按照实体法的旨意,查阅账簿、内部请示书等专用文书属于少数股东的请求权,这是为保护广大股东利益所使然。也就是说,在这种情形下,享有查阅这些内部专用文书权利的少数股东与不能享有这种权利的大多数股东存在共同的利益基础。但是,在以诉讼为目的的情形下,他们相互间的这种利益基础已荡然无存,或者至少发生了某种实质意义上的动摇。在此条件下,为了呈现公司内部运作的透明度,就不能再以专有文书为由拒不向大多数股东展示与披露,还应当更多地考虑个案的司法利益。

讼案三[②]:该案涉及技术和职业秘密,在该案中,日本最高法院认为,与技术和职业秘密一样,所谓专用文书并不仅仅从该文书的制作目的,即有无对外公开的预设出发而言,法院必须斟酌具体的情事加以判断,例如,对照文书的具体内容来判断开示是否给持有人带来不可忽视的重大不利益。

该判例明确表示了开示将导致重大不利益这一要素,其与前两个判决有很大差异,系对专用文书的判断作出了一定限制,即扩大了文书提出义务,而该判决涉及的案件要点在于企业的技术和职业秘密。

---

① 参见〔日〕高桥宏志:《重点讲义民事诉讼法》,张卫平、许可译,法律出版社 2007 年版,第 152 页。

② 参见日本最决 2000·3·10 民集 54 卷 3 号,第 1073 页。转引自〔日〕高桥宏志:《重点讲义民事诉讼法》,张卫平、许可译,法律出版社 2007 年版,第 144 页。

对此，高桥宏志教授认为，从自然人隐私的视角来看，对外公开该文书的行为不会给自然人带来某一特定的、具体的重大不利益，因为，所谓隐私原本就是一种十分抽象的利益。但就个人日记而言，应当予以保护。但是，如果把开示将导致不可忽视的不利益这一由法院作出的判断作为考虑的因素，对自然人隐私的保护而言，的确显得不周。当然，从日本最高法院的判决来看，隐私受到侵害本身就可以视为不可忽视的不利益。[①] 但该涉案文书并非由自然人所持有，而是由企业持有。正是因为这样一种情形，才附加了一个不可忽视的不利益的要件，以便与自然人的情形相互区别。另外，虽同为自然人，但对由企业内部负责人制作的业务记录或许还是应当附加上述要件，也就是由法院认定该记录的公开将导致不可忽视的不利益。[②]

日本最高法院上述三起判例，对其司法、法理乃至今后立法所产生的影响，引起了我国台湾学界的关注。这是因为，毕竟在理论上，就银行的放贷请示书是否属于自己利用文书而免于提出义务这种论断在日本学者间显有多重见解。其中，中野贞一郎提出义务否定说，新堂幸司、长谷部由起子、高桥宏志等则认为，原则上无提出义务，但在例外情形下则应提出，山本和彦、松本博之、上野泰男等则提出义务肯定说。[③] 可见学者间对此问题并未达成共识。

我国台湾学者许士宦教授指出，在日本新民事诉讼法实施之后，在解释和运用上其中最具争议的一个问题是“专供文书持有人利用文书”的意义及范围，尤其是涉及银行的放贷请示书[④]是否属于其中的范围。对此，日本最高法院先后通过三起判例作出裁示，表达其终审见解：(1) 一般而论，从文书的作成目的、记载内容等情事判断，系以专供内部人利用的目的作成，未预定向外人开示的文书，如予以开示，

---

① 参见〔日〕高桥宏志：《重点讲义民事诉讼法》，张卫平、许可译，法律出版社 2007 年版，第 145 页脚注。

② 参见〔日〕上野泰男：《新民事訴訟法における文書提出義務の一局面》，载《原井龙一郎先生古稀祝贺文集 · 改革年代的民事程序法》，法律文化社 2000 年版，第 96 页以下。转引自〔日〕高桥宏志：《重点讲义民事诉讼法》，张卫平、许可译，法律出版社 2007 年版，第 145 页脚注。

③ 参见许士宦：《证据收集与纠纷解决》，台北新学林出版股份有限公司 2005 年版，第 379 页脚注。

④ 有的将其称之为“银行的贷出禀议书”、“融资申请书”。

认为个人的隐私受到侵害，个人、团体自由意思形成遭受阻碍等，因开示而对持有人方面产生了难以忽视的不利益之情形，只要无特别情事，就属于当事人自己利用的文书；并且，在具体事件上判定银行的放贷请示书系自己利用的文书。① (2) 认为所谓特别情事就是指与文书持有人在利用关系上可视为同一立场的情形。② (3) 认为判断是否属于自己利用的文书，不应仅因文书系完全未预定外人看见而做成的就径行认为该当自己利用的文书，而应从文书的具体内容来看，有无因开示而对持有人产生难以忽视不利益之虞。③显然，上述第一点分析结论，是将文书的作成目的与个人的隐私权保护以及防止个人或有关团体自由表达意思的权利受到侵害或妨碍相联系。这一层面具有宪政上的价值。但是，尽管如此，对这种权利的保障因受制于某些特别情事，从而使得这种免于提出义务具有相对性；上述第二点分析结论是对这种特别情事加以诠释；上述第三点分析结论强调的是，在判断标准上，对某一文书是否属于自己专用，不应仅限于该文书的制作是否已达到事先就预期到对外公开的地步，而应立足于从文书的具体内容判断，即因公开该文书的内容是否对持有人的利益造成严重损害，并且以此作为贯彻利益衡量原则的基础。

（四）对“特殊情事”的基本界定与若干具有代表性的核心观点

所谓特殊情事系指，在判断某一文书是否属于制作人的专用目的而不负提出义务时，为贯彻利益衡量原则，由法官对个案存在的特定情节加以判断所得出的不属于专用文书范围这种结论的例外情形。在理论上，有一种观点认为，特殊情事是指与文书持有人在利用关系

---

① 参见日本最决平成 11 年(1999 年)·11·22 民集 53 卷 8 号，第 1787 页。转引自许士宦：《证据收集与纠纷解决》，台北新学林出版股份有限公司 2005 年版，第 378—379 页脚注。

② 参见日本平成 12 年(2000 年)·12·14 民集 54 卷 9 号，第 2709 页。转引自许士宦：《证据收集与纠纷解决》，台北新学林出版股份有限公司 2005 年版，第 379 页脚注。

③ 参见日本平成 12 年(2000 年)·3·10 民集 54 卷 3 号，第 1073 页。转引自许士宦：《证据收集与纠纷解决》，台北新学林出版股份有限公司 2005 年版，第 379 页脚注。

上可视为同一立场的情形[①];大多数学者认为,所谓特殊情事应当包括利益考虑或者与之相类似的其他情形。

日本最高法院于2001年的一个判例中认为,该份涉案放贷请示书存在特殊情事,因而命令其持有人提出,但该放贷请示书现在的持有人并非文书的制作人即某信用组合,而是从该破产的信用组合那里受让债权的某资产管理回收机构。该放贷请示书如果对外公开,将不会导致现在的持有人在内部自由表达意见上受到何种限制,因此属于一个极为特殊的案例。该份文书对制作人而言属于专用文书,而对持有人来说却并非如此。[②] 但是,仍有学者持否定意见。

对于该问题,学者间分歧较大,主要表现为以下三种具有代表性的核心观点。

其中第一种具有代表性的核心观点为肯定说。该观点认为,内部请示书应当属于专用文书,不负提出义务,且不存在任何条件。[③] 该观点与立法者的见解相同,可称之为无条件肯定说,即提出义务否定说。

第二种具有代表性的核心观点为折中说。该观点认为,金融机构的放贷请示书在原则上属于专用文书,不负提出义务,但在一些例外情形下也会产生提出义务。该观点进一步认为,自然人或者法人在其意思形成过程中制作的文书不属于文书提出义务的范畴,这样一来可确保内心领域的沉默自由,而这一自由具有宪法上的价值,保护内心领域的自由即意思形成过程中的自由就是专用文书的立法目的。否则,将对团体内部制作和保管的文书造成萎缩效应,最终损害团体意思形成的自由度。在判断某一文书是否属于在意思形成过程中制作的文书时,可以其制作是否处于法定义务或者是否存在对外公开的预

---

① 参见日本平成12年(2000年)·12·14民集54卷9号,第2709页。转引自许士宦:《证据收集与纠纷解决》,台北新学林出版股份有限公司2005年版,第379页脚注。

② 参见日本最判2001·12·7民集55卷7号,第1411页。转引自〔日〕高桥宏志:《重点讲义民事诉讼法》,张卫平、许可译,法律出版社2007年版,第151页脚注。

③ 参见〔日〕中野贞一郎:《新民事诉讼法解说》,有斐阁1997年版,第53页;〔日〕中野贞一郎、松浦馨、铃木正裕编:《新民事诉讼法讲义》(修订版),有斐阁2000年版,第278页。转引自〔日〕高桥宏志:《重点讲义民事诉讼法》,张卫平、许可译,法律出版社2007年版,第145页。

设（或称初衷）为标准。当团体内部对于意思形成是否采取了适当方法这一问题形成争点时，放贷请示书就具有共同文书的性质，很难在此情况下再认为其属于专用文书。另外，在发现真实这一司法利益可能作出过多牺牲的情形下，在个别场合可能也需要否定其专用文书的性质而负担提出义务。[①]

还有的观点认为，是否属于专用文书应就个案情形来观察，在对替代证据的有无、在判断争点上的不可或缺性、给企业的组织运营带来的明显障碍等诸种因素进行比较后，才可作出判断。文书的专用目的并非总是优先于公民协助司法的义务，应对其作出相对化的解释，故必须以文书内容为基础作出综合性的比较衡量。所谓专用文书这一概念属于评价性的概念，用于判断文书持有人利用该文书的排他性是否足以免除文书提出的一般性义务。无论是自然人还是法人，只要在其实现最终的意思决定过程中并不存在对外公开的意思预设，法律就应当对其提供最大限度的保护。内部请示书、会议议事记录等原则上属于专用文书，但这类文书也并非不存在与其他利益进行比较衡量的空间。例如，当该文书对判断争议事实属于必要的、不可或缺的，且不存在其他适当的证据，在此情形下，公民协助司法的义务就优先于对意思决定过程中秘密的保护，其原有的专用文书性质也应被否定。因此，如诉讼已经不仅局限于当事人的固有利益而涉及社会性的重大价值时，应当强化公民协助司法的义务性，并因此否定该文书所具有的专用文书的性质。即使某一文书原本属于专用文书，但随着情况的变化将会丧失这一性质。伊藤对将利益考虑的做法应用于一般情形下的文书提出命令持消极态度，尤其是当文书涉及技术和职业秘密时，强调在专用文书的情形下运用比较衡量的做法。[②]

日本学者长谷部由起子教授认为，采用专用文书这一概念的目的，在于免除那些具备证据调查必要性的证据所负担的提出义务，故应当尽量加以限制。对于个人或者团体意思形成过程中制作的、并无

---

① 参见〔日〕新堂幸司：《民事诉讼法学的展开》，有斐阁 2000 年版，第 225 页。转引自〔日〕高桥宏志：《重点讲义民事诉讼法》，张卫平、许可译，法律出版社 2007 年版，第 146 页。

② 参见〔日〕伊藤真：《文书提出义务と自己使用文书の意義》，载《法协》114 卷 12 号（1444），第 1453 页。转引自〔日〕高桥宏志：《重点讲义民事诉讼法》，张卫平、许可译，法律出版社 2007 年版，第 147 页。

对外公开预设的文书一律视为专用文书的做法有待商榷。所谓保障个人或团体意思形成自由的理由并不能赋予文书整体不开示以正当性。当然,如文书内容涉及个人隐私,或者对外公开将给当事人或第三人造成生命或身体上的危险,或者存在造成显著的财产性损失的现实可能性,则因文书的开示导致的不利益已超过其所带来的利益,在这时不公开文书的做法才能获得其正当性。但是,即便在这种情形下也应当研究提出该文书其他部分内容的可能性,文书整体的不开示应当仅限于部分开示毫无意义的情形。①

在保护意思决定自由和意思形成过程的秘密上,无论是新堂说还是伊藤说都仅是抽象地对个人与团体(法人)不加区分,一视同仁。对此,有一种观点认为,团体是个人的集合体,其意思决定是以整合个体意思决定的方式来完成的,而记载了个人意思决定阶段内容的文书,也就是所谓的记述或者备忘录应当属于专用文书,从而免除其提出义务。而记载团体整合个人意思决定过程的文书,至少在团体内部属于组织内的官方文书,而超越了单纯的记录或者备忘录的范畴。② 当然,不能因为组织内部的官方文书这一性质就直接得出应当对外公开的结论,但与个人隐私相比较,该文书却不是绝对应予保护的对象,因个案情形不同又有相对化处理的空间,至少在某些场合应命其提出。③

第三种具有代表性的核心观点为否定说。该观点认为,金融机构的放贷请示书不属于专用文书,应负担提出义务。④

---

① 参见〔日〕长谷部由起子:《内部文書の提出義務——稟議書に對する文書提出命令を否定した最高裁判决の殘したもの》,载《新堂幸司先生古稀祝贺文集·民事诉讼法理论之重构》(下),有斐阁 2001 年版,第 299 页。转引自〔日〕高桥宏志:《重点讲义民事诉讼法》,张卫平、许可译,法律出版社 2007 年版,第 147 页脚注。

② 参见日本东京高决 1998·10·5 判夕 988 号,第 288 页;东京高决 1998·11·24 金融法务事情 1538 号,第 72 页。转引自〔日〕高桥宏志:《重点讲义民事诉讼法》,张卫平、许可译,法律出版社 2007 年版,第 148—149 页脚注。

③ 参见〔日〕村上正子:《裁判例からみた文書提出拒絕權》,载《筑波法政》(2001),第 82 页。转引自〔日〕高桥宏志:《重点讲义民事诉讼法》,张卫平、许可译,法律出版社 2007 年版,第 148 页脚注。

④ 参见〔日〕松本博之、上野泰男:《民事诉讼法》(第 3 版),弘文堂 2003 年版,第 379 页。转引自〔日〕高桥宏志:《重点讲义民事诉讼法》,张卫平、许可译,法律出版社 2007 年版,第 148 页。

其他另有一部分学者认为,除了某些特殊情况应负担提出义务,这些特殊情形包括客观上可以认定该文书无论在何种场合都不会对外公开,并且这一不公开在规范上是正当的。判断是否属于专用文书,应从文书本身的性质而论,在不同的案件中作出不同的判断是不正确的做法。例如,某文书在一案件中负有提出义务,而在另一案件中则不负担提出义务,这是自相矛盾的,所谓自己利用的目的实际上并不在于文书的专门性质。如此一来,能够称之为专用文书的主要是一些涉及个人隐私的日记、备忘录等文书。而内部请示书并不完全具备上述的特殊情形,故应负担提出义务。虽然该说为专用文书设计了除外条件,但该条件通常并不会发生作用,因此,该说并不属于第二种观点,应归入无条件否定说,即提出义务肯定说。日本学者三本和彦在论证其观点时,还补充了几点理由:(1) 金融机构的公共性质以及有责任加以说明;(2) 个案中金融机构如认为提出有利则会提出放贷请示书,故尚不能断然认为在任何情况下其均无对外公开的预设;(3) 作为组织内部的官方文件以及重要的基础资料,因不存在其他的可替代性材料,故在客观上很难认为其属于专门供自己利用的文书。就结论而言,银行的放贷请示书并非专用文书,除非该文书记载了与调查该银行融资对象相关的企业秘密或者第三人的企业秘密,或者该文书的提出将给银行业务的开展造成显著障碍,即除外事由中的技术和职业秘密部分,否则应负担提出义务。①

日本学者上野认为,无法成为拒绝作证权保护对象的个人隐私等利益可以凭借专用文书的概念获得保护。企业负责人制作的业务记录并未记载应予保护的隐私信息,故不属于专用文书。虽然这样做对专用文书的限定较为严格,但如果是企业负责人制作的个人性质的记录,应当属于专用文书。业务性质与个人性质的区别显得较为微妙,但大体上可以通过有否向企业内部其他人员开示的预设这一标准加

---

① 参见〔日〕三本和彦:《稟議書に對する文書提出命令》,载《NBL》661 号,第 6 页;662 号,第 30 页,特别是第 32 页(1999)。转引自〔日〕高桥宏志:《重点讲义民事诉讼法》,张卫平、许可译,法律出版社 2007 年版,第 149 页脚注。

以区别。[①] 为此，日本学者高桥宏志教授认为，作为一种理论的外延不应将专用文书仅限定为涉及个人隐私的文书。团体文书虽也可能属于专用文书，但在满足一定条件的前提下，团体性文书也可以对外公开，故其观点多少倾向于无条件否定说，将团体性文书一律排除在专用文书范畴之外的做法，在理论上可能过于偏激。[②] 在日本，由于企业界基于行业利益的考虑，迫使立法者作出相应的调整，将内部请示书列为专用文书，持有人并不负提出义务。但这在日本学界引起了重大反响，学者间的重大分歧点就在于是否准许文书提出义务的相对性。

值得关注的是，在请示书问题上有一种折中意见认为，可命令持有人仅提出客观作成的部分，对涉及金融机构负责人意见的部分不必提出，至于文书部分内容究竟系客观部分还是意见部分，可由法院通过非公开审理程序进行调查，指明应提出部分即可。[③]

（五）其他特别类型的文书

《日本民事诉讼法》2001 年新增订的条文所涉及的文书是与刑事诉讼相关的文书，或者是少年权益保护案件中的记录以及各类案件中收押的文书。

《日本民事诉讼法》第 220 条规定，当文书涉及刑事诉讼案件或记录少年保护案件以及这些案件中被扣押的文书时，作为文书持有人不得拒绝提出书证除外事由。根据《日本民事诉讼法》第 231 条有关准用条款的规定，《日本民事诉讼法》第 220 条可适用于图纸、照片、录音带、录像带等其他为表示信息制成的非文书性物件。

在某些情形下，如文书部分内容涉及保密特权，此时如法院命其提出文书的全部内容则属不合法，故基于证据调查的必要性出发，仅

---

① 参见〔日〕上野泰男：《新民事訴訟法における文書提出義務の一局面》，载《原井龙一郎先生古稀祝贺文集·改革年代的民事程序法》，法律文化社 2000 年版，第 109 页以下。转引自〔日〕高桥宏志：《重点讲义民事诉讼法》，张卫平、许可译，法律出版社 2007 年版，第 149 页脚注。

② 参见〔日〕高桥宏志：《重点讲义民事诉讼法》，张卫平、许可译，法律出版社 2007 年版，第 149 页脚注。

③ 参见小林秀之·判批·判评 499 号（判时 1715 号）（2000），第 205 页。转引自〔日〕高桥宏志：《重点讲义民事诉讼法》，张卫平、许可译，法律出版社 2007 年版，第 152 页脚注。

审查文书的部分内容即可。根据《日本民事诉讼法》第 223 条第 1 款后段部分的规定，在遇有这种情形时，法院可将欠缺证据调查必要性的部分或者支付提出义务的部分排除在外，而命持有人提出文书的剩余部分。这是 1996 年修法时新增加的部分提出义务。例如，在日本最高法院曾审理的一起讼案中，原告以有价证券报告书中存在虚假陈述内容为由，要求公司和监察法人承担损害赔偿责任。原告向原审法院申请文书提出命令，要求监察法人提出监察报告。日本最高法院认为，原审法院将该监察报告中涉及贷款方姓名、公司名称、住所、职业、电话以及传真号码的部分排除在外，仅令该监察法人提出文书的剩余部分的做法是合法的。在放宽对一文书特定程度要求的方面，该判决也具有相当的意义。[①] 但是，日本学者福田教授指出，部分提出导致文书提出陷入残缺不全状态，就好比一片叶子被虫子蚕食过一样，究竟会产生何种影响无法预知。福田的观点表明了这种想法，即文书的提出原则上应当是整体提出，不应当轻易肯定部分提出的做法。另外，有的判例认为，持有人提出的文书，其阅览和誊写应基于法院的诉讼指挥权进行，应受到一定的限制。[②]

在审判上，为了判断该部分是否存在《日本民事诉讼法》第 223 条第 4 款中规定的文书提出义务，可仅由法院查阅该文书（第 223 条第 6 款），因为持有人当然了解该文书内容，这样做本身就实际排除了申请人查阅该文书的可能性，这是 1996 年修法时新增加的内容。但该文书部分内容确实存在第 1 项至第 4 项除外事由，则法院应驳回该提出命令申请，否则即应发布文书提出命令。当文书只有部分内容存在除外事由时，可通过非公开程序来查明。这种做法来源于美国，被称之为 in camera 程序。[③] 对此，日本学者山本和彦教授认为，关于刑事相关文件，虽然在《日本民事诉讼法》第 220 条第 4 项中无条件地否认了

---

① 参见日本最决 2001・2・22 判时 1742 号，第 89 页。转引自〔日〕高桥宏志：《重点讲义民事诉讼法》，张卫平、许可译，法律出版社 2007 年版，第 155 页脚注。

② 参见日本东京地决 1977・7・22 判时 1627 号，第 140 页。转引自〔日〕高桥宏志：《重点讲义民事诉讼法》，张卫平、许可译，法律出版社 2007 年版，第 155 页脚注。

③ 参见〔日〕高桥宏志：《重点讲义民事诉讼法》，张卫平、许可译，法律出版社 2007 年版，第 155 页。

其提出义务，但也可灵活应用同条第 3 项规则，即当判断认为文书持有人（检察部门等）拒绝提出是在滥用其职权时，认定具备提出义务的可能性还是存在的。[①]

第三节　免于构成证明妨碍例外事由的确定与利益衡量原则的适用

当今各国立法与司法均对商业秘密或者个人隐私加以保护，只是保护的范围、程度和方式有所不同。商业秘密或者个人隐私固然系法律所应当保护的归属于公民、法人和其他社会组织所享有的一项重要民事权利。但是，在司法领域所涉及的诉讼过程中，鉴于法院发现真实及当事人所负担的证明协力义务所致，法院对证据调查的必要性以及通过正当程序发现事实真相的司法利益，与一方当事人的商业秘密或者个人隐私一旦在公开场合被曝光或者以某种形式被披露，将给证据持有人带来不利益之间产生正面冲突。实质上，这种冲突表现为双方当事人在同为法律所保护的民事权利和合法利益之间的冲突。这是因为，商业秘密或者个人隐私均为有关实体法所确认的民事权利，而在诉讼上，一方当事人所提出的权利主张以及相应的事实主张或者抗辩主张，如果以法院裁判的形式转化为被确认为一方当事人所应当享有的民事权利，或者被对方所侵害的民事权利等，必须通过法院庭审证据调查的方式由双方当事人行使辩论权后，才能作为裁判的基础。例如，在实务上，商业秘密的适用范围往往具有某种不确定性，当证据持有人对其要求所履行的证明协力义务涉及的商业秘密作为正当理由提出时，法院必须对相关的秘密性、新颖性、实用性和价值性先行作出判断，只有达到特定的标准，才能够考虑对其是否加以保护，以及如何保护的问题。因此，对商业秘密的保护在实务上存在着某种不确定因素。另外，在有些情况下，即使能够在事实上被界定为属于商

---

① 参见日本最决平成 16（2004）·5·25 民集 58 卷 5 号，第 1135 页；日本最决平成 17（2005）·7·22 民集 59 卷 6 号，第 1837 页；日本最决平成 19（2007）·12·12 民集 61 卷 9 号，第 3400 页等。转引自〔日〕三本和彦：《日本民事诉讼法中的证据制度》，载 2009 年 9 月 21—22 日"中日民事诉讼法的制度与理论比较"国际研讨会资料汇编，第 33 页。

业秘密,也不能与证据持有人在司法上所负有的证明协力义务相对抗。对此,台湾学者许士宦教授指出,并非所有秘密均得作为文书提出拒绝权的保护对象,必须其具有保护的相当性,并且于保持秘密所获得利益超出开示秘密所取得利益时,才能成为秘匿特权的保护对象。易言之,关于文书提出拒绝是否正当,应在个别具体的诉讼中,就秘密所有人因秘密开示所遭受的不利益及秘密保持的利益,与该诉讼上真实发现及裁判(程序)公正因文书提出拒绝所牺牲的不利益及秘密开示的利益等作出具体利益衡量。① 可见,双方当事人之间这种权利之间的冲突在诉讼关系上,首先表现为一方当事人在法律上所享有的商业秘密,或者个人隐私权利与法院基于发现事实真相的司法利益上的要求,从而迫使证据持有人采用适当方式提交涉及商业秘密或者个人隐私证据之间的冲突。当今社会法律的发达在一定意义上表现为权利意识的发达,这就要求司法者在诉讼过程中,不得不面对同样为立法者所设定的多元化权利之间寻找一种价值选择,这便是在利益多元化的社会背景条件下所产生的对利益衡量原则的适用。

美国民事诉讼中的证据开示程序为法院进行证据调查提供了一个不可或缺的重要平台。其中的设计理念是,用于确保在审前使得当事人获得为任何人所据有的与案件有关的所有信息,除非有关信息受到特权规则的保护。② 这就为在审理和审前准备期间所容许吸纳的信息范围得到了扩展,使得当事人与法院之间获得了对案情更好的理解平台。③ 美国有关法律还尚未将商业秘密及个人隐私列为秘匿特权的范畴,因此,在证据开示程序上,证据持有人向法院申请发出保护令时,其究竟是否享有得以拒绝开示的正当理由,法院将比较衡量证据开示的必要性与保护令申请人(即证据持有人)受保护的程度来加以判断。对于那些不适宜进行证据开示的有关信息资料,不能作出公正审理的,即使命令就申请人的证据资料有保护的必要性,法院仍会倾向于将有关事实的解明列为优先的考虑。但是,即使通过利益权衡而

---

① 参见许士宦:《证据收集与纠纷解决》,台北新学林出版股份有限公司 2005 年版,第 427 页。

② See Larry L. Teply, Ralph U. Whitten: *Civil Procedure*, Second Edtion, Foundation Press, 2000, p. 736.

③ See Richard L. Marcus, Martin H. Redish, Edward F. Sherman: *Civil Procedure—A Modern Approach*, Second Edition, West Publishing Co., 1995. p. 311.

准许对涉及商业秘密或者个人隐私的有关证据进行开示,法院也会通常采取适当措施,使得因证据开示所遭受的不利益减少到尽可能低的程度。[①]

如果一方当事人拒绝服从法院所提出要求其披露有关证据的命令时,除非在法院看来,保护该方当事人的秘密明显大于对方当事人的权利才能更有效地实现社会的公平与正义,否则法院将从这一拒绝履行的行为中作出相反的事实推论。通常而言,在这种情形下,一方当事人必须表明披露有关信息将会侵犯其基本的宪法性权利。[②] 可见,在美国,对涉及商业秘密和个人隐私的证据是否准许开示,往往是法院根据个案的不同情形在适用利益衡量原则的基础上所得出的结论。

在我国台湾地区,新修订的"民事诉讼法"已将文书提出义务提升至一般性义务,具有广泛的适用效力,它所彰显的立法导向,更向以促进事实真相发现为重心的司法利益上倾斜。但这并非意味着,有关商业秘密或者个人隐私因此就必然受到不当侵害。对此,有台湾学者指出,为了避免立法将文书提出义务一般化,导致与应予秘匿资讯的权利相冲突,在理论上应进一步明确拒绝提出理由的具体化,并使商业秘密或个人隐私的保护与正当理由的判断产生相互的关联性。尽管台湾地区新修订的"民事诉讼法"仅就一般义务的文书规定有提出拒绝权,但就其他例示的文书而言,仍应视实际情况才能加以判断。总

---

① 参见许士宦:《证据开示制度与秘密保护程序》,台湾大学 1999 年博士论文,第 79 页以下;トーマス・D・ロウ・ジユニア:《アメリカ民事訴訟における プライヴァシーおよび營業秘密の保護》(上),载《NBL》729 号(2002 年),第 60 页。转引自许士宦:《证据收集与纠纷解决》,台北新学林出版股份有限公司 2005 年版,第 381 页。

② Trade secrets are protected by the right to property, Article 14(1), and the right to data privacy, Article 2(1) of the German Constitution. Grundgesetz [GG] [Basic Law] 23 May, 1949, BGBl. at 1, § § 14(1) and 2(1). Cf. Gerhard Wagner, Datenschutz im Zivilprozess, 108 Zeitschrift für Zivilprozess [ZZP] 193, 197 (1995). The limits of these protections are somewhat hazy, but a party will have a harder time convincing the court of the need for secrecy than a non-party.

Jan W. Bolt, Joseph K. Wheatley, Private Rules for International Discovery in U. S. District Court: The U. S. -German Example, *UCLA Journal of International Law and Foreign Affairs*, Spring 2006, pp. 9-10.

之,从立法政策上来加以衡量,凡符合例示的文书,即使命令其负有提出义务,也不至于对证据持有人的商业秘密或者个人隐私造成特别危害;至于与诉讼有关的文书,因已扩大为如同证人出庭作证那样的一般常态性义务,因此,应当尤其考量其拒绝提出正当理由的具体化。① 可见,随着社会的变迁与民众权利意识的增强,法律所保护的权利已经从抽象性、意念性向更加具体性、确定性、实定性方向转化。在文书提出义务已经上升至一般性义务的前提下,这种证明协力义务势必给拒证权原本所应具备的正当性造成巨大的压力,迫使主张享用拒证权的一方当事人更加审慎地对待其权利,不得不付出更大的成本和代价来努力塑造和创设其权利的正当性理由,以便博取法官的接受度和司法上的肯认性。

关于涉及商业秘密或个人隐私证据的拒证权与利益衡量原则的适用,我国台湾学者许士宦教授认为,新修订的台湾地区"民事诉讼法"有关当事人的专业秘密或个人隐私,虽然作为文书提出拒绝的对象,但仍应以该秘密或者隐私是值得保护的,且具有保护的相当性为限。也就是说,应从是否有利于发现事实真相、促进诉讼的进行、维护裁判上的公正与秘密及个人隐私保护等这些重要价值相互冲突的基本观点,对下列因素进行斟酌并作出权衡:(1) 该事件的重要性、公共性的有无及程度上的差异;(2) 秘密及个人隐私的重大性、样态及其归属主体;(3) 该文书对于认定案件事实的重要性、必要性以及是否存在可替代性的证据;(4) 文书持有人的中立性如何,等等。就提出文书开示秘密等资讯所具有的利益与拒绝提出文书秘密等资讯所具有的利益进行综合性利益衡量,只有当前者小于后者时,才得拒绝提出,承认文书持有人隐匿资讯的自由。这种利益衡量,尽管会因事件类型及程序前后阶段的不同而有所差异,从而时常会导致其程度参差不齐之虞,并且,如果秘匿特权丧失确实性而无预测可能性,也降低其意义,但依据案件类型及程序阶段决定各因素所占比重,由裁判例逐

① 参见邱联恭教授在台湾地区"司法院""民事诉讼法"研究修正委员会第640次会议上的发言,载台湾地区"司法院"编:《"司法院""民事诉讼法"研究修正资料汇编》(十五)(1999年),第373、375、379页。转引自许士宦:《证据收集与纠纷解决》,台北新学林出版股份有限公司2005年版,第374页。

步累积而树立一定程度具体判断基准，也能克服这一问题。[①] 对此，笔者认为，现代社会权利意识的增强与扩张是社会物质产品、文化产品、精神产品乃至思想产品不断发达的产物，它是自近代社会以来人们的主体意识与平等意识逐步走向高度进化的结晶。权利意识的进步与发达系以社会利益多元化为先导，在司法过程中，当遇有同时为立法平等保护的不同主体的多元化利益时，将考验司法者的价值观念与权衡利弊的职业技能与经验智慧。徐士宦教授的上述论断，对于在实务上如何评判证据持有人的涉及商业秘密或个人隐私证据的拒证权与发现事实真相等司法利益加以权衡、取舍，无疑具有参考性的指标意义。但是，就个案而言，不同主体之间的多元化利益将因权利属性的差异对妥当地适用利益衡量原则造成重大影响。例如，商业秘密与个人隐私之间在法律的保护层次上就存在不同的品级与位阶。隐私权是人格权的重要组成部分，具有人权的基本属性，因此往往能够上升为宪法所保障的层面。商业秘密属于财产权范畴，它主要由企业法人、其他经济组织或者个人所拥有，与从属于人格权范畴的个人隐私存在重大区别，法律在对两者的保护上所采用的价值取向、保护方法、立法层次均有所不同。

对此，张新宝教授指出，在任何情况下，隐私权的价值或者合理性都无可争议地高于财产权的价值和合理性，不能为了满足或者维护部分人的某些财产权而忽视乃至牺牲全体或者部分公民的隐私权；在隐私权与新闻出版和言论表述自由的矛盾体中，因隐私权属于公民个人的权利而很少受到某些团体、行业的关注，故更容易受到侵害，因此对隐私权保护应当采取适当的“倾斜”；当隐私权与知情权发生冲突时，应当在尽可能小的范围内披露某些隐私以满足有关人员的知情权，以实现“权利协调”；对于国家官员、社会公众人物的隐私权给予较少的保护，是因为他们从社会上能够得到常人难以得到的利益。[②] 根据张新宝教授的部分上述论断，由此可以这样推演，在个案当中，当作为原告的权利人主张的是一种财产利益，该原告主张的文书为被告所持有

---

① 参见许士宦：《证据收集与纠纷解决》，台北新学林出版股份有限公司2005 年版，第 375、428 页。

② 参见张新宝：《隐私权的法律保护》，群众出版社 1997 年版，第 10—11 页。

而申请法院为此进行相应的证据调查，以有利于查明事实真相进而形成裁判的基础，在法院为此而发出的命令之下，被告负有证明协力义务。当被告以文书的提出导致其隐私权受到侵害而主张拒证权时，在通常情形下，在权衡财产权与隐私权之间的利益轻重上，自应坚持隐私权优先主义。但是，在相同的个案当中，如果被告的身份是政府官员或者社会公众人物，而原告同样是主张财产利益的权利人，在此情形下，被告的证明协力义务将因其身份上的特殊性，而以隐私权为由主张拒证权的正当性、妥适性会受到某种程度的削弱，这也是适用利益权衡原则的结果。再则，当隐私权与知情权之间发生冲突时，例如，在相同个案当中，如果被告以隐私权为正当理由而主张拒证权时，假如原告对被告所主张拒证权的正当理由即隐私权的存否存有争议，从而以主张知情权为由要求被告对有关信息加以披露，法院就应当采用某种变通的方式（如 in camera）要求被告适时出示相关证据，以便法院作出相关判断，再告知相对一方当事人；或者法院也可要求只能由双方的律师参与，以做到在尽可能小的范围内披露这种隐私。笔者认为，在实务上，为了更好地权衡双方当事人的权利和利益，以进一步明确拒证权所依据正当理由的具体化，以便法院在作出相关权衡时更加有理、有据、有节，应当赋予本应负有证明协力义务的证据持有人，对其所主张隐私权的属性、权源等细节享有声明、辩解的权利和机会。

为保护商业秘密，许士宦教授认为，应考虑如下几方面：(1) 秘密的经济价值。例如，营业秘密对于秘密所有人及竞争者所具有的价值，秘密所有人为该资讯所投的资金费用、可否以适当方法获得该资讯，或者取得新创造秘密的难易程度。(2) 利害对立愈大，为正常化所采取的特别保护措施、威胁秘密的金钱价值及危险系属愈高。(3) 秘密所有人的对方或对手知悉秘密，导致其价值下降的危险性。例如，他方或者双方是否系自己得直接利用该资讯的竞争对手，即使不能自己利用，在经济上所泄露的可利用该秘密的盖然性如何。(4) 包含该秘密的资讯对真实解明的重要程度。资讯在具体纷争判断上越重要，越有正当化保障措施，否则，如未能提供该资讯作为判决基础，即可能造成错误的判决。① 利益衡量学说是在批判概念法学的

① 参见许士宦：《证据收集与纠纷解决》，台北新学林出版股份有限公司 2005 年版，第 402 页。

基础上所提出的一种司法裁判的方法论,相比较近代社会所产生的概念法学的机械、僵化的论理与思维特征,利益衡量学说则是在现代社会脱胎于自由法学与现实主义法学的产物,具有新自然法学派的特征。它强调法官在考虑个案的案件事实时,应以普通人的立场进行,且不得违反社会常识。它实际上是赋予司法者具有造法功能。在法律适用上更加具有弹性、个性,更多地考虑到与案件背景有关的环境因素与社会价值观念对裁判结论的影响。正如日本学者加藤一郎和星野英一教授所主张的那样,在进行法解释或法的判断时,应避开现存法规、法的构成和法原则,对从属于具体事实的利益作利益衡量和价值判断,且这种情形的衡量或判断并非系从法律专家而是从普通人的立场,不得违反社会常识。[①] 在实务上,鉴于利益衡量原则的适用在裁判方法上以实质判断见长,而概念法学裁判方法上则以形式论理见长。例如,根据美国《侵权法重述》第757—759条的规定,为了在诉讼过程防止商业秘密被披露,有关这种披露的举证一般由法庭秘密举行,而不采用公开举行的方式,对举证记录予以适当保密以防泄露秘密。[②] 对此,笔者认为,即使适用利益衡量原则,也应当有效借鉴概念法学的内在严谨性,例如,由于商业秘密所设定的保护门槛较低,从而使其所适用的范围具有不确定性,并且它所覆盖的领域包括技术秘密、经营秘密和其他秘密,如持续时间很短的商业信息。因此,有必要对这些适用范围内的各种秘密加以类型化,在此基础上与利益衡量原则的适用相协调,方可更加科学、严谨、有度。实际上,在个案当中对司法者作为实质判断的有效元素加以类型化,是适用利益衡量原则的基础,而对于这些元素加以概念化、特定化、成分化则是类型化的基础。

另外,案件的类型化使得从属于不同类型的案件按照一定系统化的标准加以科学分类,使得案件管理在定性的基础上得以量化,使司

---

① 日本学者加藤一郎教授于1966年发表了题为《法解释学的论理与利益衡量》的论文,首次提出了关于利益衡量的学说。而星野英一教授则于1968年发表了题为《民法解释论序说》一文,与加藤一郎的主张相类似。由此,两位教授被公认为利益衡量学说的倡导者。参见梁慧星:《民法解释学》,中国政法大学出版社1995年版,第316—317页。

② 参见唐海滨主编:《美国是如何保护商业秘密的》,法律出版社1999年版,第36—37页。

法者能够寻求其中内在的规律创设案件流程的效率机制。事实上，案件的类型化也必然会给利益衡量原则的适用带来深刻的影响。对此，许士宦教授指出，在涉及公害、环境、商品责任等现代型诉讼事件中，作为当事人一方的企业主体或者行政主体所制作、保管的文书，对于事案的解明在证据上扮演着重要甚至无可替代的角色，但是，这些文书在其性质上均由企业主体或者行政主体所掌握，作为局外人的原告，如普通居民、消费者难以或者不能接触而知悉其内容。在这种证据构造性偏在一方的情形下，如过分重视文书持有人的营业秘密，对其承认过大的秘匿特权，则原告将无从利用该证据，不能解明事案，这样一来就无从发现真实，在诉讼上难免发生牺牲真正权利人应有的保护，而不能贯彻武器平等原则，不足以平等保护当事人的证明权，进而维持程序上及裁判上的公正。[①] 可见，不同类型的案件有可能对证据持有人所主张的拒证权造成积极或者消极影响，在权衡利弊曲直的评断上成为影响法官思维的调节器，因为，在很大程度上，它将有助于加重或者削弱商业秘密或者个人隐私权在价值选择上的分量。当原告为弱势群体的一方面临证据偏在（如证据材料的持有及相关信息的严重不对称）的情势下，如果在诉讼上具有某种优势地位（如占有庞大的社会资源或者拥有强大的社会能量）的被告以商业秘密或者个人隐私权的保护为由主张拒证权时，将严重降低这种抗辩理由的正当性与妥适性。在此，保障弱势群体的权益与平衡双方当事人之间的证据持有及相关信息的不对称性，将成为司法者适用利益衡量原则所优先考虑的要素。

然而，无论是学理上的论断抑或法律上的规定，均具有静态、抽象性的特征。在实务上，当一方当事人主张为其所持有的某一书证载明有与技术秘密或者职业秘密相关的内容时，法院应当如何应对，则实属操作层面的问题。对此，有日本学者认为，不能仅因为文书记载了一些技术秘密或职业秘密，就直接断定其具备除外事由，这种抽象的、形式主义的判断方法并不可取，法院应当从信息的种类、性质以及因该文书的提出而给持有人所带来的不利益的具体内容为基点，进行深

---

① 参见许士宦：《证据收集与纠纷解决》，台北新学林出版股份有限公司2005年版，第375—376页。

入细致的审查判断。例如，在因一起讼案所出现的相关情形时[①]，日本最高法院以原审法院并未作出具体、实质的审理判断为由，撤销了原审法院驳回提出命令申请的决定并发回重审。所谓不得抽象地认为文书内容涉及技术秘密和职业秘密便属这种情形。应当将所谓的技术秘密和职业秘密严格地限定为真正应当予以保护的技术秘密和职业秘密。就此，笔者认为，在何种内涵和构成要件之下某一书证属于技术秘密和职业秘密，应在实体上加以界定，但是，在诉讼上，一旦负有证据提出协力义务的有关当事人主张某一书证的内容与技术秘密和职业秘密有关时，该方当事人应负有与该主张责任相对应的证明责任。因为这一主张责任所涉及的对象在目的性上为不损害其特定的利益。在此，所谓对该方当事人证明责任的认定，系旨在使法院在程序上对该方当事人的主张所涉及的事实能有审查判断的机会，以便对某一书证在具体情节上是否属于技术秘密或职业秘密进行司法审查。否则假如在实务上缺乏这一司法审查程序，难免就会助长当事人任意以例外事由为借口滥用法律上所认同的保密特权。

第四节　对我国有关立法的基本思考

纵观我国的《民事诉讼法》及相关司法解释，虽然我国《民事诉讼法》第 64 条第 1 款对当事人的主观证明责任法则作出了相关规定，并且，我国最高人民法院《关于民事诉讼证据的若干规定》分别在第 2 条、第 4 条、第 5 条、第 6 条、第 73 条又分别对当事人的主观证明责任、客观证明责任及有关要件事实的证明责任分配法则作出了相关规定，由此形成了一套较为完善的证明责任分配法则体系。但是，立法者却忽视了在实务上常常会出现有关事实及证据于构造上偏在于一方当事人的情形，如果不设定相应的规则加以平衡，就很可能使当事人在履行主观证明责任过程中处于不公平状态。对此，在现代社会条件下，各国在立法上所采取的对策是，为非负证明责任一方当事人设定

---

① 参见日本最决 2000 · 3 · 10 民集 54 卷 3 号，第 1073 页。转引自〔日〕高桥宏志：《重点讲义民事诉讼法》，张卫平、许可译，法律出版社 2007 年版，第 138 页脚注。

相应的证明协力义务。如果非负证明责任一方当事人无正当理由拒不履行相应的证明协力义务,而最终被认定为系证明妨碍情事时,将对其产生不利的裁判后果。显而易见,我国现行立法及相关司法解释,在就非负证明责任一方当事人所应承担的证明协力义务上尚处于空白状态,与此相适应的是,立法及司法解释对免于构成证明妨碍情事的法定事由或者例外事由的规定亦处于空白状态。

在借鉴有关国家立法及司法判例的成果与经验的基础上,笔者有如下思考与设想:

(一) 关于有可能使证据持有人受刑事追诉或者导致其名誉受损之虞的证据

基于基本人权的宪法性保障以及根据双方当事人在法益上的利益衡量原则,在民事诉讼活动中,如果非负证明责任一方当事人在履行其证明协力义务时有受刑事追诉或者导致其名誉受损之虞的情形时,该方当事人对此应享有拒证权。对该项拒证权应在未来的立法当中加以规定。

(二) 涉及商业秘密或者个人隐私的证据

鉴于商业秘密及个人隐私在法律上缺乏统一的定义,为了公正、审慎、妥当地处理当事人之间的利害及损益关系,在考虑设定拒证权问题上,应当尽可能地从较为狭义的范畴界定商业秘密及个人隐私的基本内涵与外延领域。因为,在同时涉及两个或者两个以上为有关法律所认可和保障的权益面前,司法者不得不在揣测和斟酌立法者的立法意图的过程中,考察涉及商业秘密或者个人隐私的证据在认定案件事实上所具有的重要性、可替代性,以及如果承认这种拒证权对公正裁判涉及的社会效果将产生何种影响等。为此,法院还可在公开这类证据的全部或者其中一部分,以及采取公开或不公开审理的方式上作出适当选择,例如,仅在双方当事人的代理律师之间进行公开等。但无论如何,对涉及该项拒证权的有关内容应在未来的立法当中加以规定。

(三) 关于涉及公务员职务上特定秘密的证据或者公共机构掌握的特定证据

民事诉讼虽然涉及私权纠纷,但民事诉讼程序本身毕竟属于公法范畴,法院通过法律程序对案件事实作出认定并依法作出裁判,是以国家的名义所实施的司法行为。对有关事实和证据进行收集和调查是由法院的审判职权所决定的。文书提出命令制度系大陆法系各国所普遍使用的一种证据收集与证据调查制度,对于法院在查明事实真相的基础上作出公正的裁判发挥着不可或缺的作用。今后,一旦我国通过对现行立法的完善与修订而设置这一制度,必将在相当程度上促进目前当事人所遇到的证据资源匮乏局面的改善。随之所带来的问题便是,在文书提出命令制度架构下,如果一方当事人向法院提出申请,要求另一方当事人提交为其所持有的文书,或者要求诉讼外第三人提交为其所持有的文书,如果另一方当事人的身份为政府的公职人员或者公共机关时,或者诉讼外第三人为政府的公职人员或者公共机关时,这些公职人员或者公共机关是否可以涉及职务上的秘密并妨碍其执行公务,或者以有可能损害公共利益为由主张拒证权。对此,笔者认为,在立法时,应当在原则上规定有关公务员或公共机关享有相应的被强制提交证据的豁免权。在具体落实这一司法程序过程中,法院首先应征求有关公务员所在机关主管人员的意见,如果当事人或者诉讼外第三人为公共机关时,应征得该公共机关的上级主管部门的意见,最终是否赋予有关公务员或者公共机关享有拒证权,由法院具体审酌个案的情事后定夺。

(四) 专用文书

专用文书系制作人在制作时,其目的专供自己利用而并无对外公开的意图,为了避免对制作人主观上的自由意思及行为自由造成妨碍,在文书提出命令制度架构下,在未来的立法中应考虑规定,在原则上,制作人对专用文书不负有提出义务。当然,对于专用文书的定义及其基本范围应当加以慎重界定,在立法上应考虑司法应用上的灵活性与个案的具体情形,为此,除了考虑在原则上应使专用文书的持有人享有拒证权的同时,还应规定“除法律另有规定或者法院据情确定以外”这样的表述,以增加司法程序上的弹性与可操作性。

第五章　适用证明妨碍的法律效果

第一节　关于适用证明妨碍法律效果的概述

适用证明妨碍法律效果是证明妨碍制度当中一个十分重要的层面。在证明妨碍制度架构下，所谓适用证明妨碍法律效果是指，针对因一方当事人的证明妨碍行为而给双方当事人之间在诉讼上的证据对抗上所造成的不公平状态，立法上应当采取何种措施或者法院应当据情施加何种影响，方能在审判上使这种不公平局面得以回复，而出现的具有特定法律意义的状态。

采用何种法律效果来应对个案当中所发生的具体证明妨碍行为，是证明妨碍制度中最为核心的问题，这是因为，在很大程度上，它直接影响诉讼程序的进程乃至裁判的最终结果。甚至在许多情形下，尽管法律上赋予妨碍人有提出相应反证的机会和权利，但事实上，一旦法院认定一方当事人所实施的证明妨碍行为成立，进而判定适用某种证明妨碍法律效果，在很大程度上，这无异于提前宣布妨碍人将要承担败诉的后果。

从现代社会的发展要求来看，程序救济、法律制裁与积极预防应作为体现设置证明妨碍适用法律效果的核心价值与应用功能。这样一种三位一体的价值目标所承载的具体功能表现在：作为程序上的救济，在个案当中选用何种法律适用效果的最基本功能应在于，立足使双方当事人对于证据的利用回复至被妨碍前的状态，即在诉讼上和证据上使双方当事人能够在公平对决的状态下实现司法正义；在个案当中，选用何种法律适用效果的辅助性功能应在于，使妨碍人感到具有某种惩罚性。换言之，要使妨碍人因其在主观上具有可归责性而导致的证明妨碍行为付出相应的成本与代价，必须要使其在权衡利弊上感到得不偿失。因此，制裁与惩罚可以被理解为设计证明妨碍法律适用效果的技术性功能与策略性功能。例如，在美国的一些州，有关法院在应对证明妨碍行为上采用种类繁多的法律原则。作为处置证明妨碍行为的基本救济方式,首先可采用审前证据开示处罚措施;其次,可采用对证明妨碍人作出不利的推论;第三,因一方当事人故意和/或过失从事证明妨碍行为,而为此接受另一方当事人所提出的独立侵权之诉。①

从社会经验及实证角度来看,针对一方当事人因过错而实施的证明妨碍行为,其所施加的法律适用效果,如果仅仅能够发挥使双方当事人对证据的利用回复至被妨碍前的状态这样一种效用,将促使妨碍人形成这种观念,即妨碍的后果并不比未被妨碍而提出该证据将要形成的不利益显得更为严重,其后果将形成恶性循环。因此,只有在适用法律效果上含有制裁与惩罚的因素,才能够有助于实现设置证明妨碍制度的初衷与本旨。最后,积极预防应当作为施加证明妨碍适用法律效果的战略性功能,使得任何潜在的妨碍人对妨碍行为所预期产生的法律后果怀有畏惧的心理状态。正如有学者所言,事实上,法院通常追求预防的目的远较追求惩罚的目的展现出更大的力度。②

无论在立法上还是在司法上,设置或施加何种证明妨碍法律适用效果,应当考虑这样几种要素,即对被妨碍人所造成不公平的程度、妨碍人的主观归责状态、妨碍行为涉及妨碍证据的重要性、妨碍行为所造成的证明困难度、公共政策上的考量以及个案的具体情形。

在大陆法系各国,根据有关立法、判例及理论学说,证明妨碍适用法律效果的实现方式主要包括,采用各种公法措施对证明妨碍行为进行制裁、证明责任转换、司法拟制(推定)、降低证明标准、直接作出终局判决以及排除妨碍人所提出的证据等。从比较法的角度来观察,针对个案当中所出现的证明妨碍情形,具体选择采用何种证明妨碍法律适用效果,许多国家是采取由法院对被妨碍人所提出的证据,以及根据妨碍人的妨碍行为进行法律上的评价之后才作出最终判定的。

相较而言,在英美法系有关国家,当审理案件的法院确认一方当事人在正在进行的诉讼过程中实施了证明妨碍行为时,该审理法院可

---

① Cecilia Hallinan, Balancing The Scales After Evidenceis Spoiled: Does Pennsylvania's Approach Sufficiently Protect The Injured Party? 44 *Vill. L. Rev.* 950 (1999).

② *Robinson v. Transamerica Ins. Co.*, 368F. 2d 37, 39 (10th Cir. 1996). 转引自黄国昌:《民事诉讼理论之新开展》,北京大学出版社 2008 年版,第 228 页。

以启动相关程序来处置这些证明妨碍行为。这些相关的程序可包括刑事诉讼程序、独立的侵权之诉程序和职业规范程序。这些程序将由一方当事人而不是由审理法院发起。采取这些具有可行性的应对措施可基于实体法规范、先例判决,以及对不当职业行为提出控告进行调查的适当机制。①

例如,在美国,证明妨碍原则同时体现在刑事法和民事法领域。在刑事法律制度上,涉及阻碍实现社会正义的实体法条文当中表达的是毁损证据,但是,按照妨碍司法的刑事实体法规范对证明妨碍行为追究的范围不能覆盖涉及构成证明妨碍行为的所有领域。有些法院表达了这样一种关切,现行的涉及妨碍司法行为的实体法规范不足以防止证明妨碍行为。刑事法律制度所存在的这种诟病,使得在民事法律上另加采用妨碍措施显得实有所归。② 近几十年来,美国各地的法院对证明妨碍行为采取了愈加严厉的处罚措施。③ 如果这种趋势能够持续下去,将会促使惩罚证明妨碍行为诞生新的举措,其中包括对证明妨碍行为产生独立的民事侵权行为的诉讼类型。④ 从目前的情况来看,因惩罚证明妨碍行为所产生的法律效果包括:(1) 在发生的民事诉讼案件中实施处罚措施;(2) 设定独立的法律责任;(3) 按刑事犯罪处罚;(4) 按照违反职业纪律处罚。⑤

在西方许多国家,由于诉讼的高度职业化,使得律师强制代理制度成为一种常态。实践证明,由于律师的报酬与诉讼的结果挂钩,受利益驱动的直接影响,当事人的许多证明妨碍行为与律师的直接或者

---

① Drew D. Dropkin, Linking The Culpability And Circumstantial Evidence Reqirements for the Spoliation Inference. 51 *Duke L. J.* 1810,1812(April, 2002).

② Bart S. Wilhoit, Comment, Spoliation of Evidence: The Viability of Four Emerging Torts, 46 *UCLA L. REV.* 649-51 (1998).

③ Scott S. Katz & Anne Marie Muscaro, Spoilage of Evidence-Crimes, Sanctions, Inferences and Torts, XXIX, *Tort & Ins. L. J.*, 50 (Fall 1993).

④ The trend to adopt a "new" tort of spoliation continues. As recently as December of 1999, the Montana Supreme Court adopted as an independent cause of action the torts of intentional and negligent spoliation of evidence. See *Oliver v. Stimson Lumber Co.*, 993 P.2d 11, 11 (Mont. 1999).

⑤ Laurie Kindel, Kai Richter, Spoliation of Evidence: Will the New Millennium See a Further Expansion of Sanctions for the Improper Destruction of Evidence? 27 *Wm. Mitchell L. Rev.* 692(2000).

间接的授意或者操纵有关。在法院看来，律师故意毁灭与审判有关联的证据被认为是严重的不道德行为。[①] 因此，凡律师从事或者协助他人实施证明妨碍，除了受到其他处罚之外，还要受到职业规范的制裁。[②] 在美国，根据美国律师协会《职业行为示范规则》第3.4条规定：律师违反妨碍另一方当事人获取证据或者单方变造、毁灭或者隐匿书证或者其他具有潜在证明价值的物证材料。律师不得建议或者协助他人从事此类行为。[③] 尽管根据第3.4条被指控为具有不当行为的情形鲜有发生，但是，如果违反该规则第3.4条的规定将导致实施严厉的制裁，其中包括取消律师执业资格。[④] 对此，笔者认为，美国的这种做法值得借鉴。这是因为，在律师代理制度架构下，虽然作为被代理人的当事人与案件事实本身具有直接的利害关系，从而使其在天性上就存在尽可能给对方当事人利用有力证据证明有关事实主张造成障碍的动机，但是，从职业道德的要求层面而言，作为代理人的律师应当告诫其当事人，如果蓄意妨碍对方举证所可能产生的法效果之适用，而不是怂恿其当事人从事这些违法行为，如果律师反其道而行之，则有违职业操守，损害其职业形象及行业声誉，理应受到惩戒。

第二节　因被妨碍证据内容与被妨碍人之间的远近距离不同所产生的法律适用效果

在此所称被妨碍证据内容与被妨碍人之间的远近距离主要是指，在发生证明妨碍情形之前，被妨碍人是否知悉或者是否曾经参与过被妨碍证据的实际形成过程，由此而决定被妨碍人是否有能力主张被妨碍证据的内容所产生的法律意义上的空间距离。换言之，这种在法律意义上的远近距离也可被理解为，有关当事人是否存在提供该证据的便利条件，即被妨碍的证据是否曾经处于其实际控制或支配的空间领域之内。为此，可以从以下几方面进行探讨。

① *In re Williams*, 23 *N. W.* 2d 4, 9 (Minn. 1946).

② *Federated Mutual*, 456 *N. W.* 2d at 437.

③ Minn. R. Prof. Conduct 3.4.

④ *Cedars-Sinai Med. Ctr. v. Superior Court*, 954 P.2d 511, 518.

一、被妨碍人因负担证明责任所提供的证据与待证事实之间的证明关系

在诉讼上，当一方当事人所提出的诉讼请求（包括本诉与反诉）依据的事实主张为对方当事人所抗辩，由此形成的事实争执点被法院纳入审理范围时便形成案件的待证事实（又称系争事实或应证事实）。通常而言，法院对某一待证事实的确认，主要取决于双方当事人的证明活动以及由此产生的证明效果。即法院需要通过对双方当事人提供的本证与反证经过自由心证，或者说，对有关证据进行自由评价后才能形成一种内心确信。从法院心证的具体形态而言，主要包括三种类型：(1) 有利于负本证证明责任一方当事人积极的内心确信；(2) 不利于负本证证明责任一方当事人消极的内心确信；(3) 无法获得某种内心确信的事实真伪不明状态。其中前两个类型属于内心确信状态，而后一个类型则属于内心不确信状态。

法院对负有证明责任一方当事人所主张的待证事实形成积极的内心确信，通常会基于不同的情形：有时负有证明责任的一方当事人提供有若干个证据，或许这些若干个证据均属于间接证据，由法院根据这些间接证据所形成的证据链条，结合经验法则、庭审辩论情形、个案的具体情节等综合形成的心证。在此情形下，法院就有关待证事实获得某种积极确信是基于这些元素的综合感悟。有时负有证明责任的一方当事人提供有一个主要证据及若干个辅助证据。在此情形下，如果欠缺了其中的主要证据，则其他若干个辅助证据因证明力较为薄弱，而无法使法院形成有利于负本证证明责任一方当事人的积极的内心确信。有时负有证明责任的一方当事人仅提供一份证据就能有利于证明某一待证事实，这种情形主要发生在法律关系单一的债权债务事件中，例如，借款凭证、欠款收据、借物清单、保管凭据等。在此情形下，法院即可根据其中的某单一证据对某一待证事实形成内心确信。通常而言，这些单一的证据为某一场景下的交易习惯所支配。这种情形还发生在当某一证据方法成为法院不可替代的手段，用以查明当事人之间的争议，例如专业鉴定、账目审计等。另外，在上述许多情形下，负有证明责任的一方当事人所提供的证据能否使法院从中获得对其有利的积极确信，还要取决于相对一方当事人所提出反证的证明力度。即相对一方当事人提出的反证所形成的证明力度较大时，这就同

时要求负有证明责任的一方当事人所提出本证的证明力度有更高的标准。对于一般财产纠纷案件而言,通常需要达到70%至80%以上的盖然性的证明度。①

二、因被妨碍证据内容与被妨碍人之间的远近距离对设计证明妨碍适用法律效果所产生的影响

正如上述所提及的那样,除非某一诉讼涉及案情简单、法律关系单纯,否则,在许多情形下,为法院所确认某一待证事实而形成内心确信所必要的元素可能是多种多样的,这些元素包括主要证据、辅助证据、某些行规或者交易习惯、庭审辩论情形、个案的特别情节等。其中的主要证据在数量上可能为一个或者若干个。

另外,不仅负本证证明责任一方当事人的举证行为与证明活动对法院就某一待证事实形成内心确信形成实质性的影响,而且,相对一方当事人就其事实抗辩所提出的反证及证明活动,同样对法院这一内心确信形成实质性的制衡影响。可见,当我们研究和探讨证明妨碍制度的特定情形时,必须对此有一个清醒的认识,否则所进行的论证和得出的结论只能是"见木不见林"般的狭见与短视,不能正确表达证明妨碍制度在整个诉讼过程和审判系统当中的地位与作用。

在诉讼过程中,当某一证据因受妨碍而未能在审判上呈现其内容时,假如被妨碍人并未实际参与该证据形成过程而对其内容加以主张时,所遇到的难点问题便是,如何判断该证据与待证事实之间的关系,即该证据对待证事实的证明价值。诚然,不可否认的是,当某一证据因受妨碍而未能在审判上呈现其内容时,假如被妨碍人曾实际参与该证据形成过程而对其内容加以主张时,自可推论被妨碍人所主张的有关该证据的内容或性质为真实,以示对妨碍行为的惩罚或制裁。因为有时,为被妨碍人所主张的有关该证据的内容或性质,经法院的审查判断并非真实。这种适用法律效果的设计不过是为妨碍人提供了一种警示性选择,即在被妨碍人曾经参与该证据形成过程的背景条件下,妨碍人从事妨碍行为的企图是徒劳和愚蠢的,由此所产生的法律适用效果,将在矫正的力度上具有"宁重勿轻"的预期,以体现制裁的效果,同时兼有预防性的功能。

---

① 这样一种高度的盖然性证明标准通常为大陆法系国家所采用。

当我们意识到,某一证据或者证据方式在许多情形下,只是负有本证证明责任的一方当事人证明其事实主张的众多元素之一,在此有必要强调,设置证明妨碍制度的初衷在于,因妨碍人的妨碍行为有碍于法院判断某一特定证据与待证事实之间的证明关系,为了填补欠缺该证据的已然证明状态与如未欠缺该证据的应然证明状态之间的落差,从而以回复当事人间公平地利用证据资源作为证明妨碍法理运作的最主要目的。但是,因无从确定该证据的内容,从而就难以明确地判断如该证据存在将对待证事实的认定产生何种影响。对此情形,日本有学者指出,一般将认定真实的对象限定为被妨碍人关于该证据内容的主张的论理,并不具有完全的说服力,而被妨碍者关于特定证据内容的主张,一般较为简洁,与由法院直接可借助该证据相较,将因欠缺实际的魅力而缩减其原有的证据力。[①] 可见,这种观点是从法院对该证据的内容与有关待证事实之间证明关系的角度,来认识被妨碍人关于主张特定证据内容的局限性。也就是说,由法院直接借助该证据对待证事实作出证明关系上的判断,对形成内心确信更具价值。笔者认为,这种局限性现象的存在,是基于被妨碍人曾实际参与该证据的形成过程这样一种事实,应当被视为设计证明妨碍制度适用法律效果的应有之意。因为,假如被妨碍人并未有曾实际参与该证据的形成过程这样一种事实,在客观上也就不存在主张特定证据内容的可能性。特别是对那些证据内容简单且宜于长期保留记忆的情形,例如欠款字据、物品借据、保管凭证等。当然,即使被妨碍人有时虽曾实际参与证据的形成过程,并且当时确实知晓该证据所载明的内容,但该证据系一份内容繁杂的文书,随着时间的流逝,被妨碍人无法全面、准确地保留当时的记忆。在这种情形下,应比照被妨碍人未曾参与该证据的形成过程的情形来确定证明妨碍的法律适用效果。

对此,黄国昌教授认为,在未明确获知该证据内容的情形下,就该证据内容(及与其所针对的待证事实)作有利于被妨碍人主张的推论,从性质上讲,这是将无法确定该证据内容的不利益,划归由妨碍人来承受。就此不利益的分配,在一般证明责任分配规则支配下,原应由

---

① 参见〔日〕高桥宏志:《重点讲义民事诉讼法》(下),有斐阁 2004 年版,第 178 页。转引自黄国昌:《民事诉讼理论之新开展》,北京大学出版社 2008 年版,第 251 页脚注。

负证明责任的被妨碍人加以承担,即无法提出该证据以支持其事实主张。而在出现证明妨碍的情形下,则改由妨碍人承受。就这一不利益分配的转换,其正当性的基础应来源于妨碍人对提出、保存义务的违反,而这正是妨碍人主观归责性的“有无”发生作用的场域。也就是说,当因可归责于妨碍人的事由导致被妨碍人无法利用该证据,而法院未能获知该证据的内容,则无法确定该证据内容的不利益,在此转由妨碍人承受,使得法院可认定被妨碍人关于该证据的主张为真实。① 即在此情形下,因无法确定该证据的内容而不可避免地造成一种不利益后果,既然这种状态是由妨碍人的行为所致,故由其承受这种不利益后果是一种公平的处置方法,它有利于实现设定证明妨碍制度政策目标上的总体要求。

邱联恭教授在论述台湾地区“民事诉讼法”第 345 条②时指出,在举证人与文书的作成过程或文书的内容事实,在物理上或社会上相当接近,而客观上可期待该举证人知悉或者推知该文书所记载的具体内容等情形,为避免举证人取得超过文书经提出后所可得的利益,导致违反公平,当持有文书的一方不服从文书提出命令时,应止于拟制举证人(对方当事人)所主张的文书内容为真实即可,而不应拟制其主张的待证事实为真实。③ 但是,在举证人与文书所记载的内容事实相距较远,而客观上难以期待该举证人知悉或合理推知该文书的具体内容等情形,宜认为可拟制举证人所主张的应证事实为真实,才能对拒不提出文书的情形发挥有效的制裁作用,而避免有害于公平。④ 对此,姜世明教授评价称,这一观点基本上符合证据法上危险控制理论与比例原则的考虑。但如果是基于公平与制裁的思想基础,似乎对法效果所涉及对象的选择上,也有将上述主观可归责性的程度与因证明妨碍所

---

① 参见黄国昌:《民事诉讼理论之新开展》,北京大学出版社 2008 年版,第 253 页。

② 我国台湾地区“民事诉讼法”第 345 条规定:“当事人无正当理由不从提出文书之命者,法院得审酌情形认他造关于该文书之主张或依该文书应证之事实为真实。前项情形,于裁判前应令当事人有辩论之机会。”

③ 参见姜世明:《新民事证据法论》,台北学林文化出版事业有限公司 2003 年版,第 307 页。

④ 同上书,第 307 页。

致举证困难等因素予以综合判断的实益。[①]

就上述观点，笔者认为，有必要指出的是，在证明妨碍制度中，因依被妨碍人能否实际主张被妨碍证据的内容为标准，从而产生两种截然不同的法律适用效果，即：(1) 当被妨碍人曾经有接触过被妨碍证据的经历，或者曾经处于被妨碍证据形成过程的情形下，可认为被妨碍人在客观上有条件主张被妨碍证据的内容。在这种情况下，作为证明妨碍法理上的法律适用效果是，当被妨碍人主张被妨碍证据的内容时，法院可据情推论为其所主张的证据内容的真实性成立。当然，即使在这种状态下，究竟对该证据与有关待证事实的证明关系应当如何加以评价，仍由法院的自由心证来确定。我国最高人民法院《关于民事诉讼证据的若干规定》第 75 条规定即属于这种情形，也就是说，受妨碍人所表述的证据内容显然不利于实施证明妨碍行为的一方当事人。(2) 当被妨碍人未曾有过接触被妨碍证据的经历，或者并未曾经处于被妨碍证据形成过程的情形下，如何产生证明妨碍的法律适用效果，将视个案的不同情形作出不同的判定。鉴于个案的情形不同，似应产生不同的效果，而不必采取统一的标准。在此，有必要指出的是，只要产生证明妨碍的法律适用效果，将意味着对妨碍人造成某种不利益，但作为必要的前提条件，之所以将会给妨碍人造成某种不利益，是因为，妨碍人在法律上具有某种可归责性，即妨碍人违反了某种法定义务，或者至少违反了某种具有法律意义上的义务。基于妨碍人在法律上所具有的可归责性来源于对主观状态的识别，按照严重程度可依此划分为故意、重大过失、一般过失和轻微过失。虽然证明妨碍制度本身所针对的是妨碍人的妨碍行为，但究竟妨碍人的行为是受其主观心理状态所支配，因此，从主观外在化的角度来看，在主观上妨碍人有何种心理状态，在客观上就会支配何种法律意义上的证明妨碍行为，有何种法律意义上的证明妨碍行为，就应当产生何种法律适用效果。

---

① 参见姜世明：《新民事证据法论》，台北学林文化出版事业有限公司 2003 年版，第 307—308 页。

三、因被妨碍证据的内容与被妨碍人之间的远近距离不同所产生法律适用效果的实证分析

在实务上,因被妨碍证据的内容与被妨碍人之间的远近距离不同所产生的法律适用效果可分为如下两种情形。

（一）被妨碍人曾经有接触过被妨碍证据的经历,或者曾经处于被妨碍证据形成过程的情形

以下就被妨碍人曾经接触过被妨碍证据的经历,或者曾经处于被妨碍证据形成过程的财产纠纷案件作一分析:

类型一:某甲将其财物寄存某乙处,因其保管提取单据丢失,事后某甲要求提取财物遭某乙拒绝。在诉讼上,负有主张及证明责任的某甲仅提供一份行李保管凭据,就能有利于证明其所提出的事实主张,即某甲与某乙之间存在行李保管合同法律关系的事实。当某甲向法院提出申请,要求某乙提供保管提取单据底联来证明其事实主张即案件待证事实时,如某乙拒不提供,在此情形下,法院可据此推论(拟制)某甲主张的证据内容的真实性成立。基于作为证据的保管提取单据(底联)内容简单明了,当法院在评估该证据与待证事实的证明关系时,法院仅依据该证据就可认定被某甲所主张的待证事实为真实。实际上,在该种类型的案件中,只要被妨碍人能够主张证据的确切内容,法院在推论被妨碍人主张证据内容的真实性成立的同时,就等同于产生拟制其主张的待证事实为真实的法律效果,除非相对一方当事人提出有力的反证。

类型二:当负有证明责任的一方当事人提供有若干个间接证据,法院只有根据这些间接证据所形成的证据链条,并结合经验法则、庭审辩论情形等综合元素,才有可能对案件的待证事实形成内心确信。在此条件下,因妨碍人的妨碍行为导致被妨碍人仅能够主张被妨碍证据的内容,鉴于被妨碍人实际参与过该证据的形成过程,法院可据此推论为被妨碍人所主张证据内容的真实性成立。在这种类型的案件中,对案件待证事实能否予以确认,是建立在就若干个间接证据进行评价所获得心证基础上的,同时,还取决于相对一方当事人能否提出反证来抵消本证的证明效力。因此,这种类型的案件有可能派生出如下情形:(1)被妨碍人所妨碍的间接证据与其他间接证据结合起来,

法院据此可认定对被妨碍人有利的待证事实,尽管相对一方当事人也提出相应的反证,仍不足以抵消被妨碍人所提出本证的证明效力。在这种情形下,假如缺乏被妨碍的那份间接证据,法院对有利于被妨碍人的待证事实的认定将无法达到必要的证明度如70%至80%以上,而仅为65%,相对一方当事人的反证所显示的盖然性为40%。可见,在这种情形下,如果欠缺被妨碍的那份间接证据,将产生被妨碍人的举证不能。而当被妨碍人主张的那份被妨碍的间接证据内容的真实性成立时,法院对有利于被妨碍人的待证事实的认定将达到必要的证明度如70%至80%以上。(2)假如缺乏被妨碍的那份间接证据,法院对有利于被妨碍人的待证事实的认定将无法达到必要的证明度如70%至80%以上,仅为65%,而相对一方当事人的反证所显示的盖然性为50%左右时,在这种情形下,如果欠缺被妨碍的那份间接证据,将产生对被妨碍人有利的待证事实真伪不明状态的出现。而当法院认为被妨碍人主张的那份被妨碍的间接证据内容的真实性成立时,法院对有利于被妨碍人待证事实的认定达到证明度的70%至80%以上,才有可能作出对被妨碍人有利的裁判。(3)假如不欠缺被妨碍的那份间接证据,法院对有利于被妨碍人的待证事实的认定也无法达到必要的证明度要求时,因不符合证明妨碍的必要构成要件,故不会产生证明妨碍问题。

类型三:在负有证明责任的一方当事人提供有一个主要证据及若干辅助证据的情形下,法院只有根据这一主要证据及若干辅助证据,并结合经验法则、庭审辩论情形等综合元素,才有可能对案件的待证事实形成内心确信。这种情形有可能派生出如下现象:(1)假如欠缺被妨碍人所提供的这一主要证据,将导致法院对被妨碍人有利的待证事实的认定不能达到必要的证明度要求,如仅为60%;而当法院推论被妨碍人主张的那份被妨碍的主要证据内容的真实性成立时,法院才有可能作出对被妨碍人有利的裁判。(2)假如欠缺被妨碍人所提供的其中某一个辅助证据,将导致法院对被妨碍人有利的待证事实的认定不能达到必要的证明度要求,如为70%以下;而当法院推论被妨碍人主张的那份被妨碍的辅助证据内容的真实性成立时,法院才有可能作出对被妨碍人有利的裁判。(3)假如欠缺被妨碍人所提供的其中某一个辅助证据,将不会影响法院对被妨碍人有利的待证事实的认定要求达到必要的证明度要求时,因不符合证明妨碍的必要构成要件,故不会产生证明妨碍问题。

（二）被妨碍人未曾有过接触被妨碍证据的经历，或者并未曾经处于被妨碍证据形成过程的情形

类型一：负有证明责任的一方当事人仅提供一份证据就能有利于证明某一待证事实时，如果被妨碍人因并未参与该证据的实际形成过程而无法主张其内容的，法院可据情推论对被妨碍人有利的待证事实的真实性成立。对此，如果相对一方当事人（在大多数情况下系妨碍人）主张该待证事实的真实性不能成立时，由其对该待证事实的真实性不能成立的主张负担证明责任。在这种情形下，是通过法院拟制对被妨碍人有利待证事实的真实性成立，而在当事人之间借助转换证明主题转换了相应的证明责任。这是因为，在此情形下，因法院经根据被妨碍的证据就可认定对被妨碍人有利的待证事实的真实性成立，且被妨碍人也无提供其他证据的必要与可能，法院也无根据其他证据推论被妨碍证据内容的可能性。因此，通过这种转换机制，可使被妨碍人就有利于妨碍人待证事实的真实性不能成立的主张负担证明责任，实际上等同于要求被妨碍人对因其行为所妨碍的证据内容的真实性加以证明。

该类型案件还可参见台北地方法院 2003 年简上字第 426 号判决。[①] 在该案中，原告（即雇主）甲诉请被告（即受雇人）乙依工作规则赔偿其所招揽刊登广告的厂商所未付款的金额。就系争编号七的款项，被告抗辩称，原告已同意由其他的广告业绩处理，并对此其负有证明责任的事项申请命原告提供出刊明细以供比对。在原告拒绝提供出刊明细时，法院在无其他证据可证明该出刊明细的具体内容的情况下，便采认被告抗辩事实为真实，而驳回原告这部分请求。

类型二：某饲料公司给某养鱼场常年供应饲料。一次，该养鱼场向鱼类投放饲料后发现鱼类出现大面积死亡现象。饲料公司得知后立即赶往养殖场查看，并以查验为名将该批所供的除投放后剩余的饲料全部装车运回。于是，养鱼场等待饲料公司向其赔偿。几周后，该饲料公司通知养鱼场：经化验后查明，该批饲料并无质量问题。为此，

① 源自台湾地区“司法院”法学资料检索系统。转引自黄国昌：《民事诉讼理论之新开展》，北京大学出版社 2008 年版，第 257 页。

双方发生争议。两个月后，养鱼场向法院起诉，要求饲料公司赔偿其损失。在诉讼中，根据养鱼场的申请，法院决定委托鉴定机构对鱼饲料的质量进行专业鉴定。在提供检材问题上，养鱼场拒绝采用饲料公司提供的鱼饲料，养鱼场认为，将饲料公司提供的鱼饲料作为检材，无法证明这些检材确系属于那一批由其全部运回的鱼饲料。对此情形，法院应当如何处理？笔者认为，在本案中，在发生鱼类大面积死亡事件之后，饲料公司应当将与此相关的剩余饲料采取适当的程序进行封存，以便保全证据，但饲料公司当时却以查验为名将该批剩余的饲料全部装车运回，这种行为使法院就本案不能通过鉴定对案件的待证事实进行认定，故已构成证明妨碍。在此情形下，法院可据此推论为，养鱼场所主张的待证事实的真实性成立。

根据台湾地区士林地方法院2003年简上字第82号判决[①]，在该案中，反诉原告甲诉请反诉被告乙赔偿因乙所售汽油的瑕疵而造成甲怪手的损害，其待证事实为系争机油是否存在瑕疵及与损害之间的因果关系，证明责任由甲负担。在准备期日中，双方均同意法院所作对系争机油及怪手进行测试的决定，但嗣后乙拒绝提供系争机油进行测试，法院在认定乙的故意证明妨碍行为后，在无其他证据可证明瑕疵及因果关系的情形下，便认定甲的主张真实，而判决甲胜诉。

根据台北地方法院2001年诉字第1818号判决[②]，在该案中，被告根据契约为原告设立网络应用软件系统，原告主张该系统出现有不能运作的重大瑕疵而解除契约，遂起诉请求被告返还所受领的款项。就该系统是否存在重大瑕疵的争点，由原告负证明责任并不存在何种疑问。在诉讼中，原告虽然提供了数份有关“系统测试记录”和“验收报告”作为证据，但被告予以否认，被告申请命原告提出系争软件系统所架设的原计算机设备供安装，以测试该软件系统有无重大瑕疵。原告虽当庭对进行测试并未表示异议，但竟在预定测试前一日，将该计算机设备出售给他人，致使被告无从测试是否其所架设的软件系统存在重大瑕疵。为此，法院在判决原告败诉的判决理由中表述：本件系争软件系统是否有不能运作的重大瑕疵，既然尚有待于双方当事人进一步就原设备加以鉴定的必要，经被告申请命原告提出原计算机设备，

① 源自台湾地区“司法院”法学资料检索系统。转引自黄国昌：《民事诉讼理论之新开展》，北京大学出版社2008年版，第257页。

② 同上书，第244页。

以测试该软件系统有无瑕疵及是否重大而不能修复。原告竟于庭讯前一日故意将该计算机设备出售给第三人，致使无法鉴定，况且经法院发函给信息工业策进会查明是否有可资对测试网站功能进行鉴定的设备，该会也函复称，无此设备可资进行鉴定。显然可见，原告有妨碍被告使用该计算机设备，并因而致使被告难以使用来进行测试鉴定的情节，根据台湾地区"民事诉讼法"第 282 条之一的规定，应认定被告所抗辩系争软件系统无瑕疵的事实为真实。

对此，黄国昌教授认为，对被告所存在不公平性的核心表现在因该计算机设备的不存在，致使被告无法在其上测试系争软件系统，以驳斥原告所作该系统有重大瑕疵的主张及证明，而这一不公平性是不会随着原告是出于故意、重大过失甚或轻过失使该计算机设备灭失而造成任何改变，无论原告主观可归责性高低，在现实上均系造成被告无法使用该证据的状态，对被告均产生相同的不公平。[①] 对此，使妨碍人承担因自己行为所造成证据灭失的不利益效果，方可符合证明妨碍所要达成的回复当事人间公平的立法本旨。简而言之，为回复当事人间公平所作证明妨碍效果的选择，最重要的并非在于妨碍人主观归责性的高低，而在于妨碍行为对被妨碍人所造成不公平的程度，这一不公平的程度主要是由该证据的重要性、被妨碍人通过其他证据方法进行证明的可能性等因素加以判断的。[②]

黄国昌教授认为，从该案例事由及判决理由中可见：(1) 判决中虽称"被告抗辩事实"为真实，而由法院将重大瑕疵的证明责任交由原告来承担，其真正的意思是被告否认有瑕疵的主张为真实。(2) 判决理由中并未明确说明法院究竟是因依据原告所提出的测试报告尚不能满足原告所负的证明责任，还是因原告证明妨碍的行为致使法院作出该系统无瑕疵的事实认定。而从法院判决理由中的陈述来看，似乎以后者为据。如果基于本证未成功则无进行反证的必要这一传统原则，似可为相同的推论。既然并非如此，法院最初根本就无准许被告所作鉴定申请的必要。(3) 法院虽未明确区别关于该证据的主张与

---

① *Cincinnati Insurance Co. v. Genwral Motors Corp.*, NO. 94OT017, 1994 Ohio App. *LEXIS* 4960B(*Ohio Ct. App.* Oct 28, 1994). 转引自黄国昌：《民事诉讼理论之新开展》，北京大学出版社 2008 年版，第 248 页脚注。

② 参见黄国昌：《民事诉讼理论之新开展》，北京大学出版社 2008 年版，第 248 页。

依该证据应证的事实,但就如同在本案的案例类型中,并无从就此二者进行有意义的明确区别,被告所想借此证据方法显示的就是该系统无瑕疵的事实。(4) 由原告在测试之日前将该设备出卖的事实,可较容易推论原告存在故意,而基于这一证据方法内容与待证事实的高度重合性,该证据的重要性也毋庸置疑。(5) 根据资策会的复函,法院进一步确认已无其他方法对此待证事实进行鉴定,在妨碍人的主观可归责性高、该证据的重要性高且无可替代性的要件具备的情况下,法院课予最强烈的认定被告所为无瑕疵的主张为真实的法效果,具有充足的正当性基础。然而,从另一个角度来看,正是因为所有的要件均已齐备,致使法院丧失了一个探索各个要件的终极界限及互动关系的良好机会。①

对此,笔者认为,在台北地方法院 2001 年诉字第 1818 号判决所涉及的案例中,在诉讼过程中,假如被告只提出抗辩主张而不提出反证,或许法院根据原告提出的证据,经过自由评价形成具有一定盖然性的内心确信,就会作出对原告有利的判决。但当被告提出对软件系统进行测试,以便作为其反证的证据方法时,法院原本已形成对原告有利的内心确信便会遭受挫折,因为这使法院认识到,被告所提出的这种用于反证的证据方法有助于其从相反角度来印证原告所提供证据的可靠性。假如测试的结果与原告提供证据的内容相吻合,无疑将倍增法院作出对原告有利判决的决心;假如测试的结果与原告提供证据的内容相悖,即使这种测试的结果在法官看来尚不能形成压倒性的盖然性,只要使得待证事实出现真伪不明状态,法院将作出对原告不利的裁判。但原告在事后不久很快将该计算机设备售与他人,致使法院对进一步查明本案事实真相的这种期待落空,并且经法院发函给信息工业策进会后查明,客观上并不存在具有可替代性的设备予以弥补,此时,因不能通过软件系统进行测试而取得相应的测试结果,必将产生一种不利益的后果,故此,法院通过判决原告败诉使其承受这种不利益的后果,恰好符合设置证明妨碍制度的本意。

假设在上述案例中,该计算机设备的灭失是在测试前一日因原告未将办公室门锁好而遭他人盗窃,法院应当如何处理?对此,黄国昌

① 参见黄国昌:《民事诉讼理论之新开展》,北京大学出版社 2008 年版,第 245—246 页。

教授指出，在这种情形下，对被告所造成的不公平并无二致，法院有何理由施加不同的法律效果？按照在这两种情形下真正的区别来看，则是在原告故意不提出的情形下，法院可依“因该证据对其不利故原告才不提出”的经验法则，推论该软件系统无瑕疵的事实，而在遭受盗窃时则并非如此。但是，如前所述，台湾地区“民事诉讼法”第282条之一的法律基础，不论是立法理由中的说明或者目前学术上的阐释，均非根植于所谓经验法则之上，法院在其判决理由中也并非是基于这种经验法则推论无瑕疵的事实。据此，在该证据方法的重要性及其无可替代性恒定不变的情况下，为贯彻回复当事人间公平的证明妨碍的核心价值，无论当事人主观可归责性的高低，在负有证明责任当事人违反其证据保存义务时，法院实应采取相同的证明妨碍的法效果。[①] 当负证明责任当事人所妨碍的证据，对不负证明责任当事人的反证活动具有高度重要性，且无从由其他的证据方法进行有意义的反证活动时，只要系可归责于负证明责任当事人所致，不论其主观可归责性高低，即应课予相同的不利效果。[②] 对于这种负证明责任当事人的证明妨碍类型，黄国昌教授认为，较佳的处理模式应属美国法上的证据排除的效果。但是，在我国台湾地区目前现行法欠缺这种法律效果的情形下，仅可通过法院认定被妨碍人反证主张真实的方法加以处理。[③]

针对上述这种观点，笔者认为，在该案中，无论原告是基于故意还是过失而导致计算机设备的灭失这一事实发生，在客观上对被告所造成的不公平后果并无不同，但是，在一般意义上，发生证明妨碍制度的法律适用效果应当具有其自身的正当性。也就是说，这种正当性的基础应当与妨碍人所实施的证明妨碍行为及其所造成的后果相适应，即采用何种法律适用效果取决于妨碍人实施证明妨碍行为的性质及其所造成的后果。在该案中，由于对软件系统进行测试性鉴定作为证据方法具有不可替代性，因此，无论妨碍人实施证明妨碍行为的性质如何，其后果并无不同。但是，妨碍人所实施证明妨碍行为的性质，取决

---

① 参见黄国昌：《民事诉讼理论之新开展》，北京大学出版社2008年版，第248页。

② 同上书，第250页。

③ 同上。

于该行为在法律上的可归责性，即当证明妨碍行为的发生在妨碍人主观上表现为过失而并非故意状态下，适用何种证明妨碍法律效果的正当性基础自应有所不同。一方面，它体现了采用证明妨碍的法律效果应有不同选项的客观性要求与现实可能；另一方面，也体现了不同的法律效果自应具有不同的导向功能。它是创设证明妨碍制度严谨性与科学性的表征。诚然，回复当事人间公平应当作为创设证明妨碍制度的核心价值，但是，这并非等同于在实务上针对不同情态下所出现的证明妨碍行为只能采取一种单一的应对模式或路径，事实上，任何僵化的单一思维模式将不利于在当事人之间回复一种实质意义上的公平。在该案中，当原告的证明妨碍行为被认定为具有主观故意时，法院直接据此作出对其不利的裁判，这种法律适用效果具有相应的正当性基础，因为，它与原告的主观可归责性相一致。当原告的证明妨碍行为被认定为具有重大过失时，应当大幅度提高对原告证明其事实主张所要求的证明度。即原本原告提供的证据能够使法院获得70%至80%盖然性的内心确信就可作出对其有利的裁判，现可提高至排除合理怀疑的程度，即接近100%真实性的程度。当原告的证明妨碍行为被认定为具有一般过失时，应当较大幅度提高对原告证明其事实主张所要求的证明度，即至少不低于80%真实性的程度。当原告的证明妨碍行为被认定为具有轻微过失时，除非在公共政策等方面有特别考虑之外，一般可忽略不计。因此，假设在上述案例中，该计算机设备的灭失是在测试前一日因原告未将办公室门锁好而遭他人盗窃，法院应当据情作出原告在主观上系存在重大过失还是存在一般过失的判断，并在此基础上施加相应不同的法律效果。鉴于被妨碍的证据曾处于妨碍人的实际控制和支配之下，在此情形下，妨碍人存在极大的便利条件知晓证据的内容、证明价值以及在多大程度上有可能对其产生不利影响。因此，从这个意义上而言，妨碍人对被妨碍证据的主观心理状态如何，确有可能在很大程度上恰好反映了证据的内容或者证明价值对其产生不利益后果在程度上的大小与轻重。就此而言，将被妨碍人对待被妨碍证据的主观心理状态划分为故意、重大过失、一般过失和轻微过失这样几种形态，作为法院施加不同法律效果的正当性基础和依据，应当作为针对不同情形回复当事人之间的公平以利于实现证明妨碍制度核心价值的有效途径。

类型三：当负有证明责任的一方当事人提供有若干个间接证据，

法院只有根据这些间接证据所形成的证据链条，并结合经验法则、庭审辩论情形等综合元素，才有可能对案件的待证事实形成内心确信。当其中的某一间接证据受妨碍使得被妨碍人无法提交，且被妨碍人未曾实际参与过该证据的形成过程而无从主张和表述该证据的具体内容时，故作为这一证明妨碍的法律适用效果，法院不能对该证据内容的真实性作出推论。另外，假如这些若干间接证据相加，在法院心证中可望产生 80% 的盖然性，而该份间接证据假如约占其中的 15%（仅属推论），故欠缺该份间接证据将使被妨碍人在举证上无法达到证明度上的要求。在此条件下，鉴于法院无法评估该份间接证据与待证事实之间的证明关系，且法院对待证事实的认定还要结合其他间接证据一并作出判断，故法院不能仅根据该份间接证据受妨碍的事实，进而推论有关待证事实的真实性得以成立。这是因为，本应为这些全部间接证据一并加以评价，法院才有可能对有关待证事实的真实性作出认定。如果仅仅因为只有 15% 盖然性的这份间接证据受到妨碍，而推论整个待证事实的真实性得以成立，其所产生的后果将转化为：妨碍人将对其所主张的有关待证事实负担证明责任，这无异于产生客观证明责任转换的效果，似与证明妨碍人制度所贯彻的旨在回复至被妨碍前状态这一政策性目的不相吻合。对此种情形，正如有学者所提出的那样，因该证据内容未现实地呈现出来，导致人们无法精确比对判断该证据内容是否就是被妨碍人所主张的内容。当遇到这些困难时，判断的重心将自然而然地转换至最后一个判断标准，即妨碍者的主观可归责性。[①] 笔者认为，当因对被妨碍证据的内容无法作出具体评估而对被妨碍人所造成不公平的程度作出判断时，所能够采取的措施只能是根据妨碍人在主观上的过错程度来减轻对被妨碍人在证明度上的要求。假如这些若干间接证据相加，在法院心证中可望产生 80% 的盖然性，而因妨碍所欠缺的这份间接证据约占其中的 15%，即即使欠缺被妨碍的证据，法院对待证事实的认定仍能够达到 65% 的盖然性。在这种情形下，除非法院认定妨碍人在主观上仅具有轻微过失，否则，只要法院能够认定妨碍人在主观上具有一般过失以上的程度，法院即可推

---

① Gottfried Baumgärtel：《民事訴訟における證明妨礙》，三上威彦译，载《判例タイムズ》585 号（1986 年），第 231 页。转引自黄国昌：《民事诉讼理论之新开展》，北京大学出版社 2008 年版，第 252 页脚注。

论对被妨碍人有利待证事实的真实性能够得以成立。

类型四：当负有证明责任的一方当事人提供有两个主要证据及若干辅助证据的情形下，法院只有根据这两个主要证据及若干辅助证据，并结合经验法则、庭审辩论情形等综合元素，才有可能对案件的待证事实形成内心确信。假如被妨碍人已提交了其中一个主要证据和其他若干辅助证据，这些已提交的证据所显示的盖然性为55%，而被妨碍的那个主要证据的盖然性被推认为至少具有15%至25%以上时，有关案件待证事实的真实性才有可能被法院确认。在此情形下，只要法院能够认定妨碍人在主观上具有一般过失以上的程度，法院就有可能推论对被妨碍人有利待证事实的真实性能够得以成立；假如被妨碍人已提交了其中一个主要证据和其他若干辅助证据，显示的盖然性为45%，而被妨碍的那个主要证据的盖然性被推认为至少具有25%至35%以上时，有关案件待证事实的真实性才有可能被法院确认。在此情形下，只有法院能够认定妨碍人在主观上具有重大过失或故意时，法院才有可能推论对被妨碍人有利待证事实的真实性能够得以成立。

值得一提的是，对被妨碍证据所应显示盖然性的推论具有重要意义，因为，虽然被妨碍人因未实际参与被妨碍证据的实际形成过程而无法对该证据的内容进行主张和具体描述，但在个案情形下，根据被妨碍人已提交证据所显示证明力上的盖然性过低，即使被妨碍的证据能够得以提交而加以利用，显然也不可能达到证明度上的最低要求时，也就会欠缺适用证明妨碍制度的适格性，将不会产生证明妨碍的法律适用效果。这是因为，即使回复到有关证据被妨碍前的状态，被妨碍人实际上已处于无法举证状态，即在诉讼上，被妨碍人已实际不能通过提供证据来证明对其有利的待证事实。

另外，还应当注意的是，当作为相对一方当事人的证明妨碍人已提交反证所显示的证明力的盖然性已达至70%至80%以上时，也不会产生所谓的证明妨碍问题。这是因为，在这种情况下，即使处于被妨碍前的证明状态，被妨碍人所能够提供证据显示的证据力，充其量只能使对其有利的待证事实处于真伪不明状态而已。

第三节　确定证明妨碍适用法律效果所应当考虑的因素

一、含义的确定及法理基础

在证明妨碍制度中，所谓确定适用法律效果所应当考虑的因素，指的是确定适用法律效果所应当考虑的层面，或者选择何种基准来决定适用证明妨碍的法律效果的问题。

在个案当中，针对何种证明妨碍行为、在何种条件下、应当适用何种法律效果借以回复当事人之间在利用证据上的不公平状态，是民事证明妨碍制度中的一个核心问题。而对适用何种法律效果的选择，应取向于对举证人所造成不公平程度的评估，相对而言，也就是要对假如该证据存在会对举证人的证明活动及证明效果造成何种影响作出相应判断。对此，黄国昌教授认为，法院判断的重心应当置于妨碍行为对妨碍人所造成不公平的程度，而这种不公平的程度必须由被妨碍人负证据提出责任加以表明，其所显示的不公平程度愈高，法院愈可课予较强的法律效果，以回复当事人之间的公平。在此所谓不公平程度的显示，是指法院可依被妨碍人所提出的证据，就未提出证据对认定待证事实的重要性加以形式上的客观判断，作为其行使裁量权来决定证明妨碍法律效果的基准。[①] 在此问题上，笔者认为，客观上之所以无法形成统一判断标准，其障碍主要表现在，受妨碍行为所涉及的证据因被藏匿、销毁，无法在审判上显示其对待证事实的证明状态以及证明价值。从设置证明妨碍制度的基本功能而言，因特定证据的提出受到妨碍而欠缺其证明价值的发挥，从而使得举证人在履行其证明责任行为中处于一种不公平状态。为回复这种状态，以便当事人能够公平地利用证据进行诉讼上的公平对抗，法律在因应机制上备有多种适用效果，其目的在于弥补因特定证据的欠缺所形成的证明状态，与假如未欠缺该特定证据所应当形成的证明状态之间的力度差异。但由

---

① 参见黄国昌：《民事诉讼理论之新开展》，北京大学出版社2008年版，第252—253页。

于证明妨碍行为的实际发生所造成的客观障碍主要表现为,无法采用其他可替代性的证据或者证据方法来填补因原有证据的缺失所造成的空白,因原有证据的欠缺所形成的该证据内容的欠缺,以及无法判断建立在对该证据的认定基础上所形成的证明效果与待证事实之间的证明价值。在此情形下,人们难以期待假如该证据存在将对待证事实的认定产生何种影响。正是基于这种客观上难以逾越的障碍,迫使人们在考虑选定适用何种法律效果时无法采用统一的标准,而不得不寻求在个案当中对适用法律效果所能造成实质性影响的外在因素作为形成判断标准的基点。总之,法院在选择适当的法律效果时享有广泛的自由裁量权。

二、要素的展开及具体分析

笔者认为,根据各国的立法、判例实务和理论学说,在个案当中可作为判断适用何种法律效果所应当考虑的要素主要包括:对被妨碍人所造成不公平的程度、主观归责程度、所妨碍证据的重要性、妨碍行为所造成的证明困难度、公共政策上的考量以及个案的具体情形。现分述如下:

(一) 对被妨碍人所造成不公平的程度

1. 将“不公平程度”纳入考量范围的意旨

所谓将对被妨碍人所造成不公平的程度作为其中的要素,系旨在对因妨碍人的行为所造成的不公平状态得以回复的可能性加以合理评估,以便设定一种相应的法律适用效果,对被妨碍人在举证上的欠缺加以救济。在证明妨碍制度中,将对被妨碍人所造成不公平的程度作为判断适用何种法律效果的第一要素加以考虑,是因为,证明妨碍制度本身就是一种衡平法则,它以回复至受妨碍前被妨碍人能够利用证据的状态为其政策目标。

在美国,虽然许多联邦法院就判定标准的细节部分及表述方法不尽相同,但理论上的通说或者实务上均一致认为,在选定制裁方法时,对被妨碍人的不公平程度(prejudice to the non-spoliator)则是两个占据核心地位的最主要因素之一。[①] 例如，在美国，联邦第三巡回上诉法院采取的判断标准所涉及的一个重要因素是，是否采用一个较轻的制裁就能够足以排除对被妨碍人所造成的显著不公平。[②] 这实际上体现的是，依据所造成不公平的程度按照大抵相同的标准来考虑适度地采取相应的制裁措施。据悉，在美国，其他巡回上诉法院贯彻的是与这些判定标准具有实质上相同的内容。[③]

2. 对认定真实"对象"的基本界定

就证明妨碍的效果所涉及的可认定真实的"对象"而言，在立法和实务上均产生究竟系关于被妨碍证据的主张为真实与待(应)证的事实为真实之间的区别。在被妨碍人曾因处于制作过程中而知悉有关证据内容，并能够履行解明义务的情形下，为了实现证明妨碍制度的政策目标，适用法律的效果对此应以认定该证据的主张系真实为限。例如，张三起诉李四要求其偿还 3000 元债务。在本案中，张三与李四事先共同制作了一份供货订单，在履行供货订单所确定的权利义务之后，张三主张李四尚欠其剩余货款 3000 元。在诉讼上，张三仅能提交其向李四供货的提货单，该提货单上载明由李四书写的李四向张三支付货款的数额并有李四的签名，至于供货单则由李四保管，当张三向法院提出申请后，李四仍拒不向张三提交，从而被法院认定为构成证明妨碍行为。对于本案的处理，应立足于将法律适用效果的选定与被妨碍人所造成不公平程度相联系，鉴于张三实际参与了该供货订单的制作过程并能够履行解明义务，因此，法院应以认定为张三所主张的该供货订单的内容为真实即可。至于为张三所主张的李四仍欠其货款 3000 元的待证事实能否成立，则由法院根据这些证据材料并结合庭审辩论的情形加以综合认定。再如，某公司所拥有的民用设施在工程交付后不久便发生坍塌事件，造成重大财产损失，该公司向法院起

---

① Margaret M. Koesel, David A. Bell & Tracey L. Turnbull, *Spoliation of Evidence: Sanctions and Remedies for Destruction of evidence in Civil Litigation* 33-35 (2000). 转引自黄国昌:《民事诉讼理论之新开展》,北京大学出版社 2008 年版，第 230 页。

② *Schmid v. Milwaukee Elec. Tool Corp.*, 13 F. 3d 76, 79 (3d Cir. 1994). 转引自黄国昌:《民事诉讼理论之新开展》,北京大学出版社 2008 年版，第 230 页。

③ *Kronisch v. United States*, 150 F. 3d 112 (2d Cir 1998). 转引自黄国昌:《民事诉讼理论之新开展》,北京大学出版社 2008 年版，第 230 页。

诉要求建筑单位和设计单位赔偿其损失。在诉讼过程中,法院委托专业鉴定机构进行鉴定,但设计单位以工程图纸丢失为由拒不向鉴定机构提供,最终导致鉴定无法进行。对此,法院认为,设计单位在本案中已构成证明妨碍,对于本案的处理,鉴于作为受妨碍人的某公司并无实际参与该证据的形成过程,亦无相应的专业知识,故无法期待其对该证据的内容有所知晓。并且,在本案中,只有通过鉴定才能够认定案件的待证事实,对此,在客观上也不存在其他具有可替代性的证据方法。在此情形下,为了使本案中受妨碍人所主张的待证事实得以查明而回复至无此妨碍前所能够利用该证据的状态,法院可认定根据该证据所能够证明的为被妨碍人所主张的待证事实得以成立。

对此,我国台湾地区有学者认为,基于"证明妨碍效果之目的在于回复无此妨碍之状态"的"公平考虑",原则上仅可认定被妨碍人"关于该证据之主张为真实"即为足矣,而就认定"应证之事实为真实",则限于当被妨碍人处于该证据方法做成过程之外而难以被期待得知该证据内容时,才可进一步认定依该证据所欲证明的"应证事实"为真实。[①] 并且,姜世明教授也指出,基于"公平"与"制裁"的思想基础,就此可认定真实的"对象"问题,也应将妨碍人的主观可归责性及妨碍行为所造成的证明困难度等因素加以综合判断。[②]

对此,笔者认为,就上述两种案件情形而言,前一案件中对证明妨碍行为适用法律效果涉及对被妨碍人所造成不公平程度的评估,充分考虑了被妨碍人对有关证据内容在客观上已经知晓的情形,故回复至受妨碍前的状态,其回复过程仅涉及该证据本身,而与待证事实并无直接的关联性;至于被妨碍人所主张的待证事实能否成立,则由法官通过对证据进行自由评估后才能加以认定。但对后一案件的处理,当有关证据因受到人为妨碍而处于欠缺状态时,被妨碍人无从对该证据的内容进行表述,导致法院亦无从对该证据与受妨碍人所主张的待证事实之间的证明价值进行评估与判断,且该种证据方法具有不可替代

---

① 参见许世宦:《证明妨碍》,载《月旦法学教室》2001 年第 76 期,第 48—49 页;邱联恭讲述、许世宦整理:《口述民事诉讼法讲义》(三),2000 年版,第 183 页。转引自黄国昌:《民事诉讼理论之新开展》,北京大学出版社 2008 年版,第 222 页。

② 参见姜世明:《新民事证据法论》(第 2 版),台北学林文化事业有限公司 2004 年版,第 307 页。转引自黄国昌:《民事诉讼理论之新开展》,北京大学出版社 2008 年版,第 222 页。

性,这无异于变相剥夺了法院在审判上就有关证据与案件事实之间的证明关系享有判断和裁量的权力,使得法院不得不采用制裁措施来矫正这种不公平状态。可见,在后一案件中,法院只有通过制裁才能体现公平。在此过程中,妨碍人主观归责性的大小(程度)转化为法院适用相应法律效果的判断基准。因为,对妨碍人的行为进行制裁,必须以该妨碍人在主观上有过错为前提。在该案中,只要有证据证明该民用设施的坍塌系建筑工程质量问题,且有证据显示建筑单位完全是按照设计图纸进行施工,其在施工的环节和程序上并无瑕疵。在此情形下,只要设计单位不能提供有力证据证明其应保存的有关设计图纸的灭失完全可归责于意外事件,则法院可以重大过失为由,直接认定被妨碍人所主张的待证事实成立。当然,当法院对本案事实作此认定时,也应考虑到即便给被妨碍人施以证据法上的救济如降低证明度上的要求,但当法院认识到该证据的重要性以及不可替代性等因素,如果不再采取强有力的制裁措施就不能达到使证据的利用回复至公平状态时,也可采取转换证明责任的方式,由设计单位承担无过错的证明责任。实际上,这种制裁措施也与危险领域理论相关。

3. 因被妨碍证据的内容与被妨碍人之间远近距离的差异而对回复不公平状态所采用法律适用效果的影响

在诉讼过程中,因发生证明妨碍行为就会导致双方当事人在利用证据上不公平状态的出现,如果法院不采取必要的措施对这种不公平状态加以调整,将会引发不公正的裁判后果。因此,创设证明妨碍制度的本旨在于,使法院能够据此适用相应的法律效果来排除妨碍人所造成的不公平状态,使得妨碍前的那种双方当事人均可公平地利用证据的状态得以回归。正如有学者所论述的那样,就回复当事人间公平而言,其所应对的核心在于有这一妨碍行为的证据状态与无此妨碍行为所应有的证据状态间的落差,旨在借助证明妨碍的适用法律效果来调整、回复当事人在证据法上的公平。据此,既然这种证据状态的落差是一种客观存在的现实,因妨碍人主观归责性的高低而产生何种影响,旨在调整这一落差的证明妨碍法律效果,当然即应着眼于这种落差的程度,也就是对妨碍者不公平的程度,而并非将判断的重心置于妨碍人主观归责性的高低。[①]

在实务上,当发生证明妨碍行为之后,将会形成因有这一妨碍行为的证据状态与无此妨碍行为所应有的证据状态间的落差。这种落差正是妨碍人在证明状态下所造成的不公平程度。按证明妨碍制度在本意上所期待的是,应当根据这种不公平程度使被妨碍人利用证据的能力回复至被妨碍前的状态,从而为这一制度的实施在功能上设定必要的限制,使该项制度的法理基础并非以制裁作为政策目标。在个案中,为了实现这一政策目标,必须首先确认因证明妨碍行为所造成的不公平程度,其确认的依据来源于对被妨碍证据内容的了解。这也是我国最高人民法院《关于民事诉讼证据的若干规定》第 75 条内容之所在。另外,《德国民事诉讼法》第 444 条规定,如文书为一方当事人基于使他方当事人不能使用的意图,而被排除或者导致其不堪利用,则对方当事人就文书性质(状况)及内容的主张,可被视为已经证明。《日本民事诉讼法》第 224 条第 2 款规定,当事人以妨碍对方当事人使用为目的,致使具有提出义务的文书灭失及其他无法使用的情形时,法院可以认定对方当事人主张的文书记载事项真实。根据我国台湾地区"民事诉讼法"第 282 条之一规定,当事人因妨碍他方使用,故意将证据灭失、隐匿或者致碍难使用的,法院可审酌情形认为对方关于该证据的主张或依该证据应证的事实为真实。其中,该法所规定的前项法律适用效果,即法院可审酌情形认为对方关于该证据的主张为真实,它的应用前提是,被妨碍人能够主张被妨碍证据的内容,才有法院认为关于该主张真实性得以成立的适用法律效果。上述有关法律规定均表明,当被妨碍人距被妨碍的证据较近,即在其事先存在知晓被妨碍证据内容的条件和机会的情形下,当事后在诉讼上对其内容加以主张时,便在法律上被视为系对不公平程度的显示。当法院在评估这一被妨碍证据的价值与待证事实之间的证明关系时,不会存在任何障碍,从而使得不公平状态与程度得以适度回复。[②] 也就是说,当出现证

① David A. Margaret M. Koesel & Tracey L. Turnbull, Let's Level the Playing Fields: A New Proposal for Analysis of Spoliation of Evidence Claims in Pending Litigation, 29 *Ariz. St. L. J.* 769 (1997). 转引自黄国昌:《民事诉讼理论之新开展》,北京大学出版社 2008 年版,第 250 页脚注。

② 在此所称的适度回复,是相对于采用制裁手段使不公平状态得以回复有可能出现的"过度"状态。

明妨碍情形时，法院可根据被妨碍人所主张的有关被妨碍证据的内容或性质，推论为被妨碍人所主张的有关被妨碍证据的内容或性质的真实性得以成立，至于该证据能否证明待证事实，以及对待证事实产生何种证明力则由法院据情判定。上述有关法律规定均以回复当事人间的公平为宗旨，在此类情形下，只是拟制有关证据的真实性成立，而并非拟制有关待证事实已被证明，因此，并非意味着被妨碍人最终将获得对其有利的裁判后果。从此意义上讲，并不具有单纯的制裁性质。

鉴于证明妨碍法理基础系宣示“当事人间公平”及“制裁”为目的，且作为证明妨碍制度产生制裁效果的考虑，台湾学者间大致已形成了这样一种共识，即根据不同类型的案件，应当将包括主观归责性在内的妨碍行为的样态，作为判断采用何种法律适用效果所应当考虑的因素之一。[①] 对此，黄国昌教授认为，基于证明妨碍的政策目标主要在回复当事人间公平的基点，其法律效果的选择应取向于对被妨碍人所造成的不公平程度，也就是考虑的焦点应置于如该证据存在对被妨碍人的证明活动将产生的影响，而并非妨碍人的主观归责程度。由此而论，学说上将判断重心置于主观归责要件，并依其程度的高低来选择强度不同的证明妨碍法律效果的见解，恐有再检讨的必要。[②] 在公平与制裁两个政策目标之间，回归证明妨碍的问题本质，应当以前者作为最重要的政策目标，从而在法律效果的选定上，提出应着眼于对被妨碍人不公平程度的主张，而并非一方面以当事人间公平作为证明妨碍的论证基础，另一方面却将其主要判断基准置换为妨碍人的主观可归责性的高低。[③] 对此，笔者认为，回复当事人间的公平应作为证明妨碍制度的基本政策，而采用制裁是一种策略设计，只能作为针对特定情形借以回复当事人间公平的必要手段。所谓特定情形是指，当被妨碍人距被妨碍的证据较远，即在被妨碍之前并不存在了解被妨碍证据内容的条件，从而无法对被妨碍证据的内容加以主张。在此情形下，也就无法使法院能够把握因证明妨碍行为的发生导致对被妨碍人

---

① 除此之外，还应当考虑该证据的重要性以及可否替代性等因素。

② 参见黄国昌：《民事诉讼理论之新开展》，北京大学出版社 2008 年版，第 252 页。

③ 同上书，第 254—255 页。

的不公平程度,从而对法院恰如其分地适用证明妨碍的法律效果造成直接障碍。鉴于妨碍人对这种状态的发生在主观上具有可归责性,由此所产生的不利后果自应由妨碍人承受。为此,排除证明妨碍的法律适用效果系以采用制裁的手段作为回复当事人间公平的必要途径。

(二) 主观归责程度

在美国,法院就证明妨碍所设定的判识标准均一致认为,在选定制裁方法时,妨碍人的主观归责性如何(culpability of the spoliator)构成两个占据核心地位的最主要因素之一,另一个最主要因素为对被妨碍人的不公平程度(prejudice to the non-spoliator)。[①]

黄国昌教授则认为,妨碍者主观归责性的高低,是否也应对证明妨碍法律效果的强弱产生一定的影响。以回复当事人间公平的政策目标而言,在对被妨碍人不公平程度已可确定的情形下,即不应按照妨碍人主观归责性的高低选择适用不同的证明妨碍效果,对此,法律效果的选定应取决于如何方可回复这种不公平状态。但是,这并非意味着妨碍人主观归责性的高低对法律效果的选定绝对不发生任何形式的影响。这一因素发挥影响的场域可以从以下两方面确定:(1) 主观可归责性的高低可以作为对被妨碍人所造成不公平程度的表征,也就是说,被妨碍人可以借由显示妨碍人是以故意毁灭或者隐匿该证据,造成该证据内容将对被妨碍人的证明活动产生实质有利的影响,如果并非如此,妨碍人将无必要将该证据毁灭或者隐匿。在此应当注意的是,将故意妨碍行为作为对被妨碍人不公平程度的表征,固然是根据经验法则所得出的结果,但这并非是将证明妨碍的法律效果的正当性建立在经验法则基础之上,证明妨碍法效果所体现的核心价值仍是维护当事人间的公平。妨碍人所进行的故意证明妨碍行为,仅作为该证据重要性的表征而已。[②] (2) 如果超越当事人间公平观念,而将

---

① Margaret M. Koesel, David A. Bell & Tracey L. Turnbull, *Spoliation of Evidence: Sanctions and Remedies for Destruction of evidence in Civil Litigation* 33-35 (2000). 转引自黄国昌:《民事诉讼理论之新开展》,北京大学出版社 2008 年版,第 230 页。

② Note: Linking the Culpability and Circumstantial Evidence Requirements for the Spoliation Inference, 51 *Duke L. J.* 1803. 1826 (2002). 转引自黄国昌:《民事诉讼理论之新开展》,北京大学出版社 2008 年版,第 254 页。

施加证明妨碍的法律效果作为达成制裁(包括惩罚及预防)政策目标的工具,则妨碍人主观可归责性的高低就可能成为选定证明妨碍法律效果的适当考虑。①

在学理上,有一种观点认为,当法院作出上述自由心证及裁量时,应斟酌当事人妨碍他方举证的样态、所妨碍证据的重要性等情形。就证明妨碍的行为与样态而言,似可根据当事人的可归责程度,区分各阶层的证明度,一方面使法院享有基于自由心证主义所必要的裁量,而在具体事例上能在证据法上正确反映证明妨碍的事实;另一方面,为确保当事人的预见可能性,设定法院反映各种类型证明妨碍的基准。②

对此,笔者认为,有必要在此问题上对主观归责程度的类型化与相应的法律适用效果问题加以深入探讨。这是因为,妨碍人的主观归责性体现在其主观的过错程度上,由此可决定妨碍人在主观可归责性上的高低。

在主观归责程度的类型化问题上,大陆法上有一种观点,将主观归责程度分为故意、重大过失和轻过失三种类型。③ 在美国法上,就妨碍人将证据毁弃或者遗失的行为,其在行为上的主观心态依可归责性的高低可划分为:(1) 以妨碍对方使用为目的,恶意将证据销毁(intentionally with bad faith);(2) 虽并无妨碍的恶意,但属于故意将证据销毁(intentionally with out bad faith);(3) 因重大过失将证据销毁(reckless or gross negligence);(4) 因一般过失将证据销毁

① 参见黄国昌:《民事诉讼理论之新开展》,北京大学出版社 2008 年版,第 254 页。

② 参见 Gottfried Baumgärtel:《民事訴訟法における證明妨礙》,三上威彦译,载《判例タイムズ》585 号(1986 年),第 18 页;〔日〕松本博之:《民事證據法の領域における武器對等原則》,载松本博之、宫崎公男编:《讲座新民事诉讼法》(Ⅱ)(1999 年),第 27 页。转引自许士宦:《证据收集与纠纷解决》,台北新学林出版股份有限公司 2005 年版,第 223 页。

③ 参见 Gottfried Baumgärtel:《民事訴訟法における證明妨礙》,三上威彦译,载《判例タイムズ》585 号(1986 年),第 18 页;〔日〕松本博之:《民事證據法の領域における武器對等原則》,载松本博之、宫崎公男编:《讲座新民事诉讼法》(Ⅱ)(1999 年),第 27 页。转引自许士宦:《证据收集与纠纷解决》,台北新学林出版股份有限公司 2005 年版,第 223 页。另参见许世宦:《证明妨碍》,载《月旦法学教室》2001 年第 76 期,第 48 页。

(negligence);(5) 并非因过失的销毁行为。[①] 可见,与美国法上的分类所不同的是,前述大陆法观点将主观上的恶意纳入故意范畴;另外,美国法上的一般过失与前述大陆法观点中的轻过失处于相同层次;再则,美国法上的并非因过失而导致有关证据的灭失,与大陆法上在主观上不可归责于妨碍人的证据灭失大致相同,后者如完全可归责于意外事件的情形。

在理论上,德国学者 Baumgärtel 曾提出证明度分层(abstufung des beweismaβes)理论。他认为,如果单纯采用自由证据评价理论,难免会赋予法院必要的裁量空间,以利于在不同个案当中做适当选择,但为了保全可预测性的原则,仍应寻找若干标准来确定其分界。对于这种标准的认定,应当以可归责性程度作为判断的基点。[②]

在美国法上,就行为人主观可归责性的认定,当"存在证据"却拒不提供时,较易判断故意的存在,但问题是当"证据不存在"时,其主观可归责性的判定,主要是以毁弃、灭失行为作为认定对象,而并非将该证据对待证事实的意义作为判定的对象。对此,黄国昌教授认为,其理由是基于行为人就该证据对待证事实的意义的主观认识,已在该行为人对该证据负有保存义务时加以处理,而并无必要在此问题上重复探究。换言之,如果在规范上无法合理期待行为人认识该证据对诉讼的意义,则在概念上该行为人对该证据原本就不负保存义务,从而在未保存证据时,即不构成证据妨碍的行为,故并无必要在此主观要件上再予处理。作此划分,显然与我国台湾地区学者援引德国、日本学说,而分别处理行为人对"毁弃行为"与"该证据对待证事实的意义"的主观心态有所不同。[③] 对此,笔者认为,由于妨碍人的妨碍行为导致有关证据不复存在时,只得将原本由该证据对待证事实的意义作为判定的对象,转换为将具体实施证明妨碍行为的样态如毁弃、灭失行为的具体发生,包括主观可归责程度作为事实认定的对象。因此,由妨碍人对其并不负有任何法律意义上的保存义务负担主张及证明责任,

---

① 参见黄国昌:《民事诉讼理论之新开展》,北京大学出版社 2008 年版,第 230 页。

② Baumgärtel, Die Beweisvereitelung, FS für Kralik. S. 73; Baumgärtel, Beweislastpraxis im Privatrecht, 1996, Rdnr. 129.

③ 参见黄国昌:《民事诉讼理论之新开展》,北京大学出版社 2008 年版,第 231 页。

妨碍人也可以采取“就轻避重”的策略,即只要能被认定为具有轻微过失的,就要尽量避免被认定为具有重大过失,使法院对其有可能采取的制裁措施尽可能地降到最轻的限度。

按照实务上的需要,笔者认为,在主观归责程度的类型化问题上,可根据主观归责程度的高低依次分为:故意、重大过失、一般过失、轻微过失和无过失(即不可归责于妨碍人主观过错的意外事件等情形)。其中轻微过失无足轻重,在通常情形下可忽略不计;无过失则与意外事件相联系,与当事人在主观上的心理状态并不存在任何必然的关联性。

在证明妨碍制度条件下,被妨碍人因远离证据而无法主张被妨碍证据的内容,且妨碍人在主观上被认定具有故意状态时,才有法院施加关于该证据应证事实的真实性得以成立的适用法律效果。这是因为,当被妨碍人远离被妨碍的证据,即在其事先并不存在掌握和知晓被妨碍证据内容的条件和可能,例如,在涉及产品质量纠纷案件中,一方当事人拒不向鉴定机构提供必要的检材,使鉴定无法进行;在医疗纠纷案件中,在医疗机构存放的患者医疗档案事后出现被医师擅自删除、添加、改动的痕迹;在人身关系纠纷案件中,如当原告(女方)向被告(男方)索要承担女儿抚养费时,被告否认与原告之女存在血缘关系,同时又拒绝作亲子鉴定,等等。上述这些情形均导致被妨碍人无法证明对其有利益的待证事实,因而构成证明妨碍。在这些情形下,法院如果听任妨碍人的所作所为而无动于衷,其结果只会以被妨碍人无法举证证明对其有利益的待证事实为由,作出对被妨碍人不利的裁判。如果这样做的话,将极大地损害诚信原则,由此原则而派生出来的武器平等原则更将无从谈起,最终将严重地破坏审判的公正性。

因此,为了因应这种证据偏在的诉讼现象,有关国家或地区法律通常赋予法院在此情形下享有拟制对妨碍人产生不利法律后果的权力,以示制裁。[①] 例如,根据《日本民事诉讼法》第 224 条第 3 款的规定,当事人以妨碍对方当事人使用为目的,致使具有提出义务的文书灭失及其他无法使用的情形时,对方当事人具体主张该文书的记载内容以及利用其他证据证明该文书能证明的待证事实显著困难时,法院可认定对方当事人主张的事实为真实。另外,《德国民事诉讼法》第

---

① 但是,通过对条文的解读可以发现,我国最高人民法院《关于民事诉讼证据的若干规定》第 75 条内容及适用范围并不涉及这类情形。

446 条规定,对方当事人拒绝对他进行询问,或者对法院的要求不作表示,法院应考虑全部案情,特别考虑拒绝的理由,依自由心证,判断当事人所主张的事实可否视为已得到证明。再有,我国台湾地区“民事诉讼法”第 282 条之一规定,当事人因妨碍他方使用,故意将证据灭失、隐匿或者导致碍难使用的,法院可审酌情形认为对方关于该证据的主张或依该证据应证的事实为真实。其中,该法所规定的后项法律适用效果,即法院可审酌情形认为对方关于该证据应证的事实为真实。可见,上述有关法律的规定均涉及被妨碍人因远离证据而无法主张被妨碍证据内容的情形,且妨碍人在主观上处于故意状态时,有关法律赋予法院享有这样一种特别的自由裁量权,即虽然无法在客观上寻求因发生这一妨碍行为的证据状态,与无此妨碍行为所应有的证据状态间的落差,将无法判定在证明状态下给被妨碍人所造成的不公平程度。基于被妨碍人举证的最终目的是追求有关待证事实能够被法院所确认,同时,也是妨碍人实施证明妨碍行为所追求的直接目的。因此,证明妨碍制度在此所设计的基本政策,要求法律赋予法院应享有直接确认对被妨碍人有利的待证事实得以成立的权力,唯有如此,才能给被妨碍人以足够的救济,也唯有如此,才足以显示法律对妨碍人所采取的这种行为持完全否定态度的决心。另外,证明妨碍制度这种适用法律效果也使得该项制度本身不但具有强烈的制裁性,而且还兼具预防性的功能。

上述有关法律针对被妨碍人因远离证据而无法主张被妨碍证据的内容这类情形,所采用的法律适用效果之所以具有强烈的制裁性,是因为,个案的情形繁纷复杂,对被妨碍人有利益的待证事实究竟需要何种数量、种类、性质的证据,才能够被法院认定为已得到证明具有不确定性。因为,它涉及有关个案的证明标准、相对一方当事人提出的反证、是否存在某些为被妨碍人无须举证的事项、法院根据庭审辩论对待证事实所获得的感知等。在诉讼上,当举证人(即被妨碍人)由于某一证据或者证据方法因妨碍人的妨碍行为而无法利用来证明对其有利益的待证事实时,且因该举证人因远离该证据无法主张其内容而导致法院无法判断,给举证人造成不公平状态时,法院在考虑全部案情及妨碍人申辩理由的基础上,可享有直接认定对举证人有利益待证事实的真实性得以成立的权力。在证明效果上,因对举证人有利益的待证事实的真实性被法院认定为已得到证明,从而使得举证人完成了由其负担的主观证明责任,相当于将主观证明责任转换给妨碍人。在此情形下,作为相对一方当事人的妨碍人,如再不能提出有力的反证,至少使举证人负客观意义上证明责任且已被法院认定具有真实性的待证事实处于真伪不明状态,为此,妨碍人将不可避免地要承受不利益的裁判后果。实际上,鉴于法院无法判断给举证人所造成的不公平程度,故在这种条件下,无法排除假如不发生有关证据或者证据方式被妨碍的事实,即使举证人能够利用该证据或者证据方式,法院也未必能够认定对举证人有利益待证事实的真实性得以成立的可能性。就此而论,正是因为法院在这种情形下无法判断对被妨碍人所造成不公平的程度,因此,在某些情况下,不可避免地造成法官在享有自由裁量权时形成“宁重勿轻”的倾向,但这种证明状态上真空现象的出现,系可归责于妨碍人受主观过错所支配的行为所致,从而显示其所适用的法律效果具有制裁功能。因为,从制裁功能本身所具有惩罚性来看,在证明妨碍制度条件下,原本妨碍人欲借助证据偏在一方的优势,意图以损害当事人之间的诚信原则以及诉讼上的武器平等原则为代价,进而获取诉讼利益。在这种情况下,假如妨碍人从事证明妨碍行为的成本较低,即预期的法律适用效果仅为回复至证据受妨碍前的状态,尚不足以有效扼制妨碍人的欲望。特别是针对那些妨碍人在主观上具有故意的情形。因此,法官在作出判断时所形成的“宁重勿轻”的倾向,将有助于使妨碍者感到得不偿失,进而发挥证明妨碍制度的预防性功能。

由此可见,在这种类型的案件中,作为判断适用何种法律效果所应当考虑的因素,因采用“对被妨碍人所造成不公平的程度”这一要素已无法实现预期目的,故已为“妨碍人的主观归责程度”这一要素所取代。

当人们考虑将妨碍人的主观归责性作为判断标准的同时,实际上就已经选择采用制裁的方式作为回复妨碍前公平利用证据状态的重要方式,如果不是唯一方式的话。在此问题上,无论是大陆法系还是英美法系,几乎不约而同地形成了这样一种共识,即将妨碍人可归责性的高低作为判断的基准,或者根据主观可归责性的高低来选取效果强弱不同的制裁手段。当然,还应当强调的是,制裁措施只能作为实行证明妨碍制度的手段,其政策目标是将这种手段作为克服证据偏在一方、实现双方当事人公平利用证据或证据方式的必要途径。

至少在理论层面，一些学者主张，将妨碍人主观归责性的高低即主观归责程度作为判断的基准，在实务上存在较强的可适用性[①]，他们认为：(1) 在当事人故意从事证明妨碍的情形下，一般可将其作为他方主张的征凭(indiz)，也就是，在故意的情形下，可直接推认被妨碍人的主张为真实。对此，有一种观点认为，这是利用经验法则的缘故，即当事人之所以故意妨碍，实则由于妨碍人担心有关证据被使用，导致他方的主张获得证明而使其蒙受不利益，正是基于这一经验法则而推论他方的主张为真实。[②] 对此，德国学者 Baumgärtel 指出，在故意的证明妨碍类型案件中，基本上法院即可自行将应负证明责任当事人的主张认为具有真实性，也就是说，他认为，该故意证明妨碍行为已可被认为是主张为事实的征凭。[③] 也有一些学者将故意证明妨碍的法律效果作分别处理，即认为存在表见证明或者证明责任转换的可能性。[④] 但德国学者 Schellhammer 则认为，在故意证明妨碍类型中应采用证明评价说。[⑤] (2) 在因重大过失所出现的证明妨碍情形下，作为适用法律的效果或者作为制裁的措施应当是，降低被妨碍人的证明责任至"低度的盖然性(eine geringe wahrscheinlichkeit)"，即仅要求低度的盖然性即可。德国学者 Schellhammer 认为，对于过失类型的证明妨碍情形采用将证明度降低的方式，以减轻负证明责任当事人的证明责任，是基

---

① 参见 Gottfried Baumgärtel：《民事訴訟法における證明妨礙》，三上威彦译，载《判例タイムズ》585 号(1986 年)，第 18 页；〔日〕松本博之：《民事證據法の領域における武器對等原則》，载松本博之、宮崎公男编：《讲座新民事诉讼法》(Ⅱ)(1999 年)，第 27 页。转引自许士宦：《证据收集与纠纷解决》，台北新学林出版股份有限公司 2005 年版，第 223 页。另参见许世宦：《证明妨碍》，载《月旦法学教室》2001 年第 76 期，第 48 页。

② 参见 Gottfried Baumgärtel：《民事訴訟法における證明妨礙》，三上威彦译，载《判例タイムズ》585 号(1986 年)，第 18 页；〔日〕松本博之：《民事證據法の領域における武器對等原則》，载松本博之、宮崎公男编：《讲座新民事诉讼法》(Ⅱ)(1999 年)，第 27 页。转引自许士宦：《证据收集与纠纷解决》，台北新学林出版股份有限公司 2005 年版，第 223 页。

③ Baumgärtel, Beweislastpraxis im Privatrecht, 1996, Rdnr. 129.

④ Rosenberg/Schwab/Gottwald, a. a. O. § 117 Ⅱ 6.

⑤ Schellhammer, Zivilprozeβ, 6. Aufl., 1994. Rdnr. 532. 转引自姜世明：《新民事证据法论》，台北学林文化出版事业有限公司 2003 年版，第 297 页。

于《德国民法》第242条有关诚信原则规定[①]的考量。[②]（3）在因轻过失所出现的证明妨碍情形下，有必要使对证明度的要求降低至“优越的盖然性（eine überwiegende wahrscheinlichkeit）”，即仅要求优越的盖然性即可。（4）德国学者Baumgärtel提出，除上述原则之外，仍可能存在其他例外情形，当遇有这些情形时，即使将证明度降低到低度盖然性，仍属不公平时，也即仍不能正确评价当事人的证明困难时，也有可能产生将证明责任予以转换的必要。例如，当出现医师的文书资料义务违反情形时，因相关文件的制作、保存、提出均为医师所控制，并非患者所能对其产生任何影响，故有将证明责任转换而产生相应法律效果的必要。但他认为，这种例外类型仍需由实务学说创设类型，以确保法治国的法律安定性原则的要求。[③] 德国学者Schellhammer也认为，在过失类型的证明妨碍情形下，即使按照诚信原则来降低证明度上的要求，但仍感到不足以实现所预期的政策目标时，法院可据情采用证明责任发生转换制度的理论对案件事实作出相应的判断。[④]

笔者认为，对于上述各种观点加以整合，便可形成一整套具有系统化的判断模式，即在故意的情形下，可直接推认被妨碍人提出的事实主张为真实；在出现重大过失的情形下，仅要求被妨碍人所要求的证明度具有较低的盖然性即可[⑤]；在出现一般过失的情形下，仅要求被妨碍人在证明度上达到优越的盖然性即可。[⑥] 除此之外，在一些法院所认为的特别情形下，即使将证明度降低到低度盖然性，仍不足以回复不公平状态时，法院可据情作出对有关要件事实的证明责任在当事人之间加以转换的裁量。这种模式以妨碍人主观归责性的高低作为判断的基准，有利于实现这样一种政策目标：即受妨碍人主观过错心

---

① 《德国民法》第242条规定：债务人有义务斟酌交易习惯，依照诚实信用原则履行给付。另外，《德国民法》第157条规定：合同必须斟酌交易习惯，依照诚实信用原则加以解释。上述两条为德国民法有关诚实信用原则的一般条款。

② Schellhammer, Zivilprozeβ, 6. Aufl., 1994. Rdnr. 532. 转引自姜世明：《新民事证据法论》，台北学林文化出版事业有限公司2003年版，第297页。

③ Baumgärtel, Beweislastpraxis im Privatrecht, 1996, Rdnr. 129.

④ Schellhammer, Zivilprozeβ, 6. Aufl., 1994. Rdnr. 532.

⑤ 在此，可理解为不高于50%的盖然性，甚至只要达到30%以上的盖然性即可。

⑥ 在此，可理解为只要达到51%以上的盖然性即可。

理状态所支配的行为而显示的不公平程度愈高，法院就愈加应当课予更强的法律效果。显而易见，它是设置证明妨碍制度所承载核心价值的准确表达。

根据我国台湾地区“民事诉讼法”第282条之一规定，法院可审酌情形认为对方关于该证据的主张或依该证据应证的事实为真实。就证明妨碍的效果所有待处理的问题为，可认定真实的“程度”，对此，台湾大多数学者主张，以妨碍人可归责性的高低作为判断的基准。也就是，在故意的情形下，可直接推认被妨碍者的主张为真实；在因重大过失证明妨碍情形下，降低被妨碍人的证明责任至“低度的盖然性”；在因轻过失的证明妨碍情形下，则降低至“优越的盖然性”。① 但是，也有台湾学者提出了不同看法。例如，黄国昌教授认为，证明妨碍法律效果的选定，应以回复当事人间的公平为重要的目标取向，从而着眼于对被妨碍人不公平程度的考虑因素，而并非依据妨碍人主观归责性的高低，设定强弱不同的证明妨碍法效。就妨碍人的主观归责性而言，仅当未负证明责任当事人存有故意证明妨碍情况下，一方面利用其故意的妨碍行为作为被妨碍人主张事实为真实的表征，另一方面可辅以制裁的思想，在双方当事人均尽其证据提出责任之后，使妨碍人承担法院最终仍无法判定何方当事人有证据优势的风险。② 同时，黄国昌教授也不得不承认，证明妨碍法律效果所影响的是被妨碍人的证据提出责任及其证明度标准。具体而言，在一般情况下，负证明责任的当事人必须提出证据以满足该案件类型所应适用的证明度标准，即原则上的证据优势标准(preponderance of evidence)。但是，在证明妨碍情形下，则在诉讼程序的进行上，被妨碍人就待证事实的存在，首先应负证据提交责任，仅须达到较低度的初步表面证据(prima facie evidence)的证明度标准即可，而由法院通过证明妨碍的效果，拟制其已达到原则上所应适用的证明度标准，形成可认定待证事实存在的暂定心证。而这一阶段的证明责任转由原未负客观证明责任的妨碍人承担，其必须提出证据证明该待证事实不存在，否则法院将此暂定心

① 参见许世宦：《证明妨碍》，载《月旦法学教室》2001年第76期，第48页。

② 参见黄国昌：《民事诉讼理论之新开展》，北京大学出版社2008年版，第259—260页。

证转化为确定心证，而认为被妨碍人已完成其证明责任。①

笔者认为，证明妨碍制度本身应当施加何种法律效果，应当与妨碍人所实施的证明妨碍行为的性质及其所造成的后果相适应，即在受妨碍人并无可能知晓受妨碍证据的内容并对其加以主张的条件下，选择何种法律适用效果，取决于妨碍人实施证明妨碍行为的性质及其所造成的后果。妨碍人所实施证明妨碍行为的性质，取决于该行为在法律上的可归责性，这种在法律上的可归责性表现为过错的程度。即当证明妨碍行为的发生在妨碍人主观上表现为不同的属性或状态条件下时，其选择适用何种证明妨碍法律效果，有其不同的正当性与合理性基础。这是因为，一方面，采用证明妨碍的法律效果在客观上具有不同的选项，不同的选项对妨碍人所造成的不利益后果具有不同的效力；另一方面，创设证明妨碍制度的合法性基础在于，妨碍人的行为在法律上具有可归责性，这种可归责性在法律上受到非难，完全是由于妨碍人在主观上存在某种过错所致。因此，受不同心理状态所支配而实施的证明妨碍行为，只有被课予不同的法律效果，才能有助于在实质意义上回复当事人间的公平这一核心价值。

（三）受到妨碍证据的重要性

在此，所谓受到妨碍证据的重要性是指，因受妨碍证据使受妨碍人提出证据的能力所受的限制而对其所主张事实的证明度造成的实质影响。这主要取决于受到妨碍证据在法院对证据进行自由评价当中所起到的作用。一方面，它可理解为，该证据在证明待证事实的功能上究竟是起到主要证据作用还是起到辅助性证据作用；另一方面，它还可以理解为，假如欠缺该证据，究竟给法官对证据的评价和待证事实的认定造成何种影响，也就是，究竟会造成被妨碍人的举证不能，还是造成待证事实的真伪不明。后者显然还受到妨碍人提出反证效果的影响。

在法院不施加证明妨碍法律效果的条件下，当因妨碍人的妨碍行为出现被妨碍人举证不能的情形时，法院将根据主观证明责任对案件事实作出对被妨碍人不利益的裁判；当因妨碍人的妨碍行为造成待证

① 参见黄国昌：《民事诉讼理论之新开展》，北京大学出版社 2008 年版，第 256 页。

事实真伪不明状态出现时,法院将根据客观证明责任对案件事实作出对被妨碍人不利益的裁判。虽然这两种结果均表现为被妨碍人都将受到败诉的裁判,但两者毕竟还存在细节上的差别,即当法院将根据客观证明责任对案件事实作出对被妨碍人不利益的裁判时,被妨碍人实际已就其所主张的抗辩事实履行了主观证明责任,且提供了具有相当证明力的反证。

在有些情况下,某些被妨碍的证据或者证据方式的重要性显而易见,例如,在某项诉讼请求项下的待证事实为因产品质量问题所引起的损害赔偿,或者为因亲子关系的确认所引起的血缘鉴定等,这类证据方法无法为其他证据方法完全替代,故具有不可替代性。在这种情形下,妨碍人的妨碍行为将造成被妨碍人的举证不能,而不会使待证事实处于真伪不明状态。这是因为,妨碍人并未提出具有相当证明力反证的缘故。在这种情形下,为法院所能有效地施加法律适用效果的做法有两种:(1) 在被妨碍人对有关待证事实负担客观意义上的风险责任条件下,原本因妨碍人的行为导致被妨碍人无法履行提出证据的责任即主观证明责任,因施加证明妨碍法律效果进而拟制被妨碍人已成就其提出证据的责任,此时提出证据的责任转换给妨碍人,因妨碍人提出反证对其抗辩事实主张负担主观证明责任,假如妨碍人未能提出反证,或者提出的反证不能足以支持其抗辩事实主张,法院将根据主观证明责任作出对妨碍人不利益的裁判。在这种情形下,妨碍人所提出的反证往往也只能是协助鉴定的进行,当最终的鉴定结果使案件的待证事实处于真伪不明状态时,则仍由被妨碍人承担不利益的裁判后果。(2) 在被妨碍人对有关待证事实负担客观意义上的风险责任条件下,原本因妨碍人的行为导致被妨碍人无法履行提出证据的责任即主观证明责任,因施加证明妨碍法律效果进而将妨碍人的抗辩事实主张所原本负担的提出反证的责任,换置为使其就否认被妨碍人所提出的事实主张负担客观风险意义上的证明责任。这种裁判模式为德国法院较多采用。实际上这涉及证明主题在当事人之间发生转换,即由妨碍人对其所主张的抗辩事实负担客观风险意义上的证明责任,也就是,由妨碍人提出本证,由被妨碍人提出反证,当法院对双方当事人所提出的证据进行评估,按照有关的证明标准加以衡量后认为待证事实仍处于真伪不明状态时,将根据客观证明责任判定不利益的裁判后果由妨碍人承受。

在许多情形下，为了履行其提出证据的责任，除了被妨碍的证据之外，作为被妨碍人的举证人很可能还有其他证据能够提交，这些其他证据中或许包含两个甚至两个以上的主要证据，被妨碍的证据通常为主要证据，因为被妨碍证据通常被认为在整个证据评价中只有占据相当分量，其产生的证明妨碍法律效果才对被妨碍人的证据提出责任及其证明度标准造成显著影响。但是，至少在理论上，有时也并不能完全排除即使作为一个辅助性证据，也会产生一种微妙的影响力。假如欠缺该辅助性证据，法院将根据主观证明责任作出对被妨碍人不利益的裁判，此时，该辅助性证据将有“四两拨千斤”之威力，它完全取决于法院对证据评价后所得出的结论。另外，当妨碍人提出相当的反证时，在特定情形下，该妨碍人所实施的证明妨碍行为涉及某一辅助性证据，假如欠缺该辅助性证据将使法院对有关待证事实的认定处于真伪不明状态时，法院将不得不根据客观证明责任作出对被妨碍人不利益的裁判。在上述两类情形中，即使妨碍人的妨碍行为仅涉及辅助性证据，但是，在特定条件下，该证据对法律上就被妨碍所要求的证明度标准而言具有相当的重要性。

鉴于证明妨碍制度所涉及的法律效果分为不同层次与选项，某一被妨碍证据的重要性究竟如何，理所当然被法院作为适用何种法律效果的考虑因素之一。在实务上，某一被妨碍证据的重要性究竟如何，通常需要被妨碍人就该证据的内容加以主张，以便法院在形式意义上对其作出判定。但是，其中所存在的问题是，假如被妨碍人在主张被妨碍证据的内容时，如不能提供必要的信息或资料，将使法院难以对该证据的重要性作出准确的判断，在此情形下，势必将使法院不得不又将注意力再次集中在妨碍人的主观可归责性上，有时这可能是一种无奈之举，但如果将这种情形放置在设计证明妨碍制度的主体框架内看待的话，对妨碍人的妨碍行为加以惩罚也是制度本身的应有之意。

（四）妨碍行为所造成的证明困难度

所谓妨碍行为所造成的证明困难度在很大程度上指的是，当证明妨碍行为发生之后给被妨碍人在提出证据责任上造成实际妨碍的程度，或者说，这种证明妨碍的法律效果给被妨碍人在证明某一事实主张的证明度上造成妨碍的实际状态。如果存在其他具有完全可替代性的证据方法，则不存在这一问题。

在实务上,虽然发生了证明妨碍的情形,但是,法院还是应当进一步判断该证据是否可为其他证明方法所完全替代,如果存在其他具有完全可替代性的证据方法,则不必通过证据法上的效果来调整当事人间的公平。例如,根据台湾地区新竹地方法院 2001 年诉字第 515 号判决,在该案中,就提起股东会撤销之诉的原告是否有当场提出异议的争点,法院认为,即便被告所提出的开会录像带有中断情节,原告仍可通过其他出席股东会的股东的证词作为证据方法。因此,在该案中,以具有其他可替代的证据方法为由而认为并不存在证明妨碍的情形。在此,问题的核心毋宁为因可归责于妨碍人的事由,导致被妨碍人必须另寻其他证据方法就待证事实进行证明活动。就此而论,黄国昌教授认为,为美国法所承认的命令妨碍人负担费用的制裁手段,值得参酌。在解释论上,台湾地区“民事诉讼法”第 81 条及第 82 条应可作为依据。[①]

如果在客观上尚存在其他具有完全可替代性证据方法的可能时,所遇到的问题将是,被妨碍人取得这种证据方法所应付出的成本、劳务以及在某些条件下即使付出这些成本、劳务,但因客观环境随后发生了不可逆转的变化(意外事件),或者随后出现了为被妨碍人所不能控制的诉讼外第三人行为所致而不能实现预期效果,这些成本或者风险仍应由原妨碍人来承受,也应属于证明妨碍制度的射程范畴;即使当并不存在其他具有完全可替代性证据方法的条件下,也应当考虑当存在其他具有部分可替代性证据方法时,对被妨碍人所要求的证明度上可能造成的影响,以及这些影响对法院对有关待证事实形成内心确信所占的分量。鉴于这些层面几乎完全与法院的心证有关,在某种程度上也引起了一些学者的关注,例如,姜世明教授认为,在理论上,就证明妨碍的程度,也就是因证明妨碍行为而造成应负证明责任人对举证困难度问题,其程度可能在困难度上有层次之别,也有可能已造成完全的举证不能,就此而论,似乎也应将其充当考虑证明度等法律效果的因素之一,而一并与其他因素综合加以考虑。[②]

---

① 参见黄国昌:《民事诉讼理论之新开展》,北京大学出版社 2008 年版,第 255 页。

② 参见姜世明:《新民事证据法论》,台北学林文化出版事业有限公司 2003 年版,第 306—307 页脚注。

（五）公共政策上的考量

在证明妨碍制度条件下，其核心价值应当放置在回复当事人间的公平状态，将诚实信用原则作为维系当事人之间法律关系的基石。虽然这种核心价值所体现的政策目标在于，矫正当事人间因妨碍人的行为所造成的不公平状态，但由于客观条件所限，特别是当出现某些证据无法在审判程序当中呈现出来时，导致法院对被妨碍证据的内容及其对待证事实的证明价值无法作出准确的判定，便无法准确、妥当地适用证明妨碍的法律效果来试图使原先的这种公平状态在当事人之间回复，如何判定所回复的状态是否与被妨碍前的状态相吻合，仍有疑问。可见，在许多情形下，为证明妨碍制度所弘扬的旨在回复当事人间公平的政策目标，在很大程度上，仅是一种理想主义的体现和理论上的一种概括性推论。

从现实主义角度来看，证明妨碍制度的重要功能在于其带有预防性的战略目标，而这种战略目标的实现，在很大程度和较大范围内不得不取决于采用惩罚主义的制裁手段。例如，在实现证明妨碍制度核心价值的常规设计上，许多国家的立法均规定，当妨碍人故意以被妨碍人不能利用有关证据为目的而使该证据毁损、灭失等，如果被妨碍人主张该证据的内容，该证据内容的真实性将被法院认定成立；在理论上和审判实务上，当妨碍人故意毁损、隐匿某些为被妨碍人所不能知晓和无法主张其内容的证据时，在此情形下，法院甚至可据情推论有利于被妨碍人的待证事实的真实性得以成立。这些做法本身所展现的价值取向均体现了一种公共政策上的考量，即在证明妨碍制度法律效果的射程范围内，任何采用证明妨碍行为来获得对其有利结果的企图，最终将换来对其更为不利的结果。在实务上，当施加某种证明妨碍法律效果时，将这种并非存在单纯对价利益的价值观念，作为适用何种具体证明法律效果的基准所应当考量的因素之一是十分必要的。因为，在许多情形下，在当事人之间所发生的证明妨碍场景是复杂的。有些情形本身就涉及违反相关法律、职业操守，如擅自涂改患者医疗记录、商业登记、会计账簿等。假如千篇一律地仅以试图回复证据被妨碍前在当事人之间的那种公平状态作为政策目标，最终将无法达到预期的效果。如果这被妨碍人作为一种成形的交易模式的话，就会使妨碍人感到这种交易的成本低廉，即使逆市操作也不会得到惩罚,结果无异于在鼓励妨碍人。这种负面影响势必在社会上造成连锁反应,使证明妨碍制度的预防功能因乏力而破功。可见,仅仅将证明妨碍制度政策目的的重心放置在回复当事人之间的公平这一基点上是远远不够的,从维护社会公共政策的战略角度,将制裁作为制止、预防证明妨碍行为的手段是不可或缺的。特别是对那些在主观上恶意实施证明妨碍行为的情形尤为如此。[①] 因此,这种采用制裁的效果将有利于推动设置证明妨碍制度的预防功能的实现,因为它给任何潜在的当事人传达了这样一种明确的信息,即当发生纠纷时,只有在当事人之间以诚实信用为本而坚持信息公开、证据平等利用的秩序,才有可能给自身带来最大利益。并且,笔者认为,对那些在主观可归责性上具有重大过失的情形,是否将制裁作为施加法律效果来考虑,也可根据公共政策的需要,由法院据情确定。事实上,当学理或判例将妨碍人的主观归责性作为判断标准的同时,实际上就选择将制裁作为构建证明责任妨碍适用法律效果的重要取向,因为它符合该项制度设计预防性功能的基本要求。[②]

(六)个案的具体情形

在实务上,民商事案件的个案情形繁纷复杂,不一而论。在法院

---

① 对此,有学者认为,在以制裁为目的而施加证明妨碍法律效果时,应特别注意在具体个案的情形中,是否能够因此达成这种预防效果。据此,在适用的射程范围内,应将其限定在妨碍者有履行义务的可能而故意不履行,包括该证据目前仍存在却拒不提供,以及该证据虽不存在但却由妨碍者恶意毁灭的情形。在过失证明妨碍的情形下,因已可由取向于当事人间公平的政策目标所选定的法律效果加以应对,是否适当再通过制裁的政策目标加以处理,似有进一步研讨的必要。参见黄国昌:《民事诉讼理论之新开展》,北京大学出版社 2008 年版,第 254—255 页。

② 例如,在美国,联邦第一巡回上诉法院、第十巡回上诉法院管辖区域内的联邦地方法院采用的标准所基于一项重要因素为,妨碍人的主观归责要件如何。*Ehrenhaus v. Reynolds*, 965 F. 2d 916 (10th Cir. 1992). 转引自黄国昌:《民事诉讼理论之新开展》,北京大学出版社 2008 年版,第 230 页。联邦第三巡回上诉法院采用的标准所基于一项重要因素为,当妨碍人出现严重的主观归责性时,该制裁是否足以抑制其他人在将来从事相同的妨碍行为。*Schmid v. Milwaukee Elec. Tool Corp.*, 13 F. 3d 76, 79 (3d Cir. 1994). 转引自黄国昌:《民事诉讼理论之新开展》,北京大学出版社 2008 年版,第 230 页。

具体考虑选用何种证明妨碍适用效果时,除了充分考虑上述各种因素作为基准之外,还不得不依据个案的具体情形为依归,并在综合考量的基础上才能作出最终取舍。这是因为,个案当中还存在某些交易习惯、行业规范、市场行情、当地习俗、经验法则等为法院用作公平考量的参考依据。比如,邱联恭教授在评价台湾地区"民事诉讼法"第282条之一所规定内容时,认为该规定是以诚信原则及当事人间公平的要求作为法理依据。依此作出判定时,也需要依程序利益保护原则,审酌证明妨碍行为的样态、所妨碍证据对待证事实的重要性等个别具体案情作出。并且,各该妨碍行为所产生的法律效果的具体内容,是由法院裁量为个别酌定,既可以转换证明责任,也可能适用经验法则、降低证明度、其所认定的范围可能有广狭之差异,也并非可一概而论。①

由于个案具体情形千差万别,特别是当法律对当事人在何种情况下享有拒绝提供证据的正当理由缺乏明确规定时,作为举证人的相对一方当事人,假如以其为法律上所保障的其他权益如名誉权、商业秘密、个人隐私等受到或者有可能受到侵害作为抗辩理由,这就会给法院带来利益衡量问题,也就是有关的特别事由将会给法院对是否在此情形下仍施加证明妨碍法律效果,以及施加何种法律效果造成相当的影响。

三、归论

笔者认为,基于上述诸因素侧重点的选取取决于不同的学理基础与价值观念,在个案当中,针对不同的案件情形,可能会出现或有侧重的必要,或有择一而论的要求,但是,综合考量各种因素以选取最佳的平衡点,仍不失为优先选用的抉择。正如有人所言,一个成功的证明妨碍体制必须考虑如下政策层面:(1) 尽可能地考虑在程序上实现回复功能的准确性(restoring accuracy);(2) 如何对因受证明妨碍而遭受损害一方当事人进行补偿;(3) 如何对非法从事证明妨碍行为人进行恰如其分(where applicable)的惩罚。②

同时,在实务上,应当注意的是,在个案当中,对上述作为判断适

① 参见邱联恭:《程序利益保护论》,台北三民书局2005年版,第294页。

② See *West v. Goodyear Tire & Rubber Co.*, 167 F. 3d 776, 779 (2d Cir. 1999).

用何种法律效果所应当考虑的要素进行斟酌时,还应当充分保障妨碍人的申辩权,也就是说,法院应当充分听取妨碍人对其为何未能妥善保存证据,以至于妨碍他人举证所进行的辩解,以保障诉讼程序的公平与正义。对此,有学者指出,当事人违反其义务未能妥善保存证据可以寻求若干可能的辩解。例如,证明妨碍人可以辩称其所作所为并非恶意,以及并非是故意毁损证据。[①] 另外,证明妨碍人还可以辩称,其行为并未给对方的诉讼造成任何危害,因为被毁损的证据对于对方当事人的事实主张而言无足轻重。最后,证明妨碍人还可以借助"疏忽(laches)"辩解,即证明妨碍人的对方当事人在证据灭失或者毁损之前有足够的机会对该证据单独进行审核。[②] 在个案当中,根据不同情形,法院在充分考虑证明妨碍人所作辩解的基础上,才能对其是否已构成证明妨碍行为作出最终判断。

第四节 证明妨碍适用法律效果的政策性目标与实现方式

在民事诉讼上,当出现证明妨碍情形时,法院应当如何应对和克服因出现证明妨碍对作为裁判基础的事实认定所产生的消极后果,是立法者、司法者以及学者所应当研究和探讨的重大问题。在实务上,当个案出现证明妨碍情形时,法院应当根据构成证明妨碍的主观要件与客观要件来决定适用相应的法律效果。因为,不同的法律效果的应用,取决于具体的实现方式,而具体的实现方式则取决于适用证明妨碍法律效果的政策性目标。通常而言,被妨碍人在个案当中受到不公平对待的程度,以及妨碍人在主观上的可归责性状态往往被援作衡量基准的标识,并且在政策目标上表现为三种不同的价值取向:(1) 以是否能够借以回复至妨碍前的公平状态作为最低限度上的要求,它主要针对的是因一般过失所导致的证明妨碍情形;(2) 以是否能够足以

---

① Phoebe L. McGlynn, Spoliation in the Product Liability Context, 27 *U. Mem. L. Rev.* 667 (Spring 1997).

② Laurie Kindel, Kai Richter, Spoliation of Evidence: Will the New Millennium See a Further Expansion of Sanctions for the Improper Destruction of Evidence? 27 *Wm. Mitchell L. Rev.* 702(2000).

使证明妨碍人受到惩罚或制裁为最高限度上的要求,主要针对的是因主观故意或者重大过失所导致的证明妨碍情形;(3)以是否能够迫使潜在的证明妨碍人因恐惧受到惩罚或制裁而感到震慑作为附随性的政策性目标。

由于各国在法制传统、文化背景、诉讼模式、价值取向等方面有所差异,导致在证明妨碍制度架构下,适用法律效果的政策性目标与实现方式也不尽相同,主要包括以下层面与方式:采用公法手段加以制裁、证明责任转换、司法拟制、降低证明标准、直接作出终局判决、排除妨碍人提出证据、承担独立的民事责任等。以下分别加以阐释。

一、采用公法手段加以制裁

民事诉讼法属于公法范畴,它所涉及的是采用公力救济手段解决当事人之间的私权利益纷争的裁判程式及规则。当事人因私权利益发生纠纷之后,在经私力救济无法解决后可求助于这种公力救济手段,也可以不经私力救济而直接求助于公力救济。为了维护社会公平与正义的法律秩序,这种采用国家名义而开展的诉讼活动以程序的正当性作为其秉持的核心价值,凡在诉讼过程中遇有当事人违反诚信、妨碍司法的情形,对其采用必要的制裁措施是由诉讼程序的公法性质所决定的,它体现的是一种国家意志,具有强力的权威性与不容挑战性。

从广义上而言,因涉及民事诉讼活动所发生的证明妨碍行为具有责难性和被惩罚性,因为它侵害了维系正常开展民事诉讼活动所必需的一种公法秩序。从公法意义上而言,一方当事人所从事的证明妨碍行为不仅有可能损害另一方当事人的程序性利益,更为重要的是,这种行为妨碍了审判权的正常行使,损害了法院的司法权威,侵害了法律的尊严,因此,这种行为也构成妨碍司法秩序的行为或者藐视法庭的行为。为此,许多国家采用公法手段加以制裁,最为常见的方法就是对妨碍人课以一定数额的罚款。例如,在英国的诉讼中,如果一方当事人拒不按照法庭的命令提交某一特定的文件证据,将被视为藐视法庭;当证人在法庭上拒不宣誓或者拒不回答有关提问又没有法定事由时,将被视为藐视法庭而受到相应的处罚。[①] 新《法国民事诉讼法》第11条第2款规定,如果一方当事人持有某些证据材料,法官应对方当事人请求,令其提交,凡不予提交的,必要时可课予逾期罚款。对于这种情形,学者认为,证明妨碍的基本法律思想来源于刑法制裁(strafsanktion)。[②] 如果基于这种思想,则连带当可推导出预防性思想。它可与前者相互作用。但是,是否在民法中果然存在这种内在不成文刑法规范,是值得深思的。不容忽视的是,如果将证明责任反置视为一种刑法制裁思想的法效果,应当注意的是,应依可归责性程度决定其效果,这样才符合比例性与公平性。对此,A. Blomeyer 认为,应将期待可能性的考虑作为证明妨碍的法基础。他认为,经由对方的证明妨碍行为,将导致负证明责任人举证的期待不能。[③]

在美国,法院还可要求证明妨碍人因其毁灭或者隐匿证据而承担金钱上的赔偿责任。这种制裁效果不仅对诉讼上的证明妨碍行为,根据《美国联邦民事诉讼规则》第37条(b)项(2)款的明确授权,即使对诉讼外的证明妨碍行为,基于联邦法院的固有权限,也被美国法院采认为系由其可采取相应制裁手段所涉及的对象。例如,在 *Procter & Gamble Company v. Haugen* 一案中,法院以原告违反其保存相关雇员的电子邮件义务为由,认为其情节虽未达到必须使陪审团为不利推定给予制裁的程度,但原告必须支付被告1000美元作为制裁。[④] 这种制裁效果独立于上述法律效果,也就是,法院既可单独,也可同时判定由证明妨碍人负担,由其妨碍行为所造成被妨碍人的费用支付范围也包

---

① Terence Ingman, *The English Legal Process*, Fifth Edition, Blackstone Press Limited., 1983, pp. 120-123.

② Wahrendorf, Die Prinzipien der Beweislast im Haftungsrecht, 1976, S. 128f.; Kegel, Der Individualanscheinsbeweis und die Verteilung der Beweislast nach überwiegender Wahrscheinlichkeit. FS. f. Kronstein, 1967, S. 341. 转引自姜世明:《新民事证据法论》,台北学林文化出版事业有限公司2003年版,第289页。

③ Blomeyer, Die Umkehr der Beweislast, AcP 158, 103. 不同的观点可参见, Vgl. Baumgärtel, Beweislastpraxis im Privatrecht, 1996, Rdnr. 119m. w. N. 转引自姜世明:《新民事证据法论》,台北学林文化出版事业有限公司2003年版,第289页。

④ 117 F. R. D. 622(D. Utah 1998). 转引自黄国昌:《民事诉讼理论之新开展》,北京大学出版社2008年版,第241页。

括律师费,并且这种制裁的对象同时可以扩展至作为妨碍人的律师。[①]有关金钱惩罚措施所包含的内容有:(1) 因调查证据、收集证据、准备庭审,对证据性动议进行辩论以及提出惩罚措施所承担的费用以及有关成本;(2) 因录取证言、提出书面质问以及因为证明对方隐匿证据而开示证据所附加的花费;(3) 因无端浪费庭审时间和司法资源所造成的成本费用。[②] 这些金钱处罚措施可以加倍使用以足以惩罚证明妨碍人以及扼制未来可能发生这种行为。例如,在 re Prudential Co. of America Sales Litigation 一案中[③],法院针对 Prudential 拒不按照其所发出的妥善保管证据的命令对其处以 100 万美元的罚款,尽管这种行为并非主观故意所致。[④]

另外,在美国的一些州,某些证明妨碍行为被按刑事犯罪论处。例如,明尼苏达州民事诉讼法典第 609.63 款第 1(7)项规定,凡故意损坏或者伪造……以至于毁灭某一文书或者物证使其无法用于诉讼、庭审或者其他法律程序,这些行为均属违法。违反这一法律规定便构成刑事犯罪。证明妨碍人凡被证明其行为构成犯罪的,“可被判处不超过 3 年的有期徒刑或者不超过 5000 美元的罚金,或者两者可同时并用。”[⑤]从目前的情况来看,对于在民事领域范围内所实施的证明妨碍行为采取刑事追究这种制裁方法仅仅大多停留在理论层面,在实践当中很少有这样的实例。[⑥]

在日本,当法院发布了文书提出命令之后,如果文书持有人未提

---

① *Medical Billing, Inc. v. Medical Mgmt. Sciences, Inc.*, No. 1: 96-CV-1015, slip op. (N. D. Ohio Oct. 18, 1996). 转引自黄国昌:《民事诉讼理论之新开展》,北京大学出版社 2008 年版,第 241 页。

② *Capellupo v. FMC Corp.*, 126 F. R. D. 545, 552-53 (D. Minn. 1989); see also *Nat'l Ass'n of Radiation Survivors v. Turnage*, 115 F. R. D. 543, 558-59 (*N. D. Cal.* 1987).

③ 169 *F. R. D.* 598, 617.

④ Similarly, in a recent case involving another corporate defendant, DuPont was required to pay $1.5 million in fines and lawyers' fees for intentionally withholding evidence. Rolin P. Bissel & James L. Holston, *Spoliation of Evidence: Recent Expansion of an Old Theory*, Washington Legal Foundation, Contemporary Legal Notes Series, No. 29 (Sept. 1998).

⑤ *Minn. Stat.* 609.63, subd. 1(7).

⑥ *United States v. Lundwall*, *1 F. Supp.* 2d 249, 254 (*S. D. N. Y.* 1998).

出，立法上对持有人是当事人还是案外第三人分别作出不同的规定。如持有人为案外第三人时，根据《日本民事诉讼法》第225条第1款的规定，他将受到20万日元以下罚款处理，这是对该第三人不协助司法行为所施加的处罚措施。尽管这一处罚标准较旧法10万日元以下罚款已大为提高，但能否保障那些具有决定性意义的文书在诉讼上被加以利用仍是令人怀疑的。例如，假如对方当事人积极地向第三人提供20万日元以换取其不提出持有的文书，这种行为就属于第224条第2款所规定的证明妨碍行为。[①]

根据我国《民事诉讼法》第102条的规定："诉讼参与人或者其他人有下列行为之一的，人民法院可以根据情节轻重予以罚款、拘留；构成犯罪的，依法追究刑事责任：（一）伪造、毁灭重要证据，妨碍人民法院审理案件的；（二）以暴力、威胁、贿买方法阻止证人作证或者指使、贿买、胁迫他人作伪证的……"我国最高人民法院《关于民事诉讼证据的若干规定》第80条第2款规定："当事人或者其他诉讼参与人伪造、毁灭证据，提供假证据，阻止证人作证，指使、贿买、胁迫他人作伪证，或者对证人、鉴定人、勘验人打击报复的，依据《民事诉讼法》第一百零二条的规定处理。"上述规定表明，在我国，因伪造、毁灭重要证据而妨碍法院审理案件的行为，以暴力、威胁、贿买方法阻止证人作证或者指使、贿买、胁迫他人作伪证的行为，或者对证人、鉴定人、勘验人打击报复的行为，这类行为除了可以从构成证明妨碍行为层面上加以理解之外，更为重要的是，这类行为还构成对审判秩序的侵害及对司法权威的挑战。为此，我国在立法上采用了更为严厉的公法制裁措施，即除了在经济上采用罚款措施之外，还采用拘留以限制人身自由的强制手段，甚至当情节严重以至于构成犯罪的，还可采取刑罚手段。

事实上，我国现行法在立法层面是将证明妨碍行为作为妨碍民事诉讼行为的一种情形对待，这主要是因为，我国在立法上，特别是在证据法架构内，并未正式构建证明妨碍制度体系，而这种对妨碍民事诉讼行为的认知还应解读为其中包括对审判活动和秩序所造成的妨碍，否则就不会考虑采取诸如拘留、追究刑事责任这类较为或者极为严厉的公法制裁、惩罚手段。

---

① 参见〔日〕高桥宏志：《重点讲义民事诉讼法》，张卫平、许可译，法律出版社2007年版，第161页。

在实务上，尽管我国现行《民事诉讼法》规定了较为或者极为严厉的公法制裁、惩罚手段，但实际使用的情形还是极为少见的。我国最高人民法院《关于民事诉讼证据的若干规定》第 75 条是对证明妨碍制度的原则性规定，它在很大程度上填补了我国现行立法上的空白。自从该司法解释于 2002 年 4 月 1 日实施以来，相继出现了一些对证明妨碍行为施加法律效果的司法判例，其中一些做法值得关注。

> 河南省某县一村妇李某和丈夫程某以 2800 元的价格，从康某手中购得一辆农用三轮车。因购车时钱不够，村妇李某当时只给康某 1200 元，余下 1600 元打了欠条。事后，康某找李某催要欠款，可李某却以生意难做等借口搪塞，赖着不想还欠款。而且，李某几次欲抢夺康某手中的欠条。康某多次催要无果后，一纸诉状将李某告上法庭。县法院派出某法庭开庭审理此案。庭审中，当法官要求原告出示欠款证据，让被告鉴别时，李某趁看欠条之机，突然把欠条揉成一团，猛地塞进嘴里。法官急忙伸手抢夺，但只拽下来一角白纸。法院审理认为，虽然被告李某毁灭了证据，但是，其欠款的事实已查清楚，法院对原告要求返还 1600 元欠款的诉讼请求予以支持，判令被告返还原告购车款 1600 元。针对被告李某当庭吞吃欠条，企图毁灭证据，以达到不还欠款目的的行为，法院当庭作出对其拘留 15 天，罚款 1000 元的决定。

笔者认为，对于此案所发生的情形，法院根据《关于民事诉讼证据的若干规定》第 75 条对被告李某施加相应的证明妨碍法律效果，即可使原告对该证据的利用回复至被妨碍前的公平状态，且这种法律效果已起到预防性的功能，即通过这一法律效果传达给任何潜在的此类证明妨碍人的一个明确信息是，任何企图以实施这类证明妨碍行为来达到阻碍举证人利用证据的目的，必将都是徒劳的。在我国最高人民法院《关于民事诉讼证据的若干规定》第 75 条已起到填补立法空白的作用，且能够作为法院判案依据的情况下，就不宜再简单套用《民事诉讼法》第 102 条的规定。另外，还应当指出的是，本案中的有关情节也不符合《民事诉讼法》第 102 条的立法本意。这是因为，在该案中，虽然被告毁灭的欠条原件属于重要证据，但毕竟欠条复印件尚存，被告李某正是趁核对欠条原件与复印件之际将欠条原件加以毁灭，法院完全可以根据欠条复印件来认定待证事实，故并未对法院审理案件造成实质性的妨碍或影响。即便在仅有欠条原件而不存在欠条复印件的情况下,法院也可根据原告所主张的证据内容,推论为原告所主张的债权成立。在该案中,法院事先不可能不查看原告所提供的该欠条原件。故此,在该案中,法院对被告李某作出拘留 15 天,罚款 1000 元的处罚,实为不当之举。

二、证明责任转换

(一)适用证明责任转换法律效果的基本法意

当发生证明妨碍行为时,法院据情对其施加证明责任转换的法律适用效果,系属于在证据法架构内将证明主题在当事人之间进行换位调整,它具有制裁和惩罚的价值取向,也可被理解为,由于妨碍人的妨碍行为对个案中被妨碍人所造成的不公平状态达到极为严重的不可逆转程度,以至于法院不采取这种极端措施使妨碍人承受败诉的风险,诚信原则和公平原则将受到极大的损害。对此,我国台湾学者雷万来教授指出,负担证明责任的一方当事人如遇有待证事实不能使法院获得确实的心证,该当事人所主张的法律效果即不发生,因而须承受此不发生的不利益。如按照上述法律要件分配说来确定证明责任,在特定的情况下,有时从社会正义的角度观察,反觉得不公平、不正义。因而证明责任的分配原则,势必应有所修正。修正的首要选择为证明责任转换。[①]

(二)关于证明责任转换的含义界定

在学理上,证明责任转换有广义与狭义之分。所谓狭义上的证明责任转换,指的是通常意义上的客观证明责任的转换。在表述上如果不附加特别说明,通常所称的“证明责任转换”,即为这种客观风险意义上的证明责任的转换。而广义上的证明责任转换还包括主观证明责任的转换,即提出证据责任的转换。而产生这种主观证明责任转换的前提条件是,客观风险意义上的证明责任始终固定于其中一方当事人,而不能发生任何转换或者变动。

对于是否承认证明责任可因证明妨碍而发生转换的问题,学者间

---

① 参见雷万来:《民事诉讼法》,台北空中大学 2005 年版,第 226 页。

存在不同见解。黄国昌教授则未明确表态，但他认为，这种争论似乎与学者对“证明责任”概念持有不同的定性观念有关，也就是说，学说上存在“主观证明责任”与“客观证明责任”两种对立观点，可能是产生这种争论的导因，因此，存在有待于进一步探讨的空间。[①] 可见，在学理上或者表述上所论及的“证明责任”究竟是仅指狭义上的证明责任，还是意指广义上的提出证据的责任即主观证明责任，如果对此不加以明确界定或者相互混淆，势必将引起无谓的争议。

例如，根据《日本民事诉讼法》第 224 条第 3 款的规定，当举证人对文书记载内容提出具体的主张而面临显著困难时，并且若以该文书证明的待证事实难以通过其他证据加以证明的，则法院可将该待证事实本身拟制为真实。如当医疗过错作为案件的待证事实时，举证人主张的是病历上所记载的医生医疗行为可被评价为医疗过错，在此情形下，当持有该病例的对方当事人拒绝提出该病历时，法院即可将存在医疗过错这一待证事实拟制为真实。即使在旧法体建下也存在类似的判例，该案涉及一起自卫队飞机坠落事故，而作为被告的政府拒绝提出该事故调查报告书。[②] 1996 年修法时就以该案受讼法院的相应判决作为基础制定了相关的立法。日本东京高等法院的这一判例在学术界受到了广泛支持[③]，《日本民事诉讼法》第 224 条第 3 款因此也应被评为堪为妥当的立法，应当指出的是，其适用条件是十分严格的。对此，有的学者从证明责任转换的角度加以论述。就此而言，为了确保制裁的功能，即使待证事实陷于真伪不明的状态，法官也应作出对负有证明责任的申请人一方有利真实拟制的命令。但是，这是否属于严格意义上的证明责任的转换则另当别论，但应当采取这种类似于证

---

① 参见黄国昌：《民事诉讼理论之新开展》，北京大学出版社 2008 年版，第 222 页脚注。

② 日本东京高判 1979・10・18 判时 942 号，第 17 页，载新堂幸司、青山善充、高桥宏志合编：《民事诉讼法判例百选》（Ⅱ）（新法对应修订版），有斐阁 1998 年版，第 131 号案例（野村秀敏执笔）。转引自〔日〕高桥宏志：《重点讲义民事诉讼法》，张卫平、许可译，法律出版社 2007 年版，第 162 页。

③ 参见〔日〕竹下守夫：《摸索的證明と文書提出命令違反の效果》，载《吉川大二郎博士追悼会论文集・程序法的理论与实践》（下），法律文化社 1981 年版，第 182 页。转引自〔日〕高桥宏志：《重点讲义民事诉讼法》，张卫平、许可译，法律出版社 2007 年版，第 162 页。

明责任转换的处置方式。[①] 笔者认为,根据《日本民事诉讼法》第224条第3款的规定,当医疗过错作为案件的待证事实时,如持有该病例的对方当事人拒绝提出该病历的,法院即可将存在医疗过错这一待证事实拟制为真实。实际上是免除了举证人(即被妨碍人)提出证据(即本证)的负担,改由妨碍人就已拟制为真实的对举证人有利的医疗过错这一待证事实负担反证责任,因此,它并不属于严格意义上的证明责任的转换(即狭义上的客观证明责任的转换)。这是因为,假如妨碍人事后提出的反证使得已拟制为真实的存在医疗过错这一待证事实(即要件事实)处于真伪不明状态,法院就不能将存在医疗过错的这一要件事实作为适用法律的基础,而只能根据客观证明责任作出对举证人不利的裁判。由此可见,这种抽象的客观证明责任始终固定于举证人一方,而并未发生转换。

另外,根据台湾地区"民事诉讼法"第345条第1项的规定,当事人无正当理由而不从提交文书命令的,法院得斟酌情形认定他方关于该文书的主张或根据该文书应证的事实为真实。有人称此类规定为证明责任转换的规定,其理由为:在此情形下,法院将认为一方主张为真实,他方即须证明其不存在。例如,原告对被告请求支付买卖价金,被告否认买卖的事实。原告主张其与被告间的交易,被告就每一笔货物及款项均记载于账册,申请法院命其提出账册。法院命被告提出,而被告无正当理由不从文书提出命令的,法院得斟酌情形认为原告的主张为真实。因而认为此为证明责任转换的规定。对此,雷万来教授指出,事实上,此规定并非证明责任的转换,如为证明责任转换,即变成这一方当事人不用举证,而由他方举证,并且连同主张责任及证明责任均同时移转。[②] 就此,笔者认为,台湾地区"民事诉讼法"第345条第1项规定的前半部分涉及的情形属于法院对证据的自由评价。例如,当原告向被告请求支付买卖价金时,被告否认买卖的事实,为此,原告以被告曾就每一笔货物及款项均记载于账册为由申请法院命其提出账册,如被告无正当理由拒不服从账册提出命令的,如果曾经存在原告有接触该账册的时间和空间的情节(如原告曾就被告提供的

---

① 参见〔日〕高桥宏志:《重点讲义民事诉讼法》,张卫平、许可译,法律出版社2007年版,第162页脚注。

② 参见雷万来:《民事诉讼法》,台北空中大学2005年版,第228页。

账册，就每笔货物及支付的款项加以签字确认的），法院可斟酌情形推论原告关于该账册的主张为真实。并不能排除法院认为，法院也可据情在不降低对原告所要求证明标准的条件下认定原告所主张的账册的真实性不能成立。至于该账册的真实性被认定成立后，究竟其对原告所主张的待证事实起到何种证明效果，由法院审酌个案的具体情节后作出相应判断，这属于法院在被告出现故意证明妨碍背景下对证据的自由评价问题。而上述规定的后半部分涉及的情形属于主观证明责任的转换，而并非客观证明责任的转换。因为只有当出现被告妨碍原告举证的情形下，法院才可以拟制原告主张的待证事实为真实，即免除原告提出证据的负担，这种主观证明责任的转换使得被告即妨碍人不得不负担反证责任，否则，法院将根据主观证明责任作出对被告不利益的裁判。在此，应当指出的是，即使发生客观证明责任的转换，也并不意味着一方完全不用证明，而他方要负完全证明责任。这是因为，在上述情形下，假如被告作为证明妨碍人被法院课予客观证明转换的法律效果，这种效果在当事人之间改变了原先的证明主题，即原本由原告就其与被告之间存在买卖关系的待证事实负担客观意义上的证明责任，现在改由被告就其与原告之间不存在买卖关系的待证事实负担客观意义上的证明责任。当被告事后提出证据（本证）能够证明这一待证事实时，如果原告不提出有力的反证至少使该待证事实处于真伪不明状态，法院将根据主观证明责任作出对原告不利益的裁判。

此外，雷万来教授还指出，在上述情形中，不论台湾地区“民事诉讼法”第 282 条第 1 项或者第 345 条第 1 项，均规定“法院得审酌情形”，这无非是法院形成心证的证明度的降低，而因一方当事人的妨碍行为，致负有证明责任的一方当事人无法证明事实获得确信的确实心证，为公平起见，允许法官在此情形下，得以较低的证明度认定证明主题的事实。[①] 笔者认为，这是由法院的自由心证与裁量权所决定的。根据台湾地区“民事诉讼法”的有关规定，在个案中，视不同的情形，就施加证明妨碍的法律效果而言，法院既可以选择采用降低证明度的方式，也可选择采用主观证明责任转换的方式。

通常而言，在学理上，虽然当事人可就合同纠纷案件或者侵权纠

---

① 参见雷万来：《民事诉讼法》，台北空中大学 2005 年版，第 228—229 页。

纷案件中所有必要的构成要件事实进行争执，但在实务上，证明责任的转换仅涉及某一特定的在当事人之间发生争执的要件事实。

（三）采用证明责任转换作为施加证明妨碍法律效果的源流

在大陆法系，就证明妨碍的法律效果而采用证明责任转换的模式最早可追溯于早期德国法院的司法判例。毫不夸张地说，自近代以来就崭露头角的民事证明妨碍制度的发达史无不与德国司法判例所作出的贡献形影相随。

德国原帝国高等商事法院是德国在1870年代有关商事争议的最高裁决机关，其就证明妨碍的法律效果，基本上采取证明责任转换的观念。[①] 在原德国帝国法院时期，实务见解基本上也延续帝国高等商事法院的观点，而就证明妨碍的法律效果采用证明责任转换的观点。其基本观念认为，如果并非属于负证明责任的当事人所具有的可归责性而造成相对人举证不能时，其不得以该不利于对方的证明责任作为防御。更有甚者，如果该不负证明责任的当事人，不能证明相对人主张非真实的，即应将该敌对于他的主张认为系属真实。[②] 到了联邦最高法院时期，实务上的见解则呈现较具变化性的思考，也就是德国联邦最高法院在较早期的见解，延续了帝国法院的相关观点。[③] 其后，在20世纪60年代初期，实务上的见解仍出现分歧，有的采用证明责任转换[④]，有的采用证据评价的观点。[⑤] 尤其应当注意的是，德国联邦最高法院在1978年6月27日所作出的判决中，就因医师文件信息义务的违反，造成病人证明困难的情形，判决改采所谓具有弹性的"可直至证明责任转换的证明责任减轻"制度为证明妨碍的法律效果。[⑥] 而就此

---

① Vgl. ROHG 14, 238ff.; RONG 15, 302ff.; RONG 19, 102ff.; RONG 21, 255ff.

② RGZ 20, 5 (6); 87, 434 (440); 101, 197(198).

③ Z. B. BGH NJW 1951, 643. 转引自姜世明：《新民事证据法论》，台北学林文化出版事业有限公司2003年版，第295页。

④ Z. B. BGH VersR 1960, 844 (846). 转引自姜世明：《新民事证据法论》，台北学林文化出版事业有限公司2003年版，第295页。

⑤ BGH. NJW 1960. 821. 转引自姜世明：《新民事证据法论》，台北学林文化出版事业有限公司2003年版，第295页。

⑥ BGHZ 72, 132ff. 转引自姜世明：《新民事证据法论》，台北学林文化出版事业有限公司2003年版，第295页。

新的制度而言,虽然学说上存在不同理解,但在实务上仍居于甚为显著的地位。

（四）关于适用证明责任转换法律效果的理论依据

诚实信用原则是创设证明妨碍制度的总体指导思想与立论基础。在此前提下,学者们就证明妨碍的法律效果也存在不同的见解。有的认为,在一定条件下,应考虑采用证明责任转换的法律效果。[①] 作为施加证明责任转换法律效果的理论依据[②],曾经出现的理论学说有:期待可能性衡量说、刑罚说、损害赔偿请求权说、危险领域说、协力义务说、公平说。

最常见的理论依据为其中的公平说、危险领域说、协力义务说。

关于公平说,有学者认为,在待证事实仍由举证人即被妨碍人负证明责任显失公平的情况下,可将证明责任转换给妨碍行为人。[③] 许士宦教授认为,台湾地区新修订的"民事诉讼法"规定,当事人妨碍他方使用证据的,法院可斟酌情形,认为他方关于该证据的主张或依该证据应证的事实为真实(台湾地区"民事诉讼法"第282条之一,参照第345条第1项、第363条第1项、第367条、第367条之一第3项),并且根据其情形凡有显失公平的,转换证明责任(第277条但书)。关于证明责任的分配,对于具体案件的适用,有时须依据诚信原则来确定。尤其是涉及公害事件、交通事故、商品制作人责任、医疗纠纷等案件的处理,如仍然严守主张有利于己的事实的人就其事实负证明责任的原则,难免产生不公平的结果,使被害人无从获得应有的救济,有违正义原则,故规定依其情形凡显失公平的,转换证明责任,以资因应

---

① Blomeyer, Die Umkehr der Beweislast, AcP 158,102f.;Prölss,Beweiserleichterungen im Schadensersatzprozeβ, 1966, S.93ff.; Wahrendorf, a.a.O., S.128ff.

② Vgl. Krapoth, a.a.O., S. 50ff. m.w. N. 转引自姜世明:《新民事证据法论》,台北学林文化出版事业有限公司2003年版,第296页。

③ 转引自姜世明:《新民事证据法论》,台北学林文化出版事业有限公司2003年版,第306页脚注。

Baumgärtel, Beweislastpraxis im Privatrecht, 1996, Rdnr. 129. 转引自姜世明:《新民事证据法论》,台北学林文化出版事业有限公司2003年版,第298页。

(台湾地区"民事诉讼法"第277条但书立法理由)。[①] 关于证明妨碍的效果,在显属不公平的情形下,法院可转换证明责任。但是,诉讼中证明责任的转换,应并非对一切事例均不能适用。例如,在医疗过失的诉讼中,对于医师的严重医疗过失经判明的情形,因果关系的证明责任可发生转换;又如法律上的推定,如前提事实一经证明,推定事实的证明责任即发生转换。因此,在证明妨碍的情形下,该证明妨碍的事实经证明时,才转换其所为主张的证明责任,似也并无不允许之理。至于程序上的不安定,法院对当事人明示证明责任已发生转换,即因防止突袭而予以避免。[②] 就此而言,台湾地区有关立法涉及保护当事人程序权的规定,也可对证明妨碍情形所产生证明责任转换发生正当化的效果。[③] 笔者认为,我国台湾地区"民事诉讼法"第277条但书的规定就是依据显失公平理论而制定的,并且,显失公平理论本身就具有较大的弹性空间,它甚至可以对危险领域理论进行背书和解读。

关于危险领域说,姜世明教授认为,如果考虑危险领域理论,在若干情形下,即有可能被归于可适用证明责任转换的类型,而就此则属于台湾地区"民事诉讼法"第277条但书的例外情形,尚有待于实务上予以类型化。[④] 可以说,将危险领域理论解读为台湾地区"民事诉讼法"第277条但书的例外情形之一,是该但书所规定的显失公平原则具有较大弹性空间的体现。

关于协力义务说,德国于1977年7月1日通过的新修正民事诉讼法,虽然就证明妨碍并未设置通则性的规定,但在其委员会报告(kommissionsbericht)中,则曾有相关规定的提议,即将《德国民事诉讼法》第286条规定修正为:法院应审酌辩论与证据调查全部内容,依自由确信决定,是否一事实主张应被认为真实或非真实(第1项)。如当

---

① 参见许士宦:《证据收集与纠纷解决》,台北新学林出版股份有限公司2005年版,第221—222页。

② 参见〔日〕渡边武文:《證據に關する當事者行為の規律》,载竹下守夫、石川明编:《講座民事訴訟法》(4)(1983年),第161—162页。转引自许士宦:《证据收集与纠纷解决》,台北新学林出版股份有限公司2005年版,第227页。

③ 参见许士宦:《证据收集与纠纷解决》,台北新学林出版股份有限公司2005年版,第227页。

④ 参见姜世明:《新民事证据法论》,台北学林文化出版事业有限公司2003年版,第307—308页。

事人一方不能举证，系因他方隐匿、剥夺或者致令不堪使用的，第 1 项规定应予适用（第 2 项）。如对方可归责违反就证据方法予以提出、供使用、予以取得、或其他就其可使用性不得侵害的义务的，则法院可从证明责任反置出发加以运用（第 3 项）。可见，该草案主张如属于可归责违反协力义务类型的，则可根据证明责任转换来处理。① 但是，这一规定并未被立法者所采纳，故未成为明文立法。另外，关于协力义务对证明责任转换法律效果的适用所产生的影响，黄国昌教授指出，在适用证明妨碍的法理时，法院首先应认定妨碍者是否存在保存、提出证据义务的违反情形，仅有在发生义务违反而可评价为证据的灭失，或未提出其可归责于未负证明责任的当事人时，才有正当性的基础将原应由负证明责任的当事人所承担的证据不存在的风险或不利益，转由不负证明责任的一方当事人承担。②

（五）因妨碍人主观心理状态的不同对施加证明责任转换法律效果所造成的影响

首先需要说明的是，有关国外论著在中文中通常会将“证明责任转换”直译为“举证责任倒置”或“证明责任倒置”，实际上这种“倒置”主要涉及对某一要件事实的“倒置”，或者在当事人之间发生转换问题。

正像有学者所指出的那样，关于不负证明责任的当事人故意或者过失的证明妨碍（beweisvereitelung），在大多数情况下，德国联邦最高法院是采用证明责任倒置的方式加以惩罚的。③ 也就是说，只要妨碍人在主观上构成具有可归责性的故意或过失，在许多情形下，德国联邦最高法院作出的司法判例是通过施加证明责任转换法律效果的方式对证明妨碍行为加以惩罚的。这种证明责任转换应当以狭义上的理解界定。其中，较为典型的判例有：德国联邦最高法院于 1955 年 4 月 16 日就一起涉及实施手术因将纱布遗忘在患者体内而引起医疗事

---

① Krapoth, a. a. O., S. 41m. w. N. 转引自姜世明：《新民事证据法论》，台北学林文化出版事业有限公司 2003 年版，第 294 页。

② 参见黄国昌：《民事诉讼理论之新开展》，北京大学出版社 2008 年版，第 255 页。

③ BGH NJW 98, 81. 转引自〔德〕奥特马・尧厄尼希：《民事诉讼法》（第 27 版），周翠译，法律出版社 2003 年版，第 273 页。

故纠纷案件所作出的判决①,以及德国联邦最高法院于1971年12月8日就一起涉及被告婚前未曾向原告告知,并隐瞒精神病史而引起撤销婚姻关系案件所作出的判决。②

事实上,在学者间存在着两种较为极端的不同选择倾向,其中,一部分学者主张,在故意证明妨碍的情形下,存在着施加证明责任转换法律效果的可能性。例如,罗森贝克(Rosenberg)等学者认为,有必要将故意证明妨碍的法律效果作出分别处理,因为在这种主观状态条件下存在表见证明或者证明责任转换的可能性。③ 在此所存在的表见证明,应当被理解为主观证明责任的转换,即因妨碍人的妨碍行为,使得法院可据此推论被妨碍人已满足其提出证据的责任,以及为待证事实所要求的证明度,对此,应由妨碍人负担反证责任。还有学者指出,如果负有举证责任的当事人的对方通过违反义务的行为或者不作为,而有过错地未能进行本身可以进行(在诉讼前或者诉讼期间)的证明,则判例原则上以举证人(释明)的主张作为进一步适用法律的基础。这一结果是判例根据不同的个案通过自己证据评价框架的推论而取得的(《德国民事诉讼法》第286条),在故意妨碍证明的情况下通过表见证明取得,或者通过真正的证明责任倒置而取得。联邦最高法院大多称之为证明责任倒置的简化证明。它以此避免了准确的定性,因此与一般证明责任倒置相比,能够更加灵活和准确地对具体个案的证明困难作出反应。④ 据悉,这种制裁的一般基础是诚实信用原则,以及德国《基本法》第3条所规定的保障诉讼中武器平等的原则,而武器平等原则则产生了诉讼中的协助义务、阐明义务和结果保全义务。⑤

此外,还有一部分学者主张,在过失证明妨碍的情形下,存在着施加证明责任转换法律效果的可能性。例如,德国学者Schellhammer认为,故意证明妨碍类型采用证明评价说,过失类型则采用《德国民法》第242条(即诚信原则的规定)将证明度降低的方式,以减轻负证明责

---

① VerR 1955, 334, Vgl. Musielak, a. a. O, S. 134.

② BGH, NJW, 1972, 1131f.

③ Rosenberg/Schwab/Gottwald, a. a. O. §117 Ⅱ 6. 转引自姜世明:《新民事证据法论》,台北学林文化出版事业有限公司2003年版,第296页脚注。

④ 参见〔德〕罗森贝克、施瓦布、戈特瓦尔德:《德国民事诉讼法》(下),李大雪译,中国法制出版社2007年版,第852页。

⑤ 同上书,第852—853页。

任当事人的证明责任,乃至采用证明责任发生转换制度的理论。[①] 同时,德国学者 Baumgärtel 也主张,证明责任转换的法律效果适用于妨碍人存在某些例外主观过失的情形,也就是,他认为,原则上,对于主观过失的证明妨碍而言,如果属于较轻过失的证明妨碍类型,则应负证明责任人所主张的待征事实,法院所须用以达到认定事实的证明度为优越盖然性(eine überwiegende wahrscheinlichkeit)的证明度;如果属于重大过失类型,则仅要求低度盖然性(eine geringe wahrscheinlichkeit)即可。除上述原则之外,在某些例外情形下,即使将证明度降低到低度盖然性,仍属不公平时,也可能有将证明责任予以转换的必要。例如,当出现医师的文书资料义务违反情形时,因相关文件的制作、保存、提出均为医师所控制,并非患者所能对其产生任何影响,故有将证明责任转换而产生相应法律效果的必要。[②] 也就是说,由医师对其医疗行为并不存在过错,或者患者的损害与医师的医疗行为之间不存在因果关系,负担主张及证明责任。但是,对于这种观点,有学者提出质疑称,在德国通说所采用的客观证明责任论的建构下,在其降低至低度的证明度仍不足以有转换证明责任必要的情形时,所谓真伪不明的状态究竟应为何指,有待于进一步探讨。[③] 对此,笔者认为,在某些例外情形下,即使将证明度降低到低度盖然性,仍属不公平时,这时应当理解为,系将证明主题在当事人之间加以转换,即由妨碍人对其抗辩主张负担客观风险意义上的证明责任,以此来代替原本在被妨碍人就其权利主张负担客观风险意义上的证明责任条件下,将证明度降低到低度盖然性的法律效果。这样一来,由妨碍人对其抗辩主张负担客观风险意义上的证明责任,即由妨碍人负担提出本证的证明责任,由被妨碍人负担提出反证的证明责任。最终由法院对双方当事人的本证和反证进行自由评价,如果就待证事实(即为被妨碍人所提出的抗辩事实主张,即某一特定要件事实)在证明效果上出现真伪不明状态,法院可

---

① Schellhammer, Zivilprozeβ, 6. Aufl., 1994. Rdnr. 532. 转引自姜世明:《新民事证据法论》,台北学林文化出版事业有限公司 2003 年版,第 297 页。

② Baumgärtel, Beweislastpraxis im Privatrecht, 1996, Rdnr. 129. 转引自姜世明:《新民事证据法论》,台北学林文化出版事业有限公司 2003 年版,第 298 页。

③ 参见 Gottfried Baumgärtel:《民事訴訟における證明妨礙》,三上威彦译,载《判例タイムズ》585 号(1986 年),第 231 页。转引自黄国昌:《民事诉讼理论之新开展》,北京大学出版社 2008 年版,第 252 页脚注。

据此判定由妨碍人承担不利益的裁判后果。

（六）德国联邦最高法院的相关判例模式与启示

根据《德国民事诉讼法》第286条的规定：法院应当考虑言词辩论的全部内容以及已有的调查证据的结果，经过自由心证，以判断事实上的主张是否可以认为真实。作为法官心证根据的理由，应当在判决中记明。法院只在本法规定的情形下，才受有关证据的法律规定的约束。由于德国在事实认定与证据采信上实行法院自由心证主义，只是在法律明文规定的条件下，法院的自由心证才受到法定证据规则（主义）的约束。因此，该条可视为系德国实行自由心证裁判主义的原则性规定。

在证明妨碍制度架构下，对于证明妨碍所采取的解决方法，即施加相应的法律效果以及作出的判决理由，从德国联邦最高法院所经历的判例实践来看，似有不相一致之处。

在一些判例中，德国联邦最高法院直接采用《德国民事诉讼法》第286条有关自由心证的规定，由法官依其具体情形作出判断，因而采取表见证明的方法，命令实施证明妨碍的一方当事人负证据提出责任，即将主观证明责任转换给妨碍人承受。对于这种做法，有学者评价称，法院应当在证据评价的范围内从当事人的证明妨碍行为中得出相应的结论。对此，法院可从"保存证据手段并且促进证明可能的人会认为在（可能预见到的）诉讼中能得出有利于自己的结论"这一经验法则出发，即人们可以要求证明妨碍当事人说明，之所以他使得对方当事人举证成为不可能的令人信服的理由。倾向于在证据评价范围内解决证明妨碍问题的原因特别在于，它相对于总是在判例实务上应用的证明责任倒置来说，具有较大的灵活性，因而立法者在法定的证明妨碍情况下，总是让法官承担对从中得出结论进行评价的任务。① 对于这种做法，还有的学者评价称，如果负有举证责任的当事人的对方通过违反义务的行为或者不作为而有过错地未能进行本身可以进行（在诉讼前或者诉讼期间）的证明，则判例原则上以举证人（释明）的主张作为进一步适用法律的基础。这一结果是判例根据不同的个

---

① 参见〔德〕汉斯-约阿希姆·穆泽拉克：《德国民事诉讼法基础教程》，周翠译，中国政法大学出版社2005年版，第274页。

案通过自己证据评价框架的推论而取得的(《德国民事诉讼法》第286条)。[①] 在德国的相关论著中,压倒多数的观点是证明评价的观念。[②]

在另一些判例中,德国联邦最高法院采取客观证明责任转换方法来施加证明妨碍的法律效果,即将证明主题加以变更后由证明妨碍人负担客观风险意义上的证明责任。对于这种做法,有学者评价称,它是将证明责任倒置作为对证明妨碍行为的处置,也就是说,使得举证成为不可能的当事人现在的地位就像应举证的当事人那样,并且让对方当事人承担提出反证的任务。[③]

例如,在德国联邦最高法院于1955年4月16日所作出的一起判例中[④],其涉及的案件情节为,医师给病人做手术时因疏忽未将纱布从病人体内取出。待该医师第二次做手术时,才发现并取出,但医师却未保存。病人为此起诉医师,请求损害赔偿。就本件联邦最高法院的判例,在学者之间的见解也不尽一致。大部分学者认为,法院应就证明妨碍的行为以自由心证作出评价,从而就个别具体情形作适当的判断,属于被告的证据提出责任问题,并非证明责任分配问题。当被告遗失证据时,法院应命被告提出证据以证明其无过失,如果被告无法证明的,法院可以心证判断被告过失的有无,并非一定作出被告存在过失的认定。[⑤] 但也有学者认为,本件判例属于证明责任的转换问题。主张此说的学者认为,被告既因证明妨碍行为形成待证事实不明状态,原应就待证事实负客观证明责任的原告(被害人),即因被告的证明妨碍行为而免除证明责任,其证明责任转换归由被告负担。因此,如被告就待证事实不能进行举证而法院就待证事实也因状态不明无法作出判断时,应当按照证明责任分配的原理,当然作出被告败诉判

---

① 参见〔德〕罗森贝克、施瓦布、戈特瓦尔德:《德国民事诉讼法》(下),李大雪译,中国法制出版社2007年版,第852页。

② Baumbach/Lauterbach/Hartmann Ahn. §286 Rn. 27;AK/ZPO/Rüβmann §286 Rn.27.

③ 参见〔德〕汉斯-约阿希姆·穆泽拉克:《德国民事诉讼法基础教程》,周翠译,中国政法大学出版社2005年版,第274页。

④ VerrR 1955, 334, Vgl. Musielak, a.a. O.S.134.

⑤ Rosenberg, Beweislast, S.191; Baumgärtel, ZZP 69, S.106; Peters, ZZP 82, S.221; Grunsky, Grundlagen, des Verfahrensrechts 2. Aufl. S.432; Jauernig, ZPR, 18. Aufl. S. 186f.; Thomas-Putio ZPO. 6. Aufl. S.286 S.387f. 转引自陈荣宗:《举证责任分配与民事程序法》(第2册),台北三民书局有限公司1984年版,第68页。

决,而并不产生法院依自由心证作出判断的问题。[①] 还有的学者认为,除上述采用证明责任分配原理及自由对证据评价的方法之外,应就个别情形,选择证明责任转换或表见证明即行,不必一概将证明妨碍的问题归为证明责任的转换问题抑或表见证明问题解决。[②]

在德国联邦最高法院曾经出现的一些判例中,尤其是一些旧的判例中,一度发生过两种观点相互摇摆的现象。[③] 对此,笔者认为,这种现象在德国的出现并不奇怪。这是因为,德国实行强烈的自由心证裁判主义,《德国民事诉讼法》第286条有关自由心证的规定在判例实务上始终占据支配性地位,另外,罗森贝克有关证明责任的"规范说"理论对德国法院的判例实务仍具有一定的影响力。自近代以来,德国法院是通过裁判典型案例适应工业化革命以及社会变迁的现实需要的,进而借助倡导新兴的价值取向与观念推动了立法的不断变革与完善,同时也为理论学说的发展持续性开阔视野,并不断注入新的灵感与活力。因此,有些典型判例对传统的观念与理论学说造成莫大冲击与强烈震撼,而在学者间引发争论在所难免。事实上,由于个案的境遇与情节千差万别,在证明妨碍制度架构下,针对妨碍人的证明妨碍行为,法院无论是施加主观证明责任的法律效果,还是施加客观证明责任的法律效果,均为德国法所倡导的自由心证裁判主义的体现,如果以僵化或固定模式来看待这种现象,势必陷入法定证据裁判主义的泥潭。

而在一些新的判例中,人们会经常发现这样的表述,即负有证明责任的一方当事人被准许其证明减轻至证明倒置的程度。[④] 对此,有学者指出,在文书中被广泛接受,在判例中被部分接受的是,在自由心证范围内应考虑证明妨碍。在可指责的、值得批评的违反书证义务(dokumentationspflicht)的情形下,联邦最高法院给予了负证明责任一

---

① Blomeyer, AcP 158, S. 97f. ZPR. S. 369ff.; Rosenberg-Schwab, 12. Aufl. S. 641.; Stein-Jones-Schumann-Leipold. ZPO. 19. Aufl. S. 1159.; Musielak, a. a. O. S. 132ff. 转引自陈荣宗:《举证责任分配与民事程序法》(第2册),台北三民书局有限公司1984年版,第68页。

② Schneider, MDR 1969, S. 4, 8ff. 转引自陈荣宗:《举证责任分配与民事程序法》(第2册),台北三民书局有限公司1984年版,第69页。

③ BGH NJW 1986, 59, 60f.

④ BGH NJW 1996, 315, 317; 1998, 79, 81; 2002, 825, 827.

方当事人可直至证明责任倒置的证据减轻。[①] 还有的学者将这种情形表述为:“在故意妨碍证明的情况下通过表见证明取得,或者通过真正的证明责任倒置而取得。联邦最高法院大多称之为直到证明责任倒置的简化证明。它以此避免了准确的定性,因此与一般证明责任倒置相比,能够更加灵活和准确地对具体个案的证明困难作出反应。”[②]

笔者认为,鉴于德国在立法(特指德国民事诉讼法)上并未创设证明妨碍制度及其适用法律效果的一般性原则,因此,建立在证明妨碍制度架构下的这种新型的裁判模式,系以自由心证主义为总体指导思想,在全面体现《德国民事诉讼法》第 286 条第 1 款的基础上,辅之以法定证据主义[③],在主观归责性的前提条件下以降低证明度和转换证明责任为手段,以回复当事人之间的公平为核心价值。面对个案当中的证明妨碍行为,如何具体应用这种新型的裁判模式以及如何施加相应的法律效果,有德国学者对此作出了如下表述,即当法院作出自由心证及裁量时,应斟酌当事人妨碍他方举证的样态,所妨碍证据的重要性等情形。就证明妨碍的行为与样态而言,似可根据当事人的可归责程度,区分各阶层的证明度,一方面使法院享有基于自由心证主义所必要的裁量,而在具体事例能在证据法上正确反映证明妨碍的事实;另一方面,为确保当事人的预见可能性,设定法院反映各种类型证明妨碍的基准。申言之,在当事人故意从事证明妨碍的情形下,通常可将其作为他方主张的征凭,利用所谓当事人之所以故意妨碍,实由于恐其被使用导致他方的主张获得证明而使其蒙受不利益的经验法则,推论他方的主张为真实;而在当事人具有过失的情形下,凡因轻过失而导致证明妨碍的,不能与重大过失的证明妨碍那样降低至同样证明度,如在轻过失的情形下,要求优越的盖然性即可,而对于重大过失的情形,仅要求低度的盖然性即可。但是,在上述情形下,即使将证明度降低至低度盖然性,仍不能正确评价当事人的证明困难时,就应考

---

① 参见〔德〕奥特马·尧厄尼希:《民事诉讼法》(第 27 版),周翠译,法律出版社 2003 年版,第 273 页。

② 〔德〕罗森贝克、施瓦布、戈特瓦尔德:《德国民事诉讼法》(下),李大雪译,中国法制出版社 2007 年版,第 852 页。

③ 在此,所谓的法定证据主义来自对《德国民事诉讼法》第 286 条第 2 款的理解。《德国民事诉讼法》第 286 条第 2 款规定:法院只在本法规定的情形,才受关于证据的法律规定的约束。

虑证明责任的转换。①

另外,值得注意的是,受德国立法及判例实务的影响,日本法院在一些案件中对当事人的证明妨碍行为也采用证明责任转换的法律适用效果,其中一个著名的案例是由东京地方法院于20世纪80年代末作出的。该判例的大致情况如下:某车主对自己所购买的小轿车与保险公司签订有汽车综合保险合同。事后,该车主将车辆借给他人驾驶,借车人在驾驶车辆时发生交通事故导致车辆被毁。于是,车主起诉要求保险公司按合同约定向其支付保险金。保险公司抗辩称,其公司与车主之间签订的协议中有特别约定,即分期支付保险费,当迟延支付保险费超过1个月以上时,支付日以后所发生的保险事故,保险公司并无支付保险金的义务。车主主张其没有迟延支付的事实,但又无法提供证据加以证明。在本案中,唯一能够证明该支付日期的保险费收据上又没有填写相关日期。对此,东京地方法院所作出的判决认为,保险公司已构成证明妨碍,有关保险事故发生于保险费支付前的事实的证明责任转换给保险公司。在该案中,法院认定保险公司存在证明妨碍行为,这是因为,保险公司有义务在领受保险费时,在其收据上注明领受日期,但保险公司却没有这样做,故保险公司在主观上存在过错(故意或者过失),这便构成了对被保险人举证的妨碍,给被保险人的证明造成不利影响。有鉴于此,对事故发生于支付保险费之前的事实的证明责任就应当转换给保险公司来承受。在本案中,因原告主张支付使用的是现金支票,而保险公司提供的原告的支票显示其支票开出的日期为交通事故发生的第二天,法院据此推定保险费的支付发生在事故之后,故最终驳回了原告的诉讼请求。②

---

① 参见 Gottfried Baumgärtel:《民事訴訟法における證明妨礙》,三上威彦译,载《判例タイムズ》585号(1986年),第18页;〔日〕松本博之:《民事證據法の領域における武器對等原则》,载松本博之、宫崎公男编:《讲座新民事诉讼法》(Ⅱ)(1999年),第27页。转引自许士宦:《证据收集与纠纷解决》,台北新学林出版股份有限公司2005年版,第223页。

② 参见〔日〕新堂幸司编:《民事诉讼法判例百选》(2),有斐阁1992年版,第272—273页。转引自张卫平主编:《民事证据制度研究》,清华大学出版社2004年版,第294—295页。

（七）在学理上反对或质疑将客观证明责任转换作为施加证明妨碍法律效果的观点与理由

自从判例实务上或者理论上将客观证明责任转换作为施加证明妨碍法律效果之日起，由此所产生的争论始终未能平息。持不同见解的学者认为，如果采纳证明责任转换的观点，则显然缺乏弹性，将故意与过失行为在效果上等同视之，似有失衡与不妥。尤其采用这种观点，一般将导致不负证明责任一方败诉，实应持较谨慎的态度，且即使如有法定的文书证明的妨碍，在效果上也似乎并非如该见解般的强烈取向。[①] 另外，日本学者高桥宏志教授评价称，当主张发生证明妨碍时，就将证明责任转移给对方当事人，从转移证明责任中整齐划一地寻求制裁，确实有其优越性的一面，但所带来的缺陷是，无法根据证明妨碍方式和程度的不同差异来灵活地作出相应的处置。[②] 对此，笔者认为，这种观点体现了这样一种担忧，即将客观证明责任转换作为施加证明妨碍的法律效果，通常将会导致证明妨碍人败诉，在绝大多数情形下，这种结局具有不可逆转性。因为，在个案当中，当某一证明妨碍行为被法院认定时，原本在当事人之间所确定的证明主题，基于客观证明责任的转换而使被认定为实施证明妨碍的一方当事人，对某一要件事实随即要承担相应的证明负担，而此时，在诉讼程序上将进入法官对证据进行自由评价阶段，不可能再重新回到审理前的准备程序阶段；另外，从证明技术上而言，除非在普遍意义上有关的实体法或程序法事先已将对某一要件事实的证明负担在当事人之间进行分配（或称转换、倒置）[③]，否则由主张权利当事人的对方当事人就对某一要件事实的抗辩负担客观风险意义上的证明责任，其本身通常会存在更大的难度。即使从实证角度来观察，当一方当事人一旦处于这种难堪境地时，其胜诉的可能性将变得十分渺茫。在审判实务上，除了对某些

---

① Baumgärtel, Beweislastpraxis im Privatrecht, 1996, Rdnr. 124m. w. N. 转引自姜世明：《新民事证据法论》，台北学林文化出版事业有限公司 2003 年版，第 296 页。

② 参见〔日〕高桥宏志：《民事诉讼法——制度与理论的深层分析》，林剑锋译，法律出版社 2003 年版，第 466 页。

③ 我国最高人民法院《关于民事诉讼证据的若干规定》第 4 条对八种特殊侵权诉讼类型就有关要件事实的证明责任加以转换的规定即属这种情形。

故意妨碍情形法院可施加客观证明责任转换的法律效果之外，即使对某些过失妨碍情形，当法院采用较轻的措施仍明显不足以回复当事人之间的公平状态时，法院即可采取课予客观证明转换法律效果这种极端措施，使证明妨碍人承担败诉的后果。这一点在德国法院的判例实务上表现得尤为明显。这是因为，在此时法院常常面临这种艰难的选择，即要么让被妨碍人承受败诉后果，要么让妨碍人承担败诉后果。如果选择前者，将无异于是在鼓励妨碍人去从事在法律上具有非难性的行为；如果选择后者，将会使妨碍人自食其果，即使对那些潜在的证明妨碍人也会产生预防性的效果。在这种情形下，无论是从事故意证明妨碍还是从事过失证明妨碍，在主观上均具有可归责性，况且其产生的后果对被妨碍人而言并无二致。故此，正是由于妨碍人的行为造成了法院不得不面临这种艰难选择的局面，在此情形下，由妨碍人承受不利益的后果，而不是由被妨碍人承受不利益的后果，恐系唯一公平的选择。这也正体现了设置证明妨碍制度的本旨。在实务上，如果采用这种极端的措施，对证明妨碍行为的界定，似不应过于宽泛，而有必要适度严格加以限制。

姜世明教授对因证明妨碍而发生客观证明责任转换的观点持否定态度。[①] 对于台湾地区有关立法，他解释称，就证明妨碍的法律效果而言，其所可应考虑的因素如何，实为证明妨碍制度最为核心的问题。首先须指出的是，就证明妨碍的法律效果规定来看，我国台湾地区“民事诉讼法”第 282 条之一将其规定为，法院可斟酌情形认为对方关于该证据的主张或依该证据应证的事实为真实。至于该法第 282 条之一关于文书提出命令的违反的法律效果为，法院可斟酌情形认为对方关于该文书的主张或依该文书应证的事实为真实。二者在立法上显然具有体系上的一致性。就这些规定可知，我国台湾地区关于证明妨碍的法律效果采用的是证据评价的观点。根据这一观点，就待证事实的客观证明责任的分配，即并未因证明妨碍事实的发生而被改变。也就是说，原应负客观证明责任的当事人，当待证事实呈现不明状态时，

---

① 参见姜世明：《新民事证据法论》（第 2 版），台北学林文化事业有限公司 2004 年版，第 306 页。转引自黄国昌：《民事诉讼理论之新开展》，北京大学出版社 2008 年版，第 222 页。

仍应负担其不利益的后果。[①] 对此,笔者认为,根据我国台湾地区“民事诉讼法”第 282 条之一的规定,针对个案中所出现的证明妨碍情形,由法院采用自由心证或者证据评价的方式来就所应施加的法律效果作出判定,要么推论(拟制)被妨碍人关于该证据的主张为真实,要么推论(拟制)被妨碍人依该证据所要证明的待证事实为真实。前者仅涉及推论主张该证据的内容为真实,至于该证据的证明力如何,该证据是否能够足以证明待证事实,还需要结合其他证据才能证明待证事实,则别属他论;后者则涉及主观证明责任的转换。

黄国昌教授认为,台湾地区的学说在概念上并未以负有证明责任当事人为妨碍人作为规范的对象,故其就证明妨碍的效果所作出的设定应如何套用这种证明妨碍的形态,具有研讨价值。(1) 既然妨碍人是负证明责任的当事人,显然不可能借助证明责任的转换来加以制裁。(2) 在概念上虽然有可能以提升妨碍人所负证明责任的证明度的方法来加以制裁,但是,如果基于将证明度界定为法官的确信(即无合理的怀疑)的学说立场,则除非承认有必须使法官更为确信(即绝对的科学上确实性)的证明度标准,否则也难以实际地加以操作。(3) 从台湾地区“民事诉讼法”第 282 条之一的条文规定来看,可能较为直接的解释是,使法官可认定被妨碍人的反证主张真实。[②] 对于这种负证明责任当事人的证明妨碍类型,黄国昌教授认为,较佳的处理模式应属美国法上的证据排除的效果。但是,在台湾地区目前现行法欠缺这种法律效果的情形下,仅可通过法院认定被妨碍人的反证主张真实的方法加以处理。[③] 对此,笔者认为,在传统意义上,证明妨碍人指的是对某一要件事实负有证明责任的对方当事人,因此,往往在这一范畴内才产生对妨碍人施加客观证明责任转换的法律效果。但是,在现实审判实务上,确实存在对某一要件事实负有证明责任的一方当事人就相对一方当事人所提出的反证实施证明妨碍行为的情形,特别是对那些相对一方当事人就其抗辩事实主张有可能提出有力反证的情形。或者提出抗辩事实主张的相对一方当事人所提出的反证,至少

---

① 参见姜世明:《新民事证据法论》,台北学林文化出版事业有限公司 2003 年版,第 306 页。

② 参见黄国昌:《民事诉讼理论之新开展》,北京大学出版社 2008 年版,第 244 页。

③ 同上书,第 250 页。

能抵消举证人所提出本证的证明效力,有可能使得案件事实出现真伪不明状态。假如在法院的心证上就对举证人有利益的要件事实(在此或称待证事实)最终出现真伪不明状态,法院将据此作出对举证人不利益的裁判。在这种条件下,对某一要件事实原本已由该妨碍人负担客观风险意义上的证明责任,如果再课予客观证明责任转换的法律效果显然是不现实的。对此,较为有效的措施是拟制被妨碍人的反证真实性成立。

另外,有学者还指出,采取证明责任转换说的观点认为,有证明妨碍的情事时,应将举证人所主张事实的证明责任转换给妨碍人,使其陷入有受败诉的危险,借以可防止证明妨碍情事的发生。但是,证明妨碍行为具有各种样态,一律转换证明责任,即无法弹性而妥适处理各类妨碍行为。例如,应区分受妨碍的证据方法是用以证明辅助事实、间接事实或主要事实。妨碍人是否为负证明责任的当事人,妨碍行为是否出于故意抑或仅因过失所致,而分别情形加以处理,不宜一概而论,否则会有过于形式、致失均衡的情形出现。[①] 对此,笔者认为,通常而言,对有关证明妨碍行为课予客观证明责任转换的法律效果,针对的是受妨碍的证据方法用以证明主要事实的情形,但并不排除在特定情形下,对某些辅助事实、间接事实的证明妨碍,其结果将造成举证人所提供的证据无法达到应有的证明度,而可能使法院据此作出对举证人不利益的裁判;或者对某些辅助事实、间接事实的证明妨碍,有可能使举证人所提出的本证与妨碍人所提出的反证,在法院看来对举证人有利益的待证事实处于真伪不明状态,即假如不存在妨碍人对某些辅助事实、间接事实进行妨碍的情形,法院有可能根据举证人所提出的本证(也就是根据主观证明责任)作出对举证人有利益的裁判。在这种情形下,如法院采用其他施加证明妨碍法律效果的方法仍显属不公平时,法院可据情决定是否有必要采取这种课予客观证明责任转换的极端措施,使妨碍人承受败诉的后果来实现一种相对的公平,并借以对任何潜在的证明妨碍人发挥预防性的效果与功能。至于对因故意或者因过失所造成的证明妨碍情形应区别对待的问题,如上所述,本人的观点是,原则上对于因故意所造成的证明妨碍情形可较多

---

① 参见许士宦:《证据收集与纠纷解决》,台北新学林出版股份有限公司2005年版,第220页。

地采用施以客观证明责任转换的法律效果,而对于因过失所造成的证明妨碍情形只有在采取施加其他证明妨碍法律效果的方法仍显不足以回复公平的条件下,对是否采取课予客观证明转换的法律效果这种方法,由法院据情作出判断。

三、司法拟制

(一) 对司法拟制的界定

司法拟制,又称司法推论或法院推定。在证明妨碍制度架构下,所谓司法拟制是指,当证明妨碍人的妨碍行为符合法律所规定的情形时,法院可据情作出对该妨碍人不利益的推论。应当指出的是,作为证明妨碍制度架构下的这种司法拟制,系由法官针对证明妨碍这种特别情形,根据法律或者据情作出制裁导出的法律适用效果,因此,与诉讼上法官通常采用的事实推定作为证据方法具有本质的不同,这是因为,后者不具有制裁的性质与功能。另外,对待法官在诉讼上通常所采用的事实推定所推得的推定事实,在一般情形下具有可反驳性,也就是,允许受不利于推定的一方当事人提供相当优势的证据加以推翻。但是,在诉讼上因证明妨碍行为而导致产生司法拟制这种对妨碍人不利益的法效果,并不涉及对有关待证事实是否加以认定的问题,因此,通常与妨碍人能否提供充分证据反驳特定的事实无关。

司法拟制是对某一特定证明妨碍行为在法律上拟定了一种适用效果。根据不同的情形,法院对这种法律适用效果的拟定,既可针对为举证人主张的证据内容或性质,也可针对对举证人有利益的待证事实。

(二) 司法拟制的渊源与基本法意

早在证明妨碍制度产生之初,由法院对证明妨碍人的妨碍行为在裁判上作出对其不利的推论,体现了对经验法则的利用,即妨碍人不可能为被妨碍人利用某一证据制造障碍,除非妨碍人明知该证据对被妨碍人不利。早先的证明妨碍制度仅限于对妨碍人在主观上构成故意才施加对其不利推论的法律效果。对此,也可以从表见证明的角度解读这种因推定而产生的对妨碍人不利的法律后果,即当某人伪造、隐匿证据的行为足以表明该证据不利于该行为人时,在法律上理应就此行为作出对妨碍人不利的推论。由此而产生的一种现象是,这种推论往往导致证明责任妨碍原理的适用被限定于故意的情形。对此,有学者指出,过失的情形则无法在妨碍行为与该证据内容系不利于行为人之间发生何种符合逻辑的联结关系。[①] 这种现象以及背后的原因可以用来作为解释为什么早期的证明妨碍制度不甚发达。关于司法拟制的基本功能,有学者指出,作出相反的推论在传统上可作为所有三种导向功能的依据(all three policy rationales),其中最显著的功能在于使诉讼程序回复到特定的精确性程度(some accuracy),另外还能够尽量补偿受害方在诉讼上因此所遭受的损失。正如前文所提及的那样,法院在传统上依然将这种推定视为一种惩罚装置,并且在绝大多数情况下仅仅适用于应对在主观上具有故意的证明妨碍行为。[②]

自进入现代社会以来,伴随证明妨碍的法理基础从仅以单纯"救济"所体现的回复公平的基本功能,朝着"救济"、"惩罚"及"预防"三大政策目标的转型,这种司法拟制在实务上仅用来应对故意证明妨碍行为的传统思维方式,因受到冲击而逐渐演进为,从建立过错体系的角度将过失证明妨碍行为也纳入其中,从而使得证明责任制度随着现代社会的转型而显得日臻完善。有学者指出,在英美法系国家,这种推定通常仅系事实上的任意推定(permissive inference),也就是陪审团"可以"而并非"应当"推定该证据对妨碍人不利。但是,就何时可对陪审团从事这种推定的指示,美国的司法判例却显得异常混沌不清。[③] 对此,笔者认为,由于个案的情形千差万别,无法创设统一的标准,事实上,也不得不交由法院据情作出自由裁量。

在英美法系国家,向陪审团发出不利推定的指示被视为最具传统意义且最常为法院所采取的一种法律效果。事实上,原本英美法系证明妨碍法理的发展历程,就是由这一种推定指示的适用所开启的。最

---

① John MacArthur Maguire and Robert C. Vincent, Admissions Implied from Spoliation or Related Conduct 45 *Yale L. J.* 226-259(1935). 转引自黄国昌:《民事诉讼理论之新开展》,北京大学出版社 2008 年版,第 237—238 页。

② Jonathan Judge, Reconsidering Spoliation: Common-Sense Alternatives to the Spoliation Tort, 2001 *Wis. L. Rev.* 463.

③ 参见黄国昌:《民事诉讼理论之新开展》,北京大学出版社 2008 年版,第 238 页。

悠久的案例来自英国的 *Armory v. Delamirie* 一案①,在该案中,原告为一名清扫烟囱的工人,他将清扫作业中拣到的宝石戒指交由被告鉴定其价值,被告仅返还戒指却未返还其上的宝石,原告起诉请求被告返还该宝石。因被告拒绝交出其所摘取的宝石,法院遂指示陪审团作出对被告最为不利的推定,且依最高等级的宝石作为确定赔偿金额基准的指示。自从该判例问世之后,英美法系旋即形成了这样一条法理,即"所有的事物应被推定不利于破坏者"(*contra spoliatorem omnia praesumuntur* 或 all the things are presumed against the destroyer)。② 这一推定在证据法意义上常被称之为证明妨碍的推定(或推论)(spoliation inference)。③

长期以来,法院采用的正是这种证明妨碍推定规则④,即当发生某人有毁灭证据情形时,法院将会推论或者假定该当事人(即证明妨碍人)具有过错,被毁灭的证据将从作为对该当事人存在过错的角度认定。⑤ 这种早期普通法的原则精髓(incarnation),最早可以追溯至1722 年。⑥ 由于司法管辖缺乏统一性,导致本应明晰的构成要件依然显得模糊。尽管如此,采用证明妨碍推定的大致构成要件还是存在的。当法院对某一事实采用相反的事实推定时,从事证明妨碍行为本身必须具有主观故意的属性。另外,大多数法院准许证明妨碍人阐释其主观上并不构成故意或者被妨碍的证据与案件事实毫不相干,以达到反驳其存在过错的推定。并且,鉴于第三人并非是诉讼的一方当事人,因此这种推定对第三人并不适用。一般而言,法院会允许当事人

---

① 93 Eng. Rep. 664(K.B. 1722). 转引自黄国昌:《民事诉讼理论之新开展》,北京大学出版社 2008 年版,第 237 页。

② 2 John H. Wigmore, *Evidence in Trials at Common Law* §278, at 133 (Chadbourne Rev. ed. 1979). 转引自黄国昌:《民事诉讼理论之新开展》,北京大学出版社 2008 年版,第 237 页。

③ 参见黄国昌:《民事诉讼理论之新开展》,北京大学出版社 2008 年版,第 236 页。

④ Bart S. Wilhoit, Comment, Spoliation of Evidence: The Viability of Four Emerging Torts, 46 *UCLA L. REV.* 637 (1998).

⑤ See, eg., Lawrence Solum & Stephen Marzen, Truth and Uncertainty: Legal Control of the Destruction of Evidence, 36 *EMORY L. J.* 1088 (1987).

⑥ Bart S. Wilhoit, Comment, Spoliation of Evidence: The Viability of Four Emerging Torts, 46 *UCLA L. REV.* 637-38(1998).

采用能够导致抵消推定效力的任何证据,尤其是能够反映证明妨碍行为发生时有关情形的证据。比如,在诉讼开始之前证据就已被毁损,或者因证据被毁损而蒙受不利益的一方当事人,本来能够防止发生证据毁损以避免采用相反的推定,但是在实际上却没有采取相关的防范措施。[①]

在 *Procter & Gamble Co. v. Haugen* 一案中[②],犹他州联邦地区法院曾适用了证明妨碍推定原则。被告 Amway 公司作为竞争对手,到处散布涉及原告 Procter & Gamble (以下简称为 P & G)公司书面和口头诽谤的言词。[③] Amway 主张 P & G 公司应对保存公司电子邮件负有证据开示义务,由于未能做到而给其造成损害。根据证据妨碍推定原则,"凡故意毁坏涉及证明对庭审过程中事实争点具有关联性的文件,将导致推定该份文件的提供将会对证据损毁负有责任的一方当事人产生不利益的后果。"该法院指出,某一证据的毁灭或遗失如果是出于疏忽,并不能够构成证明妨碍人已明确认识到行为将对案件事实造成潜在的损害。为了作出相反的事实推定,原告必须证明妨碍人在主观上存在恶意。[④] Amway 辩称,法院应当从 P & G 公司的行为中推定这种故意的存在。尤其是,Amway 公司主张 P & G 公司应当对保存电子邮件资料负有相应的义务,因为 P & G 公司坚持认为,Amway 公司保留着包括公司电子邮件在内的用以储存的磁盘。法院拒绝将保存电子邮件记录(e-mail records)作为一项通常义务来作出推定,而是从更为狭隘的角度来界定对特定公司电子邮件负有保存义务。P & G 公司识别出有五个主体对该诉讼掌握有相关的资料。于是,P & G 公司强调这些主体的电子邮件记录对案件具有关联性,由于它们事后并未保留这些电子邮件资料因而违背了证据开示义务。[⑤] 为此,法院显然不倾向于将保存公司的所有电子记录作为一项一般义务的情形下,在当事人保存这些证据的责任被免除之前,他们须采取进一步的措施。显而易见的是,例如,某些特定的电子邮件记录会包含与案件事实相

---

① See, eg., Lawrence Solum & Stephen Marzen, Truth and Uncertainty: Legal Control of the Destruction of Evidence, 36 *EMORY L. J.* 1087-91 (1987).

② 179 *F. R. D.* 622 (*D. Utah* 1998).

③ *Proctor & Gamble Co. v. Haugen*, *947 F. Supp.* 1551, 1553 (*D. Utah* 1996).

④ See *Procter & Gamble*, 179 *F. R. D. at* 631.

⑤ See *Procter & Gamble*, 179 *F. R. D. at* 632.

关的信息资料，在此情形下法院不会免除当事人保存证据的义务。①

黄国昌教授认为，美国法上所出现的由裁判者直接作出胜诉判决的制裁，是在其陪审团制度下运用的结果，在台湾地区法上，当法官由妨碍人的妨碍行为直接推认，被妨碍人所主张的取决于诉讼胜败的关键事实为真实，在实际效果上也会出现相同的结论。②

对于这种采用经验法则或者表见证明作为法理基础类型的推论，德国学者 Stürner 是以可推翻的不利拟制说的观点对此加以论述的。他认为，如不负证明责任当事人有证明妨碍的行为，则应将负证明责任当事人的主张视为被自认或视为已被证明，只有当法院对相对事实获得确信，或者在出现较轻微证明妨碍行为时能获得优越性的确信时，主要事实的真实拟制才能被推翻。③ 日本学者高桥宏志教授对此评价称，主张通过适用一旦发生证明妨碍行为，就将对行为者不利的事实视为存在这一经验法则，并在自由心证主义的框架内处理。通过适用经验法则依据自由心证来处理，就会在因过失而使证据方法毁损的情形下，不能一概而论地认为，这种被毁损的证据方法对被毁损者而言就一定会产生不利益的一面，从而使得这种经验法则自身难以成立。④

我国台湾地区修订后的“民事诉讼法”第 282 条之一规定，应视为系旨在建构证明妨碍制度的一般性适用原则。邱联恭教授就证明妨碍法理的原则化问题指出，为贯彻诚信原则并兼顾当事人间的公平，新修订法增订总则性规定，承认证明妨碍的法理，按此规定，不仅对妨碍文书使用的情形，即使对当事人有妨碍对方举证的其他行为的，法院均可审酌情形认为对方有关该证据的主张或者依该证据应证的事实为真实，即法院可审酌当事人妨碍对方举证的样态，所妨碍证据的

---

① Kevin Eng, Spoliation of Electronic Evidence, 5 *B. U. J. SCI. & TECH. L.* 13(Spring, 1999).

② 参见黄国昌:《民事诉讼理论之新开展》，北京大学出版社 2008 年版，第 242 页脚注。

③ Stürner, Die Aufklärungsplicht der Parteien des Zivilprozesses, 1976, S. 242ff. Stürner, Entwicklungstendenzen des zivilprozessualen Beweisrechts und Arzthaftungsprozeβ, NJW 1979, 1225(1229).

④ 参见〔日〕高桥宏志:《民事诉讼法——制度与理论的深层分析》，林剑锋译，法律出版社 2003 年版，第 466 页。

重要性等情形,依据自由心证认为对方关于证据的主张或者依该证据应证的事实为真实,以示制裁。[①] 应当注意的是,这是将该证明妨碍规定的修订,从具体化并加重当事人陈述义务及促进诉讼义务的角度所作出的观察。邱联恭教授认为,"民事诉讼法(草案)"设有关于制裁妨碍对方证明行为的通则规定,并加重其制裁的内容,这有助于防杜当事人动辄采用不正当手段拖延诉讼,进而落实陈述义务的制度理念。[②]

因证明妨碍所产生的司法拟制在个案当中通常表现为一种法律适用效果,即立法者在立法上明确规定,在特定情形下对此行为拟制产生对行为人不利的诉讼法律后果,或者授权法官据情判定是否对其行为人产生不利的诉讼后果。民事诉讼属于私权纠纷,诉讼请求权是建立在实体法要件基础之上的,根据证明责任分配的原理,双方当事人对其在诉讼上所提出的事实主张均负有相应的证明责任,由于客观上存在的各种证据材料,对于证明案件事实或者满足法官对案件的待证事实形成内心确信提供了前提和可能性。证明责任的分配规则从权利产生的属性以及司法上的公平与正义的基点上,相对平衡了当事人之间在客观上可能存在着的种种差异,因此,在诉讼上,诚实信用地在当事人之间相互履行诉讼权利和承担诉讼义务,成为现代社会崇尚司法之理念。在当事人之间维系一种相互诚信的行为方式,对于公正、合理地处理双方的纠纷具有重要意义。因为,一方当事人由于自身的原因对其在诉讼上所提出的事实主张不能提供有效的证据加以证明,将承受不利的诉讼后果;如果一方当事人并非因为自身的原因,而是对其有利的证据被另一方当事人予以藏匿、销毁或者毁损至丧失证明价值的程度,这种恶意行为不仅仅侵犯了相对一方当事人的诉讼权利与合法利益,而且还侵害了法官查明案件事实真相的审判职能,因此,应当承担不利的诉讼后果。在法律上,如果预先拟制恰好产生

---

① 参见邱联恭讲述、许士宦整理:《口述民事诉讼法讲义》(三),2000 年版,第 184 页。转引自姜世明:《新民事证据法论》,台北学林文化出版事业有限公司 2003 年版,第 217 页。

② 参见邱联恭:《第一审程序修正草案之析述》,载台湾地区"最高法院"学术研究会编印:《"民事诉讼法"修正草案之析述与研讨》,1993 年,第 207 页。转引自姜世明:《新民事证据法论》,台北学林文化出版事业有限公司 2003 年版,第 217—218 页。

与行为人所期望或追求方向相反的结果，就将在法律上达到制裁或扼制这种恶意行为的预期效果。一般而论，采用证明妨碍之推定作为一种制裁措施往往具有惩罚的效果。因为，至少在大陆法系看来，证明责任分为形式意义上的主观责任和实质意义上的客观责任，其中，形式意义上的主观责任主要是提供证据的责任，而提供证据的责任是否能够满足证明责任的要求，即是否满足法官的内心确信所需要的证明程度，则是一种不确定状态，而仅仅因为一方当事人拒不提供对另一方当事人所主张的事实有利的证据材料，就在法律效果上对其产生拟制的不利后果，这种效果本身使得原本从提供证据行为所产生的不确定状态得以确定化。因为在此情形下，从法官的主观角度已视有关当事人就此所提供的事实主张被拟制为已得到证明，即达到了满足法官形成内心确信所需要的证明程度，这无非是从技术规范的角度直接替代了法官在客观上查明案件事实的审判行为，在实质上彰显其法定的惩罚性。

（三）司法拟制的分类及归属于不同类型的依据

作为建构证明妨碍制度适用法律效果的一个重要组成部分，司法拟制通常可分为两种类型：一是由法院推论为被妨碍人所主张的证据内容或性质的真实性成立；二是由法院推论对被妨碍人有利的待证事实的真实性成立。有关司法拟制的分类以及归属于不同类型取决于不同的原因事实与划分依据，现分述如下。

1. 关于司法拟制有关证据内容或性质真实性成立的类型

显而易见的是，这种适用法律效果体现了证明妨碍制度的最基本救济原则，仅在简单地使当事人之间因妨碍行为所造成的不公平状态回复至妨碍前的公平状态即可，并无体现明显制裁效果的意旨。这是因为，当被妨碍人有条件或者有可能知悉证据内容的情形下，因发生证明妨碍的，由法院推论被妨碍人所主张的证据内容或性质的真实性成立，但这种适用的法律效果具有限定性，它并非必然等同于为被妨碍人所主张的待证事实的真实性成立。在这种情形下，经过法院对证据的自由评估，法院仍有可能根据被妨碍人的主观证明责任（即提供证据的责任）在待证事实的认定上作出对其不利的裁判。

台湾地区“民事诉讼法”第345条第1项规定：当事人无正当理由

不从提出文书之命者，法院得审酌情形认他造关于该文书之主张或依该文书应证之事实为真实。上述法条所规范对象包括对方关于该证据的主张及依该证据应证的事实，邱联恭教授在论述该法第345条时提出如下见解：在举证人与文书的作成过程或文书的内容事实，在物理上或社会上相当接近，而客观上可期待该举证人知悉或者推察该文书所记载的具体内容等情形，为避免举证人取得了超过文书经提出后所可得的利益，导致违反公平，当持有文书的一方不服从文书提出命令时，应止于拟制举证人（对方当事人）所主张的文书内容为真实即可，而不应拟制其主张的待证事实为真实。①

根据我国最高人民法院《关于民事诉讼证据的若干规定》第75条的规定："有证据证明一方当事人持有证据无正当理由拒不提供，如果对方当事人主张该证据的内容不利于证据持有人，可以推定该主张成立。"该规定所涉及的适用范围显得较为狭窄。依据该条所适用的证明妨碍法律效果是，凡遇有这种情形，法院可据情推论被妨碍人主张该证据内容的真实性成立。所谓据情推论，也就是，法院可结合个案的有关情形，对是否应作出这种推论进行裁量。经过法院的审酌，即使最终决定不作出这种推论，也并不能视为违背该规定的本旨。

2. 关于司法拟制有关待证事实真实性成立的类型

显然，这种适用法律效果将证明妨碍制度的重心由单纯的救济功能推升至制裁与惩罚的层面，并显示其强烈的预防性功能。这是因为，当被妨碍人在客观上无法知悉被妨碍证据内容的情形下，由法院推论被妨碍人所主张的证据内容或性质的真实性成立已不现实。在此情形下，将使法院面临极为艰难的选择，即要么基于被妨碍人因无法主张被妨碍证据的内容而坐视不问，要么改采"宁重勿轻"的原则，直接推论被妨碍证据所指向的待证事实真实性的成立。前一种选择显然无助于实现证明妨碍制度的救济功能，且与证明妨碍制度设置的宗旨相悖，不可加以采认；后一种选择体现的是证明妨碍制度的强力救济功能，即在采用直接救济措施已力所不逮的条件下，改采证明妨碍制度的制裁与预防功能，以实现强力救济的意图。因为从常理而

---

① 参见姜世明：《新民事证据法论》，台北学林文化出版事业有限公司2003年版，第307页。

言，在许多情形下，仅仅依靠某一被妨碍的证据很难足以证明对被妨碍人有利的待证事实，特别是当妨碍人提出有力反证的情形下更是如此。事实上，这是现实生活中的一种无奈之举，是证明妨碍制度经过利益权衡为实现其政策目标而作出的必然抉择。

关于司法拟制有关待证事实真实性成立类型所依据基本法理及立论的理解，黄国昌教授认为，在未明确获知该证据内容的情形下，就该证据内容（及与其所针对的待证事实）作有利于被妨碍人主张的推论，从性质上讲，这是将无法确定该证据内容的不利益，划归由妨碍人来承受。就此不利益的分配，在一般证明责任分配规则支配下，原应由负证明责任的被妨碍人加以承担，即无法提出该证据以支持其事实主张。而在出现证明妨碍的情形下，则改由妨碍人承受。就这一不利益分配的转换，其正当性的基础应来源于妨碍人对提出、保存义务的违反，而这正是妨碍人主观归责性的“有无”发生作用的场域。也就是说，当因可归责于妨碍人的事由导致被妨碍人无法利用该证据而法院未能获知该证据的内容，则无法确定该证据内容的不利益，在此转由妨碍人加以承担，使得法院可认定被妨碍人关于该证据的主张为真实。[①]

关于台湾地区“民事诉讼法”第 345 条第 1 项规定当中的后半部分的理解，邱联恭教授指出，当举证人与文书所记载的内容事实相距较远，而客观上难以期待该举证人知悉或合理推知该文书的具体内容等情形，宜认为可拟制举证人所主张的应证事实为真实，才能对拒不提出文书的情形发挥有效制裁的作用，而避免有害于公平。[②]

自 1996 年以来，日本民事诉讼法经过多次修改，事实上，早在 1996 年之前，针对被妨碍人无法主张被妨碍证据内容的情形，曾有日本学者指出，有的司法判例则有新的定位与着力点，即对在举证人与案件的事实经过及文书的制作过程完全被隔离，而无法获知文书所记载的内容这一特殊情况下，凡违反提出文书的命令，就认定以文书应

---

① 参见黄国昌：《民事诉讼理论之新开展》，北京大学出版社 2008 年版，第 253 页。

② 参见姜世明：《新民事证据法论》，台北学林文化出版事业有限公司 2003 年版，第 307 页。

证明的事实本身(证明主题)为真实。①

根据《日本民事诉讼法》第224条第3款的规定,当申请人对文书记载内容提出具体的主张而面临显著困难时,并且若以该文书证明的待证事实难以通过其他证据加以证明的,则法院可将该待证事实本身拟制为真实。应当指出的是,该条适用条件是十分严格的。条文中所谓"可以"在此意味着法官的自由裁量。如果从其他证据调查的结果来看,一方当事人即申请人就该待证事实的主张使人有牵强附会之感,则法院就不存在将其拟制为真实的必要。② 但是,正因为如此,也使得某些情形下的后续审理显得不够透明,例如,法官在争点和证据整理程序中发布文书提出命令,而对方当事人拒绝提出的情形。也会有法官认为,争点和证据整理阶段恰好满足了第224条第3款所规定的适用要件,即申请人对文书记载内容提出的具体主张面临显著困难,并且期待以该文书证明的待证事实难以通过其他证据加以证明的,但实际上这种情形并非会大量存在。当法官能够确定地作出真实拟制时,就不应允许就该待证事实进行其他形式的证据调查,否则必须予以准许。由拒绝提出文书的当事人申请的证据调查也在其准许的范围之内。如果通过其他形式的证据调查发现面临当事人就该待证事实提出的主张确属牵强附会时,则不应作出真实拟制的判断。③

关于司法拟制有关待证事实真实性成立的类型在英美法系国家也被广泛采用。只是因为实行陪审团审理方式的原因,在这种场景下往往要由法院向陪审团发出明确的指示。关于这种推定适用的要件是否必须有其他情况证据显示该被毁弃的证据在内容上系不利于破坏者,换言之,仅凭该证明妨碍的行为是否即可构成证明该证据内容的充分证据,这种情况证据要件(circumstantial evidence requirement)的问题自英美证据法学权威 Wigmore 提出以来,持续不断地对美国法

---

① 参见〔日〕兼子一、竹下守夫:《民事诉讼法》,白绿铉译,法律出版社1995年版,第128页。

② 参见研究会新民诉法第309页以下福田先生的发言。坂田宏:《文書提出命令違反の效果》,载《講座新民訴法》,第95页。转引自〔日〕高桥宏志:《重点讲义民事诉讼法》,张卫平、许可译,法律出版社2007年版,第162页脚注。

③ 参见〔日〕高桥宏志:《重点讲义民事诉讼法》,张卫平、许可译,法律出版社2007年版,第162页脚注。

院的实务判例造成困扰。[1] 法院面对证明妨碍的问题已经经历了数个世纪[2],但是迄今为止,法院所采用的最为古老和最令人仰慕的救济方法就是对此情形作出“相反推定”。当一方当事人故意丢失或者毁损证据时,法院将指示陪审团成员,他们可以就这种证明妨碍行为而对证据价值所造成的损害,作出对实施证明妨碍行为人相应的不利推论。换言之,假如该证据将不会给对方当事人带来实质性的帮助,也就不会遭到毁损。[3]

在美国,基于原告方就绝大多数争点事实负担证明责任,当发生被告毁灭证据时,如果一味采取排除证据的方法则不能作为通常使用的有效救济措施,除非该证据严格局限于与被告方的抗辩主张相关联,并且对此被告负有证明责任。在通常情形下,当被告毁损或者隐匿对原告所主张的事实具有重大影响的证据时,法院通常会选择采用作出相反推论方式来作为对证明妨碍人的制裁。[4] 凡遇有此类情形,负有证明责任的一方当事人被允许提供证据来证明为其所声称的被对方当事人所毁灭的证据材料,相对一方当事人可以提出反驳证据。[5] 如果相对一方当事人无法举出相应的反证,法官会指示陪审团就该被毁灭证据的情形作出对从事证明妨碍一方当事人不利的推论。[6] 作出这种推论的正当理由具有双重含义:(1) 如果有关当事人毁灭有关证据,这种情形表明该证据将对其产生不利影响;(2) 只有让从事证明妨碍的一方当事人承担作出相反判决的风险,才能够制止证明妨碍行

---

① John H. Wigmore, Evidence in Trials at Common Law §291, at 227 (*Chadbourne Rev.* ed. 1979). 转引自黄国昌:《民事诉讼理论之新开展》,北京大学出版社 2008 年版,第 239 页。

② *Black's Law Dictionary* 1409 (7th ed. 1999).

③ *75B Am. Jur. 2d Trial* 1304 (1992).

④ In fact, the Eighth Circuit has held that it is improper for the trial court not to draw an inference against the spoliator. *Alexander v. Nat'l Farmers Org.*, 687 F.2d 1173, 1199 (8[su'th'] Cir. 1982), cert. denied, 461 *U.S.* 937, 937 (1983).

⑤ *State v. Langlet*, 283 N.W.2d 330, 334 (Iowa 1974).

⑥ *Vazquez-Corales v. Sea-Land Serv.*, 172 F.R.D. 10, 15 (D.P.R. 1997); *Howell v. Maytag*, 168 F.R.D. 502 (M.D. Pa. 1996); *Prudential Ins. Co. v. Lawnsdail*, 15 N.W.2d 880, 883 (Iowa 1944).

为的发生。[①] 并且作出对从事证明妨碍一方当事人不利的判定有利于对受害一方的救济，以弥补从事证明妨碍一方当事人的过错行为对相对一方当事人的利益所造成的损害。[②]

在美国，一些法院在对陪审团作出推定指示之前，要求被妨碍人必须提出情况证据以显示该被毁弃的证据内容不利于妨碍人。在适用证明妨碍推定之前，法院通常就一些相关要素进行调查：(1) 对证据加以破坏的行为；(2) 该证据存在被开示的可能性；(3) 存在毁损证据的主观故意；(4) 有关证明妨碍行为发生在诉讼提起之后，或者假如在诉讼发生之前，应当处于该诉讼能够被合理地预见将要提起之际。[③] 在这些要件得以成立之后，该证据在衡量是否采用证明妨碍推定的标准上将被视为已具备所要求的总体适当性（the likely relevance）。[④]

较为典型的事例表现在纽约南区联邦地方法院在 *Turner v. Hudson Transit Lines, Inc.* 一案中为此所作出的说明。[⑤] 在该案中，被告经营的巴士与其他车辆在高速公路上发生意外碰撞，因乘坐该巴士而受伤的原告对被告诉请损害赔偿，原告主张被告未能妥善维护该巴士的刹车，导致该刹车在事故中因故障而失灵。鉴于该巴士刹车的维修记录已灭失，原告向法院申请对陪审团作出推定的指示。法院在认定是因被告的重大过失而导致该维修记录灭失后，进一步说明，在作出任何不利的推定之前，必须有若干证据显示该被毁弃证据的内容，只有这样，才能够在被毁弃的证据内容与所推定的事实之间建立一定的关联性（nexus），也只有这样，事实的认定者才能确定在何种问题上，以及在何种程度上该证据对妨碍人产生不利的影响。这一要件在

---

① *Nation-wide Check Corp. v. Forest Hills Distrib. Inc.*, 692 F.2d 214, 218 (1[su'st'] Cir. 1982).

② Laurie Kindel, Kai Richter, Spoliation of Evidence: Will the New Millennium See a Further Expansion of Sanctions for the Improper Destruction of Evidence? 27 *Wm. Mitchell L. Rev.* 695(2000).

③ Jamie S. Gorelick et al., Destruction of Evidence 3.8-3.12. at 4 (1989).

④ *White v. Office of the Pub. Defender*, 170 F.R.D. 138, 147 (D. Md. 1997).

⑤ 142 F.R.D.68 (S.D.N.Y. 1991). 转引自黄国昌：《民事诉讼理论之新开展》，北京大学出版社 2008 年版，第 239 页。

妨碍人是出于过失而并非故意造成该证据灭失时显得尤为重要。最终,因无任何证据可显示该被灭失的维修记录可能对被告产生不利的影响,法院遂退回原告此项指示的申请。[①]

与上述法院的做法所不同的是,许多法院在适用有关法律效果时并不采用这种所谓显示证据内容的要件,而是听从 Wigmore 所提出的见解。根据 Wigmore 的观点,拒绝提出或者毁弃文书的行为本身,就能够单独地足以使法院“可”作出该内容系对妨碍人不利的推定。只有当对该文书本身的识别(identity of the document)在当事人之间产生争议时,被妨碍人才有必要提出证据,显示该被灭失的文书即是所欲由其内容得出不利于妨碍人而作出这种推定的文书。这种对被妨碍人的要求,不得至要求其显示文书具体内容的程度,被妨碍人所提出的证据仅须达到大致可认定该文书的性质或身份即可(general marks of identity)。[②] 也就是说,在 Wigmore 看来,被妨碍人并非需要提出证据显示该被毁弃证据的内容,而仅需明确该被毁弃证据的性质或身份即该证据为何即可。[③]

就有关情况证据的要求,美国联邦第二巡回上诉法院在 *Kronisch v. United State* 一案中甚至比 Wigmore 的观点作了更为宽松的解释。在该案中,原告诉称,其遭受美国中央情报局人员在巴黎的咖啡馆以一种名为 LSD(lysergic acid; $C_{20}H_{25}N_3O$)迷幻药迷昏,而这属于中央情报局所进行的名为“MKULTRA 行动”的一部分,以评估生化药剂对人类行为模式所造成的影响。原告主张其属于该计划锁定的对象之一,而中央情报局已销毁了全部有关该“MKULTRA 行动”的档案,从而使得原告无法指出哪一个特定的文件可以支持其所主张的内容。虽然如此,法院仍然允许原告所申请的不利推定。法院在判决理由中指出:究竟需要有多少证据方可足以支持由证据的被销毁推定该证据的

① 参见黄国昌:《民事诉讼理论之新开展》,北京大学出版社 2008 年版,第 239 页。

② John H. Wigmore, Evidence in Trials at Common Law §291, at 228 (*Chadbourne Rev. ed.* 1979). 转引自黄国昌:《民事诉讼理论之新开展》,北京大学出版社 2008 年版,第 240 页。

③ 参见黄国昌:《民事诉讼理论之新开展》,北京大学出版社 2008 年版,第 240 页。

内容,这是无法被精确认定的,同时会因个案的情事而有所不同。尽管如此,我们仍应留意 Wigmore 所提出的告诫:“必须小心”不要对该证据的程度有过高要求。的确如此,对被妨碍人就被毁损证据的可能内容设定过于严格的证明度标准,将会使该不利推定的“预防”及“处罚”目的被空洞化,同时将会使得故意毁弃证据的妨碍人从其妨碍行为中获得利益。[①]

针对上述美国法院的做法,我国台湾学者黄国昌教授所得出的结论是,美国法院不仅对在何种主观归责要件下施加这种不利推定的制裁尚无定论,即使对被妨碍人究竟应提出多少情况证据表明该证据系对妨碍人不利的要件,在不同类型的案件中,也显现出不同的标准。[②]就此,笔者认为,这是由英美法系判例传统所决定的。在判例法传统支配下,法院对有关案情的分析与案件事实的认定主要依靠的是经验与理性的综合应用,而并非是仅仅依据逻辑上的理性推理,同时,不同类型的案件决定了就有关要件事实的主张责任与证明责任在当事人之间的分担上,法律各自有不同的要求和标准。

(四) 司法拟制在立法例上的主要表现形式

从现行大陆法系各国或地区的立法例比较来看,将司法拟制作为证明妨碍制度加以原则性规定的较少,在此可当推我国台湾地区“民事诉讼法”第 282 条之一第 1 项的有关规定。我国大陆最高人民法院《关于民事诉讼证据的若干规定》第 75 条仅具有准立法性质,基于在实务上确实具有替代立法的功能,故此属于一种广义上的立法例。上述两种立法例相较而言,二者的相同点表现在:(1) 就所涉及被妨碍证据的种类或者证据方式并无加以刻意限制的范围,原则上适用于一切为当事人可加利用,证明有关待证事实的证据或者证据方法。(2) 仅限于妨碍人具有主观故意的情形。二者的不同点表现在:(1) 前者所涉及证明妨碍行为的样态较宽泛,包括将证据灭失、隐匿或者致碍难使用的情形;后者所涉及证明妨碍行为的样态较为狭小,

---

① 150 F. 3d 129(2d. Cir. 1998). 转引自黄国昌:《民事诉讼理论之新开展》,北京大学出版社 2008 年版,第 241 页。

② 参见黄国昌:《民事诉讼理论之新开展》,北京大学出版社 2008 年版,第 241 页。

仅限于持有证据拒不提供,属于前者隐匿证据的一部分。(2) 在适用法律效果上,前者既包括拟制证据内容或性质真实性成立的类型,也包括拟制有关待证事实真实性成立的类型;后者仅涉及拟制证据内容真实性成立的类型。

除了上述两种类型立法例之外,其他有关国家(或地区)的立法例主要采取特别规定的方式,大致有以下类型:

1. 关于不服从提出文书命令所产生的法律适用效果

在诉讼上,根据负有证明责任的一方当事人的申请,法官可以指令另一方当事人提供由其持有的书证,而另一方当事人无正当理由拒不服从该指令时,有必要设置相应的程序保障机制对拒不服从法院指令的一方当事人产生不利益的效果,才能力促拒不提供书证的一方当事人尽可能地提供证据。特别是在民事诉讼中,因民事诉讼仅涉及私权利益,有关民事诉讼的证据规则并不能像公法那样采取相应的强制措施,在此情形下,如果对方当事人主张该证据的内容对证据持有人不利时,可以推定这种主张成立。这种拟制真实的作出,是基于有关当事人违反为民法所尊崇的诚信原则,以及在诉讼上当事人之间应当相互负有真实义务的体现。另外,这种拟制真实也是符合情理的,即持有该证据的一方当事人不可能不知悉该书证的性质和有关内容是否对其有利,在有关立法例就相同类型的证明妨碍情形所设定规则的调整之下,凡持有对其有利书证的一方当事人,不可能拒不服从法院的指令,而致使法院就这种消极行为适用对其不利的法律效果,就此而论,这种符合情理的假定命题,实际上可以被认为是法院查明案件事实的一种特殊手段。

在大陆法系,德国法上就不服从提出文书命令所作出的司法拟制具有相当的典型示范意义,它通过若干条款在证明妨碍制度架构下就妨碍人的妨碍行为设定了相应的法律适用效果。在德国民事诉讼法上,这些条款先后涉及举证人的申请(第 421 条)、法院发出的命令(第 425 条、第 426 条)以及对方当事人拒不服从提出文书命令所产生的法律适用效果(第 427 条)。其中,根据《德国民事诉讼法》第 427 条的规定:对方如未依法院命令[①]将文书提出,或者法院根据第426条[②]情形获得确信,认为该对方就该文书的所在未进行谨慎注意的探索,则由举证人提出的文书副本,可被视为真正。如未提出文书副本,则举证人的关于文书性质(状况)及其内容的主张可被认为已被证明。

根据《日本民事诉讼法》第224条的规定:(1) 当事人不服从提出文书命令时,法院可以认定对方当事人主张的文书记载事项真实。(2) 当事人以妨碍对方当事人使用为目的,致使具有提出义务的文书灭失及其他无法使用的情形时亦同。(3) 在前两款情形下,对方当事人具体主张该文书的记载内容以及利用其他证据证明该文书能证明的要件事实显著困难时,法院可认定对方当事人主张的实事为真实。对此规定,日本学者高桥宏志教授指出,当持有人为诉讼的当事人时,就对其采取事实认定的制裁方法,这种制裁措施甚至会导致决定某一诉讼的胜败结局,从而使得这一制裁方法显得非常有效。根据《日本民事诉讼法》第224条第1款的规定,法院可以将一方当事人即文书提出命令申请人有关该文书记载内容的主张认定为真实。所谓关于该文书记载内容的主张,与《日本民事诉讼法》第221条第1款第

---

① 德国关于法院命令负证明责任相对人提出文书的法律依据为《德国民事诉讼法》第425条的规定,其相关规定为《德国民事诉讼法》第421条、第422条、第423条和第424条,其中尤其应注意的是第422条、第423条。关于诉讼对方的文书提出义务,前者规定如举证人依民法规定可请求对方交还或者提出某文书的,该对方当事人有提出该文书的义务。后者规定如对方在程序中,就该文书曾予援引,则该对方负有提出该为其所占有的文书。即仅于准备书状中出现的亦同。但就负证明责任人的对方应在何种情况下开始负有提出书证的义务,以及是否以该义务存在为相关证明妨碍的要件,则均值得深思。而对方当事人如无文书提出义务,则其毁坏或者不提出,是否应与有义务提出所为相当行为作不同评价,应当进行适当的论证。关于文书提出义务的要件,Vgl. Thomas-Putzo, ZPO, 19 Aufl. ,1995, § 422 Rdnr. 2ff. 虽然在实务上或者学说上,有的将文书提出义务加以扩大化,但是通说认为,负有证明责任人的对方并无一般说明义务。Vgl. Musielak/Huber, ZPO, Kommentar, 1999, § 423 Rdnr. 1; Rosenberg/Schwab/Gottwald, Zivilprozeβrecht, 15 Aufl. , 1993, S. 702f. 转引自姜世明:《新民事证据法论》,台北学林文化出版事业有限公司2003年版,第283页。

② 《德国民事诉讼法》第426条规定,对方若否认文书为其占有,则应对其就文书所在进行询问。于询问期日的传唤,应通知其就文书所在谨慎探询。其余,准用第449条至第454条的规定。如法院获得确信认为文书为该对方所占有,则命令其提出。

1 项和第 2 项所规定的与文书提出命令申请程序中的文书表示和内容相对应，总之，就是申请人有关该文书已记载有何种内容的主张。从理论上而言，作为对持有人拒绝提出文书的制裁效果表现在，只要该制裁的结果等同于该文书被提出的效果即可。故此，将对方当事人有关该文书记载内容的主张认定为真实就可以为法官的事实认定工作提供帮助，事实上，这一理论仍存在缺陷。与文书本身相较而言，一方当事人有关文书记载内容的主张在一定程度上会显得较为简单；与阅读文书本身相较而言，将当事人的主张认定为真实实际上会降低证明力。作为书证本身就兼有对该文书的纸质、笔迹等进行查证的性质，因此而使得查证这一部分便丧失了其证明力。故对持有文书的当事人而言，在大多数情况下，与其提出文书还不如拒绝提出，从而接受《日本民事诉讼法》第 224 条第 1 款有关真实拟制的制裁，因为后者对于其在立证上更为有利。并且，是否作出真实拟制的惩罚是由法官裁量所决定的，实际上当事人未必会遭受这种制裁。[①] 但是，在职权调查主义条件下，不适用根据当事人的态度来决定其效果的证明方法（《日本民事诉讼程序法》第 10 条第 1 款）。

针对我国台湾地区现行“民事诉讼法”第 345 条的规定，杨建华教授曾指出，当事人因妨碍对方使用文书，而故意将文书隐匿、毁损，或者致使文书不堪使用的，根据台湾地区原“民事诉讼法”第 362 条的规定，法院固可认为对方关于该文书的主张为正当。[②] 但必须举证人已经证明该当事人系持有该项文书时，才会有此项规定的适用，若举证人未能举证证明该当事人确系持有该文书的，自无该项法条的适用。另外，依上述法条仅系当事人隐匿、毁弃才能使用，第三人纵有隐匿、毁弃的，仍不能认为举证人对该项文书的主张为正当。在这种情形下，仍应认为原告未尽其证明责任。[③] 对此，许士宦教授也指出，在旧法时，有关当事人因妨碍他方使用，故意使证人、鉴定人不到场或导致

---

① 参见〔日〕高桥宏志：《重点讲义民事诉讼法》，张卫平、许可译，法律出版社 2007 年版，第 161 页。

② 我国台湾地区原“民事诉讼法”第 362 条规定，当事人因妨碍他造使用，故意将文书隐逸、毁坏或致不堪使用者，法院得认他造关于该文书之主张为正当。该法修正时，该条被删除。

③ 参见杨建华：《民事诉讼法实务问题研究》，台北广益印书局 1985 年版，第 276 页。

不能询问的情形时,早有学者认为应理解为准用第362条有关证明妨碍的规定。[①] 后来,更有学者主张,为充实审理制度或提出事证资料制度,在解释应扩大证明妨碍法理的适用范围,例如适用于不负提出文书义务或不协助收集证据(不告知证人的姓名及住所)的情形,以补充文书提出义务及收集证据的机能;在立法论上则建议增订证明妨碍法理的总则性规定,并且将妨碍效果即法院可拟制的范围扩大至依该被妨碍使用的证据所应证的事实。[②] 新法不但扩大受妨碍的证据方法的范围,而且就妨碍行为的效果也扩充法院所可拟制真实的对象。易言之,在旧法之下,当事人为证明妨碍行为时,法院仅可认定他方关于该证据方法的主张为真实,而在新法之下,法院也可认定依该证据应证的事实为真实("民事诉讼法"第282条之一第1项,参照第345条第1项、第367条、第367条之一第3、4、5项)。但是,有学者称我国台湾地区上述规定系证据评价(自由心证)说的见解。[③] 倘若如此,则在新法之下,有证明妨碍的情形时,为维持当事人之间的公平,是否均无转换证明责任的余地?如果不是的话,则新法是采行何种见解?这对于证明妨碍制度可否发挥其对妨碍人施加制裁的实效,借以促使当事人保存、提供证据,有助于诉讼上迅速发现真实至关重要。[④] 对此,笔者认为,在新法之下,法院可认定依该证据应证的事实为真实,该证明妨碍的法律适用效果属于主观证明责任的转换,即因妨碍人的妨碍行为使法院拟制为举证人所应提供证据证明的待证事实的真实性得以成立,妨碍人应就其抗辩事实主张负担提供证据(即反证)的责任,因此,法院所施加的这种法律效果导致提出证据的责任已转换给妨碍人。

---

① 参见石志泉著,杨建华增订:《民事诉讼法释义》,台北三民书局1982年版,第400页。转引自许士宦:《证据收集与纠纷解决》,台北新学林出版股份有限公司2005年版,第211页脚注。

② 参见许士宦:《证据收集与纠纷解决》,台北新学林出版股份有限公司2005年版,第211页。

③ 参见骆永家:《证明妨碍》,载《月旦法学》第69期(2001年),第13页;姜世明:《证明妨碍制度之研究》,载《万国法律》第115期(2001年),第55页。转引自许士宦:《证据收集与纠纷解决》,台北新学林出版股份有限公司2005年版,第209页。

④ 参见许士宦:《证据收集与纠纷解决》,台北新学林出版股份有限公司2005年版,第209页。

从判例法的角度来看，曾有如下几起相应的判例值得探讨[①]：

民国时期最高法院 1934 年上字第 285 号判例称：上诉人主张其就讼争田业有回赎权，故对此负有证明责任，而上诉人是以向被上诉人订立的典契作为证据，如果被上诉人提出的卖契系伪造，且有因妨碍上诉人使用，故意隐匿典契的情形，则依民事诉讼法第 362 条的规定，自可认为上诉人关于该典契的主张为正当。

民国时期最高法院 1935 年上字第 1019 号判例称：使用对方当事人所持有的文书为书证，申请法院命令对方提出，如其应证的事实显属重要，且申请正当的，法院应命对方提出，如对方无正当理由而不提出，自可认为举证人关于该文书的主张为正当。

台湾地区"最高法院"1986 年台上字第 2413 号判例称：可申请法院命令对方当事人提出的文书，并不以"民事诉讼法"第 344 条各款所列的文书为限，这与同法第 341 条至第 343 条的规定自应明确。另外，当事人对于法院为命令提出文书的裁定，如无正当理由不从命令时，依同法第 345 条的规定，法院即可认为对方关于该文书的主张为正当。[②] 对此判决，姜世明教授认为，这一判决似乎忽略就相关条文与"民事诉讼法"第 344 条规定为适当的体系解释，且就文书提出义务的扩张也未给予界定与判断标准，其判决意旨恐难作为一般个案的参考依据。

台湾地区"最高法院"1991 年台上字第 280 号判例称：当事人无正当理由不从提出文书命令的，法院才可认为对方关于该文书的主张为正当，关于"民事诉讼法"第 345 条规定而自明。本件原审并未裁定命令上诉人提出该所谓被上诉人于 1989 年 4 月 22 日致上诉人的催告函，率依"民事诉讼法"第 345 条规定，以上诉人无正当理由不从法院的命令，提出该信函，而认为被上诉人所主张：上诉人已收受 1989 年 4 月 21 日催告函为真实，亦属可议。

台湾地区"最高法院"1992 年台上字第 2185 号判例称："民事诉讼法"第 345 条规定，当事人无正当理由不从提出文书的命令，法院可

---

① 该数起判例被认为涉及台湾地区修正前"民事诉讼法"第 345 条及第 362 条，参见并转引自姜世明：《新民事证据法论》，台北学林文化出版事业有限公司 2003 年版，第 299—300 页。

② 参见姜世明：《新民事证据法论》，台北学林文化出版事业有限公司 2003 年版，第 300 页脚注。

认为对方关于该文书的主张为正当,另外同法第 363 条规定,本目书证的规定,对于文书外的物件有与文书相同的效用时,可予以准用。所谓文书,是指以文字或者其他记号,表明人们的意思或思想的物体。另外,所谓文书外的物件有与文书相同的效用,是指文书以外的物件,虽无文字或者记号的记载,但足以向人们传达意思或者思想,如界标、照片等,与文书有相同的效用而言。

2. 关于毁损文书所产生的法律适用效果

根据《德国民事诉讼法》第 444 条的规定:一方当事人意图妨碍对方当事人使用文书而毁损文书或者致使文书不堪使用时,对方当事人关于该文书的性质(状况)和内容的主张,视为已得到证明。

我国台湾地区"民事诉讼法"第 282 条之一第 1 项规定:"当事人因妨碍他造使用,故意将证据灭失、隐匿或者致碍难使用者,法院得审酌情形认他造关于该证据之主张或依该证据应证之事实为真实。"该条所涉及的内容显然并不仅限于对文书造成毁损的情形。

另外,从比较法的角度来观察,关于妨碍使用书证的后果,有关国家或地区的立法例体现如下特点:(1) 许多立法例规定,一方当事人因意图妨碍对方当事人使用书证,故意将有关书证加以隐匿、毁坏或致使其不能使用的,法院可以认定对方当事人关于书证的主张为真实或正当,如德国、日本、我国台湾地区、韩国、巴西的立法例。这类规定显得较为明确、具体,是对妨碍使用书证行为的一种严厉处罚。(2) 有的立法例规定,当出现一方当事人有意图妨碍他人使用书证的行为或者情形时,是否将这种行为或情形视为举证人的主张已得到证明,最终由法官结合案件的所有情况之后予以定夺,如奥地利、我国澳门地区、俄罗斯的立法例。这些规定显得更有弹性,使法官在个案情形下享有较大的自由裁量权。(3) 有的立法例规定,当出现一方当事人意图妨碍他人使用书证的情形时,如何对待这种情形的法律后果,为此,在立法上设置了一个相应的调查程序,通过该调查程序使法官最终作出这种情形是否应当视为举证人的主张已被得到证明,如奥地利的立法例。

3. 关于妨碍笔迹鉴定所产生的法律效果

根据《德国民事诉讼法》第 441 条的规定:(1) 为证明文书的真实与否,也可采用核对笔迹的证据方式。(2) 在此情形下,举证人应提出适于核对笔迹,或者根据第 432 条申请交出笔迹,必要时应申请证明笔迹的真实性。(3) 适于核对的笔迹在对方当事人手中时,对方当事人依举证人申请有提出的义务。此时准用第 421 条至第 426 条的规定。对方当事人不服从提出适于核对的笔迹的命令,或者在第 426 条的情形下,法院相信对方当事人并未细心追究该项笔迹的所在时,就可以将该项文书视为真实……

根据《日本民事诉讼法》第 229 条的规定:(1) 可以核对笔迹或者图章的印迹证明文书制作的真伪。(2) 日本民事诉讼法第 219 条、第 223 条、第 224 条第 1 款及第 2 款、第 226 条及第 227 条的规定准用于提交或寄送用于核对笔迹或者印迹的文书和其他物件。(3) 没有对方当事人合适的笔迹核对文书时,法院可命令其提交用于核对的文字笔记。(4) 对方当事人没有正当理由或不服从前项规定的裁定时,法院可就文书制作的真伪认定举证人的主张真实……

我国台湾地区“民事诉讼法”第 359 条规定:“文书之真伪,得依核对笔迹或印迹证之。法院得命当事人或第三人提出可供核对之文书。核对笔迹或者印迹,适用关于勘验之规定。”同法第 360 条规定:“无适当之笔迹可供核对者,法院得指定文字,命该文书之作成名义人书写,以供核对。文书之作成名义人无正当理由不从前项之命者,准用第三百四十五条或第三百四十九条之规定……”

(五) 当事人的主观可归责性对适用司法拟制所造成的影响

在证明妨碍制度建构下,当事人的主观可归责性是指,妨碍人在从事证明妨碍行为时的主观心理状态,以及由此所产生在法律上的可责难性及其程度,有可能给法院适用相应法律后果所造成的影响。

如上所述,作为适用证明妨碍法律效果的其中一类重要方式,司法拟制根据有关原因事实不同涉及两种类型,即拟制被妨碍人主张的证据内容的真实性成立,以及拟制对被妨碍人有利的待证事实的真实性成立。后一种类型所产生的法律适用效果实际上就是主观证明责任的转换。但是,妨碍人在从事证明妨碍行为时的主观心理状态如何,以及是否因这种状态不同而对适用司法拟制造成实质性的影响,在学者间或实务上尽管有某些差别,但在总体上趋于一致,这就是,司法拟制主要适用于妨碍人在实施某一具体证明妨碍行为时所具有的主观故意的情形,这种观念根植于人们在长期生活实践当中所积累的经验法则,即妨碍人如有意识地从事某一妨碍行为,该行为本身就表明,妨碍人已明知被妨碍的证据如被举证人利用将给其造成不利的后果。

例如,德国学者 Baumgärtel 认为,在当事人故意从事证明妨碍的情形下,通常可将其作为他方主张的征凭,利用“所谓当事人之所以故意妨碍,实由于恐其被使用导致他方的主张获得证明而使其蒙受不利益”的经验法则,推论他方的主张为真实;而在当事人具有过失的情形下,则应根据过失的不同程度来调整相应的证明度要求,如最终仍不能正确评价当事人的证明困难时,就应考虑证明责任的转换。① 根据这一观点,在当事人故意从事证明妨碍的情形下,法院可据情适用上述两种类型的司法拟制。

德国学者罗森贝克等认为:“在故意妨碍证明的情况下通过表见证明取得,或者通过真正的证明责任倒置而取得。联邦最高法院大多称之为直到证明责任倒置的简化证明。”②根据这一观点,在当事人故意从事证明妨碍的情形下,法院可适用拟制对被妨碍人有利待证事实的真实性成立类型的司法拟制。

在此,罗森贝克等学者与 Baumgärtel 的观点所不同的是,即使在妨碍人故意从事证明妨碍的情形下,法院仍可据情施加客观证明责任转换的法律效果,而 Baumgärtel 则认为,只是在妨碍人具有过失的情形下,法院应根据过失的不同程度来调整相应的证明度要求,直至采用客观证明责任转换的法律适用效果。

我国台湾学者黄国昌教授认为,就妨碍人的主观归责性而言,仅当未负证明责任当事人存有故意证明妨碍的情况下,一方面利用其故意的妨碍行为作为被妨碍人主张事实为真实的表征,另一方面可辅以制裁的思想,在双方当事人均尽其证据提出责任之后,使妨碍人承担法院最终仍无法判定何方当事人有证据优势的风险。③ 这种观点表

---

① 参见 Gottfried Baumgärtel:《民事訴訟法における證明妨礙》,三上威彦译,载《判例タイムズ》585 号(1986 年),第 18 页;〔日〕松本博之:《民事證據法の領域における武器對等原則》,载松本博之、宮崎公男编:《讲座新民事诉讼法》(Ⅱ)(1999 年),第 27 页。转引自许士宦:《证据收集与纠纷解决》,台北新学林出版股份有限公司 2005 年版,第 223 页。

② 〔德〕罗森贝克、施瓦布、戈特瓦尔德:《德国民事诉讼法》(下),李大雪译,中国法制出版社 2007 年版,第 852 页。

③ 参见黄国昌:《民事诉讼理论之新开展》,北京大学出版社 2008 年版,第 259—260 页。

明，在未负证明责任当事人存有故意证明妨碍情形下，法院应首先考虑采用拟制对被妨碍人有利待证事实的真实性成立类型的司法拟制，只是当双方当事人均尽其证据提出责任并使待证事实存在真伪不明状态的情况下，将客观风险意义上的证明责任转换给妨碍人来实际承受。换言之，在未负证明责任当事人存有故意证明妨碍情形下，法院既可考虑采用施加主观证明责任转换的法律效果，也可考虑采用施加客观证明责任转换的法律效果。

另外，在实务上的具体操作层面，黄国昌教授还认为，当被妨碍人已可证明妨碍人为故意妨碍行为时，则不要求其必须提出其他情况证据借以证明系争证据内容即为其所主张可证明待证事实存在的内容，借由妨碍人的故意妨碍行为作为对妨碍人所主张事实为真实的表征；而在被妨碍人无法证明妨碍人的故意时，则其必须提出其他情况证据，以证明该证据的内容即为其所主张的可证明待证事实存在的内容。[①]

综上可见，大陆法系有关立法和学说大致已形成一种基本共识，只有在妨碍人故意从事证明妨碍的情形下，法院才可根据有关原因事实的不同适用两种不同类型的司法拟制，也就是，既可拟制被妨碍人主张的证据内容的真实性成立，也可拟制对被妨碍人有利的待证事实的真实性成立。产生这两种类型推论的正当化基础根植于这样一种经验法则，即仅在故意的条件下才更有理由使人确信，妨碍人事先已明知该证据将对其产生不利益的证明效果。

从实证的角度来看，台北地方法院2001年诉字第1818号判例所涉及的案件事实，为我们提供了一个较佳的范例。在该案中，被告根据契约为原告设立网络应用软件系统，原告主张该系统出现有不能运作的重大瑕疵而解除契约，遂起诉请求被告返还所受领的款项。就该系统是否存在重大瑕疵的待证事实由原告负证明责任。在诉讼中，原告虽然提供了数份有关"系统测试记录"和"验收报告"作为证据，但均为被告否认，被告申请命原告提出系争软件系统所架设的原计算机设备供安装，以测试该软件系统有无重大瑕疵。原告虽当庭对进行测试并未表示异议，但在预定测试前一日，将该计算机设备出售给他人，

① 参见黄国昌：《民事诉讼理论之新开展》，北京大学出版社2008年版，第256—257页。

致使被告无从测试是否其所架设的软件系统存在重大瑕疵。显而易见,原告有妨碍被告使用该计算机设备,并因而致使被告难以测试鉴定的情节,根据台湾地区"民事诉讼法"第282条之一的规定,应认定被告所抗辩系争软件系统无瑕疵的事实为真实。在该案中,由被告在测试之日前将该设备出卖的事实,按照经验法则便可推论原告存在故意;而作为一种必要的证据方法,对于网络应用软件系统进行测试对于查明作为本案待证事实即该系统是否存在有不能运作的重大瑕疵,其重要性不言而喻。同时,根据资策会的复函,使法院更加认识到,除了采用测试鉴定方式之外,对本案待证事实的查明已无其他可替代的证据或者证据方式。在这种妨碍人的主观可归责性已达到故意的高度、该证据方式的重要性显著且已具备不可替代性的情况下,由法院据情课予直接推论为被告所提出的该软件系统并无重大瑕疵的事实主张为真实的法律效果,已具备充分的正当性基础。

四、降低证明标准

(一) 对证明标准的定义

证明标准(beweiskriterium)主要为学理上的一种用语,并未为立法所定义。证明标准有时也被称之为证明尺度、证明额度或者证明强度。[①] 在更多的情形下,证明标准在学理上被表述和定义为证明度(beweismaβ)。因为,证明度作为法院形成判决的基础,对于待证事实盖然性所需求的"量"并非何种有形证据或证据方法在数量上的比较,而是法院存在于自由心证中的无形标准。[②] 故此,作为对某一特定待证事实所要求的证明标准所意指的是,法院根据当事人提供的证据所能够获得内心确信的最低限度或者证明程度。有学者将这种证明程度理解为法院对某事实存在或不存在形成确信的盖然性所需要的量。[③] 这种标准本身像一把尺子那样用来检验和衡量当事人的举证在

① 参见〔德〕汉斯·普维庭:《现代证明责任问题》,吴越译,法律出版社2000年版,第91页。

② Nierhaus, Beweismass und Beweislast: Untersuchungsgrundsatz und Beteiligtenmitwirkung im Verwaltungsprozess, 1989, S. 48.

③ Baumgärtel, Beweislastpraxis im Privatrecht, 1996, Rdnr. 66.

何时被证明已获得成功,同时它也决定了法院在何种情形下就有关待证事实获得心证。因此,笔者认为,所谓证明标准是指,在审判上要求法院对特定待证事实认定为真实所获得确信心证的最低限度。

就财产关系纠纷案件而言,大陆法的通说认为其证明标准为 80% 的高度盖然性,即可能性为 80%①,从而使得与之相反的不可能性为 20%。在瑞典法和德国法上,证明标准,或称证明度被划定为确凿、充分、相当、大体等不同的层次,不同的事实对应有不同的证明度,这一做法在瑞典为通说,而在德国则为有力说。②

(二) 降低证明标准的法律效果

在学理上,证明标准与证明责任之间既存在联系又存在明显区别。证明标准所涉及的是在何种证明确信度之下使得实体法上的要件事实被认为已得到了证明,因此,证明标准理应归属于程序法领域,而根据学理上的通说,证明责任则应属于实体法领域。

从技术上而言,降低证明标准的直接结果可导致事实真伪不明状态所涉及范围的缩减,继而可以达到减少通过适用证明责任来作出判决情形的发生。这是因为,采用客观证明责任对案件作出判决的几率大小,取决于法院就某一特定待证事实形成内心确信这种心证的难易程度。对证明标准在要求上越低,法院按照证明责任对案件作出裁判的几率或数量就越少。在此,应当指出的是,降低证明标准所产生的法律效果,直接针对的是一方当事人的主观证明责任,它意味着因存在一方当事人有过失证明妨碍行为的情形,从而使得另一方当事人在履行其主观证明责任时,无须按照通常所要求的那样达到一定的证明度,就可视为其已达到了法官就某一待证事实获得确信心证所需要的最低限度。

证明标准的降低意味着对有关待证事实的证明所必要的费用和时间的减少,更重要的是,它将意味着证明风险责任的减轻,这种证明

---

① 参见〔日〕松本博之、上野泰男:《民事诉讼法》(第 3 版),弘文堂 2003 年版,第 323 页。转引自〔日〕高桥宏志:《重点讲义民事诉讼法》,张卫平、许可译,法律出版社 2007 年版,第 36 页脚注。

② 参见〔日〕荻原金美:《主張・證明責任論の基本問題》,载《神奈川法学》29 卷 2 号(1994),第 89 页。转引自〔日〕高桥宏志:《重点讲义民事诉讼法》,张卫平、许可译,法律出版社 2007 年版,第 37 页脚注。

风险责任在此所指的是,虽经举证但最终无法在法院的心证上获得确信所应承受的败诉风险。

(三) 降低证明标准的基本类型

在学理上,降低证明标准分为立法上的证明标准降低与实务上的证明标准降低。

关于立法上的证明标准降低。例如,德国在学理上的通说认为,《德国民事诉讼法》第 287 条[①]有关损害赔偿额认定的规定,应视为证明度降低的规定,其他有关民事诉讼法上部分关于释明的规定,应属与证明标准理论有直接关系。德国民事诉讼法立法草案就损害赔偿程序引入特别自由心证制度于 1877 年 1 月 30 日提出如下观点:以迄今所采用的证明要求,造成损害赔偿诉讼成为拖延与复杂的法律争议,并且对于甚多事件造成损害赔偿请求无法实现的后果,基于实质正义的要求,有必要对前述不利于被害人的制度加以改善。[②] 也就是说,鉴于损害赔偿案件,如果要求达到《德国民事诉讼法》第 286 条所规定的完全证明(vollbeweis),则使得许多被害人的损害赔偿请求权,将无法经由诉讼程序获得实现。为了消除这一不利于被害人的情状,有必要将若干待证事实的证明度要求加以降低,且赋予法官证据调查的决定自由。[③] 德国前帝国法院[④]就《德国民事诉讼法》第 287 条的规

---

① 根据《德国民事诉讼法》第 287 条的规定,当事人对是否有损害、损害的数额以及应赔偿的利益额有争议时,法院应考虑全部情况,经过自由心证,对此作出判断。应否依申请而调查证据、应否依职权进行鉴定,以及调查和鉴定进行到何种程度,均由法院酌情决定。法院就损害和利益可以询问举证人,此时准用同法第 452 条第 1 款第 1 句、第 2 款至第 4 款的规定(第 1 款)。在财产权诉讼以及其他情形下,当事人对于债权额有争议,如果要完全阐明一切有关情况有困难的,而这一困难与债权的有争议部分的价值相较而言很不相称时,准用第 1 款第 1 句和第 2 句的规定(第 2 款)。

② Vgl. Hahn, C., Die gesamten Materialien zu den Reichs-Justizgesetzen, Ⅱ. Bd.: Die gesamten Materialien zur Cicilprozeβordnung, Ⅰ. Abteilung, Berlin, 1880, S. 276f. vgl. Heller, Die gerichtliche Schadensermittlung nach § 287 ZPO, 1977, S. 9ff.

③ Musielak/Foerste, ZPO, Kommentar, 1999, § 287 Rdnr. Ⅰ.

④ JW 1909, 141 (rechts) Nr. 22; vgl Schneider, Beweis und Beweiswürdigung., 5. Aufl., 1994, Rdnr. 240.

定曾提出如下观点:《德国民事诉讼法》第 287 条的自由裁量,超出法院在认定某事实主张是否为真实的自由心证。这是因为,(1) 当事人免除就为能推得所主张损害的待证事实为确切陈述;(2) 法院也无须受制于其心证形成仅能以审理内容为基础的必要性,也就是说,法院并非仅可利用审理中由当事人所提供资料及所进行的证据调查,且可依本法第 287 条的规定,以其他未经审理或经依本法第 139 条①询问当事人而获得的情事,作为其形成心证的基础。从立法的角度讲,《德国民事诉讼法》第 287 条所涉及的内容,之所以降低当事人主张的待证事实所要求的证明标准,是因为,假如要通过各种方法如调查证据、询问证人等来阐明一切有关情况,以便将当事人双方争议的债权额调查清楚,就不得不花费大量的人力、物力或遇到其他障碍。例如,有时要赶赴国外去询问证人调查证据、查阅大量债簿等,为了解决这些障碍所花费的成本,从经济学的角度讲或许比当事人间所争执的债权额还要多,不符合诉讼经济原则。因此,法律赋予法院享有这样一种权限,即可以考虑全部情况,经过自由心证来作出判断,也可决定不作相应调查证据等通常所必经的程序,这样一来,实质上是要求法院可以将与此相关的证明标准降低,以此作为裁判的基础和条件。

关于实务上的证明标准降低,主要体现在法院据情针对实施证明妨碍行为的一方当事人在主观归责上被认定为具有过失的情形。我国台湾地区"民事诉讼法"第 277 条是有关证明责任分配的原则性规定,"当事人主张有利于己之事实者,就其事实有举证之责任。但法律别有规定,或依其情形显失公平者,不在此限。"对此,有台湾学者认为,第 277 条但书的规定,并非证明责任的分配,而只是许可法院心证程度降低,不需要高度的心证程度即得认定事实。② 从字面理解上而言,第 277 条是有关当事人主观证明责任分配的原则性规定。从逻辑上而言,对一方当事人证明责任的减轻,意味着减轻了该方当事人的

---

① 根据《德国民事诉讼法》第 139 条的规定,审判长应当使当事人就一切重要的事实作充分的说明,并且提出有利的申请,特别在对所提出事实说明不够时要加以补充,还要表明证据方法。为达到这一目的,在必要时,审判长应与当事人共同从事实上和法律上两个方面对事实关系和法律关系进行阐明,并提出发问。审判长对应依职权调查的事项中存在的可疑之处,应当予以注意。审判长在法院的其他成员要求时,应允许其发问。

② 参见雷万来:《民事诉讼法》,台北空中大学 2005 年版,第 228 页。

主观证明责任(或称举证负担),如果说其后果将会导致减少发生客观证明责任的几率,这种后果仅仅对负担客观证明责任意义上的一方当事人(即负担本证的一方当事人)才具有确切的含义。按照大陆法系规范说的原旨观念,有关客观证明责任的裁判规则从属于实体法规范。但无论如何,虽然我国台湾地区"民事诉讼法"第277条并未就有关待证事实所应当采用的相应证明标准明确加以规定,但其中的但书却为此进行深入地解读提供了某种弹性空间。也就是说,我国台湾地区"民事诉讼法"第282条之一虽然仅就证明妨碍故意类型的情形拟制了相应的法律适用效果,而由法院据情就证明妨碍过失类型的情形施加降低证明标准的法律适用效果,无疑将有助于公平原则的实现。因此,它恰好体现了我国台湾地区"民事诉讼法"第277条中有关但书的本旨。因为在民事法律的评判上,公平原则往往与诚实信用原则相伴而行。例如,德国学者Schellhammer认为,过失证明妨碍类型应采用《德国民法》第242条(即诚信原则的规定)将证明度降低的方式,以减轻负证明责任当事人的证明责任,乃至采用证明责任发生转换制度的理论。①

我国大陆《民事诉讼法》第64条第1款和最高人民法院《关于民事诉讼证据的若干规定》第2条系就证明责任分配的原则性规定。另外,结合《关于民事诉讼证据的若干规定》第7条有关证明责任分配应当依据公平原则和诚实信用原则的规定,以及第75条就故意证明妨碍类型的情形所拟制法律适用效果的规定,由此所得出的结论是,在我国的审判实践中,如果因一方当事人的过失导致相对一方当事人无法利用有关证据或者证据方法来履行其证明责任时,如果不采用降低证明标准(或称证明度)的方式,就会导致显失公平的证明责任负担的情形出现,这种情形的出现显然有违立法的本旨。

---

① Schellhammer, Zivilprozeβ, 6. Aufl., 1994. Rdnr. 532. 转引自姜世明:《新民事证据法论》,台北学林文化出版事业有限公司2003年版,第297页。作为德国民法上有关诚实信用原则的一般性条款主要反映在《德国民法》第157条和第242条的规定上。根据《德国民法》第157条的规定,合同必须斟酌交易习惯,依照诚实信用原则加以解释。根据《德国民法》第242条的规定,债务人有义务斟酌交易习惯,依照诚实信用原则履行给付。

（四）降低证明标准的应用

从广义上而言，降低证明标准的应用范围具有广泛性，既可适用于故意证明妨碍类型，也可适用于过失证明妨碍类型。但是，从狭义上而言，降低证明标准作为证明妨碍制度条件下的法律适用效果，主要应用于一方当事人具有主观过失证明妨碍类型的情形。

例如，在理论上，有学者指出，在当事人具有过失的情形下，凡属于轻过失的证明妨碍类型，不能像重大过失的证明妨碍那样降低至同样证明度，如在轻过失的情形下，要求优越的盖然性即可，而对于重大过失的情形，仅要求低度的盖然性即可。[①] 笔者认为，在轻过失的情形下，从理论上讲，所谓要求优越的盖然性，是指应达到使法官获得的确信度建立在至少不低于51%可能性的最低限度以上。在重大过失的情形下，所谓仅要求低度的盖然性，是指应达到使法官获得的确信度即使建立在低于50%可能性的限度以下也不为过。至于究竟应达到最低限度为40%以上的可能性还是35%以上的可能性，由法院据情裁量。

在降低证明标准的具体应用程序上，有学者指出，在证明妨碍情形下，被妨碍人就待证事实的存在，首先应负证据提出责任，仅须达到较低度的初步表面证据（prima facie evidence）的证明度标准即可，而由法院通过证明妨碍的效果，拟制其已达到原则上所应适用的证明度标准，形成可认定待证事实存在的暂定心证。而这一阶段的证明责任转由原未负客观证明责任的妨碍人承担，其必须提出证据证明该待证事实不存在，否则法院会将此暂定心证转化为确定心证，而认定被妨碍人已满足其证明责任。[②] 对此，笔者认为，当法院就被妨碍人适用较低度的证明标准，拟制被妨碍人已达到原则上所应适用的证明度标准时，在程序上，法院应采取适当的方式告知妨碍人在此情况下可能会

---

① 参见 Gottfried Baumgärtel：《民事訴訟法における證明妨礙》，三上威彦译，载《判例タイムズ》585号（1986年），第18页；〔日〕松本博之：《民事證據法の領域における武器對等原則》，载松本博之、宮崎公男编：《讲座新民事诉讼法》（Ⅱ）（1999年），第27页。转引自许士宦：《证据收集与纠纷解决》，台北新学林出版股份有限公司2005年版，第223页。

② 参见黄国昌：《民事诉讼理论之新开展》，北京大学出版社2008年版，第256页。

遇到的诉讼风险,以便妨碍人采取必要的反证措施加以防范。

从广义上而言,降低证明标准作为一种认定待证事实的方法也可应用于某些故意证明妨碍类型。例如,雷万来教授指出,不论台湾地区“民事诉讼法”第 282 条第 1 项或者第 345 条第 1 项,均规定“法院得审酌情形”,这无非是法院形成心证的证明度的降低,而因一方当事人的妨碍行为,致负有证明责任的一方当事人无法证明事实获得确信的确实心证,为公平起见,允许法官在此情形下,得以较低的证明度认定证明主题的事实。[①] 对此,笔者认为,无论该法第 282 条第 1 项或者第 345 条第 1 项所规定的“法院得审酌情形”之内容均针对特别的情形。例如,根据台湾地区“民事诉讼法”第 282 条第 1 项规定,当事人因妨碍他方使用,故意将证据灭失、隐匿或者致碍难使用的,法院得斟酌情形认定他方关于该证据的主张或者依该证据应证的事实为真实。笔者认为,该法条所涉及的前半部分,是针对被妨碍人与被妨碍的有关证据之间曾经存在物理上或社会上时空的情形,如果法院仅根据被妨碍人提供的有关线索或者信息材料仍难以对被妨碍人关于证据的主张作出明确判断的,法律就准许法院可根据经验法则的盖然性原理,在降低对被妨碍人所要求的证明标准的条件下推论为被妨碍人所主张的证据的真实性成立。当然,法院也可据情在不降低对证据所要求证明标准的条件下,认定为原告所主张的证据的真实性不能得以成立。至于该被妨碍证据的真实性被认定成立后,究竟其对被妨碍人所主张的待证事实(即被妨碍人所负担的主观证明责任)起到何种证明效果,由法院审酌个案的具体情节后作出相应判断,这属于法院在妨碍人出现故意证明妨碍背景下对证据的自由评价问题;而上述法条的后半部分涉及的情形属于主观证明责任的转换,即当被妨碍人与被妨碍的有关证据之间不曾存在物理上或社会上时空的情形时,如果法院仅根据被妨碍人提供的有关线索或者信息材料仍难以对被妨碍人关于该证据应证的事实作出明确判断的,法律便赋予法院享有这样一种自由裁量权,即法院可根据经验法则的盖然性原理,在降低对被妨碍人所要求的证明标准的条件下,推论为被妨碍人所主张的待证事实的真实性成立。当然,法院也可据情在不降低对证据所要求的证明标准的条件下,认定被妨碍人所主张的待证事实的真实性不能得以成立。

---

① 参见雷万来:《民事诉讼法》,台北空中大学 2005 年版,第 228—229 页。

另外，在诉讼上，对于降低证明标准这种适用证明妨碍法律效果的应用有时要与证明责任转换相联系。例如，德国学者 Baumgärtel 指出，在施加证明妨碍法律效果的条件下，如果将证明度降至低度盖然性后，仍不能正确评价当事人的证明困难时，就应考虑采用证明责任转换的方式。[①] 也就是说，原则上减轻举证人的证明标准，但对于妨碍人的出发点是使举证人不能证明的情形时，则转换证明责任。对此，许士宦教授指出，这种观点承认从证明减轻到证明责任转换的广泛效果，因此，较能够适应各种证明妨碍的形态，但正因为如此，也容易发生法律上不安定的危险，鉴于当事人而言，究竟是证明责任的转换还是止于证明减轻，难以预见。为避免造成这种效果的发生，仍须开发应承认证明责任转换的典型事例群，并就各种证明减轻加以类型化。[②] 对此，笔者认为，此间应致力解决制定法与判例法之间的矛盾，以便通过判例法的方式对各种情形下所出现的证明责任降低或减轻的典型事例，以及由此而过渡为证明责任转换的典型事例加以类型化，以增加程序法上的安定性。否则，如果当事人不能在审理过程中加以合理预测，法院的裁判难免会对当事人产生突袭，从而损害司法上的公平与正义。

五、直接作出终局判决

在证明妨碍制度架构下，当因一方当事人实施证明妨碍行为导致另一方当事人对证据的利用所承受的损失具有不可回复性时，法律赋予法院有权在不经正式庭审的条件下直接作出妨碍人一方败诉判决，以作为适用证明妨碍法律效果的情形。

当一方当事人实施证明妨碍行为时，作为法院所能够采用的最严厉处罚措施之一是，驳回该方当事人的全部诉讼请求或者作出缺席判

---

① 参见 Gottfried Baumgärtel：《民事訴訟法における證明妨礙》，三上威彦译，载《判例タイムズ》585 号（1986 年），第 18 页；〔日〕松本博之：《民事證據法の領域における武器對等原則》，载松本博之、宫崎公男编：《讲座新民事诉讼法》（Ⅱ）（1999 年），第 27 页。转引自许士宦：《证据收集与纠纷解决》，台北新学林出版股份有限公司 2005 年版，第 223 页。

② 参见许士宦：《证据收集与纠纷解决》，台北新学林出版股份有限公司 2005 年版，第 221 页。

决。[①] 因为这种处罚措施极为严厉,所以它仅适用于那些在发生证明妨碍时所出现的极为恶劣的情节,如果所涉及的情节并非如此恶劣,而采取其他有效措施也能够达到相应救济目的时,则不应采取这种措施。[②] 然而,法院对于处罚那些极端恶劣的证明妨碍人也从来不会心慈手软。[③] 在 *Marrocco v. General Motors Corp.* 一案中[④],美国第七巡回法院驳回了原告提出的产品质量责任的诉讼请求,因为在该案中,原告专家私下从事的"秘密"试验导致被指控的含有瑕疵车辆遭受损坏,这种行为严重违反了法院早先发出的证据保护令。因此,当事人故意从事证明妨碍行为,对于他们在案件中的诉讼利益造成严重后果。[⑤]

从目前所接触的有关信息资料来看,这种极端的做法系美国法上为适用证明妨碍法律效果所采用的一种特别方式。笔者认为:(1)它与美国法上采用的陪审团审理方式有关;(2)它与美国法上所采用的审前证据发现程序(或称证据开示程序)有关。从制度层面上而言,所谓直接作出终局判决,是指法院不经陪审团的认定,即无须进行正式庭审程序,直接作出原告或者被告败诉的判决。具体判决的形态包括直接驳回原告之诉(dismiss with prejudice),直接作出被告败诉的判决(default judgment against defendant),以及法官所作的简易判决

---

① *Capellupo v. FMC Corp.*, 126 F. R. D. 545, 552 (D. Minn. 1989).

② see also *Henry v. Joseph*, No. C2-98-181, 1998 WL 481932, at 4 (Minn. Ct. App. Aug. 18, 1998) ("The power to sanction must be tempered by the duty to impose the least restrictive sanction available under the circumstances") [quoting *Bachmeier v. Wallwork Truck Ctrs.*, 507 N. W. 2d 527, 533 (N. D. 1993)].

③ E. g., *Marrocco v. Gen. Motors Corp.*, 966 F. 2d 220, 220 (7[su'th'] Cir. 1992) (dismissing one claim in consolidated appeal; entering default judgment against defendant on the other claim); *Cabinetware, Inc. v. Sullivan*, 22 U. S. P. Q. 2d 1686, 1686 (E. D. Cal. 1991) (default judgment); *Computer Assoc. Int'l v. Am. Fundware*, 133 F. R. D. 166, 170 (D. Colo. 1990) (same); *Telectron, Inc. v. Overhead Door Corp.*, 116 F. R. D. 107, 109 (S. D. Cal. 1987) (same).

④ E. g., *Marrocco v. Gen. Motors Corp.*, 966 F. 2d 220, 220 (7[su'th'] Cir. 1992).

⑤ Laurie Kindel, Kai Richter, Spoliation of Evidence: Will the New Millennium See a Further Expansion of Sanctions for the Improper Destruction of Evidence? 27 *Wm. Mitchell L. Rev.* 694 (2000).

(summary judgment)。[1] 这种制裁最为严厉但很少为法院实际采用，只有在少数特殊情况下，法院采用这种制裁措施作为其最后不得已而为之的手段(a last resort)。[2]

例如，在 *Computer Associate International v. American Fundware* 一案中[3]，原告曾授权被告使用其享有著作权的计算机软件程序，原告主张被告所营销的"PC-Fund"会计应用软件侵害原告的著作权。在1986年12月4日双方谈判破裂后，原告随即于同月19日提起诉讼。被告就其所被指控侵权的软件一直在进行更新，且仅保存最新版本的"原始码(source code)"，而这种操作程序是软件行业所通常遵行的。但是，被告在原告起诉后，却仍继续该操作程序而不断更新其原始码，直到1987年9月预审法官(magistrate)命令其提出原始码为止。在此之前，原告已于1987年4月3日送达被告令其提出原始码的请求，而被告并未提出，原告于5月21日向法院申请命令被告提出(a motion to compel discovery)。在此情形下，被告却不断地毁弃作为旧版的原始码直到同年9月份为止。基于该本来的原始码遭被告毁弃更新，从而使得原告无从比较其原始码与原告主张著作权软件的原始码的异同之处，原告向法院申请直接作出认定被告侵权行为成立的一个终局判决，以作为对被告毁弃证据的制裁。被告则抗辩称，其直到预审法官命其提出原始码为止，其并无保存该原始码的义务。[4]

在本案中，法院认定被告在1986年10月双方会谈时，就已经知悉本纠纷的发生及焦点为被告产品的原始码是否与原告产品相同的事实，同时，被告也于同年12月收到原告起诉状的送达，但却仍不断地更新其产品原始码直到1987年9月为止。法院认为，即使给被告"所有怀疑的有利推定(the benefit of any doubt)"，最迟(而并非起始

---

① Fed. R. Civ. P. 56. 转引自黄国昌:《民事诉讼理论之新开展》，北京大学出版社2008年版，第232页。

② *National Hockey League v. Metropolitan Hockey Club, Inc.*, 427 U. S. 639, 643 (1976). 转引自黄国昌:《民事诉讼理论之新开展》，北京大学出版社2008年版，第232页。

③ 133 F. R. D. 166 (D. Colo. 1990). 转引自黄国昌:《民事诉讼理论之新开展》，北京大学出版社2008年版，第232页。

④ 参见黄国昌:《民事诉讼理论之新开展》，北京大学出版社2008年版，第233页。

点）被告在收到起诉状后即负有保存该原始码的义务，不得在以正当的行业惯例（a bona fide business practice）作为毁弃旧版原始码的借口，故除了认定被告违反其保存义务之外，还认定被告是基于故意（willfully）而违反这一义务。[①]

在选定法律效果时，法院在判决中认为，直接作出原告胜诉的判决系仅适用于非常过分地侵害（egregious offense）对方当事人且无其他较轻微但却可同样有效地（lesser, yet equally effective）制裁时才可采取的最后手段。选用这一效果必须满足：(1) 被告的行为属故意或者恶意；(2) 原告因被告的行为而遭受严重的不公平（seriously prejudiced）；(3) 别无其他制裁措施足以充分地处罚被告并抑制将来开示义务的违反。在本案中，除了认定上述第一个要件以外，法院认为相较被告产品的原始码与原告产品的原始码，乃系原告证明被告侵权的唯一方法，这一证据方法因被告的行为已陷入不能提出的境地，从而对原告造成最终不可能再予以回复的不公平。法院同时还认定，如对被告施以较轻微的制裁，将意味着容忍被告借由毁损对他方具有关键重要性的证据而获取胜诉的判决，但却仅承担了一个较败诉更为轻微的制裁风险，因此，只有对被告作出败诉的判决，才能充分地达到处罚被告及抑制对其他当事人产生具有相同诱惑力的效果。最终，法院在判决中强调，在一个凭借当事人诚实地依照证据开示制度所建立的规范为发现真实而提出证据的司法审判体系中，对证据的销毁是一个绝对不能容忍的行为。[②]

我国台湾学者黄国昌教授认为，美国法上所出现的由裁判者直接作出胜诉判决的制裁，是在其陪审团制度下运用的结果。在台湾地区法上，当法院由妨碍人的妨碍行为直接推认，被妨碍人所主张的有助于决定诉讼胜败的关键事实为真实，在实际效果上也会出现相同的结论。[③] 对此，笔者认为，在诉讼证明上，美国法上这种直接作出终局判决的裁判方式并未给败诉一方当事人提供有任何反证的机会，也就是说，对这种终局判决项下所作出的事实认定是不容置疑的。而在大陆

---

① 参见黄国昌：《民事诉讼理论之新开展》，北京大学出版社 2008 年版，第 233 页。

② 同上书，第 233—234 页。

③ 同上书，第 242 页脚注。

法看来，即使法院根据妨碍人的妨碍行为直接推认为，被妨碍人所主张的有助于决定诉讼胜败的关键事实为真实，在法律效果上也不过是视为被妨碍人已成功地暂时履行完其主观证明责任，随着主观证明责任的负担发生转换，而由妨碍人履行其主观证明责任成为必要，当然，既然法院已根据妨碍人的妨碍行为直接推认为，被妨碍人所主张的有助于决定诉讼胜败的关键事实为真实，因此，在审判实务上，妨碍人很难再有起死回生的几率。但是，在这种情形下，妨碍人至少在法理上还仍应享有提出反证的权利和机会。

六、排除妨碍人提出证据

排除妨碍人提出证据（exclusion of evidence）是美国民事证明妨碍制度上所采用的适用法律效果的一种特别方式。作为排除妨碍人提出证据这一法律效果的前提条件是，在通常情形下，当负有证明责任的原告在对有关证据采取调查、收集、鉴定等利用方法之后，因未加采取必要的保全性措施，导致该证据事后再由被告一方当事人加以利用作为抗辩手段时已丧失其有效价值，或者发生遗失或者毁坏等不堪利用的情形。为了防止对被告造成一种无法回复的不公平状态，法院会以原告的行为已构成证明妨碍为由排除其所提出的证据，以便双方当事人能够在平等地利用证据的条件下进行公平对抗。值得注意的是，美国法院采用这种法律适用效果时，其所关注的焦点并不在妨碍人的主观归责性这一要件上，即使在客观上妨碍人并不存在何种故意或过失，但只要其行为给对方在证据对抗上所造成的不公平具有不可回复性，即可满足采用这种法律适用效果的基本条件。

通常而言，法院并非基于证明妨碍这种事由而情愿驳回一起讼案或者作出缺席判决，但是法院却经常通过排除被妨碍的证据以及在庭审中与有关证据相关的证言而取得相同的结果。在产品责任讼案中，当原告将对其有利的事实证明完全寄托于某一作为唯一证据上的专家证人时，有关证明妨碍的惩罚将具有特别显著的毁灭性。例如，在 *Patton v. Newmar Corp.* 一案中①，原告提起了人身损害赔偿诉讼，Patton 夫人坚持认为，她之所以从房车（motor home）中摔出，是因为制造商在设计上所出现的瑕疵导致的，由于原告方的疏忽，该车在 Patton

---

① 538 *N. W.* 2d 116, 117 (*Minn.* 1995).

夫人遭受伤害之后到开庭审理这段期间内丢失，这种情形使得被告无法通过查验该车辆的状况，以便确认是否因为原告方对车辆进行某种改造才是导致 Patton 夫人受到伤害的实际原因。其最终的结果是，法院裁决排除了原告方的专家证言，虽然该专家曾对该车进行过实地检测。由于缺乏专家证言，原告方无法对抗被告所提出的法院应作出简易裁判的动议，于是该讼案被法院驳回。明尼苏达州上诉法院推翻了初审法院的判决，其理由为，它应当采取一个较轻的惩罚措施，而不是驳回当事人的诉讼请求。① 明尼苏达州最高法院维持了初审法院所作出的简易判决，其理由是，“驳回当事人的诉讼请求本身并非是一种惩罚措施，而仅仅是因为原告方的过错导致无可挽回的结果，由于缺乏表明产品本身的物理状况，导致对原告方所主张的产品责任当中的设计瑕疵作为事实争执点是否能够真正成立，无法作出合理判断。”②

从美国与此相关的许多判例实践来看，凡法院采用这种法律适用效果，其结果往往会造成原告因失去对关键性证据加以利用的机会而导致其败诉。在采用陪审团审理方式条件下，由法院直接对这种证据加以排除，而并非是采取法院向陪审团作出指示的方式，以便陪审团根据该被毁弃的证据对原告不利这一情节，可直接推认对原告不利的事实认定。其原因在于，法院担心陪审团可能被某些表面事实所误导，从而难以使这种不公平状态得以全面回复。

从许多与此相关的司法判例来看，这种情形通常发生在妨碍人就该证据在使用后将该证据加以处分、遗失该证据或者使该证据陷于无法恢复原状，致使对方当事人无法公平地接近、使用该证据。例如，将有关证据交由专家证人进行测试等。在这种情形下，为了恢复双方当事人之间的平衡状态，法院通常会禁止妨碍人提出基于使用该灭失证据所取得的证据，以作为对其妨碍行为的制裁。典型的例证为专家证人的证言。此类情形大多发生在产品质量责任(product liability)纠纷案中。基于这种法律效果不如直接作出终局判决那样剧烈，从表现形

① 520 *N. W.* 2d 4, 8, citing *Schmid v. Milwaukee Elec. Tool Corp.*, 13 F. 3d 76, 79 (3[su'rd'] Cir. 1994); *Dillon v. Nissan Motor Co.*, 986 F. 2d 263, 267-68 (8[su'th'] Cir. 1993); *Capellupo v. FMC Corp.*, 126 F. R. D. 545, 550 (D. Minn. 1989); *Nevada Power v. Fluor Ill.*, 837 P. 2d 1354, 1359 (Nev. 1992); *Stubli v. Big D Int'l Trucks Inc.*, 810 P. 2d 785, 786 (Nev. 1991).

② 538 *N. W.* 2d at 118.

式上看似乎比直接采用作出终局判决法律效果较轻。故不仅在要件上更为缓和,同时也更为法院所乐于采用。但是,在实际效果上,有可能导致因法院排除这种证据而使得负有证明责任的妨碍人在并无其他证据可供尽其证明责任时,由法院直接作出事实认定而并非再交由陪审团来对事实进行认定,从而以简易判决(summary judgment)的形式使其承担败诉后果。这样一来,实际发生的是与直接作出终局判决相同的效果。尽管如此,法院均认为这并非是以判决败诉作为制裁效果,而仍然是以证据排除作为制裁效果,之所以出现败诉判决,只不过是在就证据排除之后而引发的后续效果。[①]

例如,在 *Unigard Security Insurance v. Lakewood Engineering & Manufacturing Corp.* 一案中[②],诉外人所拥有的游艇在停泊的湖边起火而遭到严重毁损,原告即诉外人的保险公司在事故发生后,立即委托两位专家调查起火原因,认定起火原因是留置在游艇内的便携式电热器所致。在原告给付保险金后,其法律顾问基于该类电热器上有"不要在无人时留置"的警告标识,认为制造该电热器的被告能够轻易获得免责,原告遂决定不提起诉讼而将该电热器丢弃,并出售该游艇的残骸。两年后,原告新上任的法律顾问并不赞同原法律顾问的意见,他认为,该警示标识不足以提供消费者必要的警告,遂基于其所继受的赔偿请求权(subrogation claims)提起诉讼。在联邦地方法院,被告根据其专家证人所提出的必须对该电热器及游艇残骸进行鉴定方可判定真正起火原因的宣誓书(affidavit),主张原告将证据毁弃的行为,使得被告无法使用该证据来对抗原告所提出的电热器系起火原因的主张。联邦地方法院根据被告的申请排除原告认定起火原因的两位专家证言,同时因原告除此之外已无其他证据可供证明被告生产的电热器系游艇起火的原因,从而作出被告胜诉的直接判决。对此,原告不服,向联邦第九巡回上诉法院提起上诉。第九巡回上诉法院先是说明,尽管《美国联邦民事诉讼规则》第 37 条的规定范围并非囊括这种起诉前的证明妨碍行为,但基于法院的固有权限(inherent authority),

---

① *Simons v. Mercedes-Benz of N. Am.*, *Inc.*, No. 95-2705, 1996 U.S. Dist. LEXIS 2695, at 13 (E.D. Pa. Mar. 7, 1996). 转引自黄国昌:《民事诉讼理论之新开展》,北京大学出版社 2008 年版,第 234 页。

② 982 F. 2d 363 (9th Cir. 1992).

仍可对行为加以制裁。接着,上诉法院再次肯定地方法院所作排除原告所提起原因乃系电热器的专家证人的制裁,认定因原告毁弃证据的行为,使得被告原本无从进行何种意义上的防御,允许原告提出该证言,将对被告造成无可回复的不公平,且在原告本应对此起火原因负证明责任的情形下,这种不公平系无法借助法院向陪审团作出其可推认该被毁弃的证据对原告不利的指示而完全地获得回复。据此,上诉法院驳回原告的上诉。应当指出的是,在该案中,法院对这一制裁方式的选择,其焦点系基于该类证据的毁灭对被告所造成的不公平,而并非原告的主观归责心态。对于原告系基于故意而毁弃证据虽并无疑问,但其显然并非出于排除被告使用该证据的目的。对此,黄国昌教授认为,在此情形下使原告承担因自己所为的毁弃证据的行为所产生的不利后果在结论上应值得赞识。① 笔者认为,在传统的大陆法系理论看来,凡作为证明妨碍的构成要件之一,便是妨碍人在主观上具有可归责性,而在美国法所设定的证明妨碍制度框架内,就采用排除妨碍人提出证据这一适用法律效果的方式而言,却并不以妨碍人是否在主观上存在过错为必要条件,只要在具体个案中,因妨碍人的行为导致对证据利用在当事人间的不公平性无法得到回复,即为构成其适用的充分条件。即使对大陆法系而言,其所设置证明妨碍制度的本旨在于,力求使得双方当事人对证据的利用回复到有关证据受到妨碍前的公平利用状态。可见,在实质意义上,承载大陆法系有关证明妨碍制度设计的重心及价值理念,与美国法上的这一制度存在有共同的交集之处。因此,美国法上的这一做法不无借鉴价值。

在上述案件发生后,美国法院间对于在何种主观可归责性条件下才可采用这一制裁措施问题上发生争论。在 *Nationalwide Mutual Fire Insurance Company et al. v. Ford Mortor Company* 一案中②,原告起诉,请求被告赔偿因被告生产的车辆在车库中起火所造成的损害,该案涉及证明妨碍问题的焦点是,原告在事故后所委托专家鉴定的事故原因为"被告车中的电子回路装置短路"的证言应否被排除,而被告主张原告的专家在未告知被告、未使被告有相同检视机会的情形下将该电子

---

① 参见黄国昌:《民事诉讼理论之新开展》,北京大学出版社 2008 年版,第 235—236 页。

② 174 F. 3d 801 (6th Cir. 1999).

回路装置拆除的行为已构成证明妨碍。地方法院以证明妨碍为由将原告的专家证言排除,使得被告获得胜诉。第六巡回上诉法院随后废弃这一判决,其理由之一是,该法院认为,只有当证明妨碍的行为属恶意时才可作出排除证据的制裁;同时,其对恶意的界定并非限于故意拆除该装置的,而是必须最终使该证据无法由被告加以利用才能满足这一条件。

相较而言,在 *Hamann v. Ridge Tool Co.* 一案中①,密歇根州地方法院在原告因疏忽而遗失证据的情况下,仍允许原告提出其专家证人基于该证据提供证言,该判决被密歇根州上诉法院所废弃。密歇根州上诉法院认为,即使该证据并非原告因故意而遗失,地方法院仍应将该证据予以排除,否则如此将会造成容许有过失的当事人因自己的错误而获利的不公平结果。不论该证据是因疏忽或者恶意所毁弃或者遗失均无不同,因为对方当事人都会因此而遭受相同的不公平。就此而言,被告根本无法挑战或者应对原告所提出的证据。② 可见,该上诉法院采取与前述联邦第六巡回上诉法院完全相反的意见。

按照美国法的规定,就负证明责任的当事人在从证据(有瑕疵的系争标的)中取得证据资料(专家的鉴定报告)后将证据废弃的证明妨碍行为,判例法通常所适用的效果是将该取得的证据资料排除,使负有证明责任的妨碍人不得使用该证据资料,而必须依其他的证据资料尽其证明责任。这种措施背后所蕴含的理念为:站在证明妨碍法理的救济观点基础上,既然妨碍人因自己的妨碍行为剥夺对方当事人公平接近、使用该证据的机会,即令妨碍人亦有相同的无法适用有关该证据所取得的证据资料,以回复当事人之间的公平。③

相较而言,我国台湾地区"民事诉讼法"第 282 条之一并无授权法院采取这一法律效果的情形,而是采用直接使法院可认定未负证明责任的当事人所为的反证主张为真实的运作模式。虽然在最终效果上,两种操作模式均会产生负证明责任当事人败诉的结果,但在思维方式上,确系存在显著不同。对此,黄国昌教授认为,美国法所采取的是被

---

① 174 F. 3d 804(6th Cir. 1999).

② 539 N. W. 2d 756-757(Mich. Ct. App. 1995).

③ 参见黄国昌:《民事诉讼理论之新开展》,北京大学出版社 2008 年版,第 246 页。

妨碍人没有、妨碍人也不可以有的“全无策略”，而中国台湾地区有关法律则是虽允许妨碍人有，但假设在被妨碍人也有的情况下，会产生被妨碍人所主张内容的“虚拟全有策略”。对于前者，其最大的问题是，将显然与待证事实有关的证据资料加以排除，从而减损法院发现真实的机会；对于后者，其问题是，显然无法得知是否会产生被妨碍人所主张的内容，且在妨碍人已提交证据资料的情形下，却仍作出与既存的证据资料（即妨碍人所提出的）所显示内容完全相反的认定。二者间究竟何种方法较佳，实难作出绝对的判断。[①]

对此，笔者认为，对于前者即美国法而言，它所贯穿的是双方当事人的武器平等原则，在因一方的原因而导致双方当事人之间无法开展公平的证据对抗的条件下，就不会存在使得法院有可能发现真实机会的基础和条件。相较而言，或许真正存在某种疑问的恐为后者，即大陆法模式架构下的我国台湾地区法。因为，在某些情形（甚至许多情形）下，是否会产生被妨碍人所主张的内容确实不得而知，在妨碍人已提出证据资料的情形下，却要使得法院根据证明妨碍制度的旨意，作出与妨碍人提出的证据所能证明的事实完全相反的事实认定。但是，反过来说，假如能够得知被妨碍人所主张的内容（能够被证明）确为属实，也就不会产生证明妨碍这一现象和问题。面对这种两难的窘境，除了不必要因噎废食之外，为了防止有关当事人利用证明妨碍制度所存在的缺陷或“软肋”，达到其不实的目的，有必要进一步强化有关当事人在主张另一方当事人存在证明妨碍行为时的事实解明义务，尽可能地避免错案的发生。

七、承担独立的民事责任

早在1984年之前，证明妨碍推定、民事罚款措施（sanctions）和刑事追诉，系仅仅能够采取的对受害一方当事人加以救济的三种类型方式。但是，长期以来，这些传统的证明妨碍救济手段所具有的内在缺陷，使得证明妨碍人面对得与失之间的衡量，其结果危及着司法程序

---

① 参见黄国昌：《民事诉讼理论之新开展》，北京大学出版社2008年版，第246页。

的尊严。[①] 可以说，在诉讼程序上所表现的潜在的不公正现象源自证明妨碍，美国的一些州已经创设了新的救济手段，以便更有效地防止证明妨碍情形的发生。[②] 例如，1984 年，美国加利福尼亚上诉法院在认识到采用其他救济方法所出现的缺陷这一问题时，作为一种回应，该法院在 *Smith v. Superior Court* 一案中所作出的判决，对证明妨碍行为作为侵权之诉予以认可，使其成为美国作出这种判例的第一个州上诉法院。[③] 它历史性地创设了一种新的模式，即采取证明妨碍之诉，以应对证明妨碍问题。[④]

近年来，对证明妨碍行为除了传统的救济手段以外，美国的一些州越来越多地开始就证明妨碍行为采用诉讼请求的独立方式，也就是，或者以侵权之诉，或者以合同违约之诉请求损害赔偿。[⑤] 主要分为三种情形：(1) 提起证明妨碍侵权之诉。到目前为止，按照联邦法律的规定，凡涉及证明妨碍行为并不构成独立之诉。[⑥] 但是，无论是基于主观上的过失或故意，一些州已经将证明妨碍行为作为独立的侵权之诉来受理。尽管明尼苏达州并不属于这些州当中的一员，但是，明尼苏达州最高法院已经为在将来接受上述这些原因所引起的讼案留有空间。[⑦] (2) 提起其他侵权行为之诉。(3) 提起违约之诉。例如，佛罗里达州法院准许原告对证明妨碍行为提起违约之诉。在 *Miller v.*

---

① See Jay E. Rivlin, Note, Recognizing an Independent Tort Action Will Spoil a Spoliator's Splendor, 26 *Hofstra L. Rev.* 1013,1017 (1998).

② Bart S. Wilhoit, Comment, Spoliation of Evidence: The Viability of Four Emerging Torts, 46 *U. C. L. A. L. Rev.* 631, 652 (1998).

③ 198 *Cal. Rptr.* 829 (*Cal. Ct. App.* 1984), overruled by *Cedars-Sinai Med. Ctr. v. Super. Ct.*, 954 P.2d 511 (*Cal.* 1998).

④ Jonathan Judge, Reconsidering Spoliation: Common-Sense Alternatives to the Spoliation Tort, 2001 *Wis. L. Rev.* 448.

⑤ Laurie Kindel, Kai Richter, Spoliation of Evidence: Will the New Millennium See a Further Expansion of Sanctions for the Improper Destruction of Evidence? 27 *Wm. Mitchell L. Rev.* 696(2000).

⑥ Jeffrey S. Kinsler & Anne R. Keyes MacIver, Demystifying Spoliation of Evidence, 34 *Tort & Ins. L. J.* 777 (Spring 1999).

⑦ Laurie Kindel, Kai Richter, Spoliation of Evidence: Will the New Millennium See a Further Expansion of Sanctions for the Improper Destruction of Evidence? 27 *Wm. Mitchell L. Rev.* 696(2000).

Allstate Ins. Co. 一案中[①],原告起诉她的保险公司违反合同约定未对其车辆毁损进行赔偿。原告打算将其车辆作为证据对汽车制造商提起产品责任诉讼。Allstate 承诺将会妥善保管该车辆,以便原告的专家能够对车辆进行检验。事后,Allstate 毁约将车辆出售给废品回收站。其结果是,这种行为妨碍了原告提起的产品责任之诉。佛罗里达州上诉法院将该诉讼发回事实审法院,以便确定是否存在违约的事实情节,并且确认因证明妨碍所造成的违约诉讼正如因证明妨碍所引起的侵权之诉那样具有可诉性。

---

① 573 *So.* 2d 24, 26 (*Fla. Dist. Ct. App.* 1990).

第六章 亲子关系纠纷案件中的证明妨碍问题

第一节 亲子关系纠纷案件及当事人证明协力义务的基本框架

一、DNA 鉴定技术的问世给当今社会在法律上的机遇与挑战

（一）早先人类历史上曾采纳过的亲子鉴定方法

在历史上，人类也曾采用过一些原始的亲子鉴定方法，主要有外貌对比、滴骨验亲、滴血验亲等。

所谓外貌对比法，主要是依据生活经验以及某种逻辑推理的方式所形成的思维定式，其主要根据为：由于遗传的原因所致，父子、母子、兄弟姐妹之间的长相、肤色等外貌特征以及性格、生活习性等通常都会有某些相似或近似之处，因此通过外貌长相的对比来确定亲子关系似应属于最为原始的方法。这种方法不乏有妄加臆断、主观猜测的成分，但也不能完全否定其中的合理因素。可以说，在当今科学较为发达的时代，与其他先进的方式相比较，这种方式虽然显得微不足道，但也不无一定的参考价值。

所谓滴骨验亲法，就是将生者的血液滴在死人的骨骸上，假如血液能渗入骨骸，则可断定生者与死者之间有血缘关系，反之则没有。三国时期吴国人谢承所著《会稽先贤传》一书，就曾记载有以弟血滴兄骨骸之上认领长兄尸骨的情节，《南史豫章王综传》也记载有以子之血滴于父骨之上验亲的事例。到了宋代，当时著名法医学家宋慈将滴骨验亲法收入《洗冤集录》之中。从现代社会的观念来看，这种方法虽不科学，但却开启了采用血型鉴别人类亲属间血缘关系的先河。

所谓滴血验亲法,又称合血验亲法,就是将小孩的血液与大人的血液放在一起,如果能融在一起,就是父母亲生的,否则就不是亲生的。这种验亲方法曾在中国宋代的法医著作中有过记载。但该方法缺乏任何科学依据,实际上,亲子关系的血液不一定能相互融合,反而非亲子关系的血液倒有可能相互融合。从现代科学技术日渐发达的眼光来看,上述古代文献记载的方法并不可靠。

(二) 近现代史上人类采用的亲子鉴定方法

亲子鉴定(identification in disputed paternity),又称亲权鉴定(parentage diagnosis)。事实上,它是近代法医学中所使用的术语。在现代社会条件下,它是指运用医学、生物学以及遗传学等科学原理和技术,鉴定有争议的父母与子女间是否存在着亲生血缘关系。随着DNA分型技术的应用及普及,目前这种鉴定的被测试对象已不再仅限于父母与子女两代的个体,即使对同胎间,对隔代,甚至对隔数代的个体之间是否存在亲生血缘关系都已有可能作相应的鉴定。[①] 目前,国内将亲权鉴定通称为亲子鉴定,这是因为,在社会生活中,绝大多数案件或者事件的发生都是要求判断有争议的父子之间是否存在亲生血缘关系,由此而形成了这种约定俗成的称谓。

在理论上,19世纪后期的孟德尔遗传定律为亲子鉴定奠定了扎实的科学基础。在近代历史上,以血型检验为基础所进行的亲子鉴定肇始于德国。进入现代社会以来,随着社会经济、科学技术的飞越进步,有力地推动了亲子鉴定方法上的变革与长足跨越。据悉,1931年美国所出现的案例也触及了亲子鉴定问题。英国于1985年率先使用DNA鉴定技术,以确定生父子(女)血缘关系。随后,1991年10月,隶属于美国联邦政府的研究机构 National Institutes of Health(简称为NIH)向美国专利主管机关提出专利权申请,1994年初,美国专利商标局以不具备"实用性"(utility)驳回该申请。[②]

在现代意义上先后出现的且具有不同时期里程碑式的主要亲子

---

① 参见司法部司法鉴定科学技术研究所编著:《个体识别和亲子鉴定理论与实践典型案例分析》,中国检察出版社2001年版,第105页。

② 参见许士宦、曾华松等:《父子关系诉讼之证明度与血缘鉴定强制——以请求认领子女之诉及否认婚生子女之诉为中心》,载台湾地区"民事诉讼法"研究基金会编:《民事诉讼法之研讨》(九),台北三民书局2000年版,第86页。

鉴定方法有血型测试、染色体多态性鉴定和 DNA 鉴定。

所谓运用血型测试进行亲子鉴定，就是通过对血型的检验比对来确定亲子关系。依据孟德尔遗传定律，人们认识到人类的血型是按照遗传基因传为下一代，故一定血型的父母所生子女也具有相应的血型，这为血型鉴定亲子关系奠定了基础。用于血型检验来鉴别亲子关系的血型系统主要有：ABO 血型系统、MN 血型系统、Rh 血型系统、Ss 血型系统 和 hp 血型系统。一般而言，在血型测试过程中，检验的血型系统越多，其准确性就越高，如果血型检验的结果表明无遗传关系，可作出否定亲子关系的结论，但结果存在遗传关系，也不能完全确定是亲子关系。20 世纪 70 年代，人们发现可以用白血细胞的抗原来进行亲子鉴定，其准确性可达 80%。在此基础上，如果能够再结合血型检验，能达到较高的准确程度。

早在 1953 年，James Watson 博士首先发现 DNA 结构。[①] 时至 20 世纪 80 年代，在医学界，有关专家开发出了使用染色体多态性鉴定亲子关系的技术。所谓染色体多态性，又称异态性（heteromorphism），是指正常人群中常见的各种染色体形态的微小变异（如，随体增大、重复或缺如，着比粒区的荧光强度变异等），这种多态是可以遗传的。该项技术就是利用其形态来鉴定亲子关系。当然，这其中主要依赖专业技术人员的主观判断，其准确率也不尽如人意。1985 年，英国遗传学家 Jeffrey 建立 DNA 指纹技术。同年，诺贝尔化学奖得主 Mollis 发明了 PRC 技术（又称体外 DNA 扩增技术），DNA 多态性具备孟德尔遗传规律[②]和终身不变两个基本条件。

DNA 是人体遗传的基本载体，人类的染色体是由 DNA 构成的，每个人体细胞有 23 对（46 条）成对的染色体，其分别来自父亲和母亲。夫妻之间各自提供的 23 条染色体，在受精后相互配对，构成了 23 对（46 条）孩子的染色体。如此循环往复构成生命的延续。由于人体约由 30 亿个核苷酸构成整个染色体系统，而且在生殖细胞形成前的互换和组合是随机的，所以世界上没有任何两个人具有完全相同的 30

---

① 参见许士宦、曾华松等：《父子关系诉讼之证明度与血缘鉴定强制——以请求认领子女之诉及否认婚生子女之诉为中心》，载台湾地区"民事诉讼法"研究基金会编：《民事诉讼法之研讨》（九），台北三民书局 2000 年版，第 86 页。

② 孟德尔定律主要揭示了细胞核内 DNA 的遗传规律，随后发现的细胞核外 DNA 的遗传，可被看做是对孟德尔定律的补充。

亿个核苷酸的组成序列,这就是人的遗传多态性。尽管遗传多态性的存在,但每一个人的染色体必然也只能来自其父母,这就是 DNA 亲子鉴定的理论基础。[①] DNA 亲子鉴定是目前最为准确的鉴定方式,利用这种鉴定方法非亲子关系的排除率为几近 100%,亲子关系的确认率为 99.99%。[②] DNA 分析图像被喻为“人体身份证”。

人的血液、毛发、唾液、口腔细胞及骨头等都可以用于亲子鉴定,十分便捷。从人类生理医学原理上讲,一个人有 23 对(46 条)染色体,同一对染色体同一位置上的一对基因称为等位基因,一般一个来自父亲,一个来自母亲。如果检测到某个 DNA 位点的等位基因,一个与母亲相同,另一个就应与父亲相同,否则就存在疑问了。利用 DNA 进行亲子鉴定,只要在十几至几十个 DNA 位点上作检测,如果全部一样,就可以确定亲子关系,如果有 3 个以上的位点不同,则可排除亲子关系,有一两个位点不同,则应考虑基因突变的可能,加做一些位点的检测进行辨别。

亲子鉴定是通过对能显示遗传因子存在的所谓遗传标记的检测、比对和分析,以此来判断被检对象之间是否存在亲缘关系。而遗传标记可大致分为两种类型,一类是基因表达产物的多态性,例如血型;另一类是 DNA 多态性,主要是 DNA 片段长度多态性和 DNA 序列多态性。[③]

与采用血型测试相比较,一般来说,血型是终生不变的。人类的血型通常分为 A 型、B 型、O 型和 AB 型四种。血型的遗传借助于细胞中的染色体。人类细胞中共有 23 对染色体,每对染色体分别由两条单染色体组成,其中一条来自父亲,另一条来自母亲。染色体的主要成分是决定遗传性状和功能的脱氧核糖核酸,即人们常说的 DNA。DNA 可分为很多小段,每一小段都具有专一的遗传性状及功能,这些小段称为基因。一对染色体中两条单染色体上相同位置的 DNA 小片段就是等位基因。ABO 血型系统的基因位点在第 9 对染色体上。人的 ABO 血型受控于 A、B、O 三个基因,但每个人体细胞内的第 9 对染

---

① 参见佚名:《亲子鉴定原理及法律问题》,载 http://www.lawtime.cn/info/hunyin/qinzijianding/2009052622943.html.

② 在美国,大部分法庭接受 90% 或然率作为生父证明的证据。

③ 参见司法部司法鉴定科学技术研究所编著:《个体识别和亲子鉴定理论与实践典型案例分析》,中国检察出版社 2001 年版,第 110—111 页。

色体上只有两个 ABO 系统基因,即为 AO、AA、BO、BB、AB、OO 中的一对等位基因,其中 A 和 B 基因为显性基因,O 基因为隐性基因。ABO 血型系统遗传规律,在基因未变异时可有参考价值,但不可以单独用血型判断血缘关系。严格讲,血型位点只是众多遗传位点上的一个,其固然有一定的参考价值。但是,由于常规血型鉴定都是在较简陋的条件下由肉眼观察得知,其中存在的误差很大,况且血型只代表了一个位点,与 DNA 亲子鉴定动辄十几、几十个位点相比较,就更加显得不甚严谨。[①]

DNA 亲子鉴定测试与传统的血液测试有很大的不同,它可以在不同的样本上进行测试,包括血液、腮腔细胞、组织细胞样本和精液样本。因血液型号,例如 A 型、B 型、O 型或 RH 型,在人口中比较普遍,用于分辨每一个人,便不如 DNA 亲子鉴定测试有效,除了真正双胞胎外,每人的 DNA 是独一无二的,因为它是这样的独特,就好像指纹一样,故用于亲子鉴定,DNA 系最为有效的方法。

(三) 因 DNA 鉴定技术的问世在法律上所面临的机遇与挑战

20 世纪 80 年代中期,美国每年约有 3 万起亲子鉴定案例,10 年之后,与此相关的案例已接近 100 万起。[②] 在美国,因近三十年来非婚生子女人数增加及离婚案件的激增,接受官方生活援助的比例急增,联邦议会及各州议会面对这种局面,于是修订法律以便彻底保护子女的利益及强化对亲子的义务。[③] 例如,1973 年的《美国统一亲子法》(Uniform Parentage Act)从法律上平等的观念,强调无论父母婚姻的有无,即子女婚生性的有无,在法律上对非婚生子女的权利也应予平等保护。并且,就父子关系存否确定的问题而言,就这些统一法的规定特征来看,法院为确定父子关系的存否,可根据当事人的申请,令其作

---

① http://baike.baidu.com/view/258066.htm? fr = ala0_1.

② 参见司法部司法鉴定科学技术研究所编:《个体识别和亲子鉴定理论与实践典型案例分析》,中国检察出版社 2001 年版,第 106 页。

③ 参见〔日〕矢野笃:《アメリカ親子法における實親子關係とDNA鑒定》,载《ジュリスト》1099 号(1996 年),第 67 页以下。转引自许士宧等:《父子关系诉讼之证明度与血缘鉴定强制——以请求认领子女之诉及否认婚生子女之诉为中心》,载台湾地区"民事诉讼法"研究基金会编:《民事诉讼法之研讨》(九),台北三民书局 2000 年版,第 25 页。

血型检查、鉴定，而且，有关父子关系存否确定的证据，允许采用统计上的概率作为证据。①

英国于1987年制定了有关确定亲子关系利用DNA鉴定技术的法律，该法接受DNA鉴定，认为其对于确定生物学上之父比血液鉴定更为正确、有效。为了使法院所使用的指示鉴定中也包含鉴定，该法将血液检查的用语，修正为“科学的检查”，1989年又明确修正为“以确定血液或身体组织的遗传性特征为目的的检查”，同时修正《家族法改革法》第20条，其第23条明确规定，这种检查不必当事人申请，法院可依自己的判断而作出鉴定的指示。该法赋予法官独自判断的权限，与抚养费请求权及继承权主张或取得的英国国籍事件有关，以防止当事人因共谋而为父性或母性确定所带来的危险。②

世界各国使用DNA鉴定血缘关系，随之甚为普遍，其检验方法由于未获得独占专利，实行更加普及，检验结果的准确度极高，为各国司法机关所重视。因其正确性并非百分之百，常常因为具体个案的例外因素的介入或者检验人员的疏忽导致其丧失准确度，造成了纠纷不断的情况出现。

在我国，亲子鉴定技术运用的领域也十分广泛。例如，当某一家庭对医院产房或育婴室是否调错新生儿心存疑虑时；某一子女的父母（尤其是父亲）怀疑其子女是否为其所亲生时；因故而多年失散的家庭成员之间在认定亲属关系时；以及因空难、地震、海啸等使遇难者身份无法辨认时等情形。在司法领域，提起亲子鉴定的情况，绝大多数发生在夫妻之间，一般发生在离婚案件和追索抚养费案件中。如丈夫怀疑妻子有“第三者”而起诉离婚或拒付抚养费，一方或双方要求鉴定子女是否丈夫亲生；而刑事案件中则通常涉及强奸犯的认定以及认领被拐卖儿童等。在我国，早在20世纪80年代初，上海市中心血站将从

---

① 转引自许士宦：《父子关系诉讼之证明度与血缘鉴定强制——以请求认领子女之诉及否认婚生子女之诉为中心》，载台湾地区“民事诉讼法”研究基金会编：《民事诉讼法之研讨》（九），台北三民书局2000年版，第25页。

② 参见〔日〕新美育文：《イギリス法における實親子關係の確定とDNA鑒定》，载《ジュリスト》1099号（1996年），第59页。转引自许士宦等：《父子关系诉讼之证明度与血缘鉴定强制——以请求认领子女之诉及否认婚生子女之诉为中心》，载台湾地区“民事诉讼法”研究基金会编：《民事诉讼法之研讨》（九），台北三民书局2000年版，第28页。

国外引进的 HLA 分型技术开始应用于亲子鉴定活动，其后被最高人民法院认可，从此正式开展了亲子鉴定业务。

DNA 亲子鉴定技术是人类医学和生物技术高度发展的科学产物，可以被称之为，给人类在认定被法律所推定的亲子关系之间是否存在生物学上的自然血缘关系的证明方式上，带来了一场前所未有的革命，这是前人所无法想象的成就，可以算得上是历史性的机遇。例如，在司法应用上，能够在涉及亲子关系纠纷案件中为法院查明事实真相提供可靠的能力保障与智力支撑，但同时也将面临新的历史性挑战。这是因为，现代社会价值追求多元化导致婚外性行为频发，在缔结婚姻的动机上，产生了一些新的价值追求，如追求爱情、追求完美人生、追求享受等，导致婚姻、家庭危机呈日渐上升的趋势，传统的"上以事宗庙，下以继后世"的婚恋观、家庭观受到严重冲击。但是，在许多人心目中仍然存在着亲子情结，这是希望自身的基因能够代代相传的本性使然。于是，婚姻、家庭所出现的危机首先表现为一种信任危机，促使亲子鉴定的市场日益扩张。

目前，我国对亲子鉴定缺乏统一、专门的管理，鉴定部门众多林立，不但有公、检、法的鉴定部门，还有血液中心、研究机构、高等院校、企业等，甚至一些中小城市的某些专业单位为了搞"创收"，即使条件不具备乃至根本无条件也受理亲子鉴定业务。实践证明，当前社会上普遍存在亲子鉴定任意性、泛滥性以及注重商业利益现象，对婚姻家庭关系和社会秩序造成了严重的损害；另外，许多国家通过立法对传统上所形成的婚生子女（即亲子关系）推定制度加以确认，而这种制度的本旨系在确保子女在法律上的身份安定、成长安全的环境与氛围，尽可能不使无责任的子女负担因非婚生子女所导致社会上及法律上的不利益。因此，法律上的亲子关系未必以血缘上、生物学上的亲子关系为限。虽然我国现行立法对婚生子女推定制度未加以明确确认，但从来都是以习惯法的角度来因循这种传统做法的，并且为无数个司法判例所确认。但是，一些地方政府主管部门出台的规章却无视这种法律精神。例如，《出生医学证明》是我国具有法律效力的重要医学文书。据 2010 年 2 月 9 日《北京日报》报道，新生儿的《出生医学证明》，由接生该婴儿的医疗保健机构在婴儿出院前出具。但也有一些婴儿因为个别原因在家中或者公共场所出生。为此，北京市卫生局 2010 年 2 月 8 日发布了《关于进一步加强出生医学证明管理的通知》，规定凡是在助产医疗机构外出生的婴儿,其《出生医学证明》由北京妇产医院负责签发。从 2010 年 7 月 1 日起,办理助产机构外出生的《出生医学证明》时,领证人须提供法定鉴定机构有关亲子鉴定的证明、身份证和户口簿原件及复印件,并填写助产机构外《出生医学证明》首次签发登记表。[①] 这种做法必将对我国多年来约定俗成的婚生子女推定制度造成严重冲击,不利于家庭婚姻关系的和谐与社会秩序的稳定,对此现象必须实行依法治理,有效监管,违法必究。

近年来,许多国家通过立法对亲子鉴定活动严格管理。例如,1994 年 7 月,法国所颁行的生命伦理法限制对 DNA 鉴定的利用,规定其仅可在裁判程序以及为医学及科学研究的目的才能进行(《法国民法》第 16 条之十一);个人不得自行委托作 DNA 鉴定,否则受刑事处罚(新《法国刑法》第 226 条之二十八);并且,根据《法国民法》第 16 条之十二的意旨[②],未经认可的人或者机构也不得进行该种鉴定,违反者也受刑事处罚(新《法国刑法》第 226 条之二十八、三十二)。在德国,如果男方未经女方同意,擅自作亲子鉴定,将被控侵犯人权罪,处以最长 1 年的有期徒刑,相关的实验室也会受到法律制裁。这项法律条款是 2006 年出台的基因法的一部分,目的在于保护公民的个人基因数据。[③] 我们应当借鉴有关国家的立法,加强对亲子鉴定的有效管理。亲子鉴定事关公益、家庭和睦、社会和谐与稳定、非婚生子女的利益(尤其是未成年子女的利益)、个人隐私及人格权的保护,因此,在法律上应当规定,未经法定机关特别批准,任何公民不得单方或者私自委托有关鉴定机构进行亲子鉴定,违者造成严重后果的,应以刑罚论处。同时,还应当规定,有关鉴定机构未经有关法定机构准许,不得擅自接受公民私自委托的亲子鉴定,违者造成严重后果的,对其责任人也应以刑罚论处。

---

① 转引自 http://news.sina.com.cn/c/2010-02-09/070017068921s.shtml.

② 《法国民法》第 16 条之十二规定:只有根据最高行政法院提出资政意见后颁布的法令规定的条件得到认可的人,才有资格通过遗传特征对人进行鉴定;在司法程序中,前述之人还应当是在司法专家名册上登记的人。

③ 参见王艳伟:《谈亲子鉴定的来源及若干法律问题》,转引自 http://www.lunwentianxia.com/product.free.4866578.3/.

二、对亲子关系的基本认识

所谓亲子关系，是指基于父母与子女之间的身份关系而在法律上所产生的权利与义务关系。其中所谓的“亲”即父母，所谓“子”即子女。对此，有学者认为，所谓亲子关系，在民法上称为父母子女关系，在民事诉讼法上则称之为亲子关系。① 有一种观点认为，当今各国的法律已基本上通过采用“父母子女”的称谓，进而取代了“亲子”的称谓。② 对此，笔者认为，亲子关系也可被称为父母子女关系。无论在外文当中如何表述，但在中文当中可交替使用，在共同所指向的含义上并无不同。另外，由于使用习惯使然，在不同的语境下皆可因应选用。俗称的亲子关系案件，在绝大多数情况下实际上指的是父母与子女之间因确定父（母）与子女是否存在血缘关系而引起的诉讼纠纷案件。

从父母及子女的类别来看，亲子关系大致可以分为两种类型：(1) 基于自然血统所产生的亲生父母子女关系；(2) 基于法律上的拟制而产生的亲子关系。从因自然血统所产生的家庭关系范围来看，父母与子女之间所构成的亲子关系是血缘最为接近的直系血亲。根据现行民法上的规定，亲子关系可分为自然血亲关系与拟制血亲关系两种类型，其中，前者又可分为婚生子女（eheliches kind, enfante légitime, legitimate child）与非婚生子女（uneheliches kind, enfante naturel, illegitimate child）关系。

三、亲子关系纠纷案件与人事诉讼之间的关系

有关当事人之间因亲子关系而产生的纠纷，在诉讼上形成亲子关系纠纷案件。亲子关系纠纷案件是一种涉及自然人之间的身份关系案件。这种身份关系案件属于人事诉讼的范畴，而人事诉讼是指因涉及人的身份的确定所产生的权利义务关系的诉讼。关于亲子关系案件与人事诉讼之间的关系，有学者指出，人事诉讼作为处理涉及婚姻案件、亲子关系案件、禁治产案件及死亡宣告案件等有关的基本身份关系及能力关系的特别民事诉讼程序。其中婚姻关系、亲子关系属于

---

① 参见史尚宽：《亲属法论》，中国政法大学出版社 2000 年版，第 532 页。

② 参见于静：《比较家庭法》，人民出版社 2006 年版，第 158 页。

基本的身份关系，因此将其特别规定在人事诉讼程序当中。[①]

人事诉讼的用语源于日本。日本早在1898年所制定的《人事诉讼程序法》就使用这一概念。在整体结构上，人事诉讼程序属于民事诉讼程序中的一种分支性程序。从性质上来划分，民事诉讼案件可分为财产关系案件与身份关系案件。而人事诉讼仅涉及某些类型的身份关系案件，如亲子关系案件、婚姻案件、收养案件等，并不涉及单纯的财产关系案件。财产关系案件主要是因当事人之间的财产利益所引起的纠纷案件，并且，财产关系案件主要涉及当事人之间的私权利益，通常与社会公益无涉。因此，国家采取不干预主义，由此而在涉及财产关系案件中主要体现的是当事人主义、辩论主义、处分权主义、法律上的真实主义等原则及诉讼原理。这些概不适用于以身份关系为主要内容的人事诉讼。对此，有学者指出，人事诉讼是以身份关系与能力关系为其标的的，这种身份关系与能力关系，不但涉及当事人主体的利益，更涉及多数关系人的利益，甚至影响社会秩序与国家公益。并且，裁判结果不仅影响诉讼当事人个人的权益，更涉及社会秩序与国家公益。因此，其所涉及的利益关系禁止当事人自由处分。并且，在人事诉讼程序中，限制辩论主义的适用，例如关于自认、拟制自认规定适用的禁止或限制，当事人未提出事实的斟酌或者依职权为必要的调查。在国外，基于公益上的理由，更规定检察官代表公益，参与人事诉讼的辩论及陈述意见，用以满足实质真实主义的需求。[②] 但是，有一种观点认为，人事诉讼对自认和认诺的限定也并非绝对，在特定情况下，当事人在人事诉讼中的自认和认诺具有约束法院的效力。例如，在请求确认非婚生子女并要求生父负担抚养费的诉讼中，生父承认并愿意承担抚养费的，法院一般不再调查，而是直接认定或者直接作出认诺的裁决。[③]

对此，笔者认为，由于人事诉讼中所涉及身份关系案件遇有的情形纷繁复杂，在个案当中，应当允许法官享有相应的裁量权，在不违背这类案件基本性质的条件下，本着有利于子女最佳利益、利益均衡、社

---

① 参见陈计男：《民事诉讼法论》（下），台北三民书局股份有限公司2005年版，第491页。

② 同上书，第494页。

③ 参见陈爱武：《人事诉讼程序研究》，法律出版社2008年版，第98页。

会效益及降低诉讼成本等原则,对有关当事人的自认和认诺进行酌量判定。

四、亲子关系纠纷案件中的事实查明

在亲子关系纠纷案件中,对事实查明具有特殊的要求,特别是在现实社会条件下,采用 DNA 鉴定方法便可准确地确定生物学上的亲子关系。这就是说,一方面,根据实体法原则及其公共政策的要求,如果有必要查明案件的客观事实时,法院便可采用职权探知主义在诉讼中实现这一目的,这就是人们通常所认为的那样,人事诉讼程序采用实体真实发现主义;另一方面,在诉讼上即使能够借助 DNA 鉴定方式实现查明事实真相这一目的,但当查明事实真相的结果有悖于实体法原则及其公共政策要求时,在诉讼程序上也应当限制。

在亲子关系纠纷案件中,因涉及对有关当事人之间自然血缘关系的确认与判定,具有强烈的公益性,这种确定与认知因涉及现有家庭关系的和谐与稳定,并攸关社会秩序,因此国家严格禁止或限制当事人的意思自治,强调由当事人通过司法程序进行确认与判定。对此,除了当事人主动提供证据及进行相关事实陈述之外,法院甚至还会不惜利用社会成本以及公共资源依职权进行证据调查。

对于亲子关系诉讼类型的身份关系案件,日本学者松本博之教授认为,如果不能形成完全心证的,只要存在进一步查明的可能性,就必须继续探知,而不能简单地根据证明责任法则作出裁判。[①] 对此,有一种观点认为,如果在父亲作为原告,而子作为被告的嫡出子(亲子关系)否认诉讼中,如果母亲和其丈夫(孩子的父亲)之间没有达成一致意见,或者根据其他情况表明,父子关系存在的盖然性非常低的情形下,法院不能根据盖然性的证明标准作出裁判,而应当继续探知事实,如发布血液鉴定或者鉴定等方式,对血缘关系存在与否加以进一步调查,以确保事实的正确性和心证的完全性。[②] 笔者认为,这种观点不无道理。例如,某女甲独立抚养一 6 岁的非婚生子乙,因收入微薄,生活倍感艰辛。在此情形下,甲要求丙履行做父亲的义务,每月向其支付

---

① 参见〔日〕松本博之:《人事诉讼法》,弘文堂 2006 年版,第 58—59 页。

② 参见陈爱武:《人事诉讼程序研究》,法律出版社 2008 年版,第 98—99 页。

孩子抚养费300元,丙称其经济上的支付能力不足,每月仅能给付50元。于是,甲遂以乙为原告起诉丙,要求丙每月给付抚养费300元。丙在诉讼上承认是乙的父亲,但辩称其经济上的支付能力有限,不能完全满足对方的要求。笔者认为,在本案审理过程中,如果法官通过庭审对相关证据进行调查,其中包括对双方当事人进行询问,并未发现有任何疑点,使法官感到有必要应依职权到社会上进行必要的调查了解,如果现有证据以及甲与丙之间对丙系乙的亲生父亲这一事实所持有的真诚态度,能够使法官产生合理的确信度,法官即可以丙就有关身份关系的陈述,作为自认证据并将其采信为裁判的事实根据。这是因为,在本案中,如果将亲子鉴定作为认定本案事实的必要证据方式,由此所产生的费用负担将使本案的双方当事人都难以承受,在这种情形下,较不利于保障原告方的合法权益,特别是作为私生子乙的生存权与教育权等基本权利。因此,在本案情形下,大凡不采用亲子鉴定这种证据方式亦能够有助于解决本案争议的,应尽量加以循用。反之,如果通过开庭审理以及有关证据调查使法官对有关案件事实产生合理怀疑,如法官通过本案证据和调查询问等途径获知,在乙出生前的合理时间内存在着甲与丙以外的其他男性保持性关系的情形时,法官就不能再以丙就有关身份关系的陈述作为自认证据加以采信,而应当采取包括要求对本案进行亲子鉴定等一切必要的收集、调查证据的方式。值得注意的是,就本案而言,即使不通过法院对本案作出判决,丙也答应向甲支付每月50元的抚养费,这便是诉讼前丙对甲所提出要求的回应,而这纯粹出自于一种情感和道义上的缘故。在客观上,假若法院判决的结果系驳回原告的诉讼请求,有可能造成道义上的危机与责难。

另外,在实务上,亲子关系纠纷案件所追求的价值取向不是单纯的形式上的社会正义,而是实质上的社会正义,这种实质上的社会正义表现在,不仅应追求查清事实真相,而且还要考虑尊重历史,尊重现状,合情合理。因为这类案件大多涉及婚姻、家庭、血缘、个人情感、社会责任与义务、子女最佳利益、道德伦理、价值观念、当事人的隐私权等复杂因素,不可简单划一。对此,有学者认为,无论是请求确认亲子关系之诉还是否认亲子关系之诉,均是以生物学上或父子(女)关系存否的事实作为其证明对象即要件事实的,如能发现其事实真实,证明生物学上或血统上父子(女)关系的存否,则将发生一定的法律作用,前者将使非婚生子女取得法律上父子(女)关系,而后者则使婚生子女沦为私生子(女)或者非婚生子(女)。这种真实的发现,最终所要裁判的是法律上父子(女)关系存在与否。另外,在诉讼上,并非不论其情形如何,均以取得血型或 DNA 鉴定等科学性证据为必要。也就是说,在该鉴定将影响当事人或第三人健康、隐私的情形下,尤其是其结果可能破坏未成年人子女既有的最佳利益时,在实体法上固不待言,即使在诉讼法上也应予以保护,而认为这时不得采取血缘鉴定的方式来进行证据调查。因此,即使在人事诉讼程序,所谓客观(实体)真实的发现,也未必完全予以贯彻。[1] 科学鉴定的亲子关系也带有危险性,为保护法律上亲子关系的安定性,也有生物学上真理即 DNA 鉴定所不能介入的领域存在,为控制科学鉴定的独行,其最终的判断权限仍应委于有关法官。[2] 可见,在查明事实真相问题上,亲子关系纠纷案件具有强烈的政策导向与独立的价值取向。在许多情形下,并非注重考虑是否能够查明事实真相的问题,而是应当注重考虑是否或者有必要查明事实真相。

出于实体法原则及社会公共政策的基本要求,在实务上,需要常常面对的是这样一种选择,即对于亲子关系纠纷案件的审理,是否应当仅仅满足于对事实真相的发现。例如,我国台湾学者吴明轩教授在一次学术研讨会上曾提及,台湾地区"最高法院"曾经发生这样一个案件,问题的焦点集中于:对于未成年子女的生父为何人一事,究竟应当依职权调查以查明事实真相,还是以维持家庭秩序及子女最佳利益为宜的问题。该案的基本梗概为:甲男乙女二人结婚,未办理结婚登记,随后二人离婚,也未办理离婚登记。乙随后赴美国与后夫丙结婚,并育有一女丁,其后,丙以重婚为由,诉请法院判决甲男与乙女婚姻无效。另外,甲男与乙女因未办理离婚登记,其离婚尚未发生效力,丁女既然为其婚姻关系存续中受胎所生,则在甲男、乙女提起否认之诉而获胜诉判决之前,丁女应推定为甲男与乙女的婚生子女,任何人均不

---

① 转引自许士宦等:《父子关系诉讼之证明度与血缘鉴定强制——以请求认领子女之诉及否认婚生子女之诉为中心》,载台湾地区"民事诉讼法"研究基金会编:《民事诉讼法之研讨》(九),台北三民书局 2000 年版,第 14 页。

② 参见许士宦:《证据收集与纠纷解决》,台北新学林出版股份有限公司 2005 年版,第 499—500 页。

得作出反对的主张。① 可见,在审判实务上,对于审判法官而言,在个案情形下,如何正确把握依职权调查以查明事实真相与维持婚姻家庭关系的稳定及子女最佳利益之间的关系,并且恰如其分地均衡两者之间的利害,似应构成有力的挑战。

再则,需要注意的是,即使根据实体法原则及公共政策的基本要求,当法官在个案当中认为应当根据查明事实真相的结果来确认或否认某一亲子关系时,这时,有关当事人甚至诉讼外第三人是否能够配合 DNA 鉴定,将对查明事实真相显得尤为重要。如果有关当事人拒不按照法院的指示要求来履行相应的证明协力义务,就会导致法院无法通过 DNA 鉴定这种当今最为准确、可信的方式来查明事实真相。从比较法的角度来看,许多国家的立法规定采用 DNA 血液检验涉及受检人的身体完整性及不可分性,因此,为尊重人的尊严,应当赋予受检人自主决定的权利,凡未经受检人的同意,不得以直接强制方法来进行抽血检验。

五、亲子关系诉讼案件的证明标准及对查明案件事实的影响

(一) 两大法系各国在亲子关系诉讼案件中有关证明标准的设置

证明标准,又称证明尺度、证明度、证明度的标准、证明要求等。关于否认亲子关系及确认亲子关系等人事诉讼的证明度,是否应当设置比一般民事诉讼更高的证明度,两大法系各国立法例及审判实务的取态不尽一致,即使在学者间亦存在不同看法。

在德国,就人事诉讼是否应设置比较高的证明度存在争议。就规定有关婚生推定及父性推定的《德国民法》第 1591 条而言,因该条第 1 项规定,婚后所生子女,如妻在婚前或婚姻期间受胎,而夫在受胎期间与妻同居者,为婚生。……但妻从夫受胎有明显不可能之情事者,非为婚生。在文义上既有"明显不可能之情事",于是有学者据此认

---

① 参见许士宦、吴明轩等:《父子关系诉讼之证明度与血缘鉴定强制——以请求认领子女之诉及否认婚生子女之诉为中心》,载台湾地区"民事诉讼法"研究基金会编:《民事诉讼法之研讨》(九),台北三民书局 2000 年版,第 89 页。

为,应提高否认亲子关系诉讼上推翻妻从夫受胎的证明度。[①] 然而,通说及判例均认为,就该亲子推定的反对事实理应由夫负担证明责任,且其证明度达到通常证明度即为足矣。德国联邦普通法院在 1952 年 7 月 14 日于一项判决中认为,当存在承认子之婚生性与常识不一致的事实关系情形时,也就是无论对任何有思辨能力的判断者而言,在婚生性被推翻使得原本的事实关系已确定的情形下,应认为已有明显不可能的情事。为了排除婚生性,无须思考法则上或数学上的确实性或自然科学所要求的确实性,因此,其所必要的盖然性程度,与法官的心证形成上一般认为妥当的盖然性具有相同的程度。[②]

德国虽然最为重视血缘主义或真实主义,明确规定可直接强制当事人或第三人做血液检查,但通说及实务均认为,否认亲子关系等人事诉讼的证明度与一般民事诉讼的证明度相同即为已足。并非像德国那样重视血统主义的国家,不采取将血液检查作为直接强制的证明方式,例如,英国、美国,对否认亲子关系这类诉讼案件,要求比一般民事诉讼所适用的证据优势原则更高的证明度,即可推翻婚生推定的反对事实,甚至认为应当根据明确且确信的证据加以证明。[③] 可见,人事诉讼与民事诉讼两者之间的证明度并非完全一致,即使在人事诉讼中,对否认亲子关系之诉与确认亲子关系之诉两类事件的证明度也可能有所不同。这就说明,诉讼上的证明度的设置,应当依据各该案件类型分别确定,即依据彼此之间的性质、特征的不同而设置盖然性不尽相同的证明度。[④] 再如,日本下级审法院也有裁判例认为,已达到确

---

① 参见〔德〕汉斯·普维庭:《现代证明责任问题》,吴越译,法律出版社 2000 年版,第 123 页以下。

② Stein-Jonas-Leipold,ZPO, §286 Rdnr. 4. BGHZ 7. 116, 120F. 参见〔日〕春日伟知郎:《父子關係訴訟における證明問題と鑿定強制(檢證協力義務)—最近の一事判(東京高裁平成七年一月三日判決)からの示唆—》,载《法曹时报》49 卷 2 号(1997 年),第 17 页以下。转引自许士宦:《证据收集与纠纷解决》,台北新学林出版股份有限公司 2005 年版,第 457—458 页。

③ 参见许士宦:《证据收集与纠纷解决》,台北新学林出版股份有限公司 2005 年版,第 462 页。

④ 参见许士宦:《父子关系诉讼之证明度与血缘鉴定强制——以请求认领子女之诉及否认婚生子女之诉为中心》,载台湾地区“民事诉讼法”研究基金会编:《民事诉讼法之研讨》(九),台北三民书局 2000 年版,第 37 页。

信程度的供述证据，不足以推翻婚生推定，必须依据任何人均不怀疑的科学证据才能够进行。但是，德国、日本均有部分学说主张，不论否认亲子关系或者确认亲子关系之诉，这些人事诉讼的证明度均应比通常民事诉讼的证明度更高。[①] 对此，也有日本学者提出这样一种异议：如果要求比一般民事诉讼显著高度的证明度，必须依任何人均不怀疑的科学性证据加以证明，即使供述证据也不得作为判断基础，但这违背了自由心证主义的理念。这是因为，在这种情形下，已妨碍科学鉴定以外其他证据方法的利用，其结果无异于对证据加以限制，发生与仅承认某种法定证据相同的效果。在人事诉讼上，本应依职权进行探知，尽量收集所有证据方法以判断要件事实的存在与否，却因提高证明度，反而造成就特定的证据才具有利用价值的结果，这显然不是妥善之举。[②]

在英国普通法架构下，就婚姻存续期间分娩之子及与婚姻终了后通常之妊娠期间内出生之子，受亲子推定。这种亲子推定在《家族法改革法》(Family Law Reform Act)制定之前，属于强力推定，为推翻该推定，必须“超越合理的怀疑”的证明。其中有以下三个理由：(1) 推翻亲子推定的证明，与不贞的证明同义，不仅成为离婚原因，而且使母亲在社会上蒙受污名；(2) 因也成立刑法上的通奸罪，故有刑法上的证明调和的必要；(3) 作为子非婚生化乃至私生化的结果，就此而言，在继承等方面受到重大的不利益。但是，《家族法改革法》第 26 条规定，与一般的民事证明相同，根据证据优越的原则即可推翻亲子推定。这是因为，对子女告知真实的事实甚为重要，并且将子女置于怀疑不是自己子女的父亲之下，对子女也属重大不利益。况且，不贞未必就是犯罪，婚生子与非婚生子的差别也几乎被消除。但是，最近法院认为，何等程度的证明才能推翻亲子推定，应根据维持受推定为亲子的状态，或者推翻推定而得出非亲子关系的结果而有所不同。在英国，

---

① 参见许士宦：《证据收集与纠纷解决》，台北新学林出版股份有限公司 2005 年版，第 462 页。

② 参见〔日〕春日伟知郎：《父子關係訴訟における證明問題と鑒定強制(檢證協力義務)—最近の一事判(東京高裁平成七年一月三日判決)からの示唆—》，载《法曹时报》49 卷 2 号(1997 年)，第 20 页。转引自许士宦：《证据收集与纠纷解决》，台北新学林出版股份有限公司 2005 年版，第 469 页。

已有司法判例认为，推翻亲子推定的证明，虽然比刑事诉讼所要求的"超出合理怀疑"的证明度更低，但仍须要求比民事诉讼上证据优越原则较高程度的证明。但是，在未受亲子推定之子确定父子关系的情形下，对于生物学上父子的待证事实，基于证据优势原则加以证明即可。[①]

在美国，在涉及亲子关系案件中，大多采用明确且确信的证据的证明标准，当然，也有少数州不采用明确且确信的证据的证明度，而采用证据优越（the preponderance of evidence）的较低标准的证明度。关于亲子关系存否确认案件上证据采用的标准，美国联邦最高法院1987年在 *Rivera v. Minnich* 讼案中并不采用明确及确信的证明标准，而是根据证据优势性原则，作为判断当事人所提出的证据。其结果是，州法规就亲子关系存在的证明规定证据优越性原则的标准，也不违反宪法第十四修正案中正当程序的条款（due process clause）。[②]

（二）证明标准的确定对亲子关系诉讼案件中查明案件事实所产生的影响

证明标准是法院在裁判上就事实认定而形成内心确信所应当掌控的尺度。它的确定应当取决于不同类型案件的属性，即使在从属于同一案件属性类型的基本项下，从严格意义上，它还取决于个案的具体情形。对此，有学者认为，证明度的确定是在诉讼领域应以何种程度的证明才显得较为妥当的法律问题。作为预期理想的证明标准应当是，对于那些原本并无根据的诉讼请求，应尽量使其被驳回，因为当事人不能建构必要的证明度；同时，原本有根据的诉讼请求，应使其几乎全部受容忍，因为原告可以构建必要的证明度。换言之，当法院在认定事实，对事实真伪作出判断时，事实误认所付出的代价应为最低程度，不至于引起个人与社会的损失，才能作为理想的证明度。因此，

---

① 参见〔日〕新美育文：《イギリス法における實親子關係の確定とDNA鑒定》，载《ジュリスト》1099号（1996年），第59页。转引自许士宦：《证据收集与纠纷解决》，台北新学林出版股份有限公司2005年版，第451页。

② 参见〔日〕椿寿夫、矢野笃：《親子關係の確定とDNA鑒定》，载《法律时报》66卷1号（1994年），第28页。转引自参见许士宦：《证据收集与纠纷解决》，台北新学林出版股份有限公司2005年版，第448页。

对于证明度标准的设置，应当斟酌发现真实、促进诉讼、维持法的安定性、维护当事人之间公平等诉讼上基本要求及所应适用法规范的旨趣、目的等实体法上价值判断为依归。在决定证明度时，应比较衡量、斟酌实体法上及诉讼法上的诸种因素综合作出判断。[①] 在此意义上，证明度的问题应根据各诉讼案件类型的目的而作出相对的、个别的决定。[②]

应当充分认识到，从技术层面来看，证明标准的设定对亲子关系诉讼案件中查明案件事实会产生相应的影响。这主要表现在，就判断事实的真伪而言，设定的证明标准越高，而在此基础上就案件事实获得的内心确信所产生裁判受推翻的可能性越小，并且能够起到稳固法的安定性的功能。但是，与之相应的是，证明标准设定得越高，给举证人造成的举证难度越大，无形中加重了举证人的诉讼成本。而对于亲子关系诉讼案件的事实查明而言，由于实行职权探知主义，事实上加重了法院查明事实真相的难度，这就要求法院不得不耗费更多的公共资源与社会成本。

在亲子关系纠纷案件中，由案件的基本性质所决定，对适用何种证明标准，应在如下情形中加以具体斟酌：

(1) 亲子关系纠纷案件通常将父子之间是否存在生物学上的自然血缘关系作为争点来看待。除非法院在审理案件过程中认为，查明事实真相的后果将严重违背实体法原则，及公共政策所要求的子女最佳利益的保护，且不利于婚姻家庭关系的和谐与稳定，否则，法院应从尊重符合血缘关系的社会秩序的角度，依职权探知客观真实，并基此作出正确的裁判。对此，有学者认为，为重视身份关系的安定性，应要

---

① 参见ロルフ・ベンタ:《证明度》，森勇、丰田博昭译，载ペーター・アーレンス编:《西獨民事訴訟法の現在》(1988 年)，第 257 页以下；P. ボールディング:《證明責任おとび證明度》，秋原金美译，载龟奇喜助还历纪念:《紛爭處理と正義》(1988 年)，第 194 页；许士宦在“民事诉讼法”研究会第 59 次研讨会之发言，载《法学丛刊》41 卷 4 期(1996 年)，第 137 页[台湾地区“民事诉讼法”研究基金会编:《民事诉讼法之研讨》(七)，台北三民书局 1998 年版，第 30 页]。转引自参见许士宦:《证据收集与纠纷解决》，台北新学林出版股份有限公司 2005 年版，第 466 页。

② 参见许士宦:《证据收集与纠纷解决》，台北新学林出版股份有限公司 2005 年版，第 466 页。

求法官就要件事实形成符合真实的确实性心证。但是,其证明度只能在对自由心证未加以损害的范围内提高,否则,如设置比通常情形显著提高的证明度,导致科学证据以外的证据方法的利用,会造成限制证据,无异于承认某种法定证据的效果,这便违反了自由心证的基本理念。① 但是,随着生物科学技术的迅猛发展,采用 DNA 鉴定方式已经成为当今社会确认亲子关系的最佳证据。由于采用 DNA 鉴定技术,其否定亲子关系的准确率几近 100%,其肯定亲子关系的准确率可达到 99.99%,因此它并不同于传统意义上的法定证据。并且,随着这种证明方式在司法领域的广泛适用,实际上已经大大限缩了法官自由心证的范围。事实上,有关当事人提供除此以外的证据材料,已经成为法院在受理亲子关系纠纷案件之后能否决定采用 DNA 鉴定方式进行证据调查的基础。换言之,由于审理此类案件关涉有关当事人及诉讼外第三人的各种利益,包括隐私权等,因此,法院不得不慎重对待,不可盲目进行。

(2) 作为亲子关系纠纷案件的基本类型,大致可分为否定亲子关系之诉与确认亲子关系之诉等。在这两种类型中,否定亲子关系之诉针对的是,欲推翻为婚生子女推定制度所确认的亲子关系。而设定婚生子女推定制度的旨意,在于保护子女的最佳利益以及有助于婚姻家庭关系的和谐与稳定。对此,有学者认为,为了使这种亲子身份关系早期得以安定,反映这种实体法上规范的目的,在否认亲子关系之诉中,就推翻婚生推定的反对事实即"妻非自夫受胎"的证明程度,在诉讼法的利益衡量上也有强烈的要求,应当给予更高程度上的证明,以

---

① 参见〔日〕春日伟知郎:《父子關係訴訟における證明問題と鑒定強制(検證協力義務)—最近の一事判(東京高裁平成七年一月三日判決)からの示唆—》,载《法曹时报》49 卷 2 号(1997 年),第 19 页以下、第 23 页以下、第 40 页;〔日〕新堂幸司:《新民事诉讼法》(1998 年),第 57 页。转引自许士宦等:《父子关系诉讼之证明度与血缘鉴定强制——以请求认领子女之诉及否认婚生子女之诉为中心》,载台湾地区"民事诉讼法"研究基金会编:《民事诉讼法之研讨》(九),台北三民书局 2000 年版,第 36 页。

期发现真实而确保判决的安定性。[①] 另外,还有学者认为,贯彻婚生子女推定制度保护子女利益的旨趣,宜要求否认婚生子女诉讼的证明度比请求认领婚生子女诉讼的证明度更高。[②] 这种观点,似乎有合理之处。它主要反映的是,在对待生物学上的父子关系与法律上的父子关系之间选择何种价值取向。事实上,在当今社会条件下,当人们可以轻易选用DNA鉴定方法即可准确判定某一特定父子关系的真实性时,如果选用除此以外的其他证据方法将显得既无足轻重,又缺乏可靠性,存在潜在的风险。在诉讼上,只要法院认为有必要查明事实真相,不需有关当事人的申请,法院均可依职权要求进行DNA鉴定。如果仅采用除此以外的其他证据,除了权利人在举证上会遇有客观障碍之外,即使法院依职权探知也会遇有相同的客观障碍,且不说由此还会耗费相应的资源与成本。但相较而言,无论是否定亲子关系之诉还是确认亲子关系之诉,均追求的系查明是否存在某一特定的父子自然血缘关系,也就是追求生物学上父子关系的真实性。基于两者均系确定当事人之间的身份关系,至于在个案中是否应设置明显不同的证明标准,因两者之间很难在个案当中具有可比性,加之证明标准的高低与否具有相对性,因此只能任由法官据情判定,但这两者共同适用的证明标准以高于一般民事诉讼所适用的证明标准即可。

(3)鉴于亲子关系纠纷案件对客观真实的探知具有更为强烈的要求,因此,其所需证明度远高于一般涉及财产纠纷的普通民事诉讼案件,因此不能采用在通常诉讼程序中依据有关经验法则所作出的事实推定等拟制真实的规定。但是,有学者指出,在亲子关系纠纷案件中所设定的这种证明度,对于法院的拟制真实不会构成妨碍。也就是说,在当事人不当拒绝协助作血液鉴定时,法院仍可斟酌情形推认待证事实为真实。[③] 对此,笔者认为,这种观点不甚妥当。并且,另有日

---

① 参见〔日〕春日伟知郎:《父子關係訴訟における證明問題と鑒定強制(檢證協力義務)—最近の一事判(東京高裁平成七年一月三日判決)からの示唆—》,载《法曹时报》49卷2号(1997年),第19页。转引自许士宦:《证据收集与纠纷解决》,台北新学林出版股份有限公司2005年版,第475—476页。

② 参见许士宦等:《父子关系诉讼之证明度与血缘鉴定强制——以请求认领子女之诉及否认婚生子女之诉为中心》,载台湾地区"民事诉讼法"研究基金会编:《民事诉讼法之研讨》(九),台北三民书局2000年版,第59页。

③ 同上注。

本学者指出，在出现当事人拒绝鉴定的情形下，应可转换证据提出责任，而排除婚生推定。也就是说，将拒绝鉴定作为全部辩论意旨，基于自由心证推认亲子关系，未必妥当。因为，从拒绝鉴定可直接推认父子关系存在的经验法则并不存在，并且，在人事诉讼上，证明度的设置通常比一般民事诉讼的证明度更高，而法院在无上述经验法则的情形下，基于全部辩论意旨推认父子关系变得几乎不可能。况且，虽然明知科学鉴定不是唯一的证据，但如果仅因为存在这种较为可靠的证据方法，即要求法官不能利用其作出事实认定，显得过于苛刻。因此，在已有否定父子关系的供述证据，并强烈促使当事人（被告）抽血、提供血液以协助鉴定而当事人不履行义务的情形，应根据证明妨碍或解明义务的违反，转换证据提出责任，即承认婚生推定的排除亦可。[①] 事实上，这种观点是从证明妨碍制度的角度来看待有关当事人拒绝鉴定的行为，这种不作为因违反证明协力义务而构成证明妨碍，因此，该方当事人应承受由此所产生的不利益后果，即在法律效果上排除婚生推定。

在实务上，采用证明妨碍制度来应对有关当事人拒绝鉴定的做法在世界范围内甚为普遍。例如，在美国，对于请求认领之诉，被告当事人无正当理由不服从检查命令时，法院即可斟酌情形作出父性裁判。在英国，对于否认亲子推定的诉讼，被告当事人如出现不服从血液鉴定指示的情形时，亲子推定即被推翻。法国也采用相同的立场，即对于请求认领之诉，凡出现无正当理由拒绝服从法院所命 DNA 鉴定时，法院可从这种拒绝行为及意思表示中推论父子关系存在的可能性。对此，有一种观点认为，在这些国家，血液检查义务不能直接强制履行，但为使当事人确实履行该义务，使检查命令或指示发挥实效，对于当事人无正当理由不服从时，即可据以拟制待证事实为真实，以示制裁。这种情形表明，为进行血型鉴定或者 DNA 鉴定所需的抽血检查

---

① 参见〔日〕春日伟知郎：《父子關係訴訟における證明問題と鑒定強制（檢證協力義務）—最近の一事判（東京高裁平成七年一月三日判決）からの示唆—》，载《法曹时报》49 卷 2 号（1997 年），第 19 页以下、第 23 页以下、第 40 页；〔日〕新堂幸司：《新民事诉讼法》（1998 年），第 517 页。转引自许士宦等：《父子关系诉讼之证明度与血缘鉴定强制——以请求认领子女之诉及否认婚生子女之诉为中心》，载台湾地区“民事诉讼法”研究基金会编：《民事诉讼法之研讨》（九），台北三民书局 2000 年版，第 36 页。

虽然要经当事人的同意,以表示对人格的遵守,但当其无正当理由而拒绝服从时,法院可采用推定事实成立的方式以示应对。[①] 但是,笔者认为,因财产关系所引起的民事诉讼案件与因身份关系所引起的民事诉讼案件具有本质的不同,如果将当事人拒绝服从法院所命 DNA 鉴定的行为作为基础事实,进而根据经验法则作出相应的事实推定,其所得出的推认结论似将难以满足在亲子关系纠纷案件中对查明事实真相所需要的证明标准。

(4) 在考虑设定亲子关系纠纷案件中所需要的证明标准时,甚至为了追求实体真实的发现,有学者主张,像亲子关系纠纷案件这类人事诉讼应与刑事诉讼具有同样高度真实性的证明标准。[②] 笔者认为,这是不必要的。至于在刑事诉讼中为何应当设置如此高的证明标准,对此,有学者指出,在刑事诉讼上就被告犯罪事实之所以要求高度的证明度,这是为保障被告人权的考虑。因为,要求这种高度真实性的结果,即使发生犯罪的被告可能因举证未达到该证明度而受无罪判决,但至少不会因此而受到不利的裁判,并且可据此维护被告人权以保障这种更高的价值选择。[③] 笔者认为,如果将亲子关系纠纷案件当中所需要的证明标准上升至排除合理怀疑的高度,这将大大增加当事人的举证负担、诉讼成本,并且使法院在职权探知主义要求下耗费更多的公共资源与社会成本,用于收集、调查有关证据资料。虽然从目前社会发展条件来看,由于 DNA 鉴定技术的出现,大大增加了这种可能性,但是,其结果将造成对亲子关系纠纷案件所涉及事实真相的查明,无论是法院还是当事人不得不完全依赖 DNA 鉴定技术,从而严重挫伤当事人或法院收集、调查除此之外其他仍有证明价值的证据材料的能动性。同时,在一些情形下,当缺乏必要的初步表面性证据时,径

---

① 参见许士宦等:《父子关系诉讼之证明度与血缘鉴定强制——以请求认领子女之诉及否认婚生子女之诉为中心》,载台湾地区“民事诉讼法”研究基金会编:《民事诉讼法之研讨》(九),台北三民书局 2000 年版,第 37—38 页。

② 参见〔日〕石井良三:《民事裁判における事實證明》;同《民事法廷覺え書》(1962 年),第 195 页。转引自许士宦:《证据收集与纠纷解决》,台北新学林出版股份有限公司 2005 年版,第 467—468 页。

③ 参见〔日〕伊藤滋夫:《事實認定の基礎》,第 172 页、第 183 页。转引自许士宦:《证据收集与纠纷解决》,台北新学林出版股份有限公司 2005 年版,第 468 页。

行采用 DNA 鉴定方式,会对原本稳定的婚姻家庭关系产生严重负面影响。另外,在具体适用 DNA 鉴定技术的过程中也会出现失误。因此,在亲子关系纠纷案件中,设定明显低于刑事诉讼中所需要的那种高度真实性的证明标准,有利于缓解与调和婚姻家庭内部的矛盾,给法院在查明事实真相上留下一定的空间与据情裁量的余地,用于缓和、协调生物学上的亲子关系与法律上的亲子关系之间的冲突。当然,这并不构成对在个案中法院依职权要求通过 DNA 鉴定查明事实真相的做法构成任何限制。

(三) 对亲子关系纠纷案件中适用何种证明标准的界定

按照裁判对象的性质不同,民事诉讼案件可以被划分为财产关系纠纷案件与身份关系纠纷案件两大类型。财产关系纠纷案件主要涉及当事人之间的私权利益纠纷,在诉讼上主要适用当事人意思自治原则,与此相适应的是当事人辩论主义、自由处分主义,由于这类诉讼并不涉及社会公益,为了降低诉讼成本、提高诉讼效率的需要,在诉讼证明上允许采用当事人的自认(或者认诺)、根据经验法则进行事实推定等作为证明方式,对案件事实真相的发现采用较低的证明标准;而亲子关系纠纷案件属于身份关系纠纷范畴,这类案件不仅涉及当事人之间的私权利益,还涉及当事人以外的第三人的权益及社会公益。亲子关系纠纷案件,适用人事诉讼程序,并不适用当事人意思自治原则,与此相适应的是实行法院的职权探知主义、排除或限制辩论主义、限制处分权主义,法院可斟酌当事人所未提出的事实。在诉讼证明上不允许采用当事人的自认(或者认诺)、根据经验法则进行事实推定等作为证明方式,对案件事实真相的发现采用较高的证明标准。

在亲子关系纠纷案件中,对案件真实的发现究竟适用何种证明标准,才能满足法院作出事实认定的需要,对此,笔者认为,应当采用比一般民事诉讼更高的证明标准,但应明显低于刑事诉讼中基于采用无罪推定主义而适用“排除合理怀疑”的证明标准。这是因为:(1) 这是由亲子关系纠纷案件中所涉及裁判对象的性质不同所决定的。在亲子关系纠纷案件中,作为裁判对象的亲子关系的存在与否,虽然也涉及继承等财产上的利益,但与一般民事诉讼纯属财产上利益的争执相比较,因裁判就这种身份关系确定所产生的效力,不仅及于诉讼当事人而具有私益性,而且也及于诉讼外第三人,因此具有对世效力,其社会公益性显而易见。为了保障这种具有对世效力身份关系的安定性，有必要在亲子关系纠纷案件中设置比一般民事诉讼案件更高的证明标准。对此，有日本学者认为，作为一般民事诉讼的证明度，即使从作为民事裁判对象的权利性质及对立双方当事人间的公平观点来看，以高度的盖然性足以切实协调裁判真实性及当事人间公平两项基本要求，但不应径行据此而表述为人事诉讼上的证明度与一般民事诉讼的证明度相同。[①] 还有日本学者指出，基于血缘关系及社会人伦秩序的要求，有关这种诉讼上的要件事实，例如，否认亲子关系诉讼上婚生推定的前提事实即"受胎系在婚姻关系存续中"的事实，以及确认亲子关系诉讼上"被告系子女的生父（生母由被告受胎）"的事实，虽然不要求与刑事案件上无合理怀疑那样相同程度的真实盖然性，也应比一般民事案件的证明标准具有较高程度的证明要求。[②]（2）在亲子关系诉讼案件中，因实行法院的职权探知主义，法院可斟酌当事人所未提出的事实。也就是说，法院可以职权利用一切公共成本和社会资源来对查明案件事实真相所需要的信息和证据资料进行调查与收集，在许多情形下，法院以公职身份进行证据调查显然比当事人以个体身份有更大的优势，从而更有利于发现事实真相，在客观上这将有利于提高发现事实真相所能够实现的证明标准。（3）在一般民事诉讼中，因诉讼标的属于私法上适宜采用私法自治领域范围内的法律关系时，对于这种仅仅涉及当事人之间的私权利益纠纷，实行辩论主义、处分权主义，在诉讼证明上允许采用当事人的自认（或者认诺）、根据经验法则进行事实推定等作为证明方式。对于裁判所必要的事实及证据，由当事人负有收集与提出的责任，法院仅以当事人提出的事实、证据作为裁判的基础，当事人未提出的事实及证据，一概不得加以斟酌。而这一切原则及要求仅能与一种较低的证明标准相适应，否则不利于保护权利人的合法权益。与此相反，在亲子关系诉讼中，排除或限制辩论主义，限制处分权主义，在诉讼证明上也不允许采用当事人的自认（或者认

---

① 参见〔日〕伊藤滋夫：《事實認定の基礎》，第183页、第184页。转引自许士宦：《证据收集与纠纷解决》，台北新学林出版股份有限公司2005年版，第472—473页。

② 参见〔日〕村上博己：《民事裁判における證明度》；同《民事裁判における證明責任》（1980年），第16页以下。转引自许士宦：《证据收集与纠纷解决》，台北新学林出版股份有限公司2005年版，第473页。

诺)、根据经验法则进行事实推定等作为证明方式。而这一切原则及要求均与一种较高的证明标准相适应。

不同的证明标准对不同类型案件所带来的影响。例如,发生在日本的一起亲子关系诉讼案件①中,其案情大致为:妻于婚姻关系存续中产下一子,夫怀疑该子系妻与第三人通奸所生,经调解不成,提起诉讼,诉请法院判决确认与该子的父子关系不存在,还以妻与该第三人通奸(不贞)为由,诉请损害赔偿。在此诉讼中,法院认为,欲推翻婚生子(女)的推定,也就是欲证明妻所生子(女)并非自夫受胎的事实,其所要求的证明度极高。换言之,即使有证明力极强的供述证据,仍不足以推翻婚生子(女)的推定,而需以鉴定等方式所取得的科学性证据才能够为之。因此,被告在本案中应承担相应的证明协力义务。在该案中,被告在诉讼前曾作 DNA 鉴定,但其在诉讼中拒绝重新做鉴定,另外,根据其诉讼前鉴定的结果,原告为妻所生子的生父的几率为70%多。基于此,高等法院就父子关系不存在的部分,判决原告败诉,而就损害赔偿的部分,则作出原告胜诉的判决。法院判决的结果之所以有以上的不同,其理由为:就属于人事诉讼程序的确认父子关系不存在之诉是采用较高的证明度,而对一般民事诉讼的损害赔偿诉讼的部分则并非如此。法院以鉴定的结果,肯定父子关系的几率仅为70%多,尚不足以承认妻所生之子系由夫所受胎,故判决妻应赔偿慰抚金。由于人事诉讼与一般财产权诉讼采取不同的证明度,从而导致法院作出上述判决结果。对此,日本学界也提出检讨。

六、亲子关系诉讼案件的基本类型与证明协力义务

由于法律文化、传统习俗、立法意图、具体国情的不同,各国在对亲子关系案件基本类型的确定上有不同定式。例如,法国的亲子关系诉讼案件的基本类型有:由被推定为父亲的人提起的否认子女之诉、由生父或生母提起的确认非婚生子女的亲子关系之诉、由子女提起的确认父子(女)关系或母子(女)关系之诉等。德国的亲子关系诉讼案件的基本类型有:确认生父之诉、否认生父之诉。瑞士的亲子关系诉讼案件的基本类型为:父权否认之诉、请求确认生父身份之诉、非婚生子女认领否认之诉。日本的亲子关系诉讼案件的基本类型有:婚生否

① 参见日本东京高等裁判所平成7年(1995年)1月30日的裁判例。

认之诉、认领之诉、认领无效之诉与认领撤销之诉、确定父亲为目的之诉（针对母再婚后所生子女）、亲子关系存在与否的确认之诉。我国台湾地区的亲子关系诉讼案件的基本类型为：婚生否认之诉、强制认领之诉、认领无效之诉、撤销认领之诉。

亲子关系诉讼案件主要涉及因利害关系人所提起的要求法院确认父母子女之间是否存在亲子关系的案件。在涉及亲子关系案件的诉讼中，其基本类型为否认亲子关系之诉与确认亲子关系之诉。否认亲子关系之诉，又被称为否认婚生子女之诉。确认亲子关系之诉，又被称为请求认领子女之诉、确认生父之诉。其中，否认亲子关系之诉与婚生子女制度及婚生子女推定制度密切相关，而确认亲子关系之诉则与非婚生子女制度等密切相关。除此以外，在涉及亲子关系诉讼案件中，其他的诉讼类型还包括认领无效之诉、撤销认领之诉、撤销婚生子女之诉[①]等。在许多情形下，否认亲子关系之诉与请求确认亲子关系之诉之间具有密切的关联性。也就是说，在诉讼上，当子女的生母之夫提起的否认亲子关系之诉所涉及的诉讼请求和事实主张获得法院裁判的确认时，为了保护子女特别是未成年子女的利益，使得子女真正的生父不至于逃脱抚养子女的义务，子女的生母或者法律所允许的其他利害关系人在符合法律规定的条件下，有权向法院提起请求确认亲子关系之诉。我国现行法律（无论是实体法还是诉讼法）均未对亲子关系诉讼案件作出明确规定，最高人民法院有关司法解释虽略有涉及，但从总体上仍显现立法上的空白，导致各地法院对亲子关系诉讼案件的审理，在适用法律尺度上出现宽窄不一的现象。鉴于在实务上否认亲子关系之诉与确认亲子关系之诉属于最基本与最常见的案件类型，故此，以下仅就否认亲子关系之诉和确认亲子关系之诉进行介绍与研析。

在亲子关系诉讼案件中，一般民事诉讼案件中的证明责任分配法则受到相应限制，这是因为，该法则的适用前提是当事人的主张责任、证明责任与辩论主义原理。对此，邱联恭教授指出，在采用职权探知

① 即当离婚后妻又重新结婚，并且在重新结婚后的一定时期之后，也就是在前婚离婚后一定时期以内，生有子女时，在法律上既可推定为前夫的子女，也可以推定为后夫的子女。如直接推定为后夫的子女时，如果前夫有异议，则可以提起撤销婚生子女之诉，反之亦然。

主义的请求确认亲子关系及否认亲子关系等诉讼程序上，法院应先尽职权探知、职权调查证据之能事，然后，如果认为其还无法确定某要件事实存在与否时，才可适用有关证明责任分配法则，而不应像辩论主义的一般财产权诉讼事件那样，仅以当事人未尽行为责任的结果使其受未能证明的不利益。在采用职权探知主义程序上，当事人虽然在某种程度上也负有应为一定行为而提出攻击防御方法或协助事实审理的责任，但其所负行为责任应比采用辩论主义程序上当事人所负的更轻。①

在亲子关系案件中，当事人提出的事实主张，除了需要当事人负担相应的证明责任之外，由于事关社会公益及社会秩序，为了追求客观真实的需要，法院可依职权主动对案件事实探知，并且在审理过程中的职权探知既不以当事人主张的事实为限，其所开展的证据调查也不以当事人所提供的证据为限。最终在法院调查和探知的基础上获得完全的心证。另外，在许多情形下，涉及亲子关系案件的事实和证据具有相当的隐蔽性，例如，证明若干年前某女被某强奸、诱奸的事实，或者证明若干年前某男有生理缺陷而不能发生性关系、无生育能力的事实，而与这些事实相关的证据，往往使得启动诉讼和提出事实主张的原告难以获取或者收集，或者虽然能够取得有关证据，但取证方法因不合法而难以被采纳。因此，甚至需要法院动用公共资源加以探知，或者由法院依职权向有关当事人甚至诉讼外第三人发出进行相应证据调查的命令，例如进行 DNA 鉴定，从而为有关当事人甚至诉讼外第三人设定相应的证明协力义务。如果当事人所提供的证据无法使法官形成完全的心证，并且，法官在依职权对案件事实进行能动性的探知基础上也未能获得相应的心证，从而使得案件事实处于真伪不明状态时，因原告在起诉时所提出的事实主张未能得到最终证明，这种结果只能由承担相应证明责任的原告承担，而与法院及法院的职权探知行为无关。

---

① 参见许士宦、邱联恭等:《父子关系诉讼之证明度与血缘鉴定强制——以请求认领子女之诉及否认婚生子女之诉为中心》，载台湾地区“民事诉讼法”研究基金会编:《民事诉讼法之研讨》(九)，台北三民书局 2000 年版，第 102—104 页。

七、否认亲子关系之诉的基本范畴

（一）婚生子女的界定及构成要件

所谓婚生子女，是指在婚姻关系存续期间受胎或出生的子女。凡构成婚生子女须具备如下要件：(1) 其父母之间存在婚姻关系。(2) 须为生母之夫的子女，即在血统上与生母之夫之间具有血缘关系。(3) 须为生父之妻所分娩。(4) 须在父母之间婚姻关系存续期间受胎或出生。按照传统亲属的观念，婚生子女必须于婚姻关系存续期间受胎，如果系婚前受胎而在婚姻存续期间出生的，则不受婚生性的推定。但自近现代社会以来，出于平等保护未成年子女权益及最佳利益的考虑，许多国家相继对婚生子女（即具有的亲子关系）的推定范围加以扩充，即凡在婚姻关系成立之前受胎而于婚姻关系存续期间出生的子女，也被推定为具有亲子关系（即婚生子女）。[①] 例如，《德国民法》第 1591 条、《瑞士民法》第 252 条的规定。[②]

（二）婚生子女的推定及基本要旨

婚生子女的推定（vaterschaftsvermutung, ehelichkeitsvermutung, vermutung der ehelichkeit; présomption de légitimité; legal presumption that the child is legitimate），源自罗马法上有关“婚姻示父”原则的演变。所谓婚生子女的推定，是指子女系生母在婚姻存续期间受胎或出生，该子女在法律上被（强行地）推定为生母和生母之夫的子女。换言之，如果子女的生母于婚姻关系存续期间受胎，或者与受胎期推算相吻合，或者受胎于父母婚姻成立之前但出生于婚姻存续期间，则推定其所生子女为婚生子女。

在制度层面上，婚生子女的推定又可被称之为亲子关系的推定。作为一种法律上的推定，婚生子女推定是，根据一定的事实状况和法

---

① 有一种观点认为，如于婚前受胎而于婚姻中出生的，则不受婚生的推定。参见史尚宽：《亲属法论》，中国政法大学出版社 2000 年版，第 537 页。

② 根据 1961 年修订后的《德国民法》第 1591 条第 1 款的规定，妻于婚前或者婚姻关系存续期间受胎，而夫于妻的受胎期间内有同居的事实的，其结婚后所生子女为婚生子女，即使婚姻被宣告为无效，也不影响对子女身份的认定。

律事实将在特定情形下出生的子女的身份拟制为婚生子女，以及将生母丈夫的身份拟制为该婚生子女的生父的一项法律制度。其中的事实状况为该子女出生的事实，其中的法律事实为子女的生母与被推定为具有生父身份的男子之间的婚姻关系处于存续状态（期间）。对此，有观点认为，法律推定是一种最便利、最可行的确定亲子关系的方法，它从一个显而易见的客观事实——子女的出生和母亲的关系出发，对另一个尚待证明的事实——子女与生母之夫间具有血缘关系作出推断。只需证明在子女出生或受胎时丈夫与子女的母亲有婚姻关系，且子女是丈夫之妻所生即可。①

在法律上，父母间的婚姻关系通常被作为推定父母子女之间系亲子关系的最重要的证据。早先，囿于传统观念的束缚，许多国家在法律上明确划分了婚生子女与非婚生子女及其不同的法律地位，使得非婚生子女在社会范围内广遭歧视与虐待，被称之为"私生子"、"奸生子"。② 自近代以来，基于人权保护及崇尚人格尊严的考虑，人们的社会观念始有转变，其认识不断提升，出于平等观念的要求，进而认识到：非婚生子女的出生系父母之所为，无论是否有过，均与子女无关，无论婚生与否，皆为父母之子女。于是，各国法律相继废除有关对非婚生子女的歧视性规定。进入现代社会以来，一些国家在立法上开始逐步取消婚生子女与非婚生子女的划分，或者不再使用非婚生子女一词，显然已形成引领未来发展的趋向。③ 因此，有关亲子（即父母子女之间）关系的推定，并不仅特指父母与子女之间被视为存在血缘关系，而主要强调的是，在父母间的婚姻关系存续期间所出生的子女，应被推定为婚生子女，这种被推定为婚生子女并非一定要等同于与父母之间存在血缘关系。

---

① 参见王丽萍：《亲子法研究》，法律出版社 2004 年版，第 49 页。

② 在罗马法中，子女分为"婚生子（iusti）"和"私生子（vulgo concepti）"。

③ 例如，德国、埃塞俄比亚等国民法，在子女的称谓上已不再作出"婚生"与"非婚生"的划分，无论父母之间是否存在婚姻关系，其所生的子女均统称为"子女"；我国 1950 年和 1980 年两部《中华人民共和国婚姻法》均采用"婚生子女"、"非婚生子女"的概念，2001 年经修订后的现行《中华人民共和国婚姻法》（以下简称《婚姻法》）仍保留"婚生"、"非婚生"的称谓。

（三）婚生子女推定制度的解义与价值重心

按照传统的观念，对于亲子关系的认定，不仅应以婚姻关系为基础，还应以血缘关系为基础。在亲子关系中，即在父母子女之间是否存在生物学上的血缘关系中，生母与子女之间的身份依据出生的事实即可确定，除非在生母否认出生事实的特殊情形下，可经由诉讼程序要求法院确认生母与子女之间的身份关系。因此，作为亲子关系推定的精髓主要体现在，根据子女出生的事实和其生母的婚姻关系作为前提事实，进而在法律上得出，子女生母的丈夫具有子女生父身份的推定事实。这是因为，婚姻关系具有强烈的公示性与可被认知性。有学者指出，婚姻的目的在于确定社会性的父亲，对于生物性的父亲的确定则属次要，婚姻关系足以确立父子关系。① 然而，如果生母在受胎时还同时与其夫之外的其他男性发生性关系，则子女与生父之间的身份关系仅仅依据出生的事实则不足以认定，从而使得子女与因法律推定而被认为具有生父身份的人之间是否存在自然血缘关系，实际上仍处于不确定状态。② 当然，由于社会经济、文化的发展与变迁对人们的传统婚姻与性观念不断造成影响，使得婚外性行为及非婚同居的现象不断增加，要求确认或否认亲子关系的纠纷时有发生，与此相关的典型事例也时常见诸报端杂志。但尽管如此，生母在与不同男性之间保持性关系的情形下受胎，在目前仍属于少数或者个别现象。③ 因此，从社会整体概率来看，以及基于尊重婚姻道德、有利于保护子女的权益和维护家庭关系的和谐与稳定等诸多考虑，各国在确定亲子关系上，均

---

① 参见费孝通：《生育制度》，商务印书馆 1999 年版，第 73—74 页。

② 有一种解释认为，婚生子女的推定作为一项法律制度被设定的原因在于，婚生子女诞生的事实须为母（夫之妻）所生，但受胎是否为夫之所为，却很难辨认，易形成纠纷，需要法律规定相应的原则加以确认，以保障子女的利益。参见于静：《比较家庭法》，人民出版社 2006 年版，第 178 页。

③ 有学者指出，在现代社会中，婚外性行为在任何国家都普遍存在。参见王丽萍：《亲子法研究》，法律出版社 2004 年版，第 53 页。

以立法的形式采用婚生子女推定制度。[①] 在创设婚生子女推定制度之初，人们还无法像今天这样能够利用 DNA 鉴定手段准确地确认作为父亲的自然血缘身份，当时由于缺乏可靠的技术手段来确认作为父亲的自然血缘身份，应当被认为是不得不采用这种法律推定制度的主要动因之一。在当今社会，尽管人们能够采用 DNA 鉴定手段等来准确地确定生物学上的亲子关系，但是，要求人人在子女出生时都必须通过 DNA 鉴定以确定自然血缘的父亲身份，不仅涉及社会成本问题，重要的是还涉及有关当事人（主要是指父母或者其他第三人）的隐私权及子女最佳利益保护等法律问题。

现今各国在立法上继续沿袭或者传承婚生子女的推定制度，更多的是考虑保护子女的最佳利益、家庭关系的和谐与稳定，及有关当事人的隐私权，而并不在于过分强调婚生子女与同时被推定为具有父亲身份的人之间是否具有生物学上的血缘关系。[②] 对此，有学者认为，婚生推定制度并非仅基于婚姻中受胎的子女是夫的子女这种一般的盖然性，而是为确保子女的地位安定、成长安全所承认的法律上制度，尽可能不使无责任的子女负担因非婚生子女所导致的社会上及法律上的不利益。因此，法律上的亲子关系未必以血缘上、生物学上亲子关系为限。设计婚生推定这种亲子关系技术，其目的旨在从外形的事实构筑安定、确定身份关系的制度，以确保子女的利益。[③] 婚生子女推定的制度，它是以未成年子女利益的保护为优先，并非完全取决于自然

---

① 我国现行立法虽然未对婚生子女推定制度作出明确规定，但在实务上将其作为习惯法加以沿行，并且最高人民法院有关司法解释当中对此亦加以肯认。例如，最高人民法院在《关于夫妻离婚后人工授精所生子女的法律地位如何确定的复函》中指出："在夫妻关系存续期间，双方一致同意人工授精，所生子女应视为夫妻双方的婚生子女，父母子女之间的权利义务关系适用《婚姻法》的有关规定。"

② 有学者指出，从比较法角度来看，英美法系国家的立法在判断子女是否婚生时，注重的是合法婚姻关系的存在，而大陆法系国家的立法则注重婚姻的合法性和父系血统的正统性。参见祈英香：《婚生子女制度探析》，载《青海民族学院学报》2002 年 4 月。转引自于静：《比较家庭法》，人民出版社 2006 年版，第 176 页。

③ 参见〔日〕水野纪子：《嫡生推定、否認制度の將來》，载《ジユリスト》1059 号（1995 年），第 117 页。转引自许士宦：《证据收集与纠纷解决》，台北新学林出版股份有限公司 2005 年版，第 474 页。

科学的所谓血统主义或者血统上的真实。[1] 可见,由于实行这种亲子关系上的法律推定,使得现有的亲子关系及家庭关系身份处于稳定状态,有效地维护了子女的利益。这种身份关系的安定性一举免除了生母或子女对亲子之间是否存在血缘关系的证明责任,使得子女至少在亲子关系的认定上处于一种优势地位。

对婚生子女身份的认定,在其母亲的身份具有确定性的前提条件下[2],通常主要涉及对父亲资格与身份的确认,这就必须要求同时采用法律上和生物学上(例如DNA鉴定)两种方法或路径才能得以确定。然而,作为一种制度而言,对于婚生子女身份的推定,仅仅采用了法律上的路径,即仅以子女的出生以及父母之间存在婚姻关系作为这种法律推定的前提事实,并且采用传统意义上的惯性思维方式,不再考虑采用生物学上的标准来认定血缘关系的真实与否。"在婚生的推定下,除非并直至得到相反的证明(如血液检验和DNA检验),一对已婚夫妇生育的孩子被视为丈夫的孩子。对亲子身份的推断源于婚姻关系。这种推断适用于任何在婚姻期间怀孕或者出生或是在婚姻结束后(由于死亡或离婚),经过正常的妊娠期出生的儿童。"[3]从某种意义上,作为婚生子女身份的推定,也包含着该婚生子女与被推定为具有父亲资格和身份的人之间存在自然血缘关系的逻辑关系。[4] 但是,对于婚生子女身份的推定毕竟是一种法律上的推认,有时难免与客观事实不符,也就是说,在事实上,有时并不能够排除,该被推定为婚生子女的人与经推定所确认的与子女具有亲子关系的男性之间并不存在自然血缘关系,更有甚者,该被推定为婚生子女的人与被推定为具有母亲资格和身份的人之间也并不存在任何自然血缘关系。为了对有

---

① 转引自许士宦等:《父子关系诉讼之证明度与血缘鉴定强制——以请求认领子女之诉及否认婚生子女之诉为中心》,载台湾地区"民事诉讼法"研究基金会编:《民事诉讼法之研讨》(九),台北三民书局2000年版,第18页。

② 在某些特定情形下,也不能排除对某些所谓"婚生子女"与其母亲之间并不存在生物学上的血缘关系的情事,例如,在医院里抱错孩子的现象,或者其他特例情形下发生的"偷梁换柱"事件。

③ 〔美〕凯特·斯丹德利:《家庭法》,屈广清译,中国政法大学出版社2004年版,第246页。

④ 在美国,普通法将父亲界定为"与子女具有血缘关系,与子女的母亲具有合法或社会关系者"。转引自官玉琴:《亲属身份关系权理论与实务》,厦门大学出版社2007年版,第137页。

关当事人的权利加以必要的救济，许多国家在立法上同时设定婚生子女否认之诉制度，允许利害关系人在符合法律规定的条件下利用诉讼程序推翻这种法律上的推定。

根据《美国统一亲子法》第 4 条及参考该法的有关州法规的规定，在下列四种情况下，推定父子关系存在，承认子与父的婚生子关系：(1) 父母结婚，子于婚姻存续期间出生；(2) 子自父母的婚姻无效、撤销、别居或者因死亡、离婚的婚姻解除之日起 300 日内出生的；(3) 父母结婚，父已认领子的；(4) 母在婚前怀孕，子于父母结婚后出生，其后父已认领该子的。这种婚生推定在普通法影响下属于强制推定。

《法国民法》第 311 条规定，法律推定子女系在其出生之日的前第 300 天至第 180 天期间内受孕（第 1 款）。第 300 天与第 180 天包括在内（第 2 款）。视子女的利益所要求，受孕时间推定为该期限内的一任何时候（第 3 款）。但推翻这一推定，任何相反证据均可予以受理（第 4 款）。

（四）否认亲子关系之诉及其基本要义

否认亲子关系之诉，又称否认婚生子女之诉。通常而言，在社会上所被认同的某一家庭中的亲子关系，是根据婚生子女推定制度所产生的结果。根据婚生子女推定制度在法律上确定的子女系婚生子女，在事实上，并未根本或最终解决该子女与被推定具有生父身份的男子之间是否存在自然血缘关系的问题。或者说，并未真正解决该子女是否系其生母因受其夫（即被推定具有生父身份的男子）之胎而生育的问题。为了平等地保障各方当事人的合法权益，以体现法律的公正与公平，各国在设定婚生子女法律推定制度的同时，还规定有对婚生子女的否认制度。由相关权利人在诉讼上提起否认婚生子女之诉便是贯彻落实这一制度的基本程式。在法律上设定亲子关系否认制度所追求的是亲子关系的真实性，其被推定为具有生父身份的男子究竟是否与该子女之间存在自然血缘关系。

关于婚生子女否认制度的性质，学说上主要有这样几种观点：第一种观点认为是确认之诉;第二种观点认为是形成权[①];第三种观点认为是兼有确认之诉和形成权两种性质[②];第四种观点对无论采用确认之诉或者形成之诉的见解均认为有疑问[③];第五种观点认为是请求权或者诉讼请求权。[④] 其中,第一种观点为一些日本学者所主张[⑤],而第二种观点则属于近年来日本和我国台湾地区的通说。[⑥]

在现实生活中,设定亲子关系否认制度有时未必符合子女的最佳利益。例如,甲男、乙女系夫妻关系,结婚后多年未有子女,后经医学鉴定甲男无生育能力。后来在婚姻存续中,乙女在人到中年时生下一

① 参见史尚宽:《亲属法论》,中国政法大学出版社 2000 年版,第 547 页。有学者认为,讨论否认婚生推定之权,其权利性质与基此提起的诉讼关系甚为密切。根据实务上的见解及学者见解,均认为婚生推定在夫或妻提起否认之诉将其推翻之前,子女出生时,即推定为婚生子女,且第三人也不得否认,则否认权行使的结果,有使婚生子女发生身份关系消灭的结果,似属形成权,且此项否认权的行使,只得以诉讼方式进行。因此否认子女之诉,其性质宜理解为形成之诉。参见陈计男:《民事诉讼法论》(下),台北三民书局股份有限公司 2005 年版,第 526 页。

② 这种观点认为,它系民事实体法上的一种制度,从民法保护方法上来看,该制度并非给付之诉,也非变更之诉,而是确认身份关系有无的制度,故系确认之诉。从这种权利的性质来看,既非请求权,也非支配权,而是因一定的事实而形成某种身份关系,因此是形成权。参见杨立新:《婚姻家庭法》,人民法院出版社 2009 年版,第 277 页。

③ 这种观点认为,确认之诉是在确认现在的权利和法律关系的存否,而事实上的父子(女)关系须经生父认领才产生法律上的父子(女)关系,在法律上的父子(女)关系未发生之前,不能成为确认之诉的对象。另外,无论是我国台湾地区的旧法或者新法均系向生父请求认领,而并非如日本民法所规定的"得提起认领之诉",因此,将强制认领之诉理解为形成之诉,似乎不妥。参见林秀雄:《婚姻家庭法之研究》,中国政法大学出版社 2001 年版,第 178—179 页。

④ 参见李志敏:《比较家庭法》,北京大学出版社 1988 年版,第 211—212 页。

⑤ 参见〔日〕干保不二雄:《亲子》(现代家族法の基础理论),日本评论社 1950 年版,第 30 页。转引自林秀雄:《婚姻家庭法之研究》,中国政法大学出版社 2001 年版,第 178 页。

⑥ 参见〔日〕中川善之助:《新订亲族法》,第 392 页。我妻荣:《亲族法》,第 246 页;锻冶良坚:《亲族法讲义》(改订版),第 94 页;中山淳:《亲族法逐条解说》第 227 页。转引自林秀雄:《婚姻家庭法之研究》,中国政法大学出版社 2001 年版,第 178 页。

子丙,甲男乙女欢欣不已,甲男更是对丙厚爱有加。在此情形下,如果顾及否认该子丙在生物学上的亲子关系,将可能导致家庭破裂,抑或不符合丙的最佳利益。但是在另外一些情形下,设定亲子关系否认制度未必不符合子女的最佳利益。这是因为,由于婚外性行为及非婚同居的现象处于不断上升的趋势,基于某种原因,有时被推定为子女生父的男子会对其子女是否与其具有自然血缘关系产生猜疑,甚至私下背着子女的生母去作 DNA 鉴定,虽然这种属于单方私下委托的亲子鉴定结论在法律上尚不足以直接否定有关婚生子女的法律推定,而必须经过司法程序加以确认。但是,当一个心存芥蒂的男子面对其被推定为子女生父的身份产生合理的怀疑,或者明知其并非亲生子女时,在多数情形下,生活在这一家庭的子女可能不再会有任何幸福感。在这种情形下,更有理由使处于这种境地的子女享有知情权,也就是享有知道其出身及其生父究竟为何人的权利。因此,从某种意义上讲,亲子关系否认制度有助于使已处于无奈之中的子女告别过去,这样才会有可能尽早真正享受到生父抚养的权利。

婚生子女的推定包含着在法律上对亲子关系予以推设之意,但是,在法律上实行婚生子女的推定主要依据的是父母婚姻关系存续的事实状态,它是推定父母子女之间存在生物学上血缘关系的法律基础;而提起否认亲子关系之诉,主要针对子女与被推定为具有生父或者生母身份的人之间是否存在血缘关系,而并非是针对被推定为婚生子女的生父与生母之间是否存在婚姻关系。因此,婚生子女界定制度以及婚生子女推定制度的建立,是产生否认亲子关系之诉的前提条件。事实上,在法律上允许利害关系人提起否认亲子关系之诉,是对亲子关系法律推定制度的一种必要限制,有助于弥补亲子关系推定制度上的欠缺与弊害,同时,在符合法律所规定条件的基础上查明亲子关系的客观真实性,也有助于兼顾与平衡亲子关系双方当事人的合法权益,在某种情况下,也可使与子女之间具有真实血缘关系的诉讼外第三人承担起应有的社会责任与义务。

有关当事人提起否认亲子关系之诉的前提条件是,各国均在法律上以婚姻关系作为对婚生子女推定制度的事实基础。为了维护婚姻家庭关系的安定性及未成年子女的最佳利益,各国均不允许任意否认婚生子女,只有适用严格的诉讼程序才能否认。

(五) 否认亲子关系之诉及其程序架构

在亲子关系中,作为父子(女)亲子关系的当事人通常包括被推定的父亲和子女,在民法上享有否认权的也应是被推定的父亲和子女,在诉讼法上作为诉讼相对人的亦应是被推定的父亲和子女。当被推定的父亲提起否认之诉时,其诉讼相对人应当为被推定的子女;而子女提起否认之诉时,其诉讼相对人应当为被推定的父亲。但是,从比较法的角度来看,关于否认之诉的相对人即诉讼程序上的被告,各国在立法上有不同的规定。[①] 例如,根据法国法的有关规定,子女未成年时,其否认之诉须由监护法官为子女指定的特别监护人提出。根据法国民法的有关规定,提起否认亲子关系之诉的原告当事人,仅限于被推定为父亲的丈夫。[②] 另外,根据法国法的规定,子女的生母、生母的丈夫、丈夫的继承人在一定条件下可以提出婚生否认之诉。[③] 瑞士法

① 确认亲子关系存否之诉的父、母、子三者之间,是否有合一确定的必要,抑或父子关系与母子关系可以分别为个别的诉讼标的,学界及实务界有不同的见解。日本"二战"前的通说认为,婚生亲子关系应理解为父母与子之间应合一确定(或称合一说、固有必要的共同诉讼说)。因此,亲子关系确认之诉的适格当事人,分别依不同情况来加以确定,也就是:(1) 由子提起时,如父母尚生存时,须以父母为共同被告;(2) 由父母作为共同原告提起时,以子作为被告;(3) 父母的一方情况不明,由父母任何一方提起时,须以他方及子作为共同被告;(4) 如由有确认利益的第三人提起时,原则上以父、母、子作为共同被告。我国台湾地区学者骆永家教授也采用该说。1955 年前后,日本实务界开始提倡个别说,该说认为,婚生亲子关系存否确认之诉,父子关系与母子关系应理解为个别的诉讼标的法律关系,父、母、子三者之间,并无合一确定的必要。因此,适格的当事人可由个别亲子关系的一方(亲或子)作为原告,以他方(子或亲)作为被告,由有确认利益的第三人提起时,以个别亲子关系的亲及子作为共同被告。由于个别说有使确认父子关系不存在之诉的当事人适格问题,变得单纯化、明确化的优点,逐步在实务界受到重视,赞同的学者也逐渐增加。现在的日本学说、判例,几乎均以个别说作为思考方式,实务界也将根据这一观点来进行运作。参见李木贵:《民事诉讼法》(下),台北元照出版有限公司 2007 年版,第 8-82 至 8-83 页。

② 根据《法国民法》第 312 条、第 316 条之一规定,如果丈夫在尚未提起否认之诉时即已死亡,而提出该否认之诉的时效尚未届满,夫的继承人有权对夫的子女之身份提出异议。

③ 参见陈苇主编:《外国婚姻家庭法比较研究》,群众出版社 2006 年版,第 281 页。

规定，丈夫提出的否认之诉，相对人是子女及其母。根据《瑞士民法》第256条、第258条的有关规定，对子女关系推定提起否认之诉的权利人包括：(1) 被推定为父亲的丈夫，可对子女关系推定提起否认之诉；(2) 在子女未成年时夫妻共同生活已停止的，该子女对母及其夫可提出否认之诉。德国法规定的系撤销申请权，其相对人应理解为推定所确认的具有亲子关系的父亲或子女。根据德国法的有关规定，关于父亲身份的撤销权人的范围包括：(1) 具有父亲身份的男子；(2) 母亲；(3) 子女。埃塞俄比亚法对否认之诉的相对人，仅规定为子女，包括未成年人。根据《埃塞俄比亚民法》的有关规定，有权提起否认之诉的权利人只能是通过适用法律规范被赋予父亲身份的人。如否认权人对未成年人提起否认之诉时，法院可以为该未成年人指定特别保佐人以做其代表（第795条）。

在否认亲子关系之诉中，虽然实行能动的职权探知主义，但是，原告在起诉之后仍负有相应的事实陈述义务及负担相应的证明责任。对此，有一种观点认为，在否认亲子关系之诉中，即使法院实行积极的职权探知，原告在起诉时仍具有一定的义务。这种义务，在日本立法及实践中，被称之为“原告对事实负有具体陈述的协力义务”。这是因为，在否认亲子关系之诉中，法院职权探知义务的发生，从某种意义上讲，与原告进行事实陈述的程度相关。也就是说，只有在原告具体陈述的基础上，法官的职权探知才能做到有的放矢，才能真正探寻到案件真相或重要事实，进而作出符合实际的判断和裁决。[①] 由于法院在亲子关系案件中可依职权主动开展证据调查，不以包括原告在内的当事人所提供的证据为限，并且通过对原告进行询问，调查了解有关事实。作为原告一方的当事人应当将概括的陈述加以具体化。在职权探知主义条件下，原告的具体陈述仅须陈述至有关子女的生母与其没有性行为，或者在子女受胎期间，原告与该子女的生母处于分居状态即足矣。而作为该诉讼的相对人即被告，仅须作抽象的陈述即可。在否认亲子关系之诉中，除由原告负担相应证明责任之外，法院可主动调查证据，并且可以对当事人未提出的事实及未提供的证据加以斟酌，如果在穷尽所有的证明方法之后事实仍处于真伪不明状态，仍由

---

① 参见陈爱武：《人事诉讼程序研究》，法律出版社2008年版，第196—197页。

该诉讼中的原告承担不利的后果。

（六）亲子关系否认之诉对所需证据的基本要求

在亲子关系否认之诉中，通常作为原告的夫采用诉讼的形式来推翻有关婚生子女法律推定，使得其与作为被告的子女之间的父子关系不存在于司法上被确认。为此，有些国家就推翻（有关亲子关系的推定）婚生推定所需要的证据作出相应规定。根据英国的普通法规定，"如夫能举证'不接近'的事实的，可推翻婚生推定，但仅能证明妻与人通奸的，尚不足推翻婚生推定"[①]。如果有关当事人（尤其是子女生母的丈夫）提起否定亲子关系之诉时，英国法曾经要求其应提供证明在子女的受孕期内夫妻不存在婚内性关系的证据，为此，他必须证明其在此期间不在英国的司法管辖区之内（例如留居海外）。后来，英国法院也接受丈夫入狱或者丈夫丧失性能力等作为在子女的受孕期内，丈夫无法与妻子发生婚内性关系的证据。

在原告提起否定亲子关系之诉中，美国法院也接受原告提交的用于证明夫妻分居不可能发生性关系的证据。如果原告不能提供子女的受孕期内夫妻没有发生性关系的证据，法院只能接受明确的血缘检测方面的证据。在此情形下，诉讼相对人应当承担相应的证明协力义务，也就是提供自己的血液，以供检测使用。另外，《美国统一亲子法》及美国许多州立法大都明确规定，有关父子推定规定的父子推定，仅可以明确及确信的证据加以推翻。这种明确及确信的证据，从民事证据的证明程度来看，就是要求较为高度证明度。[②] 例如，亚拉巴马州上诉法院于 1985 年 *Finkenbinder v. Burton* 讼案中判决认定，父子推定仅可依据证明夫系子之父在自然上、物理上或者科学上不可能的明确且确信的证据加以推翻。但是，根据衡平法原理，对父子推定的否认在一定情形下也不被准许。也就是，法院在维护子女最佳利益的情形考虑下，利用禁反言（estopple）及平衡法上的亲等（equitable parent）原理，否定父子推定被推翻。例如，在亲将子与亲生子女同样养育的情

---

① 参见王竹青、魏小莉编：《亲属法比较研究》，中国人民公安大学出版社 2004 年版，第 135 页。

② 参见许士宦：《证据收集与纠纷解决》，台北新学林出版股份有限公司 2005 年版，第 447—448 页。

形下,或在亲已协助子的监护、养育的情形下,法院利用这一原理,判定不准许否认亲子关系。因此,可见对生物学上亲子关系存否的确定,未必均有助于子女的最佳利益。①

在德国,对于婚生子女推定的否认,只有提供证据证明夫妻在受胎期间并无同居的事实时,才可推翻。否则,只有经过血型或遗传生物学的检查,才可推翻这种婚生性推定。② 而在法国,根据其民法规定,被推定为子女之父的夫,如果能够提供在受胎期间不能与妻同居的物理事实的证据,则可在否认之诉中获得胜诉。

另外,有的国家对在亲子关系否认之诉中的某些证据方式加以排除。例如,根据日本法的有关规定,除了个别特殊情形以外,证人证言应当予以排除,以防止证人与亲子关系否认之诉中的一方(父或母)串通提供虚伪陈述。③

在现代社会条件下,随着现代生物医学的飞速发展及在司法领域的应用,DNA 鉴定被法院普遍接受为否定亲子关系的直接证据。因亲子关系纠纷案件涉及社会公益,一些国家在审理此类案件时表现得较为审慎,也就是说,通过血型检测或者遗传生物学的检查方法确定或者否定亲子关系,通常并非首选的证据方法,只有在这种证据方法具有唯一性或者不可替代性时,并且,经过利益衡量,法院认为确有必要采用这种较为极端而可靠的证明方法确认亲子关系时,才可根据有关当事人的申请,或者依职权要求有关当事人进行血缘检测或者 DNA 鉴定,从而为有关当事人设定证明协力义务。

当然,在审理个案中,是否采用这种直接的证明方法来确定某一父子之间是否存在自然血缘关系,要由法院据情作出判断。这是因为,一方面,采用这种证据方式所能够实现的预期证明目的,势必将涉及子女最佳利益原则及有关当事人隐私权的保护等考虑。因此,在有些案件当中,发现事实真相并不是审理案件和作出司法裁判的优先目标,它有时不得不让位于婚姻家庭关系的和谐与更有利于保护子女的

---

① 参见许士宦:《证据收集与纠纷解决》,台北新学林出版股份有限公司 2005 年版,第 447—448 页。

② 参见王竹青、魏小莉编:《亲属法比较研究》,中国人民公安大学出版社 2004 年版,第 130 页。

③ 参见〔日〕松本博之:《人事诉讼法》,弘文堂 2006 年版,第 332 页。转引自陈爱武:《人事诉讼程序研究》,法律出版社 2008 年版,第 197 页。

最佳利益。另一方面，即使法院在审理个案当中认为有必要采取DNA鉴定这种当今最为可靠的证明方式，来确定父子之间的自然血缘关系，如果有关当事人甚至诉讼外第三人拒不履行法院在司法上为其所设定的证明协力义务，也就是拒不配合去抽血、提供血样，法院也并无采取相应强制措施的法律依据，因为毕竟涉及当事人人格尊严、身体的完整性、隐私权及其他人身利益。在这种情形下，法院只能根据个案情形、有关当事人和诉讼外第三人拒不履行证明协力义务所提出的理由，以及作为原告的当事人所提供的证据、事实陈述等证据资料，对案件事实作出综合判断。如果作为原告的当事人能够提供相关证据证明，原告与其子女的生母在受胎期间不存在性关系的事实，在某些情形下对法院作出对其有利的裁判可能会产生积极的影响。在实务上，当夫提起否定亲子关系诉讼时，不得毫无根据地要求相对人或者诉讼外第三人接受DNA鉴定，除非他能够提供有助于证明在子女受胎期间被推定的父亲与母亲之间未发生性关系的初步表面证据，这些证据具体可包括能够有助于证明在妻受胎期限内，夫因外出两地分居、监内服刑、生病住院或者服兵役、因病住院等与妻并无同居的事实，或者夫妻感情疏离而分床别寝，或者夫有生理缺陷而不能发生性关系、无生育能力、已实施男性结扎术，或者妻在与夫同居前已怀孕而无法由夫受胎等。事实上，当事人采用这些证据来证明涉及亲子关系案件中的事实，以及法院对这些证据能否证明原告的事实主张的采认作出判断，在DNA鉴定技术出现之前，是当事人通常采用的证明方法，以及法院通常认证所需要的证据材料。

对此，为了慎重起见，应当允许作为被告方的相对人提出相应的反驳证据。对于双方所提出的本证与反证，法院应当进行审查判断（即证据的自由评估），以决定是否能够获得内心确信。如果法院通过证据自由评估不能够在确定亲子关系上获得内心确信时，为了证据调查的需要，在必要时，法院可依职权决定采用DNA鉴定方式，从而为双方当事人设定相应的证明协力义务。这是因为，亲子关系案件属于身份关系案件的范畴，实行职权探知主义，在财产关系案件中实行的主张责任与证明责任相结合原则以及辩论主义受到限制。由身份关系的公益性以及实行国家干预主义所决定，在职权探知主义架构下法院实行的证据调查，双方当事人都应当履行相应的证明协力义务。相较而言，在涉及财产关系纠纷案件中，虽然由法院发出命令或指示，但是,在原则上均以举证人提出相关的申请为前提。而在身份关系案件中,法院进行的证据调查不以相关人[①]的申请为前提,法院自应依职权作出相应的判断与决定。

实际上,即使有关利害关系人能够提供初步表面证据,也不能够当然为相对人或者诉讼外第三人设定相应的证明协力义务,这是因为,是否接受 DNA 鉴定,还要取决于法院按照有关实体法原则及公共政策据情作出判断,只有当法院向诉讼相对人或者诉讼外第三人发出指令的情形下,才能使该诉讼相对人或者诉讼外第三人承担相应的证明协力义务,也就是有义务接受 DNA 鉴定。

八、确认亲子关系之诉的基本范畴

(一) 非婚生子女的界定及其相关制度

所谓非婚生子女,是指没有婚姻关系的男女所生子女。

非婚生子女的范围主要包括以下情形:(1) 无婚姻关系的妇女(如单亲母亲)所生的子女;(2) 已婚妇女所生的后又被法院的判决所否定婚生子女推定的子女;(3) 已婚妇女所生的不受婚生性推定的子女。

非婚生子女与母亲关系的确认,是基于"母卵与子宫一体"的原理,采用罗马法"谁分娩谁为母亲"的原则,根据生理上的出生分娩的事实而发生法律上的母子(女)关系。[②] 以这种生理学上的事实状况为基础,各国在法律上大都采认,基于子女出生的事实或者在出生证上登记母亲的姓名便可自动取得母亲的身份。除此之外,对母亲身份的确认,还可通过认领、诉讼、身份占有的事实等方法进行。

关于非婚生子女与父亲关系的确认,因无法通过分娩的客观事实作出确认,同时非婚生子女的父亲身份也难以通过推定的方式来加以

---

① 这里的"相关人"不宜等同于财产纠纷案件中的举证人。

② 参见杨立新:《婚姻家庭法》,人民法院出版社 2009 年版,第 287 页。

确定，因此确定父亲的身份比确认母亲的身份显得更为复杂、困难。[①]从各国在法律上所采用的惯常做法来看，主要通过自愿认领和强制认领的方式进行。

（二）非婚生子女的认领

非婚生子女的认领是指，生父承认非婚姻关系内出生的子女为自己子女的行为。它包括自愿认领与强制认领。[②]

所谓自愿认领又称任意认领，是指生父自愿承认该子女为自己所生，并领为自己子女的行为。[③] 所谓强制认领又称亲的寻认，是指生父对具有自然血缘关系的非婚生子女不愿认领时，在法律规定的条件下，非婚生子女、其生母或者其他法定代理人向法院提出诉讼请求，由法院采用判决形式强制生父认领该非婚生子女的行为。[④] 强制认领与自愿认领相对而言，具有同等法律效力，二者共同构成非婚生子女的

① 关于生父身份的确认，美国《统一父母身份法案》所规定的确认生父的主要依据有：父母间存在婚姻关系；在子女出生前，被指认的生父准备与生母结婚，但婚姻无效或者被撤销；在子女出生后，被指认的生父与生母结婚或者采取其他形式表示对孩子的承认；被指认的生父将孩子带回家并作为自己的子女在公开场合出现；被指认的生父通过正式文件得知其为孩子的生父，而并未对其生母提出异议。除此之外，与确认生父相关的证据还包括：(1) 在受孕期间生母与推定的生父有性关系；(2) 专家根据母亲受孕期间统计数字所提出的意见；(3) 血亲鉴定结论；(4) 有关专家测试的医学或人类学的证据；(5) 其他与确认生父有关的证据。参见王竹青、魏小莉编：《亲属法比较研究》，中国人民公安大学出版社2004年版，第136页。

② 有一种观点认为，认领是指对非婚生子女承认为其父而领为自己子女的行为。认领为父的单独行为，无须非婚生子女或母的同意。参见史尚宽：《亲属法论》，中国政法大学出版社2000年版，第559—560页。

③ 有一种观点认为，自愿认领是生父的单独行为，无须非婚生子女或母的同意，以父的意思表示足矣。认领的权利归父享有，其父的家庭其他成员不享有这项权利。该权利的性质为形成权。认领权归于生父，非婚生子女或其母可请求认领，但最终认领应由生父同意或经法院裁判。参见杨立新：《婚姻家庭法》，人民法院出版社2009年版，第293—294页。

④ 有一种观点认为，所谓强制认领，是指应被认领人对于应认领而不为认领的生父，向法院请求确认其生父关系存在的行为。参见史尚宽：《亲属法论》，中国政法大学出版社2000年版，第568页。有一种观点认为，在强制认领所涉及的确认亲子关系之诉中，非婚生子女的生母既可作为原告，也可作为被告。参见陈苇主编：《外国婚姻家庭法比较研究》，群众出版社2006年版，第323页。

认领制度。

在实务上，强制认领主要发生在如下两种情形：(1) 未婚女子所生的子女，当生母指认的生父不承认该子女系他所生时，生母向法院提起的要求确认其生父身份之诉的；(2) 已婚女子与第三人所生子女，生母指认第三人为子女的生父而被该第三人否认时，生母向法院提起的确认该第三人为生父之诉的。

在民法上，强制认领受到一定的限制，这种限制又被称为不贞抗辩，即生母于受胎期间与他人有通奸或为放荡生活的，不适用强制认领的规定。有一种观点认为，其立法的目的主要是为了保障司法公正，防止生母随意指向某一人，有失公允。该项制度以法国民法的规定最为完善。[①] 不贞抗辩应与生母与多人情交的情事有关，但在生物科学技术日趋发达的今日社会，被告显然能够提供更为可靠的足以否定亲子关系的证据，从而使这种单纯不贞抗辩的价值已显得今非昔比。

(三) 确认亲子关系之诉

确认亲子关系之诉，又称确认生父之诉、请求认领子女之诉。确认亲子关系之诉属于强制认领制度的基本范畴。

各国在法律上设置强制认领制度，主要是基于保护非婚生子女的利益，以及促使非婚生子女的生父履行抚养子女义务等立法意图而实行的国家干预主义，体现了国家的强制力。从比较法的角度来看，大多数国家的法律规定在子女的生父不为自愿认领时，非婚生子女、其生母或其他利害关系人可以对子女的生父提起要求认领之诉。

在当今社会，婚外性行为有逐年上升的趋势，这既是一种社会现象，又有可能因婚外性行为而使女方受胎生育，从而导致因涉及非婚生子女利益保护而形成的法律问题。随着生物领域科学技术的飞速发展，特别是 DAN 鉴定技术的问世及其在司法领域的应用，为否定或者肯定亲子关系提供了科学依据和有力的证明方式。在实务中，当有关利害关系人向法院提出确认亲子关系之诉时，被指认为非婚生子女生父的被告往往否认与特定子女之间存在自然血缘关系，因此大都会选择缺席审理，即使法院向其发出配合鉴定的指令，为其设定证明协

---

① 参见于静：《比较家庭法》，人民出版社 2006 年版，第 192—193 页。

力义务,被告大多也会拒不履行这种义务。在许多情形下,法院也会对原告是否滥用诉权产生某种顾虑。故此,为了审慎起见及平衡双方的利害,当有关利害关系人在提起确认亲子关系之诉,或者当原告向法院提出申请要求对方做 DAN 鉴定时,法院通常会要求原告提出与此相关的初步表面证据,例如,生父的日记、情书、劝告堕胎的信函等,可用以证明其为生父的证据。对此,我国台湾地区“民法”第 1067 条规定,在仅限于下述四种情形下,才能够请求生父的认领,即:(1) 受胎期间生父与生母有同居的事实;(2) 由生父所写的文字材料(如生父的日记、情书、劝告堕胎的信函等)可证明其为生父的情形;(3) 生母为生父强奸、略诱成奸所生子女的情形;(4) 生母因生父滥用权势成奸所生子女的情形。对此,林秀雄教授指出,该规定从形式上来看,是效仿法国民法而来,难以摆脱主观主义的色彩。因为并非在任何情形下只要有事实上的亲子关系存在,均可请求认领,而是须有法定的四个原因之一的,才可请求生父认领,因此,纵有事实上亲子关系的存在,但不合法定原因,则不得请求认领。[①]

根据有关国家的普遍规定,提起确认亲子关系之诉的原告应就其所主张的事实负担相应的证明责任。[②] 鉴于这种诉讼的特殊性,有关国家于立法上大多对法院在司法上所能够采认的事实和证据作出明确规定。例如,根据《法国民法》第 340 条的规定,在下列情形下,法院可在司法上确认婚外父子(女)关系成立:(1) 被主张的生父诱拐或者强奸生母发生的时间与怀孕时间相符时;(2) 以欺诈、滥用权利、允诺结婚或订婚等手段诱奸生母的;(3) 存在出自所谓的父亲之手的信件或者其他文字、字据完全能够确认父子(女)关系的情形;(4) 所主张的父与母曾在怀孕法定期限以姘居方式同居,并有稳定、持续关系时;(5) 被主张的生父曾以父的身份供给或参与供给子女的抚养、教育或安置费用。另外,意大利、比利时、秘鲁等国也有类似的规定。但是,就整个世界范围来看,各国(或地区)在立法上对法院应采用何种证据确认亲子关系的成立存在较大差异。

---

① 参见林秀雄:《婚姻家庭法之研究》,中国政法大学出版社 2001 年版,第 180 页。

② 参见王竹青、魏小莉编:《亲属法比较研究》,中国人民公安大学出版社 2004 年版,第 144 页。

在因确认生父提起的民事诉讼中,法院可以根据一方当事人的请求,要求子女、母亲或者被指认为生父的人提供血亲鉴定结果,以确定生父。[1]

九、亲子关系案件中有关当事人的证明协力义务

在亲子关系诉讼案件中,有关当事人的证明协力义务与当事人在实体意义上的诉权具有附随性,这种附随性具体表现在,当法律上赋予利害关系人就有关子女的身份关系的主张享有实体意义上的诉权时,如果有关利害关系人提起否认亲子关系之诉,或者确认亲子关系之诉时,为了查明自然血缘关系的事实真相的需要,当法院认为有必要进行血液检测而向诉讼相对人发出抽血或者提供血样的命令时,即为诉讼相对人设定了证明协力义务。但是,当实体法并未赋予有关利害关系人享有否认生父的权利或主张生父的权利时,或者限制其这项权利时,有关利害关系人的诉讼请求和事实主张就无法实际进入司法程序,法官也就无法具体就采用何种证据方法满足其证据调查作出判断,因此也就不存在为相对人设定证明协力义务的前提条件。例如,美国《统一父母身份法案》(The Uniform Parentage Act)限制那些没有婚姻关系的男子(outsider)向已婚妇女所生育的子女主张生父的权利。另外,在审判实践中,除了科罗拉多州高等法院以外,其他大部分州的高等法院也限制婚外人主张在一个婚姻关系仍处于存续状态中被推定为婚生的子女为非婚生子女。[2]

在采用职权探知主义的程序上,法院是因受理系争诉讼案件,才知悉当事人之间发生如此纷争,故法院往往比当事人更远离纷争事实、更不知悉案情;并且,即使在采用职权探知主义的诉讼程序中,因受限于法院的人力与物力,其探知的能力也相当有限。就此而言,为了寻求程序经济、程序效益,即使在采用职权探知主义的程序中,也应责令由当事人就事实、证据的收集或提出,负一定程度的协力义务。另一方面,证明妨碍、事案解明义务等法理,也可成为肯定当事人负协

① 参见王竹青、魏小莉编:《亲属法比较研究》,中国人民公安大学出版社2004年版,第144页。

② 参见Harry D. Krause, Family Law,法律出版社1999年版,第167—169页。

力义务的法律根据。[1]

第二节 亲子关系诉讼案件中的司法原则与价值理念

一、注重维护身份关系稳定性与兼顾追求血缘关系真实性相结合的原则

(一) 两个支点间的均衡与兼合

在亲子关系问题上,各国均设定亲子关系法律推定制度,进入现代社会以来,该项制度已被赋予新的功能与目的,除了有助于及时确定子女与生父间的身份关系,维护身份关系的安定性以及家庭关系和睦这些传统上的功能与目的之外,在现实条件下,还可有助于避免因追求自然血缘关系所造成的社会成本[2],有助于子女的最佳利益及有关当事人隐私权的保护。与亲子关系法律推定制度相对应的是亲子关系的否认制度,这是因为,在有些情况下,经法律推定所确认的亲子关系可能与事实真相不符,这就出现了法律上的亲子关系与自然血缘上的亲子关系不相一致的问题,为了解决这一难题以救济权利人,许多国家通过立法赋予利害关系人享有否认权,也就是以提起否认之诉的形式决定是否在司法上能够推翻这种法律推定。但是,如果有关当事人滥用否认权,就会严重影响业已存在的(经法律所推定的)亲子之间身份关系的安定性,不利于家庭关系的和谐与稳定,甚至有损于子女的最佳利益。因此,对于有关利害关系人提起否认亲子关系之诉的案件,应采取审慎的态度,不可不加任何限制。由于个案情形千差万

---

① 参见许士宦、邱联恭等:《父子关系诉讼之证明度与血缘鉴定强制——以请求认领子女之诉及否认婚生子女之诉为中心》,载台湾地区"民事诉讼法"研究基金会编:《民事诉讼法之研讨》(九),台北三民书局2000年版,第102页。

② 在当今社会,由于生物科学技术的发展,采用DNA鉴定技术便可准确地确定子女与生父之间是否存在自然血缘关系,这是在历史上创设亲子关系法律推定制度之初所无法想象的。

别,在有些情况下,以注重维护身份关系稳定性为重心,则更有利于保护子女的最佳利益和有关当事人的隐私权,而在有些情况下,以追求血缘关系真实性为重心,则更有利于保护子女的最佳利益及知情权①,还有助于促使真实生父承担其对子女的抚养义务,并且还有利于及时免除被推定为生父的人承担非亲生子女的抚养义务,以维护社会的公平。因此,在审判实践中,应当根据个案具体情形,综合各种考量因素来决定以何者为重心。

在涉及合同纠纷与侵权纠纷为主要内容的财产类诉讼案件中,与此相关的利害关系往往仅涉及当事人之间的私权利益(即私益),并且,由于采用当事人的自认、事实推定等证据方式,以及具有某种盖然性意义上的证明标准等因素,从而使得法院在该类型诉讼案件中对案件事实的发现往往局限于一种形式上的真实发现主义,即求得一种法律上的真实,即可满足司法裁判的最低标准上的法律关系。相较而言,亲子关系纠纷案件主要涉及当事人的身份关系。这种类型的案件是建立于男女之间的婚姻及亲属之间自然血统的事实关系,性质上不容私人任意处分而变更既存的身份关系。这种身份关系,不仅涉及当事人的私益,且涉及社会秩序的公益,影响第三人的利害关系。例如,在某一非婚生子女提起的请求确认亲子关系的诉讼中,原告最终获得胜诉。这种结果必然对被告在家庭中的现有地位和既得利益产生重大影响。对该诉讼外第三人而言,他会在全然不知的情形下于某一天突然被告知,他还有一个同父异母的兄弟姐妹。对此,有学者认为,一旦发生身份关系的纠纷,民事诉讼法不能不顾及诉讼影响的全面问题,从而对于身份关系的诉讼,遂采用实体真实主义、职权主义、职权探知主义、裁判绝对效力原则作为诉讼原理。②

---

①　子女有获知其血统来源的权利,为联合国 1990 年 9 月 2 日生效的《儿童权利公约》第 7 条第 1 项所规定。因此,子女获知其血统来源,确定其真实父子身份关系,攸关子女之人格权,应受宪法保障。参见台湾地区“司法院”2004 年 12 月 30 日释 587 号解释。转引自李木贵:《民事诉讼法》(下),台北元照出版有限公司 2007 年版,第 8-80 至 8-81 页。

②　参见陈荣宗、林庆苗:《民事诉讼法》(下),台北三民书局股份有限公司 2005 年版,第 935 页。

（二）现代社会条件下因科学证据所带来的挑战与抉择

在亲子关系纠纷案件中，由于自然人的身份关系不仅涉及诉讼当事人的利益，还牵扯诉讼当事人现有家庭其他成员的身份关系变动与既有权益的损益，甚至还涉及诉讼外第三人的身份关系与既有利益。由于这种类型的纠纷关乎家庭关系的稳定与社会公益及秩序，因此，长期以来，对于涉及亲子关系纠纷案件的审理，实行职权探知主义，对真实的发现强调以实体真实主义为原则，也就是追求客观真实的价值目标。但是，在现实社会中，亲子关系纠纷案件的特殊性对通常身份关系案件所提倡的实体真实主义提出了尖锐的挑战。这主要是因为，随着科学技术的发展与进步，人类已经完全掌握了通过基因分析判断父母与子女是否存在亲生关系的技术。目前，国内外通常采用亲子鉴定的主要手段有血型检验和DNA多态性检验。所谓血型检验是指采用血液中各种成分的遗传多态性标志检验。它主要包括红细胞抗原分型、人类白细胞抗原分型、红细胞酶型及血清型。所谓DNA多态性检验，主要是指采用指纹分析技术和聚合酶链式反应（PCR）技术，应用的检材可以是血液、精液或者毛发等组织。DNA亲子鉴定是目前最为准确、最为科学的鉴定方式。利用这种鉴定对非亲子关系的排除率几近100%，亲子关系的确认率为99.99%。这种发生在证明方法上的重大革命，势必对传统社会条件下亲子关系案件所应采行的实体真实主义、职权探知主义等原则产生深刻的影响。在某种意义上，采用DNA亲子鉴定这种证明方法，为在亲子关系案件的审理中贯彻与实现实体真实主义提供了可靠而便捷的条件，并且也使职权探知主义在亲子关系案件审理过程中的贯彻发生结构性的调整。也就是说，只要原告在确认亲子关系之诉或者否定亲子关系之诉中提出有关诉讼请求及事实主张，并根据法院的要求提交必要的初步表面性证据，只要法院从审理这类案件所应当遵循的司法原则及公共政策出发，认为有必要在个案中追求实体（客观）真实时，既可根据当事人的申请，也可依职权要求相关当事人接受DNA亲子鉴定。法院的职权探知主义主要被限定在，如果相关当事人拒不接受DNA亲子鉴定时，法院应当如何收集调查相关的证据，以及对当事人所未提交的证据加以斟酌这种领域与范围。但是，在诉讼上，当该鉴定将影响当事人或第三人健康、隐私时，尤其是其结果可能破坏未成年人子女既有的最佳利益时，不得采取这种血缘鉴定的方式进行证据调查。这就意味着，在诉讼上，并非不论其情形如何，均以取得血型或 DNA 鉴定等科学性证据为必要。因此，作为亲子关系纠纷案件中的一个重要特点是，在现实社会条件下，虽然能够借助先进的 DNA 鉴定技术来发现客观事实真相，但是，当因这种发现所产生的后果有违以实体法为基础所确立的司法原则及社会公共政策时，对于这种客观真实的发现在司法上应当予以必要的限制。

例如，随着科学技术的发展，关于请求认领等寻认非婚生父子关系的诉讼，亲子关系几乎能够被确切证明，因此法国 1993 年 1 月 8 日删除了《法国民法》第 340 条之一有关不受理事由的规定。[①] 该条规定，对寻认父子(女)关系的诉讼，在下列情形下不予受理：(1) 如能认定，在法律规定的有关怀孕的期间内，母亲显然行为不轨或者与另一男子有不当关系；但如果经过验血或者采取其他任何可靠的医学手段，可以认定该人不可能是子女之父时，不在此限；(2) 如所谓的父亲在上述同一期限内，因离家外出，或者因发生某种事故，从体能上判断其不可能为子女之父的情形；(3) 如经验血或者其他任何可靠的医学手段认定，所谓的父亲不可能为子女之父的情形。被主张为父之人，以血液检查或其他全部确实的医学方法证明不能为子之父的情形。虽然在亲子关系的诉讼上，可利用全部的证据方法加以证明，血液鉴定及 DNA 鉴定也作为证据方法之一，经常成为证据调查的对象，但 1994 年 7 月的《生命伦理法》则限制 DNA 鉴定的利用，《法国民法》第 16 条之十一规定，仅可在裁判程序以及为医学及科学研究的目的才能进行，新《法国刑法》第 226 条之二十八规定，个人不得自行委托作 DNA 鉴定，否则受刑事处罚。另外，在寻认非婚生子父子关系之诉的情形下，法院虽然可命令作 DNA 鉴定，但其前提是，原告必须证明重大的推定及征凭，使推论亲子关系的真实性，不得径以鉴定方法实现。并且，法官以该征凭已可形成充分的心证时，仅依该征凭判断。由此

---

① 参见〔日〕三田美枝子：《一九九三年一月八日の法律第二二號にとるフヲンス家族法の改正》，载《法学政治学论究》20 号(1994 年)，第 1 页；《フランス親子關係法における自然の權利の保護の變遷》，载《法学研究》69 卷 1 号(1996 年)，第 369 页。转引自许士宦：《证据收集与纠纷解决》，台北新学林出版股份有限公司 2005 年版，第 454 页。

可见,在法国,在亲寻子的情形下,虽然可直接证明,但在子寻亲的情形下,则要求征凭作为前提。其中所体现的价值取向在于,鼓励有养育意思的父亲寻找子女,而踌躇于确定子与无养育之意的亲子关系。由此可窥知,法国法所倡导的子女与有养育意思的父亲生活为善的价值观念。①

(三)如何认识与协调法律上亲子关系与生物学上亲子关系之间的冲突

无论是确认亲子关系之诉还是否认亲子关系之诉,均是以生物学上或父子(女)关系存否的事实作为其证明对象,这种事实真相的发现,最终所要裁判的是法律上父子(女)关系存在与否。在诉讼上,通过证据调查如能认定有关亲子之间生物学上的自然血缘关系,并以此作为裁判的基础,其结果将会导致在确认亲子关系之诉中使非婚生子女取得法律上父子(女)关系,而在否认亲子关系之诉中使婚生子女沦为非婚生子女。在审理亲子关系诉讼案件中,应当注重考虑平衡血统的真实性与以社会秩序、身份关系的安定等为重心的公益上的事项和理由。亲子关系诉讼案件也并非一味以追求实质的真实为要务,应当允许法律制度的目的与自然真实之间存在一定的差异与空间。在亲子关系诉讼上,当血统上真实性的发现与未成年子女最佳利益的保护相冲突时,对未成年子女最佳利益的保护应当优先于真实的发现。例如,以在医院中抱错子女的个案为例,如被抱错的子女已被现有的"父母"抚养十年有余,且双方家庭均甚为和谐,假如此时其中一家突然欲提起否认亲子关系之诉,对此,从法政策的观点来看,受诉法院是否有必要允许其提起该诉讼。对此情形,郑杰夫先生指出,被抱错子女已在各自家庭中受抚养达十余年之久,不仅与各自家庭成员产生深厚情感,甚至也可能发生其中的一个家庭无意追究该子女是否系其婚生子女一事,因此,宜以未成年子女的最佳利益为优先,不宜再执著地追求

---

① 参见〔日〕松川正毅:《フランス法におけるDNA鑒定と親子法》,载《ジュリスト》1099号(1996年),第50页;〔日〕水野纪子:《實親子關係と血緣主義に關する一考察》,载星野英一古稀祝贺:《日本民法學の形成と課題》(下)(1996年),第1142页以下。转引自许士宦:《证据收集与纠纷解决》,台北新学林出版股份有限公司2005年版,第454—455页。

真实主义。[1]

从许多国家的审判实务来看，在亲子关系纠纷案件中，实行的是一种有限实体真实发现主义，这种有限性来源于司法审查所作出的限制性判断，实际上，这种有限性系受到以实体法为基础的司法原则及社会公共政策的限制。也就是说，在司法上，亲子关系的确定并非完全以血统事实即生物学上的父子关系来作出判断，允许生物学上的父子关系与法律上的父子关系存在一定的距离，其目的在于维护未成年子女的最佳利益，以及有关婚姻家庭的和谐与稳定。对这种案件事实真相的认知，也可将其界定为系信赖真实主义的体现。例如，即使在亲子关系能证明至几乎100%正确度的今天，在法国法上，作为家族的和平、家庭的安定及子女的利益、心理上真实、并非全部的身份均可争执。于是，鉴定并非经常具有可能性，也有应该保护的亲子关系存在。比如，在身份占有[2]的情形下，即依据具称姓的事实、作为亲子处遇的事实、养育子女而资助自立、社会承认为亲子等要件，根据《法国民法》第322条的意旨，如作为普通亲子的外观相貌特征以及记载子女出生证明书的亲子关系与其生活的事实一致，即使这些属于违反生物学上真实的情形，任何人也不得争执其亲子关系。[3] 由此可见，法国法的特点为，无论生物学上的真实如何，这种身份受到保护而得以避免涉讼，从而也避免做血液鉴定。另外，全部的亲子关系在超过法律规定的时效期间（原则上为30年）后，在诉讼上法院必须依职权加以调查。即

---

① 参见许士宦、郑杰夫等：《父子关系诉讼之证明度与血缘鉴定强制——以请求认领子女之诉及否认婚生子女之诉为中心》，载台湾地区“民事诉讼法”研究基金会编：《民事诉讼法之研讨》（九），台北三民书局2000年版，第93页。

② 根据《法国民法》第311条之一的规定：身份占有，应当依据表明一个人同其自称所属的家庭之间有亲子关系与亲属关系的充分事实来确定。身份占有应当是持续的。另外，根据《法国民法》第311条之二的规定，同法第311条之一所述的事实主要是指：(1) 人们认为某人属谁人所生，而该人一直使用被认为是其生身父、母的姓；(2) 被认为是该人生身父、母的人对待该人如同子女，而该人也对待他们为父与母；(3) 被认为是生身父、母的人以这种身份负担该人的教育、抚养与居住场所；(4) 该人在社会上与家庭中均得到这样的承认；(5) 公共机关亦如此承认。

③ 《法国民法》第322条规定：对出生证书所赋予的身份以及依证书而占有身份，任何人均不得主张相反的身份（第1款）。反之，对依出生证书而占有身份的人，任何人均不得对其身份提出异议（第2款）。

使当事人合意加以争执，也不得进行诉讼。[①] 由此而造成的后果是，生物学上的鉴定或遗传学上的鉴定，在法律上均不被准许。[②]

在审判实务上，由于个案情形纷繁复杂，不一而论。也就是说，在一些情形下，由于并不存在司法原则及公共政策所限制的情事，使得案件的公益性需求显得更为强烈，因此有必要强调血统客观的真实性，对于血缘鉴定可制定较具强制性的规定；在另外一些情形下，在司法原则及公共政策作用之下，可不将血统客观真实作为建构亲子关系的唯一考量看待。这是因为，从实体法的角度来看，作为婚生子女推定制度，其立法意图并非基于妻在婚姻关系存续中受胎所生子女系自夫受胎几率极高，而是为了保障妻在婚姻关系中受胎所生子女身份与地位的安定性，不使其因生母与夫以外的第三人发生性关系导致造成其沦为非婚生子女的结果，以至于负担身份上、法律上与社会上的不利益。因此，在法律仍有其自身的价值判断条件下，对被告的相关权益有加以衡量的必要。

在涉及亲子关系诉讼案件中，如何对待查明事实真相的问题，涉及是否或者应当如何为有关当事人甚至第三人设定证明协力义务，以及遇有证明妨碍情形时适用何种法效果的问题。这是因为，在现代社会科学技术的有力支持下，采用DNA鉴定手段来鉴别当事人之间是否存在亲子关系具有极为可靠的保障。在这种前提条件下，如果基于查明事实真相的目的，即确定生物学上的血缘关系是否存在，而在法律上为有关诉讼当事人设定相应的证明协力义务，随之所带来的问题是，假如有关诉讼当事人拒不履行这种证明协力义务，例如拒不抽血提供血样，导致无法采用DNA鉴定手段来鉴别当事人之间是否存在亲子关系，对于这种证明妨碍行为应采取何种方式排除，或者说，应适用何种法律效果应对，这便是立法者和学者首先所应面临的挑战。

---

① 根据《法国民法》第311条之七的规定：有关亲子关系的诉讼，时效期间为三十年，自当事人个人被剥夺其主张的身份之日计算，或者自其身份受到异议之日计算，但法律对此诉讼规定较短时效期间的，不在此限。

② 参见〔日〕松川正毅：《フランス法におけるDNA鑑定と親子法》，载《ジュリスト》1099号（1996年），第50页；〔日〕水野纪子：《實親子關係と血緣主義に關する一考察》，载星野英一古稀祝贺：《日本民法學の形成と課題》（下）（1996年），第1142页以下。转引自许士宦：《证据收集与纠纷解决》，台北新学林出版股份有限公司2005年版，第453—454页。

随着现代社会条件下科学鉴定技术的飞速发展，无论涉及否定亲子关系之诉或者确认亲子关系之诉，有关亲子之间是否存在自然血缘关系的事实真相，均可经由血缘鉴定加以精确决定。为了贯彻亲子关系上的真实主义、血缘主义，对负有协助亲子血缘鉴定义务的当事人，课予直接强制而实施鉴定，便可通过科学鉴定所产生的结论作为裁判的基础。例如，德国向来强调真实主义、血统的真实与客观义务，因此，在德国立法例之下，为发现血统上父子（女）关系的存在与否，可使用强制手段，而体现其以血统上的真实为最高要求。并且，德国宪法法院在 1989 年前后承认子女探索其出生，作为宪法所保障人格权的一个环节，因而也迫使实体法上的相关规定不得不加以修正，而朝着客观主义方向发展。[①] 但是，为了发现血缘上的真实，导致采用这种强力措施，既可能导致产生侵害受检人的人格权乃至隐私权之嫌，又可能忽略了法律上亲子关系所具有的意旨。在亲子关系诉讼案件中，采用科学鉴定的方式对于保护法律上亲子关系的安定性构成了威胁，使得生物学上的亲子关系与法律上亲子关系之间发生直接的对立。事实上，在一些情形下，这两种类型的关系仍存在调和的余地，为了贯彻有关司法原则及社会公共政策所确立的保护未成年子女最佳利益的考虑，应当为发现生物学上的真实所采用的 DNA 鉴定划定不容许介入的领域，当然，这种最终的判断权限仍应委于有关法官来行使。

二、未成年子女最佳利益保护原则

（一）未成年子女最佳利益保护原则的源流与发展

亲权关系是父母对未成年子女在人身和财产方面就抚养、管教和保护上所产生的权利义务关系。近现代意义上的亲权制度或源自罗马法的家父权制度，或源自日耳曼法的父权制度。其中，日耳曼法的父权制度是以保护子女利益为出发点，规定父亲对子女应尽的职责。在很大程度上，近现代许多国家因倾向于继受日耳曼法的模式，而有力地促进了其在民事立法上将未成年子女最佳利益的保护置于优先

---

① 转引自许士宦等：《父子关系诉讼之证明度与血缘鉴定强制——以请求认领子女之诉及否认婚生子女之诉为中心》，载台湾地区“民事诉讼法”研究基金会编：《民事诉讼法之研讨》（九），台北三民书局 2000 年版，第 14 页。

考虑的位阶。

在早些历史的很长一段时期内,未成年子女均处于家长主导家庭生活的一种附属地位,在亲子关系中作为亲权人或监护人人身支配的对象。随着社会的变迁,法律也不断调整其倚重的坐标,早先的亲子法原以家为中心,后则以父母为中心,至20世纪之后,又改为以子女为中心。[①] 也就是,由“亲本位”过渡到“子本位”的历史阶段,由此而产生了以子女最佳利益至上为优先价值取向的思考理念,这是立法上的一大进步。

以未成年子女最大利益为原则,尊重未成年子女在家庭中的人格尊严、保护未成年人在家庭当中所享有的各项权利,是当今各国立法的惯常做法。[②] 有的学者强调,当法院就亲权事项作出决定时,应当以子女最佳利益为最高指导原理。[③] 澳大利亚家庭法专家 Patrick Parkinson 教授指出,在20世纪的大多数时期,在与儿童有关的法律中,最核心的概念就是“儿童最大利益原则”。[④] 1989年联合国《儿童权利公约》第3条第1款规定:“关于儿童的一切行为,不论是由公私社会福利机构、法院、行政当局或立法机构执行,均应以儿童的最大利益为一种首要考虑。”可见,在现代社会条件下,凡是处理与未成年子女的利益密切相关的社会事务,均应以保护未成年子女的最佳利益为出发点,已经成为各国的共识。

(二)对未成年子女“最佳利益”的界定与判断标准

在具体表述上,何为子女最佳利益可能具有某种不确定性因素,在此,所谓“最佳利益”,也可表述为对子女利益的最大化,或者有利于

---

① 参见林秀雄:《婚姻家庭法之研究》,中国政法大学出版社2001年版,第172页。

② 例如,《德国民法》第1626条第3项,《瑞士民法》第301条、第307条的规定,也是以子女最佳利益作为亲权争议解决的指导原理。参见谢在全、蔡明诚等:《物权·亲属编》,中国政法大学出版社2002年版,第186页脚注。

③ 参见谢在全、蔡明诚等:《物权·亲属编》,中国政法大学出版社2002年版,第185页。

④ Patrick Parkinson and Juliet Behrens, *Australian Family Law in Context: Commentary and Materials*, published in Sydney by LawBook Co., 2004, p.793. 转引自陈苇主编:《外国婚姻家庭法比较研究》,群众出版社2006年版,第323页。

子女的利益保护，或者更为有利于子女的利益等。在亲子关系法以及涉及亲子关系诉讼案件中，所谓子女最佳利益原则，是一种法律上的公共政策和审理此类案件时所应遵循的司法原则、指导原理和价值取向。例如，美国法院的法官通过支持以下原则也承认父母的重要性，该项原则除了在其他方面平等对待以外，儿童尽量由其亲生父母抚养。对此，太姆泊曼法官认为："抚养儿童最好的人选是其亲生父母。只要孩子身心健康不受危害，与其父母的明纯、贫富和博寡无关。"[①]作为亲代关系推断的结果，在 Re D〔1999〕2 FLR 1023 一案中，由于法官在法律上的自我误导，作出了支持孩子与阿姨居住的法令，结果被约翰逊(Johnson)法官推翻。因为当儿童的幸福是法庭考虑的最大因素时，法庭会推断儿童应当跟随其亲生父母。这种支持父母的推断也在 1989 年儿童法案中得到神圣的体现。因为使孩子脱离其父母和干涉家庭生活的做法，被看做是最后的补救手段。[②]

台湾地区司法界人士陈计男先生认为，关于未成年子女最佳利益的保护，就"最佳利益"的概念而言，其判断标准如何，可能是相对的，而且容许有个人的差异。例如，非婚生子张三自幼生长在富裕之家，但因念及其系生母与家中长工通奸所生，因此，张三宁愿舍弃生母家的富裕生活环境而追寻其生父。此时，法院在认定何为"子女的最佳利益"时，应以何种标准来加以判断，是否以张三主观上认为追寻其生父对其有利，而否认其所受婚生的推定；或者基于法院的主观立场，认为张三以在富裕的生母家成长对其有利，就判决张三应受婚生的推定。[③] 对此，笔者认为，应当权衡二者的利弊，张三追寻其生父，是对其血缘身份的认同与精神上的追求，尽管其生父在物质生活条件上较不富裕，如果父子感情甚笃，且其生父具备最低限度上的抚养能力，亦可认为张三在较不富裕的生父家成长对其有利；反之，则可认为张三在生母家成长对其更为有利。

---

① Re KD(Templeman)〔1998〕AC 806 AT 812. 参见〔美〕凯特・斯丹德利：《家庭法》，屈广清译，中国政法大学出版社 2004 年版，第 242 页。

② 参见〔美〕凯特・斯丹德利：《家庭法》，屈广清译，中国政法大学出版社 2004 年版，第 243 页。

③ 参见许士宦、陈计男等：《父子关系诉讼之证明度与血缘鉴定强制——以请求认领子女之诉及否认婚生子女之诉为中心》，载台湾地区"民事诉讼法"研究基金会编：《民事诉讼法之研讨》(九)，台北三民书局 2000 年版，第 95—96 页。

从目前的基本状况来看,在审理亲子关系纠纷案件中,为了查明某一法律上的父子关系之间是否存在生物学上的自然血缘关系,最为准确的方式就是采用DNA鉴定,而在司法上是否必须采用这种证明方式,从比较法的角度来观察,在英国、美国等国家,是以子女的最佳利益作为判断标准,以决定是否进行DNA鉴定。在此理念支配下,进行DNA鉴定虽然有助于血统真相的发现,但是,对于子女利益如果造成损害时,对于子女利益的保护应优先于血统主义或者真实主义。在法国法看来,为了子女利益及家族的和平、家庭安宁,承认身份占有及时效制度,生物学上的真实也并非最为优先,因此,血缘鉴定等并非经常使用。并且,在请求认领这类子探索父的诉讼上,该鉴定仅具有补充性地位,仅当父子关系存在的征凭或者推定存在的情形才可以进行。由此可见,法国法上的亲子关系证明制度,并非是绝对的、僵硬的制度,而是根据各种利益平衡、协调所组成的具有统合性张力特征的制度建构。

(三) 未成年子女最佳利益保护原则在司法判例中的体现

应当指出的是,作为各国立法通例的婚生推定制度是按照未成年子女最佳利益的原则创设的。婚生推定制度并非仅基于婚姻中受胎的子女系夫的子女这种一般的盖然性,而是为确保子女的地位安定、成长安全所承认的法律制度,尽可能不使无责任的子女负担因非婚生子所导致的社会上及法律上的不利益。为此,有学者指出,法律上的亲子关系未必以血缘上、生物学上亲子关系为限。设计婚生推定这种亲子关系的技术装置,其目的旨在从外形的事实构筑安定、稳固身份关系的制度,以确保子女的利益。①

有关的司法判例认为,对婚生子女的推定提起否认之诉虽然是为兼顾身份安定及子女利益而设定,但可提起否认之诉的人仅限于夫妻的一方,未规定子女也可提起否认之诉,或者是为避免涉及父母婚姻关系的隐私领域,暴露其生母受胎的事实,影响家庭生活的和谐。但是,真实身份关系的确定,直接涉及子女本身的人格及利益,如夫妻均

---

① 参见〔日〕水野纪子:《嫡生推定、否認制度の將來》,载《ジユリスト》1059号(1995年),第117页。转引自许士宦:《证据收集与纠纷解决》,台北新学林出版股份有限公司2005年版,第474页。

不愿或不能提起否认之诉,或者迟误提起该诉讼的期间时,将无从确定子女的真实血统关系,导致难以维护其人格权益。[①] 另有司法判例认为,现行法律不允许亲生父对受推定为他人的婚生子女提起否认之诉,这是为了避免因诉讼而破坏他人婚姻的安定、家庭的和谐及影响子女受教养的权利。并且如果允许其提起这类诉讼,则不仅需揭发他人婚姻关系的隐私,也需主张自己介入他人婚姻的不法行为,有悖社会一般价值。故为防止妨碍他人权利,维护社会秩序而限制其诉讼权的行使,乃属必要,与宪法并无抵触。[②]

台湾学者郑杰夫先生在一次学术研讨会上曾经介绍过这样一起案件,其案情大概为:妻张三以夫李四与子王五为被告,诉请法院判决王五并非李四的婚生子女。在本案中,被告根据 DNA 鉴定的结果,足以推认李四为王五生物学上的生父,但妻张三主张,在其受胎期间,曾分别与被告李四及其弟赵六发生性关系。就此,法院应当如何作出推定。因为在本案诉讼中,DNA 鉴定因面临科学上的限制而无法奏效,这时是否应当直接以张三的陈述或者赵六的承认,作为法官自由心证的结果,还是应考虑子女的最佳利益,以判断有无必要将其生父由李四改为赵六。[③] 在当今生物科学技术条件下,当被告与第三人 W 系双胞胎兄弟,而生母于受胎期间同时与该二人发生性关系时,因目前 DNA 鉴定技术还无法就该兄弟加以区别,因此,在这种情况下仍无法确认何人为其生父。因此,笔者认为,限于 DNA 鉴定技术在鉴别、确认同胞兄弟的差异上所出现的局限性,在这种情形下,应当根据张三或者赵六就本案事实的陈述,在法官自由心证的基础上,结合考虑子女最佳利益原则,最终作出相应的判断。

根据美国的判例理论,基于子知悉亲的权利及子从亲接受关爱亲情的权利,原则上通过比较科学的证据,使子知悉真实血亲。这种法理是基于子女最佳利益的理念,认为子的利益优先于受检当事人的利益,特别是父、母及被推定为父者等的利益。例如,美国华盛顿最高法

---

① 参见台湾地区"司法院"2004 年 12 月 30 日第 587 号解释。李木贵:《民事诉讼法》(下),台北元照出版有限公司 2007 年版,第 8-81 页。

② 同上书,第 8-82 页。

③ 参见许士宦、郑杰夫等:《父子关系诉讼之证明度与血缘鉴定强制——以请求认领子女之诉及否认婚生子女之诉为中心》,载台湾地区"民事诉讼法"研究基金会编:《民事诉讼法之研讨》(九),台北三民书局 2000 年版,第 94 页。

院在 1980 年的 *State v. Meacham* 讼案中，在确定父子关系时，判定子的上述权利应优先于受检当事人的隐私权。关于血型检查结果与受检当事人的隐私权之间的关系，新泽西州最高法院在 1950 年的 *Anthony v. Anthony* 讼案中判决认定，血型检查的命令是为保护子女的权利，并不侵害受检当事人的隐私权。关于亲子关系存否确认案件上证据采用的标准，美国联邦最高法院在 1987 年的 *Rivera v. Minnich* 讼案中并不采用明确及确信的证明标准，而是根据证据优势性原则，作为判断当事人所提出的证据。其结果是，州法规就亲子关系存在的证明规定证据优越性原则的标准，也不违反宪法第十四修正案中正当程序的条款(due process clause)。[①]

在美国，由于法院通常认为儿童有权知悉其父母的事实，因此，就会作出指示，使得血液检验应被用于确定孩子父亲的身份。尽管法院在对孩子不利时有权指示血检以确定父亲身份[②]，但是，在认为由此会扰乱孩子在家庭中的稳定时，法院也可以裁定不进行血检。在 Re F〔1993〕3 AII ER 596，〔1993〕1 FLR 598 案例中，因为血检会扰乱孩子家庭的稳定，因此上诉法院拒绝指示血检。上诉法院法官贝尔科布(Balcombe)确立了这样的原则：公共政策不再要求任何特别地保护合法的身份，正义地考虑和儿童的幸福通常要求查明事实；不确定的推测检验会给孩子带来不利而拒绝血检，并不会保护儿童。[③] 另外，在美国有关法院审理 Re K〔1999〕2 FLR 280 一案中，就母亲对孩子的父亲表现出的无法摆脱的憎恨这一情形，法院认为告知孩子其父亲的身份，不符合孩子的最大利益，因为这有可能导致孩子感情受到伤害。[④] 可见，在个案当中，对于法院而言，是否有必要查明血缘关系的真相并非总是作为优先考虑的目标，而这一目标往往要让位于是否有利于未成年子女最佳利益的考虑。

---

① 参见〔日〕椿寿夫、矢野笃：《親子關係の確定とDNA鑒定》，载《法律时报》66 卷 1 号(1994 年)，第 28 页。转引自参见许士宦：《证据收集与纠纷解决》，台北新学林出版股份有限公司 2005 年版，第 448 页。

② 见 *S v. S*; *W v. Official Solicitor*〔1970〕3 AII ER 107.

③ 参见〔美〕凯特·斯丹德利：《家庭法》，屈广清译，中国政法大学出版社 2004 年版，第 246—247 页。

④ 同上书，第 247 页。

三、职权探知主义原则

（一）对职权探知主义的界定

亲子关系纠纷案件属于身份关系案件的基本范畴，适用人事诉讼程序来审理。在法律上，身份关系是男女之间因婚姻及亲属之间的自然血统而形成的一种事实关系。这种身份法律关系不仅涉及当事人的私益，而且也涉及诉讼外第三人的利益，因此关涉社会秩序，具有公益性质。陈荣宗教授认为，所谓“公益”，不过是强调客观真实主义与注重其诉讼程序的运作对第三人的利害造成实质影响。[①] 为此，在这类案件中，对当事人的意思自治严加限制，实行国家干预主义。为了维护社会的秩序及家庭关系的和谐，国家采取干预主义不允许私人任意处分而变更既存的身份关系。而这种国家干预主义作为一种公共政策，在司法上则体现为法院的职权探知主义。

所谓职权探知主义是指，不论当事人主张之有无，即使当事人未主张的事实，亦可由法院依职权调查并采为法院裁判的资料，并且，对作为判断诉讼标的权利关系的基础事实所需主要事实及证据资料的收集，由法院负责。法院可采用当事人所未提出的事实及证据资料作为裁判的基础。它是法院审理身份关系案件时所适用的基本原则。

有学者指出，职权探知主义的内容前提，建立在以下三个事项之上：(1) 法院对当事人未主张的事实，亦得采为法院裁判的资料；(2) 法院对当事人间不争执的事实，不论是否自认，均得调查事实的真伪，不采为裁判的资料；(3) 法院在调查证据认定事实时，除当事人声明的证据外，得依职权调查其他未声明的证据。[②]

（二）职权探知主义的基本法意

作为亲子关系案件，不仅涉及诉讼当事人的私益，还涉及诉讼外

---

① 参见许士宦、陈荣宗等：《父子关系诉讼之证明度与血缘鉴定强制——以请求认领子女之诉及否认婚生子女之诉为中心》，载台湾地区“民事诉讼法”研究基金会编：《民事诉讼法之研讨》（九），台北三民书局 2000 年版，第 109 页。

② 参见陈荣宗、林庆苗：《民事诉讼法》（上），台北三民书局股份有限公司 2006 年版，第 45—46 页。

第三人的利益，甚至这类案件所作出判决的效力对社会秩序与国家公益产生影响力，因此不宜采行“私法自治”原则。对此，有台湾学者指出，如果诉讼标的属于私法上不适宜采用私法自治的领域范围内的法律关系时，即须排除辩论主义的适用。限制或者排除辩论主义适用的事项，称之为职权调查权事项。[①] 法院在审理亲子关系案件中应当遵循职权探知主义的观念，在认定事实上应当尽量追求客观真实，依职权在诉讼上采取其认为任何有助于查明事实真相的行为，其中包括依职权进行证据调查，斟酌当事人未曾提出的案件事实和诉讼资料、证据资料等。作为亲子关系案件，因适用人事诉讼程序所作出的判决，其效力具有绝对性，也就是其判决具有对世效力，它不仅对涉案的诉讼当事人产生约束力，对诉讼外第三人也产生约束力。对此，日本学者新堂幸司教授指出，当判决的效力并非仅局限于双方当事人之间，而是还及于第三人时，如果依然采用辩论主义而使判决的内容仅限于当事人之间的辩论，难免有侵害未获得参与诉讼机会的第三人利益之嫌，因此是不妥当的。故在这种情形下，法院也不应当局限于当事人的辩论，而应当被赋予对案件的事实关系予以探知，并就其判断所必需的证据予以收集的责任，也就是需要采用职权探知主义。[②]

立法者采取职权探知主义的理由，主要是认为，法院依职权自动探知事实与证据，较能发现真实。尤其判决效力可广泛及于第三人情形的人事诉讼，诉讼及判决涉及的法律关系，其利害关系大多为公益问题，不能任意由当事人为不实的主张事实或故意掩饰事实拒绝提出证据，法院从而仅就形式上进行审理，作出与真实不符的判断。法院为发现真实维护公益，有依职权自行调查探知事实真相的必要。[③] 因亲子关系案件的裁判结果通常具有对世效力，其既判力能够扩张至诉讼外的第三人，为了有效地保障受裁判效力扩张的第三人利益，亲子关系案件原则上应当注重发现事实真相，尽可能使裁判建立在客观真实的基础上，从而使得裁判的结果具有可信赖性与权威性，使得扩张

---

① 参见雷万来：《民事诉讼法》，台北空中大学 2005 年版，第 170 页。

② 参见〔日〕新堂幸司：《新民事诉讼法》，林剑锋译，法律出版社 2008 年版，第 317 页。

③ 参见陈荣宗、林庆苗：《民事诉讼法》（上），台北三民书局股份有限公司 2006 年版，第 46 页。

的效力具有内在的正当性。

另外，应当注意的是，亲子关系纠纷案件虽然属于身份关系案件的范畴，但毕竟涉及当事人之间的私益，因此不能绝对排除辩论主义的适用，辩论主义仍有其适用的空间，只是受到很大的限制。对此，台湾有学者指出，辩论主义与职权探知主义二者之间的关系，并非绝对相排斥的对立关系。[①] 并且，有日本学者认为，在职权探知主义之下，法院有可能探寻、收集当事人不知的事实及证据，因此，为了赋予当事人反驳的机会，法院赋予当事人就这些资料陈述意见的机会，通过这种方法可以消除突然袭击的危险，进而保障进行令当事人心悦诚服的审判。[②] 在此情形下，辩论主义仍有其适用的特殊领域。

（三）通过具体案例看在亲子关系诉讼案件中如何贯彻法院职权探知主义

> 1995 年，原告张某与被告王某某经人介绍相识，1998 年 5 月 25 日进行结婚登记。婚后，双方不设夫妻共同财产，各人收入归各自所有。2004 年 8 月 13 日，被告王某某生育一子，取名张欣欣。2005 年 1 月，张某交付南京某工程有限公司两组 DNA 样本，经过解析，其结论是，两份样本在 16 个位点上不符合孟德尔遗传规律，该报告仅供个人参考。2005 年 4 月，王某某带张欣欣离开原告张某处，独自生活。2006 年 3 月，王某某到法院提起诉讼，要求与张某离婚。王某某在开庭后无故离家出走，后一直下落不明。2006 年 5 月，南京某公司工作人员义某、张某及张欣欣，来到市公证处进行抽取血样本。公证人员对提取血样本过程进行了公证。2006 年 6 月，北京司法物证鉴定中心对张某与张欣欣父子关系进行 DNA 鉴定认证。根据 DNA 遗传标记分型结果，不支持张某是张欣欣的生物学父亲。自 2006 年 3 月，张欣欣一直在原告张某处生活。2007 年 2 月，原告张某将张欣欣送给他人抚养。

---

① 参见陈荣宗、林庆苗：《民事诉讼法》（上），台北三民书局股份有限公司 2006 年版，第 46 页。

② 参见〔日〕新堂幸司：《新民事诉讼法》，林剑锋译，法律出版社 2008 年版，第 318 页。

现张某起诉要求离婚，并要求被告王某某赔偿其经济损失、精神损失等，并要求判决张欣欣和自己没有父子关系。

法院经审理后认为，被告王某某曾于2006年3月，以夫妻感情破裂为由，起诉离婚，能够证明原、被告夫妻感情现已破裂，原告张某要求离婚的诉讼请求，符合法律规定。原告张某提交的遗传鉴定报告用以证明其非张欣欣之父，因没有其他证据予以印证，且被告王某某现下落不明，法院不予支持。原告要求被告赔偿经济损失和精神损害抚慰金的诉讼请求，没有法律依据，不予支持。因原告已将张欣欣送给他人抚养，本案对张欣欣的抚育问题不予干涉。

对本案的审理，有一种观点认为，张某向法院提交了南京某公司的DNA解析报告、市公证处的公证书、北京物证鉴定中心的遗传鉴定等。但是，从案情可知，张某没有否认其和王某某一直同居生活，也没有向法院提出申请要求进行亲子鉴定，更没有提出可以证明张欣欣不是其亲生的任何其他证据。如果法院仅凭这几项证据认定张某不是张欣欣的亲生父亲，有违公平正义原则，并且妇女和儿童的合法权益将不能依法得到保护，也是违背了批复①精神的。

本案中，原告张某提出其中的一个诉讼请求是，要求判决张欣欣和自己没有父子关系，为此，原告张某提供了北京司法物证鉴定中心的DNA鉴定结论，因该份鉴定证据系原告单方委托鉴定机构制作的，没有经过司法程序，因此对法院没有约束效力，不能当然作为本案的证据使用。在本案中，原告张某未向法院申请采用DNA鉴定来确定其与张欣欣之间是否存在自然血缘关系（即生物学上的父子关系）。但是，本案属于身份关系案件，与主要因财产关系所引起的诉讼案件存在重大区别，既不能完全照搬适用在后一类案件中所贯彻的证明责任分配的一般性规则，也不能完全恪守当事人的意思自治原则，因本案涉及诉讼外第三人的利益及社会公益，应当贯彻法院职权探知主义原则。鉴于本案中的原告张某与被告王某某之间的婚姻关系破裂，家庭关系不复存在已成定局，原告已将张欣欣送给他人抚养，实际上已

---

① 最高人民法院在《关于人民法院在审判工作中能否采用人类白细胞抗原作亲子鉴定问题的批复》中指出："人民法院对于亲子关系的确认，要进行调查研究，尽力收集其他证据。对亲子鉴定结论，仅作为鉴别亲子关系的证据之一，一定要与本案其他证据相互印证，综合分析，作出正确的判断。"

不再承担作为一位父亲对儿子本应承担的责任与义务。故有必要在司法上明确判定原告张某是否与张欣欣之间存在生物学上的父子关系，这样一来，既有可能有利于子女利益的保护，使得张欣欣对其出身的知情权得到保障，又有助于平衡性地维护原告张某的合法权益。为此，在本案中，即使原告不主动提出DNA鉴定申请，法院也应当依职权对原告张某与张欣欣之间是否存在自然血缘关系进行DNA鉴定。众所周知的是，在当今社会条件下，采用DNA鉴定结论对于认定类似原告张某与张欣欣之间是否存在亲子关系的客观事实当属最佳的证据。因此，在本案中，法院以张某向法院提交南京某公司的DNA解析报告、市公证处的公证书、北京物证鉴定中心的遗传鉴定等不足以确定张某与张欣欣之间是否存在亲子关系，驳回原告张某的有关诉讼请求，而不依职权委托有关鉴定机构进行DNA鉴定，这种做法是错误的。

四、利益衡量原则

所谓利益衡量原则是指，由于立法方法上的缺陷导致缺乏一个由所有法益及法价值构成的确定层级系统，造成同样源自宪法原则或者其他法律而赋予不同主体的权利和利益之间发生冲突，为了重建法律上的和谐状态，法院在个案的审判上应当站在立法者的角度来从事有关权利或者利益之间合目的性的衡量，其通常所要思考的是，某一种权利必须向另一种权利（或者有关利益）让步，或者两者在某种程度上必须各自让步。这种衡量须符合一般性的秩序期待、交易上的需求及法安定性的要求。

从古至今，在亲子关系问题上，有关法律所建构的利益分配格局与价值取向，均是围绕着“亲”与“子”之间利益得失上的嬗变这一主轴开展的。早先，有关亲子关系的法律是以“亲本位”作为解决问题的出发点，到了现代社会，人们的思想观念发生了根本转变，由于将子女的利益作为优先考虑等目标，从而为立法上的“子本位”模式的创设提供了有力的保障。时代的变迁给人这样一种启迪：法律在评断“亲”与“子”之间利益上的得失时，随着时间的推移而发生起伏不定的状态。而在现代社会条件下，亲子关系纠纷案件中有关“亲”与“子”之间的利益关系仍呈现出一种永恒性的冲突。按照法律的内在尺度来衡量，未成年子女的合法权益与双亲的合法权益均有相应的法基础与保障机制为依托,关键的问题取决于,在何种情况下,根据立法政策与司法程序,两者权益当中的其中之一被确定为优先考虑的重心。由于现代社会以立法上的“子本位”模式为基础,在个案当中,当未成年子女的合法权益与双亲的合法权益处于一种平衡状态时,利弊权衡的自然结果使得法律上的天平自然趋向于以保护未成年子女的合法权益为重心,使得法律对双亲权益的关注与保护不得不退居次位。例如,在实体法上,有关亲子关系的推定与否认制度的建立,正是基于这两种权益突显对比与衡量的结果。对此,有学者指出,实体法上为了家庭婚姻安定性而推定父、母及子女有重大利益,于社会公益也有重大影响,这一价值不能舍弃,但应与子女之尊严、人格发展自由及被养育与认同权利及生父的家庭权等相协调。[①] 同样,根据法律精神,一方面,为了给未成年子女的成长、身心健康及人格发展提供尽可能适宜的环境与条件,实体法创设了亲子关系(婚生子女)推定制度。这种制度本身也含有不因为其生母有婚外性行为而使未成年子女的利益遭受损害之意;另一方面,为了兼顾保障双亲的合法权益,基于公平原则,实体法又设定有亲子关系否认制度,使得被推定为生父(或生母)的人避免承担抚养并非自己亲生子女的义务,从而使具有自然血缘关系的生父不致逃过抚养子女的义务。从这两种制度的个性差异来看,分别隶属于不同制度项下的这两种权益具有对立与冲突的特质,但是,从这两种制度共同拥有的有机构成来看,处于对立与冲突的这两种权益所属的制度本身却又是相辅相成的。对此,邱联恭教授指出,关于信赖真实主义在职权探知程序的伸展,应当在于追求平衡点上的真实。换言之,作为民事诉讼事实审理制度的目的,是为追求确定存在于系争实体地位、利益与系争外同受宪法价值理念所肯认的地位、利益等二者之平衡点上的真实。[②]

在涉及亲子关系诉讼案件中,查明某一原告与被告之间是否存在

① 参见姜世明:《民事诉讼法基础论》,台北元照出版有限公司 2006 年版,第 235 页。

② 参见许士宦、邱联恭等:《父子关系诉讼之证明度与血缘鉴定强制——以请求认领子女之诉及否认婚生子女之诉为中心》,载台湾地区“民事诉讼法”研究基金会编:《民事诉讼法之研讨》(九),台北三民书局 2000 年版,第 100 页。

亲子关系固然重要,因为这涉及具有血缘关系的亲生子女在法律上所享有的知情权、受抚养权、继承权等合法权益的保护,同时,这也涉及有关当事人的隐私权等合法权益的保护问题。因此,是否有必要查明事实真相,在何时查明事实真相以及采用何种方法查明事实真相,应当与保护有关当事人合法权益紧密结合,并依据个案的具体情形通盘加以考虑。

在现代科学技术条件下,DNA 鉴定技术的问世,成为法院在审理亲子关系纠纷案件中发现事实真相的最佳证据,甚至为法院查明客观真实提供了必要的前提条件。从法院实行职权探知主义的角度,在个案当中,一旦法院根据有关司法原则(主要指实体法原则)的基本要求依职权作出证据调查的决定,在多数情况下,法院将优先选择采用 DNA 鉴定方式。关于法院应依据何种标准判断是否发出鉴定指示,学说上认为,应当依据利益衡量原则来决定,当进行血缘鉴定或者 DNA 鉴定所获利益高于不利益时,即可发出指示。有关判例则以子女的最佳利益作为判断标准,仅当认为符合子女最佳利益的情形时才应发出鉴定指示。例如,在子女受胎可能期间,该子之母与未婚夫及其他男子均有性关系的情形时,后者男子申请血液鉴定时,法院基于以下理由驳回该申请,即当母与未婚夫已结婚,二人有安定的家庭,该子受到养育,成为夫的男性也已扮演子之父的角色,即使在将来也是如此时,就不得命令进行可能打破这种安定状态的科学鉴定。这就是所谓子女的最佳利益凌驾于真实主义或血统主义的判断。[①] 可见,在审理亲子关系纠纷案件中,法院离不开对利益衡量原则的适用。对于利益衡量原则的适用主要体现在,当对自然血缘关系真实性的发现并不损害子女最佳利益,或者在迫不得已的情形下并非严重损害子女最佳利益时,应当适度考虑保障双亲(或者父性一方)的合法权益。

---

① 参见〔日〕新美育文:《イギリス法における實親子關係の確定とDNA鑒定》,载《ジュリスト》1099号(1996年),第59页。转引自许士宦:《证据收集与纠纷解决》,台北新学林出版股份有限公司2005年版,第450—451页。

第三节　亲子关系案件中的证明协力义务的设定

一、关于亲子关系纠纷案件中设定证明协力义务的法理根据

（一）各国或地区就亲子关系纠纷案件设定证明协力义务的基本状况

进入现代社会以来，随着生物科学技术的不断进步与发展，对各国（或地区）所长期推行的亲子关系推定制度构成巨大挑战，使得各国（或地区）不得不相继对其有关立法加以修正或增订，以适应社会发展的基本需要。以下仅就大陆法系有关国家或地区在立法上的发展加以简要介绍。

1. 德国在立法上的基本状况

根据《德国民事诉讼法》第 372 条之一的规定，在必须确定血统时，当事人有容许以验血的方法接受检查的义务。《德国民事诉讼法》第 1600 条之三和第 1600 条之四是关于认定和推定父亲与子女的亲生关系的规定。如果根据该两条的规定不能确定时，就有必要进行检查确定。最初规定这种检查方法是在纳粹时期的 1938 年 4 月 12 日的《亲属法规修正法》第 9 条，在 1943 年 2 月 6 日又对该法令作出了规定。这种规定本属于纳粹法令，德国希特勒战败后，并未废除。在当时的英占区，1947 年 6 月 17 日命令将这一规定增加至民事诉讼法中，规定在"勘验"节内。1950 年联邦德国整理全部民事诉讼法典时，仍保留这一条。这样一来，就正式确定了这一条的法律地位。[①]

2. 法国在立法上的基本状况

通过废弃原《法国民法》第 322 条及第 334 条之九的反对解释，扩大婚生父子关系的争执范围，使得据以否定任何不具有实质的虚伪亲子关系，以便使形成真实的亲子关系成为可能。并且，根据 1955 年 7 月 15 日法律及 1972 年的法律，承认在这些非婚生亲子关系的诉讼上，可比较检查子女与父亲的血液，利用血液鉴定来确定生物学上真

---

① 参见谢怀栻译：《德意志联邦共和国民事诉讼法》，中国法制出版社 2001 年版，第 91 页脚注。

实的父子关系。随着医学科学的不断发展,利用DNA鉴定对亲子关系的证明几乎达到100%的准确度。但是,在诉讼上是否命令做血液鉴定属于法官的一种自由。对于事实审法院而言,鉴定是其权限而并非义务,这是因为,鉴定通常作为证据调查来进行。这样一来,即使当事人提出要求,也未必需要由法官命令作鉴定。并且,血液鉴定已经具有相当确实证明程度的证明力,但法官从血液鉴定上已可形成充分心证时,即不必另行作DNA鉴定。①

在法国,不论是亲子关系不存在之诉(包括否认婚生子女等否定亲子关系之诉)或者亲子关系存在之诉(包括认领子女等寻找父、母之诉),根据《法国民法》第311条之十二的规定,法院均可命令当事人作血液鉴定或者DNA鉴定,以各种证据方法确定最为可信的亲子关系。但是,1994年制定的《生命伦理法》,增订民法第16条之一及第16条之十一的内容,规定应尊重人体完整性及不可分性原则,即任何人均享有其身体受到尊重的权利;人的身体不可侵犯;人体、人体各部分以及人体所生之物,不得作为财产权利的标的。通过遗传特征对人进行鉴别,仅以司法程序中规定的调查或预审范围为限,或者仅限于医疗与科学研究的目的。在民事案件中,仅有法官受理旨在确定亲子关系或者对亲子关系提出异议的诉讼时,或者在其受理有关取得或者放弃抚养费的诉讼时,才能进行这种鉴别。②

3. 奥地利在立法上的基本状况

在奥地利,在有关婚生子女否认的程序及非婚生子女的父子关系中,确立了诉讼(裁判认领)上血液检查协助义务,在1943年另行设定《家族法整合令》(Die Angleichung Familienrechtlicher Vorschriften)来加以规定。根据该法令第7条的规定,在诉讼程序或非诉程序上,在确认血统所必要的范围之内,诉讼当事人、关系人及证人,在必要时这些人的父母及祖父母应忍受遗传学的检查,特别是以血型检查为目的

---

① 参见〔日〕松川正毅:《フランス法におけるDNA鑑定と親子法》,载《ジュリスト》1099号(1996年),第50页;〔日〕水野纪子:《實親子關係と血緣主義に關する一考察》,载星野英一古稀祝贺:《日本民法學の形成と課題》(下)(1996年),第1142页以下。转引自许士宦:《证据收集与纠纷解决》,台北新学林出版股份有限公司2005年版,第453页。

② 同上注,第452—453页。

的抽血(第1项)。①

4. 我国台湾地区在立法上的基本状况

我国台湾地区"民事诉讼法"在2000年修订时,增订"法院于必要时,得依职权或依声请命证人或当事人提供鉴定所需资料"(该法第337条第1项后段)。在对该条修订过程中,就曾论及法院可否命令当事人或证人提供血液、毛发、文书等鉴定所需资料,虽然有学者主张,这些资料可分别依据书证程序或者勘验程序取得后交付鉴定人鉴定,最终仍为明确起见,增设上述规定。② 据此,当事人或第三人(证人)在诉讼上负有提出鉴定所需资料及忍受鉴定等鉴定协力的一般义务。③ 因此,在新法规定之下,法院为实施血缘鉴定,其所需的血液、毛发等鉴定资料,可依勘验程序或鉴定程序,分别命令当事人或第三人提出这些勘验物或鉴定物。就此而言,新修订的台湾地区"民事诉讼法"对血液检查协助义务似已增设相关规定。④

另外,我国台湾地区"最高法院"在兼顾人身自由、亲子关系血统真实性及使双方当事人能平等利用接近证据的考量下,采取较为折中的处理方式,即肯定在职权探知主义下,使当事人仍负有事实陈述及证据提出协力义务、证据调查协力义务。⑤

(二) 作为设定证明协力义务法理的基本学说

近年来,我国台湾学者对于亲子关系纠纷案件中证据调查及证明协力义务的研究显得十分活跃,这些研究显然也受到日本学界的一些影响。通过归纳总结,主要有以下几种学术观点。

---

① 参见〔日〕松仓耕作:《血统诉讼论》,第50页以下。转引自许士宦等:《父子关系诉讼之证明度与血缘鉴定强制——以请求认领子女之诉及否认婚生子女之诉为中心》,载台湾地区"民事诉讼法"研究基金会编:《民事诉讼法之研讨》(九),台北三民书局2000年版,第75—76页脚注。

② 参见台湾地区"司法院"编:《"司法院""民事诉讼法"研究修正资料汇编》(十五)(1999年),第232—233页。

③ 参见许士宦:《鉴定人之诉讼地位与当事人之程序保障》(上),载《台湾本土法学杂志》第66期(2005年),第64页。

④ 参见许士宦:《证据收集与纠纷解决》,台北新学林出版股份有限公司2005年版,第481页脚注。

⑤ 参见沈冠伶:《民事证据法与武器平等原则》,台北元照出版有限公司2007年版,第288—289页。

1. 证明权保障说

这种学说认为，在亲子关系纠纷案件中，之所以为有关当事人设定证明协力义务，这是因为，亲子关系纠纷案件中所涉及的基本要件事实为亲子之间是否存在自然血缘关系。而在现代社会条件下，采用血缘鉴定已经成为证明这种要件事实的最佳证据。但是，如果采用这种证明方式除了要求举证人配合之外，关键还取决于对方当事人甚至诉讼外第三人是否予以必要的配合。当法院认为有必要通过血缘鉴定查明案件真实时，如果对方当事人（或者诉讼外第三人）在并无特别障碍的情况下，应承担相应的证明协力义务。林望民先生认为，如何承认当事人负有忍受抽血或者提供血液以供血缘鉴定的所谓勘验忍受义务。对此，应认为它是源自保障当事人关于证据的当事人权（包含证据提出权与从对方取得证据资料的证明权），而依据当事人权的保障，如不能从对方取得证据资料，即无法或者难以进行证明的，就应保障其取得该证据资料。基于此，原则上应当认为证明生物学上父子（女）关系存否的事实，如不能从对方取得血液供鉴定，即不能或者难以证明该事实的存在，而对方就提供血液以供鉴定之事并无特别困难时，即应承认对方负有提供血液以供勘验等协助义务或忍受义务。[①]

2. 协助法院说

该学说认为，在亲子关系纠纷案件中，由于实行法院职权探知主义，其司法能动性要求法院在证据调查上充分发挥其职能作用。由于血缘鉴定离不开有关当事人或者案外第三人的协助，当法院认为通过血缘鉴定有助于其查明事实真相时，就应当为其协助法院进行血缘鉴定设定证明协力义务。例如，姜世明教授认为，在父子关系诉讼上，法院为解明父子关系存否的事实，可依申请或依职权命令当事人或第三人作血液鉴定。当事人或第三人接受抽血、提供血液等以资检验，系协助法院实施勘验。这些忍受勘验及提出勘验物的义务，虽然属于一般义务或者一般化义务，但法院在认为有必要时，才可命令当事人或第三人进行，以避免血缘鉴定成为证据摸索。[②] 对此，笔者认为，这种

---

① 参见许士宦、林望民等：《父子关系诉讼之证明度与血缘鉴定强制——以请求认领子女之诉及否认婚生子女之诉为中心》，载台湾地区“民事诉讼法”研究基金会编：《民事诉讼法之研讨》（九），台北三民书局 2000 年版，第 98 页。

② 参见姜世明：《民事证据法实例研习》（一），台北新学林出版股份有限公司 2008 年版，第 120—121 页。

观点存在相互矛盾之处，这是因为，在亲子关系纠纷案件中，既然认为这种忍受勘验及提出勘验物的证明协力义务属于一般化义务，就不能再为其设定相关的前提条件，只要举证人向法院提出相关申请指令对方当事人履行该证明协力义务，或者法院据情依职权发出相关指令，就使得对方当事人承担有关证明协力义务。但是，当法院在认为必要时才可命令当事人或者第三人履行相应的证明协力义务，就使得有关当事人或者第三人是否应承担这种证明协力义务存在不确定性。对此，则在相当程度上取决于法院援引有关实体法所确认的原则，以及根据个案的具体情况加以综合判断。在亲子关系纠纷案件中，由于涉及社会公益，在个案当中，有关当事人或者第三人最终是否应实际承受这种证明协力义务，须经过法院的司法审查来加以确定，因此，使得这种证明协力义务具有限定性，而欠缺一般化的基本特征与属性。正如姜世明教授所认为的那样，在确认亲子关系存否问题上，法院是否命令作鉴定，应以子女利益为最大考虑，对真实的发现似应处于较为次要地位。①

3. 职权探知有限说

作为一种指导性原则，在亲子关系纠纷案件中实行职权探知主义，也就是充分利用法院的有效资源及人力、物力等来探求事实真相，但是，囿于法院资源的有限性对其探知能力的有效发挥受到严重制约，加之有关个案涉及的社会关系繁纷复杂等因素，也给法院这种有限的探知能力造成客观障碍。鉴此，基于程序公正与效益的要求，举证人的相对人也应就案件事实负有相应的证明协力义务。邱联恭教授认为，在采用职权探知主义的程序上，宜从法院事证探知能力如人力、物力的有限性与证明妨碍的法理、事案（案情）解明义务等观点加以理解。就前者而言，法院是因受理系争诉讼案件，才知悉当事人之间发生如此纷争，故法院往往比当事人更远离纷争事实、更不知悉案情；并且，因受限于法院的人力与物力，其探知的能力也相当有限。就此而言，为了寻求程序经济、程序效益，即使在采用职权探知主义的程序中，也应责令由当事人就事实、证据的收集或提出，负一定程度的协力义务。另一方面，证明妨碍、事实陈述及证据提出协力义务等法理，

① 参见姜世明：《民事证据法实例研习》（一），台北新学林出版股份有限公司 2008 年版，第 121 页。

也可成为肯定当事人负协力义务的法律根据。[①] 应当指出的是，邱联恭教授在此所强调的是当事人负有一定程度的证明协力义务，而并非是一般化及彻底的证明协力义务，因此，在个案当中，应当区别情况分别把握好当事人负有证明协力义务的适当程度。

（三）关于亲子关系纠纷案件中设定证明协力义务的法理根据

对于亲子关系纠纷案件而言，为正确地认识和创建设定证明协力义务的法理根据，在理论层面上，应当解决如下基本问题。

1. 对设定证明协力义务所应具备基本要件的认识

在涉及亲子关系纠纷案件中，只有通过法院向有关当事人及案外第三人发出命令的方式才能为其设定相应的证明协力义务，这种方式便是为有关当事人或第三人设定相应证明协力义务的形式要件。除了在形式要件上与一般财产纠纷案件相同之外，基于采用 DNA 鉴定所具有的特殊功能与作用，以及对有关当事人或案外第三人隐私权利保障的敏感度，并且考虑到亲子关系纠纷案件所具有的公益性，在对是否有必要设定证明协力义务的实质要件进行司法审查时，法院往往持有较为审慎的态度。从设定证明协力义务所具备的实质要件与形式要件之间两者的关系来看，其实质要件的成立应先于形式要件的成立。实质要件成立是形式要件成立的前提与基础。

陈计男教授认为，采用 DNA 鉴定充其量不过为否认婚生子女之诉，请求认领非婚生子女之诉或者其他亲子关系诉讼，用以证明亲子关系存否的一种证据方法，并且并非为唯一的方法，因此，在原告提起上述诉讼时，其提起均以具备一定的要件为前提。也就是说，以否认婚生子女之诉为例，其原告可能为夫、妻或继承人，并且因其不同，被告也随之而有所不同：（1）由夫作为原告，以母与子女为被告所提起的否认婚生子女之诉：这时由于子女受婚生的推定，因此，推翻婚生推定的证明责任在于夫，而因夫自己作为原告，因此就其夫所负证明责任的事实，其是否愿意接受抽血以利于 DNA 鉴定，作为证明要件事实的存在与否，问题应不难加以解决。其难处应在于，被告的子女是否

---

① 参见许士宦、邱联恭等：《父子关系诉讼之证明度与血缘鉴定强制——以请求认领子女之诉及否认婚生子女之诉为中心》，载台湾地区“民事诉讼法”研究基金会编：《民事诉讼法之研讨》（九），台北三民书局 2000 年版，第 102 页。

负有忍受抽血的义务。(2) 由妻作为原告,夫与子女为共同被告所提起的否认婚生子女之诉:如果妻主张其所生的子女(被告)系其自第三人受胎所生,则此时法院是否应命令夫、子女或者第三人抽血。(3) 由继承人作为原告,以生存的夫或者妻及子女作为被告所提起的否认婚生子女之诉:这种由继承人所提起的否认婚生子女之诉,法院是否应命该子女与第三人接受抽血,作 DNA 鉴定,则是问题之所在。① 对此,笔者认为,在亲子关系纠纷案件中,有关当事人在诉讼上是否承担证明协力义务,在形式要件上取决于法院是否向其发出相关命令,而无论这种命令的发出是由当事人向法院申请所致,还是由法院依职权自动采取;而在实质要件上取决于法官对发出这种命令的必要性所进行的司法审查。虽然可以认为,采用 DNA 鉴定并非为用以证明亲子关系存否的唯一证据方法,但是,至少可以认为是用以证明亲子关系存否的最佳证据方法,鉴于这种证据方法所具有的最具权威性与最高公信度,从而使得有关当事人对其产生不容置疑的可期待性,因而成为当今司法实践中最为常用的一种证据方法。上述三种情形均涉及法院对有关当事人是否应当承担相应证明协力义务在实质要件上的司法审查问题,即是否在个案当中存在查明亲子关系真相的必要性问题。无论作为被告的子女,或者作为被告的夫、子女或案外第三人,还是被告的子女及案外第三人,只要法院通过据情判断,当其认为存在查明事实真相的必要性时,法院就应当向有关当事人及案外第三人发出相关命令,从而为他们设定证明协力义务。

在亲子关系纠纷案件中,对于为有关当事人或案外第三人设定证明协力义务所进行的实质要件上的司法审查通常涉及以下两个层面:

(1) 法院应审查是否符合有关司法原则。在亲子关系纠纷案件中,法院应当审查的司法原则主要来源于有关实体法的原则规定。其中,贯彻与落实保护未成年子女最佳利益原则是其中最重要的原则之一。许士宦教授认为,在生子请求生父认领的诉讼中,对于生子寻求其生父的事实,宜将其作为人格权的一个环节;另外,为子女的最佳利

① 参见许士宦、陈计男等:《父子关系诉讼之证明度与血缘鉴定强制——以请求认领子女之诉及否认婚生子女之诉为中心》,载台湾地区"民事诉讼法"研究基金会编:《民事诉讼法之研讨》(九),台北三民书局 2000 年版,第 96—97 页。

益,如认识其出生、便于理解及个性发展,在诉讼上似应发现真实,就其生父究竟为何人作出正确的判断,以有助于其人格利益的保障。关于这一利益的保障,宜优先于生母隐私权的保护。基于此,生母不得以隐私权受有侵害的顾忌为由而拒绝勘验。①

在亲子关系纠纷案件中,是否为举证人的相对人设定证明协力义务,在不同类别的亲子关系纠纷案件中不应从属于一种标准,而应当根据个案的具体情形,特别是应当尊重是否有利于实体法上的未成年子女最佳利益的原则。而在个案当中,这种实体法上的原则已经转化为一种司法原则。当法院认为查明事实真相有助于实现未成年子女最佳利益原则时,就应当为举证人的相对人(甚至案外第三人)设定相应的证明协力义务;否则,就有可能不存在设定相应证明协力义务的基础。例如,林望民先生认为,由妻所提起的否认亲子关系之诉,如果在这一诉讼上成为被告之夫(父)与子(女),彼此间已发展为极为良好的父子(女)关系,则即使子女知晓被告之夫(父)可能并非其生父,但其表明仍想维持这种父子(父)关系时,基于对未成年子女最佳利益的考量,就可能认为父(夫)无忍受勘验或协助勘验的义务。如果是由夫提起的否认亲子关系之诉,比较上较能肯认子(女)应负勘验忍受义务或者勘验协助义务。② 另外,许士宦教授也指出,由生母对夫所提起的否认婚生子女的诉讼,即使生母经证明在该子(女)受胎期间,除夫外还与第三人发生性关系,导致何人为该子(女)生父处于不明状态,在此情形下,似乎不容否认,如果受诉法院命令夫、该第三人作 DNA 鉴定,则有助于对上述事实的查明。但如果从子女利益的立场来考虑,则在夫愿视妻于婚姻关系中受胎而生的子女为其婚生子(女),且第三人也拒绝协同鉴定,不愿认该子女为其生子(女)的情形下,如果受诉法院认为维持婚生子(女)的状态对该子(女)最为有利时,宜认

---

① 转引自许士宦等:《父子关系诉讼之证明度与血缘鉴定强制——以请求认领子女之诉及否认婚生子女之诉为中心》,载台湾地区“民事诉讼法”研究基金会编:《民事诉讼法之研讨》(九),台北三民书局 2000 年版,第 8 页。

② 参见许士宦、林望民等:《父子关系诉讼之证明度与血缘鉴定强制——以请求认领子女之诉及否认婚生子女之诉为中心》,载台湾地区“民事诉讼法”研究基金会编:《民事诉讼法之研讨》(九),台北三民书局 2000 年版,第 98 页。

为夫以此为拒绝协同血缘鉴定的正当理由为妥。[①]

(2) 法院应审查当事人是否提供有初步表面证据,而不应仅仅依赖于通过 DNA 鉴定所进行的证明摸索。在诉讼上,只要法院向有关当事人发出要求其协助鉴定的命令,在形式要件上就为其设定了证明协力义务。但是,在发出这种命令之前,通常应对是否有必要设定这种证明协力义务的实质要件进行司法审查。在此,法院进行的司法审查所涉及的系权利人是否能够提供初步表面证据,使法院认为有可能发生与该权利人主张事实相一致的情形,以避免仅仅依赖于妄自猜测所进行的证明摸索。在通常情况下,由于采用 DNA 鉴定会涉及对他人隐私的披露及涉及社会公益,法院对权利人试图通过 DNA 鉴定而进行证明摸索的行为往往持否定态度。例如,有日本学者指出,在父子血缘关系诉讼中,作为男性的被告虽然没有任何证据线索,也没有特定的对象,但是仍然主张除了自己以外,原告的母亲尚与多名男性保持性关系,即以存在多名相关人员作为抗辩理由。被告为了证明自己的主张,申请对原告的母亲进行证人询问。被告的这一申请构成了对证人(原告的母亲)人格的攻击,也对原告施加了较大的精神压力。对此,多数德国法院的判决认为,在此领域内所进行的摸索证明是不合法的。[②] 并且在理论上,有日本学者认为,如其仅基于抽象的主张,而想凭借血液鉴定取得对其有利的事证,即属于摸索的证明(ausforschungsbeweis),妨碍对方的防御权及审理对象的明确性,法院对此不应当进行相应的证据调查。比如,在夫所提起的否认婚生子女之诉上,如果其就妻的不贞仅为猜测性主张,不得导致法院作出血缘鉴定的裁定。反之,如果夫已证明妻于受胎期间与其他男子有性关系,或者夫妻间的性交涉及期间与子女的受胎期间显然不尽一致等类情形,应当认为已具备充分具体线索的要件,法院可强制作血液鉴定。

---

① 转引自许士宦等:《父子关系诉讼之证明度与血缘鉴定强制——以请求认领子女之诉及否认婚生子女之诉为中心》,载台湾地区"民事诉讼法"研究基金会编:《民事诉讼法之研讨》(九),台北三民书局 2000 年版,第 9—10 页。

② 参见〔日〕高桥宏志:《重点讲义民事诉讼法》,张卫平、许可译,法律出版社 2007 年版,第 73 页。

这时,生父子关系确定的利益保护应优先于受检人隐私利益的保护。[①]在德国,有学者将禁止摸索的根据求诸非婚生子女之母的人格尊重及诉讼经济,因此即使在职权探知主义架构下,摸索的证明也应当予以禁止。[②] 从上述这些观点可见,在诉讼上,如果当事人主张有关父子关系在法律上的真实性与生物学上的真实性之间出现冲突时,虽然在法律上实行职权探知主义,但是法院不能仅凭有关当事人的主张就动辄采用鉴定方式进行相关的证据调查,而必须首先探究当事人这种主张的事实依据何在,以免影响现存身份关系的稳定性。在实务上,当夫提起否认亲子关系之诉时,如果夫直接申请法院委托DNA鉴定查明血缘关系的存否时,法院往往会要求其提供有关初步表面证据。在法国,当出现寻认非婚生子父子关系之诉的情形下,法院虽然可命令作DNA鉴定,但其前提是,原告必须证明重大的推定及征凭,使推论亲子关系的真实性,径以鉴定方法来证明。并且,法官以该征凭已可形成充分的心证时,仅依该征凭加以判断。由此可见,在法国,在亲寻子的情形下,虽然可直接证明,但在子寻亲的情形下,则要求征凭作为前提。[③] 事实上,在通常情形下,夫难以提供有关证据来证明妻于受胎期间与其他男子有性关系,或者夫妻间的性交涉及期间与子女的受胎期间显然不尽一致等类情形。取而代之的是,在当今社会中,如果夫对其子女的真实血缘身份产生怀疑,往往首先选择私下自行委托有关鉴定机构进行DNA鉴定,如果鉴定结论与其主观猜测相符时,当事人会以此为据向法院提起诉讼。对此情形,法院也不能视而不见,尤其是当有关法律并不禁止当事人这种自行委托所进行的DNA鉴定时。笔

---

① 参见〔日〕春日伟知郎:《父子關係訴訟における證明問題と鑒定強制(檢證協力義務)—最近の一事判(東京高裁平成七年一月三日判決)からの示唆—》,载《法曹时报》49卷2号(1997年),第33、34页。转引自许士宦:《证据收集与纠纷解决》,台北新学林出版股份有限公司2005年版,第484—485页。

② 参见许士宦等:《父子关系诉讼之证明度与血缘鉴定强制——以请求认领子女之诉及否认婚生子女之诉为中心》,载台湾地区“民事诉讼法”研究基金会编:《民事诉讼法之研讨》(九),台北三民书局2000年版,第78页脚注。

③ 参见〔日〕松川正毅:《フランス法におけるDNA鑒定と親子法》,载《ジュリスト》1099号(1996年),第50页;水野纪子:《實親子關係と血緣主義に關する一考察》,载星野英一古稀祝贺:《日本民法學の形成と課題》(下)(1996年),第1142页以下。转引自许士宦:《证据收集与纠纷解决》,台北新学林出版股份有限公司2005年版,第454—455页。

者认为，对当事人所提供的这种自行委托的DNA鉴定结论，法院可将其视为一种证据线索来对待。鉴于法院在诉讼上不能直接采信当事人所自行委托的这种鉴定结论，因此，这种证据线索可作为法院命令当事人或者第三人协助法院进行DNA鉴定的根据。

2. 在亲子关系纠纷案件中如何处理职权探知主义与当事人证明责任之间的关系

关于证明责任的分配与实行职权探知主义二者之间的关系，邱联恭教授认为，对于采用职权探知主义所涉及的确认亲子关系及否认亲子关系案件程序上，法院应先尽职权探知、职权调查证据之能事，然后，如果认为其还无法确定某要件事实存在与否时，才可适用有关证明责任分配原则，而不应像辩论主义的一般财产权诉讼事件那样，仅以当事人未尽行为责任的结果就使其受未能证明的不利益。①

对此，笔者认为，这实际上涉及这样几个层次上的问题：(1) 在通常亲子关系纠纷案件中，其主要作为案件的要件事实或者待证事实的是，亲子之间（主要是父子之间）是否存在自然血缘关系；对于法院而言，有助于证明这种要件事实的证据材料，除了采用DNA鉴定方式之外，还可采用其他证据材料。在实务上，虽然采用DNA鉴定最为准确，对举证人也最为便利，但是，采用这种DNA鉴定必须借助于对方当事人甚至案外第三人的协力。然而，即使在法律上为对方当事人设定有关证明协力义务，由于欠缺法律上的明确规定，也无法采取直接强制手段。对于举证人而言，在诉讼上，要求法院委托鉴定机构进行DNA鉴定比提供其他证据更为可行。这是因为，在亲子关系纠纷案件中所涉及的亲子之间是否存在自然血缘关系这一事实本身，与该子的生母是否与他人之间存在婚外性关系有关。在现实生活中，由举证人（或称权利人）收集该子的生母与他人之间存在婚外性关系的证据实有所难。况且，社会发展到今天，人们的活动范围、空间和领域大为扩展，通讯工具的发达与交通运输的迅捷，更增加了举证人收集这类证据的难度。另外，在诉讼上，即使举证人能够收集到该子的生母与他人之间存在婚外性关系的证据，在举证人与该子的生母同时存在婚内

---

① 参见许士宦、邱联恭等：《父子关系诉讼之证明度与血缘鉴定强制——以请求认领子女之诉及否认婚生子女之诉为中心》，载台湾地区“民事诉讼法”研究基金会编：《民事诉讼法之研讨》（九），台北三民书局2000年版，第102—103页。

性关系的同时,就法官所作出的相关判断而言,他还无法直接得出该子的出生究竟与举证人有关,还是与第三人有关。在这种情形下,除非举证人能够提供证据证明,在合理的受胎期间,举证人根本就不存在相关的行为或者能力,例如,举证人已丧失生育能力、举证人与该子的生母已分居多时,举证人长期在国外工作或者在外地生活等。(2) 对于法官判定某一父子之间是否存在自然血缘关系的事实而言,如果举证人所提供的证据不能证明在合理的受胎期限内,举证人与该子生母之间并不存在婚内性行为(如已分居多年、常年在海外工作等)或者其已丧失生育能力,这些证据对于认定上述待证事实就缺乏应有的证明价值。反之,如果举证人所提供的证据能够证明该子的生母与他人之间存在婚外性关系,而举证人也不否认其与该子的生母之间同时存在婚内性关系,这种交叉性的性关系在经法官认知的情况下,法官仍然无法在诉讼中对某一父子之间是否存在自然血缘关系作出明确的判断。可见,在现实社会条件下,采用 DNA 鉴定成为法官判定这种待证事实所无法回避的方法。(3) 在亲子关系纠纷案件中,由于实行法院职权探知主义来认定案件事实,而采用当事人的证明责任分配法则判断案件事实只具有补充作用。在这种法院的职权主义优先于当事人主义的架构下,只有当法院依职权无法收集到必要的证据来认定案件事实时,才依靠当事人所收集、提供的证据来对案件事实作出判断。在此所应当考虑的问题是,如果举证人无法收集、提供必要的证据来支持其事实主张,而向法院提出 DNA 鉴定的申请。从上述分析来看,在现实社会条件下,采用 DNA 鉴定的方式对于认定亲子关系具有可靠性、说服性、准确性所构成的社会公信度,因此,成为认定亲子关系是否存在的最佳证据方法。事实上,在亲子关系纠纷案件中,由于实行法院职权探知主义,这种职权探知主义本身涉及对有关证据的收集与调查的能力与职权所构成的权能,自应包括在认为必要时有权命令双方当事人采用 DNA 鉴定来作为证据调查的方式,而不待当事人根据证明责任分配法则的要求向法院申请 DNA 鉴定。

3. 在亲子关系纠纷案件中如何认识法院的职权探知与有关当事人的证明协力义务之间的关系

在涉及亲子关系纠纷案件中,尽管这类案件实行职权探知主义,但仍有辩论主义应用的空间,也就是说,既然诉讼是由原告所提起的,他所提出的诉讼请求必定有相应的事实主张。在理论上,对于这种事实主张，虽然按照职权探知主义的要求，法院既可斟酌涉及事实主张之外的其他有关事实，也可以不因当事人所提供的有关证据材料为限，而可依职权调查其认为有必要进行调查、收集的任何有关证据材料。但是，如果法院在原告的事实主张之外无法斟酌其他更有价值的事实，也无法调查、收集到更有价值的证据材料时，法院则只能根据原告所提出的有关证据材料对其所主张的事实判断，以最终决定是否能够支持其诉讼请求。因此，诉讼的风险在许多情况下还只能由原告实际承受，对此，法院也绝无任何理由来代替。

从理论上讲，亲子关系纠纷案件除了涉及当事人的私益之外，还涉及社会公益。以涉及社会公益作为出发点，在制度设计上要求法院实行职权探知主义，这就在相当程度上暂时弱化了作为举证人一方当事人的证明责任，同时也相对弱化了举证人的相对一方当事人的证明协力义务。但是，亲子关系纠纷案件毕竟也涉及当事人的私益，假如因法院职权探知无法达到预期效果，也就是无法查明事实真相。例如，一对夫妻协议离婚后，所生女孩由女方抚养，男方每年给付抚养费3000 元。但男方一直怀疑自己不是女孩的生父，要求依法作亲子鉴定，女方却不予配合。该案中，男方是否为女孩的生父就构成本案的待证事实。假如男方能够提供一些初步表面性证据，使法院产生一些合理性怀疑，但仍无法使这种合理怀疑转化为相应的内心确信的，在此情形下，法院自应依职权调查、收集相应的证据。然而，当法院无法通过职权探知确定案件事实真相时，法院只能为举证人的对方当事人设定证明协力义务，要求本案中的女孩提供血样。因为，采用 DNA 鉴定已经成为众所周知的证明亲子关系的最佳证据，在本案情形下，通过 DNA 鉴定已经成为举证人的合理期待，也并未对举证人的相对人造成严重不便，只是给女孩的生母带来心理上的负担。因为这种真实的发现有可能会触及其隐私或名誉。由此可见，即使在实行职权探知主义条件下，由于法院职权探知能力的有限性，并不存在一概弱化有关当事人所负证明协力义务的必要基础。另外，笔者认为，法院的职权探知与有关当事人的证明协力义务并非是截然对立的，而是有其相辅相成的一面。这是因为，在亲子关系纠纷案件这种具有较强烈公益色彩的案件类型中，采用 DNA 鉴定完全可以作为法院职权探知的对象。

邱联恭教授认为，在采用职权探知主义的亲子关系诉讼程序上，即使当事人依其协力义务也负有一定的行为责任，但为了维护公益，法院应尽力职权探知，因此当事人所负行为责任较轻，不同于一般财产权诉讼案件的当事人所负行为责任较重的情形。[①] 对此，笔者认为，这种对理论层面所进行的论述无疑是正确的。但是，在实务上，由于就亲子关系纠纷案件所设定证明标准相对较高，同时，举证人自行调查、收集相关证据往往存在较大障碍，特别是在现实社会条件下，因采用 DNA 鉴定用于确定亲子关系具有很高的社会公信度，从而产生可期待性与可依赖性的缘故，即使举证人自行调查、收集具有传统性质的证据具有一定的充分性，也就是说，法院从前依据这些证据或许有可能对案件的待证事实作出判定，但是，在科学性证据已相当发达的今天却可能发生迟疑。在这种情形下，如果不将采用 DNA 鉴定这种证明方式作为法院依职权调查、收集证据的必要手段，从而为有关当事人设定证明协力义务，其结果将造成在这种身份关系类型案件中，使举证人承担比一般财产类型案件中更重的证明责任，因为，前者对案件所要求的证明标准显然比后者更高。在此基础上，就会产生这样一种更为深刻的影响，即这种做法既无助于职权探知主义的贯彻执行，又无助于职权探知主义在社会条件发生巨大变化的基础上与时俱进，最终会造成职权探知主义原则在亲子关系纠纷案件中的衰落与退化。

二、对亲子关系纠纷案件中证明协力义务基本性质的界定

（一）关于抽血检验系属鉴定还是勘验的问题

根据生物科学上的要求，除抽血之外，骨骼、毛发等，也可提供用于解决亲子关系纠纷案件中的血缘鉴定。在现实生活当中，采用抽血方式提取血液以便进行 DNA 鉴定，是较为常用的一种证明方法。

就抽血以供血缘鉴定究竟属于鉴定还是勘验义务的问题，与相关证明协力义务基本性质的界定具有密切关系，在我国台湾地区，近年来对亲子关系纠纷案件的讨论甚为激烈，其中涉及对有关当事人或者

---

① 参见许士宦、邱联恭等:《父子关系诉讼之证明度与血缘鉴定强制——以请求认领子女之诉及否认婚生子女之诉为中心》，载台湾地区“民事诉讼法”研究基金会编:《民事诉讼法之研讨》(九)，台北三民书局 2000 年版，第 103 页。

第三人抽血检验究竟应属于鉴定范畴还是属于勘验范畴存在争议。其主要观点表现为:

(1) 鉴定说。该说认为,在亲子关系纠纷案件中所进行的抽血检验属于鉴定范畴。例如,吴明轩教授认为,对确认亲子关系存在与否时,既然是强制当事人或者第三人提供鉴定的资料,故应定名为鉴定,而并非勘验的范畴。[①] 另外,雷万来教授也指出,在论及父子(女)关系诉讼时,因所涉及的是抽血等血缘鉴定,当然不会涉及证物毁损灭失的问题。[②]这种观点在我国台湾地区有关法院的司法判决当中也有相应的体现。[③]

(2) 勘验说。该说认为,在亲子关系纠纷案件中所进行的抽血检验属于勘验范畴。例如,林望民先生认为,在亲子关系纠纷案件中,举证人的对方当事人所负有的证明协力义务系一种勘验协助义务或勘验忍受义务。[④] 再如,王甲乙教授倾向于认为抽血属于勘验忍受义务,至于血液的提供则属于勘验协助义务。[⑤]

(3) 双重属性说。该说是从鉴定与勘验两个不同角度来认识抽血检验这种证明方式。也就是说,将是否存在亲子血缘关系的事实作为专业人员(如医师等)提供意见证据的对象,利用有关专业知识及科学方法对这种事实对象发表专家意见,以便作为法庭上所使用的证据,这种证据方式应属鉴定范畴;反之,利用抽血所获取的血液作为检

---

① 参见许士宦、邱联恭等:《父子关系诉讼之证明度与血缘鉴定强制——以请求认领子女之诉及否认婚生子女之诉为中心》,载台湾地区“民事诉讼法”研究基金会编:《民事诉讼法之研讨》(九),台北三民书局 2000 年版,第 89—90 页。

② 同上书,第 91 页。

③ 例如,在有关司法判例中,台湾地区高等法院台南分院似乎认为该血液为文书以外的对象,因此就所命令当事人拒绝前往鉴定的情形,适用台湾地区“民事诉讼法”第 363 条的规定(1996 年修正后被列为该条第 1 项),而并非同法第 367 条规定,以准用第 345 条规定。参见许士宦:《证据收集与纠纷解决》,台北新学林出版股份有限公司 2005 年版,第 439—440 页。

④ 参见许士宦、林望民等:《父子关系诉讼之证明度与血缘鉴定强制——以请求认领子女之诉及否认婚生子女之诉为中心》,载台湾地区“民事诉讼法”研究基金会编:《民事诉讼法之研讨》(九),台北三民书局 2000 年版,第 98 页。

⑤ 参见许士宦、王甲乙等:《父子关系诉讼之证明度与血缘鉴定强制——以请求认领子女之诉及否认婚生子女之诉为中心》,载台湾地区“民事诉讼法”研究基金会编:《民事诉讼法之研讨》(九),台北三民书局 2000 年版,第 110 页。

验的对象，则属于勘验范畴。例如，在有关司法判例中，台湾地区"最高法院"认为，法院命令当事人到医院做亲子血缘鉴定，是以医院的特别知识，在诉讼程序上，就该亲子血缘事项陈述意见，以作为证据来加以利用。在此就受检查人已将其血液提供给法院所委托或选任的医院或医师，由该医院或者医师等专家根据有关医学和其他科学的方法、知识进行鉴识，据以陈述意见，供法院作为证据使用而言，应属于鉴定；但就受法院所命令的当事人及第三人到医院或医师处抽血，并提供该血液作为检验来看，则属于勘验。前者所及抽血为忍受勘验，而后者提供血液则为提出勘验物，两者均作为勘验协助义务的内容。如果当事人或第三人拒绝前往医院或医师处或抽血后拒不提供血液，即属于拒绝履行勘验协助义务。[①] 实际上，这种对于抽血检验的理解方式是对同一事物进行分解与细化所取得的结果，是一种较为特殊思维方式的体现。事实上，有关当事人或者第三人拒绝采用鉴定方式是以拒绝对其进行抽血作为具体表现形式，通常而言，对于有关当事人或者第三人来说，拒绝对其进行抽血的直接目的并不是对从其身体提取血液这种行为感到恐惧，而是为了防止通过对血液进行检验所得出对其不利益的结论。因此，从抽血检验所具有的目的性来看，将其纳入鉴定范畴似乎更具合理性。

（二）关于亲子关系纠纷案件中证明协力义务基本性质的认知

1. 各国认知的基本模式

对于当事人而言，在诉讼上是否负一般证明协力义务，或者说，法院在任何情况下是否均可命令当事人进行血液检查，对此问题，各国似有不同的观点与立场。

1890 年，日本在充分吸收德国民事诉讼法的基础上制定了民事诉讼法，当时的主导观念被认为是采行勘验协助义务否定说。但这种观点不被立法者所认同，故此通说及审判实务上奉行一般义务说，即认为履行勘验义务是日本国民对国家司法裁判权所应承担一般性质的

---

① 转引自许士宦：《证据收集与纠纷解决》，台北新学林出版股份有限公司 2005 年版，第 439—440 页。

公法上的义务，与证人义务相同，只要无正当理由，就不得予以拒绝。[①]日本法院为血液检查或鉴定，对当事人或第三人命为采取、提供血液的情形，这些人所负的义务属勘验协助义务。[②]

相较而言，与日本法所确立的当事人在诉讼上就血液检查等勘验协助义务属于一般义务模式所不同的是，德国法明确规定，只有在符合一定条件下当事人才负此义务。在英国、美国等国家，是以子女的最佳利益作为判断标准，以决定是否进行血液检查。[③]

2. 我国台湾地区认知的基本模式

长期以来，通说认为，无论何人在诉讼上均负有提出勘验物及忍受勘验的义务，以表达对司法权威的尊重，这一义务与证人的义务相同，属于公法上的一般义务，与提出文书的义务系无论当事人或第三人均限于一定情形才负有提出义务存在不同。[④]台湾地区"民事诉讼法"在2000年进行修订时，增订"法院于必要时，得依职权或依声请命证人或当事人提供鉴定所需资料"（第337条第1项后段）。其规定的范围与向来通说所承认的并无差别。因为，新法已将文书提出义务的

---

① 参见〔日〕菊井维大、村松俊夫：《全订民事诉讼法》（Ⅱ）（1998年），第679页；兼子一、松浦馨、新堂幸司、竹下守夫：《条解民事诉讼法》（1986年），第1084页；吉村德重、小岛武司编：《注释民事诉讼法》（1995年），第209页。转引自许士宦等：《父子关系诉讼之证明度与血缘鉴定强制——以请求认领子女之诉及否认婚生子女之诉为中心》，载台湾地区"民事诉讼法"研究基金会编：《民事诉讼法之研讨》（九），台北三民书局2000年版，第74页脚注。

② 参见〔日〕吉村德重、小岛武司编：《注释民事诉讼法》（7）（1995年），第206页以下；新堂幸司：《新民事诉讼法》（1998年），第517页。转引自许士宦等：《父子关系诉讼之证明度与血缘鉴定强制——以请求认领子女之诉及否认婚生子女之诉为中心》，载台湾地区"民事诉讼法"研究基金会编：《民事诉讼法之研讨》（九），台北三民书局2000年版，第34—35页。

③ 参见许士宦：《证据收集与纠纷解决》，台北新学林出版股份有限公司2005年版，第463—464页。

④ 参见曹伟修：《最新民事诉讼法释论》（中册）（1978年），第1123页；王甲乙、杨建华、郑健才：《民事诉讼法新论》（1986年），第409页；石志泉原著（杨建华增订）：《民事诉讼法释论》（1992年），第405页；姚瑞光：《民事诉讼法论》（1991年），第404页；蔡章麟：《民事诉讼法》（第3册）（1966年），第354页；陈计男：《民事诉讼法论》（1994年），第470页；陈荣宗、林庆苗：《民事诉讼法》（1996年），第541页。转引自许士宦：《证据收集与纠纷解决》，台北新学林出版股份有限公司2005年版，第478—479页。

范围加以扩大，使其成为一般义务[①]，故准用结果，勘验协力义务也属于一般义务。[②]

当法院对诉讼当事人或第三人命令其抽血、提供血型以供血型鉴定、DNA 鉴定的情形下，这些人所负义务就是作为勘验协助义务的勘验忍受义务（抽血），以及勘验物提出义务（提供血液）。[③] 关于如何认识将勘验协助义务解释为一般义务的问题，有日本学者指出，将勘验协助义务解释为一般义务，应属可采之举。勘验协助义务是当法院欲就特定证明方法实施证据调查时，对有关当事人或第三人所广泛承认证据调查协助义务的一种形态。[④]

关于有关证明方法与所属相应义务的属性之间的关系问题，有学者认为，根据证据方法本身的属性以及因协助证据调查所负担的轻重，确定相应各证据调查方法的义务性质，即在成为证人的情形下，无论是谁均得为之，且通常其负担也不甚重，故为一般义务；鉴定义务则是对具有必要的学识经验的，经法院命令鉴定而发生的个别的义务[⑤]；关于文书，在观念上具有所有权，应尊重执有人处分其记载内容的自由，并且，因有公开至与待证事实无关系部分之虑，故比起证人义务对于证人的影响，文书提出义务对执有人所给予影响较大，因此采取限

① 参见许士宦：《文书之开示与秘匿》，载《台大法学论丛》第 32 卷第 4 期（2003 年），第 12 页以下。

② 参见许士宦：《证据收集与纠纷解决》，台北新学林出版股份有限公司 2005 年版，第 482 页。

③ 参见许士宦：《证据收集与纠纷解决》，台北新学林出版股份有限公司 2005 年版，第 476 页；姜世明：《民事证据法实例研习》（一），台北新学林出版股份有限公司 2008 年版，第 120—121 页。

④ 参见〔日〕吉村德重、小岛武司编：《注释民事诉讼法》（7）（1995 年），第 209 页。转引自许士宦：《证据收集与纠纷解决》，台北新学林出版股份有限公司 2005 年版，第 481 页。

⑤ 参见〔日〕兼子一、松浦馨、新堂幸司、竹下守夫：《条解民事诉讼法》（1986 年），第 1026 页。转引自许士宦：《证据收集与纠纷解决》，台北新学林出版股份有限公司 2005 年版，第 479—480 页。

定的义务[①]；与此相对应的是，勘验物虽然也有所有权的观念，但与文书不同，通常是与其执有人的思想内容及精神生活无关的客观存在，相较文书提出而言，勘验物提出对执有人所受负担较轻，故将其解释为一般义务也属相当。[②]

有学者认为，在父子关系诉讼上，法院为解明父子关系存否的事实，可依申请或依职权命令当事人或第三人作血液鉴定。当事人或第三人接受抽血、提供血液等以资检验，系协助法院实施勘验。这些忍受勘验及提出勘验物的义务，虽然属于一般义务或者一般化义务，但法院在认为有必要时，才可命令当事人或第三人进行，以避免血缘鉴定成为证据摸索。[③]

3. 著者的基本观点

从比较法的角度来看，日本和我国台湾地区将亲子关系纠纷案件中因抽血检验所产生的证明协力义务，作为公民在诉讼上所应当负有的一般化义务来看待；而德国及英美法系有关国家则将其作为一种具有限制性的义务来看待。例如，按照《德国民事诉讼法》第372条的规定，当必须为确认血缘关系时，当事人有容许以验血的方式负有接受检查的义务。这种义务被认为是一种容忍义务。我国台湾地区在此问题上的态度严重依赖于日本所持有的观念。对此，笔者认为，在现代社会条件下，鉴于亲子关系纠纷案件的事实认定涉及未成年子女最佳利益、婚姻家庭关系的稳定与和谐等敏感性议题，事关社会公益，因此，法院在诉讼上是否为有关当事人或第三人设定诸如抽血检验等证

---

① 参见〔日〕竹下守夫、野村秀敏：《民事訴訟における文書提出命令（二·完）》，载《判例评论》206号（1976年），第116页。转引自许士宦：《证据收集与纠纷解决》，台北新学林出版股份有限公司2005年版，第480页。

参见〔日〕兼子一、松浦馨、新堂幸司、竹下守夫：《条解民事诉讼法》（1986年），第1026页。转引自许士宦等：《父子关系诉讼之证明度与血缘鉴定强制——以请求认领子女之诉及否认婚生子女之诉为中心》，载台湾地区“民事诉讼法”研究基金会编：《民事诉讼法之研讨》（九），台北三民书局2000年版，第76—77页脚注。

② 参见〔日〕吉村德重、小岛武司编：《注释民事诉讼法》（7）（1995年），第209页。转引自许士宦：《证据收集与纠纷解决》，台北新学林出版股份有限公司2005年版，第481页。

③ 参见姜世明：《民事证据法实例研习》（一），台北正点文教出版顾问有限公司，2005年版，第129页。

明协力义务,并非没有任何前提条件。例如,雷万来教授认为,在论及有关亲子关系诉讼的有关问题时,首先应探究法院命令当事人或者第三人负勘验忍受义务或勘验物提出义务其必要性的有无。至于所谓必要性,则兼指主观上的必要性与客观上的必要性,并且对主观上的必要性与客观上的必要性有无等先决条件的判断,可诉请法院采用判决加以解决。当法院对必要性的有无进行审理时,须考虑令当事人或第三人负担上述义务是否适当。例如,在可经由对义务人的其他婚生子女作鉴定,并比对其结果获得的结论时,是否仍有强令该人负此义务的必要,就其手段或方法而言,以毛发代之也并无不可,似乎不一定仅依赖于抽血这种方法。[①] 另外,郑杰夫认为,法院在命令当事人或者第三人作 DNA 鉴定时,仍须以经证明曾在妻受胎期间内与之有性关系存在为前提,如果尚未有显著事证可证明这一前提事实,法院似不宜直接命令当事人或者第三人作 DNA 鉴定。这是因为,法院不论其情形如何一概均命令被告抽血作鉴定,对被告显得极为不公平。因此必须经相当证明,足以认为其在生母受胎期间曾与生母有同居的事实或者性关系存在时,法院才可考虑是否令其作 DNA 鉴定。[②] 可见,法院不能依职权探知主义为由而动辄采取这种证据调查方式,必须在符合相应要件的条件下才可向有关当事人或第三人发出相关命令,从而为其设定相应的证明协力义务。如果采用一般化的观念将会导致血缘鉴定的滥用,对社会关系的和谐与稳定构成威胁。加之个案的情形纷繁复杂、不一而论,应当具体问题具体分析,甚至难以采用某一僵化的硬性标准统一采用,因此,在理论上,尽管这种义务经法院发出命令或指示具有公法上的特性,但难以像证人出庭作证义务那样具有普遍性或一般化义务的特质。这是因为,相对而言,在诉讼上,所有证人都具有作证能力以及承担被强迫出庭作证义务,在个案当中,证人是否具体承担出庭作证义务,通常与法院的司法审查无关;而在亲子关系纠纷案件中,有关当事人或第三人是否在个案中具体承受证明协力义

① 参见许士宦、雷万来等:《父子关系诉讼之证明度与血缘鉴定强制——以请求认领子女之诉及否认婚生子女之诉为中心》,载台湾地区“民事诉讼法”研究基金会编:《民事诉讼法之研讨》(九),台北三民书局 2000 年版,第 92 页。

② 参见许士宦、郑杰夫等:《父子关系诉讼之证明度与血缘鉴定强制——以请求认领子女之诉及否认婚生子女之诉为中心》,载台湾地区“民事诉讼法”研究基金会编:《民事诉讼法之研讨》(九),台北三民书局 2000 年版,第 94 页。

务,必须经过法院的司法审查才能加以确定。因此,在亲子关系纠纷案件中,应当认为这种证明协力义务虽然在表现形式上具有一般化义务的特征,但是,在实质上则具有某种限定性,而并非是无条件的一般化义务。特别是在当今社会条件下,采用 DNA 血缘鉴定具有高度的准确性与社会凭信度,如果不适当地采用这种科学的鉴定方法,将对婚姻家庭关系的和谐与稳定构成严重威胁,使未成年子女的最佳利益无法得到有效保障,甚至还会对多年来各国所遵循的婚生子女(或称亲子关系)推定制度造成毁灭性破坏。

另外,有学者指出,在日本,法院为血液检查或鉴定,对当事人或第三人命为采取、提供血液的情形,这些人所负的义务属勘验协助义务。也就是说,抽血及提供血液分别为勘验忍受义务及勘验物提出义务。这种义务与证人义务相同,属于一般性的义务,只要不具有正当理由即不得予以拒绝。① 但是,笔者认为,在亲子关系纠纷案件中,有关当事人、第三人在血缘鉴定上所负有的证明协力义务恐难与普通财产纠纷案件中一般证人在公法上所负的一般性义务相提并论。主要是因为:(1) 在亲子关系案件中实行法院职权探知主义,而并非辩论主义;(2) 证人证言在亲子关系纠纷案件中的证明效力,因涉及社会公益,在案件的证明度上有更高的要求;(3) 证人特权可以被放弃,而有关当事人、第三人在亲子关系案件中所负的证明协力义务则不能放弃。

三、亲子关系案件中设定证明协力义务的基本要件

在亲子关系纠纷案件中,为了确认自然血缘关系真实性的需要,法院可依职权要求当事人或第三人进行血液检验以便实施 DNA 鉴定方式,从而为其设定证明协力义务,但并非是无条件的,为当事人或者第三人设定有关的证明协力义务,应当以特定的要件为必要前提。鉴于亲子关系纠纷案件的公益性与特殊性,采用 DNA 鉴定这种科学技

---

① 参见〔日〕吉村德重、小岛武司编:《注释民事诉讼法》(7)(1995 年),第 206 页以下;〔日〕新堂幸司:《新民事诉讼法》(1998 年),第 517 页。转引自许士宦等:《父子关系诉讼之证明度与血缘鉴定强制——以请求认领子女之诉及否认婚生子女之诉为中心》,载台湾地区“民事诉讼法”研究基金会编:《民事诉讼法之研讨》(九),台北三民书局 2000 年版,第 34—35 页。

术手段确认亲子关系也具有一定的危险性，为保护根据法律推定所确认的现存亲子关系的安定性，应当允许生物学上的亲子关系与法律上的亲子关系之间具有一定的空间与距离，从而为DNA鉴定的应用划定不宜涉足的领域。根据有关国家的立法例、司法判例及理论学说，法院在发出相关命令之前，应当对个案中是否存在如下要件进行审查：

1. 要求当事人或第三人进行DNA鉴定的必要性

雷万来教授指出，所谓必要性，兼指主观上的必要性与客观上的必要性，并且对主观上的必要性与客观上的必要性有无等先决条件的判断，可诉请法院采用判决加以解决。[①] 这种必要性主要涉及个案，法院应当审查查明亲子关系的存否是否违背实体法上的未成年人子女的最佳利益保护原则，拒绝鉴定是否妨碍子女知悉自己出身的人格权益等因素。这一问题构成必要性的基础。对此，吴明轩教授认为，对确认亲子关系存在与否时，法院是否命令鉴定，应以子女利益为最高考量，相较而言，对于真实的发现应退居次要地位。[②]

同时，应当认识到，亲子关系纠纷案件涉及不同的具体类型，贯彻和落实未成年子女最佳利益保护原则，不仅仅是在诉讼上允许父子关系在法律上的真实性与生物学上的真实性保持一定的距离，这主要体现在否定亲子关系之诉当中。而在请求确认亲子关系之诉当中则有另外的表现形态。这是因为，正如有学者所言，请求确认亲子关系之诉的目的，在于确定被告男子是否为子女的生父，涉及子女知悉自己出身的权利保障。暂且不论非婚生子女请求生父认领的父子关系的确定，同时发生抚养义务及继承权等问题，对该子女具有重大财产权益。出身为构成个性诸要素之一，知悉自己出生有助于理解、展开自己的个性。出身具有规定个人的遗传性特质，并且对于个人意识之中对同一性（identity）的发现及个人理解而言也占有决定性地位。因此，

---

① 参见许士宦、雷万来等：《父子关系诉讼之证明度与血缘鉴定强制——以请求认领子女之诉及否认婚生子女之诉为中心》，载台湾地区“民事诉讼法”研究基金会编：《民事诉讼法之研讨》（九），台北三民书局2000年版，第91—92页。

② 参见许士宦、吴明轩等：《父子关系诉讼之证明度与血缘鉴定强制——以请求认领子女之诉及否认婚生子女之诉为中心》，载台湾地区“民事诉讼法”研究基金会编：《民事诉讼法之研讨》（九），台北三民书局2000年版，第89—90页。

人格权的内容也应包括知悉自己的出身。[①] 可见,在个案当中,对如何具体贯彻与落实未成年子女最佳利益保护原则,应当加以全面理解与把握。

另外,在学理上,这种必要性被理解为与避免发生证明摸索相联系,例如,许士宦教授指出,法院在认为有必要时,才可命令当事人或者第三人履行,以避免血缘鉴定成为证据摸索。[②] 在德国,有学者将禁止摸索的根据求诸非婚生子女之母的人格尊重及诉讼经济,因此,即使在职权探知主义架构下,摸索的证明也应当予以禁止。[③]

2. 要求当事人或第三人进行 DNA 鉴定的合适性

在此,所谓合适性又可称之为妥当性、适当性、合理性、正当性。所谓合适性是指应限于被要求接受这种证明协力义务的人可以容忍、接受的情形。

如何判断这种合适性,要斟酌被要求接受这种证明协力义务的人配合履行鉴定协助义务的方法与结果,对义务人与其近亲属的法律地位的影响,以及被要求接受这种证明协力义务的人的具体健康状况决定。例如,雷万来教授指出,除抽血之外,骨骼、毛发等,也可供血缘鉴定,而肤色、长相等,则均可作为亲子关系诉讼中有关亲子关系存否事实认定上的参考,不一定仅依赖于抽血这种方法。尤其是抽血通常为治疗行为,其侵害人权的程度显得更为严重。[④]

另外,这种合适性也可采用利益衡量的原则判断。对此,许士宦教授指出,在亲子关系纠纷案件中,当事人或者第三人负有忍受勘验

---

① 参见〔日〕海老原明夫:《自己の出自を知る權利と嫡出否認》,载《法学协会杂志》115 卷 3 号(1989 年),第 43 页以下。转引自许士宦等:《父子关系诉讼之证明度与血缘鉴定强制——以请求认领子女之诉及否认婚生子女之诉为中心》,载台湾地区“民事诉讼法”研究基金会编:《民事诉讼法之研讨》(九),台北三民书局 2000 年版,第 55 页。

② 参见许士宦:《证据收集与纠纷解决》,台北新学林出版股份有限公司 2005 年版,第 504 页。

③ 参见许士宦等:《父子关系诉讼之证明度与血缘鉴定强制——以请求认领子女之诉及否认婚生子女之诉为中心》,载台湾地区“民事诉讼法”研究基金会编:《民事诉讼法之研讨》(九),台北三民书局 2000 年版,第 78 页脚注。

④ 参见许士宦、雷万来等:《父子关系诉讼之证明度与血缘鉴定强制——以请求认领子女之诉及否认婚生子女之诉为中心》,载台湾地区“民事诉讼法”研究基金会编:《民事诉讼法之研讨》(九),台北三民书局 2000 年版,第 92—93 页。

及提出勘验物的证明协力义务。当事人或者第三人有正当理由时也可拒绝接受检验。但其拒绝有无正当理由,应比较衡量实施血缘鉴定所取得的利益与拒绝勘验所保护的利益来决定,在后者大于前者的情形下,才构成正当理由。因此,必须依据事件类型斟酌各种情形个别作出判断。特别是站在诉讼上真实的发现、裁判上公正的要求与其他应受保护价值相互冲突的基本观点上,斟酌该血缘鉴定的重要性、必要性、其他证据取代的可能性等各种证据法因素。[①] 在德国,对合理性的审查,会要求法院权衡被检查人的人身利益与《德国民事诉讼法》第372条之一所保护的利益。[②]

3. 要求当事人或第三人进行DNA鉴定的可期待性

在亲子关系纠纷案件中,对于举证人而言,对有关相对当事人或第三人并非期待不可能,也就是在客观上存在合理的预期或期待。法院应当审查查明,在个案当中,是否存在具有可替代性的证据方法。在个案当中,只有当不存在其他具有可替代性的证明方法,而使DNA鉴定成为查明亲子关系存否的唯一证明方法时,法院才可考虑加以采用。例如,林望民先生认为,如不能从对方取得证据资料,即无法或者难以进行证明的,就应保障其取得该证据资料。基于此,原则上应当认为证明生物学上父子(女)关系存否的事实,如不能从对方取得血液供鉴定,即不能或者难以证明该事实的存在,而对方就提供血液以供鉴定之事并无特别困难时,即应承认对方负有提供血液以供勘验等勘验协助义务或勘验忍受义务。[③] 例如,甲起诉主张乙为其子丙的生父,要求其认领,乙虽不争执其在甲受胎期间曾与甲同居,但称男女朋友关系仅维持数月之久,就因双方个性不合而分手。在这种情形下,应认定甲的起诉已有适当根据,而无滥诉之虑。如果当事人已不能再提供其他可令法院形成确信的证据方法,则如果甲要求乙配合进行血缘鉴定,除非乙有健康上的不可期待的正当事由而拒绝配合鉴定,否则

---

① 参见许士宦:《证据收集与纠纷解决》,台北新学林出版股份有限公司2005年版,第504页。

② 参见〔德〕罗森贝克、施瓦布、戈特瓦尔德:《德国民事诉讼法》(下),李大雪译,中国法制出版社2007年版,第879页。

③ 参见许士宦、林望民等:《父子关系诉讼之证明度与血缘鉴定强制——以请求认领子女之诉及否认婚生子女之诉为中心》,载台湾地区“民事诉讼法”研究基金会编:《民事诉讼法之研讨》(九),台北三民书局2000年版,第98页。

应认为乙有配合鉴定的义务。① 再如，在子女请求生父认领的诉讼上，依据检验而发现真实，有助于该子女收集、取得自己出身的资讯、证据，在保护子女人格权等利益条件下，除非有其他替代性证据，否则，当事人或者第三人不得径以其隐私权益受损为由拒绝接受血液检验。② 反之，当出现其他证据，并具有替代的可能性，使得与此相关的血缘鉴定或者血液检验欠缺或者降低其必要性时，在此情形下，如果进行血缘鉴定或者血液检验将影响当事人或第三人健康和隐私，尤其是其结果可能破坏未成年人子女既有的最佳利益时，应当认为这时不得再采取血缘鉴定或者血液检验的方式进行证据调查。

总而言之，在审判实务上，为避免滥诉或者无端摸索，在亲子关系纠纷案件中，如果原告就其陈述已提出适当根据，而使其主张具有可信性即低度盖然性，使法院在内心深处形成无滥诉之虑时，只要法院通过对上述三个要件进行审查，而当该非负证明责任一方当事人或第三人无正当理由可拒绝时，则应认为该非负证明责任一方当事人或第三人在协助实施 DNA 鉴定上负有证明协力义务。

四、关于当事人、第三人拒绝履行证明协力义务的正当事由

在亲子关系纠纷案件中，对设定证明协力义务的基本要件的认知与把握，是从法院的角度而将其作为司法审查的基础。但是，在实务上，当作为举证人的一方当事人向法院提出申请 DNA 鉴定时，如果相对一方当事人或第三人提出抗辩或异议，必须提出相关的正当事由，否则就难以得到法院的支持。同时，不待当事人提出申请，法院也可依职权作出 DNA 鉴定的决定。对此决定，有关当事人或第三人有权提出异议并提出相关正当事由。在此情形下，有必要对这种正当事由加以理解与探讨。

根据有关法理、立法例及司法判例，在实务上，作为有关当事人或第三人就当事人申请或者法院决定进行血液检验或者 DNA 鉴定提出

---

① 参见姜世明：《民事证据法实例研习》（一），台北正点文教出版顾问有限公司 2005 年版，第 136—137 页。

② 参见许士宦等：《父子关系诉讼之证明度与血缘鉴定强制——以请求认领子女之诉及否认婚生子女之诉为中心》，载台湾地区“民事诉讼法”研究基金会编：《民事诉讼法之研讨》（九），台北三民书局 2000 年版，第 55 页。

异议的正当理由，主要有以下几种情形：

（1）当抽血有损受检人健康的情形时，应认为属于有关当事人或第三人可拒绝承担相应证明协力义务的正当事由。也就是说，即使血缘鉴定有助于生物学上父子关系事实存否的解明，并确保举证当事人的证明权，但受检人的身体权、健康权等人格权应予以保护，如为了血缘鉴定而抽血，以至于影响受检人的身体健康，应使受检人得据以抗辩，以保护其人格权。也就是说，这时发现真实的要求及证明权的保护应让位于人格权的保护。例如，在奥地利，有关学说及判例承认，当发现检查对受检查人的生命或身体有危险的情形时，可拒绝检查。[①] 还有学者认为，如做血型鉴定，在精神上有损受检查者健康之虑时，也免于抽血忍受义务。这属于不合乎无害健康之虑的要件。但是，仅以宗教信仰上的信念为由，而并无健康上的不适时，不得作为拒绝的正当事由。[②] 韩国《家事诉讼法》规定，须在对受检人并不损害其尊严与健康状态的情形下，当事人才负有受检查的义务，而可由法院命令其接受。[③]

（2）当出现血缘鉴定有害于未成年子女最佳利益的情形时，应认为属于有关当事人或第三人可拒绝承担相应证明协力义务的正当事由。在父子关系上，血统主义并非最高的要求，因其未成年子女利益的保护最为优先。这已作为亲子法的最基本原则。[④] 为了确定血统，当然有借助血缘鉴定的必要，但是，在其实施将妨碍未成年子女的最

---

① 参见〔日〕松仓耕作：《血统诉讼论》（1995 年），第 50 页以下。转引自许士宦等：《父子关系诉讼之证明度与血缘鉴定强制——以请求认领子女之诉及否认婚生子女之诉为中心》，载台湾地区“民事诉讼法”研究基金会编：《民事诉讼法之研讨》（九），台北三民书局 2000 年版，第 75—76 页脚注。

② 参见〔日〕松仓耕作：《血统诉讼论》（1995 年），第 32 页以下。转引自许士宦：《证据收集与纠纷解决》，台北新学林出版股份有限公司 2005 年版，第 456—457 页。

③ 参见许士宦、邱联恭等：《父子关系诉讼之证明度与血缘鉴定强制——以请求认领子女之诉及否认婚生子女之诉为中心》，载台湾地区“民事诉讼法”研究基金会编：《民事诉讼法之研讨》（九），台北三民书局 2000 年版，第 106—107 页。

④ 例如台湾地区“民法”第 1055 条、第 1055 条之一、第 1055 条之二及第 1069 条之一。第 1063 条增订，妻也可于子女出生之日起两年内提起否认子女之诉，也是为了顾全未成年子女的利益起见，才赋予诉权使其可据以确定真正的生父。

佳利益时,应优先保护该未成年子女的利益。[1]

例如,在英国发生的一起讼案中,其基本案件事实是,在子的受胎可能期间,生母与未婚夫及另一男子均有性关系,在生母与未婚夫结婚生子后的相当期间,该男子依据认领而诉请法院确认父子关系存在的诉讼,申请作血液鉴定的情形。但受诉法院认为,在生母与未婚夫结婚之后,两人已有安定的家庭生活,该子受养育最为幸福,成为夫的男子也充分扮演父亲的角色,可以预计其将来也会如此的情形时,在这种前提条件下,生母、夫及子等可根据该子的这种最佳利益免除承担血缘鉴定的证明协力义务,以避免这种有可能打破子女安定生活环境的证据调查。[2]

(3) 在特定情形下,当出现当事人或第三人协助血液检验将导致其隐私受到损害时,可认为属于有关当事人或第三人拒绝承担与勘验协助有关的证明协力义务的正当事由。例如,有学者指出,就血液检验而言,它会涉及受检人的性交涉关系及身体的完全性,可谓已进入个人隐私的深层次部分,而且根据血型及 DNA 等科学鉴定,其精确度相当高,将其揭露将导致受检人不想他人所知的隐私遭受侵害,有害于其人格权的保护。[3] 所谓人格权是指与生俱来的为法律所保护的以人格上的基本尊严及人格利益为内容的固有权利。

(4) 除了上述三种常见的例外事由之外,为了补充立法上的欠缺,有关国家的司法判例还会根据个案的具体情形确立一些例外事由。例如,在德国,有关司法判例认为,在夫所提起否认婚生子女诉讼而获得胜诉判决确定后,在之后子所提起的认领请求诉讼上,作为第三人的夫可以原告并非其子的判决已确定为由拒绝接受检查。[4]

在德国,有关司法判例还确立不能作为例外事由的一些情形,这

---

① 参见许士宧:《证据收集与纠纷解决》,台北新学林出版股份有限公司 2005 年版,第 486—487 页。

② 参见许士宧等:《父子关系诉讼之证明度与血缘鉴定强制——以请求认领子女之诉及否认婚生子女之诉为中心》,载台湾地区"民事诉讼法"研究基金会编:《民事诉讼法之研讨》(九),台北三民书局 2000 年版,第 80 页脚注。

③ 同上书,第 55 页。

④ 参见〔日〕松仓耕作:《血统诉讼论》(1995 年),第 32 页以下。转引自许士宧:《证据收集与纠纷解决》,台北新学林出版股份有限公司 2005 年版,第 456—457 页。

些情形主要表现在：① 在亲子关系纠纷案件中，与子之母交往期间短暂或该母已有与多名男子性交往的告白，也不得作为拒绝事由。因为，上述协助义务，不以成为父亲的可能性高作为其要件。[①] ② 拒绝的理由不能是，血统也可以通过其他方式查明，如被检查人没有与子女的母亲发生过性关系，或者只是在受孕期之前与其发生过性关系。[②] ③ 拒绝的理由不能是已经确定性地认定原告不是被检查人的子女。[③]

另外，通常而言，被要求协助进行 DNA 鉴定的人不得以有受刑事上追诉之虑，作为拒绝检查的正当理由。这是因为，亲子关系真实性的确认所涉及应受保护的利益，优于被要求协助进行 DNA 鉴定的人免受刑事追诉之虑所应保护的价值。对此，有德国学者认为，在亲子关系诉讼中，即使检查有可能遭受刑事追诉的危险，当事人和证人也不可能合理地拒绝检查。因为在上述诉讼中，最重要的问题在于澄清子女的法律地位。在其他的诉讼中，当事人或者证人在有被刑事追究危险时是否有理由拒绝检查则存在争议。[④] 但是，即便是一种通说，在学理上也会引起争议。例如有德国学者指出，因配合鉴定而可能造成该非负证明责任一方当事人受到犯罪追诉、名誉受损等危险，是否可认为系拒绝的正当理由，可能会产生疑义。[⑤]

在审判实务上，当事人或第三人是否有拒绝协助勘验的正当理由，应根据事件类型审酌各种情况个别作出判断，特别是站在诉讼上真实的发现、裁判上公正的要求与其他重要价值相互冲突的基本观点上，斟酌该证据的重要性、必要性，是否为其他证据所替代的可能性等证据法上的各种因素，进行综合性利益比较衡量。但其拒绝有无正当理由，应比较衡量实施血缘鉴定所取得的利益与拒绝勘验所保护的利益决定，在后者大于前者的情形下，才构成正当理由。

---

① 参见〔日〕松仓耕作：《血统诉讼论》（1995 年），第 32 页以下。转引自许士宦：《证据收集与纠纷解决》，台北新学林出版股份有限公司 2005 年版，第 456—457 页。

② OLG Stuttgart MDR 1957, 553.

③ 参见〔德〕罗森贝克、施瓦布、戈特瓦尔德：《德国民事诉讼法》（下），李大雪译，中国法制出版社 2007 年版，第 879 页。

④ 同上注。

⑤ Zöller/Greger, ZPO § 372a Rdnr. 11. 转引自姜世明：《民事证据法实例研习》（一），台北正点文教出版顾问有限公司 2005 年版，第 134 页。

五、亲子关系诉讼案件中设定证明协力义务的方式

(一) 认识这一问题的意义

民事诉讼纠纷案件分为因财产关系所引起的纠纷与因身份关系所引起的纠纷两种类型。通常而言,在因财产关系所引起的纠纷案件中实行辩论主义或者当事人主义,对案件事实的调查与认定以当事人的收集证据和提供证据为重心,除非在特定情形下,当事人确因客观原因不能自行收集的证据,当事人可申请法院进行调查收集[①];在因身份关系所引起的纠纷案件中实行职权探知主义,对案件事实的认定与判断,以法院在职能上对证据进行调查与收集为重心。亲子关系纠纷案件属于因身份关系所引起的纠纷案件,而在这类案件中,有关当事人之间是否存在自然血缘关系,通常构成法院作出审查判断的要件事实或者待证事实。在 DNA 鉴定技术出现之前,囿于科学技术发展条件所限,以及无论是法院还是当事人对这类所需证据进行收集、调查所遇有的众所周知的难度,最终往往只能采用被推认的间接事实对要件事实或待证事实作出判断,最终也无法确保事实认定上的客观真实性。

由于生物科学技术的发展所产生的 DNA 鉴定技术完全打破了这种局面。正如有关书面报告所引用的美国立法例,当依据 DNA 鉴定的结果认为有 99% 以上的概率存在时,即可肯定其父性(父子关系)存在[②],只有当生母于受胎期间同时与某双胞胎兄弟二人先后均发生性关系时,因目前 DNA 鉴定技术还无法就该兄弟加以区别,因此,在这种情况下仍无法确认何人为其生父。除上述情形外,在一般情形下,可以准确地依据 DNA 鉴定结论确定其父性。DNA 鉴定技术的出现对既有的法律以及司法判例必将带来重大的冲击,也会给有关当事

---

① 在特定情形下,当事人确因客观原因不能自行收集的证据,当事人可申请法院进行调查收集,这种情形在其他国家较为少见,但对我国而言,主要是因为国情不同,则较为常见。与此相关的规定可参见我国《民事诉讼法》第 64 条第 2 款;最高人民法院《关于民事诉讼证据的若干规定》第 17 条。

② 转引自许士宦等:《父子关系诉讼之证明度与血缘鉴定强制——以请求认领子女之诉及否认婚生子女之诉为中心》,载台湾地区“民事诉讼法”研究基金会编:《民事诉讼法之研讨》(九),台北三民书局 2000 年版,第 6—7 页。

人的证明协力义务造成相当大的影响,实际上将会对亲子关系纠纷案件的审理、证据调查及事实认定等引起历史性的重大变革。因为,许多现存的法律以及有关司法判例的创制并非是以 DNA 鉴定技术的存在为前提条件的,因此,在 DNA 鉴定技术受到广泛运用的条件下,对既有法律和司法判例的遵循与沿袭必定构成前所未有的挑战。

在审判实务上,鉴于 DNA 鉴定技术的社会公信度以及调查收集证据上的障碍与困惑,往往会使法院或者当事人在对亲子关系纠纷案件中的要件事实进行认定上,产生对 DNA 鉴定技术的依赖性。在此情形下,究竟是由当事人根据证明责任法则向法院提出 DNA 鉴定申请,还是由法院根据职权探知主义,在认为必要时依职权决定进行 DNA 鉴定,并向有关当事人或第三人发出相关命令,为其设定证明协力义务,则是值得引起关注的议题。它涉及职权探知主义与辩论主义在亲子关系纠纷案件中进行博弈的空间与范围的界定。

(二) 有关国家或地区采行的基本模式

在亲子关系纠纷案件中,对于查明在当事人之间是否存在自然血缘关系涉及的证据调查,由于各国的法律文化、诉讼传统、立法模式等不同,各国或地区有不同的立场与观念,并且,随着时代的变迁,也并非是一成不变的。

例如,根据 1969 年英国《家族法改革法》第 20 条的规定,无论在父子推定的否认或者未受该推定的子之父性确定,法院基于当事人的申请,具有指示(direct)进行血液鉴定的权限。也就是说,采用根据血液鉴定指示的血统主义是由当事人申请而作出的。[①] 1989 年又修正该法第 20 条,其第 23 条明确规定,这种检查不必当事人申请,法院可依自己的判断而作出鉴定的指示。[②]

---

① 参见〔日〕新美育文:《イギリス法における實親子關係の確定とDNA 鑒定》,载《ジュリスト》1099 号(1996 年),第 59 页。转引自许士宦:《证据收集与纠纷解决》,台北新学林出版股份有限公司 2005 年版,第 448—449 页。

② 参见〔日〕新美育文:《イギリス法における實親子關係の確定とDNA 鑒定》,载《ジュリスト》1099 号(1996 年),第 59 页。转引许士宦等:《父子关系诉讼之证明度与血缘鉴定强制——以请求认领子女之诉及否认婚生子女之诉为中心》,载台湾地区“民事诉讼法”研究基金会编:《民事诉讼法之研讨》(九),台北三民书局 2000 年版,第 28—29 页。

再如，有学者指出，在父子关系诉讼上，为确定生物学上父子关系的存在与否，作为当事人负有血液检查的义务，甚至在有些情况下连第三人也不能例外，而这些义务为有关国家的立法所明文规定。除美国规定，法院在当事人申请时才能命令当事人或者子、母接受血型或者 DNA 检查之外，英国、德国、法国和日本等国均认为，法院可依职权命令当事人等作血型或者 DNA 检验，以便作为证据调查的必要方式。[①]

可见，从传统观念上而言，即便是对亲子关系纠纷案件这种非财产性质类型的诉讼，英美法系仍习惯于采用辩论主义或当事人主义，不倾向于从职权探知主义的角度来进行证据调查，对于相关的证据调查主要依赖于当事人的举证。在这种架构下容易产生即便在诉讼上是否需要进行血型检查或者鉴定以便查明事实真相，也主要倾向依靠当事人提出相关申请；相较而言，大陆法系历来就有职权主义传统，在诸如亲子关系纠纷案件这类人事诉讼中更为强调职权探知主义，只要认为有必要并且有助于查明案件事实真相，法院便以证据调查为由依职权向当事人或者第三人发出协助 DNA 鉴定的命令，为其设定相应的证明协力义务。

（三）实务上的基本观察与具体应用

在涉及他人的权益上，亲子关系纠纷案件具有双重属性：(1) 该类型案件涉及当事人之间的私益。(2) 该类型案件还有可能涉及诉讼当事人之外的其他人的利益，也就是，最初因当事人之间的私权纠纷所产生的诉讼，在审理过程中乃至最终的判决结果将直接或间接由诉讼外第三人承受。这种情形使得原本仅涉及当事人之间的私益发生移位，而具有某种公益性特征。(3) 这种纠纷案件与一般财产纠纷案件所不同的一个重要特点是，它的主要功能不是用于解决当事人之间的纠纷，妥善终结原有的民事（财产性质）法律关系，而主要是调整现存的身份法律关系乃至缔结面向未来的身份法律关系，这种法律效果将对相关人的终生利益产生影响。并且，亲子关系纠纷案件在审理过程中所面临的基本走向与裁判结果，将直接决定婚姻家庭关系的和谐与稳定，鉴于婚姻家庭关系是社会秩序的一个重要环节，从而使得

---

① 参见许士宦：《证据收集与纠纷解决》，台北新学林出版股份有限公司 2005 年版，第 463—464 页。

这种类型案件的公益属性更加显著。

正是由于亲子关系纠纷案件所具有的公益性特征与属性,使得法院所实行的职权探知主义占有主导地位,尽管如此,毕竟这类案件还有其私益属性的一面,有关当事人也不可能无所作为,在这类案件中,尽管当事人主义与辩论主义式微,但仍有其运用的狭隘空间。在个案当中,由于案情纷繁复杂,加之法院资源的利用并非具有无限性,而当事人对案情的了解与证据资料的占有具有相对优势。但是,亲子关系纠纷案件又是一种特殊类型的身份关系案件,受实体法上有关亲子关系法律推定制度及社会公共政策的限制与束缚,特别是因实行未成年子女最佳利益保护原则等因素,有时导致法院在审判上不得不恪守亲子关系在法律上的真实性优于其生物学上的真实性这一原则。在这种情形下,即使当事人在诉讼上向法院提出 DNA 鉴定申请,法院也将不予准许。当然,只有当法院对个案情形进行实质审查后才能得出相应的结论。

就亲子关系纠纷案件而言,由法院向当事人或第三人发出协助鉴定的命令,系设定相应证明协力义务的形式要件。由于亲子关系纠纷案件以职权探知主义为主导,以当事人架构下的辩论主义为补充,并且就当事人之间是否存在自然血缘关系这种要件事实进行证据调查,其决定权归属于法院。但是,在审判实务上,由于查明当事人之间是否存在自然血缘关系这一事实对有关当事人具有重大利害关系,因此,不待法院依职权作出采用 DNA 鉴定技术确定这一事实的存否,作为举证人的一方当事人常常会向法院提出相关申请,在此情形下,是否有必要采取这种证明方式往往会发生争执,因为涉及 DNA 鉴定的对方当事人会提出抗辩,甚至受牵连的案外第三人也会提出异议。在这种情形下,双方当事人甚至案外第三人所发表的相关意见,会对法院最终决定是否采用 DNA 鉴定技术作为证据调查的必要方式产生影响。因此,在诉讼上,法院最终是否决定为当事人、第三人设定相应的证明协力义务,主要取决于两种基本方式:(1) 法院不待当事人的申请而自行决定采用 DNA 鉴定;(2) 根据当事人的申请法院所作出的进行 DNA 鉴定的决定。前者可视为系实行职权探知主义为主导的体现,它与亲子关系纠纷案件同时具有的公益性质有关;后者可视为系实行当事人主义架构下辩论主义为补充的体现,它与亲子关系纠纷案件同时又具有的私益性质有关。

六、关于保障证明协力义务履行的基本模式与选择

（一）认知这一问题的基本视角

在亲子关系纠纷案件中，作为当事人之间所争议的要件事实往往是，当事人之间究竟存在法律上的父子关系还是生物学上的父子关系。长期以来，因为生物科学技术的局限性，即便耗费了大量的人力、物力等司法资源与社会成本，其结果也难以使人们在司法上对此事实作出准确的判断。随着近年来 DNA 鉴定技术的开发应用，在亲子关系纠纷案件中，无论消极否定父子关系或者积极确定父子关系，均可经由 DNA 鉴定技术精确决定。并且，从整个社会范围来看，采用 DNA 鉴定技术来确认生物学上的父子关系的真实性极高。近年来，在亲子关系纠纷案件中，当事人向法院申请 DNA 鉴定的现象有日渐猛增的趋势，因此，也就更加强烈要求负有证明协力义务的关系人对法院所命 DNA 鉴定予以积极的配合与协助。但是，对于被要求协助的对方当事人或者第三人而言，因 DNA 鉴定的技术愈加精确，鉴定结果愈加成为父子关系存否的确定性、关键性证据，因此其拒绝协助 DNA 鉴定的情形也经常发生。对此，法院为发现血缘上父子关系的事实，可否强制这些关系人作抽血检验，已经成为亟待解决的问题。因此，在亲子关系案件中如贯彻真实主义、血统主义，对亲子血缘鉴定负有证明协力义务的当事人或者第三人，课予直接强制而实施鉴定则无疑是最佳的选择。

但问题是，在亲子关系纠纷案件中，无论是根据作为举证人的一方当事人的申请，还是法院依职权作出采用 DNA 鉴定技术的决定，在具体实施过程中均涉及双方当事人、第三人的协助义务，也就是抽取被检验人的血液。通常而言，对于举证人不会存在问题，而对方当事人、第三人则不然。在对方当事人、第三人并无正当理由拒绝的情形下，对于这种拒不履行证明协力义务的行为，法院应当如何应对？如果施加物理上的强制措施，对被检查人进行强行抽血，这种做法显然已不符合现代文明社会的行为标准，恐对人格尊严造成损害。但是，如果在法律上无所作为，势必变相容忍这种不法行为，则有损法律的尊严与司法的权威性。因此，在两难之间必须寻求解决这一问题的路径。

（二）各国在保障证明协力义务履行上所采取的基本模式

由于受历史特质、法律文化、诉讼模式、传统观念等因素的影响，在涉及亲子关系纠纷案件中，因法院向有关当事人、第三人发出协助血液检验或者 DNA 鉴定的命令而设定有相关的证明协力义务，从比较法来看，尽管产生这种证明协力义务的形式要件在各国看来大体相同，但是，各国在保障证明协力义务履行上所采取的模式存在较大差异，主要表现为如下几种模式。

1. 极端的直接强制模式

德国采用的是一种极端的直接强制模式，产生这种模式的背景是否与纳粹时代有关，在学说上至今存有争议。德国在 1950 年增订《德国民事诉讼法》第 372 条之一第 1 项，规定有关血统确认的血液检查可允许直接强制。也就是，在否认亲子关系之诉及确认亲子关系之诉中，在符合以下四个要件时，任何人均应忍受检查这种证明协力义务，特别是作血型检查的抽血：(1) 在血统确认所必要的范围内（检查的必要性）；(2) 其检查依据已知的科学原理足以解明事实关系（解明可能性）；(3) 即使斟酌检查方法及结果所及于被检查人或其近亲属的效果，对被检查人可期待该检查时（忍受的期待可能性）；(4) 且无有害于被检查人健康之虑的（方法的相当性）。按照这一规定，当必须为确认血缘关系时，当事人有容许以验血的方式负有接受检查的义务。至于这样判断是否可以接受，则要斟酌检查的方法与检查的结果对接受检查人与其近亲属的法律地位的影响，以及接受检查人的健康状况来决定。如果根据这些理由而不可接受检查时，就没有容忍检查的义务，可以拒绝检查，这时准用关于证人拒绝作证的规定（《德国民事诉讼法》第 386 条至第 390 条）。[①] 根据有关规定，在具备上述四个要件时，不仅诉讼当事人，即使是第三人，特别是当事人的近亲属，也负有血型鉴定的勘验协助义务。具体的应用程序是：在为当事人或者第三人设定这种证明协力义务（即负有血缘鉴定义务）之后，受诉法院首先应命令义务人做血缘鉴定，如当事人或第三人拒绝受检时，其拒绝是否正当，由法院以中间裁判加以判断，对该裁判可予以抗

---

① Krapoth，a. a. O.，S. 14m. w. N. 转引自姜世明：《新民事证据法论》，台北学林文化出版事业有限公司 2003 年版，第 288 页。

告。法院在认为拒绝无理由的裁判确定时，可不待申请，以间接强制的方式命令应受检人负担因拒绝所产生的费用，并科处罚金。如不能追缴时，裁处拘留。而当间接强制也无法奏效时，则可根据强制方式进行，直接拘提义务人，并强制进行抽血，以便血液检验的进行。

德国向来主张真实主义、血统的真实与客观义务，因此在德国法的基本架构之下，为发现血统上父子（女）关系的存在与否，可使用强制手段，而体现其以血统上的真实为最高要求。鉴此，德国宪法法院在1989年前后承认子女探索其出生，作为宪法所保障人格权的一个环节，因而也迫使实体法上的相关规定不得不加以修正，使其朝着客观主义方向发展。[①] 在德国法看来，在血统主义、真实主义的要求下，为了查明血统关系上的真实性，这属于身体不可侵犯原则的例外。可见，根据德国法的规定，当事人或者第三人无正当理由拒不履行勘验协助义务时，在对受检查而不当拒绝的人实施直接强制之前，受诉法院可以先间接强制，这时，法院可依职权令其负担因拒绝所产生的费用，并科处罚金，当出现不能追缴的情形时，裁处拘留[②]，最终直至采取直接强制的方法收集该证据资料（《德国民事诉讼法》第372条之一第2项）。对此，有德国学者指出，在德国表现在《德国民事诉讼法》第

① 转引自许士宦等：《父子关系诉讼之证明度与血缘鉴定强制——以请求认领子女之诉及否认婚生子女之诉为中心》，载台湾地区“民事诉讼法”研究基金会编：《民事诉讼法之研讨》（九），台北三民书局2000年版，第14页。但是，据有关资料称：亲子鉴定涉及的当事人必须是自愿鉴定，这个原则是坚决不容动摇的。因为这涉及的是当事人的基本宪法权利，在德国这个宪法权利被解释为“信息自决权”，是自决权的一部分。无论是涉案的子女还是涉案的成人，都必须得到他们明示的同意才能获取他们的身体基因样本。2005年1月12日，德国联邦法院BGH通过了判例对此进一步加以明确。参见王艳伟：《谈亲子鉴定的来源及若干法律问题》，载 http://www.lunwentianxia.com/product.free.4866578.3/.

② 参见许士宦等：《父子关系诉讼之证明度与血缘鉴定强制——以请求认领子女之诉及否认婚生子女之诉为中心》，载台湾地区“民事诉讼法”研究基金会编：《民事诉讼法之研讨》（九），台北三民书局2000年版，第39—40页。

372 条之一规定[①]的有关血缘确认的调查上，在符合必要性、合适性及可期待性的要件之下，法院可作出命令血缘鉴定的证据裁定，并可强制实施。[②] 并且，在实务上认为可适用证明妨碍法理加以规制。[③]

1977 年，在德国所公布的民事诉讼法委员会报告书，拟修正该条，缓和要件，以扩大直接强制的适用。其提案修正为："于一再拒绝检查的情形下，被检查人对新的传唤不出庭的或者拒绝检查之虑已充分的，也可作直接强制……"[④]该提案虽然最终未被接纳，但它却充分体现了德国法在涉及亲子关系纠纷案件中始终追求血统主义、客观主义以及实体真实主义的价值观念。

2. 折中的直接强制模式

根据奥地利 1943 年制定的《家族法整合令》的规定，在诉讼程序或非诉程序上，在确认血统所必要的范围之内，诉讼当事人、关系人及证人，在必要时这些人的父母及祖父母应忍受遗传学的检查，特别是以血型检查为目的的抽血（第 7 条第 1 项）。但是，对非诉讼当事人的第三人发出检查命令时，应斟酌有无线索存在，也就是说，应具备相当的理由，而并非毫无限制地对任何人均可以进行。受检查人有正当理由时，可拒绝检查。该法令明文否定，如经检查有受刑事追诉之虑的事由作为正当理由（第 7 条第 2 项）。在奥地利，有关学说及司法判例

① 根据《德国民事诉讼法》第 372 条之一的规定，在《德国民法》第 1600 条之三和第 1600 条之四的情形下，或者其他情形下，有必要确定血统时，每个人都应受检查，特别是抽取血样以检查其血型。但是，这种检查，必须符合公认的科学原理，足以查明事实真相；而根据检查的方式和检查的结果对于受检查人和本法第 383 条第 1 款第 1 项至第 3 项当中的他的亲属产生的影响，这种检查是受检查人可以接受的，也无害于他的健康时，才可以进行。

② Zöller/Greger, ZPO § 372a Rdnr. 3ff. 转引自姜世明：《民事证据法实例研习》（一），台北正点文教出版顾问有限公司 2005 年版，第 128 页。

③ BGH JZ 1987,42ff.；BGH JuS1993,774,775. 转引自姜世明：《民事证据法实例研习》（一），台北正点文教出版顾问有限公司 2005 年版，第 127—128 页。

④ 参见〔日〕春日伟知郎：《父子關係訴訟における證明問題と鑒定強制（檢證協力義務）—最近の一事判（東京高裁平成七年一月三日判決）からの示唆—》，载《法曹时报》49 卷 2 号（1997 年），第 27 页。转引自许士宦等：《父子关系诉讼之证明度与血缘鉴定强制——以请求认领子女之诉及否认婚生子女之诉为中心》，载台湾地区"民事诉讼法"研究基金会编：《民事诉讼法之研讨》（九），台北三民书局 2000 年版，第 65 页。

认为,当发现检查对受检查人的生命或身体有危险情形时,可拒绝检查。负有检查义务的人,无正当理由拒绝检查时,法院可直接强制,特别是以检查为目的的强制拘提(vorführung)(第7条第2项第1句)。但是,与德国法所不同的是,这种强制并非基于刑事诉讼程序的强制。强制方法仅允许根据民事诉讼法及强制执行法所规定的方法进行。虽然允许法院进行直接强制,但其直接强制并非像德国法那样可对当事人强制抽血,而仅可将负有证明协力义务的人拘提至医生或鉴定人面前,不允许利用物理上的强制对其进行血液检查。

同时,奥地利法也允许采用其他间接强制方法,如科处罚金或者拘留,或者令其赔偿因不到场所产生的费用。在诉讼上,当对对方当事人采用间接强制无效时,可类推适用《奥地利民事诉讼法》第369条的规定,即由法院斟酌个案的所有情事,以便对事实认定所产生的效果进行裁量判定。①

3. 间接强制模式

在英美法系各国,较强调自由主义的诉讼并以此为前提,诸如此类鉴定的进行,当事人在诉讼法上的自由受到相应保障。根据英国、美国等国法律规定,血液检验涉及受检人的身体完整性及不可分性,基于尊重人的尊严原则,而赋予当事人享有自主决定的权利。在亲子关系纠纷案件中,凡当事人无正当理由不服从法院所发出的血液检查命令时,未经受检人的同意,均不准许对负有证明协力义务的当事人直接实施强制接受抽血检验的措施。例如,在英国,为实施医疗行为及医术上的侵袭,需要被实施对象的同意,这种自己决定权的尊重在传统上就已确立下来。抽血也属于这种医疗行为,因此,即使人事诉讼以有关公益的身份关系作为诉讼的对象,其真实发现的要求很强,但从保护人格权及隐私权的角度而言,直接强制对受检人侵害程度过大,因而在立法论上,对有关系的第三人固不待言,即使对于诉讼当事人也不应施用强制力直接抽血检验。在英国、美国等国家,关于血液检查义务的履行,虽然禁止采用直接强制措施,但这并非意味着不可

---

① 参见〔日〕松仓耕作:《血统诉讼论》(1995年),第50页以下。转引自许士宦等:《父子关系诉讼之证明度与血缘鉴定强制——以请求认领子女之诉及否认婚生子女之诉为中心》,载台湾地区"民事诉讼法"研究基金会编:《民事诉讼法之研讨》(九),台北三民书局2000年版,第75—76页脚注。

采取间接强制措施,因此,当遇有当事人无正当理由拒不同意检查时,法院对该不服从指示或命令的人可以选择采用课处罚金、施加拘提、管收等间接强制措施,借以迫使其协助血缘鉴定。在这种情形下,美国法则允许科处民事上藐视法庭罪以作为间接强制。当采取间接强制措施还不能保证迫使当事人协助血液鉴定时,法院便可根据其拒绝的情形拟制一定事实为真实,而作出对其不利益的裁判。也就是说,当负有证明协力义务的人无正当理由拒不协助血缘鉴定时,英美法系各国可采用拟制方式,可根据拒不履行证明协力义务的情形,拟制相应的法律效果借以推翻婚生子女的推定,或推定父子关系的存在,以示制裁。

4. 既非直接强制又非间接强制的模式

(1) 法国的基本做法。在亲子关系纠纷案件中,法国强调意思主义及心理真实与主观真实,在立法模式上并未采用完全的实体真实(也即血统真实)主义为优先,而是认为虽然生物学上父子关系的真实性属于亲子关系纠纷案件中的要件事实,但法律上的父子关系仍有其独立的存在价值与判断标准。这是因为,虽然长期以来为各国奉行的婚生子女推定制度(亦称亲子关系推定制度)所确认的亲子关系与客观事实并非完全一致,但是,从总体上而言,妻在婚姻关系存续中受胎所生子女是自夫受胎的几率极高,这也是众所周知的事实。为了保障妻在婚姻关系中受胎所生子女地位的安定性,不使其因生母与夫以外的第三人发生性关系导致造成其沦为私生子或者非婚生子女的结果,以避免承受由此所带来的各种不利益。法国法在身份法上创设身份占有制与时效制度。根据《法国民法》第 311 条之十二的规定,不论是否定亲子关系之诉,还是确认亲子关系存在之诉,法院均可命令当事人作血液鉴定或者 DNA 鉴定,以各种证据方法确定最为可信的亲子关系。当法官在缺乏形成内心确信的充分证据时,应当考虑占有身份的事实。对于否认婚生子女之诉,虽须证明适于表示不能为父的事实,但判例承认所有的证据方法,特别是承认血液鉴定。并且,在请求确认亲子关系之诉中,有关当事人申请生物学上的检查时,法院应命令实施这种检查,以便探求血统关系上的真实性。后来,随着社会的变迁,新的价值观念被引入立法当中。1994 年,法国制定了《生命伦理法》,相应的增订《法国民法》第 16 条之一及第 16 条之十一的内容,规定应尊重人体完整性及不可分性原则,即任何人均享有其身体受到尊重的权利;人的身体不可侵犯;人体、人体各部分以及人体所生之物,不得作为财产权利的标的。通过遗传特征对人进行鉴别,仅以司法程序中规定的调查或预审范围为限,或者仅限于医疗与科学研究的目的。在民事案件中,仅有法官受理旨在确定亲子关系或者对亲子关系提出异议诉讼时,或者在其受理有关取得或者放弃抚养费诉讼时,才能进行这种鉴别。进行鉴别之前,应征得当事人的同意。有关血液采集及DNA鉴定,未经受检人的同意不得实行。其最终的结果,导致在诉讼上不得对负有证明协力义务的人采取直接强制措施,即使是采用罚金(asteint)这种间接强制也被禁止。可见,法国于1994年制定《生命伦理法》之后,对DNA鉴定的使用有更加严格限制的趋势。当遇有当事人无正当理由拒不同意检查时,在这种情形下,对该不服从指示或命令的人,法国法不准许施以制裁金,以作为间接强制,但是,根据《法国民事诉讼法》第11条第1项的规定,法院可从受检人的不当拒绝中判断应产生何种法律效果。例如,当遇有负证明协力义务的当事人无正当理由拒不服从法院所命DNA鉴定的情形时,法院可根据这种情形,对是否作出父子关系存在的可能性加以判断。①

(2)日本的基本做法。按照日本法上的观念,因财产关系纠纷所引起的诉讼实行辩论主义,凡当事人如无正当理由拒绝履行其勘验协助义务时,受诉法院可以其拒绝等态度,拟制对方的主张为真实,以示制裁,并维持公平。但是,在人事诉讼程序上,日本采取限制辩论主义(《日本人事诉讼法》第10条、第32条第1项),采行职权探知主义(《日本人事诉讼法》第14条、第31条),特别明文排除有关拒绝提出文书、勘验物时所设拟制真实规定的适用。② 有鉴于此,凡当事人拒绝协助勘验(血缘鉴定)这些证明协力义务时,非但不得对其进行直接强

---

① 参见〔日〕松川正毅:《フランス法におけるDNA鑒定と親子法》,载《ジユリスト》1099号(1996年),第50页;〔日〕水野纪子:《實親子關係と血緣主義に關する一考察》,载星野英一古稀祝贺:《日本民法學の形成と課題》(下)(1996年),第1142页以下。转引自许士宦:《证据收集与纠纷解决》,台北新学林出版股份有限公司2005年版,第452—453页。

② 日本法务省民事局参事官室审编:《一问一答新民事诉讼法》(1996年),第524页。转引自许士宦等:《父子关系诉讼之证明度与血缘鉴定强制——以请求认领子女之诉及否认婚生子女之诉为中心》,载台湾地区"民事诉讼法"研究基金会编:《民事诉讼法之研讨》(九),台北三民书局2000年版,第34—35页。

制，甚至也不得进行间接强制。法院不得以当事人未服从勘验忍受、勘验物提出命令，而拟制对方所主张的待证事实为真实，仅可将这种拒绝行为作为全部辩论意旨，由法院根据自由心证作出相应的判断。

在日本现行法体制下，法院虽不得采用直接强制或间接强制方式使当事人作血缘鉴定，但根据其他现有证据仍不足以明确否定原告主张的，如法院随后一再催促被告履行其证明协力义务，被告仍不协助进行血缘鉴定时，是否要求被告负证据提出责任。对此，有学说认为，这时被告须提出反证，如果没有提出相应的反证，则使法院因此推翻婚生子女的推定也并非不可。[①] 可见，日本并非照搬德国一味追求客观真实主义的做法，而是采用较为缓和的方式，由法院根据现有的其依职权所调查收集的证据，以及当事人所能够提供的证据来对原告提出的主张进行审查判断，如果还不能得出否定原告所主张事实的内心确信时，在这种情形下，被告也不履行证明协力义务，而可采用证明责任转换的方式，即由被告负担主观证明责任，如果被告拒绝提供与此相关的抗辩证据时，法院可据此作出对被告不利益的事实判定。

(3) 我国台湾地区的基本做法。对于勘验的标的物涉及人身时，基于人性尊严、人身自由保障的考虑，我国台湾地区现行法并未采行《德国民事诉讼法》第 372 条之一的立法模式，也就是，在亲子关系纠纷案件中，法院不得采取直接强制手段而实行强制检验，也并未像《日本人事诉讼法》第 10 条第 1 项那样明文排除民事诉讼法有关文书提出命令或勘验命令违反的制裁规定。

在人事诉讼上，对于当事人本人不服从到场命令时，可科处罚锾，不得径行拘提（台湾地区“民事诉讼法”第 576 条第 1 项、第 596 条第 1 项准用）。在当事人本人无正当理由到场，法院可依自由心证判断事实的真伪时，可斟酌其到场的情形，对该当事人作不利的认定。[②] 而这种拟制真实的方法，不能成为强制第三人协助上述勘验义务的有效手段，因其协助勘验的情形，应证事实仍有待调查审理，否则仍不能充实审理内容以发现真实。如果这种勘验重要，如不加强第三人的勘验协

---

① 转引自许士宦等：《父子关系诉讼之证明度与血缘鉴定强制——以请求认领子女之诉及否认婚生子女之诉为中心》，载台湾地区“民事诉讼法”研究基金会编：《民事诉讼法之研讨》（九），台北三民书局 2000 年版，第 12 页。

② 参见民国最高法院 1939 年上字第 1727 号判例。

助义务,将不足以保障当事人的证明权及发现真实、促进诉讼。因此,法院在必要时,仍可对该第三人作间接强制的强制处分。至于直接强制的方法,对于第三人自由、人格的侵害过于严重,应以法律有特别规定的情形为限(参见台湾地区“强制执行法”第128条)。①

我国台湾地区“最高法院”在兼顾人身自由、亲子关系血统真实性,及使双方当事人能平等利用接近证据的考虑下,采取折中处理方式,首先肯定在职权探知主义下,当事人仍负有事实陈述及证据提出协力义务、证据调查协力义务;其次则认为,当事人如违反勘验协力义务,也得受不利的判断。在此情形下,法院仍须尽力依职权探知,而不宜仅凭负有证明协力义务的当事人有不尽协力义务的情形,就径行拟制对方的主张为真实。在职权探知主义下,即使适用有关拟制真实的规定,但这仍不能超越自由心证主义的范畴,法院是否“得审查情形认他造关于……之主张或……应证之事实为真实”,必须斟酌全部辩论意旨(台湾地区“民事诉讼法”第222条第1项),并适用适当的经验法则,且须使当事人在裁判前有辩论的机会(参照台湾地区“民事诉讼法”第345条第2项、第282条之一第2项),以避免发生突袭性裁判。② 对此,许士宦教授指出,中国台湾地区人事诉讼程序就证据收集而言,因不采用德国立法例的直接强制,也并非像日本立法例那样完全排除直接强制与间接强制的适用,则属于一种折中模式的立法例。因此,在当事人无正当理由拒绝履行其勘验协助义务时,法院可斟酌个案情形,拟制原告有关勘验事项的主张或其应证事实的主张为真实。③

(三)对各国在保障证明协力义务履行上所采取模式的评析

从比较法的角度来看,德国法在采用最为激进的直接强制模式上

---

① 参见许士宧等:《父子关系诉讼之证明度与血缘鉴定强制——以请求认领子女之诉及否认婚生子女之诉为中心》,载台湾地区“民事诉讼法”研究基金会编:《民事诉讼法之研讨》(九),台北三民书局2000年版,第52—53页。

② 参见沈冠伶:《民事证据法与武器平等原则》,台北元照出版有限公司2007年版,第288—289页。

③ 转引自许士宧等:《父子关系诉讼之证明度与血缘鉴定强制——以请求认领子女之诉及否认婚生子女之诉为中心》,载台湾地区“民事诉讼法”研究基金会编:《民事诉讼法之研讨》(九),台北三民书局2000年版,第16页。

显得独树一帜，而奥地利法则次之。奥地利对于无正当理由不服从检查命令的，虽可进行直接强制，但与德国不同，最多仅可强制拘提至鉴定人面前，不允许以强制力直接强制作血液鉴定。事实上，如果忽略其他法律上的价值选择与利益衡量，而单从发现事实真相的视角来观察，德国法的模式最具优越性。采用直接强制模式不仅能够有助于发现客观真实，还有利于节约社会成本与司法资源。但其缺陷也十分明显，主要表现在：(1) 忽略了亲子关系在法律上的真实性所具有的有利于家庭关系安定性等价值理念。(2) 对负有证明协力义务人的人格尊严及其他人身权利造成损害。对此，吴明轩、陈计男、郑杰夫、林望民、许士宦等均表示，对德国法的这种模式不予认同，而主张采用间接强制措施。与此相反，陈荣宗、雷万来、姜世明等对德国法所采取的直接强制模式持部分赞同态度。例如，陈荣宗教授赞成对违反法院鉴定命令的当事人，采取间接强制的方式。另外，他认为，即使法院采取直接强制，也应当不至于产生涉及有关宪法上人格权保障的问题。因此，就将来立法的趋向来看，他倾向于赞同德国的立法例而采取直接强制的方式，更不用说采用间接强制方法。[①] 姜世明教授认为，是否对被指为生父的人进行直接强制或者间接强制，应取决于案件的需求，不宜动辄就命令进行血缘鉴定。[②] 另外，雷万来教授指出，在可经由对义务人的其他婚生子女作鉴定，并比对其结果获得的结论时，是否仍有强令该人负此义务的必要，就其手段或方法而言，以毛发代之并无不可，似乎不一定仅依赖于抽血这种方法，骨骼、毛发也可供血缘鉴定，而肤色、长相等，则均可作为亲子关系诉讼中有关亲子关系存否事实认定上的参考。[③]

应当指出的是，即使在可采取直接强制措施的德国、奥地利，也不排除法院可采取间接强制措施，甚至也不排除法院将采取间接强制措

---

① 参见许士宦、陈荣宗等:《父子关系诉讼之证明度与血缘鉴定强制——以请求认领子女之诉及否认婚生子女之诉为中心》，载台湾地区“民事诉讼法”研究基金会编:《民事诉讼法之研讨》(九)，台北三民书局 2000 年版，第 109 页。

② 参见姜世明:《民事证据法实例研习》(一)，台北正点文教出版顾问有限公司 2005 年版，第 129 页。

③ 参见许士宦、雷万来等:《父子关系诉讼之证明度与血缘鉴定强制——以请求认领子女之诉及否认婚生子女之诉为中心》，载台湾地区“民事诉讼法”研究基金会编:《民事诉讼法之研讨》(九)，台北三民书局 2000 年版，第 92—93 页。

施作为万不得已最终采取直接强制措施的前置程序。这是因为,在这些国家的立法者的观念上,已经存在尊重人格尊严的价值理念,只是认为仅在穷尽一切可能性的情况下才有必要采取这种极端措施。在实务上,采取诸如科处罚金、施加拘提、管收等间接强制措施便可收到一定的成效。这样做便有可能在不损害人格尊严的前提条件下实现实体真实主义的目标。另外,有学者将在诉讼上采用拟制对方为真实的方式作为间接强制的范畴,例如,这种观点认为,对于无正当理由而拒绝协助勘验的当事人,拟制对方的主张为真实,作为事实上的间接强制,以示制裁。① 但是,笔者认为,这种观点值得商榷。因为,这种方式实际上系在证明妨碍制度架构下适用相关法律效果的体现,因此,将其与间接强制措施相提并论并非妥当。

那些在亲子关系案件中主张采用间接强制措施的国家如英国、美国等,更多考虑的是当事人在宪法上的人格尊严,以及在诉讼法上所应当享有的自由权利,这些观念使其在亲子关系案件中对客观真实的追求宁肯退居次要地位。这种模式有其缺陷,主要表现在:(1) 严重削弱了法院依职权探知主义发现客观真实的能动性。(2) 无法确保法院对生物学上父子关系真实性的查明。(3) 有可能增加当事人的举证负担与诉讼成本,并且有可能使法院耗费更多的社会资源。(4) 动摇在亲子关系纠纷案件中实行实体真实发现主义的基础,使得在亲子关系纠纷案件中对客观真实的发现不能成为永恒不变的主题,并且,在有些情形下,使其有可能与财产关系纠纷案件所实行的法律真实主义相趋同。当法院发现即使采用间接强制措施也无济于事时,法院便可根据其拒绝的情形拟制一定事实为真实,而作出对无正当理由拒绝负担证明协力义务的人不利益的裁判。这实质上是一种变相的制裁措施。

在我国台湾地区,对德国法所采取的直接强制模式表示反对的学者,通常倾向于接受间接强制模式。例如,吴明轩教授认为,虽然间接强制措施效果不彰,但对具体情形仍可发生一定的作用,仍不失为可

---

① 参见许士宦等:《父子关系诉讼之证明度与血缘鉴定强制——以请求认领子女之诉及否认婚生子女之诉为中心》,载台湾地区“民事诉讼法”研究基金会编:《民事诉讼法之研讨》(九),台北三民书局 2000 年版,第 51 页。

行的手段,而对法官自由心证的运作有所帮助。[①] 郑杰夫教授认为,采用间接强制或者推定事实的方式,因足以使不愿接受鉴定的人也承受诉讼上某种不利的后果,因此,这种间接强制或者推定事实的方式,就涉及亲子关系诉讼的有关问题来看,或许应肯以采用较为折中、适宜的方式为佳。[②] 另外,针对采取间接强制方式,在具体个案中是否可导致两人均被推定为生父的情形出现?对此,林望民教授认为,所谓间接强制方式的采用,充其量为义务人不服从法院的鉴定命令时,法院可认为关于文书或者勘验的主张为真正,而并非称之为违反勘验协助义务或者勘验忍受义务时,法院就当然必须作如此推定或拟制。因此,即使两个被指为生父的人均违反勘验协助义务或者勘验忍受义务,法院仍可斟酌其他情事而作出认定,这样就不至于发生如上所述的问题。[③]

从比较法的角度来观察,除了德国法模式以外,其他国家和地区,如大陆法系的法国、奥地利、日本和我国台湾地区,以及英美法系的英国、美国等,即使不采取直接强制措施,甚至也不采取间接强制措施,但均将在诉讼上负有证明协力义务的一方当事人无正当理由拒不服从法院鉴定命令的情形,或者直接拟制相应的法律效果以示制裁(如英国、美国、法国),或者在经斟酌个案的所有情事后对其作出不利益的事实认定(如奥地利),或者作为全部辩论意旨而由法院根据自由心证作出相应的判断(如日本),或者经斟酌个案情形而(经职权调查与自由心证)拟制对方所主张的事实为真实(如我国台湾地区)。但是,这种主要采用拟制方式而作出的事实认定,是否有违亲子关系纠纷案件中所应贯彻的实体真实主义与职权探知主义呢?在此,应当指出的是,在亲子关系纠纷案件中,为了准确地认定生物学上父子关系的存

---

① 参见许士宦、吴明轩等:《父子关系诉讼之证明度与血缘鉴定强制——以请求认领子女之诉及否认婚生子女之诉为中心》,载台湾地区“民事诉讼法”研究基金会编:《民事诉讼法之研讨》(九),台北三民书局 2000 年版,第 89—90 页。

② 参见许士宦、郑杰夫等:《父子关系诉讼之证明度与血缘鉴定强制——以请求认领子女之诉及否认婚生子女之诉为中心》,载台湾地区“民事诉讼法”研究基金会编:《民事诉讼法之研讨》(九),台北三民书局 2000 年版,第 95 页。

③ 参见许士宦、林望民等:《父子关系诉讼之证明度与血缘鉴定强制——以请求认领子女之诉及否认婚生子女之诉为中心》,载台湾地区“民事诉讼法”研究基金会编:《民事诉讼法之研讨》(九),台北三民书局 2000 年版,第 99—100 页。

在与否,在现有社会条件下,除采用血型鉴定或者 DNA 鉴定之外,已无其他更为可靠的替代鉴别方法。当负有证明协力义务的人无正当理由拒不服从法院的鉴定命令时,最有助于真实的发现,当属采取直接强制的方式。但因顾及直接强制义务人作血型鉴定或者 DNA 鉴定有损其人格尊严,故不应再考虑采纳这种直接强制方式。这表明,在亲子关系纠纷案件中,由于该类型诉讼涉及社会公益,因此实行法院职权探知主义,并且,为了充分保障现存受法律推定的亲子关系在身份上的安定性,为这类案件建构要件事实设定有更高的证明标准,以保障其实现实体真实主义。尽管如此,仅因为负有证明协力义务的人无正当理由拒不服从法院的鉴定命令,这种司法执行力上的无奈将导致法院对生物学上亲子关系的认定有可能与客观真实相背离。但是,这终究是法律价值上的选择与利益均衡原则的体现,应当说,它与如何发现客观真实以及如何实行职权探知主义无关。还应当看到的是,上述有关国家或地区主要采用拟制方式而作出的事实认定,实质上等同于在诉讼上将负有证明协力义务的人无正当理由拒不服从法院鉴定命令的行为,作为一种证明妨碍行为来看待,由法院作出对其不利的事实认定,是一种对其不利的法律适用效果。在相当程度上,在亲子关系纠纷案件中,这种证明妨碍制度的创设同样有助于发现个案中的客观真实,因此具有不可替代的功能与作用。

(四) 对我国有关立法模式的思考

在我国,随着社会的不断发展与进步,亲子关系纠纷案件有逐年上升的趋势。反观我国与此相关的立法,无论是实体法还是程序法均呈现空白状态。为了在解决亲子关系纠纷案件中实现社会的公平与正义,有必要对我国与此相关的立法模式加以前瞻性的设计与思考。

笔者认为,基于尊重人格尊严以及保障人体具有不可分割性的考虑,在我国的立法上不应采用直接强制方式,而可考虑采用间接强制方式,例如罚款、拘留等。在采用这些间接强制方式依然无效的情况下,可由法院依职权收集调查相关的证据,斟酌个案的全部情形,并根据负有证明协力义务当事人拒不服从法院命令的具体情节,由法院对是否拟制对方当事人所主张的事实为真实,在法律适用效果上作出判断。可见,在理论层面上,这种模式是将负有证明协力义务当事人拒不服从法院命令的行为,作为证明妨碍行为对待的,由法院综合个案的全部情事作出对其不利益的事实认定，是法院最终适用证明妨碍法律效果的体现。

第四节 亲子关系案件中因违反证明协力义务所产生的法律适用效果

一、对本议题进行认知的切入点

亲子关系纠纷案件的裁判结果最终究竟如何，不仅涉及当事人之间的私益，且涉及诉讼外第三人的利益，而具有社会公益性。因此，对于亲子关系纠纷案件的事实认定与证据调查，应坚持以法院的职权探知主义为主导，与以当事人的辩论主义为补充的原则模式。在诉讼上，当法院认为有必要通过血缘鉴定查明事实真相时，如果非负证明责任一方当事人无正当理由拒不履行法院为其设定的协助鉴定这一证明协力义务，如何看待这一证明妨碍行为的性质，即究竟该行为是对法院职权探知行为构成妨碍，还是对当事人的证明权构成妨碍，这是值得深入探究的议题。对此，笔者认为，鉴于亲子关系纠纷案件具有公益性与私益性并存的特征，非负证明责任一方当事人的证明妨碍行为应被界定为，系对法院职权探知与对方当事人证明权的双重侵害。这是因为，在亲子关系纠纷案件中，鉴于是否采用血缘鉴定来认定待证事实这一问题的重要性与敏感性，最终的决定权归由法院行使，与当事人的申请与否无关，这是由实行职权探知主义为主导的架构所决定的。因此，当法院经司法审查而发出相应的协助鉴定指令之后，使得有关证明协力义务具有公法上的性质，如果义务人无正当理由拒不履行时应承担相应的法律后果。而法院根据义务人的证明妨碍行为拟制对其不利的法律效果，是法院所采取的一种必要的制裁措施，是对义务人妨碍司法秩序行为的一种反制。

在亲子关系纠纷案件中，虽然可以将非负证明责任一方当事人的证明妨碍行为界定为，系对法院职权探知与对方当事人证明权的双重侵害，但相较而言，在实行职权探知主义为主导的架构下，这种妨碍行为对法院职权探知所造成的危害性，明显大于给对方当事人证明权所造成的危害性。假如在因财产关系纠纷所引起的诉讼程序中，因实行辩论主义与当事人主义的原则,这种证明妨碍行为仅会给对方当事人的证明权构成侵害,而不涉及是否对法院职权探知构成何种侵害的问题。因此,在亲子关系纠纷案件中,对因非负证明责任一方当事人的证明妨碍行为而由法院导入法律效果的认知,应当建立在这一观念之上,以有利于对亲子关系纠纷案件中的证明妨碍制度进行更为科学的设计与探讨。

二、亲子关系纠纷案件中有关证明妨碍法律适用效果的理论学说

(一)有关证明妨碍法律适用效果的诸种理论学说

在亲子关系纠纷案件中,当法院认为有必要进行血缘鉴定(在此,主要是指 DNA 鉴定)而向有关当事人、第三人发出命令其为证明协力义务,如果义务人无正当理由拒不履行时,法院是否对这种行为可以证明妨碍为由适用相应的法律效果,另外,如果将其以证明妨碍行为加以应对,又将产生何种具体法律效果,对于这些问题,多年来在理论上始终存在争议,主要存在如下观点:

1. 自由心证说

自由心证说,又称证据评价说。该说认为,在亲子关系纠纷案件中,如果有关当事人拒不履行证明协力义务,不能径行因这种不作为的行为而产生拟制对方主张成立的法律效果。而应当将这种拒不履行证明协力义务的态度作为全部辩论意旨的一部分,结合其他相关间接事实或证据,同时借助经验法则,最终推认对方的主张为真实。姜世明教授认为,在现行法之下,在采用职权探知主义审理亲子关系案件的程序上,当事人不从命提出或者不尽协力义务、行为责任的态度,应成为全部辩论意旨之一部分,而并非可凭以径行拟制他方主张为正当。其结果是,经法院斟酌其他相关资料作出自由心证并裁量之后,既可能认为应再行依职权调查事证,也可能认为“当事人之所以拒不提出,实由于恐因其提出致他方的主张获证明,而使自己(该拒不提出的当事人)蒙受不利益。”在后者的情形下,其本身通常可作为一项经验法则发挥作用,经法院适用这项经验法则,同时综合法院就其他相关间接事实所得心证作为判断的结果,应可推定他方的主张为真正,

至于法院应同时践行防止发生“推理过程的突袭”的程序，则属当然之举。[①] 另有一种观点指出，鉴定当事人之间的血缘关系，并非推翻子女婚生推定的唯一方法，如有其他事证可资佐证，并不是非鉴定血缘关系不可。并且，提起否认子女之诉，是为确定该子女的真实身份，重在实质身份的调查，因此，台湾地区“民事诉讼法”第 594 条规定，关于认诺及诉讼上自认或不争执事实效力的规定，并不予以适用。根据台湾地区“民事诉讼法”第 594 条规定的精神，有关亲子事件血缘关系的有无，应无依同法第 367 条准用第 345 条规定的余地。法院不得径以被告拒绝提出受勘验标的物（拒绝抽血），即认为原告的主张为正当。但被告拒绝的理由、态度等仍可作为全部辩论意旨的一部分，加以斟酌。[②] 在此，应当指出的是，这两种观点并非是单纯根据证明妨碍人的行为就从中引申出经验法则而得出相关推论，而是斟酌与本案有关的其他相关资料，包括依职权调查收集的间接事实或证据，而通过自由心证作出相应的判断。

2. 拟制真实说

该说认为，在亲子关系纠纷案件中，当法院认为有必要采用血缘鉴定的方式用于认定案件的待证事实时，如果当事人、第三人无正当理由拒不服从法院所发出的相关命令，这种拒绝行为可被作为一种证明妨碍行为来对待，法院可据情拟制相应的法律适用效果，作出对义务人不利益的事实认定。

许士宦教授指出，在人事诉讼的情形下，因所涉及的是抽血检验等勘验协助义务。就当事人而言，虽然也可能考虑先以这些间接制裁的方式使其履行，如果其不服从，仍可拟制真实的方式，为对其不利益

---

① 参见姜世明：《民事证据法实例研习》（一），台北正点文教出版顾问有限公司 2005 年版，第 128 页。

② 参见台湾地区“司法业务研究会”第二九期法律问题研讨九，载台湾地区“司法院”编：《民事法律专题研究》（十四）（1998 年），第 175 页。转引自许士宦等：《父子关系诉讼之证明度与血缘鉴定强制——以请求认领子女之诉及否认婚生子女之诉为中心》，载台湾地区“民事诉讼法”研究基金会编：《民事诉讼法之研讨》（九），台北三民书局 2000 年版，第 21 页。

的判断,而最有效的方式,则仍当推作出其败诉的判决。[①] 另外,有一种观点认为,提起否认子女之诉,无非旨在推翻子女婚生的推定,通常以鉴定其间血缘的关系来加以判断,应属于法院勘验的范围,自可适用台湾地区"民事诉讼法"有关勘验的规定,如果被告乙不配合作血缘鉴定,在原告甲不能从血液检查结果以外的方式证明其并非自乙受胎的情形,显然无法确定子女的真实身份,导致子女的身份不明,自可认为原告的主张为正当,而作出原告胜诉的判决。[②]

当今许多国家,如英国、美国、德国、法国、奥地利等国立法例或司法判例均采此说。

另外,即使在我国台湾地区的司法实务上也不乏采用这一学说的情形。

甲起诉请求乙认领丙,主张,其自 1981 年 8 月起至 1989 年 2 月止,担任乙子女的钢琴家庭教师,并从 1987 年 6 月起与乙发生性关系,导致其于 1989 年 7 月 25 日分娩非婚生子丙,经血型检验,丙的血型为 B 型,与乙的血型相同。甲为了明确认领原因的待证事实,申请法院委托医学鉴定机构实施亲子血缘鉴定。法院命令双方协同丙于 1991 年 10 月 22 日前往指定的鉴定机构,抽血做亲子血缘鉴定。乙否认与甲有同居事实,另外又以目前血缘鉴定无法达到百分之百的正确性为由认为,如果贸然接受鉴定而发生不正确的结果,恐将影响日后家庭和谐,因此拒绝接受血缘鉴定。

对此,台湾地区高等法院台南分院 1991 年家上字第 46 号判决,乙应认领甲所生子丙,称:上诉人(甲)从 1981 年 8 月起,至 1989 年 2 月止,曾担任被上诉人(乙)子女的钢琴家庭教师,时常前往被上诉人家中任教,并与被上诉人于 1987 年 12 月乘飞机前

① 参见许士宧等:《父子关系诉讼之证明度与血缘鉴定强制——以请求认领子女之诉及否认婚生子女之诉为中心》,载台湾地区"民事诉讼法"研究基金会编:《民事诉讼法之研讨》(九),台北三民书局 2000 年版,第 113 页。

② 参见台湾地区"司法业务研究会"第三三期法律问题研讨五,见台湾地区"司法院"编:《民事法律专题研究》(十四)(1998 年),第 306 页。转引自许士宧等:《父子关系诉讼之证明度与血缘鉴定强制——以请求认领子女之诉及否认婚生子女之诉为中心》,载台湾地区"民事诉讼法"研究基金会编:《民事诉讼法之研讨》(九),台北三民书局 2000 年版,第 21—22 页。

往香港旅游,被上诉人又赠与上诉人钻戒一枚。另外,上诉人的血型为O型,丙的血型为B型,被上诉人也自称其血型为B型。虽然同血型的人甚多,但此类诸多巧合,实难令人无疑。虽然上诉人就上述双方双宿同眠的请求认领原因的举证,尚未臻于明显。但为了证明该认领原因的待证事实,上诉人申请……法院委托医学鉴定机构实施亲子血缘鉴定,作为其证明方法,以尽其证明责任。这与上诉人所主张的待证事实,即丙与被上诉人之间具有亲子血缘关系,殊有关联,并且,该项鉴定在科学技术上既属可行,已广为国内外法院所采用,并行之有年。……对此,(法院)认为有进行亲子鉴定的必要性,于是令双方当事人协同丙于1991年10月22日前往指定的鉴定机构,抽血作亲子鉴定。该项鉴定必须根据上述三人的血液才能进行,因此,须被申请人提供其本人的血液方可完成鉴定,被申请人竟拒绝前往鉴定。

根据台湾地区"民事诉讼法"第367条准用同法第345条的规定,被申请人无正当理由,不服从前往抽血鉴定的命令,从而使得上诉人关于子与被上诉人具有亲子血缘关系的主张为正当。为此,上诉人根据台湾地区"民法"第1067条第1项第1款的规定,诉请被上诉人认领上诉人所生子丙即无不合,应予准许。对此,乙不服该判决,上诉于台湾地区"最高法院"。之后,经审理,台湾地区"最高法院"1992年台上字第2185号判决认为:按照台湾地区"民事诉讼法"第345条的规定,当事人无正当理由不从提出文书的命令,法院可认为对方关于该文书的主张为正当。另外同法第363条规定,本目书证的规定,在文书之外的对象有与文书相同的效用的,准于适用。

所谓文书,是指以文字或其他记号,表明人们的意思或者思想的物体。另外,所谓文书外的对象有与文书相同的效用,是指文书以外的对象,虽然无文字或记号的记载,但足以传示人们的意思或者思想,如界标、照片等,与文书有相同的效用而言。本案原审命上诉人(乙)到医院抽血作亲子鉴定,这是以医院的特别知识,在诉讼程序上,就该亲子血缘事项,陈述意见,以作为证据来利用。这与以文书外的对象有与文书相同的效用,作为证据方法,尚存在一定差异。从而原审据以台湾地区"民事诉讼法"第367条准用同法第345条的规定,以被上诉人无正当理由,不服从前往抽血鉴定的命令,而认为上诉人(甲)关于丙与被上诉人具有亲子血缘关系的主张为真正,其适用法规即有不当之处。上述论旨，指摘原判决不当，请求予以废弃，并非无理由。[①]

对此，应当指出的是，台湾地区高等法院台南分院 1991 年家上字第 46 号判决采用的便是拟制真实说的理论，尽管事后被台湾地区"最高法院"1992 年台上字第 2185 号判决，以原审法院在适用法律上存在不当之处为由而予以撤销。在该判决中，台湾地区"最高法院"认为，台湾地区"民事诉讼法"第 345 条证明妨碍制度主要适用于以书证作为证据方法的情形，以及有与文书相同的效用的证据方法，而与本案涉及的采用血缘鉴定的证据方式存在有一定的距离，故此不能类推适用。至于乙不协同接受血缘鉴定，其所负义务如果并非准文书提出义务，但是否属于抽血、提供血液等勘验协助义务，如上述义务人无正当理由拒绝履行其义务时，究竟应发生何种法律效果，对此，台湾地区"最高法院"并未加以深究，也未表明其基本立场。当然，台湾地区"最高法院"在当年所持有的这一观念局限于当时的时代背景。如果将这一案件换置在今天，在当今 DNA 鉴定方式已相当普及，并且其确认亲子关系的准确性已近乎 100% 的社会背景条件下，台湾地区"最高法院"在当年审理该案中所持有的这一立场是否妥当，的确值得商榷。

3．经验法则说

经验法则说，又称不利事实推定说。该说认为，在亲子关系纠纷案件中，当法院认为应当采用血缘鉴定的方式，以便对案件所涉及的是否存在自然血缘关系上的父子关系这一要件事实加以确认时，如果非负证明责任的一方当事人无正当理由拒不服从法院所发出的相关命令，对这种拒绝行为可从经验法则的角度认识。这是因为，对于作为原告的举证人而言，他已掌握有相关的初步表面证据使其有理由认为，通过血缘鉴定所得出的结论将对其有利，作为被告的非负证明责任一方当事人会担忧由此所作出的鉴定结论通常会产生对己不利的后果，因此，拒不履行相应的证明协力义务是其试图避免印证这种结论性后果的本能反应。在这种情形下，法院据此作出有利于举证人一方的事实推定，与日常生活中的常态情事相吻合。

在学理上，我国台湾一些学者持有这种观点。例如，姜世明教授

---

① 参见台湾地区"最高法院"1992 年台上字第 2185 号判决，载台湾地区《"最高法院"民事裁判汇编》(第九期)，第 577 页以下。

指出，所谓经验法则的推论，系认为证明妨碍，依经验法则通常系为使该应负主张责任一方当事人所主张事实无法获得证实，而该真实的发现就对其不利。根据该经验法则，可据此推论该应负主张责任一方当事人所主张的事实，应属真实。[①] 再如，雷万来教授认为，人事诉讼程序所需证明度远高于一般财产权的诉讼程序，既然如此，自不宜适用通常诉讼程序中有关拟制真实的规定，而对于义务人违反勘验义务的，即认为有一具有高度证明度的经验法则存在，可据以推定事实的存否。[②] 另外，邱联恭教授也指出，在现行法条件下，在采用职权探知主义审理亲子关系事件的程序上，当事人不服从命令提出或者不尽协力义务、行为责任的态度，应作为全部辩论意旨的一部分，而并非可凭借径行拟制对方主张为正当。其结果是，经法院斟酌其他相关资料进行自由心证并裁量之后，既可认为应再行依职权调查事证，也可能认为当事人之所以拒不提出，是因为恐因其提出导致对方的主张获得证明，而使自己（即该拒不提出的当事人）遭受不利益的情形。在这种情况下，其本身通常可作为一种经验法则来适用，由法院适用这项经验法则，同时综合法院就其他相关间接事实所获得的心证作为判断的结果，应可推定对方的主张为真正。[③]

4. 证明责任转换说

该说认为，在亲子关系纠纷案件中，当法院认为有必要采用血缘鉴定的方式用于认定案件的待证事实时，如果非负证明责任一方当事人无正当理由拒不服从法院所发出的相关命令，导致法院无法通过血缘鉴定所得出的结论对案件事实作出准确的判定，而法院根据现有证据亦无法作出对负有证明责任一方当事人有利的事实认定。在这种情形下，仅仅因为非负证明责任一方当事人或第三人的不当拒绝行为，导致负有证明责任的一方当事人承受这种不利益的裁判后果，将

---

① 参见姜世明：《民事证据法实例研习》（一），台北正点文教出版顾问有限公司2005年版，第136页脚注。

② 参见许士宦、雷万来等：《父子关系诉讼之证明度与血缘鉴定强制——以请求认领子女之诉及否认婚生子女之诉为中心》，载台湾地区“民事诉讼法”研究基金会编：《民事诉讼法之研讨》（九），台北三民书局2000年版，第92页。

③ 参见许士宦、邱联恭等：《父子关系诉讼之证明度与血缘鉴定强制——以请求认领子女之诉及否认婚生子女之诉为中心》，载台湾地区“民事诉讼法”研究基金会编：《民事诉讼法之研讨》（九），台北三民书局2000年版，第104—105页。

有违社会的公平与正义,有鉴于此,原本应由原告一方所承担的主观证明责任(或称证据提出责任),应当转换给被告一方承担。

对此,有日本学者指出,在出现当事人拒绝鉴定的情形下,应可转换证据提出责任,而排除婚生推定。也就是说,将拒绝鉴定作为全部辩论意旨,基于自由心证推认亲子关系,未必妥当。因为,从拒绝鉴定可直接推认父子关系存在的经验法则并不存在,并且,在人事诉讼上,证明度的设置通常比一般民事诉讼的证明度更高,而法院在无上述经验法则的情形下,基于全部辩论意旨推认父子关系变得几乎不可能。况且,虽然明知科学鉴定不是唯一的证据,但如果仅因为存在这种较为优良的证据方法,即要求法官不能利用其作出事实认定,显得过于苛刻。因此,就现行法的范围内加以解决以否认子女的诉讼为例,在已有否定父子关系的供述证据,并强烈促使当事人(被告)抽血、提供血液以协助鉴定而当事人不履行义务的情形,应根据证明妨碍或解明义务的违反,转换证据提出责任,即承认婚生推定的排除亦可。[①]

证明责任转换说在涉及其他身份关系案件中也有被加以援用的判例。例如,1971 年 12 月 8 日,德国联邦最高法院的判例是关于撤销婚姻关系的讼案。当作为原告的丈夫与作为被告的妻子结婚之后,该丈夫从第三人口中获悉,其妻子曾于 1933 年至 1945 年间长期被留置在一家医疗机构,被作为精神病患者进行治疗,并因此丧失生育能力。原告以被告在婚前未曾向其告知并隐瞒精神病史为由,诉请法院判决撤销婚姻关系。在诉讼中,被告称其根本就未曾患过精神病,也未做过绝育手术,当年是受纳粹党的迫害,不得已才自愿居住该医疗机构生活多年。被告为此拒绝对知悉其身体状况的医生免除保密义务,同时也拒绝接受医生对其进行身体检查及鉴定。原告在诉讼上所主张的被告患有精神疾病和丧失生育能力的事实,由于被告所作出的上述拒绝行为,导致其无法提供证据证明其事实主张。德国联邦最高法院

① 参见〔日〕春日伟知郎:《父子關係訴訟における證明問題と鑒定強制(檢證協力義務)—最近の一事判(東京高裁平成七年一月三日判決)からの示唆—》,载《法曹时报》49 卷 2 号(1997 年),第 19 页以下、第 33 页以下、第 40 页;〔日〕新堂幸司:《新民事诉讼法》(1998 年),第 517 页。转引自许士宦等:《父子关系诉讼之证明度与血缘鉴定强制——以请求认领子女之诉及否认婚生子女之诉为中心》,载台湾地区“民事诉讼法”研究基金会编:《民事诉讼法之研讨》(九),台北三民书局 2000 年版,第 36 页。

在判例中作出了被告败诉的判决，认为原告主张被告患有精神病的事实为真实。联邦最高法院的判决理由是，在本案中，本应由原告就被告患有精神病的事实提供证据进行证明，但如果被告拒绝对知悉其身体、精神状态的医生为免除作为医生所承担的保密义务，也拒绝接受身体检查及鉴定，在这种情形下，作为原告唯一的证据将因被告的妨碍行为而陷于无法举证的境地。在此情形下，诚实信用以及正义的精神受到极大损害，这是常人所无法接受的。不能仅因为原告负有证明责任就使得原告因被告的证明妨碍行为而处于不利的境地，因此原本由原告负担的证明责任因被告的证据妨碍行为而转换给被告，被告必须就其未曾患过精神病及未曾做过绝育手术的事实负担证明责任。当被告无法尽其证明责任时，任何涉及产生不利法律后果的危险，应由被告负担。①

5. 减轻证明度说

减轻证明度说，又称降低证明标准说。该说认为，在亲子关系纠纷案件中，当法院认为有必要采用血缘鉴定的方式用于认定案件的待证事实时，如果非负证明责任的一方当事人无正当理由拒不服从法院发出的相关命令，当这一证明妨碍行为直接导致法院无法通过血缘鉴定所得出的结论，形成用于认定亲子关系的必要内心确信时，法院根据现有证据（其中包括法院依职权探知所收集的证据，以及负有证明责任一方当事人所提供的证据）根本无法满足证明度的基本要求，而难以作出对负有证明责任一方当事人有利的事实认定，在这种情形下，为了维护社会的公平与正义，有必要适当降低法院在认定该案待证事实所需要的证明度，以便作为对非负证明责任一方当事人实施证明妨碍行为的制裁。

对此，许士宦教授指出，根据台湾地区"民事诉讼法"第 367 条准用第 345 条的规定，当事人无正当理由不服从勘验协助命令的，法院可认为对方关于该勘验标的物的主张为正当。法院可认定对方的主张为正当或真实的意义在于，正是因为不能实施勘验，法院即使就对方关于勘验标的物的主张不能得到真实的确信，也可依裁量如对方的主张作出事实认定。在此范围内，可视为减轻证明度。而这种裁量的

---

① BGH. NJW. 1972，1131f. 转引自陈荣宗：《举证责任分配与民事程序法》（第 2 册），台北三民书局有限公司 1984 年版，第 72—73 页。

行使应当合理，对于对方的主张本身或与其他证据的关联性上不真实的盖然性高的情形，法院仍应依一般证明责任的法则处理。而因法院裁量判断以拟制事实主张或根据证明责任处理的基准时是言词辩论终结之时，因此，受命令当事人仍可在言词辩论终结之前提出勘验物，以避免该不利益后果的发生。①

（二）对诸种有关证明妨碍法律适用效果理论学说的基本评析

在涉及建构有关证明妨碍法律适用效果理论学说的体系当中，自由心证说、拟制真实说、经验法则说、证明责任转换说、减轻证明度说等是其中的重量级学说，这些学说为有关国家的立法例、司法判例所采用。应当指出的是，由于亲子关系纠纷案件所涉及的个案情形繁纷复杂，加之案件的类型不尽相同，有的属于请求确认亲子关系之诉，有的属于请求否认亲子关系之诉，各类型案件的价值取向迥异，如果仅仅采用某种单一的学说，难免出现偏差。因此，在实务上，为了寻求个案的公平与正义，法院据情交替采纳其中的一种学说，或者兼采两种或者两种以上学说的要素，亦属难免。例如，我国台湾地区的有关立法例及司法判例便是兼采自由心证说与拟制真实说的一个典型范例。

在理论层面，相较而言，拟制真实说、经验法则说、证明责任转换说、减轻证明度说的应用是以肯认证明妨碍制度为前提条件的，这是因为，这几种学说通常将亲子关系纠纷案件中非负证明责任一方当事人拒不履行证明协力义务的行为，视为一种证明妨碍行为，并且正是建立在这一认知的基础上，决定适用对其产生不利益的裁判后果，以便对这一行为加以制裁。无论是拟制真实说，还是经验法则说、证明责任转换说、减轻证明度说，采用这些学说所适用的法律后果均导致对证明妨碍人的不利益，也就是说，采用这些学说的共同之处主要表现在，使证明妨碍人承担败诉的后果；而不同之处则主要表现在，使其承担败诉后果的理由各不相同。而这些理由的不同主要表现在，对于证明妨碍行为与适用法律后果之间关系的界定存在不同的理论基础与认识观念。当然，不容忽视的是，在一定程度上，采用何种学说用以

---

① 参见许士宦等：《父子关系诉讼之证明度与血缘鉴定强制——以请求认领子女之诉及否认婚生子女之诉为中心》，载台湾地区“民事诉讼法”研究基金会编：《民事诉讼法之研讨》（九），台北三民书局2000年版，第47—48页。

论证和解读某一特定证明妨碍行为的性质，以及产生相应法律后果的意义，也取决于个案的具体情形。

相比之下，在实务上单纯采用自由心证说几乎与证明妨碍法律适用效果之间并不存在直接的关联性。这是因为，自由心证说并不以证明妨碍制度作为适用的必要条件，在自由心证说的观念当中，由于亲子关系纠纷案件实行职权探知主义，采用血缘鉴定只是法院进行证据调查的一个组成部分，并不构成证明案件待证事实的唯一证据方法，非负证明责任一方当事人对其在诉讼上负有证明协力义务的拒绝行为，因此也并不能形成导致对其产生不利益法律效果的唯一成因，而这种拒绝行为只能作为斟酌全部辩论旨意的一部分，不准许仅根据一方当事人的诉讼态度，就在举证上径行对该当事人作出不利益判断。因此，最终即使经过法院的自由心证而作出对非负证明责任一方当事人不利益的事实判定，也并非是基于该方当事人所实施的证明妨碍行为而导致相应法律效果的适用，它只是法院经过斟酌全部案件的情事以及辩论意旨，在形成内心确信之后所形成的一种结论而已。也就是说，在个案中，非负证明责任一方当事人的拒绝行为对法院的事实认定，是否产生影响以及产生何种影响，完全取决于法院的自由心证。

三、亲子关系纠纷案件中有关证明妨碍法律适用效果的立法例

（一）各国立法例的基本模式

1. 英国的立法例

根据1969年英国《家族法改革法》第23条第1项的规定，在当事人不遵从该指示的情形下，赋予法院自该不遵从事实本身作出适当的事实推定的权限。并且，作为拒绝血液鉴定指示的制裁，法院从其不服从此事推认一定的事实即为已足。血液鉴定作为否定父子关系证据虽然已经充分，但未必能够成为肯定该关系的决定性证据。但是，1985年DNA鉴定开始使用之后，已能提供肯定的决定性证据。英国于1987年制定了有关确定亲子关系利用DNA的法律，该法接受DNA鉴定，认为其对于确定生物学上之父比血液鉴定更为正确、有效。为了使法院所使用的指示鉴定中也包含鉴定，该法将血液检查的用语，修正为“科学的检查”，1989年又明确修正为“以确定血液或身体组织

的遗传性特征为目的的检查”。因DNA鉴定具有高度的信赖性,是否为某子的父的疑问完全可凭借该鉴定加以澄清,在请求确认亲子关系的诉讼中,当被指名为父者之人出现但拒不服从鉴定指示的情形时,法院可推定其父性的存在①;同时,在请求否认亲子关系的诉讼中,被告当事人如出现不服从血液鉴定指示的情形时,亲子推定即被推翻。②

2. 美国的立法例

在美国法上,亲子关系的血液鉴定,虽属于《联邦民事诉讼规则》第35条关于证据开示制度中的身心检查的范围,其除不承认直接强制的方法以外,也不承认可通过藐视法庭罪的间接强制方式,而是通过第37条(b)(2)的规定,发生拟制为真实的法律效果。③ 例如,对于请求确认亲子关系之诉中,当被告当事人无正当理由而不服从检查命令时,法院即可斟酌情形而作出父性裁判。④

3. 德国的立法例

在德国亲子关系诉讼中,对方当事人不合理地彻底拒绝检查的,举证人的主张可以被视为已经得到证明(《德国民事诉讼法》第371条第3款),但仅仅是暂时的拒绝则不足以作出这般处理。⑤

---

① 参见〔日〕新美育文:《イギリス法における実亲子关系の确定とDNA鉴定》,载《ジュリスト》1099号(1996年),第59页。转引自许士宦等:《父子关系诉讼之证明度与血缘鉴定强制——以请求认领子女之诉及否认婚生子女之诉为中心》,载台湾地区“民事诉讼法”研究基金会编:《民事诉讼法之研讨》(九),台北三民书局2000年版,第28—29页。

② 参见许士宦等:《父子关系诉讼之证明度与血缘鉴定强制——以请求认领子女之诉及否认婚生子女之诉为中心》,载台湾地区“民事诉讼法”研究基金会编:《民事诉讼法之研讨》(九),台北三民书局2000年版,第37—38页。

③ *Beach v. Beach*, 114 F. 2d 479 (1940); *Sibbach v. Wilson*, 312 U.S. 1 (1941). 转引自黄国昌:《民事诉讼理论之新开展》,北京大学出版社2008年版,第260页脚注。

④ 参见许士宦等:《父子关系诉讼之证明度与血缘鉴定强制——以请求认领子女之诉及否认婚生子女之诉为中心》,载台湾地区“民事诉讼法”研究基金会编:《民事诉讼法之研讨》(九),台北三民书局2000年版,第37—38页。

⑤ 参见〔德〕罗森贝克、施瓦布、戈特瓦尔德:《德国民事诉讼法》(下),李大雪译,中国法制出版社2007年版,第879页。

4. 法国的立法例

根据《法国民事诉讼法》第 11 条第 1 项的规定,法院可从受检人的不当拒绝中判断应产生何种法律效果。例如,当遇有不当拒绝法院所命 DNA 鉴定的情形时,法院可据此拒绝的情形,对是否应作出父子关系存在的可能性加以判断。①

5. 奥地利的立法例

在奥地利,凡亲子关系纠纷案件中负有检查义务的人,无正当理由拒绝检查时,法院可直接强制,也可利用其他间接强制方法。对方当事人在间接强制无效时,类推《奥地利民事诉讼法》第 369 条的规定,由法院斟酌所有情事裁量判断其对事实认定所产生的效果。②

6. 日本的立法例

2003 年,日本虽然将人事诉讼程序法修正为人事诉讼法,但其立法采行渐进主义,仍未就亲子鉴定制度有所修正。③ 基于重视身份关系诉讼中发现实体真实的必要性,日本《人事诉讼法》第 19 条明文规定,排除民事诉讼法关于证明妨碍规定的准用,即使当事人未配合进行血液检查,也不得因此而拟制亲子关系存在。在人事诉讼上,为发现实体真实,采取职权探知主义,不应仅因当事人的态度而课予不利益,拟制对方所主张的待证事实为真实,因此对于拒绝协助血液检验

---

① 参见〔日〕松川正毅:《フランス法におけるDNA 鑒定と親子法》,载《ジュリスト》1099 号(1996 年),第 50 页;〔日〕水野纪子:《實親子關係と血緣主義に關する一考察》,载星野英一古稀祝贺:《日本民法學の形成と課題》(下)(1996 年),第 1142 页以下。转引自许士宦:《证据收集与纠纷解决》,台北新学林出版股份有限公司 2005 年版,第 452—453 页。

② 参见〔日〕松仓耕作:《血统诉讼论》(1995 年),第 50 页以下。转引自许士宦等:《父子关系诉讼之证明度与血缘鉴定强制——以请求认领子女之诉及否认婚生子女之诉为中心》,载台湾地区“民事诉讼法”研究基金会编:《民事诉讼法之研讨》(九),台北三民书局 2000 年版,第 75—76 页脚注。

③ 参见〔日〕高桥宏志等:《研究會人事訴訟法の基本構造》,载《ジュリスト》1259 号(2003 年),第 62 页以下。转引自许士宦:《证据收集与纠纷解决》,台北新学林出版股份有限公司 2005 年版,第 459 页。

人，仅可将其拒绝作为全部辩论意旨反映在自由心证上加以考虑。[①]

7. 我国台湾地区的立法例

根据我国台湾地区"民事诉讼法"的规定，就勘验部分来看，仍可准用关于文书及鉴定的规定。因此，如负提出勘验物义务的义务人故意不提出，应根据上述立法的规定，法院可认为对方主张的事实为真实。另外，法院仍可斟酌个案当中的其他情事而作出认定。[②]"民事诉讼法"并未在人事诉讼程序上排除有关违反文书提出、勘验物提出或忍受勘验命令制裁规定的适用。并且，在人事诉讼上，不允许从当事人怠于证据提出义务的情事认定对方关于该证据的主张为真实，法院仅可将之作为全部辩论意旨加以斟酌，基于自由心证推认事实的存否。[③] 也就是说，在当事人无正当理由拒绝履行其勘验协助义务时，法院可斟酌个案情形，拟制原告有关勘验事项的主张或其应证事实的主张为真实。[④]

（二）对各国立法例基本模式的评析

从世界范围来看，在亲子关系纠纷案件中，因 DNA 鉴定技术具备准确可靠的证明效力，且有助于降低诉讼成本、节约司法资源等显著优势，其鉴定结论愈加成为父子关系存否的确定性、关键性证据，但

---

① 参见〔日〕冈恒学、吉村德重编：《注解人事诉讼手续法》(1987 年)，第 142、143 页；吉村德重、小岛武司编：《注释民事诉讼法》(7)，第 114 页、第 236 页；参见〔日〕春日伟知郎：《父子關係訴訟における證明問題と鑒定強制（檢證協力義務）—最近の—事判（東京高裁平成七年一月三日判决）からの示唆—》，载《法曹时报》49 卷 2 号(1997 年)，第 25 页。转引自许士宦等：《父子关系诉讼之证明度与血缘鉴定强制——以请求认领子女之诉及否认婚生子女之诉为中心》，载台湾地区"民事诉讼法"研究基金会编：《民事诉讼法之研讨》(九)，台北三民书局 2000 年版，第 50 页。

② 参见许士宦、陈荣宗等：《父子关系诉讼之证明度与血缘鉴定强制——以请求认领子女之诉及否认婚生子女之诉为中心》，载台湾地区"民事诉讼法"研究基金会编：《民事诉讼法之研讨》(九)，台北三民书局 2000 年版，第 107 页。

③ 参见许士宦等：《父子关系诉讼之证明度与血缘鉴定强制——以请求认领子女之诉及否认婚生子女之诉为中心》，载台湾地区"民事诉讼法"研究基金会编：《民事诉讼法之研讨》(九)，台北三民书局 2000 年版，第 50 页。

④ 转引自许士宦等：《父子关系诉讼之证明度与血缘鉴定强制——以请求认领子女之诉及否认婚生子女之诉为中心》，载台湾地区"民事诉讼法"研究基金会编：《民事诉讼法之研讨》(九)，台北三民书局 2000 年版，第 16 页。

是,在采用这一鉴定技术过程中不得不依赖于双方当事人、第三人的协助义务,也就是抽取被检验人身体上的血液,需要被检查人的配合方可实施。在实务上,由于存在直接利害关系等原因,对于被要求协助的对方当事人或者第三人而言,其拒绝协助 DNA 鉴定的情形时有发生。对此,尽管各国规定有各种强制措施,其中包括一些间接强制措施,如对负有证明协力义务人采取罚款、拘留等,甚至也包括直接强制措施,如德国对负有证明协力义务人采取间接强制措施无法奏效时,而采取的强制性抽血。但是,在实务上,许多国家在立法上基于尊重人格尊严,以及人的身体具有完整性及不可分性的考虑,仅允许采用间接强制措施,而当采用间接措施也无法迫使负有证明协力义务的人配合血缘鉴定时,只得考虑采用证明妨碍的法理来决定相应的法律适用效果,即使在立法上可授权由法院采取直接强制措施的德国也不乏采用证明妨碍制度的司法判例。

从比较法的角度来看,上述有关国家或地区在采用证明妨碍法律的适用效果的立法上,大致可以分为三种基本模式,第一种模式所涉及的国家包括英国、美国、德国、法国、奥地利。这种模式可称之为"拟制真实"式,它实质上是对义务人所实施证明妨碍行为的一种制裁措施。当被告、第三人无正当理由拒不服从法院所发出的要求其履行证明协力义务的命令时,法院可根据这一拒绝行为直接拟制举证人的主张具有真实性,而作出对义务人不利益的事实认定。从本质上讲,法院所作出的这一司法判定是在审判上所拟制的一种法律适用效果,属于法律上的一种拟制,尽管在表述上可能会采用"事实推定"的用语,但与通常法院根据经验法则或者间接事实所作出的事实推定具有本质的不同,因为后者不具有惩罚或制裁的性质,且可根据足够的反驳证据加以推翻。应当指出的是,尽管上述这些国家同属"拟制真实"的基本模式而具有大致相同的特征,但是,由于各国历史发展、文化背景、传统观念等方面的差异,导致在语言表述、趣旨细节上有所不同,也实为在所难免。

相较而言,日本采取的是第二种模式,这种模式可被称之为"自由心证"式。这是因为,日本在诉讼上因产生纠纷所涉及法律关系的不同,而严格划分财产关系诉讼与人事诉讼两种基本类型,而分别适用辩论主义与职权探知主义原则。并且认为,在因财产权纠纷所引起的诉讼中因采用辩论主义,凡当事人如无正当理由拒绝履行其勘验协助义务时，受诉法院可以其拒绝等态度，拟制对方的主张为真实，以示制裁，产生适用证明妨碍的法律效果。但是，亲子关系案件属于人事诉讼案件，为发现实体真实，采取职权探知主义，不应仅因当事人的态度而课予不利益，拟制对方所主张的待证事实为真实，因此不能适用证明妨碍的法律适用效果，对于拒绝协助的行为，仅可将其拒绝作为全部辩论意旨，由法院在自由心证范围内对案件事实加以判断。在此情形下，也不能排除即使法院采用职权探知如果也无从获知，或者所获知的证据资料无法形成相应的内心确信，法院只能径行依现有的证据作出裁判，这时因原告所主张事实无法认定，故法院因视其为不存在，而由原告就此负担不利益的结果。对此，有日本学者指出，在日本，根据有关司法判例，在请求认领之诉上，争执亲子关系存在的当事人（被告）不协助进行抽血等鉴定的情形，由下级审法院作出判示：即使认为直接对该当事人作不利益的判断并不相当，但是，既然因其不协助而不能获得鉴定结果，无科学的根据而推认亲子关系的存在，不可认为其不相当。但是，在否认婚生子而确认亲子关系不存在的诉讼中，当事人（被告·妻）不协助血液鉴定的情形，也由下级审法院作出判示：要推翻《日本民法》第772条所规定的婚生推定，必须依任何人均不怀疑而足以信赖的科学上的证据加以证明，在需要由供述证据等各种证据予以推认的情形下，即使其证明不是证据优越的程度，而是已至确信的程度，仍不能排除婚生推定。如果为了排除婚生推定要求这种证据，变成通常非依赖血液鉴定不可，但在不仅涉及当事人的利害，而且具有公益性的身份关系诉讼上，不准许因一方当事人的诉讼态度，即在举证上对该当事人作出不利益的判断，鉴定拒绝固然可作为全部辩论意旨加以斟酌，但不得以此为由实质性地转换证明责任。[①]

我国台湾地区采取的是第三种模式，台湾地区“民事诉讼法”并未在人事诉讼程序上排除有关违反文书提出、勘验物提出或忍受勘验命令制裁规定的适用，并且，在人事诉讼上，还不允许从当事人怠于证据

---

① 东京高裁平五（ネ）四四五一号，载《判例时报》1151号，第73页。对此判决之批评，见〔日〕春日伟知郎：《父子關係訴訟における立證問題と鑒定強制》，载《ジュリスト》1099号（1996年），第76页以下。转引自许士宦等：《父子关系诉讼之证明度与血缘鉴定强制——以请求认领子女之诉及否认婚生子女之诉为中心》，载台湾地区“民事诉讼法”研究基金会编：《民事诉讼法之研讨》（九），台北三民书局2000年版，第35页。

提出义务的情事认定对方关于该证据的主张为真实，法院仅可将之作为全部辩论意旨加以斟酌，而基于自由心证推认事实的存否。这种模式既不完全像上述第一种模式那样，也并非完全像上述第二种模式那样，而是采用一种相对折中的模式。因此，这种模式可被称之为“相对折中”式，或者说是一种“结合”式，也就是兼采上述第一种模式和第二种模式的必要因素而形成的一种有机构成。在这种相对折中模式的架构下，在当事人无正当理由拒绝履行其勘验协助义务时，法院可斟酌个案情形，拟制原告有关勘验事项的主张或其应证事实的主张为真实。也就是说，这种模式并未排除适用有关证明妨碍的法律效果。具体而言，在涉及亲子纠纷案件的个案中，在非负证明责任一方当事人无正当理由拒绝履行有关证明协力义务时，针对该证明妨碍人的这种拒绝态度，法院在斟酌具体情形之后，既可拟制原告有关勘验事项的主张或其应证事实的主张为真实，也可将义务人的拒绝行为作为全部辩论意旨加以斟酌，作出相应的事实认定，也不能完全排除作出对原告不利益的事实认定。

就我国台湾地区所采取的这种模式，兹引用如下案例加以释义。例如，甲起诉主张乙为其子丙的生父，请求乙认领，乙虽不争执其在甲受胎期间曾与甲同居，但称男女朋友关系仅维持数月之久，即因双方个性不合，而告分手。问题是，如果甲要求乙配合进行血缘鉴定，乙可否拒绝？其效力如何？[①] 对此，姜世明教授认为，本案中，甲起诉主张乙为其子丙的生父，要求其认领，乙虽不争执其在甲受胎期间曾与甲同居，但称男女朋友关系仅维持数月之久，就因双方个性不合而告分手，则应认定甲的起诉已提出适当的根据，而无滥诉之虑。如果当事人乙不能再提出其他可令法院形成确信的证据方法，则如果甲要求乙配合进行血缘鉴定，除非乙有健康上的不可期待的正当事由而可拒绝配合鉴定，否则应认为乙有配合鉴定的义务。如果乙违反，虽根据我国台湾地区有关法律并不适宜采用直接强制方式取得勘验物，但依证明妨碍的法理，可配合相关既有事证所可形成的盖然性评估。在盖然性愈高的情形下，赋予该拒绝鉴定行为、发生愈向“不利事实推定”方向处理；如果其盖然性较低时，则仅在证据评价中加以酌量，而依全部

---

① 参见姜世明：《民事证据法实例研习》（一），台北正点文教出版顾问有限公司 2005 年版，第 125 页。

辩论意旨来加以认定。据此,应较能符合此类事件的法理及需求。[①]

再例如,在一起讼案中,甲妻乙夫在婚姻关系存续期间内育有一子丙未满1岁,甲以丙并非自夫乙受胎所生之子为由,提起否认婚生子女的诉讼。在诉讼中,甲申请法院命乙协同作血缘鉴定,但之后被乙拒绝。对此,应当产生何种法律效果。为此,台湾地区"司法业务研究会"第二十九期(1996年)研究结论为:人事诉讼中关于认诺及诉讼上自认或不争执事实效力的规定并不适用,自无拟制一方的主张为真实的余地。因此,如作为被告的当事人拒绝协助履行其勘验协助义务,仅就其拒绝的理由、态度可作为全部辩论意旨的一部分,由法院根据自由心证予以斟酌,而并非拟制作为原告的他方主张为真实。对此,台湾地区"司法业务研究会"第三十期(1997年)则采取不同态度,认为在此情形下,法院可拟制原告主张为真实,甚至径行判决原告胜诉。可见,台湾地区实务界对这一问题的处置方法存在不同观点。[②]对于同一起案件,尽管对乙拒不履行勘验证明协力义务应适用何种法效果有两种不同见解,但是,这两种观点均认为,乙应当对本案的血缘鉴定承担勘验证明协力义务。

针对我国台湾地区在人事诉讼上并未排除适用有关证明妨碍法律效果的这种情形,黄国昌教授指出,台湾地区"民事诉讼法"第282条之一规定,为台湾地区有关证明妨碍法理的建立进行了特别的标注。今后如何一方面考虑扩张法官可择用证明妨碍法效种类的必要性及可行性,另一方面通过判例法的积累,在不同的案件类型中,在学术上建立更为具体的判断标准,使台湾地区证明妨碍法理能更为细致而深入的发展,成为今后的重要课题。[③] 例如,在亲子关系诉讼类型案件中,就拒绝接受血缘鉴定的行为,是否适当或应如何通过证明妨碍的法理处理,即有进一步探讨的必要。目前在实务上,这种案件类型可称为台湾地区法院适用证明妨碍法理的重要案件类型。参见台中

---

① 参见姜世明:《民事证据法实例研习》(一),台北正点文教出版顾问有限公司2005年版,第136—137页。

② 转引自许士宦等:《父子关系诉讼之证明度与血缘鉴定强制——以请求认领子女之诉及否认婚生子女之诉为中心》,载台湾地区"民事诉讼法"研究基金会编:《民事诉讼法之研讨》(九),台北三民书局2000年版,第4页。

③ 参见黄国昌:《民事诉讼理论之新开展》,北京大学出版社2008年版,第260页。

地方法院2000年家诉字第9号判决，高雄地方法院2000年亲字第114号、2001年亲字第157号、2001年亲子第186号判决。[①]

四、对我国亲子关系纠纷案件中适用证明妨碍法律效果的基本思考

（一）引发这种思考的缘由

我国现行《民事诉讼法》对民事诉讼中的证明妨碍制度并未作出任何规定，为了填补这一空白，最高人民法院于1998年7月11日发布的《关于民事经济审判方式改革问题的若干规定》第30条规定："有证据证明持有证据的一方当事人无正当理由拒不提供，如果对方当事人主张该证据的内容不利于证据持有人，可以推定该主张成立。"2002年4月1日起实施的最高人民法院《关于民事诉讼证据的若干规定》第75条在前者的基础上对此也作出了相应的规定。但是，在审判实践中所出现的问题是，从立法的基本框架来看，我国《民事诉讼法》并未像一些大陆法系国家如日本等国那样，将民事诉讼分为因财产关系引起纠纷而适用的程序与因身份关系引起纠纷而适用的人事诉讼程序。与此相对应，最高人民法院《关于民事诉讼证据的若干规定》也并未对这两种类型的程序作出划分。由此所造成的后果是，在审理亲子关系案件的实务上，当遇有非负证明责任一方当事人拒不履行法院向其发出要求协助鉴定的指令时，有些法院机械地看待这一证明妨碍行为，不敢与《关于民事诉讼证据的若干规定》第75条所表述的"一方当事人持有证据无正当理由拒不提供"这种概括性的规定相联系，而怠于参照适用这一规定；有些法院则僵硬地将《关于民事诉讼证据的若干规定》第75条所表述的"可以推定该主张成立"，理解为系采用事实推定的证明方法来对待证事实作出推认，但同时又认识到，因亲子关系案件属于身份关系案件范畴，应实行职权探知主义而不实行辩论主义，因此对证明度有更高的要求，不能采用事实推定这种证明方法。正是由于出现这些认识上的偏差，导致各地同一审级法院或者不同审级法院对相同的亲子关系纠纷案件作出完全相反的判决结果，这些误识对法律的稳定性与司法的权威性造成消极影响。

---

① 转引自黄国昌：《民事诉讼理论之新开展》，北京大学出版社2008年版，第260页脚注。

有鉴于此,笔者认为,有必要在对我国审判实践当中出现的偏差进行深刻反省的基础上,并且在对有关理论学说以及各国立法模式进行有益借鉴的条件下,对我国法院在审理亲子关系纠纷案件中应当采用何种理论学说以及立法模式进行深入研讨。

(二) 对我国审判实践中采用何种理论学说的基本思考

笔者认为,从原则的角度讲,在我国现实社会条件下,在审理亲子关系纠纷案件中,当遇有非负证明责任一方当事人拒不履行证明协力义务的情形时,在考虑适用证明妨碍法律效果的问题上,应当允许法院优先考虑采用拟制真实说的理论,其次也不排除法院据情采用证明责任转换说。在个案当中,如果出现可替代性的证据方法,从而使得采用 DNA 血缘鉴定不具有唯一性(也就是说,并不存在为非负证明责任一方当事人设定协助鉴定的证明协力义务的情形)条件下,则应考虑采用自由心证说的理论。

从解释论上来观察,之所以设定上述这种基本思考框架,主要是因为:

(1) 采用拟制真实说在制裁证明妨碍行为上显得最为有力,最具针对性,它充分体现了在法律上和道义上对这种无正当理由拒不履行证明协力义务行为的完全否定性评价,有利于维护法律的严肃性和司法的权威性。

(2) 在当今社会条件下,采用 DNA 血缘鉴定技术对于确定父子之间是否存在生物学上的血缘关系最具准确性和可靠性,具有高度的社会凭信度。

(3) 亲子关系案件不仅涉及私益,还事关社会公益及社会秩序,因此,在个案当中是否有必要采用 DNA 血缘鉴定技术发现实体真实颇具敏感性及政策性。这就要求法院事先要进行慎重的司法审查。

(4) 从比较法的角度来观察,在审判实务上优先选择采用拟制真实说的理论,系世界范围内较为普遍的做法。

(5) 在审判实务上除了优先可采用拟制真实说的理论之外,还应当允许法院据情采用证明责任转换说,这是考虑到原则性与灵活性的统一。采用拟制真实说的理论在制裁的功能上体现的是对证明妨碍行为适用法律效果上的一种刚性选择,相对而言,采用证明责任转换说的理论在制裁的功能上则体现的是一种柔性选择,刚柔并济则具有事半功倍的功效。具体而言，在亲子关系纠纷案件中，法院的职权探知主义占有主导地位，对辩论主义条件下的证明责任的分配法则的利用则屈于从属地位。只有当法院采用职权探知主义仍无法查明事实真相时，法院最终只能根据证明责任分配法则对案件事实作出认定。在审理亲子关系案件过程中，法院决定采用血缘鉴定方式来查明事实真相并向有关当事人发出协助鉴定的命令，是职权探知主义的集中表现。如果非负证明责任一方当事人无正当理由拒绝履行法院为其设定的协助鉴定的证明协力义务，首先妨碍的是法院依职权对证据所进行的调查，其次才涉及对负有证明责任一方当事人的证明妨碍。在此情形下，如果仅仅因为非负证明责任一方当事人的拒绝行为导致法院无法利用血缘鉴定结论查明事实真相，同时也导致严重侵害负有证明责任一方当事人证明权情事的发生，如果继续容忍这种势态任其发展，将与社会公平与正义的价值理念相背离。有鉴于此，通过证明责任的转换，改由非负证明责任一方当事人就其主张的抗辩事实负担证明责任，有利于捍卫法律的基本精神。相比之下，经验法则说、减轻证明度说更适合应用于因财产纠纷所引起的诉讼案件，因为这些案件在事实认定上对证明度的要求并非很高，可广泛采用诸如当事人的自认、对不争执事实的司法认知、事实推定等证据方法。但是，就亲子关系纠纷案件而言，因为此类案件涉及人的身份关系的确认及社会的公益，在证明度上有更高的要求，尤其是在否认亲子关系之诉中，原告起诉的目的是要推翻法律上有关亲子关系的推定，如果因为非负证明责任一方当事人的证明妨碍行为而导致采用降低证明度的方式，或者比照日常经验法则进行事实上的推认，虽然在由此所产生的适用法律效果上对证明妨碍人同样具有震慑力与惩戒性，但毕竟是以偏离和放弃较高证明度的基本立场为代价，似乎与亲子关系案件所实行的职权探知主义、实体真实主义具有不合目的性。

(6) 在个别情形下，当采用血缘鉴定技术并非具有证据方法的唯一性，而存在可替代性的证据方法时，例如，在由原告夫提起的否认亲子关系之诉中，其所要证明的要件事实是确认亲子之间不存在生物学上的血缘关系，也就是要推翻亲子关系的法律推定，为此，当原告夫向法院提供在妻所生子女受胎的合理期限内夫与妻之间不可能发生性关系的证据，这些证据包括据以证明在此合理期限内，夫因外出两地分居、监内服刑，或者服兵役、因病住院等与妻并无同居的事实，或者夫妻感情疏离而分床别寝，或者夫有生理缺陷而不能发生性关系、无生育能力、已实施男性结扎术，或者妻在与夫同居前已怀孕而无法由夫受胎等。再如，当有关利害关系人向法院提出确认亲子关系之诉时，被指认为非婚生子女生父的被告为否认亲子关系的存在而提出上述证据来证明，其与被指认为非婚生子女的生母之间在合理受胎期间内不可能发生性关系的事实时，法院就应当认为并非存在采用 DNA 血缘鉴定方法的必要性，这是因为，在这些情形下，法院完全可以结合辩论的全部旨意，对这类证据、依职权探知方式收集的其他证据和本案的全部情事加以斟酌，最终对案件的要件事实作出认定，这时在理论上采用的是自由心证说。换言之，在这种情形下，由于并不存在法院向非负证明责任的一方当事人发出命令要求其协助血缘鉴定的必要性，非负证明责任的一方当事人也并未承担相应的证明协力义务，因此，也就不存在于证明妨碍制度框架范围内在事实认定上适用何种法律效果的问题。另外，许士宦教授认为，在由生母诉请生父认领非婚生子女的诉讼中，法院纵使没有命令被告作 DNA 鉴定，也可根据以下间接事实推认主要事实，即应当推定夫系其妻所生子（女）之生父的事实的存在：① 在其妻所生子（女）受胎期间，夫、妻之间曾经有性关系；② 夫、其妻所生子（女）的脸型及身体的其他部位（例如指纹、掌纹、脚纹等）多有相类似之处；③ 夫曾有相当于其妻所生子（女）之父的态度表现；④ 妻于其所生子（女）受胎期间并无另与其他男子发生性关系的事实。再则，如有以下情形也可做上述推认：① 在其妻所生子（女）受胎期间，夫、妻之间曾经有性关系；② 夫、其妻所生子（女）的脸型及身体的其他部位（例如指纹、掌纹、脚纹等）多有相类似之处；③ 有夫、其妻所生子（女）的血型与彼此之间作为父子一事不相违背等间接事实存在。[①]

对此，笔者认为，上述所表述的并非是真正意义上的事实推定，也就是说，并非采用事实推定的证明方式来对作为待证事实的亲子之间自然血缘关系作出的事实认定，而是通过对相关证据所证明的事实进行自由评价后所得出的事实认定结论。在这种诉讼条件下所采用的

① 转引自许士宦等：《父子关系诉讼之证明度与血缘鉴定强制——以请求认领子女之诉及否认婚生子女之诉为中心》，载台湾地区“民事诉讼法”研究基金会编：《民事诉讼法之研讨》（九），台北三民书局 2000 年版，第 5—6 页。

自由心证说亦与证明妨碍制度无涉。这是因为，只要有证据证明同时存在如下两个事实，就可以通过自由心证对案件的待证事实加以认定：(1) 在妻所生子(女)受胎期间，夫、妻之间曾经有性关系的事实。(2) 妻在所生子(女)受胎期间并无另与其他男子发生性关系的事实。在此，应当说明的是，这里所采用的自由心证说与日本法在人事诉讼上在遇有证明妨碍行为时采用的自由心证说具有重大差异。前者不以证明妨碍的情事作为前提条件，而后者则是在证明妨碍制度框架范围内的产物。

(三) 对在我国采用何种立法模式的基本思考

从上述比较法的视野观察，主要存在三种立法上的基本模式，即英国、美国、德国、法国、奥地利等所采取的“拟制真实”的基本立法模式，日本所采取的“自由心证”式以及我国台湾地区所采取的“相对折中”式。

从新中国成立以来民事诉讼发展的历程来看，无论是 1982 年所试行的《民事诉讼法》，还是 1991 年以来所实行的现行《民事诉讼法》，均未对属于人事诉讼范畴的亲子关系纠纷案件所适用的程序作出明确规定，至今仍留下空白，更遑论在亲子关系纠纷案件中有关证明妨碍法律适用效果的议题。

我国最高人民法院《关于民事诉讼证据的若干规定》从司法解释的角度对身份关系的案件所适用的证据规则有所涉及①，但总体上缺乏系统性。《关于民事诉讼证据的若干规定》第 75 条规定：“有证据证明一方当事人持有证据无正当理由拒不提供，如果对方当事人主张该证据的内容不利于证据持有人，可以推定该主张成立。”鉴于该条规定的内容较为笼统，不拘于特定的具体情节，具有广泛的适用性，因此，可视为证明妨碍制度的原则性规定。作为在证明妨碍制度条件下所适用的法律效果来看，该条所采用的“推定”应与在辩论主义条件下所采用的事实推定无关，因为，它并非是一种证明方式，而是由法院根据出现证明妨碍行为这一情事在裁判上所拟制的一种法律适用效果。

---

① 例如，最高人民法院《关于民事诉讼证据的若干规定》第 8 条第 1 款规定：“诉讼过程中，一方当事人对另一方当事人陈述的案件事实明确表示承认的，另一方当事人无需举证。但涉及身份关系的案件除外。”

也就是说,当出现非负证明责任一方当事人实施证明妨碍行为,导致负有证明责任一方当事人的证明权受到侵害时,法院应当据此判定,负有证明责任一方当事人所提出的事实主张视为成立,具有免除该方当事人原本所负有的证明责任(即提出证据的责任)的法律效果,这是一种在法律效果上就举证人的事实主张拟制其真实性已得到证明的体现,是通过司法程序而产生的一种法律效果上的拟制。

作为这种拟制法律效果产生的前提条件,并非系由法官根据某些前提事实或者日常生活经验法则推论待证事实而获得,而是根据非负证明责任一方当事人从事的具体证明妨碍行为或者态度,而导出的一种法律适用效果,也就是,根据证明妨碍人的拒绝协助行为而作出对其不利的事实认定。从世界范围来看,有许多国家设计有相同或类似的立法例模式,并且在亲子关系纠纷案件中加以沿用。相较而言,在亲子关系纠纷案件中,当非负证明责任一方当事人拒绝履行协助血缘鉴定这种证明协力义务时,法院也是根据这种行为或者态度导出对其不利的法律适用效果,也就是,在裁判上作出对其不利的事实认定。

最高人民法院《关于民事诉讼证据的若干规定》颁行近十年来,在审理亲子关系纠纷案件中,针对非负证明责任一方当事人拒不履行协助血缘鉴定这种行为,各地法院相继采认《关于民事诉讼证据的若干规定》第75条有关证明妨碍制度的规定,产生了良好的社会效果与法律效果。而该司法解释第75条在立法例上体现的是一种"拟制真实"的模式,有继续加以沿用的必要性。笔者认为,在此基础上有必要对各地的经验加以总结和梳理,在语言表述上也有必要对该司法解释第75条进行修正,使其更加严谨和科学。在条件成熟的情况下,在对我国现行《民事诉讼法》进行修改与完善的过程中填补立法这一空白,以更好地适应现实审判实践的迫切需要。

为了更好地说明《关于民事诉讼证据的若干规定》第75条在近年来我国法院审理亲子关系纠纷案件中所作出的贡献,以下试举一例并结合证明妨碍制度的法理加以解析。

原告小赵诉称,母亲涂某与被告赵某于1996年自由恋爱,同年6月开始同居生活。1998年5月,涂某怀孕,同年12月赵某瞒着涂某到新疆参军。1999年初,涂某生下小赵。小赵3个月大时,母亲涂某抱着他到赵某家,结果被赵某父母拒之门外。在无法与赵某取得联系的情况下,无奈的涂某只好带小赵到深圳打工至今。近十年来,赵某从来没有过问小赵的生活,也没有支付抚养费。由于小赵患先天性心脏病,需要住院手术治疗,在涂某没有能力负担高额医疗费的情况下,小赵将赵某起诉到法院,要求支付抚育费10万元并支付医疗费30万元。在案件审理过程中,赵某以小赵身份不清、所诉事实自相矛盾、诉讼动机不纯为由,拒绝小赵的DNA亲子鉴定申请,请求法院驳回小赵的全部诉讼请求。

法院审理后认为,原告小赵的母亲涂某与被告赵某相识后不久即非法同居并生育一子,违反了我国有关法律规定,对双方应当给予批评、教育。被告赵某拒绝承认其与原告小赵存在父子关系,拒绝配合原告小赵进行亲子鉴定,且没有提供其与原告小赵不存在父子关系的证据,依照相关法律规定,法院认定被告赵某与原告小赵存在父子关系,被告赵某应承担对原告小赵的抚养义务。

本案属于非婚生子女请求确认生父之诉。在本案审理过程中,根据本案的具体情形,当法院认为有必要采用DNA鉴定方式确认原告小赵与被告赵某之间是否存在自然血缘关系时,应当将其决定告知被告赵某,使其承担证明协力义务。虽然法院有权向有关当事人发出进行DNA鉴定的指示,但是,我国所采用的司法原则是坚持当事人自愿为前提,不得采取强制措施,以维护有关当事人的人格尊严及人体的完整性与不可侵犯性。在本案中,当被告赵某拒不配合进行DNA鉴定,从而导致法院无法通过这种准确而有效的证明方法来发现客观真实时,根据最高人民法院《关于民事诉讼证据的若干规定》第75条的规定,认定被告张某的这种不作为属于证明妨碍行为,从而适用对其不利益的法律效果。

亲子关系诉讼案件属于人事诉讼的范畴,由于人事诉讼追求客观真实原则,对采用推定这种证明方法来认定案件事实严格加以限制。但是,在本案中,根据最高人民法院《关于民事诉讼证据的若干规定》第75条规定所适用的推定,并非是严格意义上的证明方式,而是证明妨碍制度中因义务人违反不得妨碍他人采用有关证明方法的义务所产生的法律适用效果,具有预防与惩罚的功能。

第五节 我国亲子关系案件中的证明妨碍问题与实务评析

一、对我国现行法律、司法解释的基本观察

(一) 关于采用亲子鉴定作为证据方法及其应用问题

我国现行立法并未对在审理亲子关系纠纷案件中采用亲子鉴定作为证据方法及其应用问题作出任何规定。为了适应审判实务上的需要,针对上海市高级人民法院就审判工作中能否采用人类白细胞抗原作亲子关系鉴定问题,最高人民法院于 1987 年 6 月 15 日下发了《关于人民法院在审判工作中能否采用人类白细胞抗原作亲子鉴定问题的批复》(以下简称《批复》)。该《批复》指出:"人民法院对于亲子关系的确认,要进行调查研究,尽力收集其他证据。对亲子鉴定结论,仅作为鉴别亲子关系的证据之一,一定要与本案其他证据相互印证,综合分析,作出正确的判断。"并且该《批复》认为:对要求作亲子鉴定的案件,应从保护妇女、儿童的合法权益,有利于增进团结和防止矛盾激化出发,区别情况,慎重对待。对于双方当事人同意作亲子鉴定的,一般应予准许;一方当事人要求作亲子鉴定的,或者子女已超过 3 周岁的,应视具体情况,从严掌握,对其中必须作亲子鉴定的,也要做好当事人及有关人员的思想工作。同时还强调把"保护妇女、儿童的合法权益,有利于增进团结和防止矛盾激化出发"作为处理亲子关系诉讼的原则。虽然该《批复》是最高人民法院于二十多年前作出的,且也仅仅是一个笼统的、指导性的意见,但是,由于该批复仅要求对亲子鉴定案件"区别情况,慎重对待",而没有作出明确的操作标准,致使在实务上对同一类案件往往在不同法院甚至同一法院作出不同的判决结果,在具体操作中难以妥帖把握这一尺度。

该司法解释发布于1987 年6 月15 日,其积极作用在于:(1) 强调对未成年子女利益的保护,尽可能不使无责任的子女负担因被认定为非婚生子而导致在社会上及法律上的不利益。(2) 坚持区别情况、慎重对待的原则。体现了原则性与灵活性的统一,对法院就亲子鉴定的

必要性所实行的司法审查上具有高度的指导意义。(3) 强调法院的职权探知主义,尽力收集其他证据。当然,在当今看来,该《批复》尚具有一定的局限性。主要表现在:(1) 该《批复》坚持当事人自愿原则,规定对双方当事人同意作亲子鉴定的,一般应予准许。但是,亲子关系纠纷案件属于身份关系案件的范畴,由于这类案件大多涉及社会公益,原则上,这类案件实行法院职权探知主义原则,而不实行辩论主义原则,因此,对当事人之间的意思自治严格加以限制。可见,最高人民法院在该《批复》中所确定的进行亲子鉴定应征得双方当事人同意的原则与此相抵触。也就是说,对于亲子关系纠纷案件是否采用亲子鉴定的方式,不能根据当事人的意思自治,而应当根据个案的具体情形。在个案当中,只有当法院认为实行实体真实主义有助于实现该个案的公平正义时,应当依职权决定采用亲子鉴定的方式。在个案当中,如果法院发现实现实体真实与实体法及公共政策的基本要求不符时,应当禁止采用亲子鉴定的方式。当双方当事人自愿采取私下委托有关鉴定机构进行 DNA 鉴定,在诉讼上,这种鉴定结论对法院认定案件事实不产生约束效力。(2) 从总体上来看,该《批复》所规定的内容在相当层面上显得过于笼统、含糊其辞,面对繁纷复杂、类型多样的亲子关系纠纷案件缺乏可操作性。(3) 目前,利用 DNA 鉴定技术使得肯定生物学父子关系的准确率在 99.99% 以上,否定生物学父子关系的准确率则更高,几近 100%。而该《批复》所规定的有关亲子鉴定结论的证明效力似乎与此相差甚远。在审判实务上,在许多情形下,只要具备这一鉴定结论便可足以对待证事实加以确认,否则,如果有其他可替代性的证据方法,就不存在采用亲子鉴定的必要性。事实上,在个案当中,只有当申请亲子鉴定的一方当事人提出初步表面性证据之后,法院才有可能作出进行亲子鉴定的决定,以防止当事人采取以促使法院进行亲子鉴定的方式从事证据摸索。

(二) 在审理亲子关系纠纷案件中适用有关证明妨碍制度的问题

我国现行立法对证明妨碍制度未作任何规定。为了适应审判实务上的需要,最高人民法院于 1998 年 7 月 11 日发布的《关于民事经济审判方式改革问题的若干规定》第 30 条规定:“有证据证明持有证据的一方当事人无正当理由拒不提供,如果对方当事人主张该证据的内容不利于证据持有人,可以推定该主张成立。”在此基础上,2002 年

4月1日起施行的最高人民法院《关于民事诉讼证据的若干规定》第75条规定:“有证据证明一方当事人持有证据无正当理由拒不提供,如果对方当事人主张该证据的内容不利于证据持有人,可以推定该主张成立。”上述两个司法解释的相关内容是有关证明妨碍制度的原则性规定,在审理亲子关系纠纷案件中,可适用于非负证明责任一方当事人从事证明妨碍行为的情形。

另外,值得注意的是,在对《关于民事诉讼证据的若干规定》第75条进行解读时,有一种观点指出:“本条直接来源是最高人民法院《关于民事经济审判方式改革问题的若干规定》第30条的规定。推定的实质内容是:根据已经被证明的一方当事人有证据拒不出示的事实,推定其持有的证据能够证明对方当事人的主张。”①对此,应当指出的是,作为证明妨碍制度有机构成的一个重要要件是,当出现非负证明责任一方当事人拒不履行相关证明协力义务时,由法院适用对其不利益的法律效果,也就是在裁判上拟制举证人的主张为真实,而并非是采用事实推定的证明方法来推定(或称推认)举证人的主张为真实。这是因为,如果系采用事实推定的证明方法来推认举证人的主张为真实,恐有降低证明标准之嫌。当然,在理论上确实存在一种被称之为“降低证明标准说”的理论。即该说认为,在诉讼上,当非负证明责任一方当事人拒不履行证明协力义务,使法院无法通过有关证据方法来查明事实真相,而有可能给举证人带来不利益时,为了实现社会的公平与正义,可适当降低对举证人在证明度上的要求,以实现对证明妨碍人加以制裁的效果。但是,在亲子关系纠纷案件中所查明的待证事实,毕竟涉及当事人的身份关系以及社会公益,因此与那些在辩论主义条件下主要根据证明责任法则对案件事实作出认定的诉讼模式存在重大差异;同时,所谓适当降低证明度,仅属主观标准,在客观上缺乏明确的尺度,故在实务上缺乏可操作性与透明度。另外,即使要求适度降低证明标准,不是为了免除举证人提供证据的责任,而是要求举证人提供最低限度的证据材料,以便作为法院能够推定待证事实得以成立的基础要件。实际上,这与亲子关系纠纷案件中实行职权探知主义为主导的诉讼观念相抵触。从比较法的角度来观察,这或许是很

---

① 参见最高人民法院民事审判第一庭:《民事诉讼证据司法解释的理解与适用》,中国法制出版社2002年版,第360页。

少有国家在亲子关系纠纷案件中因应用证明妨碍制度而采认“降低证明标准说”的缘故。因此，鉴于亲子关系纠纷案件对证明度有较高的要求，即使作为一种制裁措施，采用事实推定的证明方法来推认举证人的主张得以成立是不甚妥当的，它容易与因财产纠纷而引起的诉讼案件所实行的辩论主义相混淆。而在法院实行职权探知主义架构下，亲子鉴定是作为法院依职权调查证据的基本方式，非负证明责任一方当事人拒绝履行证明协力义务的行为首先是对司法秩序的妨碍，其次才涉及对举证人证明权利的妨碍，在此不可本末倒置。

二、最高人民法院民一庭有关亲子鉴定问题的倾向性意见及评析

（一）倾向性意见

为了解决审判实践中在亲子鉴定上所遇到的疑难问题，最高人民法院民一庭经过集体讨论，曾形成如下倾向性意见：亲子鉴定因涉及身份关系，原则上应当以双方自愿为原则。但是，如果非婚生子女以及与其共同生活的父母一方有相当证据证明被告为非婚生子女的生父或者生母，且非婚生子女本人尚未成年，亟须抚养和教育的，如果被告不能提供足以推翻亲子关系的证据，又拒绝作亲子鉴定的，应当推定其亲子关系成立。

（二）意见形成的理由

形成上述意见的理由是：（1）亲子鉴定应当以双方自愿为原则。亲子鉴定既涉及人与人之间亲情关系的变化，又关系到婚姻家庭关系的稳定，“因此，对要求作亲子关系鉴定的案件，应从保护妇女、儿童的合法权益，有利于增进团结和防止矛盾激化出发，区别情况，慎重对待。”①对双方自愿要求作亲子鉴定的，依法应予支持。（2）申请亲子鉴定的一方应当完成相当的证明义务。亲子鉴定关系到夫妻双方、子女、他人的人身关系和财产关系，因此，在一方拒绝作亲子鉴定的案件中，提出亲子鉴定主张的一方应当承担与其主张相适应的证明责任。只有申请人完成了行为意义上的举证责任，在足以使法官产生内心确

---

①　参见最高人民法院《关于人民法院在审判工作中能否采用人类白细胞抗原作亲子鉴定问题的批复》。

信的基础上,才能请求亲子鉴定。在司法实践中,如何正确掌握申请亲子鉴定一方的证明责任,合理及时把握行为意义上举证责任转换的时机,是判定亲子鉴定中证明妨碍的重要条件。如果过分强调申请一方的证明责任,必将使申请人的实体权利难以得到保护;如果轻视或忽视申请一方的证明责任,则可能导致权利滥用,不利于家庭关系的稳定和被申请人隐私的保护。总之,亲子鉴定的随意化必将带来家庭关系的不稳定,从而引发诸多社会问题。(3)证明妨碍的认定条件应当从严掌握。如果被申请人拒绝作亲子鉴定,导致亲子关系无法确认的,应当推定对其不利的事实成立,但应当严格掌握以下条件:① 提出申请的一方应是当亟待抚养和教育的非婚生子女或与非婚生子女共同生活的父母一方;② 提出申请的一方已经完成了与其请求相当的证明责任;③ 被申请人提不出足以推翻亲子关系存在的证据;④ 被申请人拒绝作亲子鉴定。只有同时具备上述条件,才能推定对其不利的事实成立。(4)人民法院对亲子鉴定中涉及证明妨碍的案件应当从保护妇女儿童利益,维护家庭和谐稳定等原则出发区别对待。鉴于亲子鉴定中的情况异常复杂,目前尚难确立统一的标准。各地法院在积极探索、慎重处理的基础上可以进一步积累经验,待时机成熟时,再由最高人民法院制定统一的司法解释。[①]

(三)评析意见

(1)应当明确的是,在审判实务上,最高人民法院民一庭有关亲子鉴定问题的倾向性意见因不具有司法解释的效力,只能仅供参考。

(2)为适应审判实务上的迫切需要,该倾向性意见传承最高人民法院上述《批复》的基本精神,对亲子关系纠纷案件中请求确认亲子关系之诉架构下构成证明妨碍的条件加以确定,具有积极意义。

(3)不足和欠妥之处主要表现在:① 因亲子关系纠纷案件涉及社会公益,因此,实行以法院职权探知主义为主导的诉讼模式。在个案中,是否有必要进行亲子鉴定,应由法院经过严格的司法审查作出判定,属于法院依职权进行证据调查的权能范围,与当事人之间的意思自治无关。鉴此,在是否进行亲子鉴定问题上,该倾向性意见继续贯

---

① 转引自 http://www.lawtime.cn/info/hunyin/qinzijianding/2010010924140.html.

彻最高人民法院上述《批复》所确立以双方自愿为原则的做法是有欠妥当的。② 因亲子关系纠纷案件涉及人的身份关系的安定性及社会公益、社会秩序的重大利害，因此，实行以法院职权探知主义为主导与以辩论主义为补充的诉讼模式。非负证明责任一方当事人拒不履行协助鉴定的证明协力义务首先侵害的客体，是法院依职权调查证据所依赖的司法秩序与司法权威，其次才涉及系侵害对方当事人证明权的问题。因此，不宜单纯从证明责任分配法则的角度加以衡量，从而使得形成该倾向性意见的第二条理由显得不甚恰当。③ 如果将其中所表述的“有相当证据证明被告为非婚生子女的生父或者生母”，理解为已达到“足以使法官产生内心确信”被告为非婚生子女的生父或者生母的程度，在这种情形下也就没有进行亲子鉴定的必要了，因为，法院在司法审查当中对亲子鉴定必要性的审查涉及采用这种证明方法是否具有可替代性，或者说是否具有唯一性。采用亲子鉴定应坚持严格、慎重的原则，因此，在法院依职权进行证据调查时，认为即使不采取亲子鉴定也可以对待证事实形成内心确信时，就应当作出不准许进行亲子鉴定的决定。④ 该倾向性意见在表述上存在逻辑性的错误，也就是说，所谓“如果被告不能提供足以推翻亲子关系的证据，又拒绝作亲子鉴定的，应当推定其亲子关系成立”，其中，“足以推翻亲子关系的证据”中的“亲子关系”，在个案中本来就系需要通过充分的证据证明并经法院确认的一待证事实，在未经证明并经法院确认之前，何来被告需要提供充分的证据加以推翻之说？同时，既然需要被告提供足以推翻的证据来证明这一“亲子关系”，又何来应当推定这种“亲子关系”成立之说？⑤ 该倾向性意见主要涉及请求确认亲子关系之诉的案件类型，在法院以职权探知名义作出进行亲子鉴定的决定之前，不宜对作为原告的举证人所提供的证据提出过于苛刻的要求。在审判实务上，请求确认亲子关系之诉与请求否认亲子关系之诉属于亲子关系纠纷案件中的两大基本类型。在请求否认亲子关系之诉的案件类型中，除了向法院申请以亲子鉴定作为证据方法之外，作为原告的举证人还能提供其他充分的证据就有关待证事实获得内心确信。例如，作为原告的举证人所提供的证据能够证明如下事实：在该非婚生子女的生母受胎的合理期间内，在某一监狱服刑，或者服兵役，或者旅居海外，或者自身有生理缺陷而不能发生性关系、无生育能力、已实施男性结扎术等情形。在否定亲子关系之诉中，作为原告的举证人需要能够提出上述这些证据，在审判上就很有排他性的证明效力，便于法官就原告与被告之间不存在生物学上的亲子关系形成内心确信，而作出相应的事实认定，这样就使得在亲子鉴定作为一种证明方法具有可被替代性而不具有唯一性的条件下，同样可以实现实体真实主义。应当注意的是，在否认亲子关系之诉中，作为原告的举证人所提供的证据是用来推翻法律上有关亲子关系推定的（或称婚生子女推定制度），因此具有较高的证明度要求。在此，应当指出的是，在审判实务上，即便是在否认亲子关系之诉中，在总体上而言，作为原告的举证人能够提出上述证据的情形仍属少数。相比之下，在确认亲子关系之诉中所遇到的情形则不然，在这种类型案件的诉讼中，作为原告（主要是指非婚生子女）的举证人，从根本上难以提供充分的证据直接证明其与被告之间具有自然血缘关系。即便原告历经周折最终能够提供证据来证明被告在其生母合理的受胎期间内与其生母发生过性关系，但是在法官看来，这一证据仍不足以排他性地证明在其生母合理的受胎期间内其生母仅与被告发生过性关系，从而使得采用亲子鉴定作为证明方法具有唯一性和不可替代性。在这种情形下，为了保护非婚生子女的合法权益（如受抚养权、受教育权、享有财产继承权和知悉其出身的权利等），以避免其生父逃避这种社会责任与义务，只要原告能够提供一些必要线索或初步表面性证据，使得法院认为具有某种可能性时，法院就应当以证据调查为由向被告发出要求其协助鉴定的命令。因此，为了防止被告进行证据摸索，而动辄向他人提出确认亲子关系之诉，虽然法院可以事先要求原告提供有关初步证据，但不宜提出过于苛刻的要求，只要构成必要的线索而非无端猜测即可。当然，在被告提出反证能够证明如下事实的情形下，便使得采用亲子鉴定作为证明方法具有可替代性而没有进行的必要，即在该非婚生子女的生母受胎的合理期间内，被告在某一监狱服刑，或者服兵役等情形。这些证据有助于排他性地证明原告与被告之间不存在自然血缘关系。因此，在上述倾向性意见中，将原告（非婚生子女以及与其共同生活的父母）“一方有相当证据证明被告为非婚生子女的生父或者生母”作为被告拒绝作亲子鉴定而推定其亲子关系成立的重要前提条件之一，是欠妥当的，除了存在逻辑推理上的错误①之外，主要还存在这样一种偏差，即因亲子关系纠纷案件受法院的职权探知主义所主导，在原告申请法院进行亲子鉴定的情形下，原告提供有关证据是为了促使法院批准其鉴定申请，并向被告发出协助鉴定的命令，这种举证行为及其证明效果与法院是否应当推定亲子关系成立无关。

三、我国亲子关系纠纷案件中有关证明妨碍问题的案例实务与评析

案例一

（一）案情介绍

原告罗某和被告孙某均已婚。原、被告于 2005 年相识后，两人多次发生婚外性关系。2006 年 9 月 9 日，原告罗某生育一男孩，经亲子鉴定，此小孩与其父李某不具亲子关系。于是，原告罗某遂诉至法院，要求与其多次有婚外性关系的孙某支付小孩的抚养费。法院受理后，原告罗某申请被告作亲子鉴定，但遭被告拒绝。因无其他相关证据，且被告不愿作亲子鉴定，原告在庭审过程中自愿申请撤诉。

（二）审理本案所遇到的几种观点

对于本案，主要有以下几种不同的观点。

第一种观点认为，应当推定被告败诉。被告拒绝协助取证，使原告举证途径受阻，理应承担败诉风险。

第二种观点认为，被告有义务协助取证。被告虽不承担证明责任，但被告如果不协助取证，原告诉权将无法实现，为保护弱势，保障原告诉权得以实现，原告要求被告协助取证，被告应履行协助义务，拒绝协助则承担败诉风险。虽然现行法律没有被告协助取证义务的相关规定，但该案有执行空间，被告协助取证后可能胜诉，可能败诉，法律自有公断，有利于平衡双方利益，实现实体公正。

第三种观点认为，被告无协助取证义务，原告败诉。被告不负证

---

① 既然原告一方有相当证据来证明被告为非婚生子女的生父或生母，这种“有相当证据”实际上是属于法官形成内心确信效果的反映，在案件的待证事实已被证明的情形下，就不必再采用推定来获得相同的效果。

明责任,无义务协助取证。被告隐私权、名誉权也同样应得到保护,不能要求被告"自证其罪"。作为实现实体公正的保障,程序公正首先应该得到保障,被告协助取证后即使胜诉,也丧失了程序公正。

第四种观点认为,应当实行证明责任倒置。最高人民法院《关于民事诉讼证据的若干规定》第 7 条规定:"在法律没有具体规定,依本规定及其他司法解释无法确定举证责任承担时,人民法院可以根据公平原则和诚实信用原则,综合当事人举证能力等因素确定举证责任的承担。"原告唯一取证途径被阻,被告应承担证明责任。

第五种观点认为,法院应负责收集证据。我国《民事诉讼法》第 64 条第 2 款规定:"当事人及其诉讼代理人因客观原因不能自行收集的证据,或者人民法院认为审理案件需要的证据,人民法院应当调查收集。"法院可要求被告协助取证,如被告无正当理由不协助,则判定被告败诉。

（三）评析意见

上述各种观点均忽略审理本案所应当把握的两个重要基点:(1) 本案属于身份关系纠纷案件(或称人事诉讼案件),与一般财产关系纠纷案件所实行的证明责任及其分配法则有相当的不同,它实行职权探知主义原则。(2) 为了证据调查的需要,即使原告不申请 DNA 鉴定,法院也应当依职权委托有关鉴定机构进行 DNA 鉴定。在此情形下,有关当事人如拒不配合,即不履行相应的证明协力义务,就应当以证明妨碍行为来对待。本案属于确认亲子关系之诉。在本案中,只要原告罗某能够提供初步表面证据,其中包括对案件事实的相关陈述,当法院根据这些初步表面证据并结合经验法则[①]认为,原告罗某和被告孙某曾经发生婚外性关系的事实确有存在的可能,而并非是子虚乌有时,在证据调查上应当实行职权探知主义,不待当事人提出申请,法院就应当依职权委托有关鉴定机构进行 DNA 鉴定。另外,原告罗某所生之子业经私下委托有关鉴定机构进行 DNA 鉴定,该鉴定结论认定,原告罗某所生之子与被婚生推定为具有生父身份的李某之间不具有自然血缘关系。在现实社会条件下,尽管该鉴定结论在诉讼上不具有证据资格,但可作为一种线索来斟酌。

---

① 在通常情况下,一位正常女子在法庭上指认与另外一名男子曾多次发生婚外性关系,在该女子通常会顾及其名声的条件下,这种做法实属难得。

在本案中,当被告孙某收到法院发出的要求其配合 DNA 鉴定的指示之后,就应当履行相应的证明协力义务,除非其有正当理由。如果被告孙某认为这样做会侵犯其隐私权时,在本案中,对未成年子女的最佳利益的保护应当优于对其隐私权的保护。在此,对未成年子女的最佳利益还可能涉及本案原告罗某所生之子的知情权及对其生父所应享有的抚养权、财产继承权等权益的保障问题。因此,在本案中,被告孙某拒不履行其证明协力义务的行为,导致法院最终无法确认被告孙某与罗某所生之子之间是否存在自然血缘关系,故应当以适用相应证明妨碍的法律效果论处,由被告孙某最终承担不利益的裁判后果,认定被告孙某与罗某所生之子之间存在自然血缘关系。

通过上述分析可见,在本案中,如果原告提供有初步表面性证据显示其主张确有一定的可能性,在此情形下,如果法院还是采取如此消极、不作为的行为则是相当不妥的。

案例二

(一) 案情介绍

4 岁的小伟今年上幼儿园了,非常活泼可爱,然而其他小朋友都有父亲,他却只有母亲一个人。不仅如此,随着小伟的渐渐长大,教育费、生活费支出也越来越大,小伟的母亲开始感到力不从心。为此,小伟(小伟的母亲姜女士作为法定代理人)一纸诉状将张某告上法庭,要求张某为“私生子”小伟负责,定期支付小伟的抚养费。

在诉讼上,姜女士称,2004 年 5 月份,她去参加一个朋友的婚礼时认识了同来参加婚礼的张某,两人一见如故。当时张某婚姻触礁,而姜女士的丈夫梁某也因为欠债经常不在家,两人遂私下发生了性关系,并在 2005 年 2 月 20 日生下了“儿子”小伟。小伟出生后,张某也曾来看望小伟,但一直没有承担抚养费,小伟一直由姜女士抚养和照顾。小伟出生 7 个月后,姜女士的丈夫梁某去世了,姜女士因为土地征用成为失地农民,生活陷入困难,只能靠政府救助,而张某家中开工厂生活富裕,却拒绝支付抚养费。小伟于 2007 年 2 月 24 日向法院提起诉讼,要求张某承担小伟每月的抚养费 500 元,并与姜女士分担小伟今后的教育费和医药费。

对于这个"天上掉下来的儿子",张某矢口否认,他在法庭上答辩称,张某与姜女士确实是在2004年5月左右认识的,因为张某经济条件相对较好,姜女士对张某颇有好感,但当时张某还没有与妻子离婚,两人仅仅是普通朋友而已。小伟确实很可爱,不过与自己没有任何关系,张某与姜女士没有法律上的婚姻关系,张某与小伟也没有事实上的父子关系,因此,无论是从法律上还是从道德上张某对小伟都不应当承担法律义务。张某还认为,姜女士要求其承担抚养费,有讹诈的嫌疑,也有损自己的名誉,他将保留追究其法律责任的权利。

而姜女士则称,自己原来的丈夫梁某没有生育能力,之前女儿也是领养的。当初怀着小伟的时候,丈夫就明确反对,小伟出生后,婆婆一直说小伟不是儿子生的,姜女士与婆婆经常为这件事争吵。但是为了小孩的成长,姜女士并没有告诉家人小孩是谁的。另外,为了催讨抚养费,姜女士曾经向法院提起过诉讼,但由于证据不足,并且当时张某提出要协商解决,便撤回了诉讼。"后来张某买了奶粉、水果等来看小伟,小伟还叫张某爸爸;在2009年过新年时,张某又给了小伟100元压岁钱,很多邻居都见过或者听到过此事。"

法院认为,根据最高人民法院《关于确认非婚生子女生父中男方拒作亲子鉴定如何处理的答复》中指出:在确认非婚生子女案件中,应当由原告承担举证责任。然而,在本案中,原告在被告否认其系原告生父的前提下,仅以两份证人证言及原告的照片证明被告系原告的生父,证据明显不足。针对原告提出原、被告是否存在血缘关系要求进行亲子鉴定的申请,由于亲子鉴定涉及当事人的身份关系,因此,亲子鉴定应当在自愿的基础上进行,不得对不同意的当事人进行强制鉴定。现在被告明确表示拒绝作亲子鉴定,故原告的申请无法进行。法院认为原告要求被告承担抚养费的意见缺乏事实依据,故依法驳回其诉讼请求。

(二)本案承办法官的意见

针对本案的审理结果,承办该案的法官认为,有抚养义务的人应当对被抚养人承担抚养义务。目前,对于非婚生子女要求生父承担抚养费的案件也日渐增多,对于该类案件,如果当事人同意作亲子鉴定,案件事实基本能够查清;但是,如果对方拒绝作亲子鉴定,按照相关法律规定,法院不能采取强制的方式进行。在对方拒绝作亲子鉴定的情况下,原告须提供基本证据证明被告是其生父,例如,有证据证明被告公开承认原告是其亲生儿女、原告的母亲一直与被告同居等,否则法院很难支持原告的主张。①

（三）评析意见

在本案中,法院应实行职权探知主义,也就是通过原告所提供的相关证据及原告对其事实主张所作出的陈述,考虑到未成年子女最佳利益保护原则,并且有助于防范诉讼外第三人逃避抚养子女的社会责任,为此,在本案中只有追求实体真实,确定原告与被告之间是否存在自然血缘关系才能实现这一目标。因此,在原告提出 DNA 鉴定申请,而法院批准该鉴定申请从而为被告设定证明协力义务的情形下,当被告拒绝时,对其证明妨碍行为,法院既不能无动于衷,也不能无所作为,而是应当比照最高人民法院《关于民事诉讼证据的若干规定》第75 条的规定,判定原告的主张成立,即在原告与被告之间应被认定为存在生物学上的父子关系。

事实上,在本案的审理过程中,除了原告提供有相关初步表面证据之外,法院也可通过庭审过程中获知有助于确认原告事实主张的情事,例如,作为原告一方诉讼代理人的姜女士所陈述的与原告事实主张有关的情形,应当被认定为原告在本案当中所提出的事实主张并非空穴来风,而是确有发生的可能性,故有必要通过 DNA 鉴定对其加以确认。在本案中,如果原告在毫无根据的情形下任意主张或指认被告为原告的生父,属于证据摸索的行为,对此法院自应拒绝批准原告所提出的 DNA 鉴定申请。而在本案情形下,原告方陈述的事实,按照日常经验法则,确有存在的可能性。并且,重要的是,通过 DNA 鉴定来查明事实真相,确实有利于保护未成年子女的合法权益,防止义务人有可能逃避抚育子女的法律义务和社会责任。因此,在本案中,法院在被告拒绝履行证明协力义务的情形下,以原告提出的证据不足为由驳回原告诉讼请求,这种做法是欠妥当的。

---

① 参见王晓峰、蒋金凤:《从本案看 DNA 鉴定结论在民事审判中的运用》。载 http://www.chinacourt.org/public/detail.php? id = 246368&k.

案例三

（一）案情介绍

王某与李某于2001年登记结婚，2006年2月，李某生一男孩，取名王刚。2007年7月，双方协议离婚，签订离婚协议书一份，约定孩子王刚由李某抚养，王某每年支付抚养费2500元，医疗费和教育费由双方共同承担，各支付50%，至孩子独立为止。事后，双方到民政部门办理了离婚手续。2008年1月，王某因听说孩子王刚非自己亲生，遂私自带领孩子到某司法鉴定中心作亲子鉴定。鉴定结论为，王刚不是原告王某的亲生儿子。原告鉴定花费3000元。在到医院作亲子鉴定后，2009年1月，王某诉至法院，请求法院确认其与王刚之间并不存在亲子关系。但女方李某却不配合鉴定，将王刚藏匿起来。

法院审理后认为，原告提交的亲子鉴定意见书，虽然系原告私自带王刚去作的，但具有证明上的效力，被告既不认可该鉴定，又不重新申请鉴定，故法院对该司法鉴定中心作出的亲子鉴定意见书予以采信。被告在与原告夫妻关系存续期间违背夫妻忠实义务，应承担相应的赔偿责任。原、被告离婚后一年的抚养费2500元由被告向原告赔偿，鉴定费3000元也应由被告向原告赔偿。

（二）评析意见

在本案中，法院认为，原告提交的亲子鉴定意见书，虽然系原告私自带王刚去作的，但具有证明上的效力，被告既不认可该鉴定，又不重新申请司法鉴定，故法院对该鉴定意见书予以采信。法院的这种做法甚为不当。这是因为：（1）亲子关系诉讼案件属于身份关系案件，它不同于因合同纠纷或者侵权纠纷所引起的财产关系案件，故不能简单适用“谁主张，谁举证”的证明责任一般性法则，而应当实行法院的职权探知主义，以实现实体真实主义为原则取向。为此，即使双方当事人拒不提出鉴定申请，但考虑到委托有关鉴定机构进行DNA鉴定，最有利于确定本案所争议的事实真相，法院自应依职权委托有关鉴定机构重新进行DNA鉴定，而不应以有关当事人拒不提出鉴定申请为由，推脱本应在证据调查上所应发挥的能动性职责。（2）由于亲子关系诉讼案件所具有的高度公益性，是否应当委托有关鉴定机构进行DNA鉴定，以及委托哪一个特定的鉴定机构进行DNA鉴定，具有高度的司法性,应严格限制当事人的意思自治,这是国家对当事人之间因身份关系纠纷而适用特定诉讼程序实施直接干预主义的一种体现。故此,一方当事人私自委托有关鉴定机构进行 DNA 鉴定,其所作出的鉴定结论因缺乏证据资格(或称证据能力),对法院就案件事实所作出的认定并不产生当然的约束效力,最多只能作为考量案件事实的一种线索。因此,在本案中,法院直接采信这种缺乏证据资格的鉴定结论没有法律依据。

在本案中,根据原、被告之间的婚姻关系已经破裂及家庭关系已不复存在的事实,从有利于保护子女合法权益原则(在此主要指的是,未成年人王刚对自己的出身享有知情权以及有寻找生父的权利)及兼顾原告当事人合法利益的考虑,在双方当事人均不提出鉴定申请的情形下,法院应当依职权委托有关鉴定机构,对原告王某与王刚之间是否存在自然血缘关系进行 DNA 鉴定。在本案中,法院不应仅根据被告王刚之母李某将其子王刚藏匿起来,就据此认为实际上已无法采用 DNA 鉴定方式来查明案件的事实真相,进而放弃向双方当事人发出鉴定的指示。为了证据调查的需要,当法院委托有关鉴定机构进行 DNA 鉴定时,在此情形下,被告王刚负有证明协力义务。但是,在本案中,由于被告王刚属于未成年人,其诉讼行为均由其母李某代理。因此,当李某拒不配合而将王刚藏匿起来的行为所造成的后果,应由作为被告的王刚概括性承受。李某拒不配合导致法院无法查明案件事实真相时,可认定其行为已构成证明妨碍。据此,法院可根据最高人民法院《关于民事诉讼证据的若干规定》第 75 条的规定,根据被告法定代理人李某的证明妨碍行为作出对被告不利益的判定,即确认原告王某与王刚之间不存在自然血缘关系。

案例四

(一)案情介绍

李某与王某 2002 年 4 月 11 日登记结婚。2003 年 2 月 18 日,王某生一男孩,取名李东东。2006 年 7 月 11 日经法院判决,王某与李某离婚,李某每月支付李东东抚养费 100 元至李东东能独立生活为止。婚生男孩李东东由王某抚养。2008 年,李某因怀疑李东东不是自己的亲生儿子,向人民法院提起诉讼,请求确认其和李东东之间不存在亲子关系，并在举证时限内向法院提出了亲子鉴定申请。法院受理该案后，被告李东东之母王某以法院生效判决已认定李东东是双方的婚生儿子且自己身体有病为由，不同意进行亲子鉴定。

（二）审理中的几种观点

本案在审理中形成了三种观点。

第一种观点认为，亲子关系的确认，唯一有效的方式就是亲子鉴定。被告的法定代理人王某不同意作亲子鉴定，将导致法院不能通过鉴定结论对案件事实作出裁判。原告在举证时限内提出了亲子鉴定申请，已经完成了证明责任的承担，此时，证明责任转移到被告一方，李东东之法定代理人王某拒不提供鉴定材料，应承担举证不能的法律后果。

第二种观点认为，在王某诉李某离婚一案中，李某对李东东是其亲生儿子的事实予以承认，法院出具的2006年7月11日的判决书也确认了李东东是李某的儿子，此判决已经生效。故李某与李东东之间存在亲子关系已是事实，不能因王某拒绝作亲子鉴定就认定将举证不能的法律后果归于王某。如在审理过程中李某没有其他证据支持，法院应驳回李某的诉讼请求。

第三种观点认为，法院应裁定驳回李某提起的确认之诉，并告知其可以通过审判监督程序解决问题。其理由为，关于李某与李东东之间存在亲子关系这一事实，已为法院判决所确认，主张生效判决确认的事实不正确的，应当通过审判监督程序加以纠正，不能另案起诉。故对李某所提诉讼，法院应裁定驳回起诉。

（三）评析意见

本案系否认亲子关系之诉（或称否认生父之诉），原告是李某，被告是李东东。双方离婚之后，李某2008年因怀疑李东东不是自己的亲生儿子向法院提起否认亲子关系之诉。从本案的情形来看，李某与王某已被法院判决离婚，婚生子李东东由王某抚养。原告李某事后因怀疑李东东不是其亲生子而提起否认亲子关系之诉，因本案已并不涉及婚姻家庭关系的和谐与稳定，李东东已失去了一个和谐与温暖的家庭环境。因此，从某种意义上，原告李某提起否认亲子关系之诉或许更有利于该未成年子女的最佳利益以及原告李某自身的合法权益。这是因为，通过该案件的审理，就可确认原告李某与被告李东东之间是否存在生物学上的父子关系。该案最终有可能出现两种结果：一种结果是，原告李某与被告李东东之间存在生物学上的父子关系，李某今后每月将继续支付李东东抚养费100元直至其能独立生活为止；另一种结果是，原告李某与被告李东东之间不存在生物学上的父子关系，李某就有可能不再继续支付李东东抚养费，对此，原告李某并无法定的抚养义务，李某的合法权益也不能被漠视。因为相关的DNA鉴定结论也可同时证明，王某与李东东的生父曾经存在婚外性行为[①]；同时，李东东对其出身的知情权也应受到相应的尊重与保护，并且，也有助于防止李东东的真正生父逃避法定的抚养子女的义务。因此，在本案中，为了发现事实真相以实现实体真实主义，保障当事人各方的合法权益，即使原告李某不提出DNA鉴定申请，法院也应当依职权作出委托有关鉴定机构进行DNA鉴定的决定。鉴于被告李东东系未成年人，其母王某系法定代理人，因此，应当由其承担相应的证明协力义务，在鉴定机构的要求下配合提供李东东的血样。

被告李东东之母王某以法院生效判决已认定李东东是双方的婚生儿子且自己身体有病为由，不同意进行亲子鉴定，这种理由不能成立。对于婚生子女身份的推定毕竟是一种法律上的推认，有时因社会上的各种原因，可能会存在与客观事实不符的情形，这样也就不能排除该被推定为婚生子女的人，与经推定而具有生父身份的男性之间并不存在自然血缘关系。为了对有关当事人的权利加以必要的救济，各国在立法上同时设定婚生子女否认之诉制度，允许利害关系人在符合法律规定的条件下，采取向法院提起否定亲子关系之诉的方式来推翻这种法律上的推定。可见，在本案中，原告李某所提起的否定亲子关系之诉与上一起离婚案件中的主体、诉讼标的、证明对象等方面具有

---

①　有时也不能排除会出现欺诈性抚养关系问题。所谓欺诈性抚养关系，是指在婚姻关系存续期间甚至于离婚之后，妻明知其在婚姻关系存续期间所生子女为非婚生子女，但以欺诈手段称其为婚生子女，使夫承担对该子女抚养义务的情形。对此，最高人民法院在《关于夫妻关系存续期间男方受欺骗抚养非亲生子女离婚后可否向女方追索抚养费的复函》中指出："在夫妻关系存续期间，一方与他人通奸生育子女，隐瞒真情，另一方受欺骗而抚养了非亲生子女，其中离婚后给付的抚育费，受骗方要求返还的，可酌情返还；至于在夫妻关系存续期间受骗方支出的抚育费应否返还，因涉及的问题比较复杂，尚需进一步研究，就你院请示所述具体案件而言，因双方在离婚时，其共同财产已由男方一人分得，故不予返还。"

重大差异。因此，上一起离婚案件对本案并不产生既判力，另外，对该案的审理，也并不存在“一事不再理”问题。

案例五

（一）案情介绍

2006年7月，原告李小的母亲李玉从乡下到新余市区打工，认识了王峰，很快二人坠入爱河，并同居生活。同居1年后，由于双方性格存在差异不欢而散，但此时的李玉已有了身孕。李玉发现自己怀孕后，多次找到王峰要求与其结婚，或者一次性给付小孩抚养费，都遭到王峰的拒绝。2008年4月，李玉生下了女儿李小，并办理了新生儿出生证明。之后，李玉继续找王峰讨要女儿的抚养费，王峰却以李小不是自己的亲生女为由拒不支付该费用。

2008年7月，再也无力独自承担抚养费的李玉以李小的名义诉至法院，要求王峰支付抚养费，并提出了作亲子鉴定的申请。法院受案后，多次找到王峰，希望他能配合作亲子鉴定，以查明事实，却屡遭王峰拒绝。

法院认为，原告要求确认与被告的亲子关系，不能简单适用“谁主张、谁举证”的一般举证规则，原、被告在本案中均负有举证义务，也就是作亲子鉴定的义务。现原告已申请要求作亲子鉴定，而被告不同意鉴定，虽然法院不得强迫其所为，但被告应承担举证不能的法律后果。本案中，原告已提供了医院出生证明等证明材料，已完成了与其请求相当的证明责任，在被告不能提供其他证据推翻该证据的情况下，法院对原告的证据予以采信，故依法推定被告王峰是孩子的父亲。据此，法院依法作出支持原告诉讼请求的判决。

（二）评析意见

根据本案的具体情形，为了保障未成年子女的合法权益以及防止非婚生子女的生父逃避应尽的法定抚养义务，在本案中，法院应当基于实现实体真实主义的需要，以确定原告李小与被告王峰之间是否存在自然血缘关系。鉴于亲子关系诉讼案件属于身份关系案件的基本范畴，其判决效力可广泛及于诉讼外第三人，诉讼及判决涉及利害关系大多为公益问题，为了防止作出与真实不符的判断，在本案中，法院从发现真实维护公益的基点，有依职权自行调查探知事实真相的必要。在职权探知主义架构下，由法院负责收集提出诉讼审理所需要的主要事实及证据资料。因此，在本案中并不采行辩论主义。

在当前社会条件下，鉴于采用DNA鉴定方法对于认定原告的诉讼请求具有决定性的作用与意义。在本案中，法院应当依职权决定采用DNA鉴定，确定原告李小与被告王峰之间是否存在自然血缘关系。在本案中，法院的主要错误表现在，仍然套用辩论主义的框架，甚至为双方当事人均设定相应的举证义务。当原告方提出DNA鉴定申请时，被告王峰拒绝配合。在此情形下，法院竟然以原告提供有医院出生证明等证据材料已完成其主观证明责任为由，在被告不能提供其他证据推翻该证据的情况下，法院对原告的证据予以采信，并且以此推定被告王峰是原告李小的生父。尽管法院所得出的最终结论是正确的，但是法院在进行事实认定和推理过程中所采取的证明方法却是有欠妥当的。这是因为，亲子关系诉讼案件大凡涉及社会公益，在原则上实行实体真实主义，并且采行客观真实的证明标准。因此，对于诸如事实推定、自认等证明方法严加限制。在本案中，法院仅仅根据原告方所提供的医院出生证明等证据材料，以及根据经验法则对待证事实作出事实推定，有违亲子关系诉讼案件中认定案件事实的基本法则，因此，是不可取的。

正确的做法是，在本案中，无论原告方是否向法院提出DNA鉴定申请，法院均有必要依职权作出进行DNA鉴定的决定，从而为有关当事人设定证明协力义务。在此情形下，如果被告王峰拒不以提供血液样本的方式履行这种证明协力义务，导致法院最终无法通过DNA鉴定查明事实真相的，法院应当以被告王峰的不作为行为已构成证明妨碍的情事为由，在对本案事实的认定上作出对被告王峰不利的判定。鉴于证明妨碍制度与事实推定制度在性质、基本功能、适用的前提条件等方面存在重大差异，可见，本案法院在审理过程中的一个重大失误是，并未为被告王峰设定证明协力义务，从而最终也并未根据证明妨碍制度的要求对被告王峰适用不利益的法效果。

案例六

（一）案情介绍

原告王某（女）与被告陈某（男）经人介绍相识，1989年11月双方按农村风俗举行了结婚仪式。1990年1月，原告生育一子取名陈小斌。近年来，双方因怀疑对方有婚外情而生矛盾，被告对陈小斌是否自己亲生产生怀疑。2005年9月，法院在审理原、被告离婚纠纷一案的过程中，被告向法庭提供了2005年8月哈尔滨市公安局刑事技术检验报告一份，该报告结论为被告陈某与陈小斌的亲缘关系不成立。被告同意与原告离婚，因陈小斌非其亲生，要求原告支付15万元子女抚养费及精神损害赔偿费5万元。原告称，哈尔滨市公安局出具的亲缘关系鉴定书，非法院指定或委托，未征得双方的同意，鉴定的程序不合法。在庭审中，被告要求法院再行委托鉴定，原告以被告单方的鉴定行为已经对孩子之健康造成了严重伤害，表示不同意再次进行亲子鉴定。本案主要的争议焦点是：被告单方委托的亲子鉴定报告能否作为认定本案事实的证据，被告陈某与陈小斌之间是否存在亲缘关系。

（二）本案审理中的不同意见

在本案审理过程中，曾经出现有两种不同意见。

第一种意见认为，该亲子鉴定报告结论应作为认定本案事实的依据，被告与陈小斌之间不存在亲缘关系，原告应当支付被告相应的子女抚养费及精神损害赔偿费。

第二种意见认为，根据最高人民法院《关于人民法院在审判工作中能否采用人类白细胞抗原作亲子鉴定问题的批复》的规定，亲子鉴定原则上应当征得双方当事人的同意，现原告及陈小斌不同意作亲子鉴定，重新进行鉴定不可能，被告一方委托的鉴定报告不具有合法性，不能作为否定双方亲子关系的证据，被告的主张不予支持。

（三）评析意见

本案的一个重要情节是，近年来，原告王某与被告陈某因怀疑对方有婚外情而产生矛盾，特别是被告单方委托的亲子鉴定结论认定陈小斌并非陈某亲生，由此导致夫妻双方感情完全破裂，在法院审理原、被告离婚纠纷一案时，双方均同意离婚。在此情形下，法院是否应当追求实体真实主义以查明事实真相，是决定本案应当如何审理和判决的关键所在。根据实体法及公共政策的基本要求，在原则上，当查明案件的事实真相与子女的最佳利益及家庭关系的和睦与稳定相冲突时，后者应当优先于前者。同时，在审理个案当中，由于案件情节纷繁复杂、千差万别，除应当根据具体情形之外，还应当根据利益衡量原则来决定在个案当中所应当实现的公平与正义。

在本案当中，由于原告与被告之间的婚姻家庭关系已告破裂，本案所涉及的制度性构造与价值取向已明显朝着发现事实真相的方向倾斜，即朝着有助于实现被告所主张利益的方向发展。在此，还有一个对子女最佳利益如何进行保护的理解问题。显然，在处理本案当中所出现的第一种意见是不可取的，这是因为，在当今社会条件下，采用DNA鉴定能够有助于准确判定亲子之间的自然血缘关系，而是否应当进行DNA鉴定涉及社会公益，必须由法院授权委托的鉴定机构作出的鉴定结论才能在诉讼上作为合法、有效的证据使用。当事人未经司法程序而私下委托有关鉴定机构所作的DNA鉴定结论，在诉讼上不能作为合法、有效的证据使用。

在本案中，是否采用第二种意见，主要取决于对未成年子女的利益保护与被告陈某合法权益保护之间的平衡问题。按照通常的理解，在婚姻家庭关系范畴内，对未成年子女最佳利益的保护主要是为未成年人子女提供一个和谐、美满的家庭生活环境，以利于其人格及身心健康发展。但是，对于未成年人陈小斌而言，这样一种和谐、美满的家庭生活环境因父母之间的婚姻关系破裂而不复存在。在此情形下，所要考虑的是，如果通过对本案事实真相的发现，其结果将有可能导致法院在裁判上认定陈小斌与被告陈某之间并不存在自然血缘关系，这种裁判结果将给陈小斌的利益造成损害；但是，如果单纯为防止损害，只能通过在诉讼上牺牲发现客观真实为代价。换言之，即使陈小斌不是被告陈某的亲生子，被告陈某也应当负抚养义务，这种做法将严重损害被告陈某的合法权益，使陈小斌的真正生父得以逃避法定的抚养义务，同时，在事实上又剥夺了对其真实身份的知情权等合法权利。由此可见，阻止对本案事实真相的发现，其结果将导致严重背离利益衡量原则，无法在本案当中实现公平与正义。因此，为了促使对本案客观真实的发现，应当实行法院职权探知主义，即由法院决定采用DNA鉴定方法，以便确定被告陈某与陈小斌之间是否存在生物学上的父子关系，从而为本案当事人及案外第三人(陈小斌)设定证明协力义务。在此情形下,若原告王某及案外第三人陈小斌拒不配合 DNA 鉴定,可以比照最高人民法院《关于民事诉讼证据的若干规定》第 75 条的规定,以原告王某及案外第三人陈小斌的行为已构成证明妨碍的情事为由,作出对原告不利益的判定。

案例七

(一) 案情介绍

> 1988 年 8 月,刘星和赵珊的第二个女儿丽丽出生了。但有一天,刘星无意中听说丽丽可能并非自己亲生。2004 年初,刘星带着丽丽到市计划生育科学研究所进行亲子鉴定,结果证实:丽丽果然不是自己亲生。面对结论,妻子赵珊终于承认:她曾在一个叫张明的人威逼利诱下,与张明发生过婚外性关系,丽丽应是张明亲生的。事后,刘星和赵珊因感情破裂最终离婚。离婚后,刘星认为,自己帮别人养了 16 年女儿,应获得相应赔偿。因此,他把赵珊和张明告上法院,请求确认丽丽系两被告的亲生女儿,同时要求两被告作出相应赔偿。但在庭审中,张明认为,刘星在举证期限内未申请要求对自己与丽丽进行亲子鉴定,因此拒绝进行亲子鉴定。而刘星则认为,张明拒绝亲子鉴定,因此应推定其与丽丽系亲生父女关系。

对此,法院认为,公民的人身权受法律保护,亲生父母子女关系是由血缘关系形成的。人的身份关系不能没有科学依据而随便推定。确认亲生父母子女关系,要有推断的基础事实与推定事实之间的逻辑关系上的证据,才可适用"推定"原则,否则不能适用。在本案中,刘星只举证证实其与第三人丽丽不具有父女关系,并没有举证证明张明与赵珊在 1987 年底前有同居、发生性关系的事实。其次,也不能仅凭赵珊的陈述与张明有性关系、张明拒绝作亲子鉴定,就推定张明是丽丽的亲生父亲。据此,法院最终以"血缘关系的认定不适用推定原则",驳回了刘星的诉讼请求。

(二) 评析意见

在本案中,原告刘星以赵珊和张明为共同被告向法院提起诉讼:(1) 要求确认丽丽系两被告的亲生女儿。(2) 要求两被告承担损害赔偿责任。因本案第一项诉讼请求其确认亲子关系之诉属于身份关系性质的案件类型，这种身份法律关系不仅涉及当事人的私益，并且涉及第三人的利害关系及社会秩序。因这类案件大多与社会公益有关，其诉讼标的属于私法上不适宜采用私法自治领域范围内的法律关系，故须排除辩论主义的适用，而采行职权探知主义原则。在职权探知主义架构下，由法院负责收集提出诉讼审理所需要的主要事实及证据资料。对于辩论主义条件下所适用的事实推定、当事人的自认规则等证明方式严加限制，以求实现实体真实主义的诉讼目的。

在本案中，由于 DNA 鉴定的结果事关社会公益，因此刘星于 2004 年初私下委托有关鉴定机构所进行的 DNA 鉴定，及其所得出的鉴定结论在诉讼上不能作为合法、有效的证据使用。故此，原告刘星与丽丽之间是否具有生物学上的父女关系尚未经合法、有效的证据通过司法程序加以确认。为此，在本案中，法院应告知原告刘星增加诉讼请求，即增加否认亲子关系之诉，要求确认原告刘星与丽丽之间不具有生物学上的父女关系。在本案中，由于实行职权探知主义原则，为了查明客观事实的需要，法院应依职权作出进行 DNA 鉴定的决定，同时要求有关当事人及案外人丽丽履行证明协力义务。在通过 DNA 鉴定认定原告刘星与丽丽之间不具有生物学上父女关系的前提下，如果被告张明拒不提供血液样本以配合 DNA 鉴定，导致法院最终不能通过鉴定确定被告张明与丽丽之间是否具有生物学上的父女关系时，法院可以张明的这种不作为行为已构成证明妨碍的情事为由，作出对张明不利益的判定。这种以张明违反证明协力义务作为适用证明妨碍制度理由而作出对张明不利的判定，与根据有关间接事实或有关经验法则所作出的事实推定具有本质的不同。在本案中，张明认为，刘星在举证期限内未申请要求对自己与丽丽进行亲子鉴定作为拒绝进行亲子鉴定的理由，这种观点是于法无据的。因为，亲子关系纠纷案件不适用辩论主义原则，因此是否进行 DNA 鉴定并不以原告的申请为条件，因此也就不存在原告向法院申请 DNA 鉴定所适用的举证时限问题。在本案中，法院没有根据职权探知主义原则依职权委托有关鉴定机构进行 DNA 鉴定以查明事实真相，从而为有关当事人及案外人设定证明协力义务，借以保障这种证据调查的开展，而是根据辩论主义原则要求有关当事人就其事实主张和诉讼请求负担相应的证明责任，这种做法是有欠妥当的。

案例八

（一）案情介绍

李某起诉邻居张某，要求张某抚养其非婚生子盼盼，而李某的丈夫周某则认为，盼盼是自己与李某的亲生孩子，要求抚养该小孩。法院受理此案进行审理。

李某诉称自己与张某系邻居，来往密切。2003年2月李某与周某结婚并领取了结婚证，但自己仍然和张某发生了两性关系。2004年1月生育的男孩盼盼系自己同张某共同生育，张某作为盼盼的亲身父亲负有抚养的义务，且更具有抚养条件，遂提出要求张某抚养盼盼。张某辩称，在李某与他人结婚后，自己与李某并没有发生两性关系，盼盼系李某与其丈夫所生，与自己无关。

本案在审理过程中，因张某否认自己是盼盼的父亲，李某遂向法院提出亲子鉴定的申请，以确定盼盼与张某之间存在血缘关系。张某表示同意作亲子鉴定，并将对鉴定事宜予以配合。然而，原告之夫周某在得知该诉讼后，认为盼盼系在李某与其结婚后才怀孕生育的，是自己与其所生之子，要求抚养该小孩，并申请参加诉讼。

（二）评析意见

在本案中，李某向法院提起诉讼所涉及的案件属于确认亲子关系之诉。由于亲子关系纠纷案件属于身份关系案件的基本范畴，大多涉及社会公益，对此，各国均实行国家干预主义原则。由亲子关系纠纷案件的性质所决定，对这种案件的事实查明通常实行客观真实的证明标准，因而对辩论主义原则严加限制，体现了以实体真实主义为重心的价值取向，为此，对诉讼审理所需要的主要事实及证据资料均由法院负责收集并提出，实行法院的职权探知主义。值得注意的是，在审理亲子关系纠纷案件中，当实体真实主义与实体法及公共政策的基本要求相冲突时，对客观真实的追求应当让位于实体法及公共政策的基本要求。这是身份关系案件与财产纠纷案件的重大区别之一。相较而言，在法院对财产纠纷案件进行审理并作出判决之后，由于案结事了，诉讼前和诉讼中所涉及的利害关系及争执在诉讼结束后不再对有关当事人造成任何影响；但是，身份关系纠纷案件则不同，在法院对身份关系纠纷案件进行审理并作出判决之后，这种判决效力将对有关当事人甚至案外人之间的关系及利益造成永久性的影响,这种影响不仅涉及物质利益,还涉及精神世界。因此,从某种意义上讲,法院对财产纠纷案件所作出的判决使得有关当事人能够告别过去,而对身份关系纠纷案件所作出的判决则主要使有关当事人及案外人不得不考虑将如何面对未来。从实体法的角度来观之,亲子关系纠纷案件属于亲属法及婚姻家庭纠纷案件当中的一部分,而这部分实体法则是国家与社会公共政策的集中体现。在所有与此相关的公共政策当中,如何保障子女(尤其是未成年子女)的最佳利益以及家庭关系的和谐与稳定往往处于优先考虑的地位。

在本案中,确实存在着实现实体真实主义与保护未成年子女最佳利益原则之间的冲突问题。从个案的具体情节来看,原告李某所生之子盼盼受婚生性推定属于原告李某与其丈夫周某共同的婚生之子。在诉讼上,原告李某要求法院确认被告张某与盼盼之间存在自然血缘关系,并要求被告张某(认领)抚养盼盼。对原告李某所称盼盼是其与邻居张某受胎所生的事实,除了遭到张某的否认以外,原告李某的丈夫周某也不予认同。周某认为,盼盼系自己与原告李某所生之子,并要求抚养盼盼。在此情形下,法院究竟是否应当力求实现实体真实主义,还是应当着重考虑保护未成年子女的最佳利益?面对这两种选择,法院必须作出决断。如果选择前者,法院就应当考虑接受原告李某所提出的 DNA 亲子鉴定的申请,或者依职权决定委托有关鉴定机构进行 DNA 鉴定,为有关当事人及案外人盼盼甚至原告李某的丈夫周某设定证明协力义务。如果选择后者,法院就应当拒绝委托有关鉴定机构进行 DNA 鉴定。笔者认为,根据本案的具体情形,法院应当拒绝就原告李某所主张的亲子关系委托有关鉴定机构进行 DNA 鉴定。这是因为,基于盼盼系原告李某与其丈夫周某婚姻存续期间所生,因受婚生性推定,当属原告李某与其丈夫周某的婚生子女。在本案中,原告李某以其子盼盼与被告张某具有自然血缘关系为由要求被告承担抚养义务,只是一厢情愿。对此,被告张某既不承认盼盼系其亲生之子,也拒绝抚养盼盼。同时,原告李某的丈夫周某认定盼盼系其与原告李某的亲生之子。在这种情况下,法院是否有必要查明究竟盼盼与被告张某之间是否存在生物学上的父子关系已显得无足轻重。相反,盼盼已经生活在原告李某与其丈夫所组成的家庭环境当中,这种对该未成年子女已经熟知的家庭环境,显然要比生活在被告张某与其妻所组成的陌生、充满某种不确定性影响的家庭环境中，更加有利于该未成年子女的身心健康。这样也似乎更加有利于原告李某现存婚姻家庭的和谐与稳定。有鉴于此，法院应当拒绝对盼盼与被告张某之间是否存在生物学上的父子关系进行鉴定作出决定，并且依法驳回原告李某的诉讼请求。

案例九

（一）案情介绍

芸芸众生，容貌相像者众多。李某一口咬定一位名叫童贝贝的幼儿与自己容貌相像，为此，李某向法院提起确认亲子关系之诉。李某为证明童贝贝是自己的亲生儿子，他在诉状中列举了一系列“事实”：一是与童贝贝的母亲邵某曾发生过两性行为；二是童贝贝的出生日期正好与自己推算的预产期吻合；三是童贝贝与自己长得相像。

在诉讼过程中，为了取得关键证据，就必须进行亲子鉴定。于是，李某向法院提出了进行亲子鉴定的申请。李某要求邵某同意进行亲子鉴定，邵某起初拒不同意，但李某思子心切，答应支付邵某 20 万元作为亲子鉴定的风险保证金。在收到 20 万元之后，邵某同意配合进行亲子鉴定。后来，有关鉴定机构出具的鉴定结论否定李某与童贝贝之间存在自然血缘关系。于是，李某认为亲子鉴定并未造成对方损害，又请求法院判决协议无效，要求邵某返还 20 万元亲子鉴定风险保证金。

法院认为，在孩子母亲否认与李先生存在两性关系，否认李先生系孩子生父并拒绝作亲子鉴定的情况下，李凭着对孩子出生日期在预产期内的推测和自认为孩子是自己亲生的依据不够充分。二人协议均系双方真实意思表示，不存在违背现行法律规定和社会道德的情况。另外，司法实践中对精神损害赔偿尺度的把握不排斥当事人自愿协商，故当事人应当本着诚实信用原则遵照执行。最终，法院根据司法鉴定的否定结论，除了驳回李某所提起的确认亲子关系之诉以外，还驳回了李某要求返还 20 万元亲子鉴定风险保证金的诉讼请求。

（二）评析意见

亲子关系纠纷案件属于身份关系案件的基本范畴，由于这类案件不仅涉及诉讼当事人的私益，还涉及诉讼外第三人的利益，甚至这类案件所作出判决的效力攸关社会公益，因此不能采行“私法自治”原则。法院在审理亲子关系案件中应当遵循职权探知主义的观念，根据个案情形，平衡和斟酌把握各方当事人的合法权益，特别是要保护未成年子女的合法利益，保障婚姻家庭关系的和谐与稳定。只有在此基础上，才能够追求客观真实，贯彻实体真实主义原则。

本案中，李某仅以幼儿童贝贝与自己容貌相像为由，进而提起确认亲子关系之诉。诚然，在现代社会科学技术条件下，通过 DNA 亲子鉴定便可在诉讼上有助于准确确认童贝贝与李某之间是否存在生物学上的父子关系。或许从客观事实的角度出发，由于社会关系错综复杂，人情性爱更加难以揣测，凡事都有发生的可能。因此在 DNA 亲子鉴定结论问世之前，不能完全排除童贝贝与李某之间存在血缘关系的可能性。同时，各国有关婚生子女推定制度的建立主要是为了保护未成年子女的最佳利益，以及保障婚姻家庭关系的和谐与稳定，婚生子女主要是一种法律上的概念，并非生物学上的概念，因此，对婚生子女而言，其所称父母并非一定就是其亲生父母。在本案中，童贝贝属于邵某与其丈夫的婚生子女，生活在一个和谐、稳定的家庭环境当中。而作为局外人的李某仅仅以童贝贝与自己容貌相像，甚至声称曾与童贝贝的母亲邵某发生过两性行为这种侵犯他人隐私权作为理由，提起确认亲子关系之诉，对此，法院应当慎重对待。即使李某提起亲子鉴定的申请，同时，即便童贝贝的母亲邵某在 20 万元金钱的诱惑下同意配合进行亲子鉴定，由于亲子鉴定的结果事关社会公益，对当事人的意思自治要严格加以限制。因此，法院在本案审理过程中，如果认为进行亲子鉴定，无论最终出现何种结果，均将对未成年子女的利益及邵某婚姻家庭关系的和谐与稳定构成威胁时，应当实行国家干预主义，拒绝就亲子鉴定作出决定。也就是，在此情况下，不能为有关当事人及案外人设定何种证明协力义务，并且应以李某提起的确认亲子关系之诉因不利于他人婚姻家庭的和谐与稳定、不利于未成年子女的最佳利益原则、有违善良风俗及证据不足为由，依法驳回李某的诉讼请求。在本案中，对李某申请亲子鉴定以及邵某以接受李某支付的 20 万元亲子鉴定风险保证金为条件答应配合亲子鉴定，对此情形，法院采取容忍的态度，是相当不妥的。

案例十　在个案中要酌情审查是否符合实体法及公共政策的基本要求

(一) 案情介绍

> 1985年10月,原告娄晶之母娄某乘车到长阳探亲途中,与被告赵勇同车相识,双方交往至当年农历腊月。娄某离开长阳后,于1986年10月生育原告娄晶。之后,在娄晶七八个月时,娄某曾带原告娄晶到长阳见被告赵勇,在与被告之妻发生争吵后离去。之后直到1989年5月娄某才与他人结婚。2001年,原告从其祖母口中得知其父就是被告赵勇,经询问其母娄某得到证实后,原告于2002年中旬来到长阳找被告相认父子关系,但未见到被告。2003年10月23日,原告诉至法院,要求被告给付抚养费。在诉讼上,原告娄晶诉称:1985年10月,其母娄某与被告赵勇在枝江市七星台镇相识并确定恋爱关系。1986年2月,母亲娄某发现身怀有孕,虽然与被告赵勇关系已恶化,但母亲娄某不忍堕胎,离开被告回家后于1986年10月10日生下原告。之后其母曾两次来长阳找被告,均为了被告的家庭而离去。现在,原告生活艰难,尚不能独立生活,特诉至法院,要求被告赵勇给付原告从小至成年的抚养费40850元。被告赵勇辩称:其与原告母亲娄某曾经相识,但无恋爱关系,更没有发生过性关系。其与原告娄晶不存在父子关系,没有支付抚养费的义务,请求驳回原告的诉讼请求。并声称原告所诉,损害了其名誉和家庭。本案在审理过程中,原告向法院申请与被告赵勇作亲子鉴定,被告赵勇拒绝鉴定。

法院经审理认为:原告娄晶的出生时间虽然与其母娄某和被告赵勇交往的时间相吻合,但没有其他证据证明原、被告具有亲子关系。被告否认与娄某发生过性关系,并拒绝提供血液样本进行亲子鉴定,以致原告娄晶与被告赵勇是否系父子关系不能确认。因此,原告的诉讼请求因证据不充分,不予支持。根据查明的事实,判决驳回原告娄晶的诉讼请求。

(二) 评析意见

在实务上,由于社会关系繁纷复杂,法院在审理亲子关系纠纷案件中,应当根据这种身份关系案件的性质及特点,既要依职权查明事实真相,以追求实体真实主义,又要根据实体法及公共政策的基本要求,充分考虑双方当事人的利益平衡。其中,在通常情况下,应当着重强调保护子女的最佳利益与家庭关系的和睦及稳定。按照实体法及公共政策的基本要求,应当权衡和处理好这样几种矛盾关系:当子女的合法权益(如受抚养权、继承权、知情权等)与有关当事人的隐私权相冲突时,在诉讼上对前者权益的保障应当优于对后者权利的保护;当查明事实真相与未成年子女的最佳利益、婚姻家庭关系的和睦与稳定相冲突时,在诉讼上对后者的保护优于对前者的追求。

在该案中,法院以原告提供的证据不充分为由依法驳回其诉讼请求,这种做法是错误的。从本案原告所陈述的基本事实来看,不能排除原告娄晶与被告赵勇之间存在自然血缘关系的可能性,从原告娄晶所描述当年发生在其母与被告赵勇之间的恋情与性爱冲动的具体情形来看,由于双方均属未婚青年,究系情有可原。由于时间久远,随着岁月的流逝,不能苟求原告在起诉时就能够提供充分的证据来证明其母当年受胎与被告赵勇有关这一事实。鉴于本案属于身份关系案件,法院应当实行职权探知主义,依职权对有关案件事实进行相应的调查,在获得相应的心证,即确信原告所提出的事实主张确有发生的可能性时,即应有追求实体真实主义的必要。也就是说,在本案中,发现事实真相以实现实体正义与保障子女的合法权益、防止有关义务人逃脱承担抚养子女的法定义务①等这些实体法及公共政策的基本要求是完全一致的。因此,在本案当中,法院所面临的一个重要法律问题是,是否应当保护非婚生子女的合法权益,以及如何保护娄晶作为非婚生子女的合法权益问题。在本案中,原告娄晶的出生时间与其母娄某和被告赵勇交往的时间相吻合,这本身就是原告娄晶在起诉时所提供的最有价值的事实和证据,应当引起法院对原告娄晶与被告赵勇之间存在自然血缘关系可能性的合理确信。另外,从人之常情来看,被告赵勇已经组成了家庭,承担了做父亲的责任和义务,对婚前因性行为所产生的非婚生子女不予承认借以逃避法定抚养义务,应属常人之道。对此,法院应当予以认知。事实上,被告赵勇当年究竟是否与原告娄晶的生母娄某发生过性关系,被告赵勇本人应当是心知肚明的,至于

---

① 根据我国《婚姻法》第25条的规定:“非婚生子女享有与婚生子女同等的权利,任何人不得加以危害和歧视。不直接抚养非婚生子女的生父或生母,应当负担子女的生活费和教育费,直至子女能独立生活为止。”

后来原告娄晶的生母娄某受胎究竟是否与被告赵勇有关则当属别论。鉴于当年被告赵勇与原告娄晶的生母娄某相识时均属于未婚青年，而原告娄晶的生母娄某在婚前受胎并分娩从而使得原告娄晶沦为非婚生子女，在原告的生活目前陷于危难之际，原告向法院所提出的确认其生父之诉，涉及非婚生子女对其出身的知情权以及受抚养权及继承权等合法权益。为此，在本案中，针对原告所提出的诉讼请求以及被告所提出的反驳意见，究竟孰是孰非，究竟事实真相如何，采用 DNA 鉴定手段便可使其完全明了。由于本案涉及社会公益，不能完全适用涉及财产纠纷案件当中有关证明责任的分配法则，不论有关当事人是否提出 DNA 鉴定申请，法院应当依职权作出进行 DNA 鉴定的决定。如果被告赵勇拒不配合提供为该鉴定所需要的血液样本时，导致原告娄晶与被告赵勇是否系亲生父子关系不能确认的，法院应以其行为已构成证明妨碍为由，按照最高人民法院《关于民事诉讼证据的若干规定》第 75 条的规定，作出对被告赵勇不利益的判定。可见，在本案中，法院的主要错误是：(1) 没有从实体法及公共政策的高度认识对非婚生子女的法律保护。(2) 将性质和特点完全不同的身份关系案件与财产关系纠纷案件相混淆。根据利益衡量原则，在本案中，对原告娄晶的非婚生子女合法权益的保护，应明显优先于对被告赵勇隐私权的保护。

关键词索引